L'ENCYCLOPEDIE DE LA MOTO

NSU

L'ENCYCLOPEDIE DE LA MOTO

HUGO WILSON

ADAPTATION FRANÇAISE DE JEAN-PIERRE DAULIAC

PHOTOGRAPHIES DE DAVE KING

GRÜND

UN LIVRE DORLING KINDERSLEY

GARANTIE DE L'ÉDITEUR

Malgré tous les soins apportés à sa fabrication, il est malheureusement possible que cet ouvrage comporte un défaut d'impression ou de façonnage. Dans ce cas, il vous sera échangé sans frais. Veuillez à cet effet le rapporter au libraire qui vous l'a vendu ou nous écrire à l'adresse ci-dessous en nous précisant la nature du défaut constaté. Dans l'un ou l'autre cas, il sera immédiatement fait droit à votre réclamation.
Librairie Gründ - 60, rue Mazarine - 75006 Paris.

Adaptation française : Jean-Pierre Dauliac
Texte original : Hugo Wilson
Révision : Serge Bovet

Première édition française 1996
par Librairie Gründ, Paris

ISBN 2-7000-5842-9
Dépôt légal : août 1996

Édition originale 1995 par Dorling Kindersley Ltd, Londres
sous le titre original *The Encyclopedia of the Motorcycle*

PAO Bernard Rousselot, Paris
(textes composés en Berkeley, titres en Sabon)

Imprimé en Italie

NOTE RELATIVE AUX CARACTÉRISTIQUES

*Tous les efforts ont été faits afin de garantir l'exactitude des informations relatives aux caractéristiques des modèles décrits.
Cependant, dans certains cas, des estimations ont été indiquées faute de renseignements précis et en l'absence de sources sûres.*

Sommaire

Écusson OD

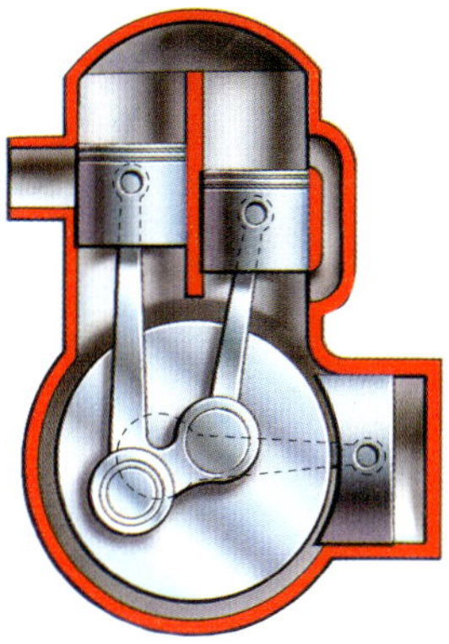

Moteur deux temps à piston-pompe

Vue arrière de la Buell S2-Thunderbolt

Écusson Harley-Davidson

Ancien numéro de Motor Cycle

Vue avant de la Buell S2-Thunderbolt

Buell S2-Thunderbolt

INTRODUCTION

LE PREMIER MOTOCYCLE, *créé par Gottlieb Daimler et ses associés, est un engin expérimental, sans caractère pratique.*

CE LIVRE va bien au-delà des motos elles-mêmes. C'est l'histoire des ingénieurs et des ouvriers qui ont construit les motos, des pilotes qui les ont maîtrisées en course, des amateurs qui les ont achetées et pilotées et des mécaniciens et des fanatiques qui les ont réparées et restaurées. Il montre comment les circonstances particulières, les cultures, les climats et la géographie ont conditionné la commercialisation et la construction des machines. Mais la politique, l'économie et deux guerres mondiales ont davantage affecté la production motocycliste et les ventes que les conceptions originales et les victoires en compétition.

Les influences nationales

Les immensités américaines et leurs mauvaises pistes imposent, au tournant du XXe siècle, alors que la moto commence à remplacer le cheval dans le Middle West, des machines rustiques et solides. Harley-Davidson et Indian s'affirment eux-mêmes comme les principaux constructeurs américains car leurs robustes motos peuvent être conduites par des fermiers et réparées par des maréchaux-ferrants.

Les restrictions imposées à l'industrie aéronautique allemande par les vainqueurs de la Grande Guerre obligent plusieurs constructeurs d'avions et de moteurs comme BMW à se reconvertir dans la production de motos. Son expérience conduit la firme à créer des machines innovantes et raffinées, supérieures à la plupart des machines contemporaines.

Dans le chaos qui suit la fin de la Seconde Guerre mondiale, au Japon, la demande en faveur d'un moyen de transport économique et sûr conduit Soichiro Honda à créer la Honda Cub, la moto la plus vendue du monde, point de départ de l'énorme groupe Honda actuel.

Les mêmes besoins apparaissent dans l'Italie ravagée par la guerre. Mais son industrie, héritière d'une tradition de machines de style et sportives, va au-delà du simple moyen de transport lorsque des firmes comme MV Agusta et Ducati élèvent la moto à la hauteur d'un art.

À l'inverse, au Royaume-Uni, le malaise industriel des années 50 et 60 se traduit par l'effondrement, dans les années 60 et 70, d'un secteur industriel jadis dominant.

Une sélection des plus belles motos de ces pays est présentée dans Les motos de A à Z (pages 9 à 208).

LA «MOTOCYCLETTE» *Werner en 1901 sera un modèle largement copié par la concurrence naissante.*

AU MILIEU DES ANNÉES 20, *de nombreux constructeurs sortent ce type de moto. La Diamant 1926 allemande a un cadre en losange et une fourche à parallélogramme. Le moteur et la boîte sont achetés à des fabricants spécialisés. Une moto de ce genre peut être produite par beaucoup de fabricants.*

Inventeurs et premiers pas

Des personnalités comme William Harley, Soichiro Honda, Carlo Guzzi et James Norton ont marqué les créations portant leur nom. Mais nombre d'autres ingénieurs, pilotes et entrepreneurs, ont laissé les traces de leurs deux-roues depuis qu'en 1869, Michaux, fabricant français de cycles, monte pour la première fois une petite machine à vapeur sur un vélocipède primitif.

Vers la fin du xxe siècle, moteurs compacts et bicyclettes connaissent un développement intense. Le motocycle est inévitable dès lors qu'on a déjà imaginé qu'un bicycle propulsé par un moyen autre que la force physique humaine est une idée intéressante. Malheureusement, la force et la fiabilité des premiers moteurs obligent la plupart du temps les pionniers du motocycle à pédaler ou à pousser leur rudimentaire machine. Il faut attendre la deuxième décennie du xxe siècle pour que les constructeurs de motos soient assez confiants dans les capacités de leurs modèles pour supprimer chaînes et pédaliers.

Les constructeurs de motos *britanniques perdent le contact avec le marché dans les années suivant la sortie de cette BSA Star Twin de 1948.*

Le premier motocycle équipé d'un moteur à essence est porté au crédit de Gottlieb Daimler qui construit son Einspur (monotrace) en 1885. La machine ne sert qu'aux essais d'un nouveau principe de moteur et l'intérêt qu'il y porte s'efface dès lors que le moteur tient ses promesses. Le voyage inaugural de l'Einspur est un parcours de dix kilomètres au cours duquel, apparemment, le moteur met le feu à la selle. On est bien loin encore de disposer d'un véhicule pratique.

En 1894, MM. Hildebrand et Wolfmüller proposent au public des versions de production de leur nouvelle machine. L'intérêt porté alors aux véhicules à moteur suffit à susciter brièvement une petite vague de commandes. Mais la machine n'est pas au point et son fonctionnement reste défectueux et coûteux.

Albert de Dion et Georges Bouton font accomplir à la motorisation un grand pas en avant. Leur petit moteur à essence, rapide, délivre une puissance suffisante et fonctionne si bien qu'il fait du tricycle de Dion un véhicule à moteur (presque) pratique.

Dès son lancement en production, à la fin des années 1890, il est largement copié. Avec l'apparition de nouveaux moteurs et d'un marché prêt à absorber des machines également nouvelles, forgerons et marchands de cycles se lancent dans la fabrication de motocycles. Le mouvement est lancé. Une industrie naît.

Les constructeurs

Au début des années 1900, nombreux sont ceux, individus ou petites firmes, qui s'intéressent à la production de motocycles. En Grande-Bretagne, en France et en Allemagne, c'est relativement facile. Les constructeurs en herbe achètent un moteur, un cadre et un lot de pièces accessoires puis, assemblant le tout, donnent à l'ensemble leur nom en créant une marque. Certaines parmi ces machines sont réussies, d'autres non. Certaines se

LA CÉLÈBRE CUB, *produite à des millions d'exemplaires par Honda, a donné la mobilité à des utilisateurs intéressés par l'économie.*

vendent, d'autres pas. Tout ce qui reste de ces marques embryonnaires, c'est souvent une publicité ou quelques lignes dans un magazine de l'époque. La plupart figurent dans le répertoire des motos inclus dans ce livre (pages 209 à 308). D'autres ont disparu à jamais. Les petites productions sont surtout le fait de l'Angleterre et de l'Allemagne jusque dans les années 20, où naissent et disparaissent des centaines de petites marques.

Mais, très tôt, apparaissent des firmes sérieuses produisant des motos en grande série. Beaucoup ont leurs racines dans l'industrie du cycle : Triumph et BSA au Royaume-Uni, Peugeot en France, Indian aux États-Unis, Victoria et NSU en Allemagne et Bianchi en Italie.

Les plus grandes usines s'établissent dans les pays offrant les marchés les plus vastes. Les États-Unis, le Royaume-Uni, la France, l'Allemagne et l'Italie s'affirment rapidement comme les principaux pays producteurs de motos. Les contingentements, les taxes à l'importation et à la possession garantissent sur certains marchés la survie de quelques producteurs et le succès de certains modèles aux cylindrées bien définies. Des constructeurs apparaissent aussi sur des marchés plus limités, mais souvent en utilisant des moteurs et d'autres composants importés d'Allemagne, de France ou d'Angleterre.

L'industrie motocycliste facilite la mobilité. Si les machines de course et de prestige sont très recherchées par les fanatiques, les profits viennent des modèles bon marché produits en grand nombre à des fins utilitaires. Quand une famille souhaite se déplacer économiquement, le side-car apporte une solution adéquate.

Mais l'arrivée d'automobiles bon marché change les données du problème. La Model T d'Henry Ford, produite en très grande série, devient moins chère que bien des modèles de motos et tue littéralement l'industrie motocycliste américaine entre 1910 et 1920. En France et en Allemagne, le même phénomène se reproduit dans les années 50. À cette époque, l'industrie japonaise naissante évolue lentement, mais irrémédiablement, vers la production massive.

Pérennité du marché

Le marché de la moto a encore évolué récemment. Si une moto est toujours un excellent moyen de se déplacer économiquement, c'est aussi un jouet merveilleux, un équipement de loisir comme une planche à voile ou un VTT. Des marques comme BMW, Harley-Davidson et Triumph ne produisent pas que des machines : elles représentent une image prestigieuse aux yeux des acheteurs soucieux de symboles.
Mais, alors que les marchés des pays occidentaux privilégient le concept de la moto-jouet, les volumes de production des machines utilitaires ne cessent de croître dans les pays en voie de développement comme la Chine, l'Inde ou la Corée. Là, les constructeurs satisfont les besoins en moyens de transport locaux tout en créant ailleurs des flux d'exportation. Si la plus grande partie de la production motocycliste est le fait de puissants groupes industriels capables de fabriquer des quantités impressionnantes de machines, il existe pourtant de petits constructeurs proposant des motos remarquables. Ils s'appellent Patrick Barigo en France, Arturo Magni en Italie et John Britten en Nouvelle-Zélande. Comme trois mille autres marques, ce livre ne les a pas oubliés.

NOMBREUSES SONT LES MOTOS *de grosse cylindrée, comme cette Kawasaki ZX-11 de 1994, qui sont vendues plus pour leur image de machines performantes et plaisantes à piloter que pour leurs capacités à transporter. Le succès des modèles de prestige dépend plus des caprices de la clientèle visée que du rapport prix-qualité ou de leur caractère pratique.*

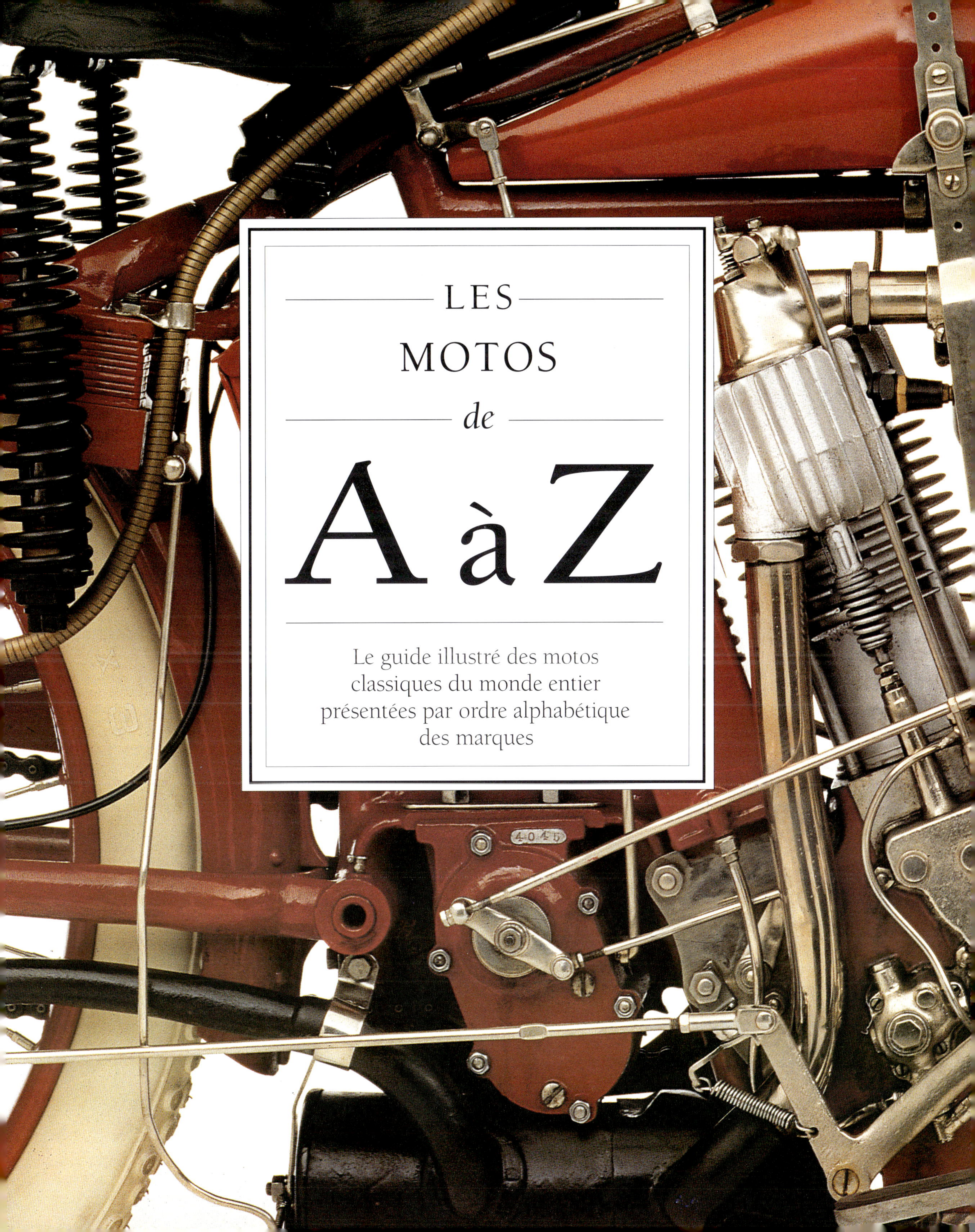

LES MOTOS *de* A à Z

Le guide illustré des motos
classiques du monde entier
présentées par ordre alphabétique
des marques

ABC

Cylindrée 398 cm³ • Puissance inconnue • Poids 110 kg • Vitesse maximale 97 km/h (estimée)

Royaume-Uni

Lorsque les prototypes de l'ABC apparaissent en 1919, ils présentent un ensemble de caractéristiques des plus avancées, rarement vues sur une moto à cette époque. L'ABC est équipée de suspensions avant et arrière, de freins avant et arrière, d'une boîte à quatre rapports, d'un embrayage multidisque et d'un cadre en berceau tubulaire. Le moteur de 398 cm³ bicylindre à plat monté transversalement dans le cadre est à soupapes en tête. Sur bien des points, l'ABC annonce la BMW à bicylindre transversal qui naît en Allemagne en 1923 (voir page 26), mais la machine anglaise à suspension arrière est à chaîne. La BMW rigide est à arbre. Le faible poids de l'ABC laisse présager de bonnes performances malgré la faiblesse de la cylindrée. Les suspensions promettent le confort. Sur ces deux points, l'ABC est réussie. L'ABC illustrée ici est un modèle de 1921. Produites initialement en Angleterre, ces motos sont fabriquées sous licence en France par la firme de moteurs d'avions Gnôme et Rhône (voir page 65) entre 1920 et 1924.

Vue avant

Un moteur bicylindre à plat transversal risque d'être endommagé en cas de chute, surtout si la distribution est exposée. Sur l'ABC, les cylindres sont protégés par les tubes avant du cadre, largement écartés. Un tablier en tôle peut être monté pour apporter au pilote une certaine protection contre les intempéries. Les repose-pieds wagon sont aussi montés à l'intérieur du périmètre du cadre.

•L'ABC et ses problèmes•

Malgré son prix élevé, l'ABC suscite immédiatement un afflux de commandes. Conçue par Granville Bradshaw, elle est produite par la société Sopwith Aircraft qui cherche à se diversifier après la guerre. Mais au moment où la moto est effectivement mise sur le marché, son prix a encore nettement augmenté. L'ABC connaît quelques problèmes, surtout du côté de la distribution et du kickstarter, qui détournent les clients de la marque. Sopwith rencontre des difficultés, mais l'ABC est toujours vendue en 1923.

Une ABC photographiée en 1921

Ace

Cylindrée 1 229 cm³ • Puissance inconnue • Poids 166 kg • Vitesse inconnue ÉTATS-UNIS

L'ACE EST CONÇUE par William G. Henderson après son départ de la firme portant son nom en 1919 (voir page 80). La nouvelle moto est du même style que la Henderson avec son moteur semi-culbuté installé longitudinalement. La boîte à commande manuelle est à trois rapports et la transmission finale par chaîne. La fourche avant est à moyeu déporté (roue poussée). Mais l'Ace est bien plus légère que ses concurrentes : 27 kg de moins que la Henderson produite à Chicago, avec des performances supérieures. Les modèles de série sont lancés en 1920. William Henderson meurt en 1922 d'un accident en essayant un nouveau modèle. Il est remplacé par Arthur O. Lemon. Mais la direction d'Ace est moins douée que ses ingénieurs, et la production est arrêtée à la fin de 1924 lorsque la firme connaît des difficultés financières. Le contrôle de la marque passe deux fois dans d'autres mains avant le rachat par Indian du stock, des outillages et des droits en 1927. Indian commercialise une Indian Ace jusqu'en 1928.

VUE AVANT

LA MOTO illustrée ici est une des machines fabriquées par la Michigan Motors Corporation en 1926 avant le rachat par Indian des droits de fabrication et le déménagement de la production à Springfield, Massachusetts. Indian produit l'Indian Ace pendant un an avant de présenter des modèles redessinés par Arthur O. Lemon. Indian produit des quatre-cylindres en ligne jusqu'en 1942.

•UNE MOTO DE CHAMPION•

L'Ace est très appréciée par les sportifs en courses de côte et d'endurance. En septembre 1922, « Cannonball » Baker établit un nouveau record de traversée transcontinentale en mettant 5 jours, 22 heures et 6 minutes pour couvrir les 5 365 kilomètres séparant Los Angeles de New York. En 1924, Red Wolverton bat le record du monde de vitesse à 208 km/h avec une Ace préparée. Cette photo montre Charlie Cole en 1922 se ravitaillant au cours d'une épreuve d'endurance en Pennsylvanie.

1922 : course d'endurance

ADLER MB200

Cylindrée 195 cm³ • Puissance 16 ch à 5 590 tr/min • Poids 135 kg • Vitesse 95 km/h

ALLEMAGNE

ADLER REVIENT SUR LE MARCHÉ DE LA MOTO en 1949 après une interruption de plus de quarante ans. Les nouvelles machines légères ont un moteur monocylindre deux temps. En 1951, une twin de 195 cm³ est ajoutée à la gamme. Le nouveau modèle est la M200. La machine illustrée ici est un modèle 1954. Une version 250 apparaît en 1952. Pour obtenir cette cylindrée, l'alésage est porté à 54 mm donnant les cotes 54 x 54 mm classiques en deux-temps. Malgré les qualités et la réputation des modèles Adler, le marché allemand de la moto connaît une profonde récession à la fin des années 50. Adler, rachetée par Grundig, fabricant de radios et de télévisions, se consacre aux machines à écrire. Si la moto Adler disparaît, son modèle de bicylindre marque la technique motocycliste. Les concepteurs anglais et japonais s'inspirent largement de son dessin. Les premiers twins deux temps produits par deux jeunes firmes japonaises, Suzuki et Yamaha, sont très influencés par la machine allemande.

VUE AVANT

LE BICYLINDRE a un vilebrequin calé à 180° et l'embrayage est du côté gauche. La transmission s'effectue par pignons hélicoïdaux vers une boîte à quatre rapports. Le moteur est monté dans un cadre à double berceau avec suspension arrière à plongeurs. La suspension avant est à roue poussée avec ressorts en spirale. La chaîne finale est sous carter intégral.

VUE ARRIÈRE

LES VERSIONS DE COURSE de l'Adler M250 signent quelques succès dans les épreuves allemandes. En 1954, l'usine propose à la vente une moto de série-compétition, la RS250. Mal développée, sans doute en raison de la proximité de son retrait du marché, cette moto n'obtient pas de résultats significatifs.

AJS Model D

Cylindrée 748 cm³ • Puissance inconnue • Poids 125 kg • Vitesse inconnue

Royaume-Uni

Lancée en 1912, la Model D est la première d'une série d'AJS à moteur bicylindre en V qui s'achève en 1940 avec la 1 000 cm³ Model 2. Cette moto de 698 cm³ offre des culasses détachables, une transmission par chaîne et une boîte trois rapports à deux arbres. En 1915, la cylindrée passe à 748 cm³ avec des cylindres borgnes. Le moteur à soupapes latérales 74 x 87 mm avec magnéto et carburateur automatique est graissé par huile perdue. Le modèle de 1915 illustré ci-dessus est équipé de l'éclairage à acétylène.

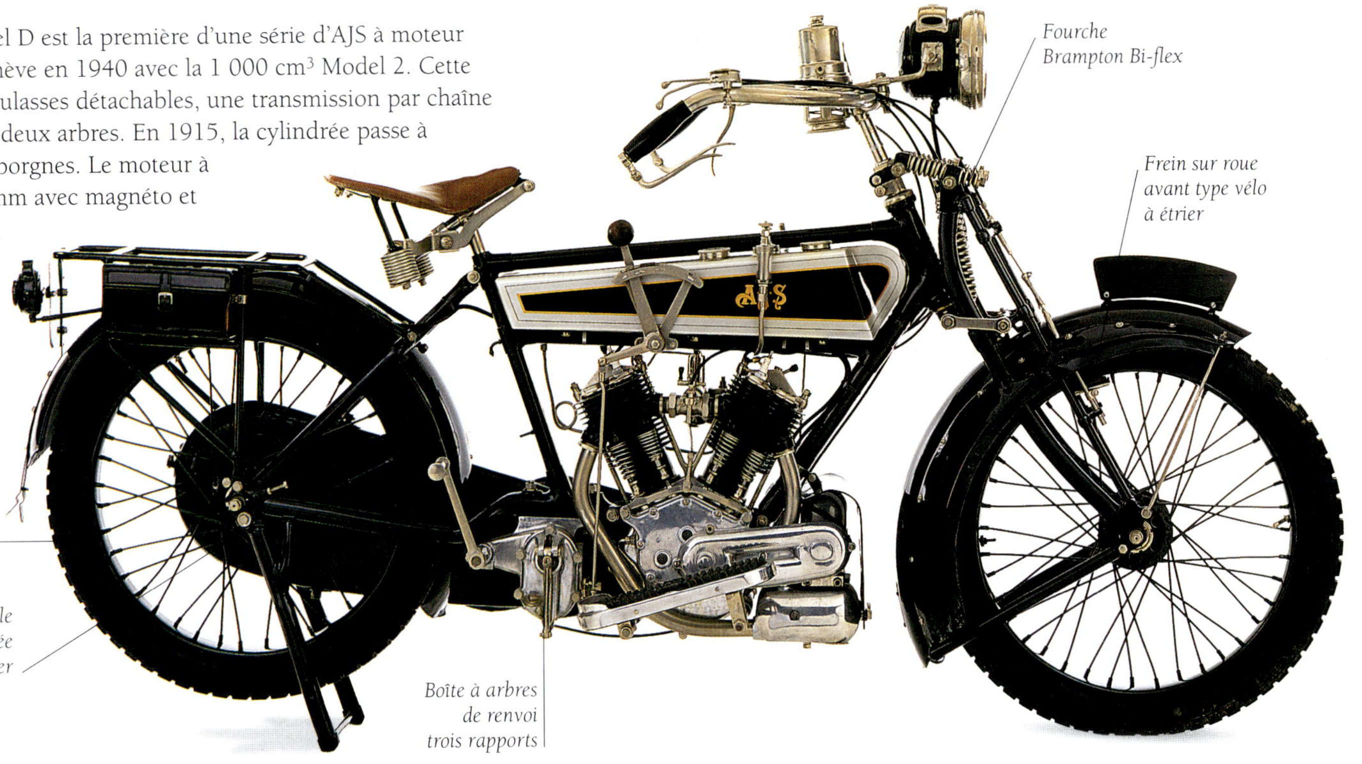

AJS 350 G6

Cylindrée 349 cm³ • Puissance inconnue • Poids 95 kg • Vitesse 75 km/h (estimée)

Royaume-Uni

Au début des années 20, AJS signe quelques succès légendaires en course avec ses 350 culbutées qui remportent le TT quatre fois de suite à partir de 1920. Elle gagne aussi le Senior en 1921 malgré un handicap de 150 cm³ par rapport à la concurrence. Les machines d'usine de 1922 sont surnommées « gros trous » à cause du diamètre important des orifices d'échappement et du tube de 2 1/4 pouces (57 mm). Les modèles de série suivent en 1923. Le diamètre des échappements diminue en 1925 et 1926, comme sur cette machine (ci-contre), mais retrouve sa dimension en 1927. Ce moteur est probablement le premier moteur anglais à culbuteurs véritablement réussi.

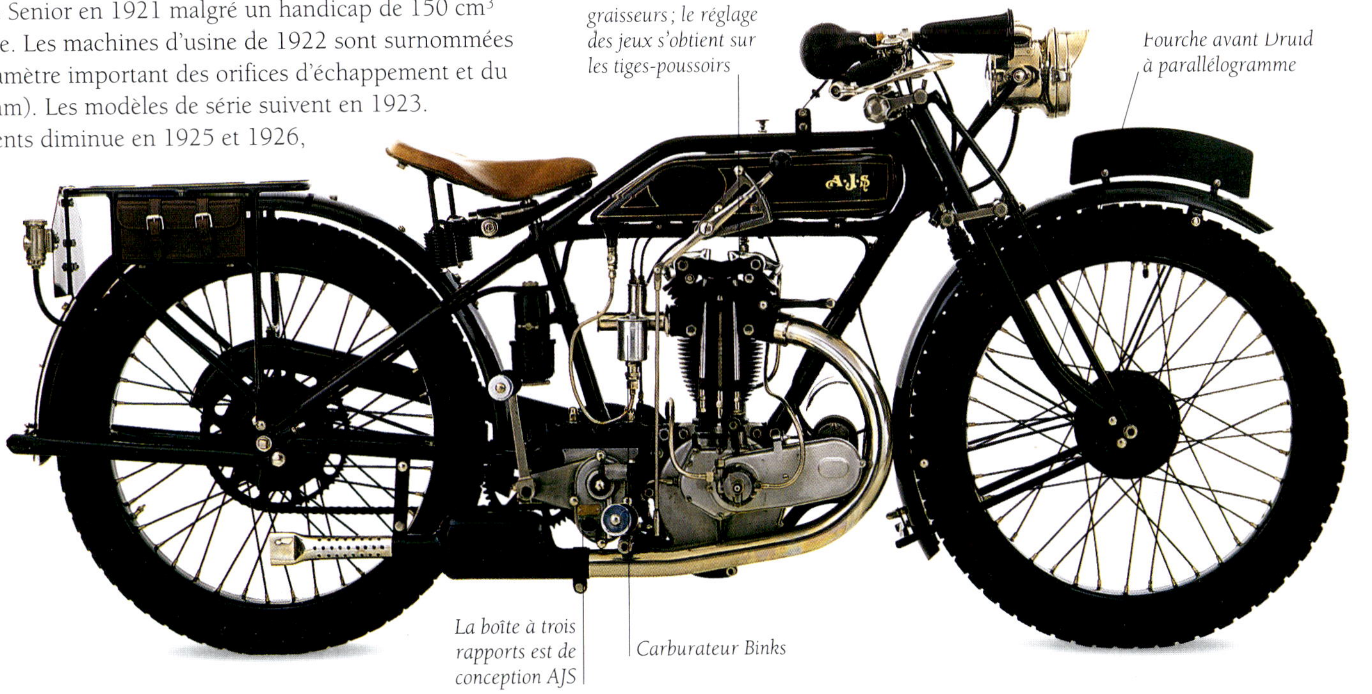

AJS R7 (30/7)

Cylindrée 346 cm³ • Puissance inconnue • Poids 132 kg • Vitesse inconnue

ROYAUME-UNI

EN 1927, **AJS** SUIT LES TRACES de Velocette et Norton en produisant son propre mono à un ACT. Les versions de production apparaissent l'année suivante en 350 et 500 cm³. À l'époque où cette R7 (la lettre indique l'année 1930, le chiffre, la cylindrée de 350 cm³) est produite, le modèle a été perfectionné avec un nouveau cadre et un moteur révisé intérieurement. Cette moto est une machine de course d'usine, mais les motos de production sont très proches. Matchless reprend AJS en 1931. Il est probable qu'aucune machine à ACT n'est produite au cours des deux années suivantes.

AJS S3

Cylindrée 498 cm³ • Puissance inconnue
Poids 160 kg • Vitesse inconnue

ROYAUME-UNI

ANNONCÉE EN AVRIL **1931**, peu de temps avant le rachat de la firme par Matchless, la S3 est un modèle nouveau visant à accroître le volume des ventes et la notoriété de la marque AJS. Peu d'unités sont fabriquées avant son abandon par le repreneur d'AJS. Monté transversalement, le V-twin d'avant-garde à 50°, soupapes latérales, a des arbres à cames entraînés par des chaînes à l'extérieur du V. À l'exception du cadre duplex, la partie cycle est totalement AJS, mais le garde-boue avant est si large que les tubes de fourche doivent le traverser. Cette moto est livrée avec éclairage et avertisseur électriques standard.

AJS V4 COMPRESSEUR

Cylindrée 495 cm³ • Puissance 80 ch (estimée)
Poids 184 kg • Vitesse 217 km/h

ROYAUME-UNI

DÉVELOPPÉE PAR LE PRÉPARATEUR **AMC** pour le Senior TT 1939, la formidable V4 Compresseur est construite pour répondre aux machines officielles allemandes et italiennes, suralimentées, qui dominent le TT et les Grands Prix de l'époque. C'est la première moto qui boucle un tour à plus de 161 km/h de moyenne. Les deux blocs en V parallèles, montés en long, ont des cylindres à 50° avec un ACT par rangée entraîné par chaîne. Le compresseur est à l'avant du carter en magnésium. La guerre de 1939 la prive d'une victoire en 1940 et le compresseur est interdit en 1946 par les autorités sportives.

AJS 7R/3A

Cylindrée 350 cm³ • Puissance 40 ch à 8 000 tr/min • Poids inconnu • Vitesse inconnue

ROYAUME-UNI

POUR LE JUNIOR TT 1954, le chef de l'atelier des courses, Ike Hatch, développe une version trois soupapes du 7R de 348 cm³. Outre des modifications de la culasse et du boîtier d'arbres à cames, les cotes passent à 75,5 x 78 mm. La 7R/3A, dite « Triple Knocker » à cause des trois cames, reprend le cadre et la partie-cycle développés pour les motos de course « Porcupine » (porc-épic) (ci-dessous). Hatch étudie ensuite un entraînement d'arbres à cames par arbre et pignons coniques, mais le projet est arrêté par les gestionnaires de la firme.

AJS PORCUPINE

Cylindrée 500 cm³ • Puissance 55 ch à 7 600 tr/min
Poids 65 kg • Vitesse inconnue

ROYAUME-UNI

LA PORCUPINE (PORC-ÉPIC) À DEUX CYLINDRES PARALLÈLES et 2 ACT apparaît en 1947. Son surnom vient de l'aspect des ailettes serrées de la culasse ressemblant à des piquants entre les boîtiers de cames, bien que ce système ait été supprimé en 1954. Le projet initial prévoit des culasses fondues en argent pour mieux évacuer la chaleur, mais il se révèle peu pratique et trop coûteux. Le moteur aurait dû recevoir un compresseur, mais l'interdiction générale d'après-guerre l'en empêche. Avec deux carburateurs aspirant dans un cuve commune séparée, le moteur n'atteint jamais la puissance prévue.

ALLRIGHT

Cylindrée 320 cm³ • Puissance 2,25 ch
Poids inconnu • Vitesse 40 km/h

ALLEMAGNE

ALLRIGHT EST UNE DES MARQUES COMMERCIALES utilisées par la société Köln-Lindenthaler Metallwerke. Cette machine de 1903, typique de son époque, utilise un moteur monocylindre vertical Kelecom. La soupape d'échappement est commandée par un arbre à came monté à l'avant du cylindre. L'admission est automatique. Son faible ressort de rappel permet à la dépression créée dans le cylindre par la descente du piston d'ouvrir la soupape par la pression atmosphérique.

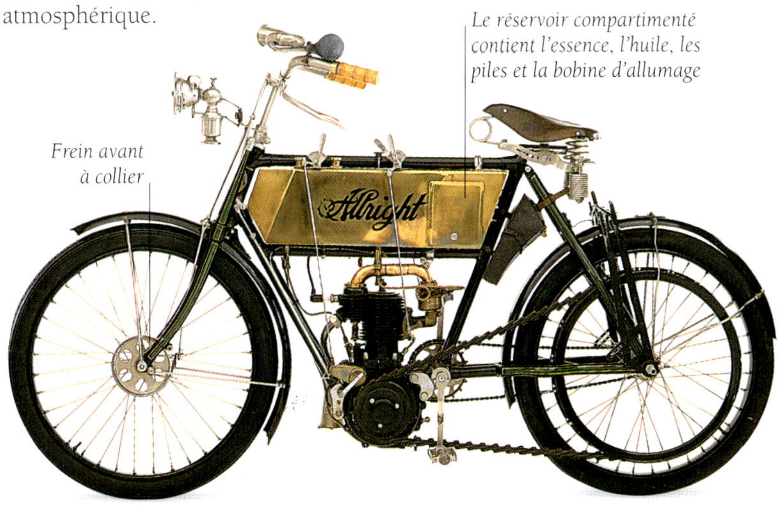

Allstate Compact

Cylindrée 59 cm³ • Puissance inconnue
Poids inconnu • Vitesse 68 km/h (estimée)

ÉTATS-UNIS

Les grands magasins Sears de vente par correspondance (voir page 168) commencent à commercialiser les scooters américains Cushman sous leur propre marque, Allstate, en 1951. Les motos autrichiennes Puch s'y ajoutent en 1954 et, pendant deux ans, à partir de 1961, la Compact construite par Puch comble l'écart entre le cyclomoteur et le scooter. Le réservoir est monté comme sur une moto et l'espace entre celui-ci et la selle est si réduit que l'intérêt de la formule scooter disparaît.

Allstate 250

Cylindrée 248 cm³ • Puissance 16,5 ch à 5 800 tr/min
Poids 163 kg • Vitesse 116 km/h (estimée)

ÉTATS-UNIS

Vendue sous la marque Allstate aux États-Unis, cette machine est en fait une Puch fabriquée en Autriche. Elle possède un moteur deux temps, peu courant, bicylindre à chambre commune utilisé par Puch depuis 1923. Le premier modèle 248 cm³, base de l'Allstate 1953, apparaît en 1949. Il est retouché en 1953 avec introduction du cadre en tôle emboutie. À ses débuts, la 250 offre de bonnes performances, mais le deux-temps classique rattrape puis dépasse les 16,5 ch du moteur Puch. Au milieu des années 60, le modèle est estimé trop sage et définitivement dépassé.

Aprilia RSV250

Cylindrée 249 cm³ • Puissance 84 ch à 12 500 tr/min • Poids 91 kg • Vitesse 250 km/h (estimée)

ITALIE

La jeune firme Aprilia estime que les succès en course ne peuvent que renforcer son image de marque. À l'origine, la firme produit des motos de cross, mais au milieu des années 80, elle entame une campagne de Grands Prix dans les catégories 250 puis 125. Les premières machines ont un moteur Rotax deux temps deux cylindres parallèles à soupapes rotatives, mais en 1989 les nouvelles motos présentent un moteur en V. Menées en course par des pilotes d'usine, ces motos sont également vendues à des privés. Max Biaggi signe en 1994 le premier titre mondial en classe 250 d'Aprilia. La machine ci-contre date de 1990.

APRILIA PEGASO 650

Cylindrée 652 cm3 • Puissance 49 ch à 7 000 tr/min
Poids 156 kg • Vitesse 175 km/h

ITALIE

UNE COLLABORATION ÉTROITE ENTRE APRILIA et le fabricant de moteurs autrichien Rotax débouche, en 1993, sur cette moto de trail très raffinée. La culasse est à cinq soupapes disposées radialement autour de la bougie centrale et commandées par deux ACT entraînés par chaîne. La combinaison de la technologie, du style, du prix et de la performance a fait de la Pegaso une sérieuse concurrente face à la domination japonaise sur le marché des trails.

ARDIE 3PS (3 CV)

Cylindrée 305 cm³ • Puissance 3 ch à 2 000 tr/min
Poids inconnu • Vitesse inconnue

ALLEMAGNE

ARNO DIETRICH COMMENCE À PRODUIRE ses propres machines en 1919 après avoir travaillé pour la société Premier. Ses premières motos sont des monocylindres deux temps de 305 et 348 cm³ avec piston à déflecteur. La moto ci-dessous de la cylindrée la plus basse date de 1923. Elle possède un cylindre vertical dont l'admission (à carburateur) et l'échappement sont placés à l'avant. En 1922, Dietrich se tue en course et la firme change de mains. Les deux-temps continuent d'être produits avant que les repreneurs ne se tournent vers des moteurs de provenance extérieure à la firme.

ARDIE TM500

Cylindrée 498 cm³ • Puissance 11 ch à 3 400 tr/min • Poids inconnu • Vitesse 90 km/h (estimée)

ALLEMAGNE

APRÈS LA MORT D'ARNO DIETRICH, la firme est reprise par la famille Bendit qui commence à produire des machines plus orthodoxes à moteurs JAP. Le modèle illustré ici est une TM 500 de 1927 avec moteur monocylindre JAP 498 cm³ à soupapes latérales installe dans un classique cadre en losange. D'autres modèles Ardie emploient des moteurs JAP monocylindre et bicylindre en V de 248 à 996 cm³. La boîte à trois rapports, produite par Hurth, est une copie de la Burman anglaise. Cette moto est équipée d'accessoires typiques de l'époque dont le tan-sad sur le porte-bagages.

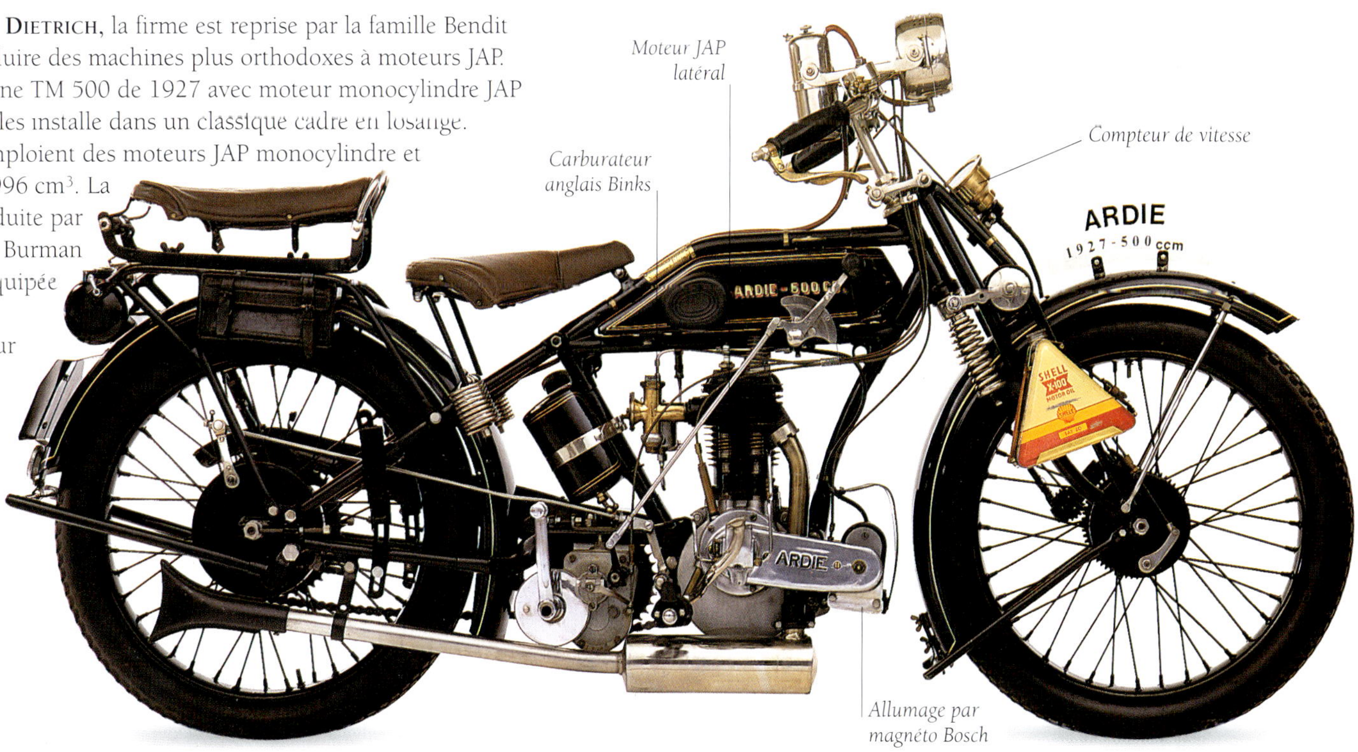

ARIEL

Ariel Square-Four

Cylindrée 597 cm³ • Puissance 24 ch à 6 000 tr/min • Poids 187 kg • Vitesse 137 km/h

Royaume-Uni

Après deux années de mise au point, la Square-Four, née du crayon d'Edward Turner, est lancée en production pour l'année modèle 1931. Le moteur d'un type nouveau offre les avantages d'un quatre-cylindres sous l'aspect d'un groupe compact. Ce moteur est installé dans un cadre très voisin de celui de l'Ariel 500 monocylindre. Les handicaps sont un coût de fabrication élevé et un refroidissement médiocre. L'architecture du moteur est celle de deux bicylindres parallèles partageant un carter, une culasse et un bloc-cylindre communs avec deux vilebrequins accouplés par des engrenages centraux. Le dessin original prévoit que le vilebrequin arrière entraîne la boîte de vitesses à trois rapports construite en bloc avec le moteur. La moto de série est équipée d'une chaîne primaire recevant son mouvement au niveau du cylindre arrière gauche attaquant une boîte Burman à quatre rapports. Le volume contenu dans l'extension du carter-moteur, à joint horizontal, prévu à l'origine pour recevoir la boîte, sert de réservoir d'huile intégré. On voit ici un modèle 1932.

Vue avant

L'arbre à cames en tête, la magdyno (magnéto-dynamo) et la pompe à huile à engrenages sont actionnés par un arbre tournant à demi-régime du moteur à partir de l'avant du vilebrequin. L'autre bout de l'arbre à cames entraîne le distributeur d'allumage. Dans la culasse et sous le boîtier des cames séparé, une tubulure en X, alimentée au centre par le carburateur monté à l'avant, distribue le mélange aux quatre cylindres par des conduits de longueur égale.

• La bombe du Salon •

L'Ariel Square-Four fait sensation lors de son lancement au Salon de la moto de l'Olympia en 1930. Les premiers modèles de production ont une cylindrée de 497 cm³, bien que l'année suivante la cylindrée atteigne 597 cm³, probablement pour une utilisation éventuelle en side-car. La 500 est au catalogue 1932 mais, produite en quantité limitée, elle est abandonnée un an après.

L'Ariel Square-Four exposée au Salon de l'Olympia 1930

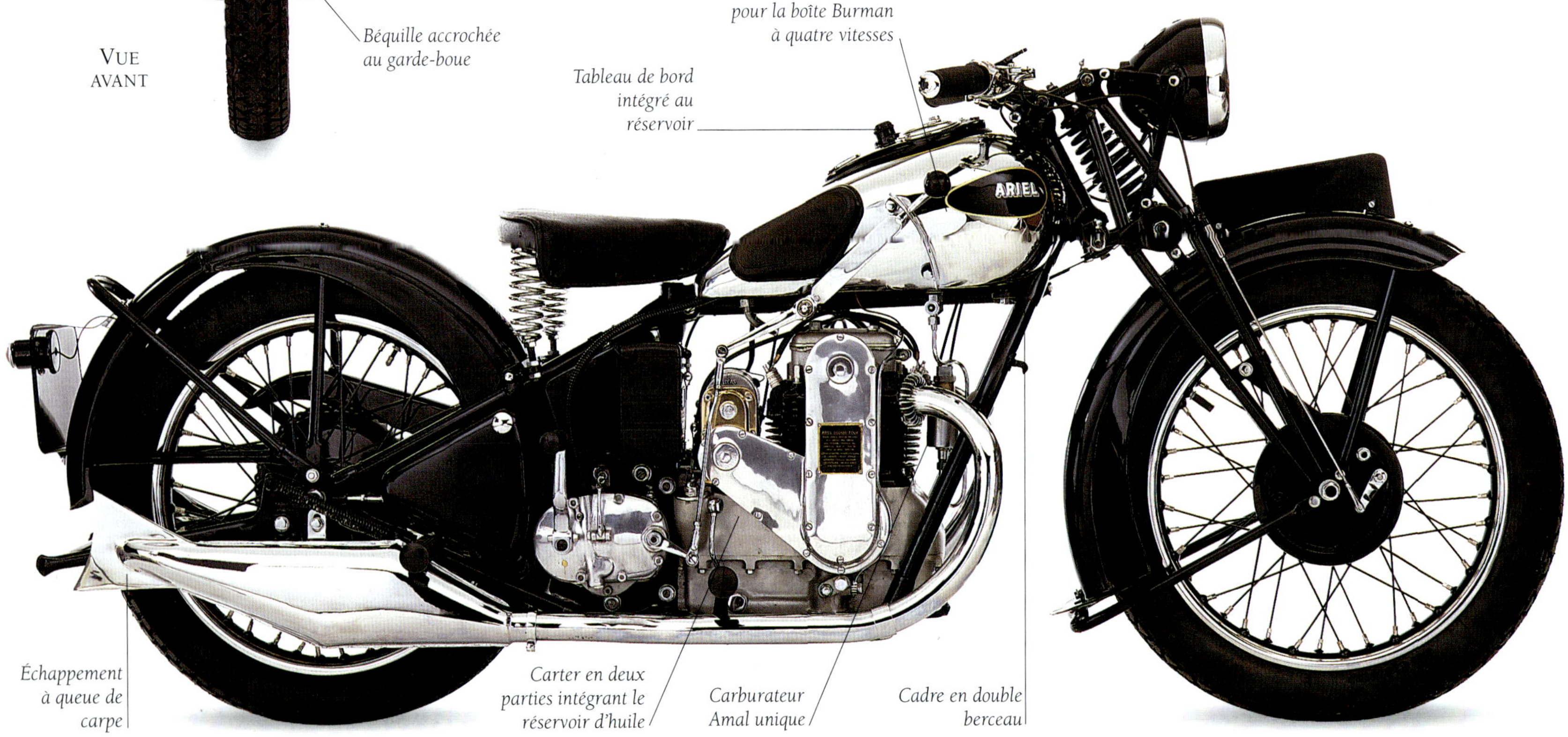

ARIEL RED HUNTER

Cylindrée 347 cm³ • Puissance 17 ch à 5 600 tr/min • Poids 145 kg • Vitesse 129 km/h

ROYAUME-UNI

LE PEDIGREE DE LA RED HUNTER remonte aux dessins de Val Page datant de 1926. Le nom de Red Hunter apparaît en 1932 sur une version sport de l'Ariel 500 monocylindre à culbuteurs. La gamme Red Hunter est étendue à des modèles de 250 et 350 cm³. Dès le début, les qualités de la machine sont reconnues par les pilotes de trials et de grass-track, mais il faut attendre qu'Edward Turner se livre à un exercice de style à base de chrome et de couleurs vives pour qu'elle rencontre un vrai succès commercial. À la fin des années 30, sa clientèle est bien définie, et ce jusqu'en 1959. Le modèle ci-contre est une 350 de 1937.

ARIEL SQUARE-FOUR

Cylindrée 997 cm³ • Puissance 40 ch à 5 600 tr/min • Poids 193 kg • Vitesse 164 km/h

ROYAUME-UNI

LA SQUARE-FOUR DE 1955, comme la moto illustrée ici, représente pratiquement l'ultime stade de développement du modèle à culbuteurs né en 1937. Avec les années, la moto a reçu une suspension arrière, une fourche avant télescopique, un moteur tout en alliage léger et un échappement à quatre sorties. Sous cette forme, c'est à l'époque la machine de tourisme absolue avec des performances proches des machines de sport. Le moteur, généreux et souple, fait de la boîte à quatre rapports un luxe plutôt qu'une nécessité. La production cesse en 1960.

Ariel Leader

Cylindrée 247 cm³ • Puissance 17,5 ch à 6 750 tr/min • Poids 136 kg • Vitesse 113 km/h

Royaume-Uni

Le succès croissant des scooters dans les années 50 conduit de nombreux constructeurs à présenter des machines offrant un degré de protection comparable à celui de ce type de deux-roues tout en conservant les qualités de maniabilité de la moto. Parmi les modèles les plus réussis, on trouve l'Ariel Leader de 247 cm³. Dès son lancement, en 1958, elle innove par son cadre en tôle emboutie de type poutre habillée d'une séduisante carrosserie complétée d'un pare-brise et d'un tablier. On voit ici un modèle 1964.

La Leader peut recevoir un grand nombre d'accessoires tels que des sacoches métalliques en supplément du faux réservoir, des clignotants de direction, une béquille latérale et une montre au tableau. La Leader est digne du slogan de la marque : « La moto moderne ».

Vue avant

Ariel Arrow Super Sports

Cylindrée 247 cm³ • Puissance 20 ch @ 6 650 tr/min • Poids 129 kg • Vitesse 129 km/h

Royaume-Uni

Souvent appelée Golden Arrow (Flèche d'or), l'Arrow Super Sports apparaît en 1961 sous la forme d'une seconde version sportive dérivée du modèle Leader de 1958. Elle est inspirée par la performance de Mike O'Rourke dans le Lightweight TT de 1960 : sur une Arrow de série modifiée, il signe une moyenne de 129 km/h et termine septième. La famille Leader/Arrow a toujours fait preuve d'un excellent comportement routier et, avec une légère préparation moteur et quelques améliorations mineures quant à l'aspect et les équipements, elle séduit toute une génération. Cette moto date de 1963.

ARMSTRONG

ARMSTRONG MT500

Cylindrée 485 cm³ • Puissance 32 ch à 6 200 tr/min • Poids 161 kg • Vitesse 153 km/h

ROYAUME-UNI

ARMSTRONG, fournisseur de pièces mécaniques aux revendeurs, aborde la construction de motos dans les années 80 en s'assurant une base technique par le rachat des marques Cotton et CCM. Le spécialiste du tout-terrain, CCM, apporte à ce type militaire son expérience et son savoir-faire. Il en résulte une moto très fonctionnelle aussi performante sur la route qu'en tout-terrain.

LE MOTEUR est d'origine Rotax (Autriche), mais tout le reste est anglais. Lorsque Armstrong abandonne la moto, les droits de fabrication sont achetés par Harley-Davidson. Ce modèle date de 1985 environ.

VUE AVANT

ASCOT-PULLIN 500 CM³

Cylindrée 496 cm³ • Puissance 17 ch (estimée) • Poids 150 kg • Vitesse 113 km/h (estimée)

ROYAUME-UNI

À CETTE MACHINE, dotée de toutes les caractéristiques les plus avancées, il ne manque qu'une chose : le succès. Le cadre en tôle emboutie renferme un moteur et une boîte en bloc avec cylindre horizontal ainsi qu'une boîte au-dessus du carter de vilebrequin. Toutes les pièces mécaniques, y compris la chaîne, sont enfermées, donnant à la moto un aspect très net. Cette image civilisée est soulignée par le tableau de bord intégré au guidon, les protège-jambes optionnels, le pare-brise et les essuie-glace sur demande. Malheureusement, la Grande-Bretagne entre dans la crise et cette moto disparaît. La 500 illustrée ici date de 1929.

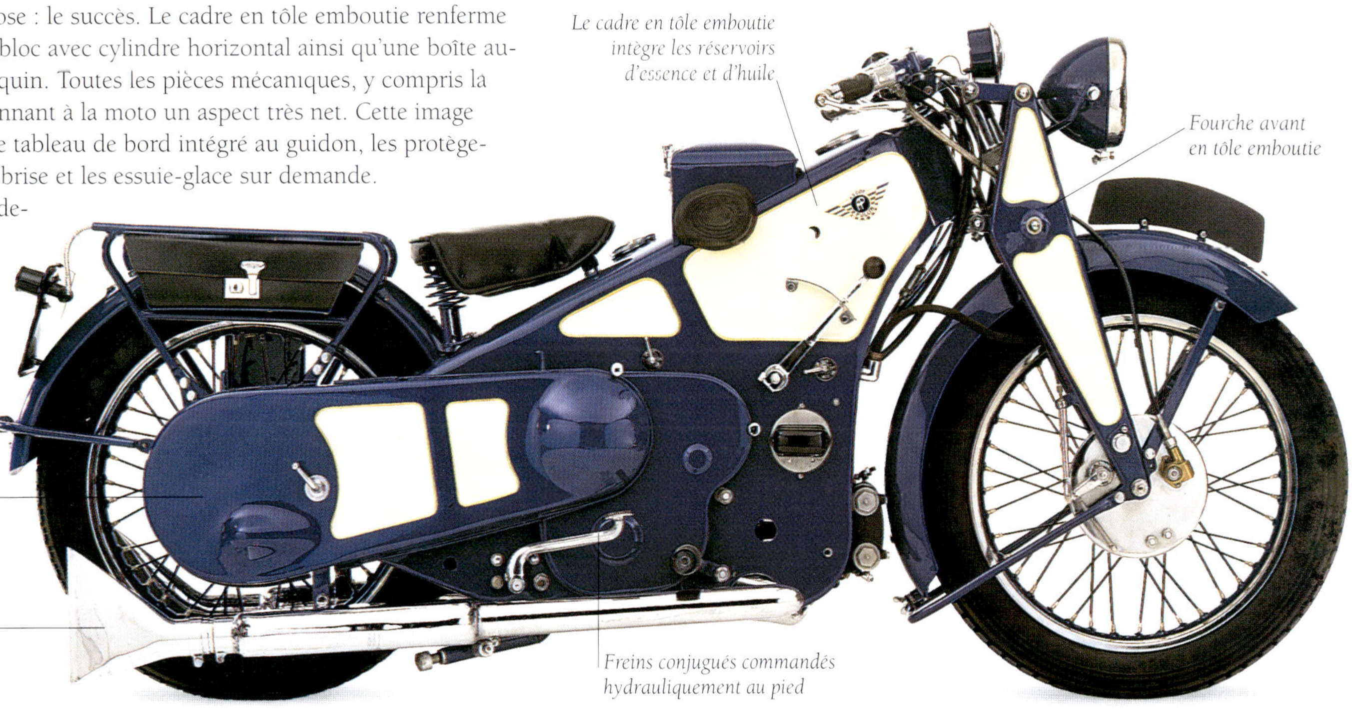

Autoped

Cylindrée 155 cm³ • Puissance 1,5 ch (estimée) ÉTATS-UNIS
Poids inconnu • Vitesse 32 km/h (estimée)

L'AUTOPED, à peine plus important qu'un scooter à moteur pour enfant, est construit aux États-Unis de 1915 à 1921. En Allemagne, la licence de fabrication est cédée à Krupp. Le moteur est installé latéralement à la roue avant et le réservoir est placé au-dessus du garde-boue. La colonne du guidon commande l'embrayage et le frein : poussée vers l'avant, on embraye, tirée vers l'arrière, on freine. Une manette règle les gaz. Le pilote doit contrôler toutes ces commandes et la direction en position debout.

La colonne s'abaisse pour faciliter le rangement

Le garde-boue intègre les supports de l'axe de roue

Plancher en tôle emboutie avec renforts diagonaux

Barigo

Cylindrée 599 cm³ • Puissance 61 ch à 8 000 tr/min FRANCE
Poids inconnu • Vitesse 177 km/h (estimée)

PATRICK BARIGO CONSTRUIT EN QUANTITÉ LIMITÉE des motos utilisant le monocylindre quatre temps de la firme autrichienne Rotax. Cette routière de 1992 dérive des machines type Super Motard de Barigo. Des suspensions et des freins de qualité supérieure sont adoptés et le faible poids, le bon comportement dynamique et la force du moteur offrent des performances impressionnantes. Engagé dans le terrible Paris-Dakar et autres rallyes-raids, Barigo est en fait le seul constructeur de motos encore en activité en France dans les années 90.

Cadre en alliage léger

Fourche inversée

Moteur Rotax à deux ACT et quatre soupapes

Bat

Cylindrée 500 cm³ (estimée) • Puissance inconnue • Poids inconnu • Vitesse 40 km/h ROYAUME-UNI

LES PREMIÈRES MOTOS BAT sont construites par S.R. Batson au sud de Londres, en 1902, mais à l'époque où cette moto est produite, vers 1904, la firme est dirigée par T.H. Tessier. Son slogan, « Best after Test » (la meilleure après essai), souligne les capacités réelles de ses machines. Cette moto possède un moteur à admission automatique produit par la Motor Manufacturing Company (MMC) d'Harry Lawson, mais on voit aussi des moteurs De Dion.

LE MOTEUR VERTICAL est installé selon la « nouvelle » façon Werner et le cadre est renforcé par des tubes supplémentaires attachés à la fourche arrière. En 1909, une selle suspendue est proposée. Bat considérait que les pédales étaient un aveu de la faiblesse du moteur dans les côtes. Les pilotes de Bat devaient mettre pied à terre et pousser.

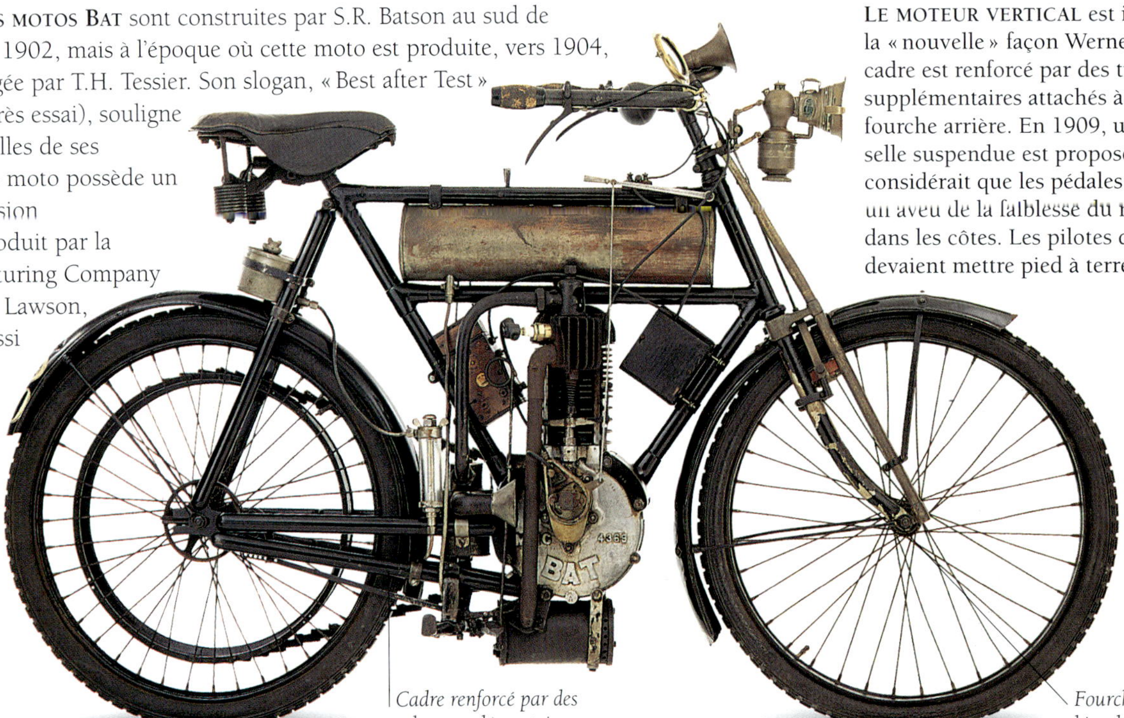

Cadre renforcé par des tubes supplémentaires

Fourche avant type bicyclette avec tubes de renfort

VUE ARRIÈRE

Benelli 750 Sei

Cylindrée 748 cm³ • Puissance 71 ch à 8 900 tr/min • Poids 220 kg • Vitesse 190 km/h

Italie

La Sei (Six) est le produit d'une tentative du nouveau propriétaire de Benelli, Alessandro De Tomaso, de faire mieux que les Japonais. Ironiquement, le moteur est une copie presque parfaite du quatre-cylindres 500 cm3 Honda, mais avec deux cylindres de plus. L'alternateur est monté derrière les cylindres dans le but, assez illusoire, de réduire la largeur du groupe. Si les prototypes apparaissent dès 1972, les modèles de production n'arrivent sur le marché qu'en 1974. On voit ici un modèle 1976.

Bianchi ES250/1

Cylindrée 248 cm³ • Puissance 10 ch à 4 800 tr/min • Poids 148 kg • Vitesse 105 km/h

Italie

Cette ES250/1 de 1937 est typique du niveau de qualité des motos Bianchi. Cette firme est un des plus anciens constructeurs italiens, de ses débuts au tournant du siècle jusqu'en 1967. Elle fabrique toujours des bicyclettes. Cette machine bénéficie d'un moteur à un ACT, entraîné par arbre avec ressorts de rappel exposés en épingle. La culasse en fonte a deux orifices d'échappement suivis de deux tubes de sortie (un de chaque côté). Le bas-moteur comporte un réservoir d'huile intégral.

BIMOTA TESI 1D

Cylindrée 904 cm³ • Puissance 118 ch à 9 000 tr/min • Poids 188 kg • Vitesse 266 km/h

ITALIE

LA MINUSCULE FIRME ITALIENNE BIMOTA occupe une position extraordinaire sur le marché italien. Elle produit de remarquables motos sportives en quantités très limitées et aux normes les plus élevées à partir des meilleurs composants et matériaux. Cette recette se traduit par des prix tout aussi impressionnants. Les conceptions sont innovantes et Bimota a toujours été à l'avant-garde de la technologie et du développement des parties-cycle. Petite entreprise, elle fait appel à des moteurs extérieurs pour ses machines de route. Bimota est le premier constructeur offrant une alternative à la fourche télescopique classique pour une machine de sport moderne.La Tesi (Thesis) est exposée pour la première fois sous forme de prototype au Salon de Milan 1982, et un prototype de course apparaît en 1984. Les premières versions utilisent un moteur Honda V4 dans un cadre en fibre de carbone avec une direction à commande hydraulique. Au moment où les versions de production sont disponibles, en 1990, l'étude a encore progressé. Le « cadre » est désormais composé de deux parties en alliage léger boulonnées autour du moteur Ducati V-twin. La selle, le réservoir, le carénage et le pivot du guidon sont montés sur un cadre secondaire en petits tubes. Les bras oscillants sont en alliage léger et les amortisseurs avant et arrière sont attaqués par des biellettes. On voit ici une Tesi 1D 1992.

La sportive Tesi n'est livrée qu'avec une selle solo

Régleur de chaîne à excentrique

Le carénage intégral cache une version poussée du moteur Ducati 904 cm³ V-twin à huit soupapes et injection

AU FREINAGE, UNE FOURCHE TÉLESCOPIQUE se comprime, ce qui signifie que les bosses ne peuvent plus être absorbées et que la géométrie de la direction se modifie du fait du changement d'assiette de la moto (mais certains prétendent que c'est bénéfique). La hauteur de la tête de direction imposée par la fourche télescopique fait que les efforts de freinage sont transmis dans la partie supérieure du cadre. Sur la Tesi, les contraintes sont transmises vers l'arrière directement dans le cadre qui, n'ayant plus à absorber d'efforts anormaux, peut présenter une structure minimale.

LA ROUE AVANT tourne autour d'un moyeu creux de gros diamètre.
À l'intérieur de ce moyeu passe une broche fixée de chaque côté du bras oscillant. Un axe vertical fixé au centre de la broche est relié au moyeu par des roulements à billes qui permettent son braquage. Celui-ci est commandé par un levier émergeant du moyeu et relié au guidon par une système de tiges et de rotules.

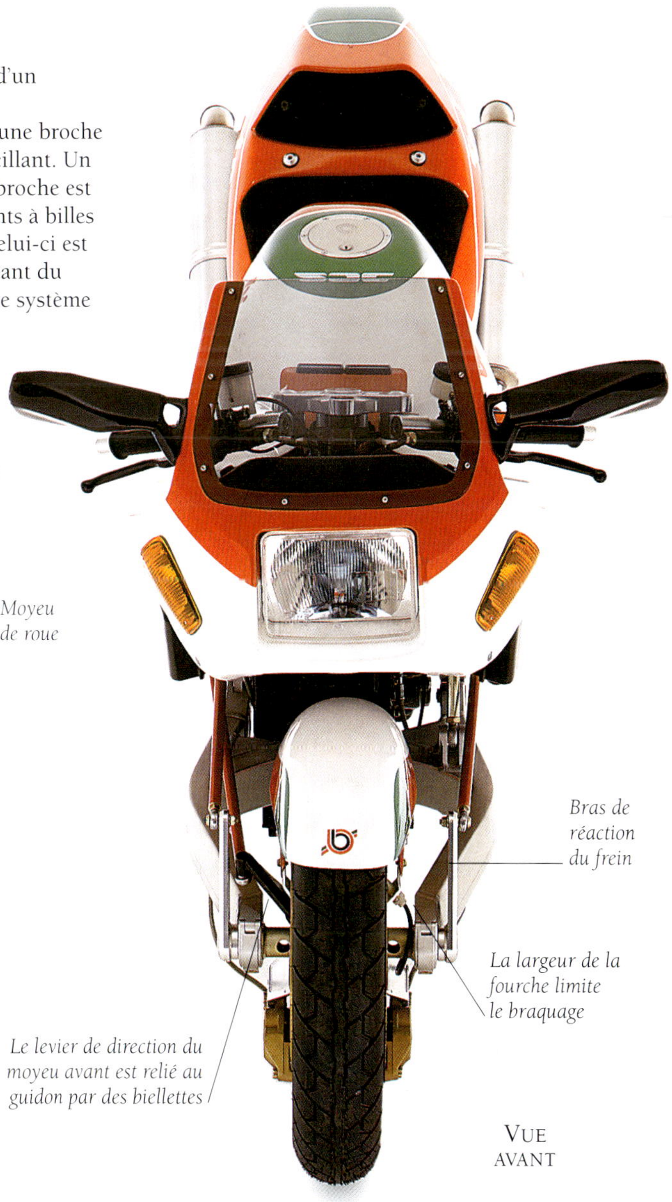

VUE AVANT

BMW R32

Cylindrée 494 cm³ • Puissance 8,5 ch à 3 300 tr/min • Poids 122 kg • Vitesse maximale 85 km/h

Allemagne

Le moteur bicylindre à plat ou flat-twin est courant sur les motos des années 20, et beaucoup de constructeurs du monde entier utilisent alors ce moteur en position longitudinale. La Bayerischer Motoren Werke (BMW) de Munich présente son moteur M2 B15 flat-twin en 1922 et le fournit à Victoria comme à d'autres constructeurs. BMW l'utilise aussi dans la moto Helios. L'année suivante, l'ingénieur Max Friz propose la remarquable étude d'une moto complète. La R32 est lancée au Salon de Paris 1923. Le moteur de 494 cm³ à soupapes latérales est tourné de 90° pour que les deux cylindres soient soumis au vent relatif. Une boîte de vitesses à trois rapports, type automobile, et un embrayage sont boulonnés à l'arrière du moteur. Cette disposition a déjà été utilisée sur les motos ABC anglaises (voir page 10). Mais, à l'inverse d'ABC, BMW choisit de transmettre le mouvement par un arbre à la roue arrière. Cette configuration a depuis toujours été utilisée par la firme, prouvant la validité de sa solution originale. Le moteur et la boîte de la R32 sont montés dans un cadre tubulaire à double berceau. La suspension avant est assurée par une fourche à roue tirée, suspendue par un ressort à lames. Le choix d'un arbre de transmission interdit alors une suspension arrière, mais il permet de démonter la roue sans toucher à la transmission. Le frein avant est à tambour et le frein arrière agit sur une poulie-jante. Parmi les caractéristiques modernes, citons la béquille centrale, la distribution enfermée, le graissage automatique et l'éclairage électrique. Les garde-boue profonds, les repose-pieds wagon relevés et l'absence d'une chaîne huileuse font de la BMW une machine extrêmement propre et pratique, surtout du point de vue entretien. On voit ici une R32 de 1923, première année de production.

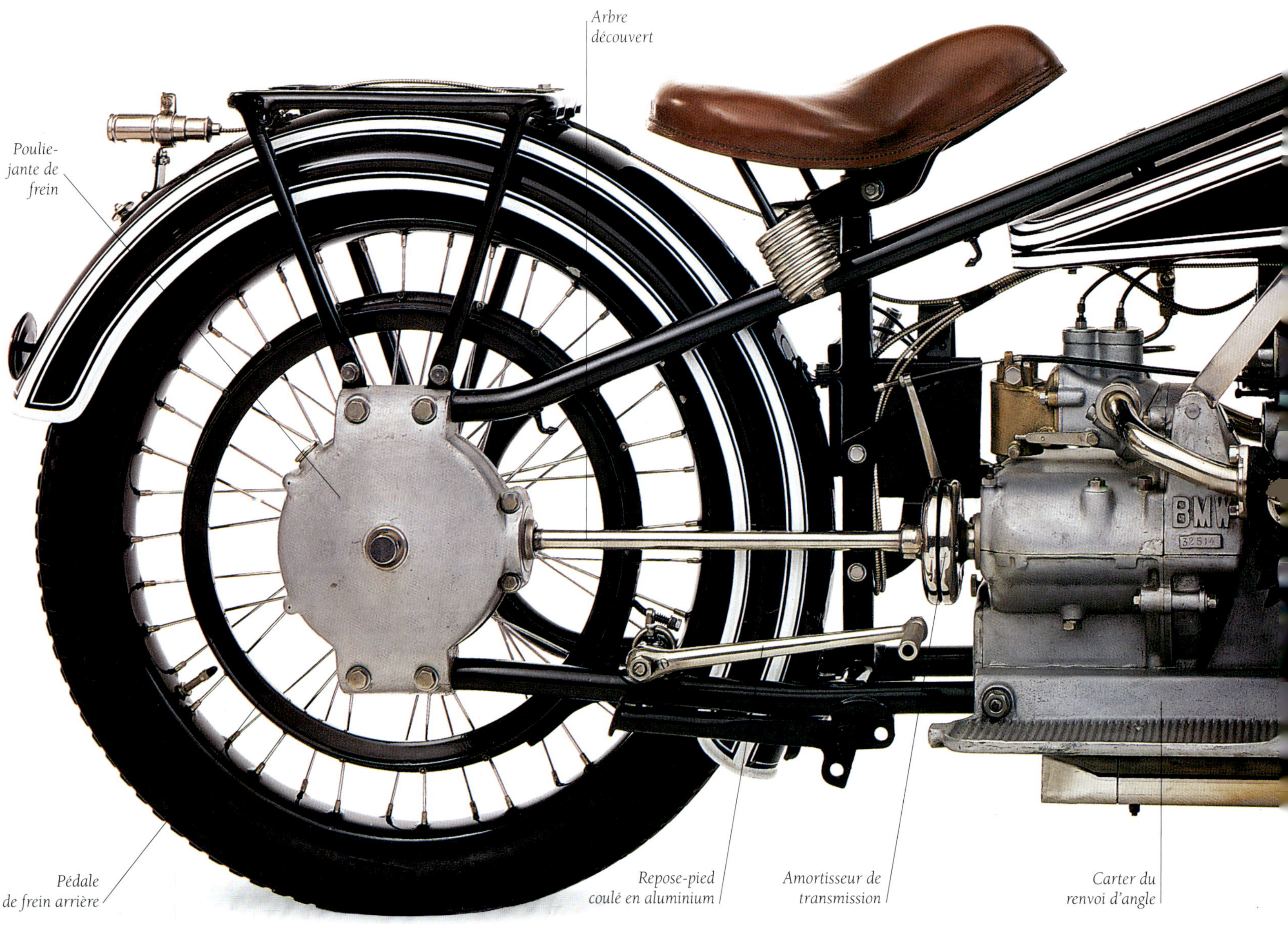

•PLAN DU MOTEUR•

Le net dessin du R32 suit l'architecture classique du flat-twin, mais son implantation dans le cadre a pivoté de 90°. Le vilebrequin aux manetons calés à 180°fait que les pistons suivent des courses opposées et que les cylindres ne sont donc pas alignés. Cette solution offre un excellent équilibre primaire compromis seulement par le déséquilibre des pistons désalignés qui tendent à causer un mouvement de balancement sur le vilebrequin. L'arbre à cames est monté dans le carter au-dessus du vilebrequin et le combiné dynamo-magnéto est entraîné par chaîne à partir de l'arbre à cames.

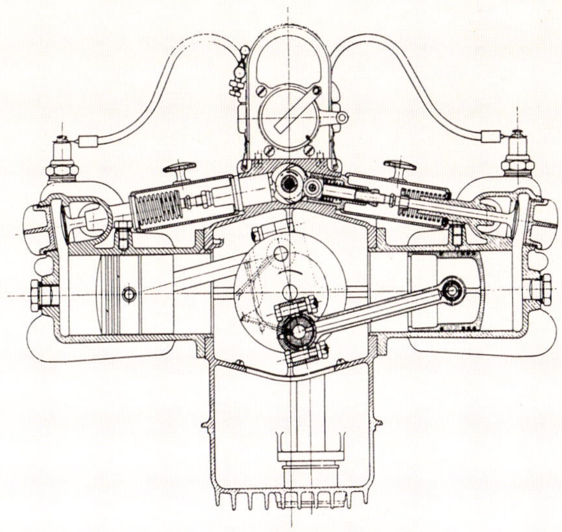

Moteur flat-twin en coupe

VUE AVANT

LE MOTEUR FLAT-TWIN TRANSVERSAL offre l'avantage d'être très convenablement refroidi grâce à ses cylindres bien exposés au vent. Mais cette disposition présente des risques en cas de chute. Sur la R32, les cylindres sont relativement protégés par les champignons montés sur les culasses. Les BMW ont toujours été appréciées par les motocyclistes qui roulent toute l'année car la proximité des cylindres tient les pieds au chaud.

BMW R63

ALLEMAGNE

Cylindrée 734 cm³ • Puissance 24 ch à 4 000 tr/min
Poids 155 kg • Vitesse maximale 120 km/h

LA PREMIÈRE **BMW 750** à culbuteurs, en 1928, est en fait un développement de la 500 cm³ R57 et son moteur supercarré 83 x 68 mm lui permet des performances sensationnelles pour l'époque. La distribution est complètement enfermée, et si la boîte à trois rapports et la partie-cycle sont identiques à ceux de la R32 née cinq ans avant, tout est renforcé. Le frein avant est plus grand et le frein arrière est un collier, commandé au talon, serrant un tambour à l'avant de l'arbre.

BMW R2

ALLEMAGNE

Cylindrée 198 cm³ • Puissance 6 ch à 3 500 tr/min
Poids 110 kg • Vitesse maximale 95 km/h

LA **R2, AVEC SON MONOCYLINDRE À CULBUTEURS DE 198 CM³**, est une machine conçue en fonction des conditions économiques de son temps. Lors de la crise mondiale du début des années 30, la réponse de BMW consiste à produire en 1931 une « Volksmotorrad » (moto du peuple). Sa taille est définie d'après les régimes fiscaux en vigueur dans les pays d'Europe, lesquels favorisaient les motos de moins de 200 cm³. Avec une puissance minime, le concepteur réduit les pertes en utilisant une prise directe sur le rapport supérieur. Elle est réalisée en décalant le moteur sur la droite du cadre en tôle emboutie à double berceau.

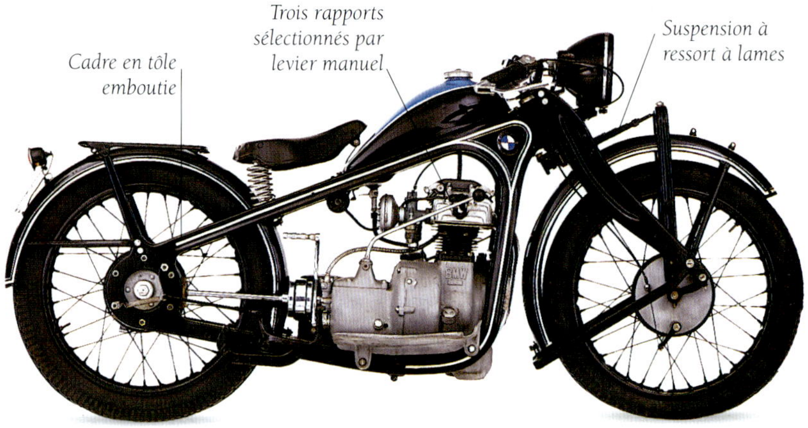

BMW R12

ALLEMAGNE

Cylindrée 745 cm³ • Puissance 18 ch à 4 000 tr/min
Poids 185 kg • Vitesse maximale 110 km/h

LA **R12 À SOUPAPES LATÉRALES** et la R17 équivalente à culbuteurs, construites en 1935, ont le mérite d'être les premières machines équipées de la fourche télescopique BMW à amortissement hydraulique, innovation que le reste des constructeurs se voit obligé d'imiter. Parmi les différents types de suspensions avant proposés au cours des trente années précédentes, on relève quelques types télescopiques, mais la BMW est la première à intégrer des amortisseurs hydrauliques. On note également sur les R12/R17 une boîte à quatre rapports commandée manuellement et des roues interchangeables.

BMW KOMPRESSOR

ALLEMAGNE

Cylindrée 494 cm³ • Puissance 68 ch à 8 000 tr/min
Poids 138 kg • Vitesse maximale 225 km/h

JUSQU'EN **1935, BMW** s'est limitée aux trials, courses de côte et records absolus de vitesse qu'Ernst Henne et sa 750 twin monopolisent depuis 1929. En 1935, BMW produit un nouveau 500 twin à un ACT et compresseur entraîné directement par l'avant du vilebrequin. Meier gagne le Championnat d'Europe en 1938, mais en 1939 (année de construction de cette moto), BMW est battue par la quatre-cylindres Gilera à compresseur. Le « quatre » éliminera finalement le « bi », comme celui-ci avait éliminé le « mono ».

BMW Rennsport

Cylindrée 494 cm³ • Puissance 48 ch à 4 000 tr/min • Poids 136 kg • Vitesse maximale 210 km/h

Allemagne

Après la Seconde Guerre mondiale, le compresseur est interdit. Lorsque l'Allemagne reprend la compétition internationale en 1951, BMW engage une version révisée du twin d'avant-guerre, bientôt surclassé par des concurrents plus avancés. Une remplaçante, la Rennsport, apparaît en 1954, et si le schéma général du moteur est identique à celui de la machine d'avant-guerre, avec ses inhabituels ACT et culbuteurs, c'est en fait un nouveau modèle. Le bloc moteur-boîte amélioré est installé dans un cadre doté de fourches avant et arrière à bras oscillants, et l'arbre de transmission passe dans le bras droit de la fourche arrière. Le frein avant est à deux mâchoires primaires (double came) et divers types de carénages sont essayés. Une boîte à cinq rapports est utilisée par la suite. Malgré ces efforts, diverses cotes d'alésage et de course, des essais d'injection basse pression dans les conduits et à haute pression dans les chambres, la machine n'obtient que des succès limités face aux quatre-cylindres concurrentes en catégorie solo.

Compte-tours

Machine équipée de carburateurs Dell'Orto, mais l'usine expérimente aussi l'injection

Vue arrière

•Une longue carrière•

Si la Rennsport solo ne gagne jamais en Grand Prix, les places d'honneur régulièrement obtenues par Walter Zeller en 1956 lui permettent de finir deuxième du Championnat des 500 tandis que Dickie Dale se classe encore troisième deux ans après. La moto domine ensuite en catégorie side-car jusqu'au début des années 70.

Une Rennsport en course

Suspensions avant et arrière à fourches oscillantes

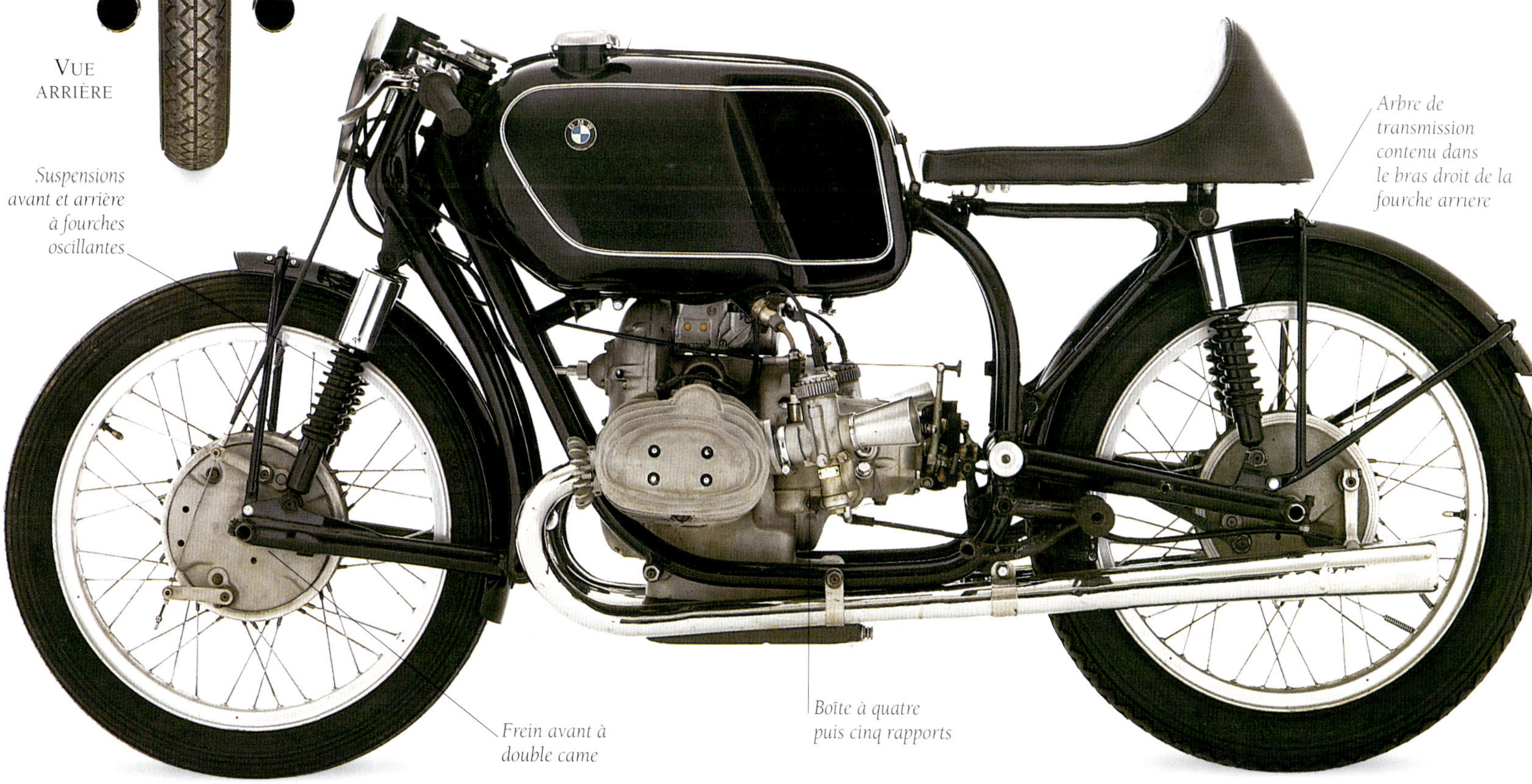

Arbre de transmission contenu dans le bras droit de la fourche arrière

Frein avant à double came

Boîte à quatre puis cinq rapports

BMW R26

Cylindrée 247 cm³ • Puissance 15 ch à 6 400 tr/min • Poids 158 kg • Vitesse maximale 115 km/h

Allemagne

Presque la moitié d'une R50 pour le moteur et 90 % de la même quant au poids, la R26 est néanmoins considérée par BMW comme apte à tracter un side-car, d'où le rapport final plus bas proposé à cette fin. La fourche avant type Earles connaît un certain succès à la fin des années 50, notamment en Allemagne et, avec ses deux fourches oscillantes, la R26 constitue le haut du segment de marché des 250. Cette moto date de 1958.

La possibilité d'atteler un side-car à la R26 n'existe que dans la mesure où la partie-cycle est empruntée aux twins de taille supérieure. Il en résulte une machine plus réputée pour son confort que pour ses performances.

Selle solo suspendue

Les roues de 46 cm (18 pouces) ont des jantes en aluminium

Frein avant à une seule mâchoire primaire

Vue avant

BMW R60

Cylindrée 590 cm³ • Puissance 28 ch à 5 600 tr/min • Poids 195 kg • Vitesse maximale 145 km/h

Allemagne

La série R60, produite de 1955 à 1967, reçoit peu de modifications. La machine qu'elle remplace est comparable à son homologue d'avant-guerre, mais si le nouveau moteur présente un aspect familier, la partie-cycle est totalement rénovée. La fourche avant télescopique est remplacée par une fourche à bras poussés oscillants type Earles, plus appréciée en side-car qu'en solo, mais l'adoption d'une fourche arrière oscillante à la place des plongeurs annule l'avantage. Au milieu des années 60, les twins de BMW apparaissent démodés et sans brio, mais le changement n'est pas loin. Cette moto date de 1967.

Clignotants de direction au bout des poignées

Arbre de transmission passant dans le bras oscillant

Sur les twins d'avant 1969, l'arbre à cames est placé au-dessus du carter de vilebrequin

BMW R90S

Cylindrée 898 cm³ • Puissance 67 ch à 7 000 tr/min • Poids 205 kg • Vitesse maximale 200 km/h

ALLEMAGNE

EN 1973, LES R50/5, R60/5 ET R75/5 sont devenues les R60/6, R75/6 et R90 en versions 6 et S. Toutes ces motos ont cinq vitesses tandis que la R90S, considérée encore par beaucoup comme la plus sportive des BMW, reçoit un double disque de frein avant, un carénage de tête de fourche avec tableau d'instruments et une belle peinture à l'aérographe. On voit ici une R90S de 1975.

LES MODÈLES qui remplacent les motos à fourche Earles en 1969 sont à la fois plus modernes et plus sportifs d'allure, tout en étant nouveaux sur la plupart des points. Le styliste prend alors presque autant d'importance que l'ingénieur.

La R90S reçoit un carénage de tête de fourche avec tableau de bord

Béquille centrale

Roue avant avec deux disques de frein

VUE AVANT

BMW K1

Cylindrée 987 cm³ • Puissance 100 ch à 8 000 tr/min • Poids 258 kg • Vitesse maximale 238 km/h

ALLEMAGNE

LA K1, AU STYLE RÉVOLUTIONNAIRE, prend le public par surprise dès 1990 en apportant de véritables avancées techniques cachées par son carénage. La suspension arrière, « Paralever », donne une maniabilité et un confort supérieurs. Un freinage avec antiblocage des roues ajoute à la sécurité du pilote. Le moteur a quatre soupapes par cylindre et un système de gestion électronique de l'allumage et de la carburation. Une fois de plus, BMW montre la voie dans la conception de la moto. Cette K1 date de 1992.

Extracteurs d'air du radiateur

Le carénage arrière amovible dissimule un pouf passager

Le système électronique d'antiblocage des freins est, à l'époque, une exclusivité BMW

Système d'échappement en acier inoxydable

BMW R1100GS

Cylindrée 1 085 cm³ • Puissance 80 ch à 6 750 tr/min • Poids 209 kg • Vitesse maximale 214 km/h

ALLEMAGNE

DEPUIS SA PREMIÈRE MOTO PRODUITE en 1923, BMW est restée fidèle au bicylindre opposé à plat et à l'arbre de transmission. Si la firme produit des trois et des quatre-cylindres en ligne refroidis par liquide dans les années 80, elle revient au flat-twin avec les nouveaux modèles prévus pour assurer la transition avec la gamme du prochain siècle. Dévoilées pour la première fois en 1993, les nouvelles motos respectent le schéma traditionnel tout en étant très différentes des modèles précédents. Le moteur possède un arbre à cames placé très haut qui permet de réduire l'encombrement des cylindres tout en conservant l'avantage des soupapes en tête. L'injection et un pot catalytique minimisent les émissions polluantes. La suspension avant n'a qu'un amortisseur monté verticalement au-dessus du bras triangulé. Une fourche assure toujours la direction. Parmi d'autres détails, notons la selle réglable en hauteur et le freinage ABS. La nouvelle moto apparaît sous la forme de la R1100RS, mais la version trail GS, vue ici, arrive dès 1994, année du modèle illustré ici.

LE CADRE classique n'existe presque plus, remplacé par deux structures minimales boulonnées au bloc-moteur et servant tout au plus à recevoir la fourche avant et quelques autres organes.

VUE AVANT

SI LE MOTEUR apporte beaucoup d'innovations technologiques, la partie la plus radicalement nouvelle reste la partie-cycle. On note surtout la suspension avant « Telelever » avec un bras triangulé pivotant sur un ancrage situé au-dessus des cylindres et articulé sur une entretoise reliant les tubes de fourche au-dessus de la roue.

BMW F650

Cylindrée 652 cm³ • Puissance 48 ch à 6 500 tr/min • Poids 189 kg • Vitesse maximale 163 km/h

ALLEMAGNE

PREMIÈRE MONOCYLINDRE DE **BMW** DEPUIS **1967**, la F650 est aussi le premier modèle de la marque équipé d'une chaîne au lieu d'un arbre entre le bloc-moteur et la roue arrière. Le moteur refroidi par liquide et la boîte à cinq rapports en bloc sont fabriqués sous le contrôle de BMW par Rotax en Autriche. La culasse a quatre soupapes et deux carburateurs. La machine est assemblée, également sous le contrôle de BMW, par l'usine Aprilia en Italie. La lettre F de la désignation, qui signifie « Funduro » (de fun et enduro), évoque le marché visé. Sans être absolument destinée à la compétition, la F650 est une machine de style enduro capable d'affronter l'autoroute comme les pistes.

LA F650 DÉPOUILLÉE montrant son cadre, son moteur et sa partie-cycle. On voit le moteur Rotax vertical, bien différent des moteurs twins horizontaux prisés par BMW pendant cinquante ans.

BÖHMERLAND

Cylindrée 603 cm³ • Puissance 16 ch à 3 000 tr/min • Poids 227 kg • Vitesse maximale 95 km/h

EX-TCHÉCOSLOVAQUIE

CONÇUE PAR **ALBIN LIEBISCH** et construite de 1925 à 1939, la Böhmerland à grand empattement est une des motos les plus bizarres jamais produites. Elle peut porter trois personnes, mais une version courte, pour deux, existe également. Le curieux cadre rappelle plutôt une poutre de pont qu'un motocycle. Les ressorts de fourche avant travaillent à la traction et non pas à la compression, et les roues sont en alliage léger. Le moteur à longue course de Liebisch conserve sa distribution apparente jusqu'à la fin de la production. Sans la protection d'un carter et d'un réservoir, les pilotes espèrent que le moteur ne crache pas ses culbuteurs. On voit ici un modèle 1927.

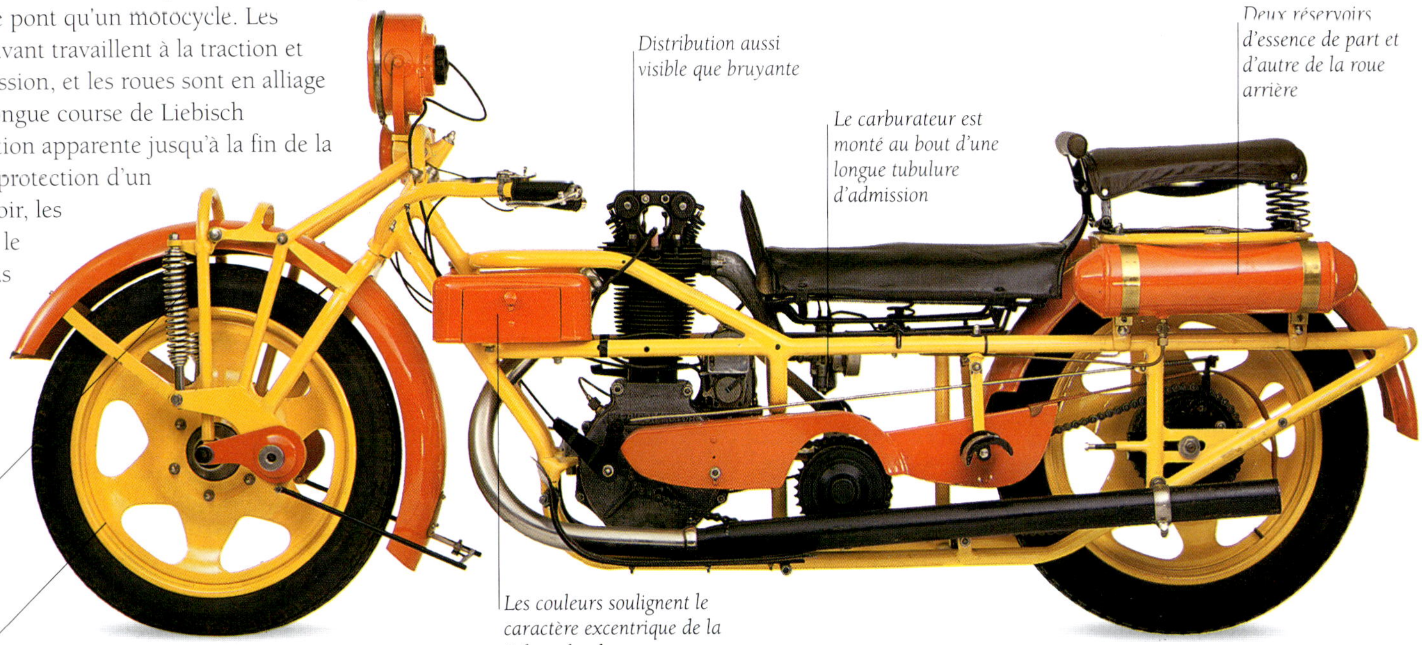

BRIDGESTONE HURRICANE

Cylindrée 177 cm³ • Puissance 20 ch à 8 000 tr/min • Poids 123 kg • Vitesse maximale 126 km/h

JAPON

LA HURRICANE, LANCÉE en 1968 pour exploiter ce nouveau marché dit de la moto de loisirs, rencontre immédiatement le succès à la fois grâce à ses performances et à sa qualité de fabrication. Qualifiée de machine de scramble, c'est en fait une moto ambivalente, aussi à l'aise sur la route que sur toutes sortes de chemins. Avec deux modes d'utilisation, la boîte de vitesses de la Hurricane est inhabituelle : boîte à quatre rapports disposés de façon séquentielle, c'est-à-dire qu'après la quatrième, on passe au point mort puis en première, mais ce système rencontre peu de succès, ou boîte classique à cinq rapports après sélection par un inverseur.

Cette Hurricane date de 1968.

BROUGH SUPERIOR SS100

Cylindrée 996 cm³ • Puissance 45 ch à 4 800 tr/min • Poids 181 kg • Vitesse maximale 161 km/h (estimée)

ROYAUME-UNI

LES BROUGH SUPERIORS ne sont construites qu'en nombre limité pour des clients aussi exigeants que riches. Une grande partie des organes provient de spécialistes extérieurs à la firme. D'autres sont inspirés de solutions courantes, mais leur assemblage donne une moto supérieure à la somme de ses éléments. Style, présentation technique et performances sont remarquables. Comme le modèle Alpine Grand Sport de 1930 à cadre suspendu illustré ici, ce sont presque toutes des bicylindres en V à moteurs JAP, Matchless ou MAG.

BROUGH SUPERIOR DREAM

Cylindrée 998 cm³ • Puissance inconnue • Poids inconnu • Vitesse maximale inconnue

ROYAUME-UNI

GEORGE BROUGH, EXPERT EN COMMUNICATION PUBLICITAIRE, étonne régulièrement les visiteurs du Salon britannique de la moto avec une série de machines à quatre cylindres très innovantes. En 1927, c'est une V4 à soupapes latérales de 994 cm³ qui ne dépasse pas le stade du prototype. L'année suivante, il expose une moto à moteur MAG quatre cylindres en ligne qui n'atteint pas non plus le stade de la production. En 1931, il dévoile un engin extraordinaire avec deux roues arrière jumelées motorisé par une mécanique d'automobile Austin Seven et construit à dix exemplaires. Sept ans plus tard, Brough expose sa création la plus remarquable. La Brough Superior Dream (Rêve) reçoit essentiellement un moteur fait de deux flat-twins superposés. Le carter est commun et les deux vilebrequins sont engrenés l'un sur l'autre. La boîte est boulonnée à l'arrière du moteur afin d'entraîner la roue arrière au moyen d'un arbre. L'ensemble est installé dans un cadre tubulaire à double berceau avec suspension arrière coulissante et fourche avant Castle à roue poussée signée Brough. Deux ou trois prototypes, tous légèrement différents, auraient vu le jour avant la Seconde Guerre mondiale qui enterre le projet. Même pour Brough, elles ne méritent pas le titre de motos de production.

LA DREAM hérite de la plupart des avantages et des défauts du flat-twin classique. Les cylindres sont aussi exposés à l'air de refroidissement qu'aux dégâts par accident. Les deux arbres à cames sont placés entre les cylindres pour actionner les soupapes au moyen de tiges placées en avant et en arrière des fûts. Sur les premières versions, les arbres à cames sont entraînés par des pignons, mais cette machine de 1939 a reçu des chaînes de distribution.

Levier pour la mise sur béquille

VUE AVANT

•LA DOUCEUR DU RÊVE•

La Dream possède deux vilebrequins superposés à manetons non décalés. Les pistons situés du même côté du moteur sont au PMH en même temps tandis que ceux de l'autre côté sont au PMB. Les vilebrequins directement engrenés tournent donc en sens opposés afin d'annuler les déséquilibres nuisibles, les forces gyroscopiques et d'obtenir un moteur d'une douceur parfaite.

Le moteur 998 cm³ de la Dream

Transmission par arbre et vis sans fin à la roue arrière

Déflecteur d'eau

Fourche à roue poussée

Un seul carburateur pour deux cylindres par côté

Cache-culbuteurs

BSA Model E

Cylindrée 770 cm³ • Puissance 6 ch • Poids 153 kg Royaume-Uni
Vitesse maximale 88 km/h (estimée)

La BSA Model E, qui apparaît au Salon de l'Olympia de 1919 pour l'année 1920, est la première d'une série de bicylindres en V à soupapes latérales produites par BSA entre les deux guerres. Le modèle de 1920 présenté ici possède une boîte à trois rapports, une transmission à chaînes primaire et secondaire enfermées dans un carter en aluminium, un V-twin à 50° et un cadre tubulaire en losange. Malgré leur conception conventionnelle, ces motos bon marché et fiables rencontrent le succès. La Model E est d'abord conçue pour être attelée.

BSA Model B

Cylindrée 249 cm³ • Puissance 3,5 ch à 6 000 tr/min Royaume-Uni
Poids 65 kg • Vitesse maximale 69 km/h

En 1924, la revue The Motor Cycle écrit : « Le nouveau modèle est si bien dessiné qu'il est difficile de croire que ses roues n'ont que 24 pouces (61 cm) de diamètre. » L'objet de cette admiration est la nouvelle moto de 250 cm³ de BSA équipée d'une simple boîte à deux rapports et d'un moteur à soupapes latérales. Son réservoir cylindrique de 6,8 l lui vaut le sobriquet de « round tank ». Très bon marché, cette machine légère et sans problèmes se vend facilement : la production atteint 35 000 exemplaires.

BSA Sloper

Cylindrée 493 cm³ • Puissance 20 ch (estimée) Royaume-Uni
Poids 153 kg • Vitesse maximale 113/120 km/h

Les modèles de BSA, dits « Sloper » (penché), lancés en 1926, inaugurent les modèles à moteur incliné vers l'avant. Six modèles sont produits en tout : en 350, 500 et 600 cm³. Le premier est la S27 à soupapes en tête avec cadre à double tube avant. Le monocylindre 493 cm³ est à carter humide, magnéto entraînée par pignons à l'avant du cylindre et orifice d'échappement unique pour deux soupapes. En 1929, la Sloper reçoit une culasse à deux orifices d'échappement, et le modèle 349 cm³ est à peine moins cher que la 500. On voit ici un modèle 1930.

BSA Star Twin

Cylindrée 495 cm³ • Puissance 29 ch à 6 000 tr/min Royaume-Uni
Poids 170 kg • Vitesse maximale 138 km/h

Le lancement de la très innovante Triumph Speed Twin en 1937 (voir pages 182-183) avive la concurrence entre les constructeurs britanniques qui prévoient de produire des machines similaires. La Seconde Guerre mondiale empêche BSA de lancer son modèle avant 1946, une twin de 495 cm³ donnant 25 ch à 5 800 tr/min. La Star Twin est la version sport de l'A7 originale. Une compression plus élevée et deux carburateurs lui donnent 4 ch de plus. La Star Twin existe jusqu'en 1950, remplacée alors par l'A10 de 650 cm³. On voit ici une modèle de 1948.

BSA Bantam

Cylindrée 123 cm³ • Puissance 4,5 ch à 5 000 tr/min • Poids 77 kg • Vitesse maximale 85 km/h

Royaume-Uni

La Bantam, un modèle de base, simple et fiable, fait vivre BSA pendant des années. Elle est copiée sur la DKW RT125 d'avant la Seconde Guerre mondiale, un type monocylindre deux temps donné à la Grande-Bretagne par l'Allemagne au titre des réparations de guerre. La Bantam 123 cm3 est lancée en juin 1946. Elle est peinte en gris-vert, y compris les jantes. La faible vitesse de pointe des premiers modèles est compensée par leur consommation dérisoire d'environ 2,2 l aux 100 km. De plus, les rapports très espacés font chuter la vitesse en côte, mais le cyclomoteur Bantam, très bon marché à l'acquisition comme à l'utilisation, est très apprécié des acheteurs. Les postes britanniques achètent une flotte de Bantam pour les télégraphistes. Ils y ajoutent des pare-jambes, un tablier et une brillante peinture rouge. Les derniers modèles sont légèrement améliorés : la suspension arrière apparaît en 1950 ainsi qu'une boîte à quatre vitesses dans les années 60. BSA abandonne la Bantam en 1971 après des dizaines d'années de succès et d'abus aux mains des débutants, des banlieusards, des amateurs de trial et même des novices en compétition.

Vue avant

Lorsque BSA lance la Bantam, en juin 1946, elle est codée « D1 ». Pendant toute la durée de sa production, elle demeure constamment la moins chère de la gamme BSA. Elle coûte au départ 60 livres. Sa ressemblance avec la petite DKW n'est évidente qu'aux yeux des connaisseurs de motos allemandes, mais son origine n'est jamais révélée. On voit ici un modèle de 1949.

•Périple américain•

Au début des années 50, Brenda Collins choisit une BSA Bantam (1950-1953) pour effectuer un périple de 16 000 km à travers le Canada, les États-Unis et le Mexique. On voit ici Collins, journaliste originaire du Kent, en Angleterre, saluée à son retour à Liverpool par G. Clark et W. Quinn, employés de Victor Horsman, l'agent vendeur de la moto. On distingue le nom de Collins sur la pancarte annonçant une « Exposition spéciale Bantam ».

Brenda Collins en 1953 au retour de son périple

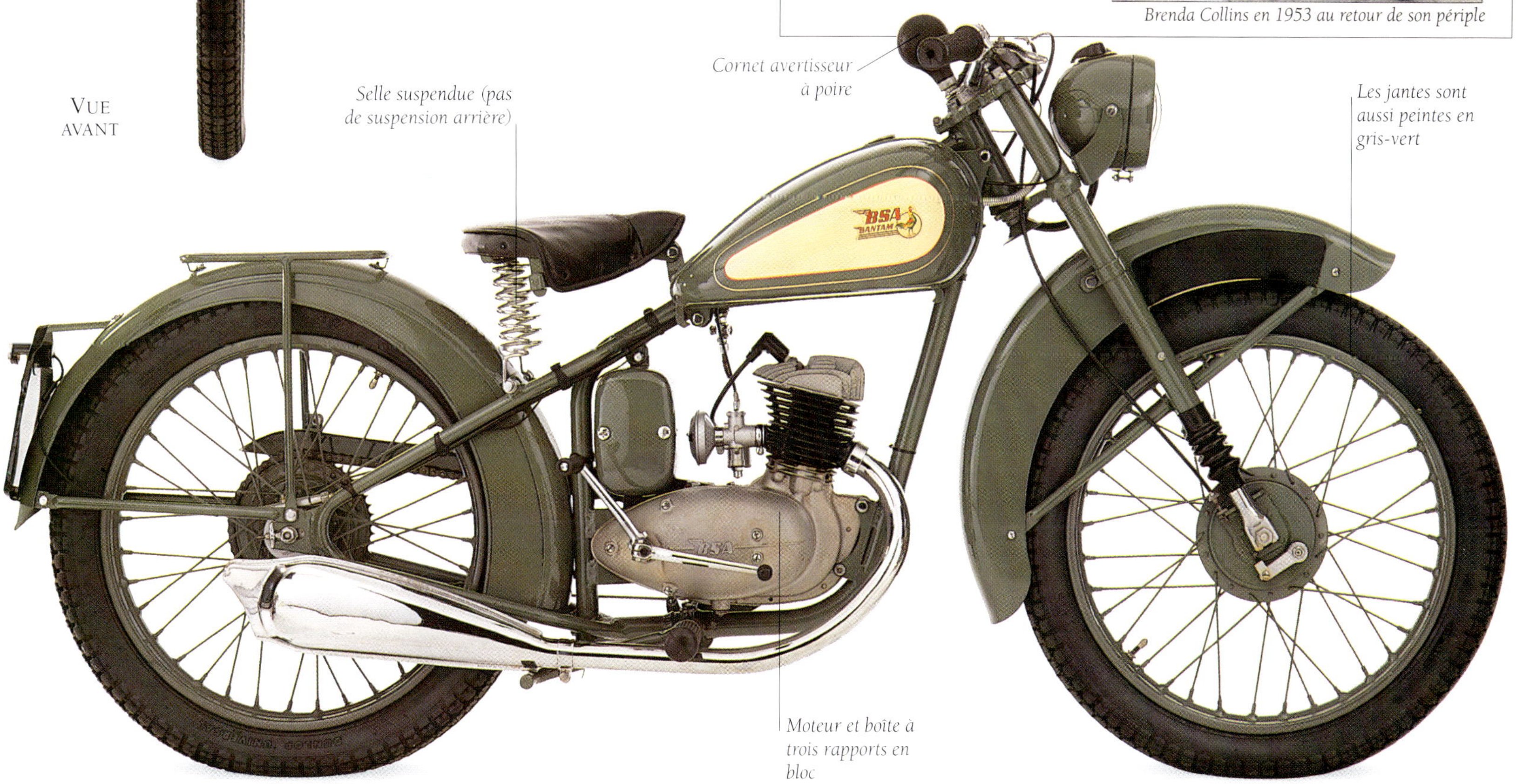

Cornet avertisseur à poire

Selle suspendue (pas de suspension arrière)

Les jantes sont aussi peintes en gris-vert

Moteur et boîte à trois rapports en bloc

BSA Gold Star DBD34

Cylindrée 499 cm^3 • Puissance 40 ch à 7 000 tr/min • Poids 140 kg • Vitesse maximale 177 km/h

Royaume-Uni

Portant probablement l'appellation la plus suggestive de l'histoire motocycliste, la Gold Star (Étoile d'or) tire son nom d'un insigne remis aux pilotes ayant effectué un tour de l'autodrome de Brooklands à plus de 161 km/h de moyenne. Cela se passe dans les années 30, et la première Gold Star est une monocylindre 500 cm^3 à soupapes en tête et à moteur tout en alliage léger. Elle devient vite célèbre pour sa polyvalence (route et tous chemins). Sa réputation de sportive amène les amateurs de vitesse à choisir de préférence la Gold Star jusqu'en 1960. Ils exigent des modifications, à la mode à l'époque, comme les poignées-bracelets et l'échappement relevé qui équipent le haut-de-gamme Clubman en lui donnant l'allure en vogue d'une café-racer. Les autres équipements de la Gold Star classique comprennent une boîte rapprochée RRT2, un carburateur Amal Grand Prix de 1 1/2 pouce (38 mm), un silencieux original et inefficace, et un tambour de frein avant de 7 1/2 pouces (19 cm). Une version 350 cm3 existe aussi en 1960, mais sur commande uniquement. La 500 est produite jusqu'en 1963. On voit ici un modèle 1960.

Un tour sur une Gold Star révèle sa longue démultiplication qui handicape les accélérations et fait patiner l'embrayage à basse vitesse. Mais une fois lancée, la machine atteint presque 145 km/h en deuxième. Aujourd'hui, les vraies Gold Star sont des motos de collection recherchées, mais les pièces sont toujours fabriquées afin que la plus célèbre « mono » de BSA continue de rouler.

Vue avant

Tambour avant de 7 1/2 pouces (19 cm)

•Au-delà d'un nom•

Les origines de la Gold Star de BSA remontent à 1937. Au guidon d'une 500 Empire Star, modèle récemment redessiné par Val Page, Wal Handley remporte une « étoile d'or » à Brooklands pour son meilleur tour effectué à 170 km/h. BSA s'empresse alors de donner le nom de Gold Star à la version redessinée pour 1938. La machine est arrêtée en 1939 pour ne reparaître qu'en 1948.

Eddie Dow dans le Senior Clubman TT 1955

Le carburateur Amal de 1 1/2 pouce (38 mm) est monté incliné pour améliorer le rendement

Les modèles haut de gamme Clubman reçoivent un échappement relevé

Les poignées-bracelets type compétition sont une option choisie par la majorité des acheteurs de Gold Star

À l'époque, le moteur en aluminium distingue la Gold Star des monos plus calmes de la gamme BSA, lesquelles conservent des cylindres en fonte.

Le tube inférieur est déformé pour laisser passer la pompe à huile des monos série B.

BSA C15

Cylindrée 249 cm³ • Puissance 15 ch à 7 000 tr/min ROYAUME-UNI
Poids 143 kg • Vitesse maximale 109 km/h

LANCÉE EN **1958**, la C15 est l'un des modèles de la série des 250 utilitaires de BSA qui remonte à la « round tank » de 1924 (voir page 36). La caractéristique la plus frappante du nouveau modèle est son bloc moteur-boîte. La mono 250 manque de brio et les premiers modèles connaissent des ruptures de paliers. De même, sur ces derniers, l'allumeur est monté derrière le cylindre. Mais les versions trial et scramble sont performantes, ce qui n'a rien d'étonnant puisque le responsable du développement de la C15 est l'ancien champion de trial, Bert Perigo.

La cylindrée du bloc-moteur de la BSA monocylindre à culbuteurs atteint par la suite 499 cm³

BSA A65L

Cylindrée 654 cm³ • Puissance 53 ch à 7 000 tr/min ROYAUME-UNI
Poids 191 kg • Vitesse maximale 185 km/h

LE BLOC MOTEUR-BOÎTE est adopté sur les twins de BSA, la 499 cm³ (A50) et la 654 cm³ (A65) en 1962. Une selle à dosseret, deux carburateurs et un compte-tours placent définitivement la version Lightning Clubman de l'A65 en catégorie sport. Malheureusement pour BSA, la Bonneville 650 cm³ de Triumph (voir page 185) et la 650SS de Norton (voir page 146) ont un avantage dans le domaine de la performance. Mais l'A65 reste une superbe machine. Ses lignes élégantes se retrouvent dans l'ovale du carter du bloc. Avant la fin de la production, la Lightning existe en version 750 (réservée aux États-Unis) par allongement de la course à 85 mm. La version originale de l'A65 de 1962-1963 est appelée la Star. On voit ici un modèle de 1966.

Roue BSA à moyeu cranté facilement démontable

Moteur et boîte en bloc

Frein à une seule mâchoire primaire

Échappement deux en un

BSA Rocket 3

Cylindrée 740 cm³ • Puissance 60 ch à 7 250 tr/min ROYAUME-UNI
Poids 222 kg • Vitesse maximale 196 km/h

LA TROIS-CYLINDRES **ROCKET 3** (ou A75) est lancée en Grande-Bretagne dès 1969. Le groupe BSA/Triumph doit agir vite pour rattraper Honda dont on dit qu'il développe une quatre-cylindres. La Rocket 3 et la Triumph Trident (voir page 186) sont similaires, mais le moteur BSA est légèrement incliné vers l'avant alors que celui de la Triumph est vertical. Le style est affirmé par des silencieux « raygun » (en lance-rayons) et des panneaux plats sur un cadre à double berceau. La garde au sol est faible et la nouvelle « trois-pattes » est plus coûteuse que la CB750 quatre cylindres de Honda. Cette Rocket 3 date de 1970. L'année suivante, BSA arrête toute production.

Les cylindres inclinés distinguent la 740 cm³ de BSA de la version Triumph

Les silencieux dits « raygun » se veulent d'un style futuriste

BSA Rocket 3 Racer

Cylindrée 740 cm³ • Puissance 69 ch à 8 500 tr/min ROYAUME-UNI
Poids 172 kg • Vitesse maximale 245 km/h

MALGRÉ LA FAIBLE DURÉE DE VIE de la Rocket 3 version routière, la version course connaît le succès en battant même sur circuit la 750 quatre cylindres de Honda. Elle atteint son apogée à Mallory Park lors de la « Course de l'année », en 1971, lorsque le pilote anglais John Cooper bat le Champion du monde Giacomo Agostini qui pilote une MV. Les bonnes performances obtenues en Amérique et en Grande-Bretagne par des pilotes comme Mike Hailwood bâtissent la réputation de la Rocket. Une part de ces succès est due à la bonne tenue de route des cadres construits pour les versions course de la Rocket 3 et de la Triumph Trident.

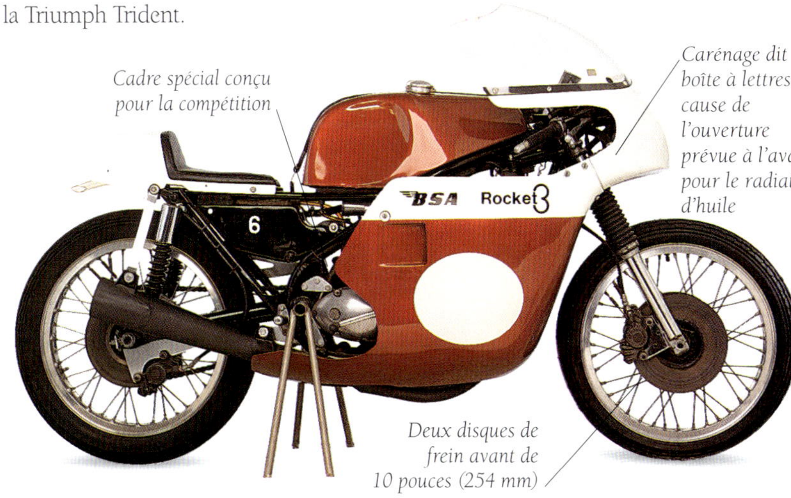

Cadre spécial conçu pour la compétition

Carénage dit en boîte à lettres à cause de l'ouverture prévue à l'avant pour le radiateur d'huile

Deux disques de frein avant de 10 pouces (254 mm)

BUELL S2-THUNDERBOLT

Cylindrée 1 203 cm³ • Puissance 76 ch • Poids 204 kg • Vitesse maximale 177 km/h

ÉTATS-UNIS

ERIC BUELL EST EMPLOYÉ chez Harley-Davidson avant de se mettre à son compte au début des années 80 afin de construire des machines sportives sur une base mécanique Harley. Les premières Buell utilisent des cadres multitubulaires complétés de suspensions, de roues et de freins de grande qualité. Le moteur est un groupe Sportster de Harley et l'ensemble de la machine est habillé d'un carénage en fibre de verre qui recouvre le moteur et une grande partie de la roue avant. La demande d'une moto sportive à moteur Harley est très réduite. Les machines Buell produites manuellement en quantité limitée sont très chères. Au début de l'année 1993, une nouvelle société est fondée dont Harley-Davidson possède une part significative du capital. Une nouvelle Buell est développée pour être lancée en 1994. Le volume à produire est fixé à 700 pendant la première année, chiffre énorme comparé aux débuts de Buell. Les nouvelles motos sont distribuées par le réseau Harley-Davidson avec la garantie de la marque et le soutien des concessionnaires. Les intentions de Harley sont de prendre pied sur de nouveaux segments de marché sans perdre sa clientèle traditionnelle. On voit ici une machine de 1994.

LA THUNDERBOLT utilise pour sa partie-cycle des composants de première qualité et un cadre tubulaire bien dessiné, mais le moteur et la transmission finale à courroie proviennent de la Harley Sportster 1200. Le moteur V-twin à 45° et soupapes en tête n'est pas assez puissant pour exploiter pleinement la partie-cycle Buell.

VUE ARRIÈRE

•UNE BONNE TENUE DE ROUTE•

Des composants de bonne qualité, un empattement court, une tête de fourche présentant une chasse prononcée et un cadre tubulaire très rigide font de la Buell une machine très maniable. À l'inverse, le comportement dynamique des Harley-Davidson classiques n'incite guère à virer très vite.

Une Thunderbolt en action

BULTACO SHERPA

Cylindrée 244 cm³ • Puissance 18 ch
Poids 93 kg • Vitesse maximale inconnue

ESPAGNE

DÉVELOPPÉE PAR SAMMY MILLER et introduite à la fin de l'année 1964, la Sherpa obtient tant de succès que les autres machines de trial sont immédiatement dépassées. Jamais, auparavant, on a réussi sur une même machine une telle combinaison de couple à bas régime, de capacité en côte et de réponse instantanée à la poignée de gaz avec la garantie d'une docilité absolue. Utilisant un grand nombre de pièces existantes (moteur, roues et fourche de base), on dit que le prototype est passé en douze jours de la conception au produit fini. La Sherpa vue ici est le modèle 1964 de développement de Sammy Miller.

BULTACO METRALLA

Cylindrée 244 cm³ • Puissance 25 ch
Poids 123 kg • Vitesse maximale 137 km/h

ESPAGNE

CONTRAIREMENT AUX MACHINES japonaises de 250 cm³, très élaborées, cette routière légère espagnole est à la base un moteur de motocross installé dans une partie-cycle développée en course. Son succès est amplement démontré lorsque les Metralla prennent les trois premières places en catégorie 250 de production au TT 1967. Le moteur est dépourvu de raffinements tels qu'une admission à clapets ou à disque rotatif. Une boîte à six rapports, un échappement à chambre de détente et un frein avant à deux mâchoires primaires complètent les caractéristiques d'une machine bien étudiée.
Cette moto date de 1975.

BULTACO ALPINA

Cylindrée 244 cm³ • Puissance 19 ch • Poids 109 kg • Vitesse maximale inconnue

ESPAGNE

EN 1970, AU MOMENT OU L'INTÉRÊT ENVERS LA MOTO tout-terrain s'amplifie, Bultaco est déjà réputée pour sa gamme de machines de trial et de motocross. La firme est bien placée pour exploiter ce marché grâce à d'excellents produits. L'Alpina illustrée ici date de 1975.

L'ALPINA attire probablement plus l'amateur de motos de loisirs désireux de goûter à la compétition que le pilote pur et dur. Plus proche d'un trail que d'une machine d'enduro, elle reste très utilisable dans ces deux disciplines.

VUE AVANT

CAGIVA SST

Cylindrée 122 cm³ • Puissance 14 ch (estimée)
Poids 107 kg • Vitesse maximale 105 km/h

ITALIE

À PARTIR DE 1960, HARLEY-DAVIDSON produit des motos légères dans l'ancienne usine Aermacchi de Varèse, en Italie, production reprise en 1978 par Cagiva. Les premières machines de la firme sont dérivées des modèles Harley avec quelques améliorations de détails. Outre un nouveau logo sur le réservoir, le modèle 125, illustré ici, est équipé de roues en alliage léger, de commandes améliorées et d'un allumage électronique. C'est suffisant pour placer Cagiva en tête du difficile marché italien des 125 de 1979 à 1982.

CAGIVA MITO

Cylindrée 124 cm³ • Puissance 30 ch à 11 000 tr/min
Poids 125 kg • Vitesse maximale 169 km/h (estimée)

ITALIE

QUINZE ANS APRÈS LA SST DE CAGIVA (voir ci-contre) le marché des 125 a évolué. Les acheteurs veulent du style et des performances du niveau de ceux de la Cagiva Mito 1994 illustrée ici. En contrepartie, les constructeurs obligent les clients à casser leurs tirelires. Le prix devient « sérieux » pour ce qui reste des 125. L'équipement très complet, les performances étonnantes et un comportement dynamique supérieur le justifient presque. La Mito est dessinée sur les lignes de la Ducati 916 avec un cadre en alliage léger à double tube.

CLEVELAND

Cylindrée 269 cm³ • Puissance 2,5 ch • Poids 76 kg • Vitesse maximale 72 km/h

ÉTATS-UNIS

PROBABLEMENT LA MACHINE À MOTEUR DEUX TEMPS la plus réussie aux États-Unis, la petite Cleveland est produite de 1915 à 1927. La cylindrée initiale est de 222 cm3, mais dès 1919, année de création de ce modèle, elle atteint 269 cm³. Le vilebrequin tournait dans le plan transversal de la moto.

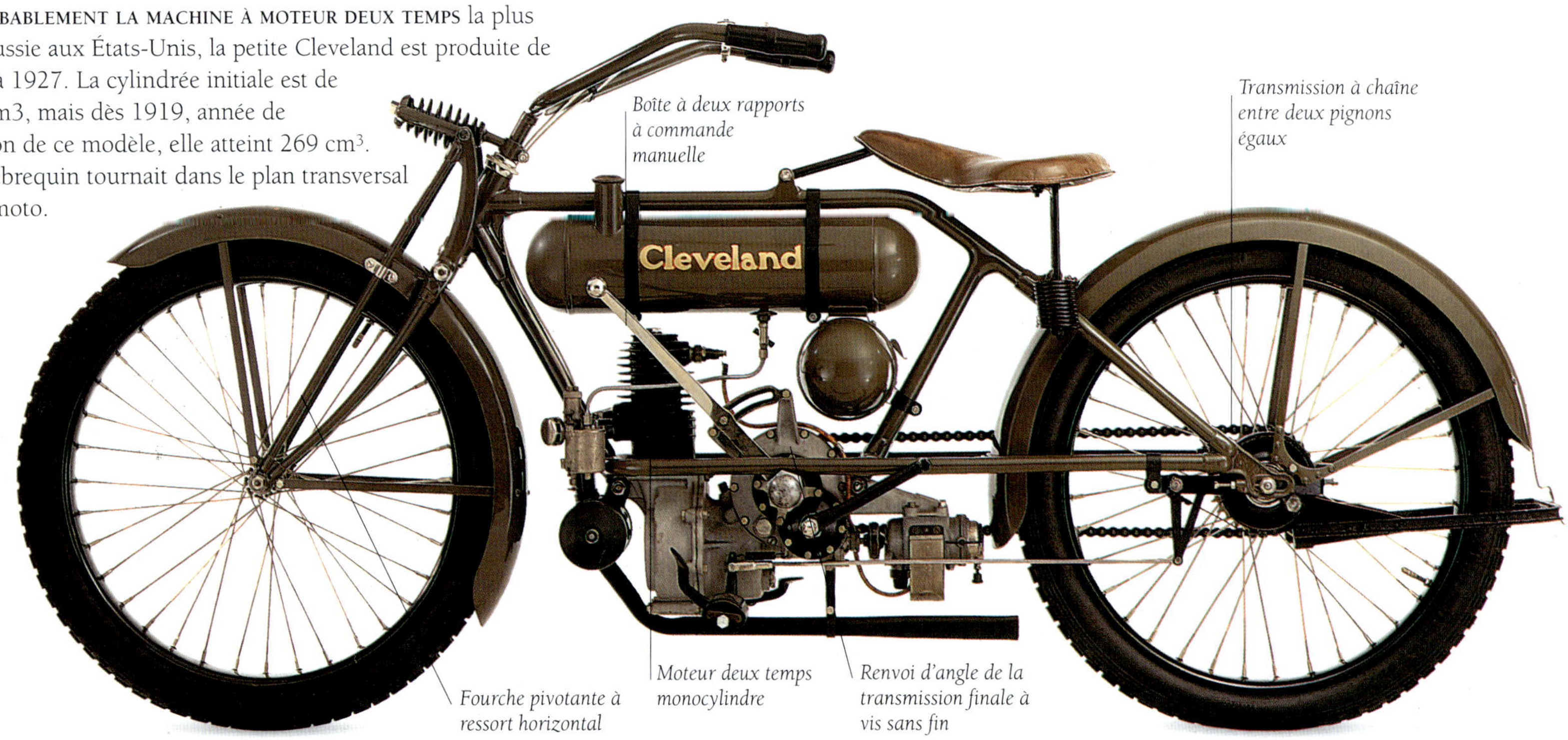

Cleveland Tornado

Cylindrée 1 000 cm³ • Puissance 31 ch (estimée) • Poids 245 kg • Vitesse maximale 161 km/h

États-Unis

La première Cleveland à quatre cylindres apparaît en 1925 d'après une étude de L.E. Fowler. Cette nouveauté n'est pas un succès. Elle fait place l'année suivante à une quatre-cylindres totalement nouvelle conçue par Everitt DeLong. La cylindrée initiale est de 737 cm³, mais en 1929, le modèle Tornado perfectionné offre une cylindrée de 1 000 cm³. Le moteur est semi-culbuté (admission en tête) avec boîte trois vitesses et chaîne finale.

Cotton 500

Cylindrée 490 cm³ • Puissance inconnue • Poids 116 kg • Vitesse maximale 121 km/h (estimée)

Royaume-Uni

La caractéristique majeure des machines Cotton est leur cadre triangulé développé par Frank Willoughby Cotton. La tête de fourche est reliée à l'axe arrière par quatre tubes rectilignes. Cette architecture donne un cadre très rigide qui confère aux Cotton un excellent comportement dynamique. D'où de nombreux succès sportifs remportés dans les années 20. Cette machine date de 1937.

Cushman Auto-Glide

Cylindrée 222 cm³ • Puissance 1,5 ch
Poids 82 kg • Vitesse maximale 48 km/h (estimée)

États-Unis

Il est difficile de faire un scooter plus simple que le premier Cushman. Le cadre est en profilés emboutis en U, le moteur est un petit groupe industriel et il ne possède ni suspension ni boîte de vitesses. La production proprement dite débute en 1937 et les scooters sont proposés en 1938. L'activité principale de Cushman concerne les moteurs industriels, et le scooter n'est qu'un moyen de vendre davantage de moteurs à soupapes latérales Husky. Les gaz sont contrôlés par une poignée tournante. Le frein et l'embrayage sont commandés au pied.

Cushman 32 Auto-Glide

Cylindrée 244 cm³ • Puissance 4 ch
Poids inconnu • Vitesse inconnue

États-Unis

La production de Cushman se poursuit au cours de la Seconde Guerre mondiale, en majorité pour le marché civil et, accessoirement, pour les militaires. La série 30 est présentée en 1942, et ce modèle 32 date de 1945. Il est équipé du « Floating drive », un embrayage et une transmission automatiques. Un coffre à bagages est intégré à la carrosserie redessinée et l'éclairage est standard. La cylindrée du type 34 atteint 246 cm³ avec de meilleures performances. La série 50 remplace la série 30 en 1946.

Cushman Highlander

Cylindrée 244 cm³ • Puissance 4,75 ch
Poids inconnu • Vitesse maximale inconnue

États-Unis

Pendant la guerre, Cushman livre une version simplifiée de son scooter aux troupes parachutistes qui les utilisent lors des débarquements. Après le conflit, il continue la fabrication de ces engins pour le marché civil. Dérivant du scooter classique, ils ne sont plus carrossés ; la selle et le réservoir sont fixés sur une simple structure tubulaire. L'appellation Highlander apparaît en 1949. Le modèle illustré ici date de 1958. À cette époque, Cushman a adopté une fourche avant dotée d'un long bras poussé.

Cushman Eagle

Cylindrée 319 cm³ • Puissance 8 ch
Poids inconnu • Vitesse maximale inconnue

États-Unis

La vogue du scooter classique qui submerge les États-Unis au milieu des années 50 s'étend à de curieuses motos dotées de petites roues. Celles-ci utilisent les petits moteurs industriels des scooters sous un style inspiré (de loin) des grosses Indian and Harley-Davidson. L'Eagle est la version proposée par Cushman dans cette catégorie, également et notamment exploitée par la Mustang et la Powell A-V-8 (voir pages 134 et 274). La première Eagle apparaît en 1919 et la série continue jusqu'en 1965, fin de la production. On voit ici un modèle 1958.

Cyc-Auto

Royaume-Uni

Cylindrée 98 cm³ • Puissance 2 ch
Poids 50 kg (estimé) • Vitesse maximale 40 km/h (estimée)

Dans une certaine mesure, le Cyc-Auto est un retour aux sources de la moto : il consiste effectivement en un moteur installé sur un cadre de bicyclette renforcé. Le prototype apparaît en 1931 avec un moteur de 98 cm³, initialement fabriqué par la firme, puis en 1938 avec un moteur Villiers. La situation financière conduit au rachat par Scott, également en 1938, puis au montage des moteurs de cette marque. Par la suite, le modèle reçoit un embrayage et une fourche suspendue, mais, au début des années 50, les vrais cyclomoteurs apparaissent. Ici, un Cyc-Auto de 1947.

Transmission primaire par vis sans fin et couronne puis par chaîne à la roue arrière

Cyklon

Allemagne

Cylindrée 130 cm³ • Puissance 1,5 ch à 2 000 tr/min
Poids 35 kg • Vitesse maximale 30 km/h

La firme berlinoise Cyklon aborde très simplement le problème du motocycle en utilisant une bicyclette à fourches renforcées et un moteur relié à la roue avant par une courroie. Cette disposition est expérimentée par les frères Werner à Paris, mais ceux-ci constatent très vite les inconvénients du système. Un moteur lourd surchargeant la roue avant ne peut que perturber dangereusement le comportement routier. On voit ici un motocycle datant de 1901.

Tubulure amenant les vapeurs d'essence au moteur

Cadre de bicyclette à roues de 66 cm (26 pouces)

CZ 175 Enduro DT

Ex-Tchécoslovaquie

Cylindrée 172 cm³ • Puissance 16 ch à 4 400 tr/min
Poids 112 kg • Vitesse maximale 105 km/h

La société d'État tchèque, CZ, produit deux types de motos à moteur deux temps dans les années 60 et 70 : des modèles utilitaires, simples et sans originalité, mais de sérieuses machines de compétition tous chemins pour le cross et l'enduro. Ces dernières, très compétitives, gagnent plusieurs Championnats du monde de motocross et de nombreuses épreuves d'enduro pour la marque. On voit ici une machine de 1974.

Éclairage, clignotants, avertisseur et rétroviseurs doivent être installés pour l'utilisation routière

Boîte à cinq rapports

Culasse à ailettes radiales

Cadre monotube

Petit tambour avant en alliage léger suffisant en tout-terrain

• Un cran au-dessus •

Cette CZ de cross de 1974 utilise une version 380 cm³ du moteur monocylindre deux temps. Le réservoir est en aluminium et l'échappement passe sous le moteur.

Guidon renforcé

Garde-boue en plastique

Culasse à ailettes radiales

CZ Motocrosser 1974

DAIMLER EINSPUR

Cylindrée 264 cm³ • Puissance 0,5 ch à 700 tr/min • Poids 90 kg • Vitesse maximale 12 km/h

ALLAMAGNE

LE MOT ALLEMAND *EINSPURIG*, qui signifie monotrace, est en l'occurrence inadéquat pour qualifier cette machine primitive, car elle est équipée de roues latérales de stabilisation pour la maintenir verticale. En effet, la selle est si haute que les pieds du pilote ne peuvent toucher le sol. Le haut du moteur, qui dépasse les montants du cadre, est surmonté d'une selle qui ne dépayserait pas un cavalier. Sur la première machine, le guidon est fixé sur une barre franche, puis remplacé par le système montré ici. Le moteur a une soupape d'admission automatique alimentée par un carburateur à léchage et une soupape d'échappement commandée. Le mouvement du moteur est transmis par une courroie plate à un arbre intermédiaire qui porte un pignon engagé dans une couronne à denture interne solidaire de la roue arrière. Le système est commandé par des cordelettes attachées au guidon qui, simultanément, tendent la courroie et libèrent le frein à main.

VUE AVANT

INSPIRÉ PAR LES PREMIERS cycles, le cadre de l'Einspur est constitué par deux montants de bois reliant la potence avant à l'axe arrière. Le moteur est accroché verticalement sous ces montants dans une structure en bois qui porte ausi les repose-pieds et les roues stabilisatrices.

• GOTTLIEB DAIMLER •

L'Einspur originale est construite en 1885 pour expérimenter le moteur à essence que l'ingénieur et inventeur allemand Gottlieb Daimler est en train de développer. Son but est de motoriser un véhicule à quatre roues, mais en le mettant provisoirement dans un deux-roues, Daimler mérite le titre de « père de la moto ».

Gottlieb Daimler (1834–1900)

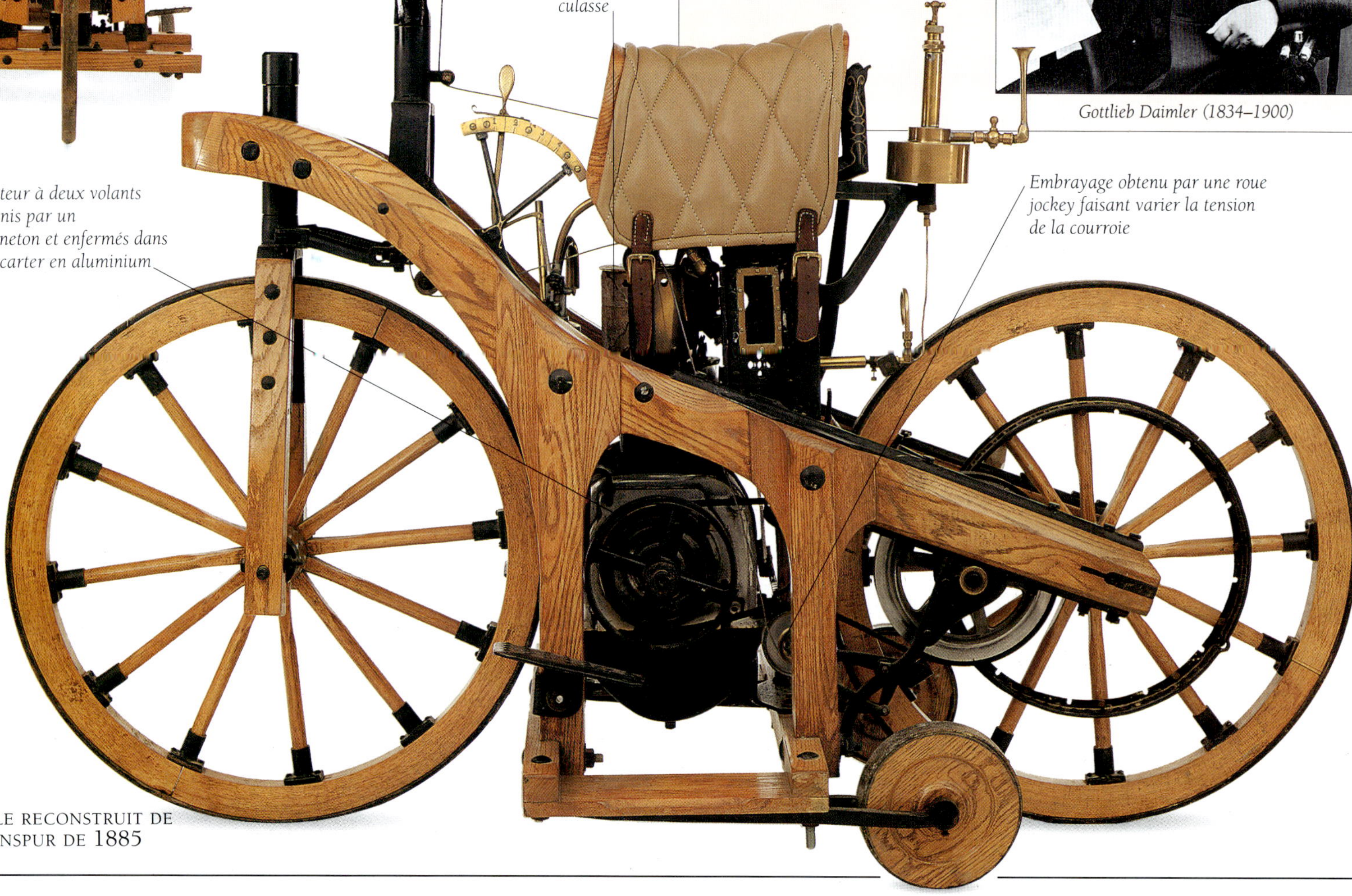

Allumage par tube incandescent chauffé au moyen d'un brûleur fermé attaché à la culasse

Moteur à deux volants réunis par un maneton et enfermés dans un carter en aluminium

Embrayage obtenu par une roue jockey faisant varier la tension de la courroie

MODÈLE RECONSTRUIT DE L'EINSPUR DE 1885

DeDion

FRANCE

Cylindrée 211 cm³ • Puissance 3 ch (estimée) Poids 75 kg • Vitesse maximale 60 km/h (en course)

LE COMTE ALBERT DE DION et son associé Georges Bouton construisent leurs premiers tricycles à moteur à essence en 1895 après avoir expérimenté des tricycles à moteur à vapeur. Le tricycle offre davantage de facilités pour l'installation du moteur et élimine le risque de dérapage qui surprend les premiers motocyclistes. La qualité du nouveau moteur et du véhicule lui-même, prouvée par les victoires en courses, garantissent le succès commercial. L'engin est d'ailleurs largement copié, parfois illégalement.

Fourche renforcée par une entretoise

Moteur à admission automatique monté verticalement à l'arrière

Tricycle construit en Angleterre en 1900

Derbi Tricampeona SE

ESPAGNE

Cylindrée 49 cm³ • Puissance 4,5 ch à 5 700 tr/min Poids 54 kg • Vitesse maximale 75 km/h

SI DERBI a effectivement réalisé des machines de cylindrée supérieure, la firme s'est toujours spécialisée dans les cyclos et les motos de petites cylindrées. Le modèle illustré ici est une Tricampenoa de 1974, ainsi nommée pour célébrer les trois victoires de la marque dans les Championnats du monde catégorie 50 cm³ en 1969, 1970 et 1972. Typique de son époque, le cadre en tôle emboutie reçoit une selle et un réservoir de style moto. Le moteur est un 49 cm³ deux temps avec carburateur de 14 mm (1/2 pouce). La transmission est à trois rapports commandés au pied et chaîne finale sous le carter. Le pédalier répond à la définition légale du cyclomoteur.

Cadre en tôle emboutie

Pneus de 2,25 x 18 pouces

Deronzière

FRANCE

Cylindrée 282 cm³ • Puissance inconnue Poids 45 kg • Vitesse maximale 32 km/h (estimée)

DERONZIÈRE CONSTRUIT DES MOTOS à Lyon de 1903 à 1914. Certains modèles reçoivent des moteurs Zedel et Peugeot, mais le type 1907 montré ici possède un moteur de 282 cm³ propre à la marque. Ce moteur à admission automatique, installé dans un cadre fermé, est fixé par des colliers et non par des pattes. Malgré l'inclinaison du cylindre, les ailettes sont horizontales pour optimiser l'effet du vent relatif. La transmission est à courroie avec embrayage par poulie tendeuse actionnée par une poignée tournante à gauche. Les roues ont 51 cm (20 pouces) de diamètre et l'ensemble est très compact.

Fourche avant à roue poussée avec ressorts travaillant à l'extension logés dans des tubes polis

Magnéto boulonnée au carter

Diamant

ALLEMAGNE

Cylindrée 343 cm³ • Puissance 17 ch Poids 130 kg • Vitesse maximale 120 km/h

DIAMANT, MARQUE PIONNIÈRE DE LA MOTO EN ALLEMAGNE, arrête la production en 1908 pour se consacrer à l'automobile. La firme revient à la moto en 1926 avec des modèles pensés par Frank Gnädig. La moto illustrée ici date de 1926. Ces nouveaux modeles utilisent des moteurs monocylindriques Kühne à soupapes en tête et des boîtes Sturmey-Archer montés dans des cadres tubulaires. En 1927, Diamant fusionne avec Elite avant la reprise, un an après, par Opel, qui produit l'Opel Motoclub (voir page 153) dans l'usine Elite-Diamant.

Le moteur Kühne à culbuteurs est aussi disponible en 496 cm³

Garde-boue très enveloppant

Boîte Sturmey-Archer à trois rapports

DKW Hilfsmotor

Cylindrée 118 cm³ • Puissance 1 ch
Poids du moteur 14 kg • Vitesse maximale 60 km/h

Allemagne

Ce petit moteur de **1920** est conçu pour équiper les bicyclettes. Il est monté au-dessus de la roue arrière qu'il entraîne par une courroie au moyen d'un arbre tournant au tiers du régime moteur intégré au carter. Pour présenter l'Hilfsmotor, DKW utilise le slogan « das kleine wunder » (la petite merveille). Mais DKW est une abréviation de « dampf kraft wagen », la voiture à vapeur.

Vue avant

DKW Lomos

Cylindrée 142 cm³ • Puissance 1,5 ch
Poids 52 kg • Vitesse maximale 60 km/h

Allemagne

Comme beaucoup de constructeurs dans les années 20, DKW s'essaie au scooter et produit ce Lomos en 1922. Ce modèle fait suite au Golem de 1921, une adaptation rudimentaire, et peu réussie, de l'Hilfsmotor (à gauche). Cette machine à cadre ouvert reçoit un moteur refroidi par turbine logé sous un siège-baquet qui intègre le réservoir. Le Lomos est ensuite produit par d'autres constructeurs.

Vue avant

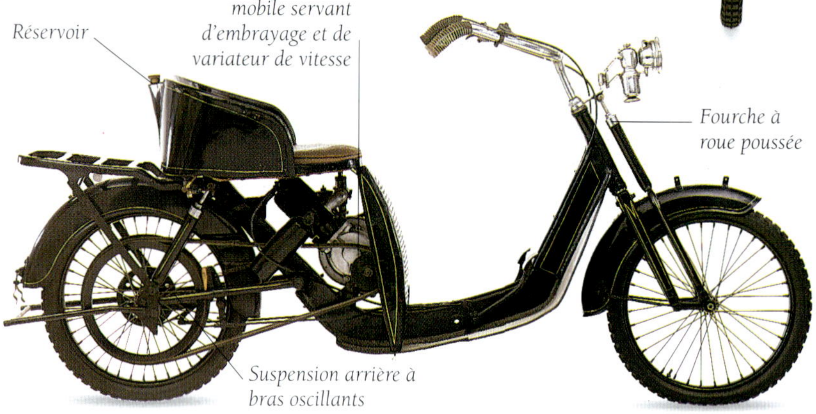

DKW ZSW500

Cylindrée 494 cm³ • Puissance 14 ch à 4 000 tr/min
Poids 150 kg • Vitesse maximale 105 km/h

Allemagne

À la fin des années **20**, **DKW** est le plus important constructeur de motos du monde. Il offre une large gamme de machines deux temps, des monocylindres légères aux twins de grosse cylindrée refroidies par eau. La ZSW500, avec son réservoir à flancs plats et sa boîte séparée, séduit les amateurs d'innovations de l'époque. Le moteur, refroidi par eau, répond bien, surtout lorsque la moto est utilisée avec un side-car.

Vue avant

DKW Luxus

Cylindrée 198/208 cm³ • Puissance 4,5 ch à 3 500 tr/min
Poids 85 kg • Vitesse maximale 70 km/h

Allemagne

La Luxus est surnommée « la bulle rouge » à cause de son réservoir – en selle – rouge vif. Le moteur de ce modèle 1931 est un deux-temps refroidi par turbine avec boîte à deux vitesses. La taille de l'entreprise permet à DKW de passer très vite aux cadres emboutis, et la Luxus est la première à en bénéficier. Selon les régimes fiscaux des pays importateurs, les DKW présentent de légères variations de cylindrée.

Vue avant

DKW SS250

Cylindrée 243 cm³ • Puissance 21 ch à 5 000 tr/min • Poids 141 kg • Vitesse maximale 145 km/h

ALLEMAGNE

SI CETTE MACHINE DE SÉRIE-COMPÉTITION DE **1939** s'inspire des spéciales d'usine, la SS250 n'en a pas tous les raffinements. Afin de réduire les coûts de production, la SS250 du commerce est équipée d'un moteur à piston-pompe horizontal (voir encadré) qui remplace les distributeurs rotatifs ou les clapets vibreurs. Les motos d'usine ont aussi bénéficié de plusieurs types de moteurs, mais la SS250 emploie un deux-temps à deux pistons et une chambre de combustion commune. La combinaison du frein moteur minimal obtenu du deux-temps de la S250 et de son poids relativement élevé ont amené DKW à soigner le freinage. Les moyeux larges et bien conçus, en alliage léger, logent de généreuses garnitures. Les moteurs à admission par piston-pompe ne sont plus admis en compétition internationale après la Seconde Guerre mondiale et, jusqu'au retour de l'Allemagne à la FIM, en 1951, la SS250 est cantonnée aux épreuves nationales, si bien qu'il n'en reste qu'un petit nombre.

LE SUPPLÉMENT DE GAZ frais admis dans le moteur de la SS250, grâce au piston de remplissage, n'apporte pas l'augmentation de puissance espérée. Les hauts régimes se trouvent limités par les longs et tortueux trajets que doivent effectuer les gaz dans le moteur. Afin d'y remédier, les machines d'usine adoptent par la suite des compresseurs rotatifs pour forcer le mélange dans les cylindres.

•LE MOTEUR À CHAMBRE COMMUNE•

Une bonne admission et une bonne évacuation des gaz brûlés sont vitales dans un deux-temps. Pour y parvenir, DKW utilise un monocylindre à deux pistons et chambre commune (en U). Les temps d'échappement et d'admission sont optimisés, car chaque phase est contrôlée par un piston séparé. Un troisième piston de grand diamètre à déplacement horizontal et course courte sert à augmenter la masse des gaz admise dans le carter. Malgré cette complexité, le gain de puissance reste faible.

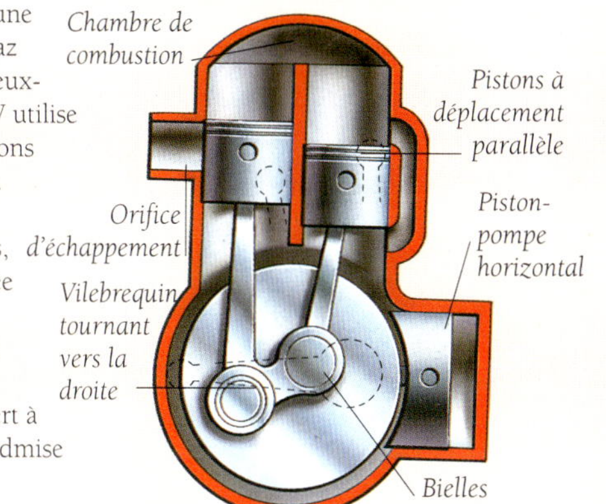

Moteur DKW à deux pistons et chambre commune

DKW RT175VS

Cylindrée 174 cm³ • Puissance 9,6 ch à 5 000 tr/min • Poids 130 kg • Vitesse maximale 101 km/h

ALLEMAGNE

LA RT175VS ET SES VARIANTES EN 200 ET 250 sont les derniers modèles DKW dérivés de la RT125 de 1939. Le schéma général est identique, excepté la boîte modifiée (quatre vitesses) et l'addition d'un carénage profilé à la mode. Le suffixe VS signifie « voll schwing » ou « tout oscillant », en référence aux suspensions avant et arrière. La fourche avant Earles, comme sur ce modèle 1957, est en vogue à l'époque, et notamment en Allemagne. Comme sur la DKW Luxus (voir page 48) la RT175VS est produite en plusieurs cylindrées selon les marchés.

DKW Hummel

Cylindrée 48 cm³ • Puissance 2,4 ch à 6 600 tr/min • Poids 78 kg • Vitesse maximale 70 km/h

ALLEMAGNE

LE MOT *HUMMEL*, qui signifie en allemand bourdon, est très approprié à ce cyclomoteur très dessiné et fiable. Le modèle montré ici est produit en 1965, époque où DKW fusionne avec Victoria (voir page 191) et Express pour former la Zweirad Union. Le Hummel est bien équipé pour un cyclo de cette catégorie : moteur deux temps refroidi par turbine et boîte à trois rapports, mais aussi, et c'est moins habituel, sélecteur de vitesses au pied plutôt qu'à la poignée, suspensions avant et arrière à bras oscillant et chaîne sous carter.

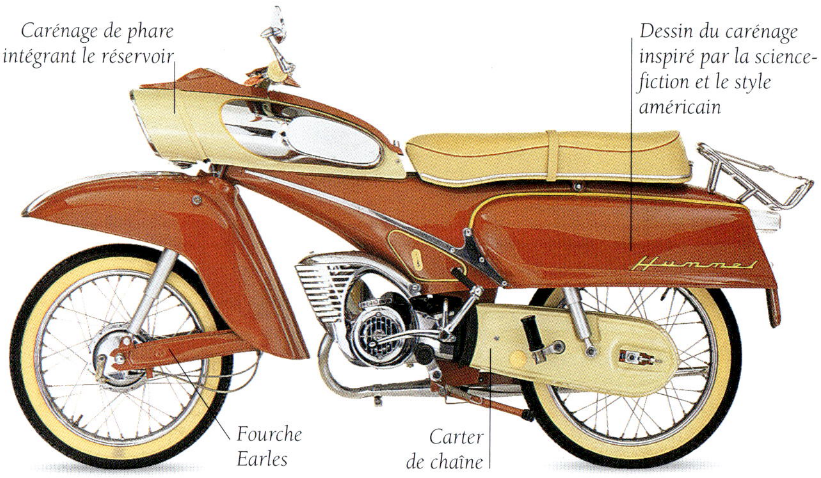

Dot Supersports

Cylindrée 349 cm³ • Puissance 2,75 ch • Poids inconnu • Vitesse maximale inconnue

ROYAUME-UNI

LA SOCIÉTÉ DOT est fondée en 1902 par le pionnier de la moto, et champion, Harry Reed. Comme beaucoup de constructeurs britanniques, Dot emploie des moteurs de provenance extérieure pendant les soixante ans de son existence. Au cours des années 20, JAP et Blackburne sont ses principaux fournisseurs de quatre-temps, mais cette Supersports de 1923 a un Bradshaw à soupapes en tête refroidi par huile qui lui vaut le surnom de « friteuse ». Cette moto à moteur Bradshaw, par ailleurs classique, reste au catalogue Dot pendant cinq ans.

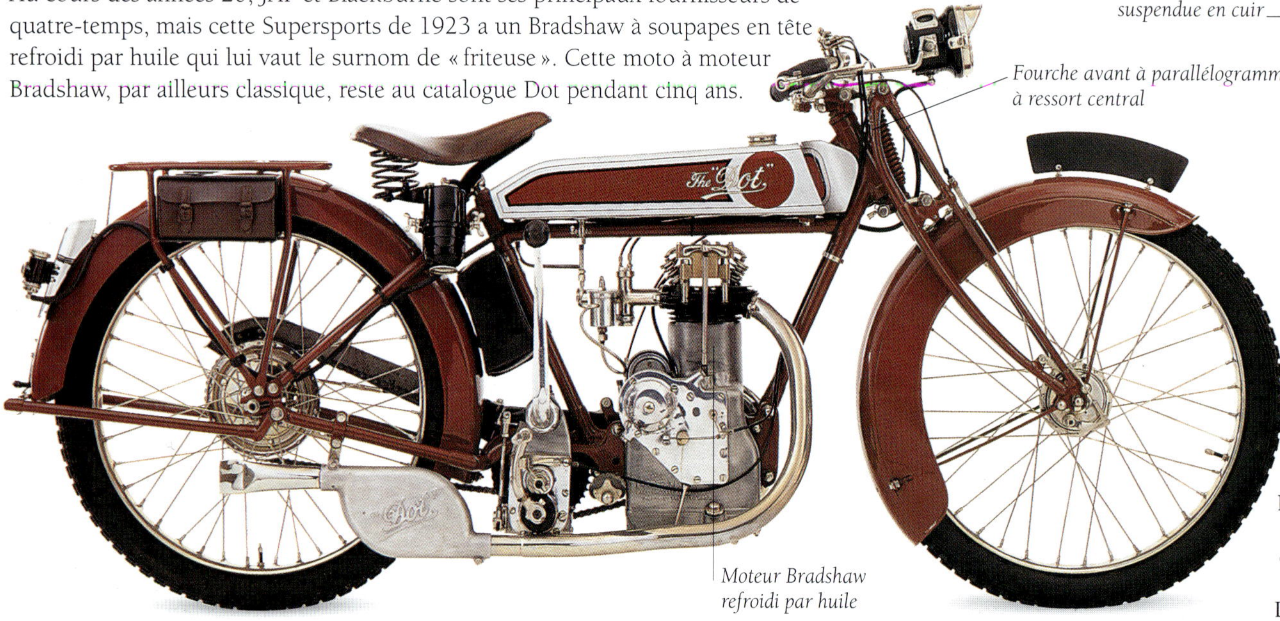

VUE ARRIÈRE

FONDATEUR ET PROPRIÉTAIRE de la marque Dot, Harry Reed remporte en solo une épreuve du TT en 1908 et termine deuxième sur side-car Dot à moteur Bradshaw au TT 1924.

Douglas

DOUGLAS MODEL D

Cylindrée 340 cm³ • Puissance inconnue • Poids 64 kg • Vitesse maximale 56 km/h (estimée)

ROYAUME-UNI

LA PREMIÈRE MOTO DOUGLAS possède un moteur à deux cylindres de 340 cm³ avec soupapes d'admission automatiques. En 1910, année de naissance de cette moto, le cadre est allongé, le moteur abaissé et il en résulte une excellente machine, comme le montre Eli Clarke qui parcourt 1 448 km d'un bout à l'autre de la Grande-Bretagne en 39 heures et 40 minutes. Une boîte de vitesses apparaît aussi en 1910, mais la moto représentée ici est monovitesse.

LA SOCIÉTÉ DOUGLAS naît en 1882 pour se consacrer à la mécanique générale. Les pièces de fonderie du moteur Fairy de Joseph Barter y sont fabriquées. Lorsque la propre affaire de Barter doit fermer ses portes, en 1907, celui-ci entre chez Douglas et lance le département moto.

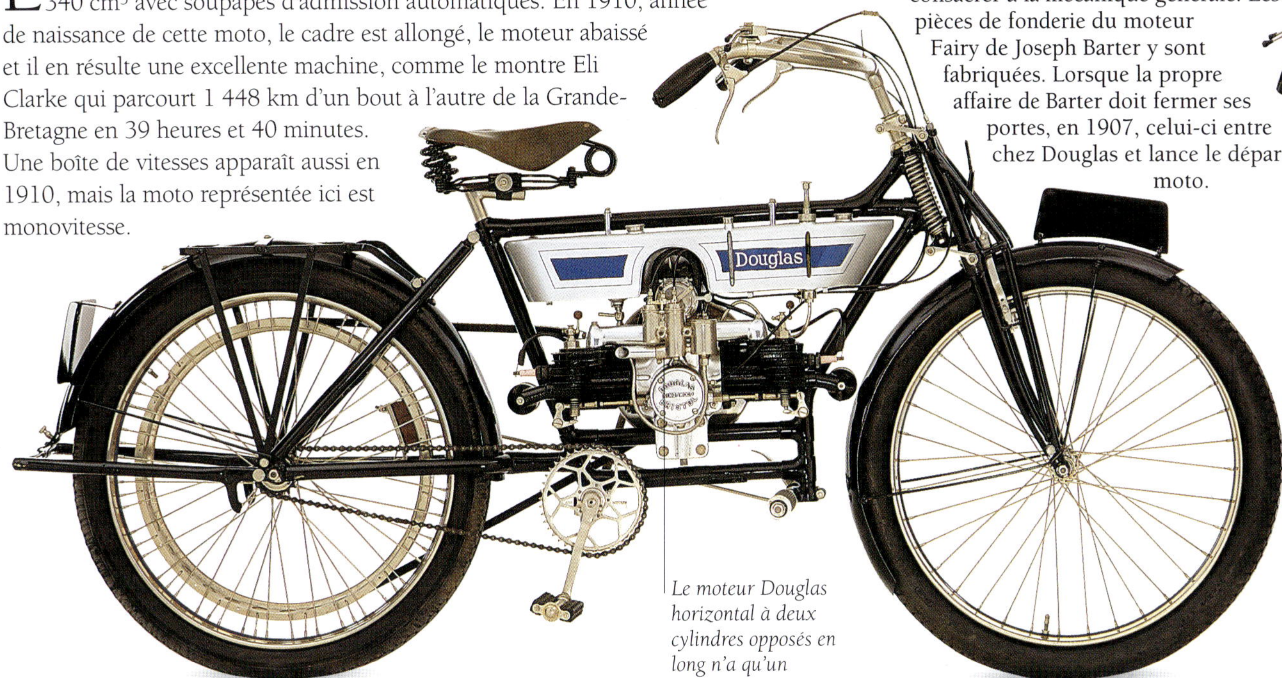

Le moteur Douglas horizontal à deux cylindres opposés en long n'a qu'un carburateur

VUE AVANT

Douglas

DOUGLAS DT5

Cylindrée 494 cm³ • Puissance 27 ch
Poids inconnu • Vitesse maximale inconnue

ROYAUME-UNI

LA COURSE SUR PISTE OVALE OU EN CENDRÉE, dite communément « dirt track » (d'où les lettres DT), arrive en Angleterre depuis l'Australie dès 1928, mais ses racines sont probablement américaines. Les meilleurs pilotes australiens utilisent des motos dérivées de la Douglas RA et, très vite, la marque produit une machine étudiée spécialement pour ce type d'épreuve, la DT5. Le moteur standard donne 27 ch ou 32 ch avec supplément. Longue et basse, la machine est idéale sur les pistes et en fonction du style de l'époque. Mais tout évolue, et les motos à moteur Rudge ou JAP, plus courtes, supplantent la Douglas vers 1931.

La DT5 n'a pas d'embrayage : elle est lancée à la poussette et la boîte reste bloquée en troisième

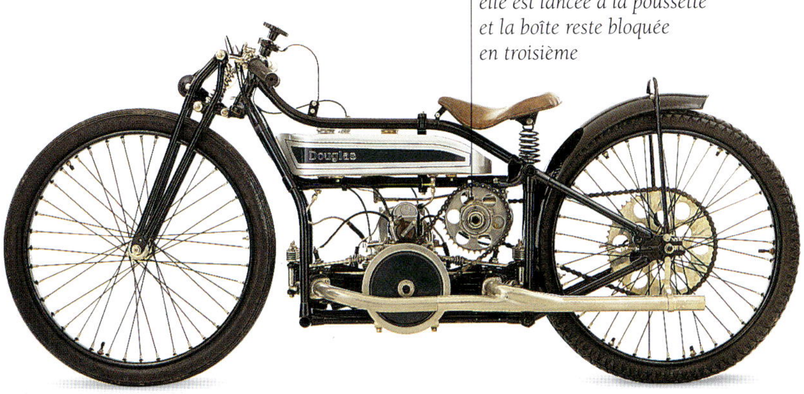

Douglas

DOUGLAS 80 PLUS

Cylindrée 348 cm³ • Puissance 25 ch à 7 000 tr/min
Poids 178 kg • Vitesse maximale 137 km/h

ROYAUME-UNI

À L'INVERSE DE TOUTES LES TWINS PRÉCÉDENTES DE DOUGLAS, à l'exception de l'éphémère Endeavour, les modèles d'après-guerre ont des moteurs transversaux sans toutefois en profiter pour adopter la transmission par arbre, plus logique. La partie-cycle est équipée d'une fourche avant à roue poussée et d'une fourche arrière oscillante avec des barres de torsion dans les tubes inférieurs du cadre actionnées par des basculeurs. Deux versions sport sont annoncées pour 1950 : la 90 Plus est construite pratiquement comme une machine de course tandis que les moteurs qui ne donnent pas au moins les 28 ch de la 90 Plus sont montés sur les routières sport appelées 80 Plus. La machine illustrée ici est une 80 Plus de 1953.

Le moteur entraîne, par un embrayage de type automobile, une boîte à quatre rapports, un couple conique et une chaîne

Roue arrière entraînée par chaîne

Dresch

Cylindrée 495 cm³ • Puissance 18 ch • Poids 141 kg • Vitesse maximale 121 km/h

France

Lancée au Salon de Paris de 1930, la 500 Dresch à deux cylindres présente des caractéristiques intéressantes. Le bicylindre en ligne à soupapes latérales est monté dans un cadre en tôle emboutie. La boîte manuelle à trois rapports transmet le mouvement à la roue arrière au moyen d'un arbre. Les instruments (compteur de vitesse, ampèremètre et montre huit-jours) sont intégrés au-dessus du réservoir. Éclairage électrique et guidon suspendu sont standard. En France, elle est vendue moins cher que la plupart des machines comparables. Il en existe aussi une version à culbuteurs.

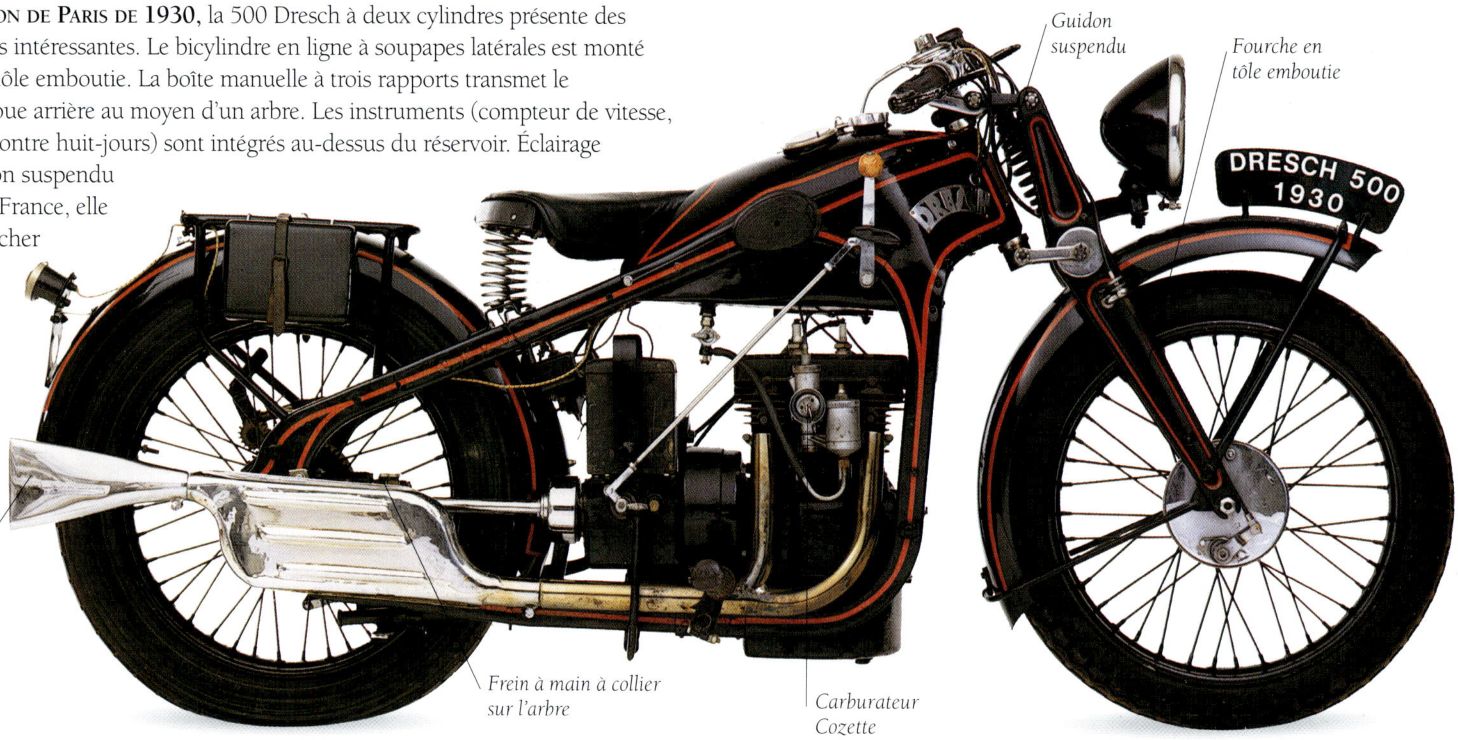

Ducati Mach 1

Cylindrée 249 cm³ • Puissance 26 ch à 8 500 tr/min
Poids 116 kg • Vitesse maximale 171 km/h

Italie

Introduite en 1964, la Mach 1 est à l'époque la 250 la plus rapide du marché à l'époque. Le nouveau modèle découle d'un modèle Diana antérieur (appelé Daytona au Royaume-Uni), mais équipé, entre autres spécificités, d'une boîte à cinq rapports, d'un piston haute compression et d'un gros carburateur. Avec ses bonnes performances et sa maniabilité, la Mach 1 est souvent choisie pour la compétition. Le modèle dure jusqu'en 1967 lorsque de nouveaux moteurs sont introduits. Il existe aussi un modèle moins cher, mais au moteur moins poussé.

Ducati 750 Sport

Cylindrée 748 cm³ • Puissance 55 ch à 7 900 tr/min
Poids 219 kg • Vitesse maximale 185 km/h

Italie

Le V-twin est logiquement l'étape suivante pour Ducati qui aborde les grosses cylindrées. Deux cylindres à un ACT « maison » sont montés sur un carter commun afin de produire une machine de forte cylindrée sur la base de la technologie Ducati existante. Le V-twin à 90° offre une exceptionnelle régularité au prix d'un certain encombrement. La longueur du moteur détermine un empattement de 152 cm (60 pouces) sur la 750 Sport. Les versions de production de la 750 apparaissent en 1971. La Sport suit en 1972, puis une machine à moteur desmodromique un an après. Le V-twin à 90° est devenu une des caractéristiques propres à Ducati.

DUCATI 350 DESMO

Cylindrée 340 cm³ • Puissance 38 ch à 7 500 tr/min • Poids 128 kg • Vitesse maximale 169 km/h — ITALIE

LA COMMANDE DESMODROMIQUE des soupapes constitue une caractéristique des Ducati depuis la fin des années 50. Avec un tel système, la soupape est refermée par l'arbre à cames et nom par un ou plusieurs ressorts. Sa précision permet d'atteindre de très hauts régimes sans affolement des soupapes (rebond). Sur une routière atteignant 7 500 tr/min, cet avantage est discutable, mais il constitue un argument propre à Ducati. La 350 est produite de 1971 à 1974, année de la machine illustrée ici.

Frein à disque disponible sur les modèles 1974

Selle à dosseret formant garde-boue

Boîte à cinq rapports avec sélecteur au pied droit

Le cadre typique de Ducati utilise le moteur comme élément structurel. Des versions « wide case » de ce moteur sont produites à partir de 1968.

DUCATI 500 SPORT DESMO

Cylindrée 497 cm³ • Puissance 44 ch à 5 800 tr/min — ITALIE
Poids 191 kg • Vitesse maximale 171 km/h

LA 500 SPORT est le résultat d'une erreur stratégique de la direction de Ducati dans les années 70. Au lieu de concentrer les ressources sur les excellents et originaux modèles V-twin, elle choisit de produire un twin moyen à cylindres parallèles. Le modèle 500 GTL apparaît en 1975 avec une version 350. Comme les versions « desmo », ces motos, apparues en 1977, se vendent mal, et cela malgré leur aspect séduisant. Mais Ducati continue cependant de vendre les twins parallèles sur les marchés espagnol et italien jusqu'au début des années 80.

Le style de la Sport est dû à Leo Tartarini, d'Italjet

Vilebrequin à deux manetons calés à 180 °

DUCATI DARMAH

Cylindrée 864 cm³ • Puissance 53 ch à 6 250 tr/min — ITALIE
Poids 225 kg • Vitesse maximale 187 km/h

LA DARMAH EST LE RÉSULTAT d'une tentative visant à produire une machine d'allure sportive pour un public attiré par les motos japonaises ou allemandes. Instruments et commandes sont japonais, l'équipement électrique est fourni par l'allemand Bosch et le style est signé Leo Tartarini, d'Italjet. La belle Darmah, qui porte le nom d'un tigre mangeur d'hommes, apparaît en 1977. La dernière version, illustrée ici, date de 1979. Sa selle redessinée n'a plus le caractéristique « cul de canard » original.

Éclairage et autres composants électrique d'origine Bosch

Roue en alliage léger à cinq branches

Angle de chasse important et empattement de 155 cm donnent à la Darmah une grande stabilité

Le moteur est une version moins puissante du 900SS desmodromique

Ducati Pantah

Cylindrée 499 cm³ • Puissance 46 ch à 8 500 tr/min • Poids 190 kg • Vitesse maximale 190 km/h

ITALIE

Révélée en 1977, la Pantah n'apparaît sur le marché qu'en 1980. Plus petite et plus légère que les premières V-twins à 90° de route, la nouvelle machine possède des arbres à cames en tête entraînés par courroie. La distribution desmodromique « maison » est évidemment retenue ; le moteur est intégré à la structure et le pivot du bras oscillant est placé sur un ancrage spécial venu de fonderie avec le carter du bloc-moteur à l'arrière de la boîte. Les performances et le comportement dynamique, qui sont exceptionnels, renforcent encore la réputation de Ducati comme constructeur de motos vraiment sportives. La Pantah, retouchée en 1982, reçoit un nouveau carénage et une cylindrée de 583 cm³. Ce moteur constitue la base d'une nouvelle gamme de machines refroidies par air.

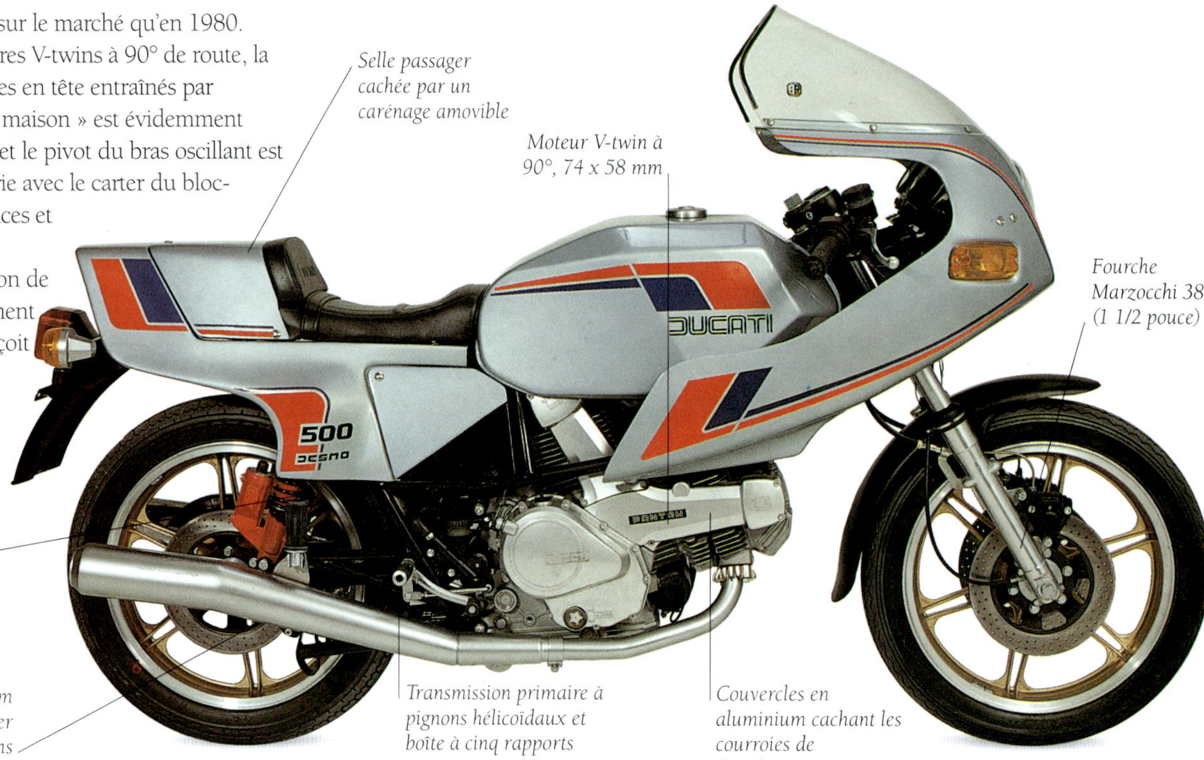

Ducati MHR1000

Cylindrée 973 cm³ • Puissance 83 ch • Poids inconnu • Vitesse maximale 221 km/h

ITALIE

La Mike Hailwood Replica (MHR) est produite en commémoration de la victoire de Hailwood dans le Formula One TT de 1978. Présentée en 1980 et dérivée de la 900SS, le carénage et la peinture sont retouchés pour rappeler la moto de Hailwood. C'est un des modèles les plus vendus chez Ducati au début des années 80, mais il est peu à peu éclipsé par les modèles plus petits à distribution par courroies. La MHR est supprimée en 1986.

La MHR « Mille », introduite en 1985, a une cylindrée portée à 973 cm³ et le bas-moteur est renforcé avec graissage amélioré, ce qui élimine définitivement les problèmes de fiabilité au niveau du vilebrequin.

VUE ARRIÈRE

Ducati 851

Cylindrée 851 cm³ • Puissance 100 ch à 9 250 tr/min • Poids 180 kg • Vitesse maximale 214 km/h (estimée)

Italie

Introduite en 1988, la 851 ouvre de nouvelles perspectives à Ducati. Elle a toujours un V-twin à 90° et une distribution desmodromique, mais un refroidissement par eau, des culasses à quatre soupapes et l'injection. Ces caractéristiques sont adoptées en vue de satisfaire aux normes antipollution de plus en plus sévères et de répondre au règlement sportif du Championnat mondial Superbike. Les Ducati 851 sont produites en deux versions : Strada (route) et Superbike (course). La Superbike, comme ce modèle de 1989, plus rapide et plus chère que la Strada, se montre immédiatement compétitive en série Superbike.

Ducati M900 Monster

Cylindrée 904 cm³ • Puissance 73 ch à 7 000 tr/min • Poids 185 kg • Vitesse maximale 192 km/h

Italie

Répondant à une tendance du marché en faveur des machines non carénées, Ducati introduit la Monster en 1994. À l'inverse d'une grande partie de la concurrence dans cette catégorie, Ducati ne fait pas de compromis sur le plan technique. Le cadre tubulaire, dérivé des machines Superbike, reçoit toujours une suspension arrière à flexibilité variable. Freins et organes de suspension sont de première qualité.

Le moteur est un V-twin à quatre soupapes dérivé de la 900SS. De la combinaison de ce moteur à fort couple et d'un cadre léger résulte une machine très vive et agréable, même si, à grande vitesse, l'absence de carénage compromet la stabilité.

Vue avant

Dunelt Model K

Cylindrée 250 cm³ • Puissance 7 ch (estimée) • Poids 118 kg • Vitesse maximale 80 km/h

Royaume-Uni

Les producteurs d'acier Dunford and Elliot de Sheffield présentent leurs premières motos en 1919. L'innovation consiste en un monocylindre deux temps avec un piston à deux étages à base plus large. Cette astuce augmente le volume de gaz frais balayé dans le carter et forcé dans le cylindre de capacité inférieure, donc avec effet de suralimentation. La cylindrée d'origine est de 500 cm³, mais, en 1925, la firme produit une version plus petite, la 250 Model K (illustrée ici).

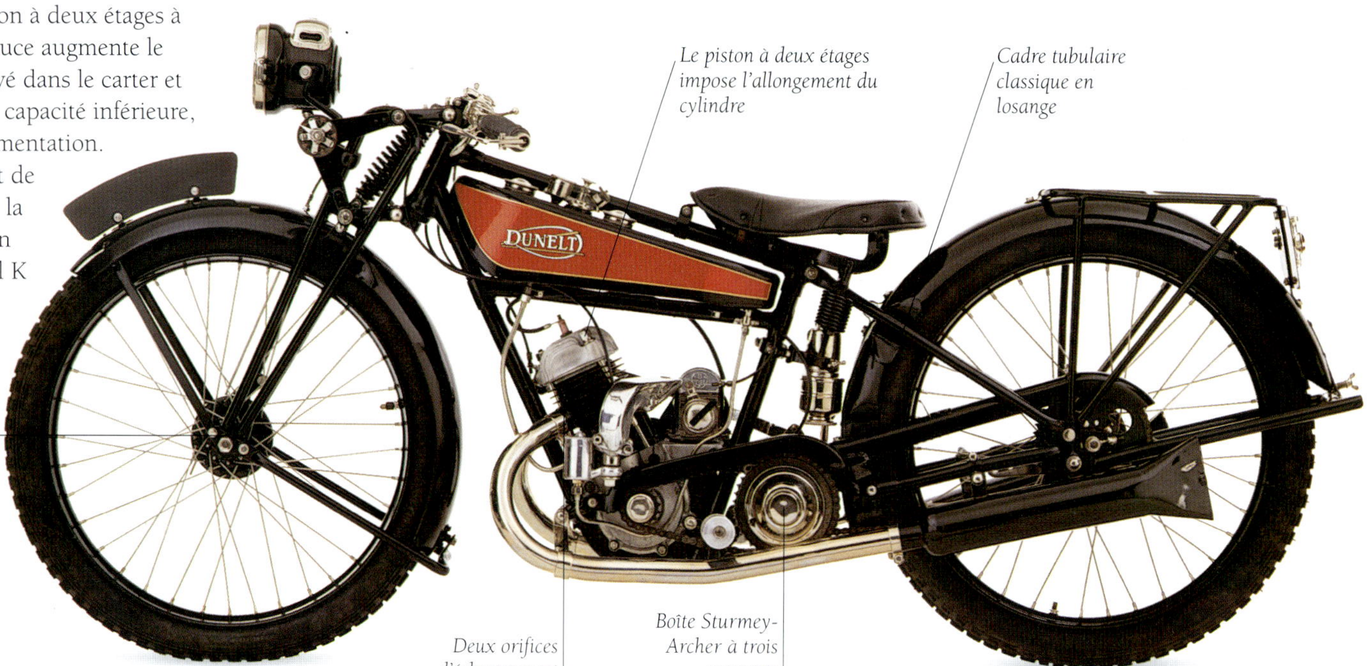

Emblem

Cylindrée 631 cm³ • Puissance 4 ch • Poids 77 kg • Vitesse maximale 64 km/h (estimée)

États-Unis

L'Emblem Company d'Angola, New York, produit des motos typiquement américaines. À l'époque de la production de ce modèle, vers 1910, elles utilisent des mono et des bicylindres avec admission automatique, mais les premières machines emploient des moteurs Thor. Ces deux types de moteurs sont installés dans le même cadre fermé. Si le carburateur Heitger est standard, la magnéto Ruthardt est optionnelle.

Enfield India Bullet

Cylindrée 346 cm³ • Puissance 18 ch à 5 600 tr/min • Poids 163 kg • Vitesse maximale 113 km/h

Inde

La Royal Enfield Bullet, tout à fait moderne à ses débuts en 1949, est exportée en grand nombre dans le monde entier. Le gouvernement indien, impressionné par cette moto, passe des accords dans les années 50 en vue de la produire à Madras pour la clientèle civile et l'armée. La même machine, à peu de choses près, est encore fabriquée en Inde et, ironie du sort, exportée vers la Grande-Bretagne.

Eso Speedway

Cylindrée 497 cm³ • Puissance 50 ch à 8 000 tr/min • Poids 83 kg • Vitesse maximale inconnue

Ex-Tchécoslovaquie

Lorsque les épreuves sur ovales de vitesse se multiplient, la Douglas s'impose pour gagner. Mais avec l'évolution des pistes et des styles, des motos plus courtes, comme la Rudge, prennent la relève. Elles sont plus rapides, sinon plus spectaculaires. Après l'introduction du moteur JAP, spécialisé en 1931, les machines changent peu jusqu'à ce que l'Eso commence à être vue hors de son pays natal, la Tchécoslovaquie, à la fin des années 50. La machine vue ici date de 1966.

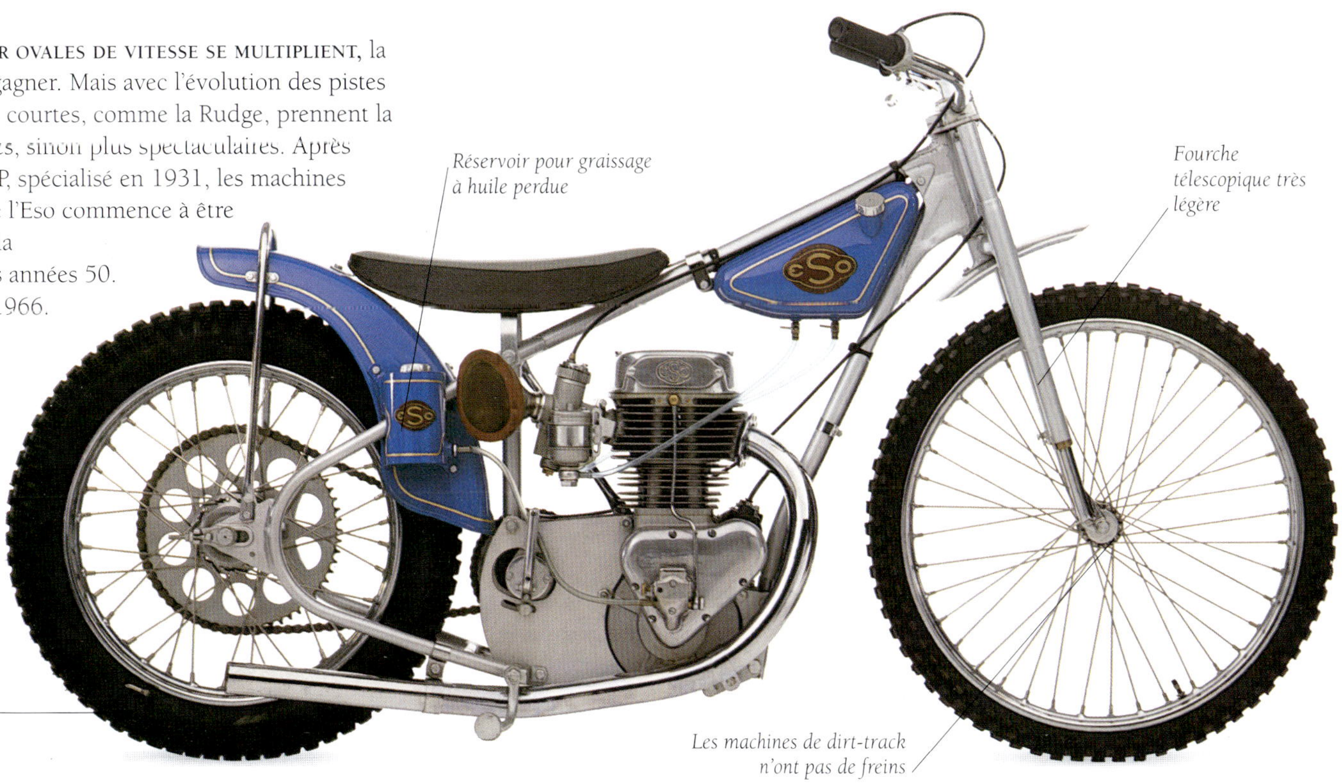

EXCELSIOR AUTO-CYCLE MODEL K

Cylindrée 500 cm³ • Puissance 4 ch • Poids 82 kg • Vitesse maximale 64 km/h (estimée)

ÉTATS-UNIS

LA PREMIÈRE MOTO EXCELSIOR AMÉRICAINE date de 1907. Produite par l'Excelsior Supply Company, Randolph Street, Chicago, la nouvelle Excelsior Auto-Cycle de 3,25 ch est équipée d'un monocylindre vertical de 438 cm³ à admission automatique. Le moteur est installé dans l'intervalle séparant le tube avant et le support inférieur du cadre comprenant un deuxième tube de liaison horizontal. Le modèle 1911, illustré ici, est dérivé de l'original, mais le cadre est modifié par la suite pour abaisser la selle. La cylindrée du moteur passe à 500 cm³. La fourche avant à roue poussée est nickelée, et seule la selle est suspendue et réglable sur son tube-support horizontal. Le frein arrière dans le moyeu fonctionne par rétropédalage. La firme est reprise en 1912 par le fabricant de cycles Ignatz Schwinn qui la conserve jusqu'à la fin de la production en 1931.
Le monocylindre est abandonné en 1913 au profit de bicylindres en V.

LES ACHETEURS D'EXCELSIOR peuvent commander au choix un guidon coudé ou le plus classique guidon horizontal à branches longues. Le Model K est le type de base de la gamme, tandis que la KM, plus chère, reçoit un allumage par magnéto entraînée par pignons.

Poignées tournantes actionnant des tiges de commande

Les pédales sont encore courantes sur les premières motos

•SOUPAPES EN CHAPELLE•

L'Auto-Cycle respecte la pratique de son temps avec sa soupape d'échappement commandée mécaniquement et son admission automatique. Celle-ci, maintenue fermée par un ressort très faible, s'ouvre sous l'effet de la dépression causée par la descente du piston qui aspire le mélange gazeux provenant du carburateur. Les deux soupapes sont montées dans une « chapelle » latérale au cylindre. Cette disposition, qui doit en principe améliorer le refroidissement, est conservée encore quelques années malgré l'adoption d'une soupape d'admission à commande positive.

Commande de l'échappement et de l'allumage

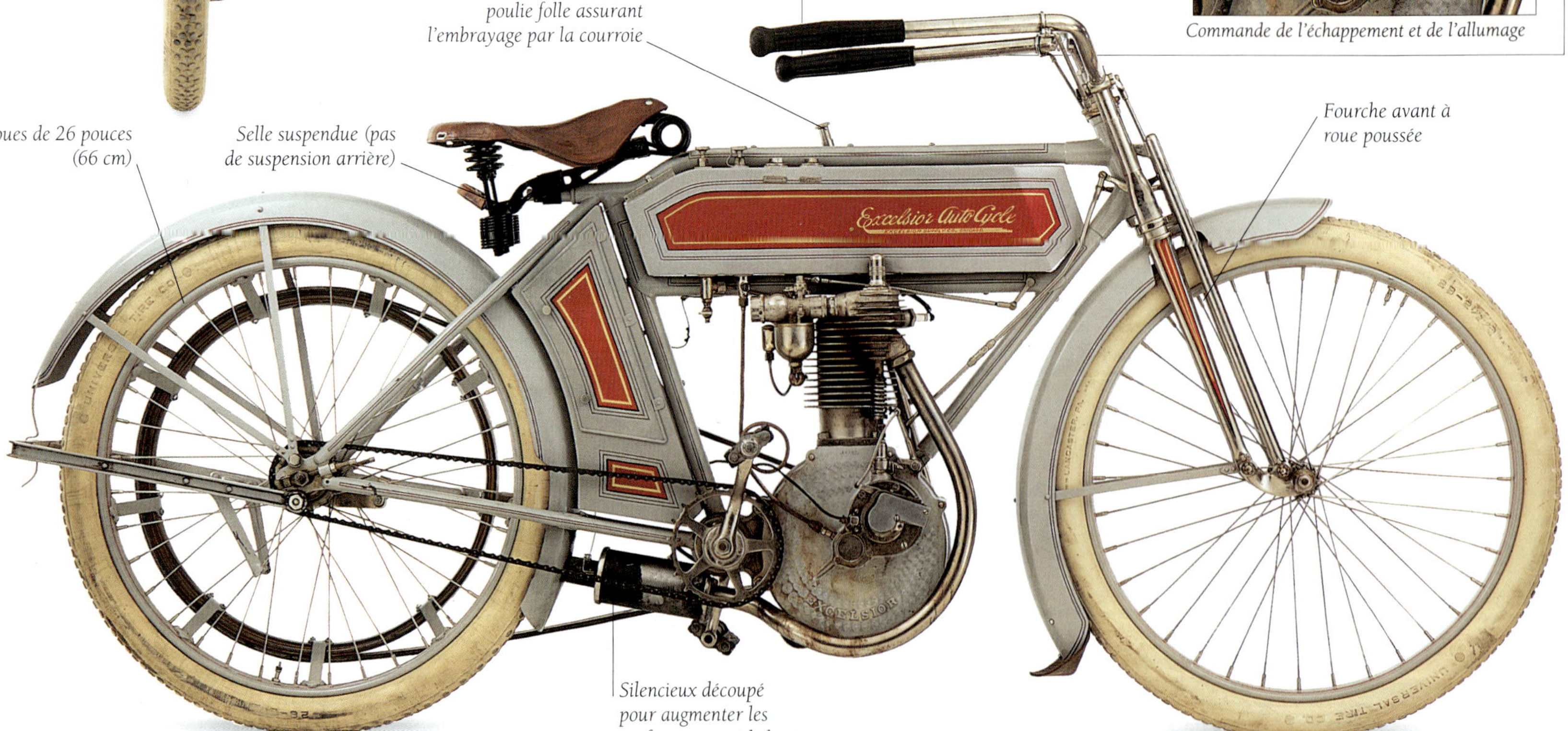

Levier de commande de la poulie folle assurant l'embrayage par la courroie

Roues de 26 pouces (66 cm)

Selle suspendue (pas de suspension arrière)

Fourche avant à roue poussée

Silencieux découpé pour augmenter les performances et le bruit

EXCELSIOR 20R

Cylindrée 1 000 cm³ • Puissance 20 ch (estimée) • Poids 227 kg • Vitesse maximale 161 km/h

ÉTATS-UNIS

EXCELSIOR SUIT L'EXEMPLE d'autres constructeurs américains et introduit dès 1910 un modèle à bicylindre en V. Les cylindres sont ouverts à 45°et les soupapes d'admission se trouvent en tête (échappement latéral). La cylindrée des premières machines s'élève à 819 cm³, mais elle passe à 1 000 en 1912. La réputation de l'Excelsior modifiée bénéficie alors du fait qu'elle devient la première moto dépassant les 161 km/h. La machine illustrée ici est une version à trois vitesses datant de 1920. Le modèle 1 000 cm³ est abandonné lors de l'introduction de la Super X.

EXCELSIOR SUPER X

Cylindrée 746 cm³ • Puissance 20 ch (estimée) • Poids 204 kg • Vitesse maximale 105 km/h

ÉTATS-UNIS

INTRODUITE EN 1925, la Super X est la première machine d'une nouvelle catégorie de motos américaines de 750 cm³ complétée très vite par les Indian et Harley-Davidson « 45 ». Le nouveau modèle reçoit un bloc-moteur bien dessiné. Des pignons hélicoïdaux assurent la transmission primaire à la boîte et le bloc est installé dans un cadre à double berceau doté d'une fourche avant à roue poussée. La Super X, qui offre d'intéressantes performances, acquiert bientôt une excellente réputation. Le modèle est retouché en 1929 et reçoit un style profilé, dit Streamline. La moto exposée ici date de 1930, avant-dernière année de production.

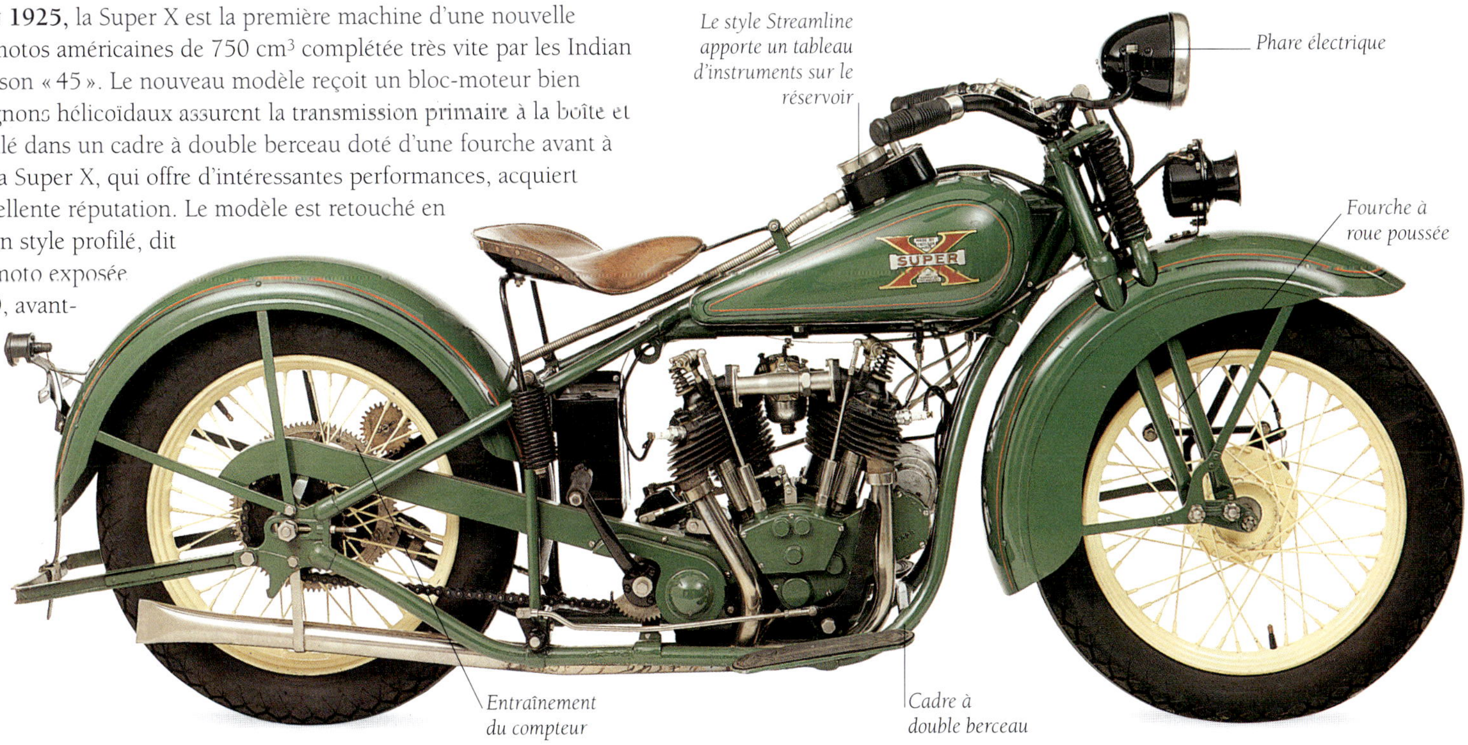

EXCELSIOR

Cylindrée 411 cm³ • Puissance 2,75 ch
Poids inconnu • Vitesse maximale 72 km/h

ROYAUME-UNI

LA FIRME BAYLISS, THOMAS & CO, fabricant des bicyclettes Excelsior, est créditée du titre de premier constructeur britannique de motos. La marque vend, dès 1896, une machine à moteur Minerva. En 1902, année où cette moto apparaît, elle utilise le moteur MMC de 2,75 ch. C'est une version produite à Coventry du moteur De Dion à soupape d'admission automatique, carburateur à léchage, allumage à trembleur et graissage goutte à goutte manuel. La roue arrière est entraînée directement par courroie.

EXCELSIOR MECHANICAL MARVEL

Cylindrée 246 cm³ • Puissance 25 ch à 5 600 tr/min
Poids inconnu • Vitesse maximale inconnue

ROYAUME-UNI

SUIVANT L'EXEMPLE des voitures de Grand Prix d'avant 1914 puis des constructeurs de moteurs d'avion cherchant un maximum de puissance, de nombreux constructeurs de motocycles expérimentent les quatre soupapes par cylindres. Excelsior, qui a couru jusque-là avec des moteurs JAP ou Blackburne, crée la surprise au TT 1933 avec une nouvelle machine dotée d'un moteur conçu et fabriqué par Blackburne. Les quatre soupapes sont disposées radialement dans la culasse, chaque paire étant commandée par un seul culbuteur en fourche. Malgré sa victoire obtenue avec une moyenne record, la machine se révèle difficile à mettre au point. Cette moto date de 1933.

EXCELSIOR MANXMAN

Cylindrée 349 cm³ • Puissance 23 ch à 6 000 tr/min • Poids 152 kg • Vitesse maximale 137 km/h

ROYAUME-UNI

INTRODUITE EN 1935, la Manxman est une machine de sport, proposée en version route ou course, qui remplace la Mechanical Marvel, trop compliquée sur le plan mécanique (voir ci-dessus). D'une conception plus classique que cette dernière, la Manxman possède un ACT commandé par arbre, et la culasse en bronze n'a que deux soupapes. Initialement produite en 250 et 350, elle apparaît en 500 en 1936.

LA MANXMAN fut souvent victorieuse sous forme de machines d'usine ou entre les mains des privés mais, en dépit de son nom, elle ne gagna jamais le TT de l'île de Man. Cette machine est une FR12 datant de 1936.

VUE ARRIÈRE

EXCELSIOR TALISMAN SPORTS

Cylindrée 244 cm³ • Puissance 11 ch à 4 500 tr/min • Poids 109 kg • Vitesse maximale 103 km/h ROYAUME-UNI

INTRODUITE EN 1952 sous la forme d'une version sportive du modèle Talisman Twin apparu pour la première fois en 1949, la STT1 offre, par rapport à la machine de base, diverses améliorations dans les domaines esthétique et pratique. Si le moteur de base reste inchangé, son aspect est amélioré par un nouveau montage plus net de la boîte. Une selle double réglable en hauteur et un tableau d'instruments plus élégant rendent la machine plus séduisante, tandis que le reste de la partie-cycle provient de la moto de base. La Talisman Sports se vend probablement davantage grâce à sa présentation générale que pour ses performances. Cette moto date de 1952.

FANTIC CHOPPER

Cylindrée 123 cm³ • Puissance 13,2 ch à 6 600 tr/min • Poids 118 kg • Vitesse maximale 105 km/h ITALIE

UNE DES BÉCANES LES PLUS FARFELUES fabriquées dans les années 70, la Fantic Chopper représente la monture idéale pour les aspirants au monde sauvage du film Easy Rider. Mais, alors que les protagonistes bénéficient du couple plutôt copieux du gros V-twin Harley-Davidson, les pilotes du Fantic doivent se contenter d'un deux-temps de cylindrée modeste. Curieusement, la fourche rallongée et la position étrange de conduite ne rendent pas le Fantic spécialement dangereux, seulement inconfortable tout au plus. On voit ici un modèle 1977.

FB MONDIAL

Cylindrée 173 cm³ • Puissance 10 ch à 6 700 tr/min • Poids 120 kg • Vitesse maximale 110 km/h ITALIE

LA FIRME FRATELLI BOSELLI MONDIAL choisit de promouvoir ses productions par la compétition et remporte le Championnat du monde catégorie 125 en 1949, 1950, 1951 et 1957. Alors que les machines de course bénéficient de moteurs à un ou deux ACT, la plupart des modèles de production sont de classiques moteurs culbutés ou à deux temps. La machine exposée ici est un modèle sport de 1956 combinant un moteur à un ACT à la partie-cycle des modèles ordinaires.

COMME BIEN D'AUTRES constructeurs italiens, FB Mondial équipe ses modèles sport de guidon surbaissé et inclut le rouge dans les schémas de couleurs.

FN Quatre cylindres

Cylindrée 410 cm³ • Puissance inconnue • Poids inconnu • Vitesse maximale 68 km/h (estimée)

Belgique

Introduite en 1904, la moto FN (Fabrique nationale) est la première quatre-cylindres réussie du monde. Conçue par Paul Kelecom, le modèle original possède une transmission par arbre, une magnéto d'allumage, un graissage à barbotage et les avantages d'un moteur exempt de vibrations. C'est une des premières études sérieuses débouchant sur une moto intégrale et non sur un engin plus proche de la bicyclette à moteur, typique de cette époque. La cylindrée originale est de 362 cm³, mais en 1907, année de cette moto, elle a déjà été augmentée, en même temps que d'autres améliorations de détail ont été réalisées.

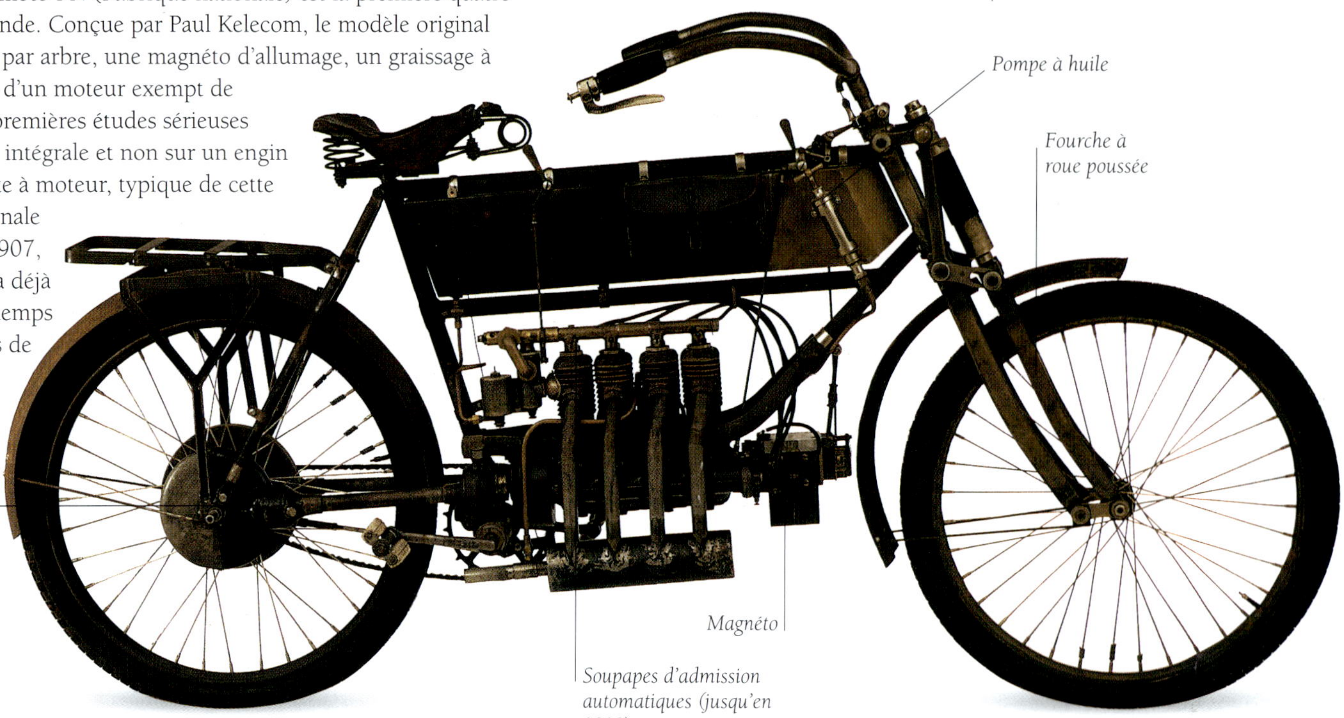

FN

Cylindrée 283 cm³ • Puissance inconnue • Poids 80 kg • Vitesse maximale 85 km/h

Belgique

La première moto FN, une 133 cm³ style bicyclette, apparaît en 1901. Les monocylindres sont éclipsées en 1904 par l'arrivée du quatre-cylindres FN. Une nouvelle « mono » de 249 cm³ à transmission par arbre arrive en 1909, mais avec le même montage du moteur, sur deux tubes, comme sur la quatre-cylindres, et le vilebrequin placé longitudinalement. La FN est encore modernisée en 1912. Celle qui est présentée ici date de 1920.

Avec son embrayage multidisque et sa boîte à deux rapports, la FN est en avance sur la plupart des motos de sa catégorie.

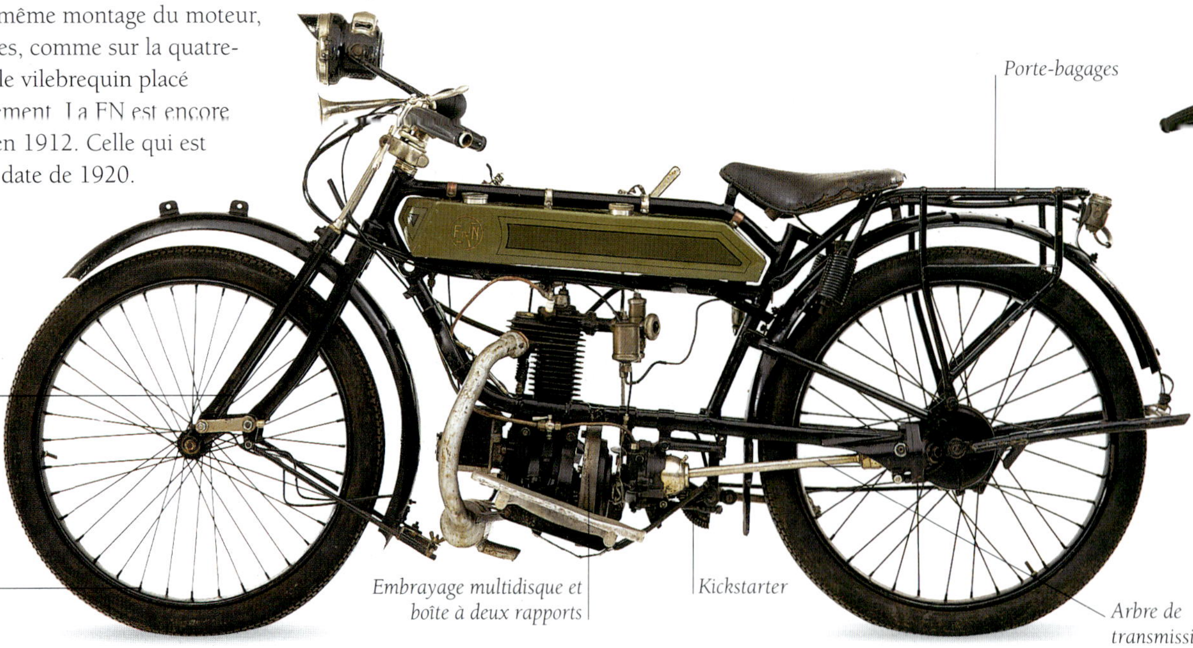

Vue avant

FN M13

Cylindrée 449 cm³ • Puissance 11 ch à 3 500 tr/min • Poids 136 kg • Vitesse maximale 105 km/h

BELGIQUE

MALGRÉ LE SUCCÈS DES QUATRE-CYLINDRES et des monocylindres à arbre de transmission, FN commence à développer des monocylindres à quatre temps à chaîne dans les années 20. Au cours des années 30, la firme commence à produire des motos équipées de monocylindres à soupapes latérales et à culbuteurs. Le modèle M13 de 1948 (montré ici) a un moteur latéral avec carter humide, mais l'innovation se situe dans la fourche avant, un système à roue tirée à renvoi qui fait travailler un ressort horizontal à la traction lorsque la roue se soulève. À partir de 1953, FN utilise des fourches télescopiques.

FRANCIS-BARNETT PULLMAN

Cylindrée 344 cm³ • Puissance inconnue • Poids inconnu • Vitesse maximale 88 km/h

ROYAUME-UNI

OFFICIELLEMENT DÉSIGNÉE MODEL 10 et dotée d'un moteur qualifié d'exclusif à Francis-Barnett (bien qu'il ait été aussi fourni à Monet-Goyon en France), la Pullman vise le marché des engins haut de gamme. Elle échoue en raison de ses performances égales à celles d'une moto de cylindrée deux fois plus petite et de son prix équivalent à celui de machines d'une cylindrée double. Le moteur est installé longitudinalement dans un cadre « bâti comme un pont » introduit en 1934 et vanté par la publicité comme « le cadre transportable dans un sac de golf ». Mais Francis-Barnett ne dit pas où il faut mettre le moteur et les roues.

VUE AVANT

LA PULLMAN ne figure au catalogue Francis-Barnett que pendant deux ans. La machine illustrée ici est un modèle 1928, dernière année de production.

GILERA SATURNO SANREMO

Cylindrée 498 cm³ • Puissance 38 ch à 6 000 tr/min • Poids 128 kg • Vitesse maximale 185 km/h (estimée)

ITALIE

LES PLUS CÉLÈBRES MACHINES DE COURSE de Gilera sont les machines à quatre cylindres championnes du monde produites en 1937 après la reprise par Gilera de la firme Rondine. En vue des épreuves mineures, et pour satisfaire les clients, Gilera produit la version San Remo, une monocylindre dérivée de la Saturno de route (voir ci-dessous). Elle débute avec succès au Grand Prix d'Ospedaletti 1947, près de San Remo, d'où l'appellation de la machine. Elle conserve le bloc-moteur à soupapes en tête de la routière, mais avec d'astucieuses modifications afin d'en augmenter la puissance. On peut voir ici un modèle 1949.

GILERA SATURNO

Cylindrée 499 cm³ • Puissance 22 ch à 5 000 tr/min
Poids 175 kg • Vitesse maximale 129 km/h (estimée)

ITALIE

PRODUITE À PARTIR DE 1940, la Saturno est le résultat du développement logique des modèles Gilera antérieurs. Le moteur de 84 x 90 mm possède des soupapes en tête rappelées par des ressorts en épingles à cheveux. Cylindre et culasse sont en fonte, mais le carter inférieur qui loge aussi la boîte de vitesses à quatre rapports est en alliage léger. La transmission primaire est à engrenages, la fourche avant à parallélogramme et ressort central et la suspension arrière relève du système Gilera à ressorts horizontaux. La machine illustrée ici date de 1951. Ultérieurement, des versions sport sont produites avec culasse aluminium et fourche télescopique.

GILERA
SPECIALE STRADA

Cylindrée 124 cm³ • Puissance 10,5 ch à 8 500 tr/min
Poids 93 kg • Vitesse maximale 113 km/h (estimée)

ITALIE

GILERA INTRODUIT UNE NOUVELLE 125 EN 1959 dont la production se poursuit sous diverses formes jusqu'en 1970. Le bloc-moteur très net, à carter humide, contient une boîte à quatre rapports avec transmission primaire par engrenages. L'unique arbre à cames, entraîné par le vilebrequin au moyen de pignons, actionne les soupapes par tiges et poussoirs avec réglage classique par vis et contre-écrous. L'allumage se fait par batterie et bobine. Une version 150 cm³ est également produite. La Speciale Strada 1966 illustrée ici possède des garde-boue en aluminium, un compte-tours et une selle de style compétition.

GILERA
NUOVO SATURNO

Cylindrée 492 cm³ • Puissance 37 ch à 7 500 tr/min ITALIE
Poids 140 kg • Vitesse maximale 169 km/h (estimée)

PRODUITE INITIALEMENT POUR LE MARCHÉ JAPONAIS, la Nuovo Saturno qui apparaît en 1989 est également vendue en Europe. Elle combine un cadre en treillis tubulaire en acier à un excellent moteur monocylindre à deux ACT et quatre soupapes refroidi par eau. Son poids limité lui donne un comportement dynamique et sain et lui permet de bonnes performances (pour sa cylindrée). Finie en rouge et du style café-racer, elle est parfaitement conçue dans cet esprit. Mais malheureusement, elle coûte cher.

La Saturno est sans compromis avec sa selle solo

Des plaques en alliage léger relient le moteur, le bras oscillant et le cadre

GILERA
NORDWEST

Cylindrée 558 cm³ • Puissance 52 ch à 6 500 tr/min ITALIE
Poids 140 kg • Vitesse maximale 187 km/h

AVEC LA NORDWEST, Gilera conduit logiquement à son terme le concept de la machine de trail. Le modèle est dérivé de la RC600 de trail, mais le compromis accepté au niveau des suspensions, des freins et des roues fait place à des éléments purement routiers. Des pneus très adhérents et des freins sensationnels combinés à un moteur vif font de la NordWest une étonnante routière. Sur une route sinueuse, elle peut tenir tête à bien des sportives. Le modèle disparaît avec la marque en 1993.

Fourche télescopique inversée

Moteur à deux ACT et quatre soupapes

GNÔME & RHÔNE

Cylindrée 724 cm³ • Puissance 30 ch à 5 500 tr/min • Poids inconnu • Vitesse maximale 145 km/h (estimée) FRANCE

LES PREMIÈRES MOTOS construites par le fabricant de moteurs d'avion Gnôme et Rhône sont des modèles ABC d'origine britannique à moteur flat-twin en long et produits sous licence. La firme propose ensuite des machines monocylindres classiques avant de revenir au flat-twin transversal en 1930. Le type X à soupapes en tête sort en 1935. La nouvelle machine est une des plus prestigieuses et des plus grosses motos jamais construites en France à l'époque. C'est également une moto idéale pour tracter un side-car. Le modèle illustré ici date de 1939.

Fourche à parallélogramme et cadre en tôle emboutie

Boîte à quatre rapports et transmission par arbre

Grands tambours de frein en aluminium

GREEVES 20T

Cylindrée 197 cm³ • Puissance 8,5 ch à 4 000 tr/min • Poids 103 kg • Vitesse maximale 80 km/h (estimée)

ROYAUME-UNI

LES PREMIERS PROTOTYPES GREEVES apparaissent en 1951 alors que la firme produit aussi des voitures destinées aux invalides. Les premiers modèles de production, lancés en 1953, présentent des innovations comme un tube avant et une tête de fourche coulés en alliage léger ainsi qu'une suspension à blocs de caoutchouc travaillant à la torsion. Ces modèles comprennent des routières et des machines de scramble et de trial dotées d'un moteur Villiers 8E de 197 cm³ monocylindre deux temps. Cette machine de trial 20T remonte à 1955. Les dernières motos sont améliorées avec de nouveaux moteurs Villiers et des amortisseurs arrière Girling. Greeves est réputé ensuite pour ses motos tout-terrain.

GRITZNER MONZA SUPER SPORT

Cylindrée 50 cm³ • Puissance 3 ch à 6 000 tr/min • Poids 70 kg • Vitesse maximale 60 km/h

ALLEMAGNE

LA MONZA SUPER SPORT est introduite par la vieille firme motocycliste Mars en 1957. Lorsque Mars ferme ses portes en 1958, Gritzner reprend la production. Malheureusement, l'aspect plaisant et les caractéristiques de la Monza n'empêchent pas son échec commercial. Gritzner suit le sort de Mars et cesse ses activités en 1962. Ce modèle date de 1960.

CONTRAIREMENT À BEAUCOUP de vélomoteurs de l'époque, la Monza Super Sport est conçue comme une moto : elle n'a pas de pédales et la boîte à trois rapports offre un sélecteur au pied au lieu d'une poignée tournante comme sur les autres machines.

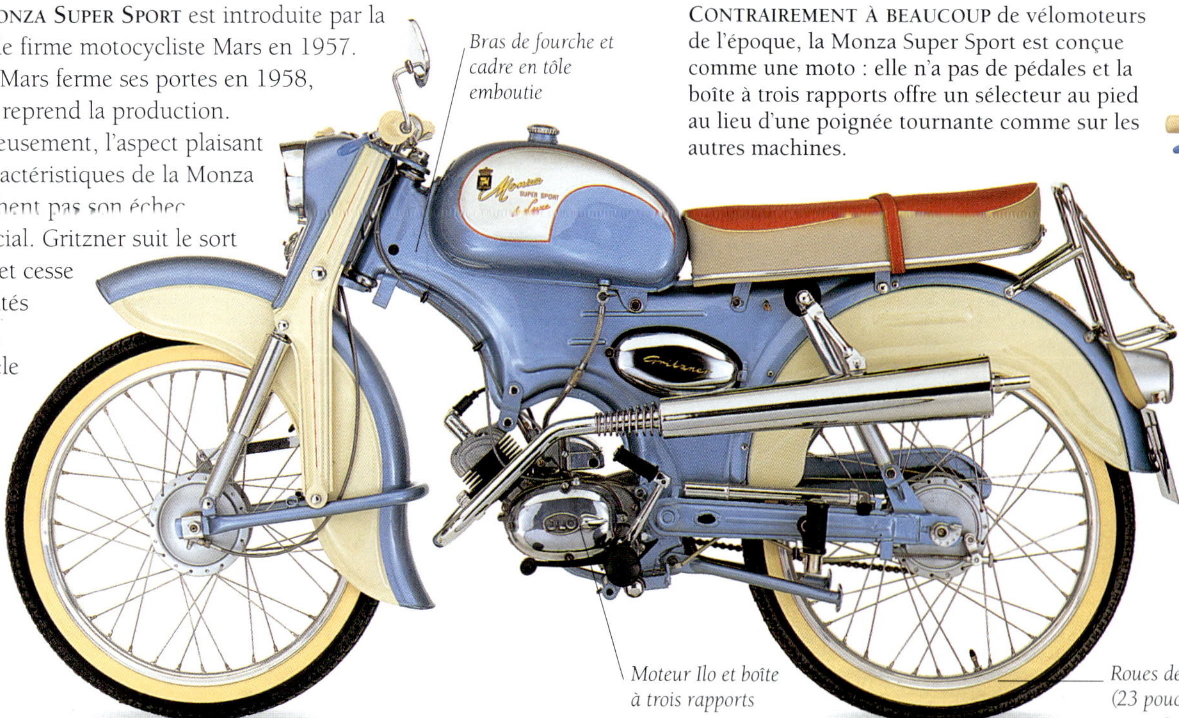

VUE AVANT

Harley-Davidson Silent Gray Fellow

Cylindrée 492 cm³ • Puissance 6,5 ch à 2 700 tr/min • Poids 89 kg • Vitesse maximale 72 km/h — États-Unis

Dérivée du prototype original Harley-Davidson de 1903, la monocylindre Silent Gray Fellow est produite jusqu'en 1918. Elle doit son nom à l'efficacité de son système d'échappement, à sa couleur et à son image de modèle généralement sûr et fiable. En 1912, le modèle illustré ici est produit avec un cadre retouché, une selle surbaissée et suspendue.

Le moteur monocylindre de cette moto de 1912 est à soupape d'admission automatique. À partir de 1913, toutes les soupapes sont commandées. La machine est équipée d'une batterie et d'une bobine d'allumage ; la magnéto est en option.

Soupape d'admission automatique ouverte par la dépression

Cadre fermé renforcé très rigide

Poulie de tension de la courroie

Levier de l'embrayage logé dans le moyeu arrière

Vue avant

Harley-Davidson J-11

Cylindrée 1 000 cm³ • Puissance 11 ch à 3 000 tr/min • Poids 147 kg • Vitesse maximale 97 km/h (estimée) — États-Unis

Harley développe sa première bicylindre en V en 1907. À l'époque de ce modèle, datant de 1915, la configuration des cylindres à 45° est déjà bien intégrée à la gamme. Plusieurs changements significatifs sont introduits la même année, dont une boîte à trois rapports et une pompe à huile à engrenages. Le démarrage par le pédalier subsiste encore une année durant avant l'introduction d'un kickstarter en 1916. Le cadre en boucle est similaire à celui des motos monocylindriques.

Réservoir mixte essence et huile

Fourche à roue poussée

Béquille principale articulée en bout du cadre

Transmission finale à chaîne

Boîte à trois rapports, arbre de renvoi

Pompe à huile mécanique logée dans le carter de distribution

Soupapes en tête à tiges et culbuteurs

HARLEY-DAVIDSON

HARLEY-DAVIDSON JD28

Cylindrée 1 213 cm³ • Puissance 9,5 ch à 4 500 tr/min • Poids 166 kg • Vitesse maximale 120 km/h

ÉTATS-UNIS

LES MODÈLES JD représentent l'apogée de la famille des moteurs Harley-Davidson semi-culbutés. En 1928, le moteur 1 213 cm³ peut amener la machine à 120 km/h. À la place du JHD à deux arbres à cames, le JD utilise la configuration standard à un seul arbre à cames. Des basculeurs à rouleaux actionnés par les deux cames de l'arbre attaquent les tiges des soupapes d'admission et directement les soupapes d'échappement. La bobine d'allumage est alimentée par une batterie rechargée avec une dynamo entraînée par pignons qui assure aussi l'éclairage. Sur ce modèle de 1928, la pompe à huile contrôlée par la poignée des gaz est protégée par un couvercle en aluminium. Les ailettes des culasses et des cylindres peints couleur argent sont améliorées pour augmenter le refroidissement. Un filtre à air est monté sur le carburateur, ce qui impose de déplacer l'enrichisseur du cylindre arrière. Le pignon moteur à moyeu amortisseur en caoutchouc est amélioré tandis que le rapport final de transmission est allongé de 6,28 à 5,99 à 1, de façon à augmenter légèrement la vitesse de croisière. La boîte à trois rapports à sélecteur manuel est conservée à la suite de l'embrayage multidisque à sec commandé au pied. Le cadre rigide et la fourche avant suspendue sont peints du même vert olive caractéristique appliqué au reste de la partie-cycle comme au carter de boîte. Un tambour de frein avant équipe la roue de 49 cm. Bien que moins rapide comparéee aux modèles à deux cames, la populaire JD28 est capable de croiser des journées entières dans les immensités américaines à plus de 100 km/h. Harley-Davidson propose également ses side-cars types sport et tourisme qui se font oublier grâce à la cylindrée généreuse de la JD. Le volume de production de la firme atteint 22 000 exemplaires en 1928. En 1929, un silencieux à quatre tubes rend le gros twin pratiquement muet, ce qui fait bien l'affaire des services de police qui en commandent 64 unités.

UNE COMMANDE D'EMBRAYAGE AU PIED et un sélecteur de vitesses placé contre le réservoir dégagent bien le guidon. La béquille arrière est retenue par une patte à ressort et le garde-boue arrière se relève en partie pour permettre le démontage de la roue. Comme pour la vue avant, l'aspect général est très net, notamment par rapport aux grosses twins ultérieures. Sur de mauvais revêtements, les pilotes ont l'habitude de rouler avec des pneus sous-gonflés.

•UN COMPTEUR DE VITESSE•

Entraînement du câble de compteur

Le compteur de vitesses optionnel entraîné par la roue arrière est fixé au-dessus du réservoir combiné d'essence et d'huile dont les découpes laissent passer les culbuteurs d'admission. La roue arrière peut être déplacée au moyen de régleurs filetés pour obtenir une tension correcte de la chaîne. La selle est supportée par un ressort logé dans le tube de selle et le feu de position arrière comporte une découpe pour éclairer la plaque.

Vue de l'avant, la JD28 est assez impressionnante, surtout lorsqu'elle est chevauchée par un policier de la route. Un avertisseur électropneumatique, placé sous le phare, est nettement audible par-dessus le bruit du moteur. Le boîtier cylindrique sous l'avertisseur contient les outils ainsi que le nécessaire pour réparer les chambres à air. Le rétroviseur est en option.

Pédale de d'embrayage

Vue avant

Réservoir à double paroi contenant l'essence et l'huile

Fourche Harley traditionnelle à ressort central

Boîte à trois rapports

Cylindres couleur argent

Tambour de frein avant adopté en 1928 sur les machines américaines

Harley-Davidson AA SV Peashooter

Cylindrée 346 cm³ • Puissance 8 ch à 4 000 tr/min
Poids 119 kg • Vitesse maximale 88 km/h (estimée)

États-Unis

Surnommée « Peashooter » (sarbacane) à cause de son unique tube d'échappement, cette monocylindre est introduite en 1926 essentiellement pour l'exportation. Appelée aussi la « 21 » (cylindrée en pouces cubes), elle est dotée de l'allumage à bobine et de l'éclairage électrique. La partie-cycle comprend un cadre tubulaire en boucle avec fourche suspendue et roues de 20 pouces (51 cm) avec un seul frein à l'arrière.

Vue avant

Le monocylindre vertical possède deux arbres à cames actionnant les soupapes

Boîte manuelle à trois rapports

Harley-Davidson Model B Course

Cylindrée 346 cm³ • Puissance 12 ch à 4 000 tr/min
Poids 109 kg • Vitesse maximale 113 km/h

États-Unis

Le 9 août 1926, une nouvelle catégorie 350 cm³ est instituée dans les courses américaines, deux mois après le début de la production de la nouvelle gamme Harley à moteurs monocylindriques de 346 cm³. En version dirt-track, les monocylindres à soupapes en tête Model B engagés par la firme se montrent performants. Ils sont allégés par élimination des organes non essentiels comme la boîte de vitesses, la fourche suspendue, la selle suspendue, les freins et se révèlent rapides et irrésistibles avec leur pipe d'échappement style aviation et leur rapport final de 2 à 1. Cette moto date de 1926.

Le Model B course est équipé de roues de 26 pouces (66 cm)

Guidon de course surbaissé

Harley-Davidson Model 61EL Knucklehead

Cylindrée 988 cm³ • Puissance 40 ch à 4 800 tr/min • Poids 234 kg • Vitesse maximale 160 km/h

États-Unis

Introduite en 1936, la 61E demeure le type le plus important jamais produit par Harley, car toutes les « big twins » ultérieures découlent de cette machine. Il s'agit en effet du premier bicylindre en V à culbuteurs conçu comme tel, mais en dépit de ses avancées techniques, il est loin d'être parfait. Un grand nombe de points de détail sont revus entre les premières motos et les modèles suivants, d'où la rareté de celle-ci qui date de 1936. La lettre L indique qu'il s'agit d'une version sport équipée de pistons haute compression.

Le réservoir à deux compartiments porte le tableau d'instruments

Réservoir d'huile entourant la batterie sous la selle suspendue

Roues de 18 pouces (46 cm) interchangeables

Le carburateur aspire dans un filtre à air placé du côté droit

« Knucklehead », qui signifie jointure, provient de la forme des boîtiers de culbuteurs en aluminium

Pare-jambes

Vue avant

Les 61S reçoivent le cadre à double berceau prévu initialement pour la série V, mai avec la fourche tubulaire suspendue, les Knucklehead sont les premières Harley des temps modernes.

Harley-Davidson 74FL Knucklehead

Cylindrée 1 213 cm³ • Puissance 48 ch à 5 000 tr/min États-Unis
Poids 243 kg • Vitesse maximale 170 km/h

Très proche de la 61 (voir page 70), la 74F apparaît en 1941 en réponse à une demande de la police concernant une machine plus puissante. La 74FL est la version sport avec volant moteur plus lourd et carters renforcés alors que la partie-cycle ne varie pratiquement pas. Seulement une poignée de 74FL 1941 sont construites, car l'usine se concentre sur la production des types militaires à soupapes latérales.

Vue avant

Harley-Davidson 74FL Hydra-Glide

Cylindrée 1 213 cm³ • Puissance 55 ch à 7 200 tr/min États-Unis
Poids 268 kg • Vitesse maximale 164 km/h

Introduite en 1949, l'Hydra-Glide tire son nom de la fourche télescopique à amortisseurs hydrauliques qui remplace le type à ressorts. Le haut du moteur est largement retouché en 1948. Les culasses en aluminium, qui reçoivent des cache-culbuteurs ronds, sont bientôt baptisées Panhead (pan = casserole). À quelques détails près, la transmission, le cadre et la partie-cycle ne changent pas. L'Hydra-Glide vise le marché des engins de tourisme. Celle-ci date de 1949.

Harley-Davidson Model 74FLH Duo-Glide

Cylindrée 1 213 cm³ • Puissance 55 ch à 7 200 tr/min • Poids 304 kg • Vitesse maximale 160 km/h États-Unis

La première des « Dressers », la Duo-Glide 1960, peut être commandée avec un équipement de tourisme complet comme la machine illustrée ici. Le nom Duo-Glide vient du fait que les deux roues sont désormais suspendues. Les versions FLF ont un sélecteur au pied, mais les pratiquants du side-car peuvent toujours choisir la commande de boîte « 3 avant + MA » manuelle. La moitié avant de la Duo-Glide est identique à celle de l'Hydra-Glide (en haut à droite) à l'exception de la nacelle intégrant la tête de fourche et le phare.

Manuel d'entretien de la Harley-Davidson Duo-Glide

HARLEY-DAVIDSON

Harley-Davidson WLD

Cylindrée 737 cm³ • Puissance 25 ch (estimée) • Poids 240 kg • Vitesse maximale 130 km/h (estimée)

États-Unis

La moto solo **WLD** Special Sport, version haute compression de la série WL, apparaît en 1937. Harley introduit ses premiers V-twins à soupapes latérales, la série D, en 1929, pour concurrencer Excelsior et Indian (voir pages 58-60 et 101-110). Les « 45 » sont plus petites et plus légères que les grosses bicylindres Harley, mais tout aussi solides comme le démontreront les versions militaires ultérieures (voir ci-dessous). Cette machine date de 1941, la production civile s'arrêtant en 1942 au profit des commandes militaires. Les « 45 » constituent aussi la base des Harley de course catégorie C qui démontrent leurs qualités.

La teinte de ce modèle est « Cruiser Green »

La WLD est à cadre rigide à l'arrière avec une fourche avant dite Springer à roue poussée

Silencieux Burgess à queue de carpe

Culasses haute compression sur un moteur traité sport

Compteur de vitesse style aviation sur le réservoir des modèles 1941

Vue arrière

La WLD n'a pas de suspension arrière. La fourche avant et la grande selle de cuir montée sur un tube à ressort et reliée au réservoir par une sangle articulée assurent le confort du pilote.

Harley-Davidson WLA

Cylindrée 737 cm³ • Puissance 23 ch à 4 600 tr/min • Poids 262 kg • Vitesse maximale 105 km/h

États-Unis

Cette variante de la série **W** est produite pour les forces armées pendant la Seconde Guerre mondiale. Les modifications demandées par les militaires comprennent une selle plus avancée, un bouclier de protection sous le moteur et la boîte ainsi qu'un meilleur filtre à air. La WLA est équipée d'éclairages spéciaux, d'un porte-fusil et d'un pare-brise. Pièces chromées et autres habillages sont supprimés pour abaisser le prix et faciliter le camouflage. La robustesse, la simplicité et la disponibilité de la « 45 » font de la WLA une excellente moto militaire. Seul défaut, son poids excessif.

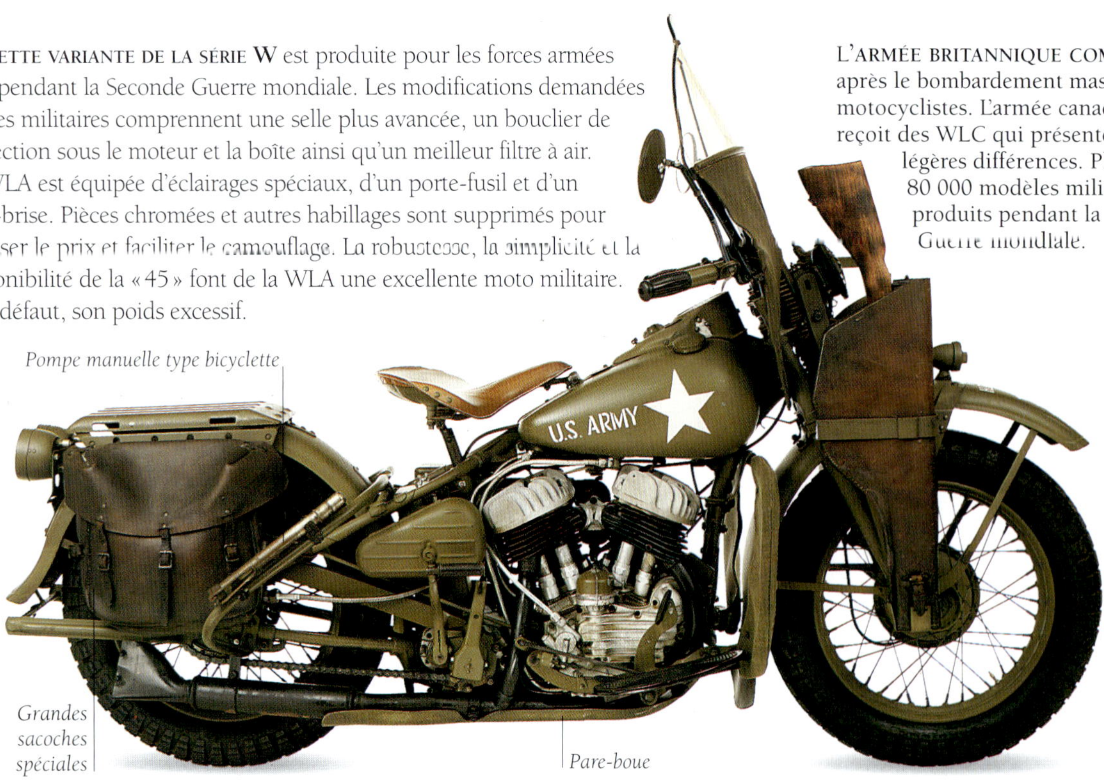

Pompe manuelle type bicyclette

Grandes sacoches spéciales

Pare-boue

L'armée britannique commande la WLA après le bombardement massif de ses usines motocyclistes. L'armée canadienne reçoit des WLC qui présentent de légères différences. Plus de 80 000 modèles militaires sont produits pendant la Seconde Guerre mondiale.

Feu de black-out

Garde-boue moins enveloppants

Porte-fusil

Pare-jambes

Vue avant

HARLEY-DAVIDSON 52K

Cylindrée 737 cm³ • Puissance 30 ch (estimée) • Poids 181 kg • Vitesse maximale 136 km/h (estimée)

ÉTATS-UNIS

LA SÉRIE K EST LA RÉPONSE DE HARLEY aux twins britanniques qui envahissent le marché américain après la guerre. Les motos anglaises sont plus performantes et tiennent mieux la route que les productions locales. La K est toujours dotée d'un bicylindre en V latéral de 45 pouces cubes, mais avec sélecteur au pied droit et embrayage à la main. On voit ici un modèle 1952.

LE V-TWIN DE 737 CM³ est plus gros que les bicylindres britanniques, mais les soupapes latérales signifient un rapport de compression inférieur et un mauvais remplissage des cylindres. La faiblesse de la puissance se traduit par de médiocres performances. Harley porte la cylindrée des modèles KH de 1955 à 54 pouces cubes, soit 883 cm³.

VUE AVANT

HARLEY-DAVIDSON XL SPORTSTER

Cylindrée 883 cm³ • Puissance 32 ch à 4 200 tr/min • Poids 210 kg • Vitesse maximale 148 km/h (estimée)

ÉTATS-UNIS

LES PROGRÈS APPORTÉS PAR HARLEY à la série K ne suffisent pas à détourner les acheteurs des motos anglaises. Fiabilité et performances manquent toujours à l'appel. La solution Harley consiste à effectuer quelques retouches cosmétiques et à doter le moteur de culasses à culbuteurs pour créer la Sportster. Le modèle présenté date de 1957, première année de production de la XL. Près de quarante ans après, la gamme Harley comprend toujours une Sportster 883 cm³.

COMPARÉE AUX MODÈLES latéraux précédents, la XL a une course plus petite et un alésage supérieur, mais la cylindrée ne varie pas. Le moteur est plus performant, plus puissant et les ventes progressent. Au cours des années suivantes, les puissances augmentent parallèlement aux cylindrées et aux rapports volumétriques.

VUE AVANT

HARLEY-DAVIDSON 165 HUMMER

Cylindrée 165 cm³ • Puissance 7 ch à 5 000 tr/min
Poids 65 kg • Vitesse maximale 105 km/h (estimée)

ÉTATS-UNIS

EN 1947, HARLEY-DAVIDSON introduit une moto utilitaire à moteur deux temps de 125 cm³. Ce modèle provient de la firme allemande DKW au titre des réparations de guerre. Une version 165 cm3 est produite de 1953 à 1959 (ici, un modèle 1955). Le bloc-moteur à trois vitesses avec ses carters ovoïdes et son cylindre en fonte est presque identique au type allemand.

HARLEY-DAVIDSON BOBCAT

Cylindrée 175 cm³ • Puissance 10 ch (estimée)
Poids inconnu • Vitesse maximale 105 km/h

ÉTATS-UNIS

LA BOBCAT PRÉSENTE L'ORIGINALITÉ d'avoir un habillage en résine ABS moulée recouvrant le réservoir et la roue arrière ainsi qu'une suspension arrière horizontale. Le monocylindre deux temps est dérivé du moteur des Hummer précédents. Le modèle, une des dernières machines légères fabriquées aux États-Unis par Harley, ne dure qu'un an.

HARLEY-DAVIDSON SPRINT H

Cylindrée 250 cm³ • Puissance 28 ch à 9 500 tr/min • Poids inconnu • Vitesse maximale 145 km/h (estimée)

ÉTATS-UNIS

INTRODUITE EN 1961, après le rachat par Harley de la firme italienne Aeronautica Macchi qui donne le jour à la filiale Aermacchi Harley-Davidson, la Sprint 250 est une machine sportive italienne vendue en Italie comme une Aermacchi et aux États-Unis comme une Harley-Davidson. Les quatre-temps Aermacchi restent en production jusqu'en 1974.

LE MONOCYLINDRE à soupapes en tête est proposé plus tard en 350 cm³. Il en existe aussi des versions compétition.

HARLEY-DAVIDSON XR-750

Cylindrée 748 cm³ • Puissance 90 ch à 8 000 tr/min
Poids 134 kg • Vitesse maximale 185 km/h (estimée)

ÉTATS-UNIS

LES CHANGEMENTS APPORTÉS AUX RÈGLEMENTS SPORTIFS EN **1969** imposent une cylindrée de 750 cm³ pour vaincre. Harley introduit alors la XR-750 à cylindres en fonte dérivée de la Sportster de route. La XR-750 en fonte n'est pas un succès et une version nouvelle à cylindres et culasses en aluminium avec deux carburateurs, Mikuni, apparaît en 1972. La moto illustrée ici gagne le Championnat américain cette année-là, et plus de vingt ans après des versions améliorées sont encore à l'avant-garde en dirt-track.

HARLEY-DAVIDSON XRTT CR TRACK RACER

Cylindrée 748 cm³ • Puissance 90 ch à 8 000 tr/min
Poids 147 kg • Vitesse maximale 210 km/h (estimée)

ÉTATS-UNIS

CETTE MOTO EST LA VERSION ROUTIÈRE des machines série XR de dirt-track. Parmi les modifications, notons le carénage particulier et le réservoir de capacité supérieure. Le freinage est aussi grandement amélioré. Le moteur est presque identique, mais les énormes filtres à air ne sont plus obligatoires sur les carburateurs Mikuni. Cette machine de 1972 a été pilotée par Carl Rayborn.

VUE ARRIÈRE

HARLEY-DAVIDSON XR1000

Cylindrée 998 cm³ • Puissance 70 ch à 6 000 tr/min • Poids 213 kg • Vitesse maximale 193 km/h (estimée)

ÉTATS-UNIS

CONSTRUITE EN QUANTITÉ LIMITÉE, la XR1000 est parfois considérée comme l'une des meilleures Harley-Davidson. Dérivé du Sportster standard, le moteur modifié utilise les culasses de la XR750 de course et deux carburateurs Dell'Orto. En version standard, elle a 10 ch de plus que la Sportster normale et se révèle plus rapide. Malgré ses performances, elle se vend mal et disparaît de la gamme. Cette moto date de 1984.

VUE ARRIÈRE

HARLEY-DAVIDSON XLH883 SPORTSTER

Cylindrée 883 cm³ • Puissance 49 ch à 7 000 tr/min • Poids 213 kg • Vitesse maximale 170 km/h

ÉTATS-UNIS

HARLEY-DAVIDSON INTRODUIT UNE NOUVELLE SPORTSTER en 1986. Conservant l'aspect de ses devancières, son moteur révisé et un meilleur contrôle de qualité en font une machine plus propre, plus silencieuse et plus fiable. Son prix raisonnable et son charme nostalgique la rendent très populaire auprès des utilisateurs en zones urbaines et semi-urbaines qui, auparavant, n'ont jamais envisagé l'achat d'une Harley-Davidson. Les modèles ultérieurs reçoivent une boîte à cinq rapports contre quatre auparavant. La moto illustrée ici est un modèle 1987.

HARLEY-DAVIDSON conserve naturellement son moteur en V traditionnel introduit sur la Sportster 1985. Mais en dépit de cet aspect conservateur, le moteur Evolution et son graissage sont très améliorés, l'aluminium remplaçant largement la fonte. Un nouveau vilebrequin et des poussoirs hydrauliques complètent le tableau.

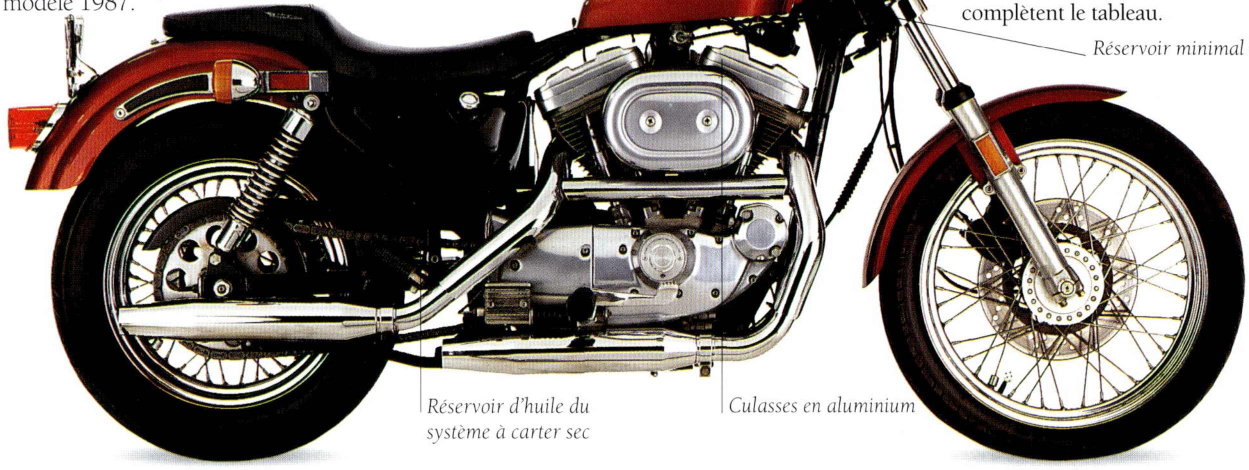

VUE AVANT

HARLEY-DAVIDSON FLHS ELECTRA GLIDE

Cylindrée 1 344 cm³ • Puissance 58 ch à 7 200 tr/min
Poids 314 kg • Vitesse maximale 170 km/h

ÉTATS-UNIS

EN MATIÈRE DE STYLE, CETTE ELECTRA GLIDE 1988, similaire au modèle original des années 60 reflétant la stratégie commerciale rétro, est toutefois assez différente sous les apparences. Le moteur Evolution, tout en alliages légers, introduit en 1984, est supérieur au groupe en fonte qu'il remplace. La suspension comprend les classiques bras oscillants à deux amortisseurs et une fourche télescopique avec système anti-plongée. La FLHS est équipée de pare-jambes, de sacoches, d'une double selle touring à étages et d'une partie-cycle avec accessoires style rétro.

HARLEY-DAVIDSON FXR SUPER GLIDE

Cylindrée 1 344 cm³ • Puissance 58 ch à 7 200 tr/min
Poids 259 kg • Vitesse maximale 185 km/h

ÉTATS-UNIS

LA SUPER GLIDE EST AVANT TOUT une Electra Glide (voir à gauche) débarrassée de ses équipements de tourisme. Le moteur est identique au reste de la gamme, mais le système d'échappement ressemble à celui de la Sportster (voir ci-dessus). La roue arrière de 16 pouces (41 cm) et les freins monodisques sont conservés, mais la roue avant présente un diamètre de 19 pouces (48 cm). Parmi les options, citons les roues à rayons fil, les réservoirs Sportster, le frein avant à double disque, la selle solo et les kits de préparation permettant de porter la puissance limitée à plus de 80 ch. On voit ici un modèle 1989.

Harley-Davidson Evolution FLTC Tour Glide Classic

Cylindrée 1 344 cm³ • Puissance 58 ch à 7 200 tr/min • Poids 332 kg • Vitesse maximale 177 km/h (estimée)

États-Unis

La FLTC Tour Glide Classic est la Harley « Full Dresser » (équipement maximum) des années 80. Contrairement à l'Electra Glide, il ne s'agit pas d'un exercice de style rétro malgré sa désignation. Avec deux passagers et leurs bagages, la FLTC peut dépasser la demi-tonne, si bien que la vitesse maximale annoncée semble un peu exagérée. On voit ici une FLTC de 1989.

En termes de moteur et de cadre, la FLTC est identique à la FLHS, mais les équipements de la partie-cycle et les accessoires répondent mieux aux demandes actuelles des amateurs de tourisme.

Vue avant

Heinkel Perle

Cylindrée 49 cm³ • Puissance 1,5 ch
Poids inconnu • Vitesse maximale 40 km/h

Allemagne

Constructeur d'avions, Heinkel est en mesure d'apporter des innovations en abordant la production de cyclomoteurs après la guerre. Le cyclo à moteur deux temps Perle apparaît en 1954 avec un cadre en alliage léger coulé et un réservoir placé sous la selle. Tous les câbles et fils partant du guidon passent dans la structure tubulaire et lui donnent un aspect très pur. La chaîne de transmission est cachée dans un carter en alliage léger coulé intégré au bras oscillant. Inconvénient de cette technologie avancée, le prix, d'où un volume de ventes médiocre. On voit ici un modèle 1956.

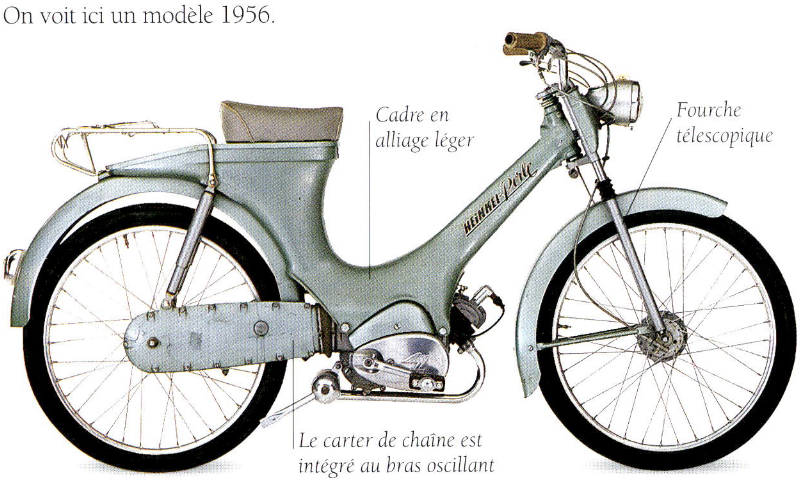

Heinkel Tourist

Cylindrée 174 cm³ • Puissance 9,5 ch
Poids 145 kg • Vitesse maximale 95 km/h

Allemagne

Heinkel introduit d'abord son scooter Tourist en 1953. Le moteur de 149 cm3 est monté sous la selle. En 1956, année de la machine illustrée ici, la cylindrée est portée à 174 cm3. Le cadre est constitué d'une structure tubulaire en acier et d'une carrosserie en tôle emboutie enveloppant les roues avant et arrière. Contrairement à d'autres scooters, le moteur Heinkel est suspendu. En conséquence, la chaîne finale passe dans un carter en alliage léger qui constitue le bras oscillant. Plus de 100 000 scooters Tourist sont produits jusqu'en 1965, lorsque cesse la fabrication.

HENDERSON

Cylindrée 920 cm³ • Puissance 8 ch (estimée) • Poids 134 kg • Vitesse maximale 97 km/h

ÉTATS-UNIS

LA MOTO HENDERSON N'EST PAS LA PREMIÈRE quatre-cylindres fabriquée aux États-Unis, mais la plus célèbre. Les premiers concepteurs de motos, dans plusieurs pays, reconnaissent les avantages du quatre-cylindres en ligne, notamment sa régularité et sa puissance potentielle. En Grande-Bretagne, Charles Binks fabrique une quantité limitée de quatre-cylindres en ligne dans les premières années du siècle. En Belgique, Paul Kelecom dessine les quatre-cylindres FN contemporaines, plus réputées et plus importantes (voir page 62). La machine belge, largement exportée, influence les ingénieurs américains. Si la première moto quatre cylindres de série est la Pierce de 1909, le personnage le plus lié à ce type de moteurs aux États-unis est Bill Henderson. Celui-ci, associé à son frère Tom, commence à produire des motos à Detroit en 1912, après l'apparition des prototypes l'année précédente. La moto illustrée ici date de 1912. Les premières Henderson présentent des caractéristiques inhabituelles, comme un cadre de 165 cm d'empattement et une selle passager optionnelle montée sur le réservoir placé devant le pilote. Les joues de garde-boue avant empêchent les robes des passagères de se prendre dans les rayons. L'année suivante, la selle passager gagne une position plus conventionnelle, mais il faut attendre 1915 pour voir apparaître une version à cadre raccourci. Le quatre-cylindres en ligne a un vilebrequin à quatre paliers et une distribution semi-culbutée. Le mouvement est tourné de 90° après le moteur et la transmission finale est à chaîne. Le moteur est lancé à la manivelle et le moyeu arrière comporte un embrayage. Un moyeu à deux rapports est proposé à partir de 1915.

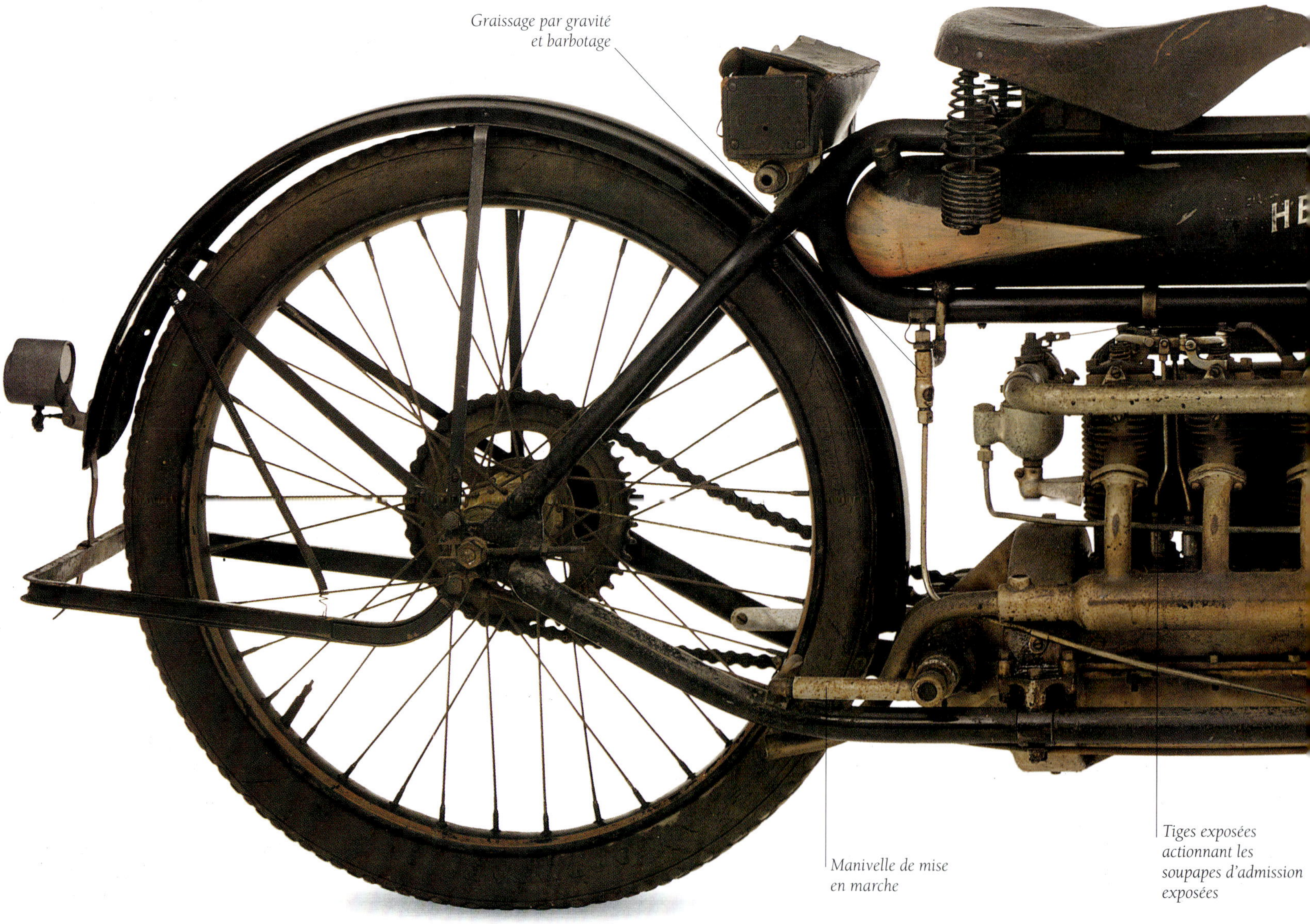

Graissage par gravité et barbotage

Manivelle de mise en marche

Tiges exposées actionnant les soupapes d'admission exposées

•DE DETROIT À CHICAGO•

La Henderson quatre cylindres construite à Detroit en 1915 fait l'admiration des citoyens de sa ville natale. Malheureusement, deux ans après, les frères Henderson sont obligés de vendre leur firme au fabricant de cycles Ignatz Schwinn, également propriétaire de la marque de motos Excelsior (voir pages 58-59). La production des motos Henderson déménage de Detroit à l'usine Schwinn de Chicago en 1917. Peu après, William G. Henderson quitte l'entreprise et dessine des motos pour la firme Ace (voir page 11).

Une Henderson à Detroit vers 1916

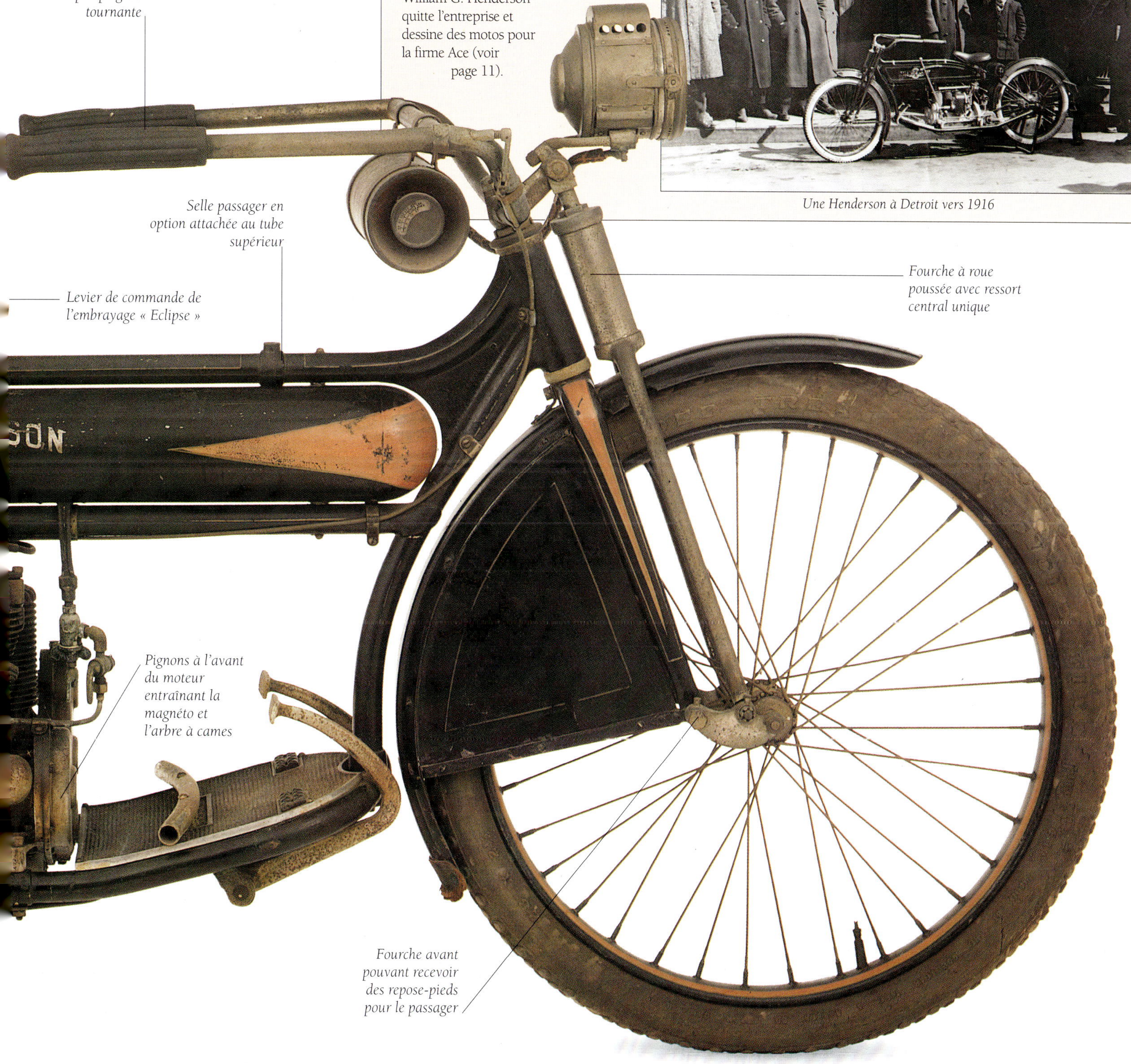

HENDERSON MODEL K

Cylindrée 1 301 cm³ • Puissance 28 ch • Poids 204 kg • Vitesse maximale 130 km/h ÉTATS-UNIS

LE MODEL K, INTRODUIT EN 1920, est la première nouvelle Henderson produite à Chicago après son rachat par Schwinn. Elle est due à Arthur O. Lemon. Le nouveau moteur de 1 301 cm³ abandonne le système semi-culbuté au profit des soupapes latérales. Le graissage du vilebrequin est sous pression à partir d'une pompe à engrenages. Le cadre est équipé d'une fourche plus robuste, d'un double tube avant, d'un carter de chaîne fermé et de garde-boue plus grands. Le Model K, plus solide, plus fiable et plus puissant que ses prédécesseurs, accroît encore la réputation de qualité des motos Henderson.

HENDERSON MODEL KJ

Cylindrée 1 301 cm³ • Puissance 40 ch • Poids 227 kg • Vitesse maximale 160 km/h ÉTATS-UNIS

EN 1929, HENDERSON INTRODUIT UNE NOUVELLE MOTO désignée KJ. Conçue par Arthur Constantine, elle conserve le moteur 1301 des modèles série K précédents. Le vilebrequin est désormais à cinq paliers et les pistons sont en aluminium. Le refroidissement des cylindres est amélioré et le carburateur est un Schebler. Les nouveaux cadres permettent d'abaisser les selles et les réservoirs profilés intégrant un tableau de bord. Mais la KJ est éphémère car Schwinn abandonne la construction motocycliste et les dernières Henderson sortent en 1931.

HERCULES W2000

Cylindrée 294 cm³ • Puissance 27 ch à 6 500 tr/min • Poids 175 kg • Vitesse maximale 147 km/h

ALLEMAGNE

AU DÉBUT DES ANNÉES 70, plusieurs constructeurs développent des prototypes à moteur Wankel. La Hercules est la première machine qui arrive sur le marché, et des versions de production apparaissent à la fin 1974. Sur certains marchés, la W2000 est vendue sous la marque DKW. Son moteur est produit par la société mère de Hercules, le groupe Fichtel & Sachs qui a déjà construit des moteurs Wankel pour les motos-neige et groupes fixes. Le plan de rotation étant perpendiculaire à l'axe longitudinal, le mouvement doit être tourné de 90° avant d'attaquer la boîte à six rapports. La W2000 n'est pas un succès : elle est chère, inélégante et pas assez au point. Moins de 2 000 exemplaires voient le jour.

HESKETH

Cylindrée 992 cm³ • Puissance 82 ch à 6 000 tr/min • Poids 247 kg • Vitesse maximale 193 km/h (estimée)

ROYAUME-UNI

MALGRÉ SON LANCEMENT OFFICIEL EN 1980, la production de la Hesketh ne commence pas avant 1982. Il faut deux ans pour résoudre les problèmes de sélection des rapports, de bruits mécaniques et de fuites d'huile. Quand elle apparaît enfin, les améliorations n'ont en rien réduit son poids, sa hauteur ni sa complexité. Son moteur est un twin en V à 90° développé par Weslake et doté de quatre soupapes et deux ACT par cylindre. Le moteur seul pèse 100 kg. La firme productrice fait faillite après avoir sorti 139 machines. Par la suite une production limitée est relancée, mais il est probable que moins de 250 motos aient vu le jour.

HILDEBRAND & WOLFMÜLLER

Cylindrée 1 488 cm³ • Puissance 2,5 ch à 240 tr/min • Poids 87 kg • Vitesse maximale 45 km/h

ALLEMAGNE

CONÇUE ET ÉTUDIÉE PAR LES FRÈRES HILDEBRAND et Alois Wolfmüller, construite de 1894 à 1897, cette machine a le mérite d'être le premier bicycle motorisé offert au public et produit en série. La firme donne aussi au monde le mot « motocycle » lorsqu'elle dépose l'appellation « Motorrad » pour qualifier la nouvelle machine. La moto Hildebrand et Wolfmüller possède deux cylindres horizontaux contenant deux pistons à courses parallèles et simultanées, mais allumés alternativement. Les bielles sont reliées directement à l'arbre coudé de la roue arrière qui sert donc de volant moteur. Un système de distribution calé sur la roue arrière assure la commande des soupapes d'échappement. Les soupapes d'admission sont automatiques, alimentées en mélange air/essence à partir d'un carburateur à léchage monté entre les tubes avant du cadre. Selon cette configuration, le carburateur et le réservoir sont en effet combinés et l'air admis passe sur la surface du carburant avant d'entrer, via un clapet régulateur, dans le moteur. Le refroidissement est à eau, celle-ci étant contenue dans un réservoir courbe intégré au garde-boue arrière. L'allumage s'effectue par le système assez rustique des brûleurs. Le moteur est installé dans un cadre tubulaire ouvert dans lequel plusieurs tubes assurent une autre fonction. Malgré ses caractéristiques avancées, la Hildebrand et Wolfmüller n'est pas un véhicule pratique et, après une bouffée initiale d'enthousiasme, l'aventure tourne court. Environ 2 000 machines auraient été produites. La moto a été construite à Paris par Duncan et Superbie. Le modèle illustré ici date de 1894.

L'INSIGNE ORIGINAL qui orne l'avant de la moto recouvre l'entrée d'air et la sortie des gaz du brûleur du système d'allumage par tubes incandescents. L'air et les gaz brûlés passent dans les tubes du cadre reliés au boîtier du brûleur placé à l'avant des cylindres. Le brûleur à alccol chauffe un tube de platine ou de nickel dont l'extrémité dépasse dans le cylindre et enflamme le mélange.

•DE LA VAPEUR À L'ESSENCE•

Avant de développer son moteur à essence, la firme Hildebrand et Wolfmüller a expérimenté des moteurs à vapeur dont la technologie est évidente sur ce type. L'ensemble de la roue arrière sert de vilebrequin et de volant moteur. Les bielles relient directement les pistons aux manivelles de l'axe de la roue. Le caractère direct de cette transmission signifie que la roue doit être de faible diamètre pour que la démultiplication soit assez forte. L'effet de volant moteur est encore accentué par des bandes de caoutchouc fixées aux extrémités des bielles qui s'allongent lors de la descente du piston et qui restituent leur énergie lors de la remontée de celui-ci. Une couronne de bronze excentrée, calée sur la roue, sert de came de commande de l'échappement. Un système à loquet placé en tête des cylindres assure l'ouverture alternative des soupapes, supprimant ainsi l'emploi d'un arbre à cames.

De fortes courroies de caoutchouc accentuent l'effet volant moteur

Hodaka Super Rat

Cylindrée 98 cm³ • Puissance 16 ch à 7 250 tr/min • Poids inconnu • Vitesse maximale inconnue

Japon

Les cyclos tout-terrain Hodaka apparaissent pour la première fois en 1964 aux États-Unis. Le modèle original est un monocylindre deux temps de 90 cm³ puis de 100 et 125 cm³. Les motos Hodaka sont simples, solides et fiables. Au cours des années 60, alors que le marché américain des machines tous chemins se développe, les modèles Hodaka connaissent un grand succès commercial et fidélisent leur clientèle.

La machine illustrée ici est une Super Rat Motocross de 1971, mais les modèles enduro et les trails sont similaires sous des appellations comme Combat Wombat et Dirt Squirt. La production s'achève en 1978 au moment où Hodaka se peut plus lutter contre la technologie des grands constructeurs japonais.

Vue avant

Hoffmann Gouverneur

Cylindrée 248 cm³ • Puissance 15 ch à 6 000 tr/min • Poids 148 kg • Vitesse maximale 112 km/h

Allemagne

Inspiré à l'évidence par les BMW flat-twins de cylindrée supérieure, Hoffmann introduit la Gouverneur en 1951. Cette moto de grande qualité est dessinée par Richard Küchen, ancien concepteur pour Victoria, entre autres marques, avant la Seconde Guerre mondiale. Un seul carburateur enfermé sous un carénage au-dessus du moteur alimente les deux cylindres opposés, à plat.

Le cadre innove par sa poutre supérieure emboutie qui s'écarte en deux parties sous la selle. La production s'arrête dès 1954, année de fabrication de cette machine.

Vue avant

HONDA 50 SUPER CUB

Cylindrée 49 cm³ • Puissance 4 ch à 9 500 tr/min • Poids 65 kg • Vitesse maximale 70 km/h

JAPON

LE CYCLO **HONDA 50 SUPER CUB** apparaît pour la première fois en 1958. Ses descendants sont toujours en production dans onze pays du monde. Plus de 21 millions de machines ont vu le jour. C'est le motocycle le plus vendu et le plus utilisé sur la planète. Les modifications apportées au modèle sont minimes, ce qui démontre la valeur de l'étude originale. Le modèle illustré ici est une version 1963. Le Cub utilise un moteur de 49 cm³ à soupapes en tête d'une précision d'horlogerie, alors qu'à l'époque les cyclomoteurs sont équipés de moteurs deux temps. Le Cub est silencieux, propre, fiable et extrêmement économique. Les ventes aux États-Unis commencent en 1959, et en 1965 Honda en vend 268 000 en une seule année. C'est le résultat d'une campagne de publicité axée sur la classe des nouveaux utilisateurs avec un slogan du genre : « Les gens bien roulent sur Honda. » Le Honda 50 a très peu changé en trente-cinq ans, avec parfois un démarreur dans certains pays.

LE CADRE comprend des parties embouties et une poutre tubulaire. La fourche avant simplifiée est à roue poussée. Un moteur à un ACT remplace le type culbuté en 1966.

VUE AVANT

•EASY RIDER PAR HONDA•

Le Honda 50 Super Cub a toujours été un moyen de transport élémentaire. En Asie, il est devenu, dans certaines régions, l'engin de base des échanges économiques et sociaux. Moyen de transport familial (on peut voir quatre personnes sur un seul Cub), il peut aussi faire fonction de camionnette ou de bétaillère.

Transport de volailles vivantes sur 50 Super Cub

Honda RC160

Cylindrée 249 cm³ • Puissance 35 ch à 14 000 tr/min
Poids 124 kg • Vitesse maximale 201 km/h
Japon

La première moto à quatre cylindres de Honda est la RC160 de 1959 illustrée ici, présentée à temps pour les Championnats japonais de cette année-là. Le cadre à poutre supérieure utilise le moteur comme élément structurel. Les premiers modèles comme celui-ci ont un moteur vertical avec commande des deux arbres à cames par arbre vertical. Par la suite, la commande se fait par engrenages et le moteur est incliné vers l'avant pour un meilleur refroidissement et un abaissement du centre de gravité améliorant la stabilité.

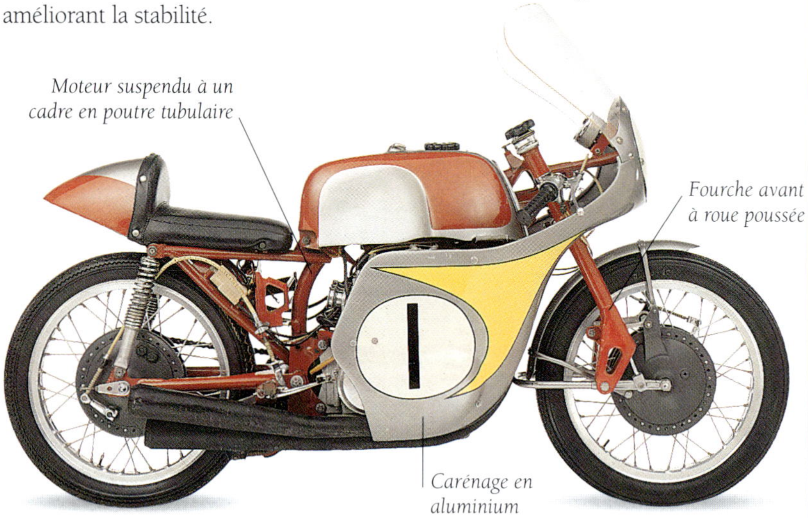

Honda Dream 300

Cylindrée 305 cm³ • Puissance 21 ch à 7 000 tr/min
Poids 158 kg • Vitesse maximale 130 km/h
Japon

Honda aborde les années 60 avec une gamme de bicylindres quatre temps. La Dream 300 en est le modèle de tourisme. Elle est dotée d'un démarrage électrique et d'une chaîne sous carter étanche. La partie-cycle comprend une fourche avant à roue poussée et deux amortisseurs arrière télescopiques à huile. Les petites roues de 41 cm (16 pouces) sont chaussées de pneus de 3 1/4 pouces de section. Globalement, même si la Dream apporte à ses acheteurs ce qu'ils demandent, un moteur propre et un circuit électrique fiable, son comportement dynamique reste médiocre.

Honda CB92 Benly

Cylindrée 124 cm³ • Puissance 15 ch à 10 500 tr/min
Poids 100 kg • Vitesse maximale 113 km/h
Japon

La CB92 Benly est probablement la création la plus radicale parmi les premières Honda exportées vers l'Occident. Aucune autre moto de 125 cm3 n'approche les performances, les caractéristiques ou la qualité de fabrication de la Benly. La conception est typiquement Honda de cette époque avec cadre et fourches en tôle emboutie. Le bicylindre à un ACT aspire à travers un seul carburateur et entraîne une boîte à quatre rapports. La moto est dotée d'un démarreur électrique, de grands tambours de frein et de roues de 46 cm (18 pouces). La machine illustrée ici est de 1960.

Honda RC164

Cylindrée 249 cm³ • Puissance 45 ch à 14 000 tr/min
Poids 105 kg • Vitesse maximale 225 km/h
Japon

La RC164 de 1964 est le résultat de cinq années de développement du modèle de base, la RC160 (ci-dessus à gauche). Elle offre 10 ch et 32 km/h de plus que cette dernière. L'archaïque fourche à roue poussée fait place à une fourche télescopique plus moderne. La 250 RC164 de 1964 est une version allégée et surbaissée de la réputée quatre-cylindres, mais encore trop peu rapide pour inquiéter les twins deux temps de Yamaha en gros progrès. Une nouvelle 250 six cylindres est introduite à la fin de 1964.

HONDA CL72 SCRAMBLER

Cylindrée 249 cm³ • Puissance 24 ch à 9 000 tr/min
Poids 153 kg • Vitesse maximale 128 km/h JAPON

LA SPORTIVE **CL72** DE HONDA « street scrambler » est introduite en 1962. On voit ici un modèle 1964, doté du moteur quatre temps bicylindre à 180°de 249 cm³ de la CB72, dérivé du C70 des années 60 avec nouveau graissage par carter humide. Conformément à son image de « street scrambler », elle possède un cadre en berceau tubulaire avec fourche télescopique et frein de direction hydraulique. La Scrambler est la pionnière des trails modernes.

HONDA CB77 SUPER HAWK

Cylindrée 305 cm³ • Puissance 27,5 ch à 9 000 tr/min
Poids 160 kg • Vitesse maximale 166 km/h JAPON

LA **CB77 SUPER HAWK** (ou Super Sport) est un modèle important dans les années 60. Il démontre que Honda est capable de produire des motos élégantes, puissantes, à des prix abordables, et pas seulement des machines légères, utilitaires. La 305 cm³ est à l'époque la plus grosse moto produite par Honda. Le cadre tubulaire utilise le moteur comme élément structurel. Le moteur lui-même est un 250 réalésé. Introduit en 1964, le modèle illustré ici date de 1966. Les spécifications standard comprennent divers équipements vendus en option par d'autres marques.

HONDA CL90

Cylindrée 89 cm³ • Puissance 8 ch à 9 500 tr/min
Poids 92 kg • Vitesse maximale inconnue JAPON

LA **CL90** DE HONDA représente l'étape suivante après la « street scrambler » (voir ci-dessus). Cette petite sportive évolue rapidement vers la machine de trail avec son guidon et ses échappements relevés. Elle dérive de la CS90, une routière sportive à moteur quatre temps, deux soupapes et un ACT entraîné par chaîne. La CL90 possède un cadre à poutre en forme de T fait de tôle emboutie, des roues de 46 cm (18 pouces) à freins à tambour et une boîte à quatre rapports. La CL90 représente la machine de loisir demandée par le marché. Elle se montre assez performante pour être agréable en utilisation tous chemins.

HONDA SUPER 90

Cylindrée 89 cm³ • Puissance 8 ch à 9 500 tr/min
Poids 87 kg • Vitesse maximale inconnue JAPON

LES PETITES MACHINES SPORTIVES DE **HONDA**, dont la Super 90, reçoivent un certain nombre de modifications en 1966. Les arbres à cames en tête remplacent les culbuteurs. Les cylindres et culasses sont en alliage léger. La boîte Honda à quatre rapports ne change pas. Le cadre est toujours en poutre emboutie, mais la fouche avant est télescopique tandis que l'arrière reçoit deux amortisseurs hydrauliques. Le modèle est produit jusqu'en 1969 (ici, une version 1967). Mais les fans de la Honda 90 doivent savoir que son moteur subsiste sur la toujours appréciée C90.

HONDA CB750

Cylindrée 736 cm³ • Puissance 67 ch à 8 000 tr/min • Poids 220 kg • Vitesse maximale 200 km/h JAPON

SI UNE MACHINE A CHANGÉ définitivement le cours du développement du motocycle, c'est bien la CB750. Les moteurs à quatre cylindres sont aussi courants de nos jours que les freins à disque, les démarreurs électriques et les 200 km/h. Mais à l'époque de son lancement, en 1969, des spécifications de ce niveau sont loin d'être le souci des concepteurs de machines de production. La CB750, qui établit d'autres niveaux de performance, de facilité d'utilisation et de fiabilité dans la catégorie des grosses motos, annonce l'ère des super-motos de série. Honda fabrique des machines de petite cylindrée à démarreur électrique depuis les années 50. La 750, première tentative de la marque en matière de grosse moto, connaît un succès immédiat. Malgré les critiques initiales qualifiant la CB750 de machine encombrante, lourde et compliquée, reconnaissant que la Triumph Trident britannique est un peu plus rapide (voir page 186), les utilisateurs préfèrent la modernité abordable de la Japonaise. Sans être révolutionnaire, la CB750 est à l'avant-garde de la technologie. Le moteur quatre cylindres de 736 cm³ n'a que deux soupapes par cylindre et un ACT contrairement aux quatre soupapes et deux ACT des Honda de course. Le vilebrequin est à coussinets lisses et la transmission primaire par chaîne. Les suspensions et le cadre sont classiques. La seule véritable innovation est le quatre-cylindres transversal. Le comportement dynamique et le freinage de la CB750 sont loin d'être impressionnants, malgré l'adoption innovante, sur une machine de série, d'un disque à l'avant. Ces problèmes n'affectent pas le succès de la moto dont le moteur, les performances et l'allure séduisent les acheteurs.

Compte-tours et compteur de vitesse bien positionnés

Clignotants

VUE ARRIÈRE

Finition élégante en rouge vif avec bandes or et beaucoup de pièces chromées

Le coûteux échappement à quatre tubes caractérise la CB750 série K. Les séries F, plus sportives, introduites en 1975, ont un système 4 en 1

LA CONFIGURATION impressionante des quatre échappements – un par cylindre – favorise non seulement le rendement du moteur, mais elle confère à la machine une allure puissante. Aucune autre moto de grande série à l'époque ne peut lutter contre la CB750 en ce qui concerne ce soin apporté aux détails de style et aux performances. En 1978, Honda remplace le quatre-cylindres à un ACT et huit soupapes par un double arbre à seize soupapes.

LES QUATRE CYLINDRES inclinés alignés sur un large carter donnent à la CB750 une silhouette basse et trapue qui lui est particulière. Ce modèle 1969 est livré d'origine avec clignotants, frein avant à disque hydraulique et deux rétroviseurs. À l'époque, ces équipements sont considérés comme un luxe pour un modèle de série.

Réservoir de fluide hydraulique du frein avant sur le guidon

Quatre carburateurs Keihin de 28 mm

La CB750 est la première moto de série équipée d'un frein avant à disque commandé hydrauliquement. Mais le freinage donné par l'étrier flottant n'a rien d'impressionnant

Moteur 61 x 63 mm à course « longue », inhabituelle chez Honda

Boîte à cinq rapports. Honda produit plus tard une boîte semi-automatique

Alternateur de 210 watts à l'extrémité gauche du vilebrequin et rupteur d'allumage du côté droit. Démarreur électrique placé derrière les cylindres

Rétroviseur

Moteur à un ACT et deux soupapes par cylindre

VUE AVANT

Honda CT50 Trail Cub

Cylindrée 49,5 cm³ • Puissance 4,75 ch à 10 000 tr/min JAPON
Poids 71 kg • Vitesse maximale 69 km/h

Sur la CT50, Honda supprime le carénage plastique de la C50 et ajoute des tubes pare-carters courant de la tête de fourche au-dessous et de chaque côté du moteur, un habillage de plastique sur le tube avant du cadre et une boîte à deux fois trois rapports donnant trois vitesses de route et trois vitesses courtes pour le tout-terrain. L'échappement relevé avec radiateurs, les pneus à crampons et les garde-boue de compétition complètent le tableau d'une trail petit format. Machine produite de 1968 à 1970, année de création du modèle illustré ici.

Honda XR75

Cylindrée 72 cm³ • Puissance 7 ch à 10 000 tr/min JAPON
Poids 64 kg • Vitesse maximale inconnue

Au cours des années 70, le tout-terrain connaît aux États-Unis une expansion considérable. Pour les jeunes passionnés, Honda propose la XR75. Cette monocylindre de 72 cm3, simple arbre d'un style agressif qui se révèle plaisante à piloter, fait franchir une étape de plus au concept de la « street scrambler » en direction de la moto trail/enduro. La XR75, qui possède de réelles capacités tout-terrain, est livrée avec pneus à crampons et garde-boue avant relevé. La moto illustrée ici date de 1973.

Honda CB350

Cylindrée 347 cm³ • Puissance 32 ch à 9 500 tr/min • Poids 169 kg • Vitesse maximale 155 km/h JAPON

La CB350 est, dans les années 70, la plus petite des machines routières quatre cylindres à un ACT. Jamais importée en Grande-Bretagne et peu appréciée aux États-Unis, la petite Honda se taille un marché en Europe dans les pays où la taxation douanière et la fiscalité favorisent les motos de moins de 350 cm³. Cette machine date de 1976.

La CB350 a une courte existence. Introduite en 1972, elle fait place dès 1974 à la CB400F. La cylindrée de la 400 quatre cylindres atteint 408 cm3. Elle est redessinée avec un échappement quatre en un. La 400, qui connaît un grand succès, est produite jusqu'en 1979.

Vue avant

HONDA GOLDWING GL1000

Cylindrée 999 cm³ • Puissance 80 ch à 7 500 tr/min • Poids 250 kg • Vitesse maximale 193 km/h JAPON

LA GOLDWING ORIGINALE DE HONDA, NÉE EN 1975 (illustrée ici), est bien loin de son héritière actuelle surchargée d'accessoires. Les objectifs définis à l'époque sont de faire « la reine des motos », de battre la Z1 (voir page 113) et de rendre à Honda le prestige perdu au profit de Kawasaki. À son lancement, c'est la première moto japonaise à moteur quatre temps refroidi par eau. Cette massive machine de grand tourisme rencontre un succès immédiat aux États-Unis. La capacité de la Goldwing à croiser en douceur pendant des heures en fait la favorite des amateurs de randonnées.

LA PARTIE-CYCLE DE LA GOLDWING comprend un cadre tubulaire en acier et un faux réservoir contenant un kick de démarrage, une installation électrique et un petit espace de rangement. Le vrai réservoir est sous la selle.

HONDA ELSINORE

Cylindrée 247 cm³ • Puissance 40 ch • Poids 102 kg • Vitesse maximale inconnue JAPON

L'ELSINORE EST PRODUITE en vue d'acquérir encore davantage de succès en motocross aux États-Unis lorsque Honda renie sa politique favorisant « uniquement le quatre-temps ». Son équipement inclut des combinés de suspension arrière inversés à réservoir séparé et l'allumage électronique. Le modèle 1980 est la première moto Honda construite en Amérique.

EMPLOYÉ CHEZ HONDA, Soichiro Miyakoshi apprend seul tout ce qui concerne la technologie du deux-temps et crée la CR250 Elsinore refroidie par air. On voit ici un modèle 1980 avec roue avant poussée, fourche avant à assistance pneumatique et bras oscillant tubulaire rectangulaire.

HONDA CBX1000

Cylindrée 1 047 cm³ • Puissance 105 ch à 9 000 tr/min • Poids 252 kg • Vitesse maximale 217 km/h JAPON

EN 1968, HONDA BOULEVERSE LE MONDE de la moto avec la CB750 (voir pages 88-89). Dix ans plus tard, la firme recommence avec un six-cylindres transversal refroidi par air. Le moteur de la CBX1000 est accroché à la poutre du cadre et incliné vers l'avant de 30° pour favoriser le refroidissement. Il est doté de six carburateurs et de quatre soupapes par cylindre. On voit ici un modèle 1980. La suspension arrière « monoshock », le carénage intégral et une finition plus sobre viendront plus tard.

LES PREMIÈRES IMPRESSIONS de la terrifiante six-cylindres étonnent les journalistes. Certains reviennent d'un essai sur circuit assez pâles après avoir expérimenté le guidonnage à grande vitesse. Le comportement s'améliore lorsque Honda renforce le bras oscillant.

Radiateur d'huile

Carburateurs resserrés pour dégager de l'espace pour le pilote

Moteur six cylindres quatre temps à deux ACT

Frein avant à deux disques ventilés

Culasse à vingt-quatre soupapes

VUE AVANT

HONDA CB900 CUSTOM

Cylindrée 901 cm³ • Puissance 93 ch à 9 000 tr/min JAPON
Poids 241 kg • Vitesse maximale 213 km/h

HONDA REMPLACE SA VIEILLISSANTE 750 à quatre cylindres simple arbre par des machines de 748 et 901 cm³ à deux ACT et seize soupapes qui apparaissent en 1978. Elles sont proposées sous diverses formes dont les sportives F et les versions clients comme cette CB900C de 1982 montrée ici. Alors que la plupart des modèles ont une chaîne, celle-ci est à arbre. La production des quatre-cylindres seize soupapes refroidis par air, dérivés de ces machines, se poursuit encore aujourd'hui malgré la priorité donnée par Honda au V4 vers le milieu des années 80.

Moteur seize soupapes à deux ACT et quatre carburateurs Keihin à dépression constante

Frein avant à deux disques

Cadre classique en tube d'acier

HONDA RS500R

Cylindrée 499 cm³ • Puissance 130 ch à 11 500 tr/min JAPON
Poids 122 kg • Vitesse maximale 282 km/h

HONDA DÉCOUVRE DANS LES ANNÉES 70 que pour demeurer compétitif sur les circuits, il faut passer aux moteurs deux temps. La première moto de course deux temps de la firme est la NS500 qui, en plus, est dotée d'un moteur V3 à 90°. Le cylindre du centre est orienté vers l'avant tandis que les cylindres extérieurs sont plus verticaux. Avec un cadre en alliage léger et des roues Comstar de compétition, la RS500 gagne le Championnat du monde des 500 en 1983. La machine montrée ici est une des répliques NS500 produite en série limitée et vendue à des pilotes privés en 1983.

Cadre en alliage léger

Un échappement sort au niveau du pied droit du pilote, les deux autres à l'arrière du dosseret

Suspension « monoshock » et bras caissonné

HONDA HONDA CX650 TURBO

Cylindrée 673 cm³ • Puissance 100 ch à 8 000 tr/min JAPON
Poids 235 kg • Vitesse maximale 221 km/h

HONDA S'INTÉRESSE BRIÈVEMENT à la suralimentation en produisant la CX500 Turbo en 1981. Elle dérive de l'humble V-twin à culbuteurs et transmission par arbre CX500. En 1983, la cylindrée est portée de 496 à 673 cm3 pour donner le jour à l'éphémère CX650 Turbo. Les deux modèles ont une injection électronique, une suspension arrière à un seul combiné et un carénage aérodynamique. Les autres constructeurs japonais de motos à moteur turbo utilisent des quatre-cylindres. On voit ici un modèle de 1983.

HONDA CR125

Cylindrée 125 cm³ • Puissance 36 ch à 11 500 tr/min JAPON
Poids 88 kg • Vitesse maximale inconnue

PARADOXALEMENT, POUR UN CONSTRUCTEUR qui refuse de produire des deux-temps jusqu'aux années 70, Honda offre à la fin des années 80 une gamme complète de machines de cross de 80 à 500 cm³. Pilotées par des champions comme Dave Thorpe, les CR signent de nombreuses victoires dans le Championnat mondial de motocross. On voit ici une CR125 de 1988. Le moteur refroidi par eau est doté du système ATAC de Honda qui améliore le remplissage et le couple et d'une admission à clapets favorable à la puissance. Un disque remplace le tambour de frein arrière.

HONDA VFR700 INTERCEPTOR

Cylindrée 700 cm³ • Puissance 99 ch à 10 000 tr/min • Poids 209 kg • Vitesse maximale 245 km/h JAPON

EN 1982, HONDA INTRODUIT LA PREMIÈRE MOTO d'une nouvelle famille à moteur V4 qui s'étendra de 400 à 1 000 cm³. Les premières versions sont peu fiables, mais les problèmes sont résolus en 1987, année de cette VFR700. Malgré ses qualités, le V4 ne menacera jamais la prédominance du quatre-cylindres classique.

LA VFR700 INTERCEPTOR fait partie de ces machines japonaises nées en 750 et produites à la fin des années 80 pour contourner les restrictions imposées par les États-Unis à l'importation des motos de plus de 700 cm³. Sur d'autres marchés, elle conserve sa cylindrée et s'appelle VFR750.

VUE AVANT

HONDA GOLDWING GL1500

Cylindrée 1 520 cm³ • Puissance 100 ch à 5 200 tr/min • Poids 368 kg • Vitesse maximale 187 km/h

JAPON

LA SIX-CYLINDRES À PLAT REFROIDIE PAR EAU, LA **GL1500**, est la plus grosse moto commercialisée actuellement. Lancé en 1988, ce navire amiral des grandes routières de Honda est produit dans l'Ohio, aux États-Unis. Pour certains, cette énorme et luxueuse moto à l'équipement complet est la routière absolue. Pour d'autres, l'intérêt de ce lourd et encombrant « canapé roulant » demeure tout à fait relatif.

LA GL1500 possède toutes les caractéristiques normalement présentes sur une grande routière plus certains accessoires inhabituels comme une montre digitale, un indicateur des fréquences radio et davantage de contacteurs au guidon pour commander le radio-lecteur de cassettes que pour contrôler la moto.

HONDA RS125

Cylindrée 124 cm³ • Puissance 36 ch à 12 000 tr/min • Poids 70 kg • Vitesse maximale inconnue

JAPON

LA HONDA **RS125** devient, à la fin des années 80 et dans les années 90, la machine standard en catégorie 125 dans les épreuves nationales et internationales. Elle utilise un cadre à double poutre en alliage léger et un moteur monocylindre deux temps ; admission à clapet et refroidi par eau. Le type a été continuellement modernisé depuis la victoire de Honda dans le Championnat du monde des constructeurs en 125, victoire suivie de bien d'autres. Pilotée par l'Allemand Dirk Raudies, cette moto a remporté le Championnat mondial 1993.

Honda CBR600F

Cylindrée 599 cm³ • Puissance 99 ch à 12 000 tr/min • Poids 185 kg • Vitesse maximale inconnue JAPON

Honda bouleverse le segment des machines moyennes en 1987 avec la CBR600F. Avec son carénage révolutionnaire et un moteur capable de l'emmener à plus de 225 km/h, elle ne tarde pas à chasser la Kawasaki GPZ600 de sa position de leader sur son segment de marché. Dès lors, la CBR600 a presque toujours dominé sa catégorie. Le modèle est complètement revisé en 1991 pour maintenir l'écart avec la concurrence. On voit ici un modèle 1993.

De nombreux changements sont intervenus sur les spécifications de la CBR600 depuis le modèle H original de 83 ch. Les révisions du moteur sur les types J et K ont porté la puissance à 93 ch, puis en 1991, à 99 ch. La partie-cycle a reçu un cadre plus petit, entre autres raffinements mineurs.

Vue avant

Honda RC45

Cylindrée 749 cm³ • Puissance 118 ch ch à 12 000 tr/min • Poids 189 kg • Vitesse maximale inconnue JAPON

La RC45 de Honda est la plus performante des V4 de production. Construite en fonction du règlement sportif de la classe Superbike, la machine de 1994 illustrée ici remplace la RC30. La majeure partie de la technologie de la nouvelle machine a été développée sur les motos de compétition RVF d'usine. La RC45 possède un tout nouveau moteur avec commandes des arbres à cames par engrenages à partir de l'extrémité du vilebrequin. L'injection électronique remplace les carburateurs de la RC30. Le kit de préparation course en option donne 150 ch, mais double le prix de la moto.

HOREX

Horex

Cylindrée 596 cm³ • Puissance 10 ch à 3 500 tr/min • Poids 130 kg • Vitesse maximale 100 km/h — ALLEMAGNE

La famille Kleeman possède diverses participations industrielles dont une verrerie sous la marque Rex et une fabrique de moteurs adaptables aux bicyclettes sous la marque Colombus. Elle démarre la construction motocycliste à Bad Homburg, en 1923. La marque Horex provient de l'amalgane des mots « Homburg » et « Rex ». Les premières Horex sont des monocylindres à culbuteurs de 248 cm3 dont la cylindrée sera bientôt augmentée. La machine de 1926, illustrée ici, est dotée d'un moteur Colombus latéral de 596 cm³.

VUE AVANT

L'architecture est conventionnelle avec un cadre en losange et une fourche à parallélogramme. La boîte Hurth à trois rapports est très semblable à la Sturmey-Archer britannique.

Horex Imperator

Cylindrée 398 cm³ • Puissance 24 ch à 5 650 tr/min • Poids 175 kg • Vitesse maximale 135 km/h — ALLEMAGNE

La production du nouveau modèle Imperator commence en 1954, mais des prototypes à deux cylindres et des machines de compétition ont déjà vu le jour. Le moteur à culbuteurs de la nouvelle moto est monté dans un cadre à double berceau avec suspension arrière à bras oscillants. Ce modèle de 1955 possède une fourche avant Schnell, type optionnel jusqu'à cette année-là. Mais le marché allemand est en déclin rapide et la production Horex cesse en 1957.

HRD

Cylindrée 344 cm³ • Puissance 20 ch (estimée) • Poids 136 kg (estimé) • Vitesse maximale 137 km/h (estimée)

ROYAUME-UNI

LE PREMIER TITRE DE GLOIRE DE HOWARD DAVIES est d'avoir été le seul pilote à remporter le Senior TT en 500 cm³ sur une moto de 350 cm³, exploit qu'il signe sur une AJS en 1921. Son deuxième titre est d'être un des rares champions à avoir gagné un TT sur une moto conçue et construite par lui-même lorsqu'il s'impose au Senior TT de 1925 après avoir répété sa performance de 1921 en terminant deuxième du Junior TT. La firme est liquidée en 1927, non sans avoir remporté une autre victoire au Junior TT grâce à Freddie Dixon.

LES MOTOS HRD utilisent des moteurs JAP dans des cadres maison équipés de fourches avant Druid et de boîtes Burman à trois rapports.

HUMBER TRICYCLE

Cylindrée 239 cm³ • Puissance 1 ch (estimée) • Poids 136 kg • Vitesse maximale 24 km/h

ROYAUME-UNI

HUMBER EST UNE NOMBREUSES FIRMES impliquées dans le British Motor Syndicate de H. J. Lawson. Jusqu'à ce qu'un incendie de l'usine modifie le programme, Humber doit produire sous licence une version du Tricar Léon-Bollée. À la place, Humber construit des tricycles à moteur puis des motos. Le tricycle illustré ici est un modèle 1898 motorisé par un monocylindre De Dion.

L'ALLUMAGE EST ASSURÉ par une pile et une bobine à trembleur ; le mélange par un carburateur à léchage : l'air aspiré doit passer dans le réservoir d'essence en se chargeant de vapeurs. Ce système, très courant au début du siècle, demande un carburant spécial très volatil.

HUSQVARNA BICYLINDRE GRAND-PRIX

SUÈDE

Cylindrée 498 cm³ • Puissance 44 ch à 6 800 tr/min • Poids 127 kg • Vitesse maximale 190 km/h

INTRODUITE EN **1932** et régulièrement développée jusqu'au retrait de la marque de la compétition après la saison 1935 (année du modèle illustré ici), la V-twin Husqvarna ne réussit pas à s'imposer tout en démontrant néanmoins la vulnérabilité des monocylindres poussés au maximum de leur potentiel face à un simple bicylindre. La grande époque coïncide avec les trois victoires consécutives obtenues dans le Grand Prix de Suède et le record du tour de Stanley Woods, avant sa panne sèche, dans le Senior TT de 1934. Un large emploi des alliages légers permet de réduire le poids de la machine qui, malgré sa vitesse, révèle un comportement dynamique imparfait.

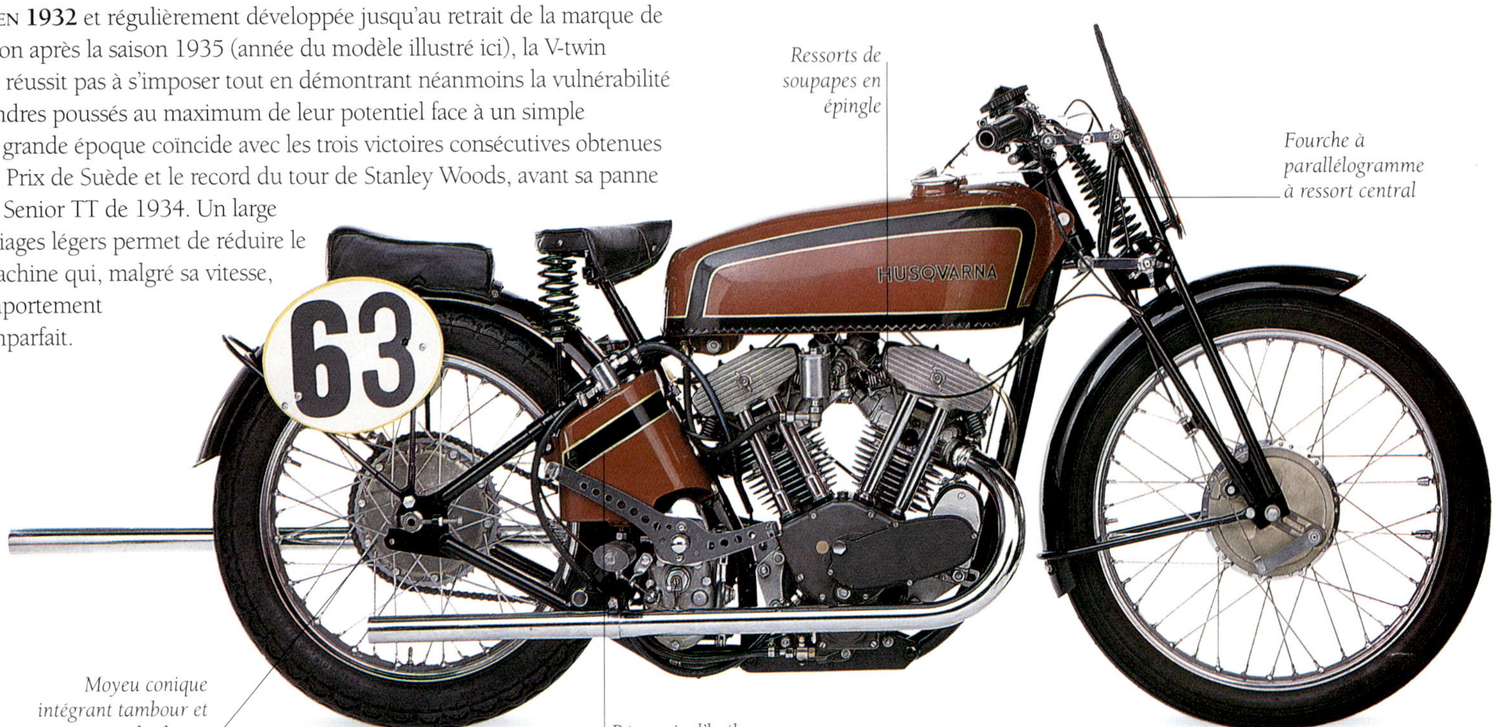

HUSQVARNA 250

SUÈDE

Cylindrée 245 cm³ • Puissance 22 ch à 6 000 tr/min • Poids 94 kg • Vitesse maximale selon démultiplication

DÉVELOPPÉE À PARTIR D'UNE ROUTIÈRE 175 cm³ à trois vitesses du milieu des années 50, la Husqvarna est, en 1963, la meilleure machine de cross en 250 sur le marché et, pendant une période, Torsten Hallman et sa « Huskie » sont pratiquement imbattables en Championnat du monde 250 cm³. Le moteur, un vrai 250 en bloc avec une boîte à quatre rapports, allie puissance et fiabilité. On voit ici un modèle 1963.

LE MOTEUR EST UTILISÉ comme élément structurel du cadre tubulaire. Un unique tube de gros diamètre relie la tête de fourche au pivot du bras oscillant.

VUE AVANT

HUSQVARNA 390WR

Cylindrée 384 cm³ • Puissance inconnue • Poids 113 kg • Vitesse maximale selon démultiplication

SUÈDE

LE DÉVELOPPEMENT CONTINUEL DES MACHINES HUSQVARNA de cross à moteur deux temps se traduit par des motos comme cette 390WR de 1979. La 390 est produite en trois versions : cross, enduro et rallye-raid. Toutes ont pour base le même monocylindre deux temps refroidi par air et le même cadre en tube d'acier. Les versions WR ont un éclairage, conformément au règlement des épreuves d'enduro. Ce type de moto est très apprécié sur le marché américain des machines tout-terrain.

HUSQVARNA TC610

Cylindrée 577 cm³ • Puissance 50 ch (estimée) • Poids 117 kg • Vitesse maximale selon démultiplication

ITALIE

UN RENOUVEAU D'INTÉRÊT envers le monocylindre quatre temps pour la compétition tout-terrain incite Husqvarna à développer de nouveaux types. Cette TC610 de 1992 utilise un moteur haute technologie à quatre soupapes et deux ACT refroidi par eau complété d'une boîte à six rapports. Il existe aussi une version 349 cm³ de cette moto.

LA FIRME SUÉDOISE HUSQVARNA vend sa division motos à la société italienne Cagiva en 1986. Toutes les Husqvarna sont désormais fabriquées en Italie.

VUE ARRIÈRE

IFA BK350

Cylindrée 343 cm³ • Puissance 15 ch à 5 000 tr/min • Poids 142 kg • Vitesse maximale 109 km/h

ALLEMAGNE

LE PARTAGE DE L'ALLEMAGNE après la Seconde Guerre mondiale en zones d'occupation place les anciennes usines DKW sous contrôle russe, zone qui deviendra l'Allemagne de l'Est ou République démocratique allemande. L'État prend le contrôle de l'industrie et l'usine de Zschopau continue de produire la DKW RT125 rebaptisée IFA. Le premier modèle de la nouvelle marque apparaît en 1952 avec des caractéristiques avancées compte tenu de la précarité de l'économie nationale. Les deux carburateurs et les deux bobines d'allumage sont logés dans un carter au-dessus du moteur. La production se poursuit jusqu'en 1959. On voit ici un modèle de 1956.

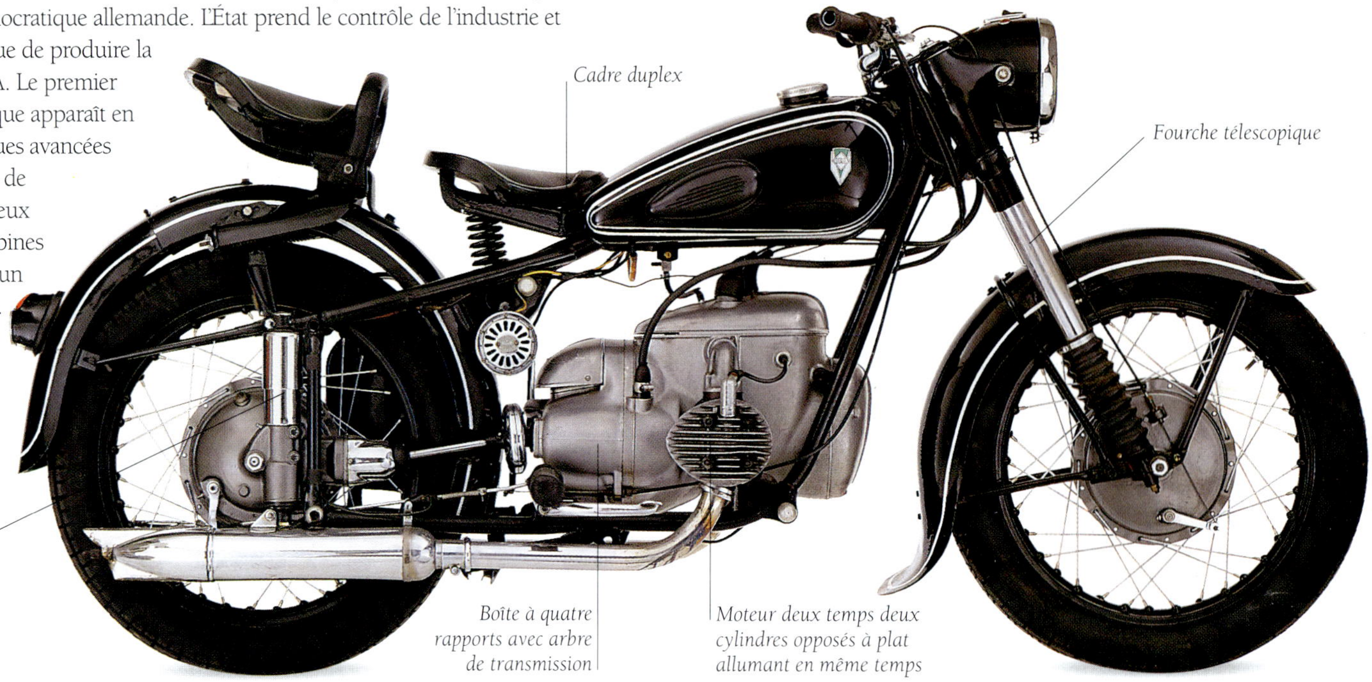

IMME R100

Cylindrée 99 cm³ • Puissance 4 ch à 5 800 tr/min • Poids inconnu • Vitesse maximale inconnue

ALLEMAGNE

CONÇUE PAR NORBERT RIEDEL, l'Imme (ainsi nommée car elle est fabriquée à Immenstadt) se singularise sur bien des points. Le bloc moteur-boîte, qui a la forme d'un œuf, est monté sur une extension antérieure du bras de suspension arrière qui s'étend aussi au-delà de l'axe de la roue arrière en servant de système d'échappement. Le bras pivote en arrière du moteur au bas de la poutre incurvée servant de cadre. Cette machine date de 1948.

INDIAN SINGLE

Cylindrée 288 cm³ • Puissance 2 ch • Poids 115 kg • Vitesse maximale 48 km/h — ÉTATS-UNIS

LA MARQUE INDIAN EST FONDÉE par George Hendee et Oscar Hedstrom à Springfield, Massachusetts, en 1901, pour produire ce qu'ils appellent des motocycles. Les premiers modèles de série établissent la réputation de qualité de la firme. La monocylindre 2 ch de 1904 illustrée ici est typique des Indian fabriquées entre 1901 et 1908. Conçu par Hedstrom, le moteur semi-culbuté de 288 cm³ forme le tube de selle d'un cadre en losange type bicyclette. La soupape d'échappement est commandée alors que celle d'admission est ouverte par la dépression créée par le piston. L'allumage est à étincelle perdue au moyen de trois piles sèches rechargeables de 2 volts logées dans un boîtier cylindrique fixé au tube avant et donnant six volts sur 1 200 à 3 200 km selon les conditions d'utilisation. Le régime du moteur peut varier par avance ou retard de l'allumage contrôlé grâce à la poignée tournante du côté droit. Cette commande à tiges et rotules, qui a tendance à se décrocher en bloquant la direction au braquage, n'affecte pas le succès de l'Indian.

Poignée gauche tournante commandant le carburateur

VUE AVANT

L'HUILE NÉCESSAIRE au graissage manuel à huile perdue est contenue dans le réservoir mixte à essence, dit en bosse de chameau, monté au-dessus de la roue arrière. Le moteur entraîne la roue arrière directement par chaîne, assisté par pédalage au démarrage et en côte. Il n'y a aucune suspension et le frein arrière Corbin est commandé par rétropédalage.

• LE MOTO-POUSSE INDIAN •

Comme les autres fabricants de motos, Indian dérive des tricycles de ses machines pour le transport de marchandises ou de passagers. Ce moto-pousse a été photographié à Cuba vers 1905-1907. L'Indian Tricar est une version trois roues de la Single standard.

Un taxi à Cuba vers 1905

Le réservoir en « bosse de chameau » contient aussi l'huile de graissage du moteur

Poignée droite commandant l'avance à l'allumage et le régime du moteur

Le cylindre borgne est nickelé

Moteur entraînant directement la roue arrière par chaîne avec assistance par pédalage au départ

INDIAN BICYLINDRE 1912

Cylindrée 1 000 cm³ • Puissance 7 ch • Poids 172 kg • Vitesse maximale 89 km/h

ÉTATS-UNIS

UN DES PREMIERS CONSTRUCTEURS AMÉRICAINS à adopter le bicylindre en V, Indian catalogue son premier modèle en 1907. Pour simplifier, le type utilise deux cylindres de mono montés à 42°sur un carter commun. La commande positive des soupapes d'admission devient disponible en option un an après. Un seul arbre à deux cames commande les tiges par des linguets coudés. En 1909, les cadres en berceau remplacent les cadres type bicyclette antérieurs. Ce modèle de 1912 est conforme au modèle de 1909 avec quelques changements de détail.

La suspension à roue tirée et à ressort à lames est proposée pour la première fois en 1910.

Réservoir d'huile du système manuel à huile perdue

Allumage par magnéto standard en 1912

INDIAN MONOCYLINDRE 1913

Cylindrée 492 cm³ • Puissance 4 ch • Poids 163 kg • Vitesse maximale 72 km/h

ÉTATS-UNIS

INDIAN, QUI INTRODUIT en 1913 le cadre en berceau avec suspensions, précède les autres constructeurs de plusieurs décennies dans cette voie. Le tube supérieur s'abaisse à l'arrière en recevant un ressort et un bras oscillant articulé au tube de selle. Le cadre rigide demeure en option. Plus de 90 % de la production d'Indian en 1913 concerne les V-twins, d'où la rareté absolue des monocylindres.

COMME SUR LA V-TWIN, la soupape d'admission commandée est en option, mais la magnéto remplace le système à étincelle perdue. Certains modèles utilisent un carburateur à boisseau.

Les pneus blancs sont courants à l'époque

Transmission monovitesse avec assistance par pédalage

Embrayage commandé par levier

Réservoir d'acétylène pour l'éclairage

VUE AVANT

INDIAN V-TWIN (BICYLINDRE) 1914

Cylindrée 1 000 cm³ • Puissance 7 ch • Poids 181 kg • Vitesse maximale 89 km/h

ÉTATS-UNIS

LA BICYLINDRE **1000,** lancée en 1914, utilise le cadre en berceau introduit l'année précédente et la fourche avant standard à ressort à lames. Il en existe une version avec démarreur électrique appelée la Hendee Special, mais la production reste limitée car la technologie des batterie est insuffisante pour garantir la fiabilité du système. La moto illustrée ici est dotée d'une boîte à deux rapports précédée d'un embrayage multidisque à sec. Les V-twins semi-culbutés sont remplacés par de nouveaux moteurs latéraux en 1916.

L'avertisseur électrique, le tan-sad et le compteur sont en option

Les commandes à tiges complexes font rapidement place à des câbles

Ressorts de suspension arrière

Boîte à deux vitesses

Magnéto entraînée par pignons à l'avant du moteur

INDIAN SV PRINCE

Cylindrée 350 cm³ • Puissance 6 ch • Poids 123 kg • Vitesse maximale 97 km/h (estimée)

ÉTATS-UNIS

LA MONOCYLINDRE PRINCE, qui apparaît en 1925, est conçue par Charles Franklin, plus connu pour les modèles Scout et Chief. La Prince utilise un cadre en losange avec réservoir en coin et boîte à trois rapports en bloc avec le moteur. Le type est revu en 1926 avec adoption d'une boîte séparée et d'un réservoir style Scout. Ces modifications ne suffisent pas à faire de la Scout un succès. Elle est abandonnée en 1928, année de production de la moto illustrée ici.

CONÇUE POUR CONCURRENCER la Harley-Davidson Peashooter (voir page 70), la Prince à soupapes latérales ne rencontre pas le succès. Les acheteurs préfèrent les bicylindres en V.

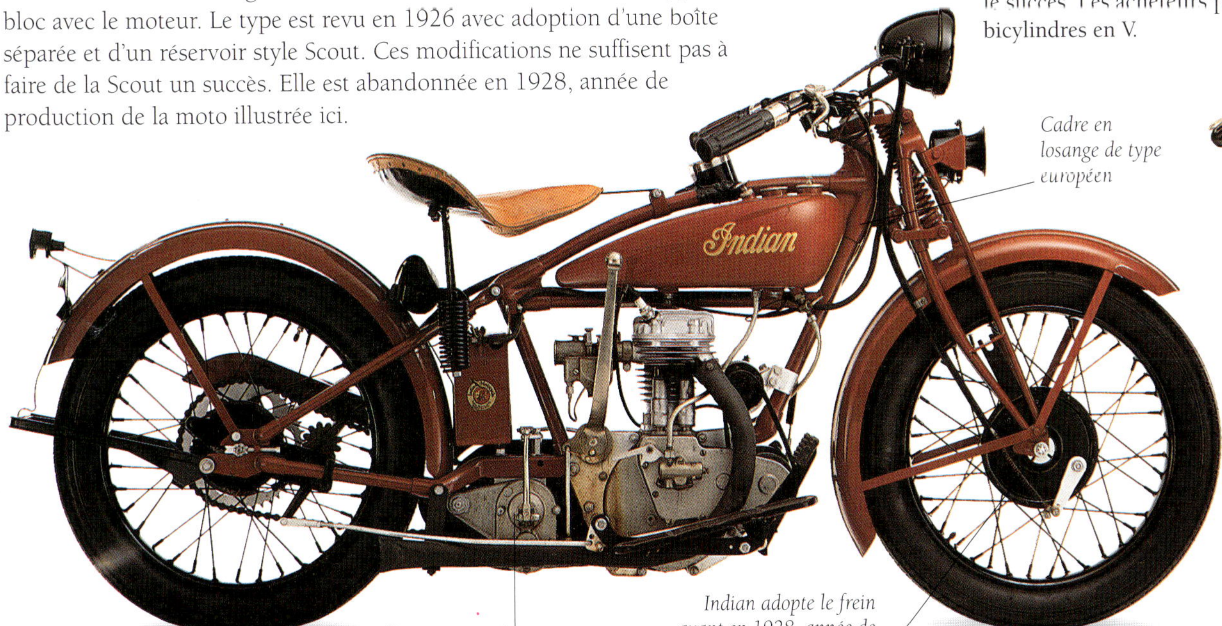

Cadre en losange de type européen

Boîte séparée à trois rapports

Indian adopte le frein avant en 1928, année de cette moto

Fourche à parallélogramme

VUE AVANT

INDIAN SCOUT

Cylindrée 750 cm³ • Puissance 18 ch • Poids 168 kg • Vitesse maximale 160 km/h (estimée)

ÉTATS-UNIS

LE PREMIER DES MODÈLES INDIAN SCOUT apparaît en 1920. Plus populaire que la Chief, modèle dérivé plus gros (voir page 106), la Scout est l'œuvre de l'ingénieur d'Indian, d'origine irlandaise, Charles B. Franklin. La configuration du moteur respecte le schéma traditionnel du V à 42°d'Indian et, comme la Powerplus, adopte les soupapes latérales. La boîte à trois vitesses est boulonnée à l'arrière du moteur et entraînée par une transmission primaire apparemment indestructible, sinon bruyante, à pignons hélicoïdaux tournant dans un bain d'huile contenue dans un carter en aluminium coulé. Les partisans des Harley-Davidson prétendent que les motos de la police n'ont pas besoin de sirène pour s'annoncer et que le bruit est livré d'origine. Un train de pignons du côté droit du moteur entraîne deux arbres à cames et la magnéto placée devant. La dynamo, attachée au tube de selle, est entraînée par pignons et courroie à partir de l'embrayage. La cylindrée originale est de 606 cm³. Le moteur est installé dans un cadre à double berceau équipé de la traditionnelle suspension avant Indian à ressort à lames. Le dessin du moteur Scout est si réussi qu'il est agrandi en 1922 pour créer la Chief. Quand Excelsior donne lieu à la création, en 1925, de la catégorie 45 p.c. en introduisant le model Super X (voir page 59), Indian répond avec une version réalésée et allongée de la Scout, proposée parallèlement au modèle original en 1927. En 1928, le cadre est révisé avec allongement de l'empattement et abaissement de la selle. Cette même année, les freins avant sont adoptés sur toute la gamme Indian. Le nouveau modèle, désigné Model 101 Scout, est considéré comme la meilleure de toutes les Indian. On voit ici un modèle 1930. Malheureusement, elle est supprimée de la gamme l'année suivante et remplacée par une machine dotée de la partie-cycle plus lourde et plus encombrante de la Chief. Indian amorce son déclin.

PESANT TOUT JUSTE 168 kg, le Model 101 de série peut atteindre 121 km/h et, avec des arbres à cames compétition et des conduits polis, 161 km/h. Si les Scout sont proposées avec une gamme complète d'accessoires optionnels pour le tourisme, leur centre de gravité bas et leur bonne tenue de route en font une machine très appréciée par les amateurs de compétition et de courses de côte ainsi que par les acrobates motocyclistes.

VUE ARRIÈRE

•PREMIÈRES SCOUT•

Publicité d'époque pour la nouvelle Indian Scout

Puissance, vélocité, robustesse, économie sont les arguments de la publicité de la 750 Scout. Pour une fois honnête, cette publicité motocycliste dit vrai. La Scout est une des plus grandes machines américaines. Sa réputation initiale de performance et de fiabilité est soulignée en 1920 lorsqu'un modèle de 606 cm³ établit un record sur 24 heures en couvrant près de 1 800 km sur un circuit routier en Australie.

VUE AVANT

INDIAN 402

Cylindrée 1 265 cm³ • Puissance 30 ch
Poids 175 kg • Vitesse maximale 121 km/h

ÉTATS-UNIS

INDIAN ACHÈTE LE MODÈLE et les droits de fabrication de la quatre-cylindres Ace (voir page 11) en 1927 pour produire l'Indian Ace conformément au type original. En 1928, l'ingénieur Arthur Lemon la révise et crée la 401. Au moment de l'introduction du modèle 402, l'année suivante, la machine est plus une Indian qu'une Ace. Elle est dotée d'un cadre à double tube avant plus robuste et de la fourche Indian traditionnelle à ressort à lames. Le moteur possède maintenant un vilebrequin à cinq paliers au lieu du trois-paliers, plus fragile, de l'Ace. On voit ici un modèle 1930.

INDIAN CHIEF

Cylindrée 1 213 cm³ • Puissance 40 ch
Poids 202 kg • Vitesse maximale 169 km/h

ÉTATS-UNIS

L'INDIAN CHIEF DE 1934 trouve ses origines dans la première Chief apparue en 1922. Le moteur à longue course 82,5 x 112,5 mm à soupapes latérales reprend l'architecture du Scout (voir page 104), mais en donnant 40 ch capables de pousser cette lourde moto à 137 km/h. Équipée du moteur B haute performance à cames compétition, conduits polis et distribution optimisée, la vitesse maximale passe à 169 km/h. L'allumage standard est à batterie, mais la magnéto reste en option.

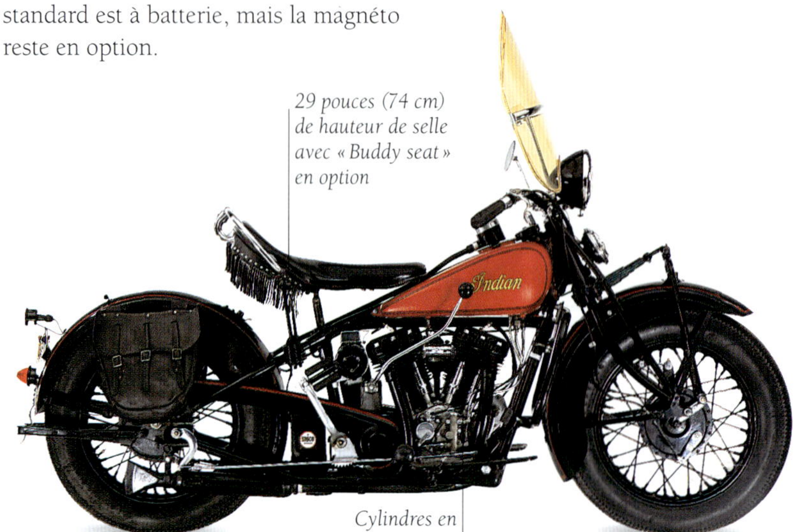

INDIAN 440

Cylindrée 1 265 cm³ • Puissance 40 ch • Poids 258 kg • Vitesse maximale 145 km/h

ÉTATS-UNIS

LES MOTOS QUATRE CYLINDRES D'INDIAN qui évoluent tout au long des années 30 sont coûteuses à produire et vendues en faible quantités. Certains commentateurs voient dans cet entêtement pour la formule la cause du déclin d'Indian. Après avoir expérimenté une culasse semi-culbutée avec échappement en tête en 1936 et 1937, la firme revient au schéma traditionnel en 1938. En 1940, les quatre-cylindres reçoivent les célèbres garde-boue enveloppants d'Indian et une suspension arrière coulissante (à plongeurs). La production se poursuit jusqu'en 1942.

CE MODÈLE DE 1940 a des roues de 18 pouces (46 cm). L'année suivante, des roues de 16 pouces (41 cm) à pneus ballon sont adoptées et conservées jusqu'à la fin de la production.

INDIAN
JUNIOR SCOUT

ÉTATS-UNIS

Cylindrée 500 cm³ • Puissance 15 ch (estimée)
Poids 154 kg (estimé) • Vitesse maximale 113 km/h

UNE NOUVELLE BICYLINDRE EN V de cylindrée réduite est introduite dans la gamme Indian en 1932. La machine est la moins chère des twins sur le marché américain à l'époque de la grande dépression. Surnommée la « 30-50 » à cause de sa cylindrée en pouces cubes (30,5), elle est présentée sous le nom de Pony Scout avant d'être connue comme la Junior Scout. La nouvelle moto, produite jusqu'en 1941, a un moteur V-twin réduit installé dans le cadre et la partie-cycle de la monocylindre Prince.

INDIAN
SPORTS SCOUT

ÉTATS-UNIS

Cylindrée 745 cm³ • Puissance 38 ch
Poids 172 kg • Vitesse maximale 160 km/h

DESTINÉES AU MARCHÉ DES SPORTIVES, de nombreuses machines sont transformées en motos de course pour participer aux épreuves de la classe C réservées aux modèles de production. Indian offre une gamme de pièces et d'accessoires compétition destinés aux machines privées. Elles sont équipées de moteurs Daytona, ainsi appelés après la spectaculaire victoire d'Ed Kretz, en 1937, aux 200 Miles de Daytona. Le moteur latéral de 73 x 89 mm reçoit des arbres à cames spéciaux, des pistons haute compression et des conduits polis. L'allumage standard est à batterie et bobine.

Roadmaster

INDIAN CHIEF ROADMASTER

ÉTATS-UNIS

Cylindrée 1 311 cm³ • Puissance 50 ch à 4 800 tr/min • Poids 259 kg • Vitesse maximale 137 km/h

LE MODÈLE HAUT DE GAMME D'INDIAN reçoit diverses améliorations en 1950 (année de cette moto), dont la plus notable reste l'adoption d'une fourche télescopique hydraulique à la place de la fourche à parallélogramme qui avait succédé au système à ressort à lames après la Seconde Guerre mondiale. Le moteur latéral de 1 213 cm³ passe à 1 311 cm³ par allongement de la course à 4 4/5 pouces (122 mm).

DÉLIVRANT 50 CH au régime lent de 4 800 tr/min, le moteur attaque une boîte manuelle standard à trois vitesses par une chaîne triple et un embrayage multidisque à bain d'huile. Le sélecteur passe à gauche et la poignée de gaz à droite, alignant ainsi Indian sur la pratique commune après quarante-neuf ans de production.

VUE AVANT

INDIAN 841

Cylindrée 737 cm³ • Puissance 25 ch
Poids inconnu • Vitesse maximale inconnue

ÉTATS-UNIS

DÉVELOPPÉE SPÉCIFIQUEMENT À DES FINS MILITAIRES, la 841, en rupture complète avec la tradition Indian, révèle diverses caractéristiques intéressantes comme son moteur V-twin transversal, son arbre de transmission et son sélecteur au pied, le premier chez Indian. Le moteur latéral de 737 cm³ utilise de nombreuses pièces de la Sport Scout, d'où l'alésage et la course de 73 et 89 mm. La 841 est fournie avec les habituels équipements militaires, mais très peu de machines, sinon aucune, ont quitté les terrains d'essai de l'armée pour entrer en service. Moto Guzzi utilisera plus tard la même architecture avec davantage de réussite. On voit ici un modèle 1941.

INDIAN 149 ARROW

Cylindrée 218 cm³ • Puissance 10 ch
Poids 111 kg • Vitesse maximale 97 km/h

ÉTATS-UNIS

APPARUE EN 1949, l'Arrow 149 est une version monocylindre de la Scout à deux cylindres parallèles (voir ci-dessous), d'où la désignation 149. De profil, l'aspect semble presque identique, bien que les carter, cylindre et culasse soient très différents. Les mêmes valeurs d'alésage et de course (61 x 71 mm) donnent 218 cm³ soit la moitié du twin. L'allumage est à magnéto et le carburateur est un Amal. La transmission est semblable à celle de la Scout, mais le moteur de 10 ch seulement limite la vitesse de l'Arrow. Plusieurs centaines de machines, peintes en vert olive, sont livrées à l'armée. La monocylindre est commercialisée de 1948 à 1950.

INDIAN SUPER SCOUT 249

Cylindrée 436 cm³ • Puissance 20 ch • Poids 127 kg • Vitesse maximale 137 km/h

ÉTATS-UNIS

LA SUPER SCOUT fait partie d'une nouvelle gamme de modèles à moteur vertical destinés à symboliser le renouveau d'une marque en difficulté dans les années d'après-guerre. Conçue par G. Briggs Weaver, les nouveaux modèles adoptent le style anglais. Le programme fait partie d'une tentative, vouée ultérieurement à l'échec, de la part de l'industriel Ralph B. Rogers visant à ressusciter la marque Indian. On voit ici un modèle 1949.

COMME SUR LE MOTEUR TRIUMPH, les arbres à cames d'admission et d'échappement sont placés en avant et en arrière du bloc-cylindre, mais les tiges de commande sont inclinées dans le plan des soupapes afin de minimiser l'usure des queues et des guides de soupapes. L'allumage se fait par magnéto et distributeur, et un seul carburateur Amal a cuve latérale fournit le mélange.

VUE AVANT

Indian 250 Warrior

Cylindrée 500 cm³ • Puissance 25 ch • Poids 143 kg • Vitesse maximale 145 km/h

États-Unis

Introduit en 1950, le Model 250 Warrior dérive du Model 249 Scout (voir p 108). L'augmentation de l'alésage de 61 à 64 mm apporte 60 cm³ de plus et élève la puissance à 25 ch. La boîte de vitesses est désormais fixée au tube de selle pour supprimer les effets destructeurs des vibrations du twin vertical. Les Warrior sont utilisées par plusieurs services de police des États-Unis. Le modèle illustré ici date de 1951.

Plusieurs modifications apportées au cadre et à la partie-cycle élèvent la hauteur de selle à 28 pouces 1/2 (72 cm). Les sacoches en cuir, les pare-carters et les rétroviseurs sont en option. Les Warrior sont produites de 1950 à 1953.

Indian Papoose

États-Unis

Cylindrée 98 cm³ • Puissance inconnue
Poids inconnu • Vitesse maximale 56 km/h (estimée)

La Brockhouse Corgi est probablement le moins intéressant des modèles anglais portant la marque Indian au début des années 50. La Corgi est dérivée de la Welbike, modèle pliant destiné aux parachutistes pendant la Seconde Guerre mondiale et doté d'un moteur Villiers deux temps de 98 cm³. Après retouches, la Corgi est commercialisée en 1948 avant d'être proposée en 1954 sous le nom de Papoose avec autocollants Indian sur le réservoir.

Indian Chief

États-Unis

Cylindrée 700 cm³ • Puissance 43 ch à 5 500 tr/min
Poids 184 kg • Vitesse maximale 171 km/h

De 1955 à 1959, les monos et les twins Royal Enfield, vendues par le réseau Indian aux États-Unis, sont présentées et marquées comme des Indian. La réintroduction, en 1959, de la Chief sous forme d'une Meteor 700 recouverte d'oripeaux américains est considérée comme une tromperie par les fans d'Indian. Le moteur est le bicylindre Royal Enfield vertical à culbuteurs 70 x 90 mm en bloc avec une boîte à quatre rapports Albion. La partie-cycle Royal Enfield reçoit des jantes de 16 pouces (40 cm) rayonnées. Le réservoir ainsi que les garde-boue portent des écussons Indian et le traditionnel feu de position avant à tête d'Indien.

Indian Velocette

Cylindrée 500 cm³ • Puissance 37 ch à 6 200 tr/min • Poids 156 kg • Vitesse maximale 163 km/h — États-Unis

Environ une centaine de ces hybrides anglo-italiens sont produits en 1969 et 1970. Ces modèles utilisent un moteur monocylindre à culbuteurs et une boîte Velocette dans un cadre à double berceau avec suspensions et freins d'origine italienne. À l'époque, la firme Velocette est moribonde et la machine ne séduit aucun partisan de l'une ou de l'autre marque.

Carburateur Amal Concentric de 1 1/2 pouce (30 mm)

Allumage par magnéto et éclairage par dynamo Lucas

Le créateur de l'Indian Velocette est l'ancien concessionnaire Indian et éditeur de magazine motocycliste de la Côte Ouest, Floyd Clymer, qui rêve de ressusciter la célèbre marque. Quand il meurt en 1970, il n'a réussi qu'à poser une étiquette sur une série de motos invraisemblables.

Fourche avant Marzocchi

Vue avant

Indian MT5A

Cylindrée 45,5 cm³ • Puissance 2,5 ch à 5 000 tr/min
Poids 26 kg • Vitesse maximale 40 km/h — États-Unis

Cette moto traduit l'état déplorable de la marque Indian au début des années 70. Le plus grand producteur de motos du monde n'est plus qu'une étiquette posée sur des motos d'enfants importées. Comparez cette « Indian » 1973 avec l'Italjet illustrée à droite, et ses origines deviennent évidentes. Elle vient de Bologne, en Italie. Il existe aussi d'autres modèles sous le nom d'Indian dont certains sont fabriqués à Taiwan.
Heureusement, cette aventure tourne court.

Roues de 10 pouces (25 cm)

Italjet M5B

Cylindrée 47,5 cm³ • Puissance 1,5 ch à 5 000 tr/min
Poids 30 kg • Vitesse maximale 32 km/h (estimée) — Italie

Au cours des années 70 et 80, la société Italjet se spécialise dans les mini-motos pour enfants. Cette M5B de 1973 en est un exemple typique. Son moteur vient de chez Franco Morini alors fournisseur de nombreuses marques de cyclos et de motos. La transmission n'a qu'un rapport et l'embrayage est automatique. Il en existe une version plus petite à roues de 20 cm (8 pouces). Freins et suspensions sont des réductions des composants utilisés sur les motos de taille normale.

51 cm (20 pouces) de hauteur de selle

Roues de 20 cm (8 pouces)

Moteur deux temps refroidi par air

JAMES 600 CM³

Cylindrée 599 cm³ • Puissance 7 ch (estimée) • Poids inconnu • Vitesse maximale inconnue — ROYAUME-UNI

COMME BEAUCOUP D'AUTRES CONSTRUCTEURS-PIONNIERS de motocycles, James débute par la bicyclette et produit sa première moto en 1902. Au début, la marque utilise des moteurs de spécialistes, mais en 1913 elle fabrique ses propres deux et quatre-temps. Ces derniers sont des « gros mono » de 599 cm³ au caractéristique cylindre aileté « en ananas ». Le modèle illustré ici date de 1914.

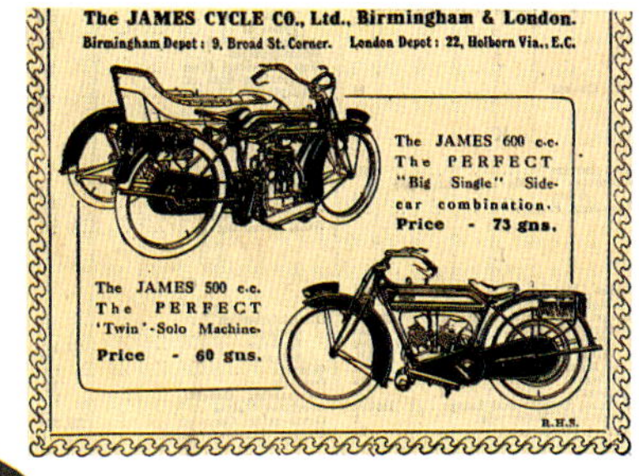

Publicité des motos James en 1914

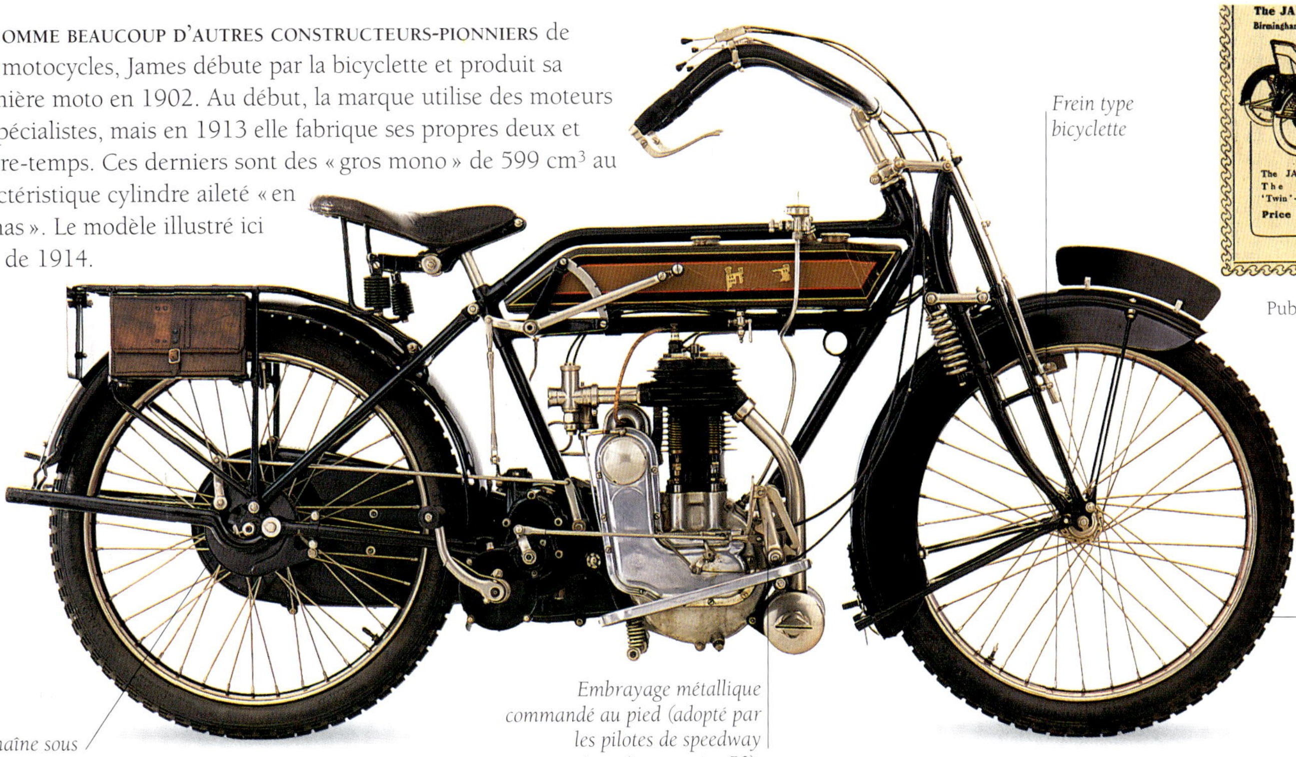

Frein type bicyclette

Roues de 66 cm

Embrayage métallique commandé au pied (adopté par les pilotes de speedway jusqu'aux années 50).

Chaîne sous carter

JAWA CZ 350 TWIN OILMASTER

Cylindrée 344 cm³ • Puissance 28 ch à 5 250 tr/min — EX-TCHÉCOSLOVAQUIE
Poids 157 kg • Vitesse maximale 135 km/h

EN 1929, L'USINE TCHÈQUE D'ARMEMENT, JANACEK, commence à fabriquer la moto allemande Wanderer. Le nom de Jawa est composé des deux premières lettres de chaque firme. En 1949, l'entreprise fusionne avec la marque nationalisée CZ, et l'élégante Jawa est remplacée par les produits CZ plus banalisés. La 350 Twin Oilmaster est une machine moderne comportant même un système d'injection d'huile dans son robuste cadre duplex. Moto de qualité pour son prix, elle se trouve dans une catégorie de cylindrées peu populaire et ses ventes piétinent. La moto illustrée ici date de 1974.

Chaîne sous carter étanche

Frein double came

Un seul carburateur pour les deux cylindres

KAMASURA VRX-250

Cylindrée 39 cm³ • Puissance inconnue — JAPON
Poids inconnu • Vitesse maximale 45 km/h

CETTE MACHINE EST UNE BICYCLETTE équipée d'un moteur entraînant la roue arrière par un galet de friction. Elle n'a d'intérêt que par le procédé de commercialisation utilisé aux États-Unis vis-à-vis d'un public naïf. Par courrier, le public est invité à devenir essayeur d'une nouvelle moto. Une machine gratuite est proposée contre les 367 dollars représentant les frais de transport ; la « moto révolutionnaire » livrée valant tout au plus 150 dollars. On ignore la quantité de machines vendues. Ce modèle date de 1986.

Réservoir

Porte-bagages

Moteur deux temps auxiliaire

Kawasaki W1

Cylindrée 624 cm³ • Puissance 53 ch à 7 000 tr/min
Poids 216 kg • Vitesse maximale 174 km/h

Japon

En 1965, la W1 est la plus grosse moto construite au Japon. Copie fidèle de la BSA A10 de 650 cm³, elle est dotée d'un moteur quatre temps refroidi par air à deux cylindres à soupapes en tête. Kawasaki nourrit de grands espoirs avec la W1 qu'elle espère exporter largement aux États-Unis (où elle est appelée Commander). Malgré son succès au Japon, la W1 ne s'impose pas car elle se compare défavorablement à la BSA. Kawasaki se retire du marché américain de la grosse moto pour revoir sa stratégie. La marque reviendra quatre ans après avec la puissante Mach III (voir à droite et ci-dessous).

Kawasaki H1 Mach III

Cylindrée 498 cm³ • Puissance 60 ch à 8 000 tr/min
Poids 179 kg • Vitesse maximale 193 km/h

Japon

Peu de motos peuvent se comparer à la terrible Kawasaki Mach III réputée pour sa vitesse et son agrément. Propulsée par un trois-cylindres deux temps, la Mach III (ici, un modèle 1970) est une vraie machine de course sur la route : 193 km/h en pointe et le 400 m départ arrêté en moins de 13 secondes. Renforçant le caractère bestial de l'engin, son comportement dynamique et sauvage est autant haï de certains pilotes que toléré par d'autres. C'est la moto du retour de Kawasaki sur le marché américain après l'échec de la W1 (voir à gauche).

Kawasaki Mach III

Cylindrée 498 cm³ • Puissance 60 ch à 8 000 tr/min • Poids 179 kg • Vitesse maximale 191 km/h

Japon

Ce modèle de 1973 est une des dernières incarnations de la 500 Kawasaki Mach III. Le moteur trois cylindres deux temps si réussi ne reçoit que des modifications mineures. L'allumage à décharge de capacité est remplacé par un système classique à bobine. La partie-cycle est également modifiée lorsque Kawasaki tente de contenir la puissance du moteur.

La production de cette moto est finalement arrêtée lorsque Kawasaki ne peut plus répondre aux normes antipollution américaines malgré un système de graissage relativement sophistiqué.

Vue arrière

Kawasaki Z1

Cylindrée 903 cm³ • Puissance 82 ch à 8 500 tr/min • Poids 230 kg • Vitesse maximale 211 km/h Japon

Si Honda fait sensation en introduisant la 750 quatre cylindres en 1969, la réponse de Kawasaki sous la forme de la Z1 903 cm³ de 1972 récompense toutes les attentes. Comme la Honda, la Z1 est une quatre-cylindres en ligne quatre temps refroidie par air, mais si la Honda est « simple arbre », la Z1 est à deux ACT, solution autrefois considérée comme trop coûteuse pour une moto de série. Peu après son lancement, la Z1 est engagée en compétition avec succès. En mars 1973, la Z1 établit un record de vitesse et d'endurance sur 24 heures à Daytona, en Floride. D'autres victoires suivent, notamment au Bol d'Or et au Tour de France, et Kawasaki ne tarde pas à proposer une garantie de 20 000 km ou de douze mois sur ses machines de série. La Z1 séduit tous ceux qui recherchent la performance globale absolue. Bien que son freinage soit jugé perfectible, elle est néanmoins excitante, impressionnante et s'impose par ses qualités et son dynamisme reconnus. La 900 est remplacée par la Z1000 de 1 015 cm³ à la fin de 1976. On voit ici une Z1 de 1973.

•Quatre-temps pour vingt ans•

Avec 82 ch, la 900 Kawasaki Z1 est, malgré son prix de vente très compétitif, la machine de série la plus puissante du moment. Elle permet des performances fabuleuses sous des lignes élégantes et modernes. Elle représentera la base des quatre-cylindres quatre temps Kawasaki pendant vingt ans.

Publicité Kawasaki de 1969

Le moteur de la Z1 est complexe à l'époque. Le vilebrequin en neuf pièces porte trois pignons : le premier à gauche attaquant la transmission primaire, le second au centre pour la distribution par chaîne et le dernier à droite pour la pompe à huile. Un graisseur automatique lubrifie la chaîne secondaire à partir d'un réservoir placé du côté gauche.

Vue arrière

KAWASAKI G3SSD

Cylindrée 89 cm³ • Puissance 10 ch à 7 500 tr/min
Poids 84 kg • Vitesse maximale 97 km/h

JAPON

COMME POUR BEAUCOUP D'AUTRES CONSTRUCTEURS JAPONAIS, les premiers vrais succès commerciaux de Kawasaki sur le marché américain sont obtenus en petites cylindrées. Les modèles 82 cm³ introduits en 1965 font partie des premières propositions de la marque. Le petit moteur deux temps monocylindre est à admission par disque rotatif. Ces versions 89 et 99 cm³ sont produites par la suite. Cette G3SSD de 1974 est typique des premiers modèles Kawasaki. Des versions trail produites à l'époque sont encore vendues sur certains marchés.

KAWASAKI KZ400

Cylindrée 398 cm³ • Puissance 36 ch à 8 500 tr/min
Poids 181 kg • Vitesse maximale 148 km/h

JAPON

LA KZ400 APPARUE EN 1974 reçoit un accueil mitigé. Le twin parallèle simple arbre doit s'attaquer au CB360 de Honda et offrir une moto moyenne pratique. Si les accélérations sont correctes, la vitesse maximale ne dépasse pas 129 km/h et un vent de face peut facilement la réduire. Mais la machine a des atouts. Pour éliminer les vibrations d'un twin calé à 360°, Kawasaki a monté deux contrepoids d'équilibrage compensant la masse des pistons et des bielles.

KAWASAKI KR250

Cylindrée 249 cm³ • Puissance 68 ch • Poids 104 kg • Vitesse maximale 241 km/h

JAPON

SI KAWASAKI EST LE PLUS PETIT des grands constructeurs japonais, il est réputé pour ses machines puissantes et innovantes. La KR250 ne fait pas exception. Conçue pour la compétition au niveau international, elle possède un bicylindre deux temps à valves rotatives, mais au lieu d'avoir deux cylindres côte à côte attaquant un seul vilebrequin, ceux-ci, disposés l'un derrière l'autre, actionnent un vilebrequin chacun… Il en résulte un moteur plus étroit, comme un monocylindre, avec une meilleure aérodynamique.

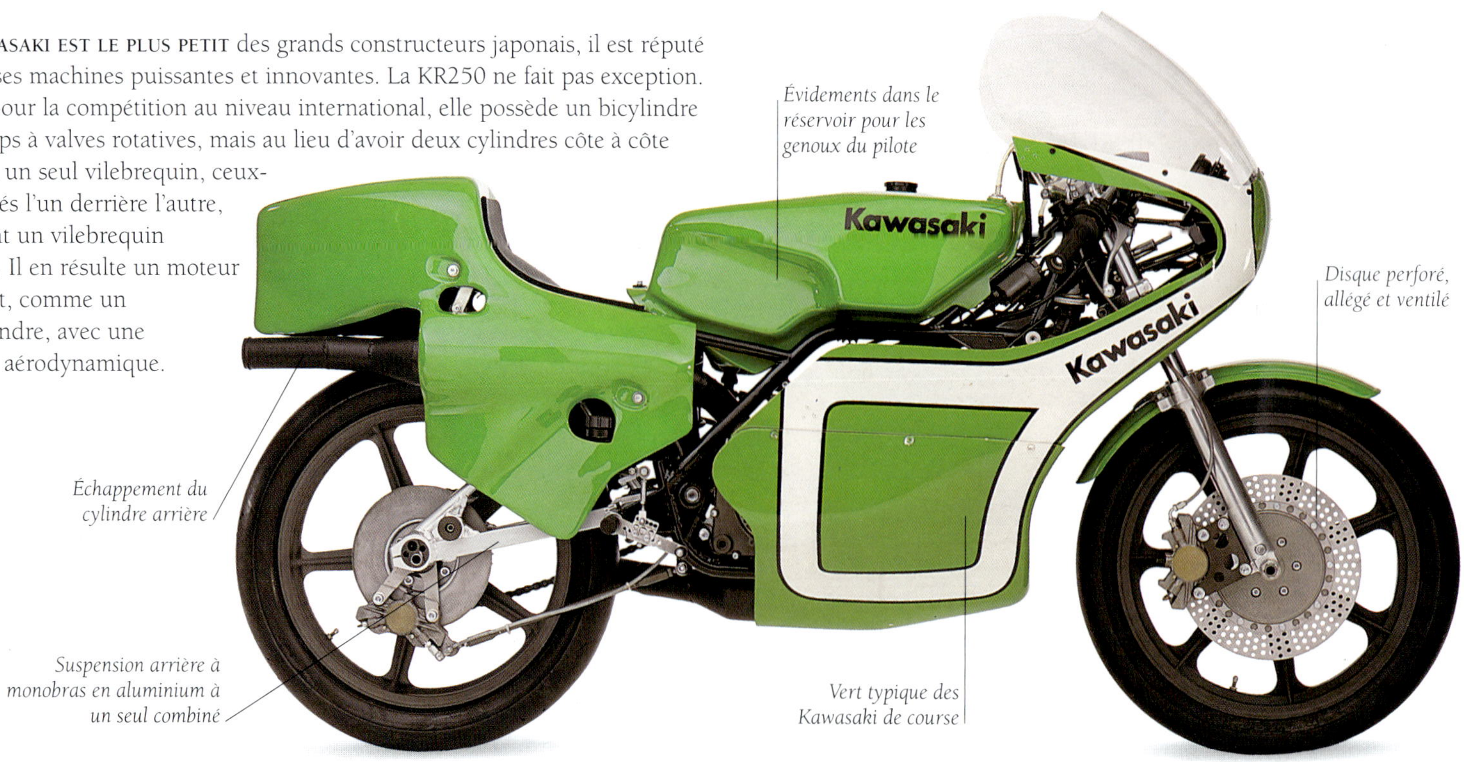

KAWASAKI KMX200

Cylindrée 191 cm³ • Puissance 25 ch à 8 500 tr/min JAPON
Poids 98 kg • Vitesse maximale 132 km/h

DÉRIVÉE DE LA 125, cette KMX 200, lancée en 1988, offre de réelles performances en tout-terrain. Motorisée par un monocylindre deux temps refroidi par eau, une partie de sa réussite en tout-terrain vient de sa partie-cycle qui, dérivée de celle des KX de cross, comporte un solide monobras oscillant et un unique combiné amortisseur. Sur ce modèle de 1991, le moteur est vraiment une version agrandie du KMX 125 avec 6 ch supplémentaires et un couple supérieur.

Guidon large pour un meilleur contrôle en tout-terrain

Protecteurs des joints de tubes de fourche

Monobras en caisson

Boîte à six rapports

KAWASAKI KX250-K2

Cylindrée 250 cm³ • Puissance inconnue JAPON
Poids 97 kg • Vitesse maximale inconnue

EN 1994, LE MODÈLE DE CROSS KX250 subit un changement profond destiné à améliorer la puissance disponible selon le régime et à augmenter le couple à bas régime. Visant à la fois le marché des pilotes professionnels et amateurs, le moteur monocylindre deux temps refroidi par liquide entraîne une boîte à cinq rapports, une chaîne finale, un cadre trapu et léger, une fourche télescopique et une suspension arrière « Uni-Trak » (monobras). La finition vert citron comprend un motif à damiers. La selle extra-longue permet au pilote de s'avancer au démarrage et en virage serré.

Cadre périmétrique tubulaire et caissonné en acier à haute résistance

Garde-boue minimal pour ne pas masquer la trace

Freins à disque avant et arrière

Chambre de détente

KAWASAKI GPZ900R

Cylindrée 908 cm³ • Puissance 119 ch à 10 500 tr/min • Poids 228 kg • Vitesse maximale 248 km/h JAPON

LA RÉPUTATION DE CONSTRUCTEUR de machines de sport d'avant-garde acquise par Kawasaki est encore renforcée par l'arrivée de la GPZ 900R au début de 1984. Déjà répute par ses quatre cylindres à deux ACT, le constructeur franchit encore quelques étapes sur le plan technique : quatre soupapes par cylindre et refroidissement par liquide. Des chemises humides directement baignées par le liquide permettent de resserrer les axes des cylindres, donc de réduire l'encombrement du moteur. Les performances et la bonne tenue de route de la GPZ lui valent un succès immédiat. Cette future classique demeure en production pendant dix ans.

Poignées-bracelets pour une position plus sportive

Système anti-plongée durcissant la suspension au freinage

Frein arrière monodisque

Alternateur logé derrière le bloc-cylindre et entraîné par chaîne

Kawasaki

KAWASAKI ZZ-R1100

Cylindrée 1 052 cm³ • Puissance 125 ch à 9 500 tr/min • Poids 233 kg • Vitesse maximale 282 km/h

JAPON

À L'ÉPOQUE OU LA **ZZ-R1100** apparaît, en 1990, Kawasaki a déjà produit une longue lignée de puissants moteurs à quatre temps quatre cylindres. Les Z1, Z1000, GPZ1100, GPZ900R, ZXR750 et ZX-10 ont toutes été des classiques en leur temps. La ZZ-R (ou ZX-11 aux États-Unis) doit donc respecter la tradition. Ni pure machine de sport, ni routière absolue, la ZZ-R trouve néanmoins une clientèle chez les amateurs de ce moteur immensément puissant mais souple, capable d'entraîner la machine sur le rapport supérieur de 30 à 280 km/h d'une seule poussée. Les pilotes trouvent la ZZ-R aisément maniable malgré son poids, attribuant cette qualité à son grand cadre périmétrique en aluminium. Dérivant le moteur du réputé ZX-10, Kawasaki porte l'alésage à 76 mm et raccourcit les pistons pour les alléger. Les bielles légères permettent aussi de porter la ligne rouge à 11 500 tr/min. Un rupteur coupe l'allumage à 12 000 tr/min pour éviter aux pilotes trop enthousiastes de détruire leur moteur. Malgré la généreuse puissance disponible, les premiers modèles sont peu nerveux au-dessous de 5 000 tr/min. Au-delà, la machine bondit de façon irrésistible jusqu'à son maximum. Tout, sur la ZZ-R est surdimensionné, de son pneu arrière de 180 mm aux larges disques de frein avant de 320 mm (126 pouces). Au début des années 90, alors que les vraies grosses sportives s'effacent en faveur de la catégorie 600 cm³, la ZZ-R perd son aura.

Réservoir sculpté pour loger les genoux du pilote

Structure arrière soudée au cadre périmétrique bipoutre

L'air réchauffé extrait du radiateur s'échappe par ces ouvertures du carénage

•CHAMPIONNE DE VITESSE ABSOLUE•

Une puissance de 125 ch et une vitesse maximale de 282 km/h font de la Kawasaki ZZ-R1100 la machine de production la plus rapide de son temps, mais son poids et sa longueur n'en font pas la moto la plus agile comparée à certaines de ses contemporaines. Sur route sinueuse, elle peut être souvent dépassée par des motos plus légères et plus faciles à contrôler, mais sur grande route, elle reste imbattable et réalise des moyennes impressionnantes. Son carénage aérodynamique allié à sa puissance brute en fait une machine de vitesse terriblement efficace.

Une ZZ-R1100 en essai de vitesse

VUE ARRIÈRE

LA MOTO ILLUSTRÉE ICI est un modèle 1994. La prise d'air frontale sur le carénage force l'air frais dans une boîte de tranquillisation placée sous le réservoir puis dans les carburateurs semi-inversés. C'est le système appelé « Ram Air » (induction forcée). Des durits relient les chemises d'eau du moteur au radiateur.

KREIDLER FLORETT K53M

Cylindrée 49 cm³ • Puissance 1,75 ch à 4 500 tr/min ALLEMAGNE
Poids 75 kg (estimé) • Vitesse maximale 40 km/h (estimée)

EN TRENTE ANNÉES DE PRODUCTION MOTOCYCLISTE, Kreidler ne fabrique que des machines de 50 cm³. Cette K53M de 1959 est caractéristique des Kreidler de cette période. La boîte à trois rapports est commandée par poignée tournante, la chaîne finale est sous carter et le moteur est monté dans un cadre embouti avec suspension arrière par bras oscillants. La K53M est une version réduite de modèle Florett considéré par la loi allemande comme un cyclomoteur. Les modèles débridés sont presque deux fois plus puissants et dépouvus de pédales.

KREIDLER RENN FLORETT

Cylindrée 49 cm³ • Puissance 14 ch à 15 000 tr/min ALLEMAGNE
Poids 59 kg • Vitesse maximale 171 km/h

LA CRÉATION DE LA CATÉGORIE 50 CM³ à la fin des années 50 donne à Kreidler une bonne raison de développer des versions course. Les premières motos de compétition de la saison 1961 sont très proches des modèles Florett de série. En 1963, à l'époque de la moto illustrée ici, la machine est très raffinée. Une admission à disque rotatif remplace l'admission dans le piston, et la boîte à quatre rapports est complétée par un surmultiplicateur extérieur à trois rapports. L'ensemble donne douze vitesses.

KTM 100/4

Cylindrée 97 cm³ • Puissance 8 ch (estimée) AUTRICHE
Poids inconnu • Vitesse maximale 88 km/h (estimée)

LA FIRME AUTRICHIENNE KTM est surtout connue pour ses machines tout-terrain, mais elle a produit des motos et des cyclos plus ordinaires. Le modèle illustré ici est un modèle 100/4 de 1967. Le moteur est un deux-temps Sachs monté dans un simple cadre tubulaire. La boîte donne quatre vitesses et la transmission finale est à chaîne sous carter. Ces motos sont vendues aux États-Unis sous la marque Hansa.

KTM 125 MOTOCROSS

Cylindrée 125 cm³ • Puissance inconnue AUTRICHE
Poids 88 kg • Vitesse maximale inconnue

DANS LES ANNÉES 70, KTM devient célèbre pour ses machines de compétition en tout-terrain et remporte son premier Championnat du monde en 1977, lorsque le pilote soviétique Gennady Moisseyev prend le titre en 250. Les motos KTM sont toujours à l'avant-garde de la technique, et les idées développées sur les machines d'usine sont bientôt adoptées sur les modèles de production. Cette moto 125 cm³ de 1989 est caractéristique avec son refroidissement par eau et sa fourche inversée.

LAMBRETTA LD125

Cylindrée 123 cm³ • Puissance 5 ch à 4 600 tr/min • Poids inconnu • Vitesse maximale 72 km/h ITALIE

LA FIRME INNOCENTI DE MILAN commence à produire des Lambretta en 1946. Ce modèle et la Vespa de Piaggio s'affirment vite comme les deux scooters les plus réussis sur le marché. Le moteur deux temps du Lambretta est monté devant la roue arrière, d'où un engin mieux équilibré que la Vespa. La transmision finale se fait par arbre. La machine illustrée ici est un LD125 de 1957.

LA CONCEPTION DE la Vespa et celle du Lambretta sont très différentes l'une de l'autre. À partir de 1950, le cadre du Lambretta comprend à la base un tube de gros diamètre et certains modèles sont dépourvus de carrosserie (en option). Sur cette machine, la lettre L indique qu'elle possède une carrosserie et D signifie qu'elle fait partie de la quatrième série.

LAMBRETTA 150 SPECIAL

Cylindrée 148 cm³ • Puissance 9 ch • Poids inconnu • Vitesse maximale inconnue ITALIE

EN 1957, LAMBRETTA introduit le nouveau scooter type TV-175 dont vont découler les Lambretta des années 60, leur style devenant plus tendu et plus fin avec le temps. Malheureusement, Innocenti ne rencontre pas le succès que Piaggio connaît avec la Vespa. La production italienne du Lambretta s'achève en 1971 tandis que le modèle continue d'être fabriqué en Espagne et en Inde. La machine illustrée ici est un 150 Special de 1967.

LES MODÈLES RÉVISÉS qui apparaissent à partir de 1957 respectent le schéma Lambretta traditionnel, mais ils reçoivent une boîte à quatre rapports et la transmission finale s'effectue par une chaîne double sous carter. Le style change également avec une selle biplace et un garde-boue avant monté sur la carrosserie et non plus sur la fourche. Les panneaux d'habillage sont montés sur un cadre à poutre tubulaire.

LAURIN & KLEMENT

Cylindrée 331 cm³ • Puissance 2,5 ch • Poids inconnu • Vitesse maximale 50 km/h (estimée)

TCHÉCOSLOVAQUIE

LA FABRIQUE DE BICYCLETTES Laurin & Klement construit son premier motocycle vers 1898. Dès le début, les machines comportent quelques caractéristiques modernes. Le moteur est installé au centre d'un cadre spécialement conçu alors que bien des modèles utilisent des cadres de bicyclette. Toutes les commandes sont au guidon et la transmission finale s'effectue par courroie. Le modèle illustré ici date de 1903.

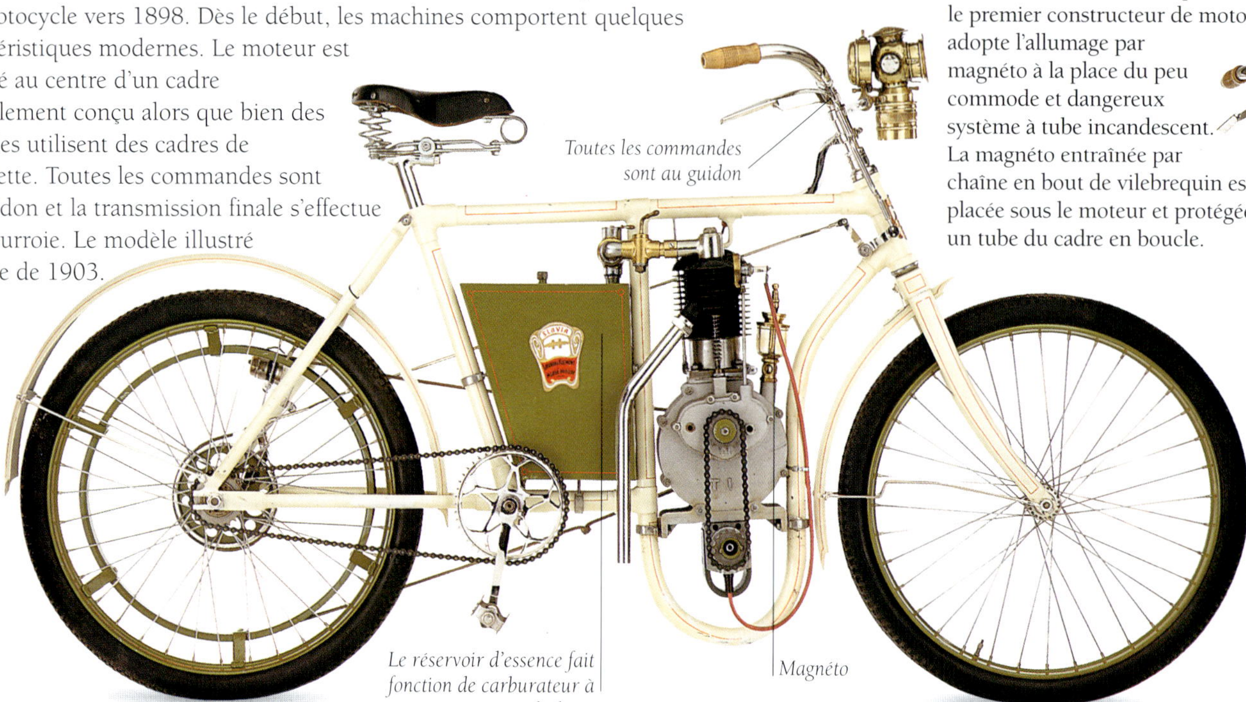

LAURIN & KLEMENT est probablement le premier constructeur de motos qui adopte l'allumage par magnéto à la place du peu commode et dangereux système à tube incandescent. La magnéto entraînée par chaîne en bout de vilebrequin est placée sous le moteur et protégée par un tube du cadre en boucle.

VUE AVANT

LAVERDA CHOTT 250

Cylindrée 247 cm³ • Puissance 37 ch à 7000 tr/min
Poids 108 kg • Vitesse maximale 121 km/h (estimée)

ITALIE

LAVERDA INTRODUIT EN 1975, parallèlement à ses modèles quatre temps, une trail à moteur deux temps. La Chott utilise un moteur de conception Laverda, mais les modèles ultérieurs recevront des moteurs Zündapp et Husqvarna importés. La partie-cycle comprend un cadre duplex en berceau tubulaire avec une fourche avant Ceriani et des combinés arrière contrôlant la fourche oscillante classique. Les deux tambours de frein présentent un damètre de 18 cm (7 pouces). Avec ses carters en alliage de magnésium et sa suspension Ceriani, la Chott reste dans la tradition Laverda : prix élevé et faible volume de vente.

LAVERDA ALPINA 500

Cylindrée 497 cm³ • Puissance 44 ch à 10 300 tr/min
Poids 171 kg • Vitesse maximale 192 km/h

ITALIE

LA 500 ALPINA, QUI APPARAÎT EN 1977, semble d'aspect très sobre par rapport aux autres productions de la marque. Son style conservateur cache pourtant un pur-sang doté d'excellentes performances. Si la 500 n'est pas des plus légères, elle fait vite oublier son poids tandis que son cadre à simple berceau tubulaire se montre très rigide et très capable d'encaisser la puissance. Le freinage à trois disques Brembo en fonte fonctionne parfaitement dans toutes les conditions. On voit ici un modèle 1979.

LAVERDA JOTA

Cylindrée 980 cm³ • Puissance 90 ch à 8 000 tr/min • Poids 236 kg • Vitesse maximale 224 km/h

ITALIE

LAVERDA INTRODUIT une nouvelle trois-cylindres à deux ACT de 980 cm³ en 1973. La Jota, appelée à devenir le modèle le plus célèbre de Laverda, est une version améliorée du trois-cylindres produite la première fois en 1976 pour le marché britannique. Une préparation limitée du moteur suffit à transformer la 3CL, déjà rapide, en une machine de série la plus rapide de son époque. Une Jota approche les 224 km/h. La finesse n'est pas la qualité dominante du modèle car toute la machine est surdimensionnée. Les organes en métal, bien que de qualité, sont très lourds. Les commandes sont pesantes et le comportement dynamique perfectible, mais la qualité de fabrication est supérieure à celle de bien des machines italiennes de l'époque. Les peintures et les chromes sont également de qualité et de nombreux composants, notamment les instruments et l'appareillage électrique, proviennent d'Allemagne et du Japon. Jusqu'en 1982, les trois-cylindres Laverda ont un vilebrequin calé à 180°sur lequel les pistons extrêmes se déplacent parallèlement alors que le piston central effectue des courses opposées. Le coût de fabrication en est moindre que celui d'un vilebrequin à 120°, mais il induit des vibrations. La moto illustrée ici date de 1982.

VUE AVANT

UNE DISTRIBUTION lourde sur le haut-moteur n'améliore pas la tenue de route de la Jota, mais les essayeurs de l'époque vantent la machine, ce qui en dit plus long sur ses concurrentes que sur la Laverda. L'apparence un peu brute de l'avant est en partie dissimulée derrière un carénage partiel sur les derniers modèles.

•LES SECRETS DE LA JOTA•

Le trois-cylindres de base 3CL de Laverda donne environ 80 ch. Les performances de la Jota sont dues à 10 ch supplémentaires. Le moteur Jota utilise des pistons haute compression (10 à 1) et les arbres à cames d'usine haute performance 4 C. L'extraction des gaz est améliorée par le montage d'un collecteur d'échappement de grand diamètre et de « silencieux » pratiquement vides. Le modèle est tué par son bruit dès l'introduction des nouvelles règlementations.

Arbres à cames 4 C

LAVERDA F650 SPORT

ITALI

Cylindrée 668 cm³ • Puissance 70 ch à 8 900 tr/min • Poids 180 kg • Vitesse maximale 216 km/h

APRÈS D'INTERMINABLES CONVULSIONS à la fin des années 80, Laverda semble disparaître. Une société reconstituée présente une nouvelle Laverda en 1994. La partie-cycle de cette moto comprend un cadre ultra-moderne en alliage léger de type bipoutre complété d'éléments de suspensions et de freins de haute qualité, le tout habillé d'un carénage type compétition. Mais à côté d'une partie-cycle de haut niveau, le moteur semble anachronique. Ce bicylindre parallèle à deux ACT et huit soupapes refroidi par air découle du moteur monté pour la première fois dans la 500 de 1977 (voir page 120). Sur la 650, la cylindrée est augmentée et le graissage amélioré. Le prix élevé de cette moto reflète la qualité des composants utilisés.

MAICO MC350

ALLEMAGNE

Cylindrée 352 cm³ • Puissance 28 ch à 6 500 tr/min • Poids 113 kg • Vitesse maximale selon démultiplication

MAICO COMMENCE À CONSTRUIRE DES MOTOS au milieu des années 30, passe à la production de pièces d'avions peu de temps avant la Seconde Guerre mondiale et reprend la production motocycliste en 1947. La MC350 est typique de ces 250 agrandies qui battent les grosses quatre-temps de cross en 500 dans les années 60 en se montrant à la fois puissantes et plus maniables. On voit ici un modèle de 1969.

À LA FIN DES ANNÉES 50, Maico démarre une production de machines de cross qui rapportent au constructeur un titre mondial. Il termine également trois fois deuxième pour le titre individuel en 500 cm³.

VUE AVANT

MARS MA1000 SPORT

Cylindrée 948 cm³ • Puissance 7,5 ch à 3 500 tr/min • Poids inconnu • Vitesse maximale inconnue

ALLEMAGNE

SI MARS PRODUIT DES MOTOS de 1903 à 1957, le modèle le plus célèbre de la firme reste le flat twin introduit en 1920 et produit pendant dix ans. Le moteur est spécialement fabriqué pour Mars par Maybach, réputé pour ses automobiles et ses moteurs d'avions. Ce groupe à soupapes latérales est installé en long sous la poutre principale du cadre en tôle d'acier avec la boîte de vitesses placée au-dessus du cylindre arrière. Le système de (re) circulation d'huile de cette machine de 1928, avec réservoir de lubrifiant placé sous le moteur, est très avancé pour l'époque.

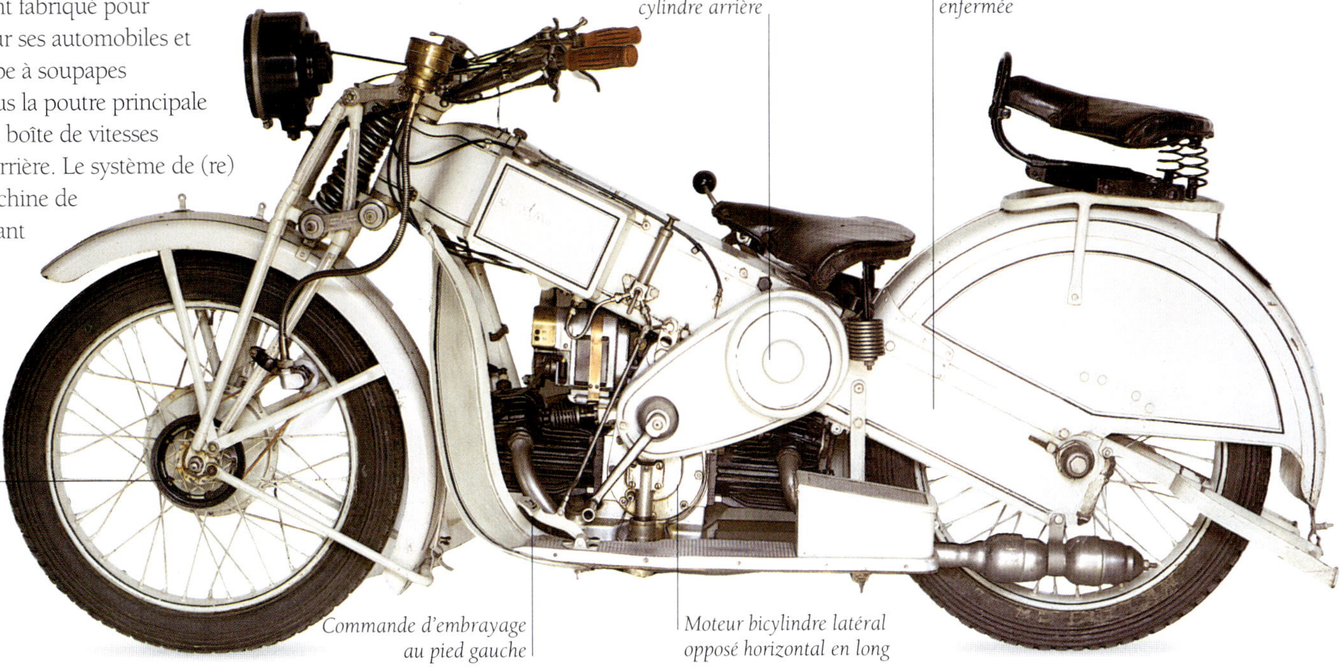

SILENT MATCHLESS

Cylindrée inconnue • Puissance 2,75 ch • Poids inconnu • Vitesse maximale inconnue

ROYAUME-UNI

LES PREMIÈRES MOTOS MATCHLESS apparaissent en 1901. Le type 1902 possède un moteur accroché sous le tube avant du cadre. Les frères Collier, constructeurs des motos Matchless, disputent de nombreuses courses sur des machines identiques, y compris le premier Reliability Trial (épreuve de régularité) sur 1 610 km.

CETTE MACHINE est propulsée par un moteur De Dion monocylindre produit sous licence en Angleterre par la Motor Manufacturing Company (MMC) de Lawson. L'allumage est à piles et bobine, et le carburateur est un Longuemare à pulvérisation.

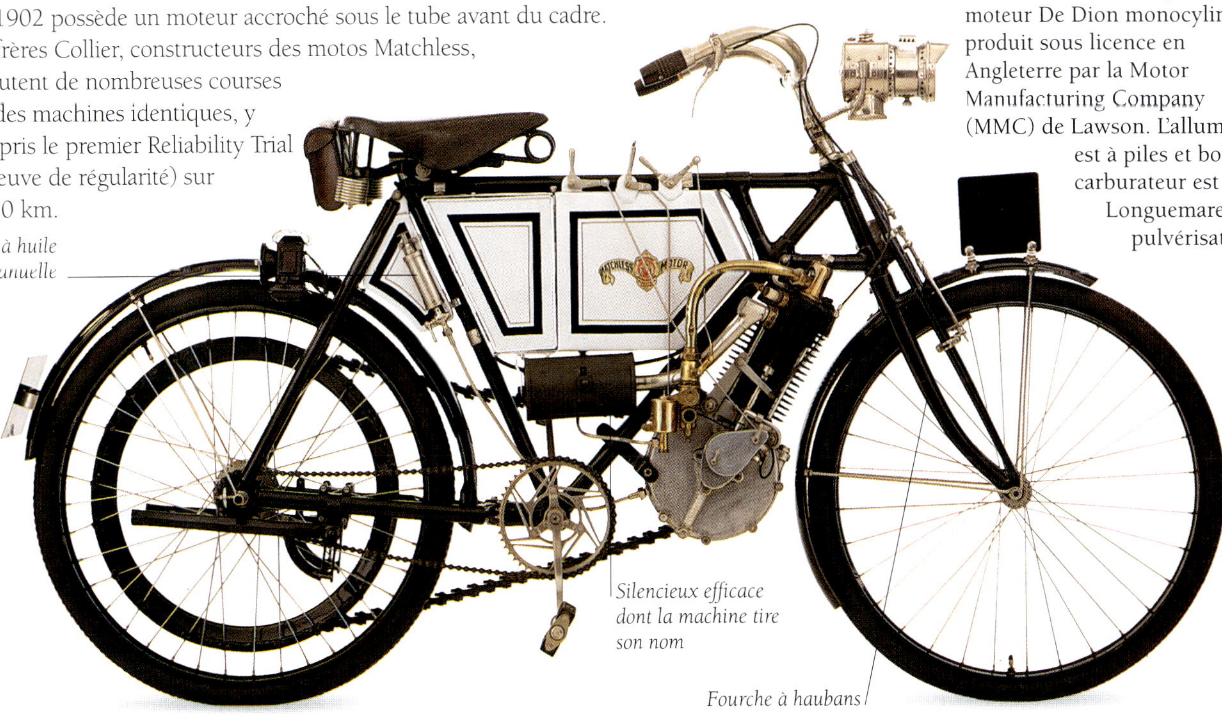

VUE AVANT

MATCHLESS MODEL A SILVER ARROW

Cylindrée 394 cm³ • Puissance inconnue
Poids 155 kg • Vitesse maximale inconnue

ROYAUME-UNI

LANCÉE EN **1929**, la Model A Silver Arrow est une moto originale. Si le magazine *The Motor Cycle* la qualifie « d'assez performante pour une 400 latérale », elle disparaît en 1933 après des ventes décevantes. Le bicylindre en V à 72°est monobloc avec culasse commune. Une Magdyno (magnéto-dynamo) Lucas est placée en long sur le cadre au-dessus de la boîte manuelle. Le cadre tubulaire en berceau reçoit une suspension arrière cantilever avec amortisseurs à friction freinant les deux ressorts hélicoïdaux. La Silver Arrow possède des roues de 53 cm et des tambours de 180 mm à commandes couplées. On voit ici un modèle de 1930.

MATCHLESS MODEL B SILVER HAWK

Cylindrée 592 cm³ • Puissance 26 ch
Poids 172 kg • Vitesse maximale 129 km/h

ROYAUME-UNI

DÉVOILÉ AU SALON DE LA MOTO BRITANNIQUE DE **1931**, le moteur Silver Hawk résulte essentiellement de la réunion côte à côte deux Silver Arrow surmontés d'un seul arbre à cames. Pour limiter les conséquences d'un trop-plein d'essence, l'unique carburateur Amal reçoit souvent deux cuves. La boîte à commande manuelle est attaquée par une chaîne primaire double avec tendeur automatique. Trop sollicité, le Silver Hawk devient bruyant et présente des fuites au joint de culasse. Environ 500 exemplaires sont construits avant la fin de la production en 1935 : la Silver Hawk est trop chère et trop délicate à entretenir pour un marché en dépression.

MATCHLESS 41/G3L

Cylindrée 347 cm³ • Puissance 16,6 ch • Poids 134 kg • Vitesse maximale 113 km/h (estimée)

ROYAUME-UNI

AU COURS DE LA SECONDE GUERRE MONDIALE, Matchless livre plus de 80 000 modèles 41/G3L aux forces britanniques. Les origines de la G3L à soupapes en tête remontent à la G3 Clubman lancée en 1935, mais le cadre simplex rigide en berceau prévu pour le modèle 1940 est retenu ainsi que la nouvelle fourche « Teledraulic » de la firme. La magnéto Lucas et la dynamo sont entraînées par chaîne. La seule critique formulée envers la série G3 des années 30 et 40 est l'inaccessibilité de la dynamo logée sous le support de la magnéto, défaut qui sera rectifié par la suite. La G3L est considérée, par de nombreux utilisateurs militaires, comme très supérieure aux autres modèles.

MATCHLESS G45

Cylindrée 498 cm³ • Puissance 48 ch à 7 200 tr/min ROYAUME-UNI
Poids 145 kg • Vitesse maximale 193 km/h (estimée)

DÉVELOPPÉE PAR LE SERVICE COURSE D'AJS pour la saison 1952, la G45 est dérivée de la 500 à deux cylindres parallèles arrivée quatrième du Manx Grand Prix 1951. Deux carburateurs Amal Grand Prix, une magnéto Lucas spéciale et un entraînement de compte-tours sont standard comme la boîte de vitesses Burman type course. Sur dix-sept G45 engagées dans le Senior TT 1955, dix seulement peuvent terminer. Si la G45 est moins titrée par rapport à d'autres modèles, elle permet aux pilotes d'AJS de disputer les Senior et Junior Clubman TT. La moto illustrée ici date de 1957, année où la fabrication est interrompue.

MATCHLESS G11 CSR

Cylindrée 593 cm³ • Puissance 40 ch à 6 000 tr/min ROYAUME-UNI
Poids 172 kg • Vitesse maximale inconnue

INTRODUITE EN 1958, la G11 CSR est un des premiers exemples de « custom d'usine ». Conçue initialement pour le marché américain, elle adopte le style « street scrambler ». Les premières CSR possèdent des cadres qui sont des versions allégées des cadres duplex boulonnés des routières. Un alternateur Lucas est monté du côté transmission du vilebrequin, mais l'allumage par magnéto est conservé. La boîte standard à quatre rapports est entraînée par une chaîne primaire duplex à la suite d'un embrayage multidisque logé dans un nouveau carter en alliage coulé. En 1958, les essais presse confirment la vitesse de 161 km/h maintenue pendant une heure.

MATCHLESS G50 CSR

Cylindrée 498 cm³ • Puissance 46 ch à 7 200 tr/min • Poids 145 kg • Vitesse maximale 185 km/h (estimée) ROYAUME-UNI

CINQUANTE EXEMPLAIRES SEULEMENT de ces routières sont produits en 1961 afin d'homologuer la G50 en compétition aux États-Unis. La G50 CSR combine la partie-cycle de la twin Matchless CSR au monocylindre à ACT de la G50 de course. De nombreux utilisateurs ont transféré le moteur sur des spéciales de cross dotées de meilleurs cadres, d'où la rareté de cette hybride d'usine.

ALIMENTÉE par un carburateur Amal Grand Prix de 1 1/2 pouce (38 mm), la soupape d'admission présente un diamètre impressionnant de 2 pouces (51 mm). Toutes les pièces en acier et en tôle sont peintes en bleu ou en rouge avec filets blancs sur le réservoir de faible capacité.

VUE AVANT

MEGOLA COURSE

Cylindrée 640 cm³ • Puissance 14 ch à 3 600 tr/min • Poids inconnu • Vitesse maximale inconnue

ALLEMAGNE

La Megola peut sans doute prétendre au titre de moto la plus étrange du monde. Introduite en 1921, deux mille exemplaires environ sont produits jusqu'à la fermeture de l'usine en 1924. Cette machine date de 1923. Inspiré à l'évidence par les moteurs rotatifs des avions de la Grande Guerre, l'ingénieur Fritz Cockerell dessine un cinq-cylindres en étoile à soupapes latérales intégré à la roue avant qu'il entraîne par des engrenages épicycliques. Pour chaque tour de roue en marche avant, le moteur accomplit six tours dans le sens opposé. La moto n'a pas d'embrayage ni de boîte de vitesses, mais des roues de diamètres différents peuvent être montées selon l'utilisation prévue : un modèle de piste à roue avant de 74 cm est chronométré à 148 km/h. Le cadre-poutre contient le réservoir d'essence qui, mis sous pression par une pompe manuelle, envoie le carburant dans une nourrice placée au-dessus du carburateur. Celui-ci est situé dans un endroit très vulnérable à l'extérieur de la fourche au niveau de l'axe de la roue. Une autre nourrice, du côté opposé, contient l'huile pour le moteur tandis qu'au-dessous et en avant de l'axe se trouve la magnéto.

Le moteur rotatif de la Megola interdit évidemment tout échappement classique. Des petites pipes sont donc montées sur chaque cylindre. La complexité de la roue avant motrice ne permettant pas de monter un frein, deux systèmes de frein équipent la roue arrière

Une fourche à bras suspendue par un ressort à lames porte la roue avant au bout d'un robuste cadre-poutre galbé. Quelques machines reçoivent une suspension arrière à ressort à lames.

MONTESA COTA 172

Cylindrée 157,5 cm³ • Puissance 9 ch
Poids inconnu • Vitesse maximale inconnue

ESPAGNE

SUIVANT L'EXEMPLE DONNÉ PAR BULTACO avec la Sherpa (voir page 41), la firme espagnole concurrente Montesa introduit la 250 Cota de trial en 1968. Pendant une certaine période, ces deux machines dominent le marché et, en 1973, Montesa introduit la Cota 172. Cette désignation doit davantage au marketing qu'à une référence à la cylindrée, car la moto est simplement une version réalésée de la Cota 123. Ses caractéristiques de puissance la rendent inutilisable en trials, mais le modèle plaît aux amateurs de trails. La 172 illustrée ici date de 1977.

MONTESA COTA

Cylindrée 258 cm³ • Puissance inconnue
Poids 83 kg • Vitesse maximale inconnue

ESPAGNE

LA FIRME MONTESA, qui subit une série de revers au début des années 80, ne peut survivre que par son association avec Honda. Mais toute production autonome ne peut qu'être arrêtée. Le modèle Montesa qui subsiste est une moto de trial portant la célèbre appellation Cota. Les freins avant et arrière sont à disque et la suspension arrière est monobras avec un seul combiné à flexibilité variable. Le modèle 1992 se révèle bien supérieur à ses prédécesseurs.

MORBIDELLI V8

Cylindrée 847 cm³ • Puissance inconnue • Poids 200 kg • Vitesse maximale 241 km/h

ITALIE

CONÇUE PAR L'INDUSTRIEL et fanatique de motos Giancarlo Morbidelli, la V8 est destinée à connaître une production très limitée. Moto dessinée par le bureau de style de Pininfarina, son moteur est accroché sous le cadre en treillis tubulaire. Si les acheteurs potentiels ne sont pas arrêtés par ses lignes étranges et sa complexité, le prix de vente reste très dissuasif, bien qu'il comprenne le coût du transport de la moto par avion pour l'entretien assuré par l'usine italienne.

LA MORBIDELLI n'est pas la première moto à moteur V8. Le pionnier américain Glenn Curtiss propose un V8 en 1912 et Moto Guzzi engage une 500 en Grands Prix à la fin des années 50. Ce modèle date de 1994.

VUE AVANT

Morini Turismo 2T

Cylindrée 123 cm³ • Puissance inconnue • Poids inconnu • Vitesse maximale 88 km/h — Italie

C'est en 1946 qu'Alfonso Morini commence à produire des motos sous son propre nom après avoir été associé à la firme MM avant la Seconde Guerre mondiale. Ses premières machines sont des monocylindres deux temps inspirées de la DKW RT125 allemande (voir page 50). Elle formeront la base des Morini de course jusqu'à l'arrivée des quatre-temps en 1950.

Le moteur Morini possède des carters à extension afin de mieux refroidir le bas-moteur. Les premières versions ont une fourche avant en tôle emboutie et une suspension arrière à plongeurs. Ce modèle de 1953 a reçu une fourche télescopique.

Vue avant

Morini Sport 3½

Cylindrée 344 cm³ • Puissance 39 ch à 8 500 tr/min • Poids 154 kg • Vitesse maximale 161 km/h — Italie

Introduite en 1972, la Morini 344 cm³ est une des motos les plus innovantes de l'époque. Conçue pour la performance et la rentabilité, le V-twin à 72° reçoit une culasse type Heron à soupapes parallèles avec chambre de combustion usinée dans la tête des pistons. La machine est livrée avec allumage électronique, compte-tours et robinet d'essence. Deux modèles sont produits : une version Sport (ici, un modèle 1974) avec moteur plus puissant et position de pilotage couchée ainsi qu'une version Strada plus classique.

MORINI CAMEL

Cylindrée 478 cm³ • Puissance 42 ch à 7 400 tr/min • Poids 140 kg • Vitesse maximale 153 km/h

ITALIE

Le bicylindre en V Morini est produit en trois versions : outre le 344 cm³ original, des modèles de 239 et 478 cm³ sont proposés. À l'origine, le moteur n'est offert que dans des machines de route de style classique, mais la vogue des trails à moteur quatre temps au début des années 80 encourage Morini à produire une version tout-terrain. La combinaison d'un moteur souple et compact et d'un cadre robuste muni de bonnes suspensions donne une machine toutterrain étonnamment performante. Plus tard, des versions moins intéressantes seront orientées davantage vers l'usage routier. Une version 350 sera produite sous la bizarre appellation Kangourou.

MOTOBÉCANE MB1

Cylindrée 175 cm³ • Puissance 1,75 ch • Poids 38 kg • Vitesse maximale 60 km/h

FRANCE

La Société des ateliers de la Motobécane, fondée en décembre 1924 par Charles Benoît et Abel Bardin, devient un des plus importants constructeurs français de motos et de cyclos, dont la célèbre Mobylette. Le premier modèle, un simple cyclomoteur de 175 cm³ appelé Motobécane, donne son nom à la firme. Son prix, peu élevé, lui vaut un succès énorme dans les années 20.

Le moteur 175 cm³ deux temps porte son carburateur à l'avant et l'allumage est à magnéto. La transmission ne comprend qu'une courroie directe sur la roue arrière, sans embrayage ni boîte. Le pédalier sert au démarrage et en côte. Cette moto de 1924 existe en deux versions : pour homme (ci-dessus) et pour dame ou ecclésiastique (à gauche).

Moto Guzzi 500

Cylindrée 498 cm³ • Puissance 18 ch à 4 000 tr/min • Poids 130 kg • Vitesse maximale 100 km/h ITALIE

Après la Première Guerre mondiale, l'ancien pilote de l'aviation italienne, Giorgio Parodi, fonde la firme Moto Guzzi avec Carlo Guzzi, son mécanicien et pilote. Guzzi dessine son premier prototype en 1920. La conception de cette monocylindre est si avancée que le dernier monocylindre horizontal, construit en 1976, a les mêmes cotes d'alésage et de course que l'original. Le volant extérieur en « coupe-jambon » apparaît sur tous les modèles jusqu'à la fin des années 60. Moto Guzzi est un des plus grands constructeurs italiens. Le modèle illustré ici date de 1928.

Le moteur à quatre temps de 500 cm³ possède un système rassurant pour ceux que hante la possibilité de casser la mécanique. Une fourchette de retenue empêche la soupape d'échappement de tomber éventuellement dans le cylindre. Guzzi conservera cette solution jusque dans les années 40.

Vue avant

Moto Guzzi V7 Special

Cylindrée 757 cm³ • Puissance 45 ch à 6 000 tr/min • Poids 228 kg • Vitesse maximale 164 km/h ITALIE

Moto Guzzi développe d'abord son bicylindre en V dans les années 50, à une époque où le marché italien de la moto est en régression, d'où l'emploi de ce moteur dans un véhicule militaire à trois roues. La moto bicylindre répond à une demande de la police italienne. L'intérêt de certains marchés étrangers suscite une version civile. La V7 de 703 cm³ apparaît en 1967. En 1969, l'alésage est augmenté de 3 mm sur la V7 Special. Elle est produite jusqu'en 1971 (année de ce modèle), offrant déjà de nombreuses caractéristiques propres aux bicylindres Guzzi modernes.

La Special vise le marché américain où elle est vendue sous diverses appellations telles que l'Ambassador, l'Eldorado et la California. Elle constitue la base des excellents modèles sport de la marque comme la V7 Sport, la S3 et la Le Mans.

Vue avant

Moto Guzzi Stornello 125

Cylindrée 123 cm³ • Puissance 12 ch à 7 200 tr/min • Poids 85 kg • Vitesse maximale 110 km/h

ITALIE

CONSTRUITE POUR ÊTRE BON MARCHÉ ET CONÇUE pour la population courante, la Stornello 125 est un modèle utilitaire abordable et la première routière étudiée par l'ingénieur Giulio Carcano, spécialiste des Guzzi de compétition. Le moteur à quatre temps compte deux soupapes par cylindre et un carter humide. Produite de 1960 à 1968 pour la plupart des marchés, cette moto est vendue aux États-Unis jusqu'en 1975. On voit ici une version 1970.

LA STORNELLO EST PRODUITE sous différentes formes au cours de son existence et les variantes de style donnent naissance à la Turismo, la Sport, l'ISDT Trial (1966 seulement), la Scrambler et la Regularita.

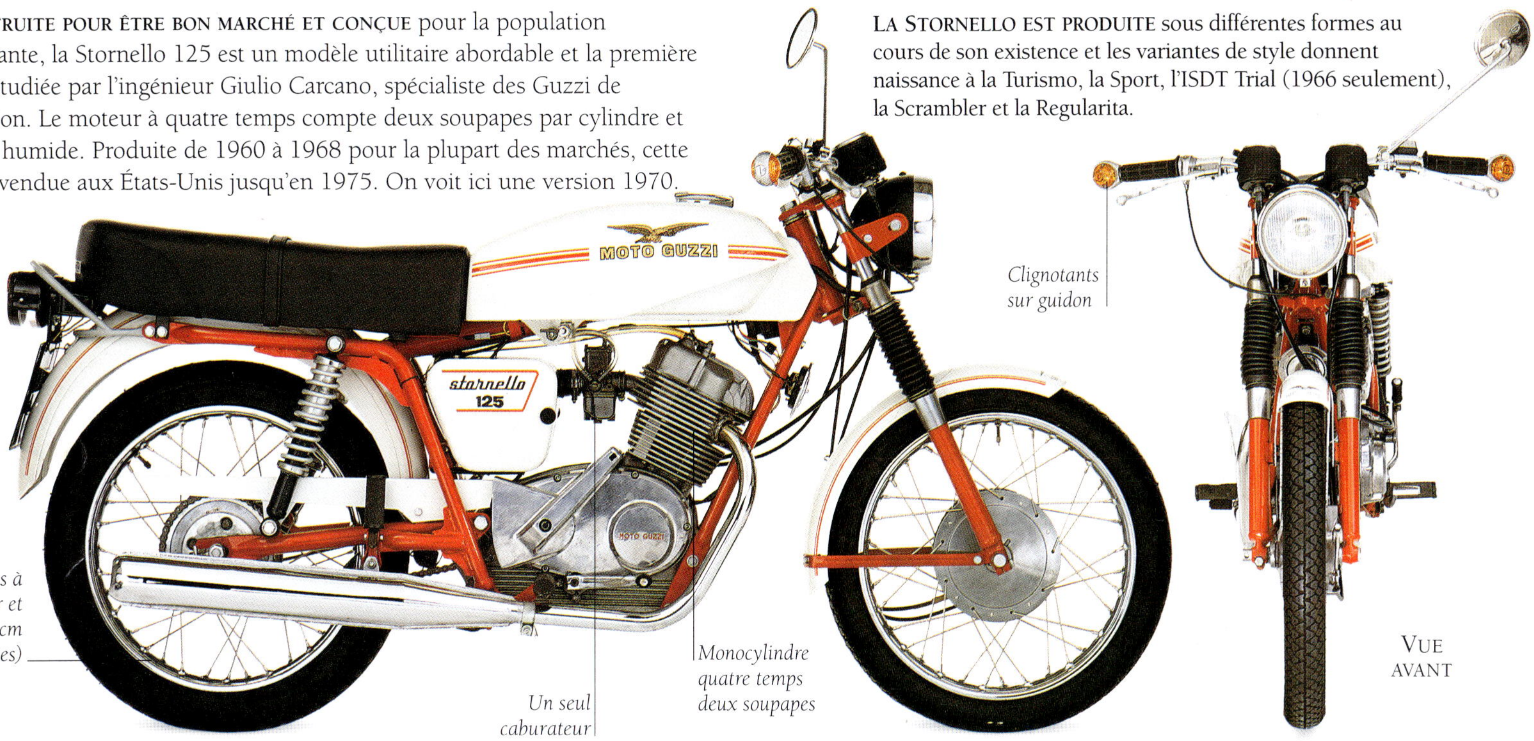

Moto Guzzi 850 Le Mans 1

Cylindrée 844 cm³ • Puissance 80 ch • Poids 220 kg • Vitesse maximale 216 km/h

ITALIE

LA LE MANS 1 est une des Moto Guzzi les plus rapides. Basse, agressive et très bien dessinée, elle retient l'attention des connaisseurs. Son V-twin massif, conçu par Giulio Carcano, est développé par Lino Tonti sur le modèle à arbre au fonctionnement si réputé. Le centre de gravité de cette 850 étant assez haut, cette moto réagit vivement en virage. Le disque de frein avant gauche et le disque arrière sont commandés au pied tandis que le disque avant droit est actionné manuellement. Cette Le Mans 1 date de 1976.

V 50

Moto Guzzi V50

Cylindrée 490 cm³ • Puissance 45 ch à 7 500 tr/min
Poids 152 kg • Vitesse maximale 165 km/h

Italie

Dans les années 70, Moto Guzzi produit la V50 pour combler l'écart constaté entre les petites deux-temps et les grosses quatre-temps à bicylindre en V. Malgré sa parenté avec les gros V-twins de la marque, elle reçoit un moteur complètement redessiné et séduit les utilisateurs qui trouvent trop gros les autres modèles de ce type. Fabriquée en grande série à l'ancienne usine Innocenti (berceau des scooters Lambretta), elle est livrée – aussi bien équipée que ses rivales – avec démarreur électrique, transmission par arbre et système Guzzi de couplage des freins, la pédale commandant le disque arrière et le disque avant gauche.

V 1000 G5

Moto Guzzi V1000 G5

Cylindrée 949 cm³ • Puissance 64 ch à 6 200 tr/min
Poids 220 kg • Vitesse maximale 180 km/h

Italie

La G5 est la version à boîte manuelle de la Guzzi de tourisme, construite entre 1978 et 1983. Développée à partir de la V1000 Convert automatique, une boîte à cinq rapports est adoptée pour calmer les traditionnalistes. Le V-twin à culbuteurs reçoit des carburateurs Dell'Orto de 30 mm (1 1/5 pouce) et le système de freins conjugués est adopté. Elle est livrée avec valises et pare-brise, proposée parallèlement au modèle tourisme-sport SP.

Motosacoche 1913

Cylindrée 290 cm³ • Puissance inconnue • Poids inconnu • Vitesse maximale 50 km/h (estimée)

Suisse

Cette marque est celle des frères Dufaux installés à Genève au début du siècle qui produisent sous ce nom leur premier modèle, une bicyclette avec moteur et réservoir d'essence contenus dans un cadre auxiliaire ajouté au principal. En 1913, ce montage est devenu une vraie moto dotée d'un moteur plus gros et plus classique logé dans un cadre robuste avec une fourche suspendue. Entre autres caractéristiques, le graissage est toujours manuel et l'embrayage absent.

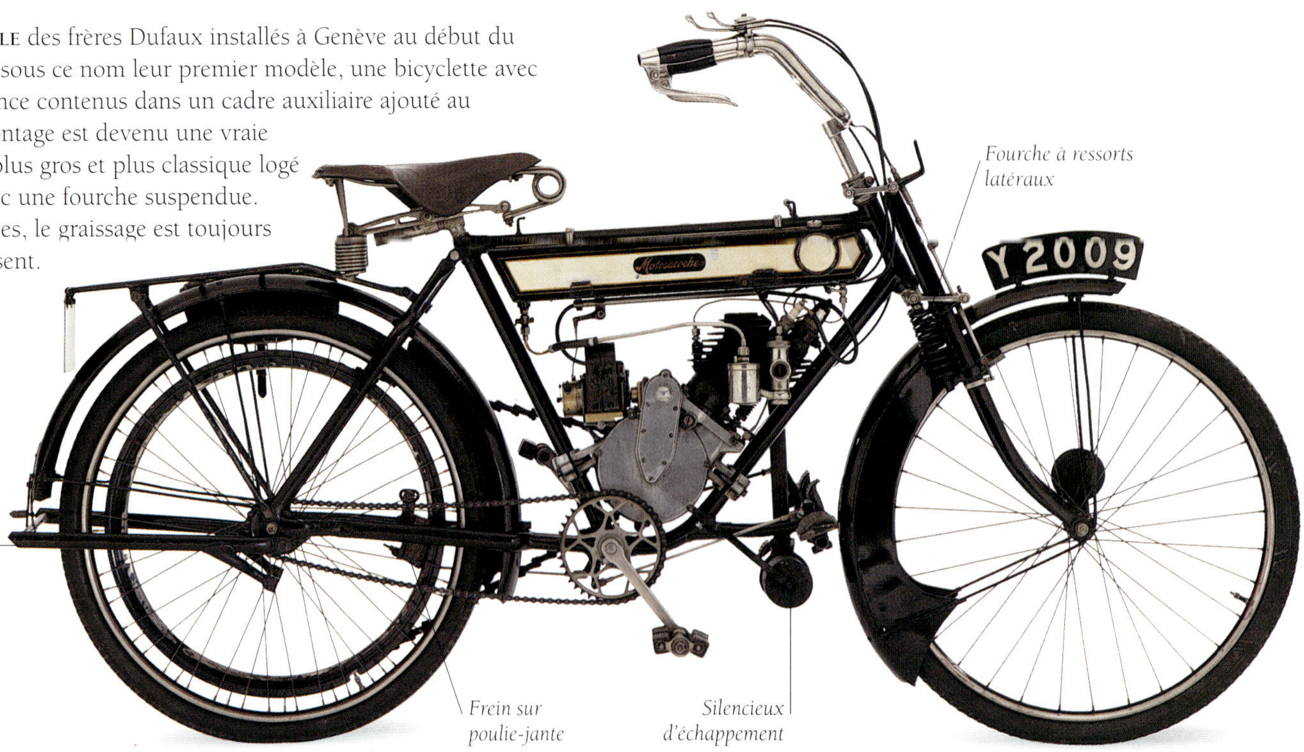

MOTOSACOCHE JUBILE 424

Cylindrée 498 cm³ • Puissance inconnue • Poids inconnu • Vitesse maximale 110 km/h (estimée) SUISSE

NON SEULEMENT MOTOSACOCHE FABRIQUE DES MOTOS complètes, mais fournit aussi des moteurs, sous la marque MAG, à d'autres constructeurs. C'est la raison pour laquelle on trouve une grande variété de modèles : soupapes latérales, culasses semi-culbutées et soupapes en tête, moteurs mono et bicylindres en V, ils sont tous utilisés sur des modèles Motosacoche. Cette Jubile 424 de 1932 est dotée d'un simple moteur latéral.

À L'ÉPOQUE de la fabrication de la Jubile 424, l'allumage par batterie et bobine est déjà largement utilisé en automobile. Son emploi sur la 424 est une des premières applications sur une moto.

VUE AVANT

MÜNCH MAMMOTH

Cylindrée 1 177 cm³ • Puissance 88 ch à 6 000 tr/min • Poids 298 kg • Vitesse maximale 220 km/h ALLEMAGNE

PARTANT DU MOTEUR DE LA VOITURE NSU Prinz, l'ancien ingénieur d'Horex, Friedl Münch crée une moto extraordinaire, la Mammoth. Uniquement produite en quantité limitée à partir de 1966 et vendue à un prix équivalent à trois Norton Commando (voir page 146), la Mammoth est capable de performances inégalées à l'époque. Si son poids la rend peu manœuvrable à basse vitesse, elle est capable de rouler des heures à plus de 175 km/h.

MUSTANG THOROUGHBRED

Cylindrée 314 cm³ • Puissance 12,5 ch à 6 000 tr/min • Poids inconnu • Vitesse maximale 105 km/h

ÉTATS-UNIS

GLADDEN PRODUCTS, qui fait partie de ces nombreuses firmes aéronautiques se diversifiant dans la construction motocycliste après la guerre, construit la première moto Mustang à petites roues en 1946. Les premières machines sont équipées d'un moteur deux temps Villiers de 197 cm³, mais la firme s'oriente plus tard vers son propre moteur à soupapes latérales de 314 cm³ conçu à l'origine comme groupe industriel.

LE MODÈLE THOROUGHBRED, introduit en 1960 est le premier à être doté d'une suspension arrière. L'exemple illustré ici date de 1962. Les ventes déclinent dans les années 60 et la production de la Mustang se termine en 1965 lorsque la firme anglaise Burman cesse de produire des boîtes de vitesses.

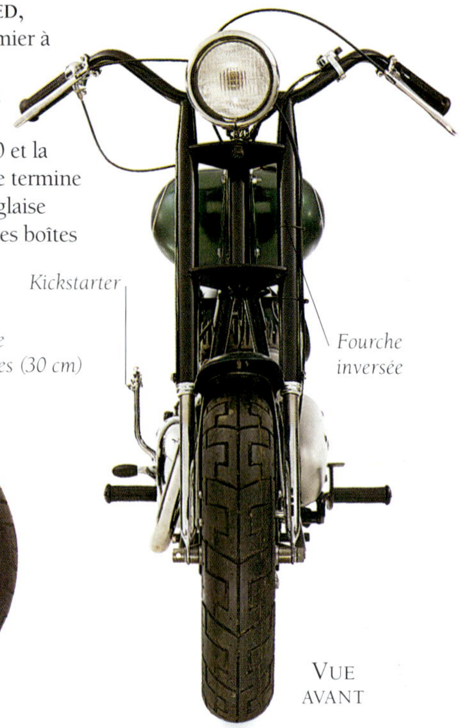

VUE AVANT

MV AGUSTA 125 TOURER

Cylindrée 124 cm³ • Puissance 5 ch à 4 800 tr/min • Poids 72 kg • Vitesse maximale 85 km/h

ITALIE

LE CONSTRUCTEUR D'AVIONS AGUSTA aborde la construction motocycliste après la Seconde Guerre mondiale. Bien avant les machines de course qui feront la réputation de la firme, les premières motos MV sont de rustiques deux-temps de 98 cm³. La Tourer 125, une machine bien meilleure, est introduite en 1947 (année de l'exemplaire montré ici). Le modèle est produit jusqu'en 1954 avec peu de changements. La 125 est dotée d'une boîte à quatre rapports avec transmission primaire par pignons. L'allumage et l'éclairage sont assurés par un volant magnétique.

VUE AVANT

LA POUTRE arrière coudée « en banane », créée par la marque, apparaît pour la première fois sur la 125 Tourer.

MV Agusta 350 GP

Cylindrée 347 cm³ • Puissance 42 ch à 11 000 tr/min • Poids 145 kg • Vitesse maximale 225 km/h (estimée)

ITALIE

MV CONSTRUIT SES PREMIÈRES quatre-cylindres de course pour la saison 1950 ; les modèles sont conçus par Piero Remor, ancien employé de Gilera. Il n'est donc pas surprenant que la nouvelle quatre-cylindres ressemble fortement aux Gilera de course. Les quatre-cylindres sont redessinées pour 1952 avec une boîte à cinq rapports, une transmission par chaîne (par arbre sur les premiers modèles) et quelques autres modifications du moteur et de la partie-cycle. Ces changements rendent la MV bien plus compétitive et, en septembre 1952, la firme remporte son premier Grand Prix lorsque le premier pilote de l'équipe termine en tête dans le Grand Prix d'Italie à Monza. Une version 350 apparaît en 1953. Les deux arbres à cames sont entraînés par une cascade de pignons droits prenant leur mouvement au centre du vilebrequin à six paliers. Le même pignon de vilebrequin entraîne aussi la boîte de vitesses. L'évolution ultérieure de la 350 est progressive, les changements étant destinés à améliorer les performances ou à répondre aux nouveaux règlements jusqu'à ce qu'un nouveau moteur trois cylindres plus puissant et plus léger arrive en 1965. La machine illustrée ici est du type engagé en course en 1960 et 1961.

Écopes pour ventiler le frein

VUE AVANT

LES CARÉNAGES PARTIELS, comme celui de cette machine, sont introduits lorsque la FIM interdit les carénages intégraux en 1957. Si ces derniers, qui recouvrent la roue avant, permettent d'atteindre des vitesses supérieures, ils sont potentiellement dangereux en cas de vent, notamment sur les parties élevées du circuit du TT de l'Île de Man.

•MV CHAMPIONNE DU MONDE•

En 1956, John Surtees, vu ici au Junior TT de 1960, devient le premier pilote qui remporte un Championnat du monde sur une quatre-cylindres MV. Au cours des années suivantes, Surtees et d'autres pilotes officiels récolteront une étonnante collection de victoires en Championnat du monde dans les catégories 350 et 500 cm³.

John Surtees, champion du monde, en action

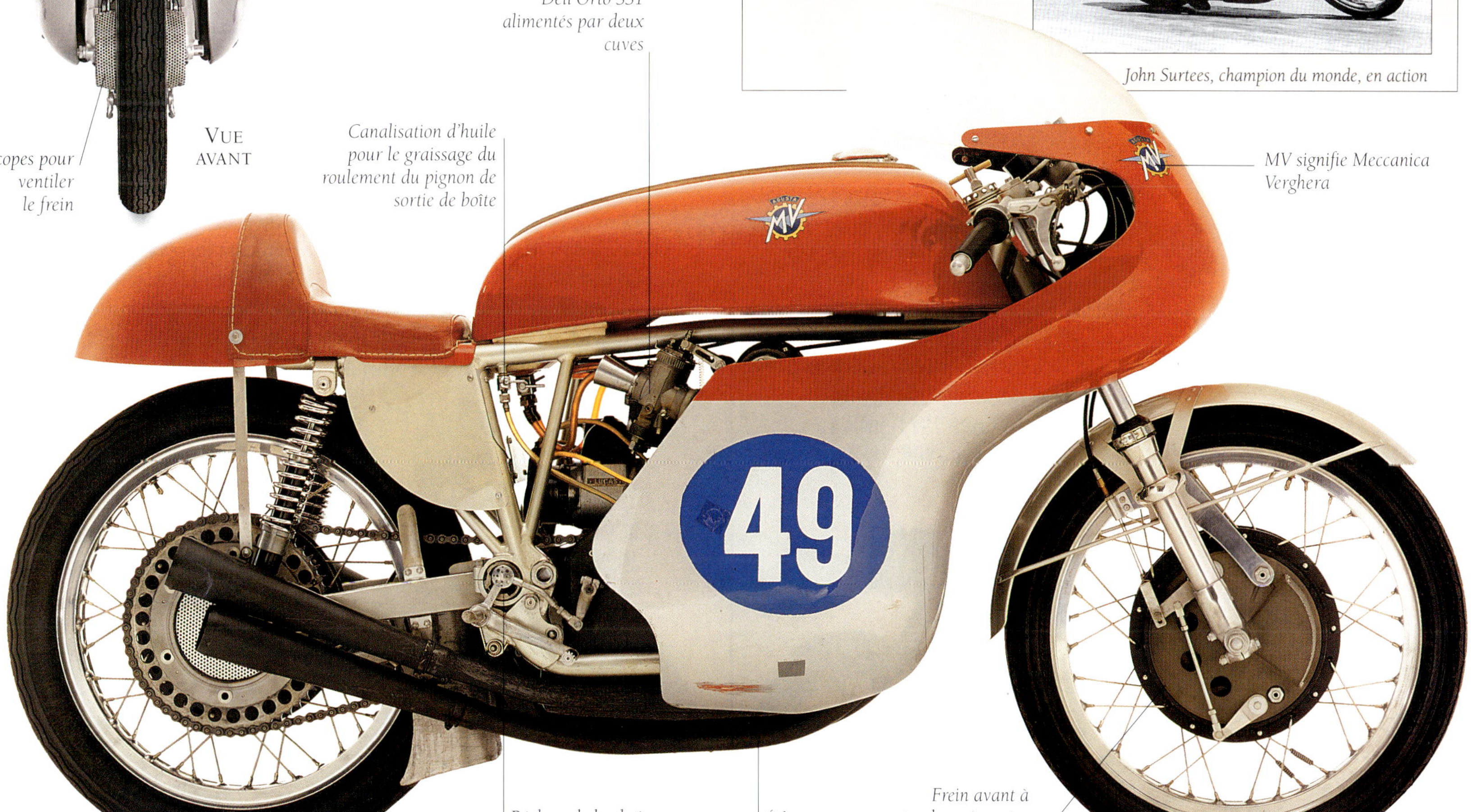

Quatre carburateurs Dell'Orto SS1 alimentés par deux cuves

Canalisation d'huile pour le graissage du roulement du pignon de sortie de boîte

MV signifie Meccanica Verghera

Réglage de la chaîne par excentrique sur l'articulation du bras oscillant

Échappement à quatre tubes

Frein avant à tambour à quatre cames

MV Agusta 175CS

Cylindrée 174 cm³ • Puissance 11 ch à 6 700 tr/min
Poids 110 kg • Vitesse maximale 114 km/h

ITALIE

La 175CS est introduite en 1954, un an après la version tourisme, plus calme. Les deux modèles utilisent un monocylindre 174 cm³ à un ACT avec une boîte à quatre rapports. La CS reste au catalogue jusqu'en 1958 en devenant une des motos MV les plus vendues. Son surnom de « soucoupe volante » est dû à la forme de la partie inférieure du réservoir. La moto est disponible avec une fourche télescopique ou avec de longs bras poussés, comme sur le modèle 1956 illustré ici. Ce modèle est remplacé dans la gamme par un type à soupapes en tête à culbuteurs.

MV Agusta Liberty Sport

Cylindrée 48 cm³ • Puissance inconnue
Poids 58 kg • Vitesse maximale 88 km/h (estimée)

ITALIE

La législation italienne autorise les machines de moins de 50 cm³ à circuler sans immatriculation et leur utilisation par les jeunes à partir de 14 ans. En 1962, MV introduit la Liberty sur ce segment de marché. Très bien équipée, elle est aussi bien construite que les autres modèles MV. Le minuscule moteur à soupapes en tête attaque une boîte à trois rapports commandée par une poignée tournante à gauche. Les versions ultérieures recevront une boîte à quatre rapports avec sélecteur au pied. Le cadre ressemble à celui des autres vélomoteurs MV avec fourche télescopique et suspension arrière à bras oscillant. La Liberty Sport illustrée ici date de 1966.

MV Agusta 600

Cylindrée 592 cm³ • Puissance 52 ch à 8 200 tr/min
Poids 221 kg • Vitesse maximale 161 km/h

ITALIE

Malgré le succès des quatre-cylindres MV Agusta de course, la version routière n'apparaît qu'en 1966, et celle-ci est une machine de tourisme alors que les fanatiques de la marque attendent une moto de sport. Les équipements de luxe comprennent un frein avant à double disque actionné par câble et un démarreur électrique associé à une dynamo. La transmission se fait par arbre. Le moteur à deux ACT découle du type course, mais la 600 n'a que deux carburateurs. La bizarrerie du style vient du phare allongé emprunté à une voiture Fiat. La 600 est produite jusqu'en 1971, mais à moins de 200 exemplaires en tout. On voit ici un modèle 1968.

MV Agusta Minibike

Cylindrée 48 cm³ • Puissance 2 ch
Poids inconnu • Vitesse maximale 40 km/h

ITALIE

Phil Read remporte les deux derniers des 37 titres de champion du monde de MV Agusta en 1973 et 1974. La première de ces mini-motos (ici un modèle 1972) est fabriquée pour le fils de Phil Read puis une série limitée est construite et commercialisée par la suite. Sous le carénage rouge et argent officiel, on trouve un humble moteur monocylindre deux temps Franco Morini. Les quatre tubes d'échappement sont imités de ceux des machines de course.

MV AGUSTA AMERICA

Cylindrée 789 cm³ • Puissance 75 ch à 8 500 tr/min • Poids 240 kg • Vitesse maximale 209 km/h ITALIE

EN 1971, MV PRODUIT sa première routière sport à quatre cylindres qui conserve l'arbre de transmission de la 600 de tourisme, mais une cylindrée et un rapport de compression en hausse. Également nourrie par quatre carburateurs, ses performances sont améliorées. Les nouvelles motos sont mieux dessinées dans un style plus sportif et peintes du rouge traditionnel. Le modèle de 1975, illustré ici, qui fait partie d'une série spéciale destinée à séduire le marché américain, ne remplit pas sa mission.

MZ RT125

Cylindrée 123 cm³ • Puissance 5 ch à 4 800 tr/min • Poids 85 kg • Vitesse maximale 75 km/h ALLEMAGNE

AVANT LA SECONDE GUERRE MONDIALE, l'usine DKW est située à Zschopau. Après 1945, elle se retrouve sur le territoire de l'Allemagne de l'Est. DKW reprend ses activités à l'Ouest, mais l'ancienne usine continue de produire après 1956 des motos conformes aux modèles originaux de DKW sous la marque MZ (Motorrad Zschopau). Introduite en 1938, la RT125 est remise en production en 1949 et des modèles directement dérivés du type original sont encore produits à Zschopau quarante ans plus tard. Simple, solide et fiable, c'est à l'époque une moto parfaitement adaptée à son marché.

MZ RE125

Cylindrée 124 cm³ • Puissance 25 ch • Poids 91 kg • Vitesse maximale 211 km/h

ALLEMAGNE

Les MZ de production sont des machines solides et utilitaires, mais une grande partie du succès des machines japonaises de course à deux temps peut être portée au crédit de MZ et de la RT125. L'ingénieur en chef de MZ dans les années 60 est Walter Kaaden, aussi brillant qu'effacé et pionnier des nombreuses avancées réalisées dans la technologie du deux-temps après la Seconde Guerre mondiale. Basée à Zschopau, dans l'ancienne Allemagne de l'Est, l'équipe officielle MZ ne peut disposer des mêmes ressources technologiques et financières que ses concurrents japonais dans les catégories 125 et 250 du Championnat du monde, tout en étant capable de grandes réussites techniques comme ce monocylindre de 125 cm³ délivrant l'équivalent de 200 ch au litre. Mais MZ est durement frappé lors de l'avant-dernier Grand Prix du Championnat mondial 250 cm³ de 1961 lorsque son premier pilote, Ernst Degner, passe chez Suzuki en emportant les secrets des motos de Kaaden. MZ continue, mais sans pouvoir lutter efficacement contre la supériorité matérielle et financière de ses concurrents.

Malgré la supériorité technique de ses machines de course à moteur deux temps de 125 et 250 cm³ à la fin des années 50 et au début de la décennie suivante, MZ ne remporte aucun Championnat mondial. La cause se situe probablement dans le manque de ressources et de financement dont souffre l'équipe est-allemande.

•PIONNIER DU DEUX-TEMPS•

Une grande partie des travaux de l'ingénieur de MZ, Walter Kaaden, a porté sur la technologie de l'échappement, phase reconnue comme essentielle au rendement du moteur deux temps. Il a compris que la forme de la chambre de détente crée des « ondes de pression » dans le flux de gaz brûlés capables d'augmenter la pression dans le carter. De ce fait, la perte de puissance constatée lors de la combustion est réutilisée pour améliorer le remplissage par un phénomène de suralimentation naturelle.

Walter Kaaden en 1993

MZ ES250/2 Trophy

Cylindrée 243 cm³ • Puissance 17,5 ch
Poids 156 kg • Vitesse maximale 116 km/h

ALLEMAGNE

D'APPARENCE LOURDE ET UTILITAIRE, la MZ ES250 et ses variantes connaît aussi le succès à l'ouest. Ses utilisateurs apprécient sa fiabilité, son rendement, son prix d'achat attractif et son fonctionnement avant toute considération esthétique. Pour beaucoup d'amateurs du bloc de l'Est, c'est la seule solution. Introduite en 1956, la ES250 avec sa fourche avant à longs bras poussés et son original carénage de phare est produite sans grandes modifications jusqu'en 1973, année du modèle illustré ici.

MZ ETS250 Trophy Sport

Cylindrée 243 cm³ • Puissance 21 ch à 5 200 tr/mn
Poids inconnu • Vitesse maximale 129 km/h

ALLEMAGNE

Une version sport de la Trophy à moteur deux temps est introduite en 1969. Si le parti pris de la simplicité et du caractère pratique demeure, l'aspect et les performances sont améliorés. La puissance est sensiblement augmentée, et une roue de 46 cm (18 pouces) remplace celle de 41 cm (16 pouces) qui était sur l'ancien modèle. Un gros réservoir de 22 l remplace l'inhabituel carter combinant le phare et le réservoir. Le long silencieux et la chaîne sous carter ne changent pas. Les modèles ES et ETS sont remplacés en 1973 par une nouvelle gamme.

MZ Skorpion

Cylindrée 660 cm³ • Puissance 48 ch à 6 250 tr/mn • Poids 170 kg • Vitesse maximale 174 km/h

ALLEMAGNE

INTRODUITE SOUS LA FORME D'UN PROTOTYPE en 1992, la Skorpion est conçue comme la moto chargée de faire entrer l'usine MZ rebaptisée MuZ dans le XXIe siècle. Étudiée par le partenaire anglais Seymour Powell, la version de production illustrée ici apparaît en 1994. Le monocylindre à cinq soupapes est d'origine Yamaha et la machine reçoit de nombreuses pièces italiennes.

LE CADRE À DOUBLE TUBE EN ACIER et le monocylindre sont communs aux versions Sport et Tour, mais la position au guidon sur cette dernière est plus relevée, et le carénage de tête est supprimé. La Skorpion a été récompensée en Grande-Bretagne pour sa conception.

VUE AVANT

NER-A-CAR MODEL C

Cylindrée 348 cm³ • Puissance inconnue • Poids 113 kg • Vitesse maximale 88 km/h

ROYAUME-UNI

L'APPELLATION NER-A-CAR est un double jeu de mots (presque une voiture) impliquant le nom du concepteur de la machine, Carl A. Neracher, et ses caractéristiques. La base de l'engin est son « châssis » constitué de deux longerons parallèles entre lesquels sont montés le moteur et la boîte. À l'avant, une structure en double boucle pivotante assure une sorte de suspension, les deux bras étant largement écartés vers l'arrière pour permettre le braquage de la roue articulée sur un pivot incliné placé au centre entre les bras. Les branches du guidon sont connectées à une colonne verticale dont l'extrémité inférieure porte une bielle articulée sur un levier de direction relié au moyeu avant par une bielle coudée. De généreux garde-boue et un carénage de la mécanique rapprochent l'engin d'une voiture. La première Ner-a-Car européenne est produite sous licence en Angleterre (car elle est d'origine américaine) par Sheffield Simplex Ltd. La revue *The Motor Cycle* effectue un essai routier concluant dès septembre 1924. La machine illustrée ici date de 1925.

LE CENTRE DE GRAVITÉ abaissé et la maniabilité de la Ner-a-Car en font un engin agréable à piloter. Les grands garde-boue permettent de la conduire en tenue de ville sans se salir, et le cadre abaissé très ouvert la rend utilisable par les femmes en robe ou les ecclésiastiques en soutane. La firme fait d'ailleurs une publicité intense vers ces clientèles marginales. On dit à l'époque que les pasteurs représentent une grande partie de la clientèle de la Ner-a-Car.

VUE AVANT

•UNE TRANSMISSION ORIGINALE•

La Ner-a-Car originale reçoit un moteur deux temps monocylindre de 211 cm³ monté longitudinalement dans le cadre. La cylindrée passe ensuite à 285 cm³. La partie intéressante de l'engin se situe dans la transmission assurée par friction à partir d'un grand volant moteur. Le disque mené, perpendiculaire au volant, peut être déplacé à partir d'une poignée tournante à gauche, et les variations de sa position relative par rapport au centre du volant modifient la démultiplication.

Une Ner-a-Car et sa conductrice vers 1925

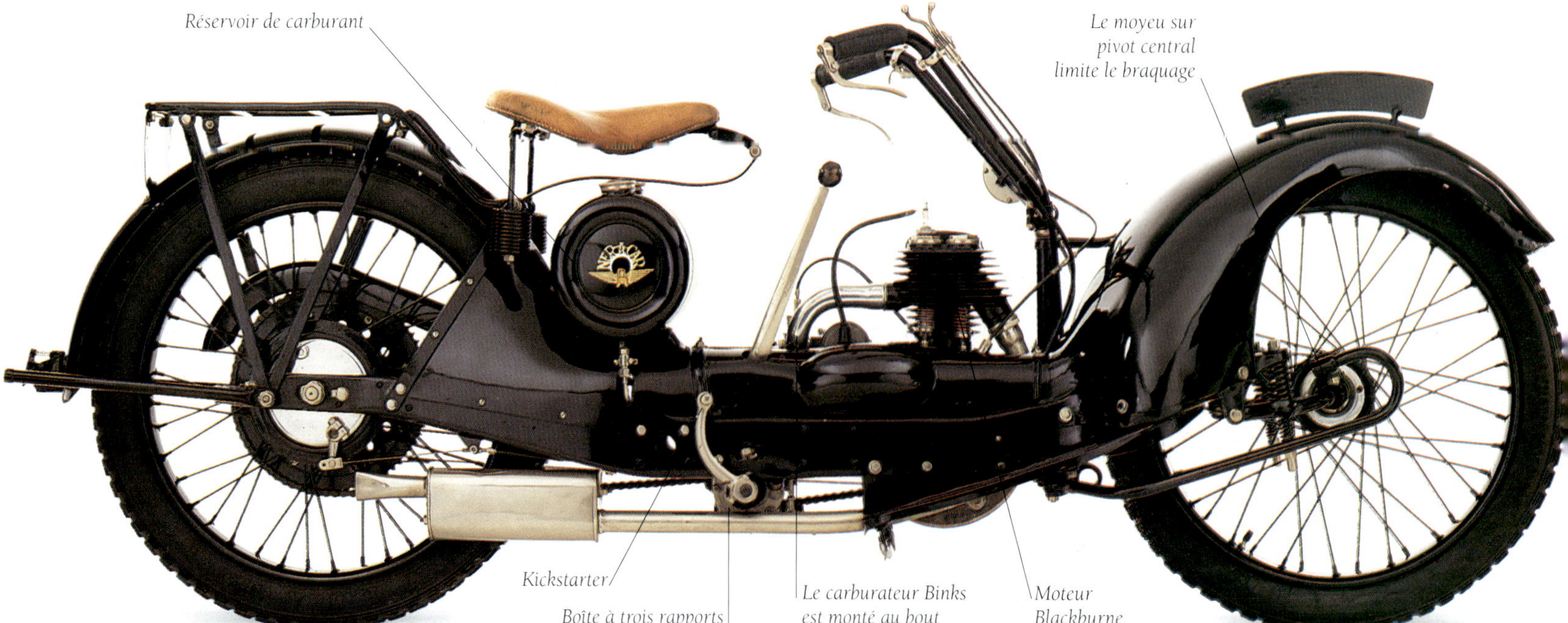

New Imperial

Cylindrée 491 cm³ • Puissance 40 ch à 7 500 tr/mn • Poids inconnu • Vitesse maximale 177 km/h

ROYAUME-UNI

CONÇUE COMME UNE MOTO DE COURSE, c'est à la façon d'une brillante machine de records que la bicylindre en V 500 cm³ New Imperial est passée à la postérité. Le moteur est pratiquement la somme de deux 250 à culbuteurs montés sur un carter commun attaquant une boîte à quatre rapports Sturmey-Archer. Sous forme de moto de course, malgré des problèmes de tenue de route, pilotée par Ginger Woods elle a porté en 1935 le record de la piste de Brooklands en 500 cm³ à 186 km/h.

EN 1928, LA REVUE *THE MOTORCYCLE* offre un prix à la première moto britannique multicylindre de 500 cm³ couvrant 100 miles (160 km) dans l'heure sur le circuit de Brooklands. Malgré les tentatives de Triumph et d'Ariel avec des machines à compresseur, il faut attendre l'arrivée du twin New Imperial en 1934 pour que le prix lui soit attribué avec une distance de 165 km parcourus en une heure.

Magnéto

Pompe à huile

Le V-twin en long réduit le maître couple de la moto

VUE ARRIÈRE

Nimbus Mk II

Cylindrée 746 cm³ • Puissance 22 ch à 4 000 tr/mn • Poids 172 kg • Vitesse maximale 121 km/h

DANEMARK

PRODUITE AU DANEMARK, la Nimbus demeure presque identique à elle-même de 1934 à la fin de la production, en 1959. Son moteur raffiné est installé dans un cadre rustique fait de profilés et de plaques d'acier. Un tableau de bord, intégré au guidon, porte les instruments et les contacteurs électriques. L'échappement direct relevé se termine par une queue de carpe. La Nimbus est rare hors de son pays d'origine.

LE CŒUR de la machine est un quatre-cylindres en ligne à un ACT entraîné par un arbre vertical formant l'axe de l'induit de la dynamo. La boîte est à trois rapports (sélecteur au pied après 1935) et la roue arrière est entraînée par un arbre.

Cadre en profilés d'acier

Arbre à cames en tête entraîné par un arbre vertical

Guidon en tôle emboutie

Les Nimbus sont toujours équipées d'excellentes fourches télescopiques

VUE AVANT

Norton 3 1/2 HP Course

Cylindrée 490 cm³ • Puissance 12 ch à 3 000 tr/mn
Poids 114 kg • Vitesse maximale 121 km/h

Royaume-Uni

Norton introduit son propre moteur en 1908 après avoir utilisé des moteurs extérieurs fournis par Clément, Peugeot et JAP. Ce type à soupapes latérales établit la réputation de qualité de Norton en signant de nombreuses victoires sur le circuit de Brooklands au sud de Londres. Elle est bientôt proposée en deux versions : 633 et 490 cm³. Le moteur de 490 cm³ équipe cette version course de 1920 dotée d'une boîte à trois rapports et d'une transmission par chaîne. Les premières machines de tourisme sont monovitesse et à courroie. Des versions améliorées de ce moteur sont encore produites jusqu'en 1954.

Norton Model 18

Cylindrée 490 cm³ • Puissance 18 ch
Poids 152 kg • Vitesse maximale 129 km/h

Royaume-Uni

La Model 18 apparaît en 1922 en même temps qu'une série de nouveaux moteurs Norton monocylindres à soupapes en tête. La Model 18 demeure au catalogue, avec des modifications de suspension et une boîte à quatre rapports, jusqu'en 1954. Le bas-moteur est pratiquement identique à celui du Model H latéral, mais les cames attaquent des tiges et des culbuteurs qui actionnent les soupapes en tête. La chaîne entre moteur et boîte est logée dans un carter à bain d'huile en tôle emboutie qui survivra jusque dans les années 60 sur les routières de Norton. Le modèle illustré ici date de 1924.

Norton CS1

Cylindrée 490 cm³ • Puissance inconnue • Poids 150 kg • Vitesse maximale 114 km/h

Royaume-Uni

La CS1 (pour CamShaft One) est la première Norton à arbre à cames en tête, configuration entretenue par la marque jusqu'en 1962. Elle est développée en réponse au succès de la Velocette de course à ACT et dévoilée en mai 1927. Conçue par Walter Moore, employé plus tard chez NSU, la CS1 est dotée d'un nouveau cadre en berceau, outre le nouveau moteur, et de la dernière fourche Webb à parallélogramme. Le modèle illustré ici date de 1928.

La CS1, surnommée « batte de cricket », en raison de la forme de son carter d'engrenages de distribution, reçoit un silencieux plus efficace en 1928. La production de la CS1 est arrêtée en 1929.

Vue arrière

NORTON INTERNATIONAL

ROYAUME-UNI

Cylindrée 490 cm³ • Puissance 29 ch à 5 000 tr/mn
Poids 161 kg • Vitesse maximale 137 km/h

L'INTER EST AJOUTÉE à la gamme des monocylindres Norton en 1932. Elle utilise le moteur à un ACT amélioré par Arthur Carroll en 1930. Modèle sportif conçu comme une routière très rapide ou machine compétitive aux mains des pilotes amateurs, elle existe en 350 ou 500 cm³. L'éclairage n'est pas compris dans le prix de base, mais les spécifications sont sérieuses : carburateur Amal TT, fourche de compétition Webb à parallélogramme et boîte à quatre rapports. Le succès du modèle s'estompe après la Seconde Guerre mondiale, mais elle est vendue sous diverses formes jusqu'en 1958. La machine illustrée ici est un Model 30 de 1936.

La révision du moteur a supprimé le carter de distribution en batte de cricket apparu sur la CS1

Fourche à parallélogramme Webb

Boîte Sturmey-Archer à quatre rapports avec index

NORTON 500

ROYAUME-UNI

Cylindrée 490 cm³ • Puissance 35 ch à 6 000 tr/mn
Poids 172 kg • Vitesse maximale 177 km/h

NORTON INTRODUIT LA SUSPENSION ARRIÈRE COULISSANTE sur ses machines de course en 1936. Les versions de production de cette partie-cycle surnommée « garden gate » (porte de jardin) apparaissent très tôt. Cette machine de course de 1938 n'est pas équipée de la fourche télescopique ni du moteur à deux ACT qui équipe les motos officielles cette année-là. Malgré une perte continuelle de compétitivité face aux machines étrangères engagées dans les épreuves internationales, la Norton à un ACT type Manx avec culasse aluminium est encore la monture obligatoire en classe 500 pour les pilotes amateurs. Mais l'appellation « Manx » n'apparaîtra pas avant la Seconde Guerre mondiale.

Cadre dit « garden gate » avec plongeurs à l'arrière

Culasse en aluminium avec ressorts en épingle exposés

Tambour de frein conique ventilé

Boîte dérivée de la Sturmey-Archer

NORTON MODEL 7 DOMINATOR

ROYAUME-UNI

Cylindrée 497 cm³ • Puissance 29 ch à 6 000 tr/mn • Poids 190 kg • Vitesse maximale 142 km/h

COMME BIEN D'AUTRES CONSTRUCTEURS, NORTON est impatient d'égaler le succès de la Speed Twin de Triumph (voir pages 182-183), mais la guerre de 1939 retarde le projet jusqu'en novembre 1948. La Model 7 Dominator reçoit un nouveau moteur bicylindre parallèle de 500 cm³ avec boîte révisée pour mieux s'adapter au moteur dans un cadre à plongeurs et une partie-cycle empruntés à l'ES2 monocylindre. Le nouveau moteur possède un seul arbre à cames monté devant les cylindres, et les tiges passent à l'intérieur des fûts de cylindre. Son dessin est dû à Bert Hopwood. On voit ici une moto de 1949.

Suspension arrière coulissante

Fourche Norton dite « Roadholder »

Dynamo entraînée par un pignon en fibre en bout de vilebrequin

VUE AVANT

SI LE CADRE À PLONGEURS du Model 7 est éclipsé par les versions « featherbed » (lit de plumes) de 1952 et d'après, c'est le prédécesseur d'une lignée de twins Norton qui culmine avec la Commando (voir page 146).

NORTON MANX

Cylindrée 498 cm³ • Puissance 47 ch à 6 500 tr/mn • Poids 140 kg • Vitesse maximale 225 km/h

ROYAUME-UNI

LES MONOCYLINDRES NORTON DE COURSE à un ACT ont vécu trente-cinq années de développement au moment où, en 1962, sortent de l'usine de Bracebridge Street de Birmingham les machines définitives. L'engagement direct de la marque en compétition est réduit depuis 1955, mais la Manx demeure compétitive encore longtemps après. La dernière victoire de Norton dans le TT est signée Mike Hailwood en 1961 et, jusqu'en 1969, les machines se classent encore parmi les trois premières dans certains Grands Prix en catégorie 500. L'amélioration la plus significative apportée au type après la guerre tient au cadre « featherbed » (lit de plumes) qui confère à la Manx une tenue de route exceptionnelle. Le moteur est également très soigné. Le système à deux ACT, utilisé en 1938 sur les motos d'usine, est adopté après la guerre sur les machines de série et un moteur à course réduite est employé à partir de 1954. La Manx est disponible en 350 ou 500 cm³. La 350 a un moteur 40M, la 500, un 30M. La plus grosse des deux remporte davantage de succès. Le modèle illustré ici est une 30M de 1962, une des dernières de la lignée des Manx de course. Après la sortie de la dernière Manx en 1962, le berceau historique de Norton à Bracebridge Street ferme ses portes. La production des routières est déménagée à l'usine AMC, au sud de Londres. Une grande époque de l'industrie motocycliste britannique s'achève.

Moteur monocylindre à un ACT développé à partir du type présenté pour la première fois en 1927.

Carburateur Amal GP2

Tambours coniques en aluminium-magnésium très efficaces pour un minimum de poids

Boîte AMC à partir de 1958 après la reprise de Norton par Associated Motor Cycles

Les ailettes entourent le tube de l'arbre vertical sur les moteurs à course courte

Échappement à mégaphone aplati pour augmenter l'angle en courbe. La 350 reçoit un mégaphone à cône inverse

L'extrémité droite du vilebrequin entraîne les pignons hélicoïdaux de la distribution, de la pompe à huile et de la magnéto

LE CADRE DIT « FEATHERBED », ainsi appelé par le pilote Harold Daniell qui le trouve aussi confortable qu'un lit de plumes, est commercialisé après ses stupéfiants débuts au TT 1950 quand Norton prend les trois premières places dans les catégories Junior et Senior. Développé par Rex McCandless, ce cadre en double berceau est remarquable par sa stabilité et sa maniabilité en course. Il est également moins coûteux à fabriquer et moins exposé aux ruptures que le type « garden gate » qu'il remplace. C'est peut-être le plus gros progrès en matière de cadre accompli depuis l'apparition du nouveau type Werner en 1901.

VUE ARRIÈRE

Fixation du haut-moteur au cadre donnant davantage de rigidité à la tête de fourche

Fourche avant télescopique dite « Roadholder » de Norton

Double frein avant double came utilisé sur les dernières machines

•LA NORTON 350•

La Norton Manx en action au Grand Prix de Hollande 1952

De ses débuts spectaculaires en 1927 au Senior TT de l'Île de Man jusqu'à son abandon quelque trente-cinq ans plus tard, la Norton de course à un ACT reste inapprochable sur les circuits. Les modèles « featherbed », introduits en 1950, ajoutent une stabilité en virage et une tenue de route exceptionnelles. On voit ici Geoff Duke virant au cours du Grand Prix de Hollande 1952 qu'il gagnera après avoir mené du départ à l'arrivée.

Porte-numéro en plastique et bulle en perspex à partir de 1960

Maître couple réduit favorisant l'aérodynamique, mais souvent adoption d'un carénage à la fin des années 50

Deux écopes ventilant le frein avant

VUE AVANT

NORTON 650SS DOMINATOR

Cylindrée 646 cm³ • Puissance 49 ch à 6 800 tr/mn ROYAUME-UNI
Poids 197 kg • Vitesse maximale 185 km/h

LA 650SS EST CONSIDÉRÉE PAR BEAUCOUP comme la meilleure des Dominator Featherbed. Le moteur est une version agrandie à 646 cm³ munie de deux carburateurs Amal plus inclinés. L'éclairage est assuré par un alternateur en 12 volts, mais l'allumage est toujours à magnéto alors que les autres constructeurs sont passés à la bobine. La boîte est une AMC. Un cadre affiné et révisé avec des tubes supérieurs resserrés pour recevoir des panneaux en tôle emboutie est adopté sur certains modèles entre 1960 et 1963. Cette moto date de 1962.

La publicité de Norton souligne le bon comportement dynamique du réputé cadre featherbed.

Garde-boue chromé

Les cadres featherbed d'après 1960 sont parfois de type resserré

NORTON FASTBACK COMMANDO

Cylindrée 745 cm³ • Puissance 56 ch à 6 500 tr/mn ROYAUME-UNI
Poids 180 kg • Vitesse maximale 185 km/h

LANCÉE EN 1967, la Commando au style très particulier prend le nom de Fastback en 1969 (année de ce modèle) pour la distinguer de la version 1968, plus conventionnelle. Le moteur, la boîte, le bras oscillant, le système d'échappement et la roue arrière forment un ensemble intégré attaché au massif cadre en poutre tubulaire par trois supports Isolastic en caoutchouc. Le moteur Atlas est incliné vers l'avant, et la boîte à quatre vitesses AMC est entraînée par une triple chaîne renforcée. La roue avant bénéficie d'un frein double came très efficace et la fourche Roadholder est conservée.

VUE ARRIÈRE

Frein avant double came ventilé

Les nouveaux supports moteur Isolastic réduisent les vibrations

NORTON COMMANDO INTERSTATE MKIII 850ES

Cylindrée 829 cm³ • Puissance 60 ch à 6 000 tr/mn • Poids 195 kg • Vitesse maximale 185 km/h ROYAUME-UNI

EN 1975, NORTON EST AU BORD de la faillite quand cette moto, version finale de la Commando, est produite. Dérivée de la MkI 850 de 1973, la MkIII est équipée d'un démarreur électrique en plus du kickstarter. Les échappements sont accordés. Elle est dotée de freins à disque Lockheed avant et arrière, d'un sélecteur à gauche, d'un éclairage halogène et d'accessoires tels que clignotants et rétroviseurs. La production s'arrête en 1977.

IL FAUT APPORTER 140 modifications pour que la 850ES réponde aux normes de protection de l'environnement du vital marché américain. Elle est vendue en version Roadster peinte en noir et or ou en version Interstate, comme celle-ci, style Manx noir et argent.

Silencieux à détente annulaire accordés pour donner une sonorité grave

La boîte séparée est dépassée en 1975

Frein à disque

VUE AVANT

Norton Commando Formula 750

Cylindrée 750 cm³ • Puissance inconnue
Poids inconnu • Vitesse maximale inconnue

Royaume-Uni

Le manque de puissance impose l'allègement de la partie-cycle des Norton officielles en 1972 pour qu'elles restent compétitives. Le pilote d'usine, Peter Williams, développe un cadre monocoque en acier et remporte le TT Formula 750 de l'Île de Man 1973, confondant les critiques qui croient les Norton dépassées et sans aucune chance face aux japonaises. On voit ici la machine de 1973.

Le carénage soulevé révèle le cadre monocoque

Norton Challenge

Cylindrée 750 cm³ • Puissance 95 ch à 9 750 tr/mn
Poids inconnu • Vitesse maximale inconnue

Royaume-Uni

En 1973, le moteur Commando est dépassé si bien que Norton commande à Cosworth Engineering l'étude d'un moteur bicylindre vertical pour la série Formula 750. Le bloc-moteur est en fait formé par deux cylindres pris dans un moteur V8 3 l Cosworth à deux ACT de formule 1. Mais le manque d'argent empêche d'exploiter pleinement le potentiel de la Challenge. On voit ici un modèle 1974.

Norton NRS588 Rotary Course

Cylindrée 588 cm³ • Puissance 135 ch (estimée) • Poids inconnu • Vitesse maximale inconnue

Royaume-Uni

Vingt ans après sa dernière victoire au TT, une Norton Wankel pilotée par Steve Hislop remporte le Senior TT en 1992. Cette moto est l'apogée de vingt ans de développement du Wankel entamé par le groupe BSA-Triumph. La partie-cycle comprend un cadre double en alliage léger avec fourche avant inversée et suspension arrière monobras.

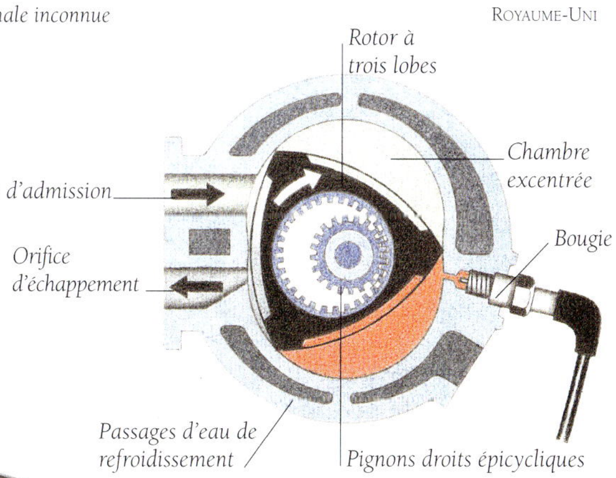

L'inventeur du moteur rotatif, Felix Wankel, développe son moteur dans les années 50. Ce type découle d'un compresseur utilisé sur des avions militaires allemands. Un rotor à trois lobes tourne de façon excentrée sur un engrenage épicycloïdal à l'intérieur d'une chambre ellipsoïde. Les quatre temps du cycle de la combustion interne se déroulent simultanément, ce qui rend le moteur plus efficace que le quatre-temps classique à mouvements alternatifs.

NSU

Cylindrée 211 cm³ • Puissance 1,25 ch à 1 500 tr/min ALLEMAGNE
Poids 40 kg • Vitesse maximale 40 km/h

COMME BON NOMBRE d'autres pionniers, NSU vient à la construction motocycliste par le biais de la bicyclette après avoir débuté dans la machine à coudre ! La machine illustrée ici, première moto de la marque qui date de 1901, est équipée d'un moteur suisse Zedel (Zurcher & Luthi) accroché devant le tube avant d'un cadre de bicyclette renforcé. La roue arrière est entraînée par une courroie de cuir. La soupape d'admission est automatique, le graissage manuel et l'allumage est à piles et trembleur. La machine n'a pas de suspension, mais NSU l'a dotée d'un frein avant amélioré par rapport aux bicyclettes.

NSU 350TT

Cylindrée 349 cm³ • Puissance 7 ch à 2 500 tr/min ALLEMAGNE
Poids inconnu • Vitesse maximale inconnue

LES AVANTAGES DU BICYLINDRE par rapport au monocylindre, quand on veut davantage de puissance, sont reconnus très tôt. Du fait que le V-twin est le type le plus facile à installer dans un cadre de moto, c'est cette configuration que la majorité des constructeurs adoptent. Cette NSU 349 cm³ de 1912, avec sa soupape d'admission commandée en tête et sa soupape d'échappement latérale, possède un moteur moderne, cependant la transmission reste rustique avec sa courroie directe entre le moteur et la roue arrière. La suspension est absente, mais cette machine termine quatrième et septième du Junior TT 1913.

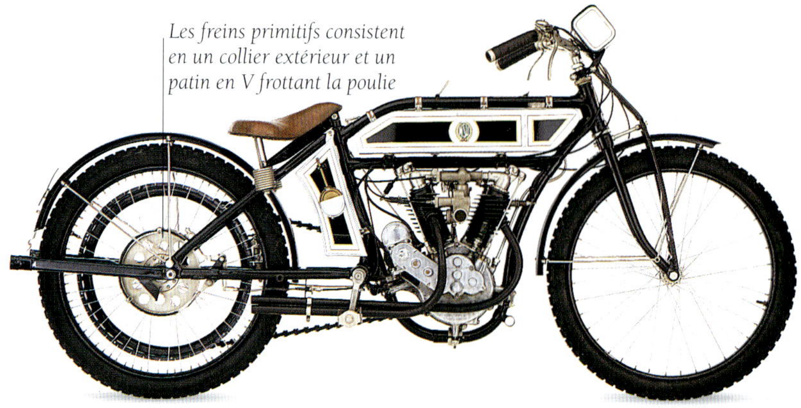

NSU 18PS SPORT

Cylindrée 1 000 cm³ • Puissance 15 ch à 3 800 tr/min ALLEMAGNE
Poids 160 kg • Vitesse maximale 121 km/h

AU DÉBUT DES ANNÉES 20, la moto ne montre presque plus ses origines cyclistes. Les cadres sont plus lourds et plus bas, les moteurs sont plus puissants, la boîte à trois rapports avec arbre intermédiaire, embrayage et kickstarter est presque universelle, et les freins ont fait d'énormes progrès. Dans les grosses cylindrées, le moteur V-twin règne en maître et, du fait qu'il donne bien davantage de puissance, il tend à suivre de loin les moteurs plus petits en termes de développement. Le moteur semi-culbuté de cette NSU de 1924 provient de modèles sortis avant 1914. Ces machines sont appréciées autant par le sportif en solo que par l'amateur de side-car.

NSU 500SS

Cylindrée 494 cm³ • Puissance 22 ch à 4 400 tr/min ALLEMAGNE
Poids 165 kg • Vitesse maximale 148 km/h

LA SIMILITUDE entre le 500 culbuté dessiné par Walter Moore pour cette NSU et son moteur Norton est si grande que certains disent que NSU signifie « Norton Spares Used » (pièces Norton d'occasion). Disons simplement qu'ayant créé un excellent moteur, Moore en conserve les traits essentiels pour la NSU. On voit ici un modèle 1931.

Walter Moore (à gauche) peu de temps après son arrivée chez NSU, avec un pilote d'usine

NSU Kompressor

Cylindrée 347 cm³ • Puissance 46 ch à 8 000 tr/min • Poids 200 kg • Vitesse maximale 219 km/h

Allemagne

Si la Kompressor est célèbre pour ses records après la guerre, la twin NSU suralimentée est un exemple de ce qu'il ne faut pas faire en matière de motos de course. À l'époque où la 500 dominante est la BMW à compresseur de 138 kg (voir page 28), une 350 de 200 kg n'est sûrement pas la recette à suivre, quelle que soit la puissance délivrée. S'il est vrai que l'opposition est réduite en catégorie 350, celle qui existe a été développée pendant des années, et la menace principale qui pèse sur Norton et Velocette semble provenir de DKW. S'il est évident que les cadres et les suspensions de NSU laissent à désirer, on ne peut en dire autant du moteur de la firme qui, avec deux ACT, montage en bloc avec boîte et compresseur, représente le fin du fin à l'époque. Après la Seconde Guerre mondiale, la machine participe aux épreuves nationales allemandes dans les catégories 350 et 500, mais elle ne menace pas la BMW. La NSU Kompressor, illustrée ici, remonte à 1939.

La NSU Kompressor apparaît en 1938 d'abord dans un cadre rigide, puis, l'année suivante, dans un cadre à plongeurs arrière encore équipé d'une fourche à parallélogramme. Comme Moto Guzzi et Velocette ont déjà adopté des suspensions arrière oscillantes depuis quelques années et que BMW et Norton utilisent des fourches télescopiques, il est clair que Norton est en retard à la fois pour les cadres comme pour les suspensions.

•Moto de record•

La NSU Kompressor obtient quelques succès en course. On voit à droite Heiner Fleischmann en route pour la troisième place du Junior TT 1939, mais sa réputation tient aux records qu'elle établit. L'ultime succès de la Kompressor est signé en 1956 lorsque, enveloppée dans un carénage intégral, elle élève le record de vitesse absolu sur deux roues à 340 km/h.

Heiner Fleischmann au Junior TT 1939

NSU Fox

Cylindrée 98 cm³ • Puissance 6 ch à 6 500 tr/min • Poids 87 kg • Vitesse maximale 85 km/h — ALLEMAGNE

La Fox est le premier modèle NSU d'après-guerre totalement nouveau. Elle innove en étant à quatre temps dans une catégorie dominée par les deux-temps. Probablement dans le but de lutter contre l'inertie des acheteurs et de conquérir des clients chez les autres constructeurs, le moteur ressemble à un deux-temps. La fourche avant en tôle emboutie comprend de courts bras poussés avec, une fois de plus, des ressorts enfermés. Cette moto date de 1949.

NSU 251 OSL

Cylindrée 241 cm³ • Puissance 10,5 ch à 5 000 tr/min • Poids 132 kg • Vitesse maximale 100 km/h — ALLEMAGNE

À la base un modèle d'avant la Seconde Guerre mondiale introduit en 1933, l'OSL est remise en fabrication après la guerre jusqu'à son remplacement par la Max en 1952. Une étude soignée donne au moteur l'allure des machines à arbre à cames en tête, plus chères, tout en réduisant les coûts de production et la complexité. Les performances sont très appréciables et la boîte permet de les exploiter au mieux. Malgré son aspect vieillot, cette moto date de 1951.

NSU Max

Cylindrée 247 cm³ • Puissance 15 ch à 5 800 tr/min • Poids 165 kg • Vitesse maximale 116 km/h — ALLEMAGNE

Révolutionnaire est un mot faible pour décrire cette Max 1952 lors de son introduction. La partie-cycle est à la base celle de la Lux 200 cm³ introduite un an avant, mais le moteur est totalement nouveau. Sa caractéristique originale demeure son entraînement d'arbre à cames en tête par deux excentriques et deux biellettes.

Lorsque le moteur s'échauffe, la biellette fait légèrement tourner le carter d'arbre à cames autour de son axe qui passe aussi par les points de contact entre les culbuteurs et les soupapes, ce qui maintient les jeux malgré la dilatation du moteur.

NSU Rennmax

Cylindrée 247 cm³ • Puissance 36 ch à 11 000 tr/min • Poids 117 kg • Vitesse maximale 210 km/h

ALLEMAGNE

La Rennmax introduite en 1952 se montre très prometteuse dès le début, mais cette twin de 1953 est prête à conquérir le monde. Pilotée par Werner Haas et soutenue par Reg Armstrong, la machine s'assure les deux premières places au Championnat du monde qu'elle reprend à une forte équipe Guzzi. Haas répète son succès l'année suivante sur une Rennmax révisée. NSU dissout son équipe officielle à la fin de 1954.

Le moteur possède deux ACT entraînés par arbre et une boîte à quatre rapports. Une distribution révisée et une boîte à six vitesses apparaissent en 1954. Le carénage réduit fait partie du réservoir en alliage léger formé à la main. Les performances égalent celles des meilleures machines en 350.

Vue arrière

NSU Quickly

Cylindrée 49 cm³ • Puissance 1,5 ch à 5 000 tr/min
Poids 33 kg • Vitesse maximale 40 km/h

ALLEMAGNE

Introduite en 1953, la Quickly est la première d'une nouvelle génération de machines appelées vélomoteurs. Le moteur de 49 cm³ attaque une boîte à deux rapports commandés par poignée tournante. Le cadre allégé et la fourche à roue poussée sont en tôle emboutie. Cette machine bon marché est une réussite absolue. Plus d'un million d'exemplaires sont fabriqués jusqu'à la fin de la production en 1962. On voit ici un modèle 1954.

Vue latérale

NSU Supermax

Cylindrée 247 cm³ • Puissance 18 ch à 6 500 tr/min
Poids 174 kg • Vitesse maximale 126 km/h

ALLEMAGNE

La Supermax, introduite en 1956, représente l'ultime stade de développement de la Max (voir page 150). La puissance est légèrement augmentée, mais le poids rend négligeable le gain en performance. À ce stade, le « miracle économique » allemand arrive au point où la demande de motos s'effondre et NSU s'équipe pour passer à l'automobile. Finalement, la firme sera reprise par Volkswagen en 1969. Cette Supermax date de 1957.

Vue avant

OD TS50

Cylindrée 498 cm³ • Puissance 13 ch à 3 500 tr/min • Poids 130 kg • Vitesse maximale 115 km/h

ALLEMAGNE

WILLY OSTNER, DE DRESDE (OD = Ostner Dresden), est typique de ces petits constructeurs allemands de l'entre-deux guerres. Il assemble des motos de grande qualité à partir d'organes fabriqués par des spécialistes entre 1927 et 1935. Cette moto, qui date de 1931, en est un exemple classique. Elle est dotée d'un monocylindre incliné à admission en tête fabriqué par la firme suisse MAG qui fournit aussi à OD des moteurs de cylindrée supérieure, parmi lesquels des V-twin. Certaines motos légères utilisent des deux-temps Bark.

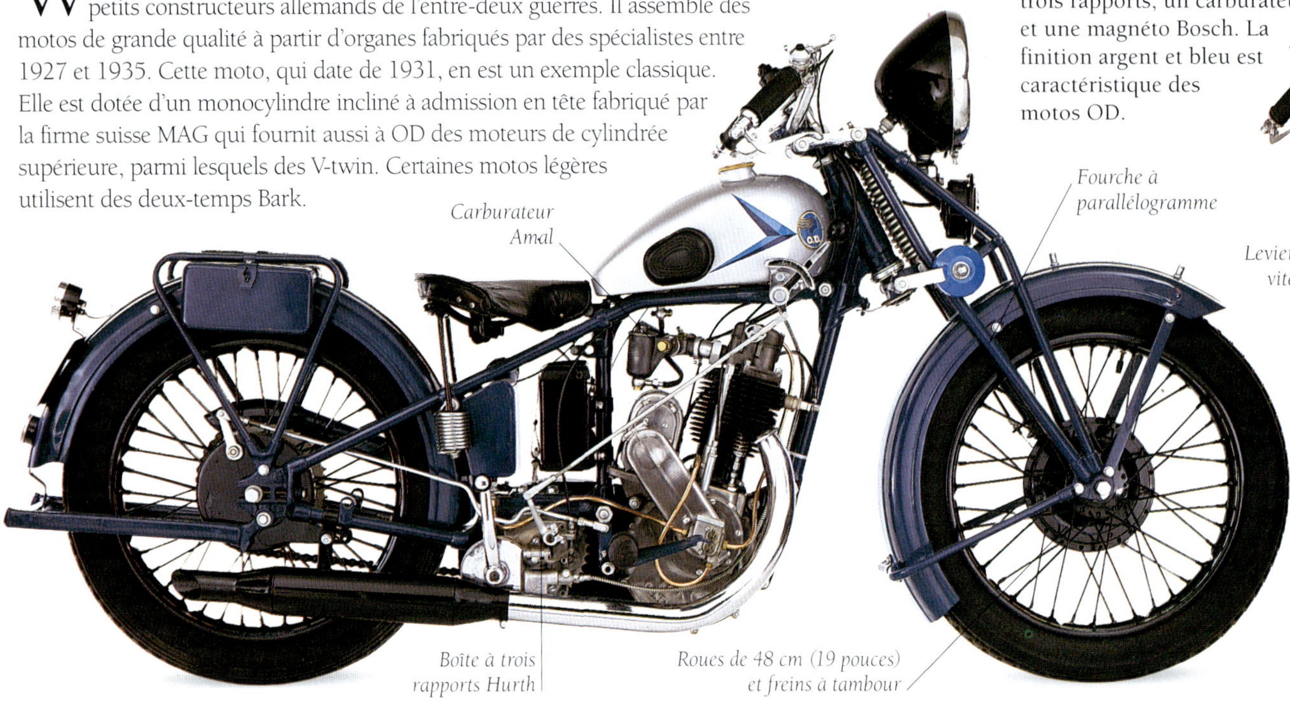

CETTE MOTO a une boîte Hurth à trois rapports, un carburateur Amal et une magnéto Bosch. La finition argent et bleu est caractéristique des motos OD.

VUE AVANT

OEC COMMANDER

Cylindrée 498 cm³ • Puissance 20 ch (estimée) • Poids 196 kg • Vitesse maximale 121 km/h (estimée)

ROYAUME-UNI

QUELQUES MAUVAIS PLAISANTS PRÉTENDENT qu'OEC signifie Odd Engineering Contraptions ou, en français, « trucs mécaniques bizarres » ! Il est vrai que la firme est responsable de quelques idées hors du commun démontrant son goût du progrès et une facture inhabituelle. Cette Commander de 1938 possède un moteur AJS/Matchless et une boîte Burman. Les mégaphones de l'échappement ajoutent la touche sportive. Peu d'exemplaires en sont vendus.

VUE AVANT

LE CÉLÈBRE SYSTÈME de double direction introduit en 1927 défie toute explication simplifiée, mais il confère à la machine une stabilité exceptionnelle au prix d'un braquage limité.

OK SUPREME

Cylindrée 248 cm³ • Puissance 10 ch (estimée) • Poids 122 kg • Vitesse maximale 97 km/h

ROYAUME-UNI

LA MOTO OK SUPREME EST SURNOMMÉE « le phare » en raison de l'aspect du carter de l'arbre de distribution vertical portant au sommet un regard vitré. Ce regard permet de vérifier la montée de l'huile contenue dans un compartiment intégré au carter de vilebrequin. L'arbre vertical porte deux cames à son sommet qui actionnent les soupapes par des poussoirs et des culbuteurs. Avec une boîte à quatre rapports et une fourche Webb, la partie-cycle est classique. Cette moto date de 1932.

VUE AVANT

AUJOURD'HUI, le surnom est plus célèbre que la moto elle-même. À l'époque, beaucoup de constructeurs se ruaient sur l'arbre à cames en tête sans toujours faire aussi bien.

OPEL MOTOCLUB

Cylindrée 496 cm³ • Puissance inconnue • Poids inconnu • Vitesse maximale 109 km/h (estimée)

ALLEMAGNE

LA FIRME AUTOMOBILE OPEL fabrique des motos par intermittence à partir de 1901. La Motoclub, introduite en 1928, survit jusqu'en 1930, date à laquelle Opel cesse toute production motocycliste. La machine illustrée ici remonte à 1929. La construction moderne à base de cadre et de fourche avant pivotante en acier embouti est reprise des machines Neander. Les éléments sont cadmiés au lieu d'être peints.

VUE AVANT

LA MOTOCLUB, construite à l'usine Elite, utilise le propre moteur Opel de 496 cm³ à soupapes en tête et double échappement. Vers la fin de la production Opel, une machine identique reçoit brièvement un monocylindre culbuté Küchen.

PANTHER MODEL 100

Cylindrée 596 cm³ • Puissance 26 ch à 5 000 tr/min • Poids 160 kg • Vitesse maximale 137 km/h ROYAUME-UNI

JOAH PHELON FABRIQUE SA PREMIERE MOTO en 1900 et deux de ses caractéristiques – transmission chaîne-chaîne et moteur incliné remplaçant le tube avant – sont reprises sur toutes les machines de forte cylindrée produites jusqu'à la fin de la marque en 1966. L'appellation Panther est adoptée en 1923 au moment de l'introduction d'un moteur 500 cm³ révisé à culbuteurs qui constituera la base de tous les modèles ultérieurs. En 1929, la cylindrée est portée à 600 cm³ puis 650 en 1959. On voit ici un modèle 600 de 1935.

PERKS AND BIRCH MOTORWHEEL

Cylindrée 222 cm³ • Puissance 1 ch (estimée) • Poids inconnu • Vitesse maximale 32 km/h (estimée) ROYAUME-UNI

À L'ORIGINE, LA MOTORWHEEL est destinée à remplacer l'une des roues de la bicyclette ou la roue avant d'un tricycle. Le moteur à admission automatique de cette bicyclette datant de 1900 est monté dans la roue, sur un axe fixe, et la liaison au moyeu s'effectue par pignons. Le modèle est cédé à Singer qui adopte une liaison par chaîne et un montage latéral.

L'ENSEMBLE DU MÉCANISME de la Motorwheel est logé dans une roue constituée de deux flasques rayonnés coulés en aluminium et boulonnés au niveau de la jante. Cette excellente idée ne fait pas école jusqu'à sa résurrection par Cyclemaster cinquante ans plus tard.

VUE ARRIÈRE

PEUGEOT P108

Cylindrée 248 cm³ • Puissance inconnue • Poids 110 kg • Vitesse maximale 90 km/h (estimée)

FRANCE

DEPUIS LES ORIGINES, Peugeot a toujours été un des plus grands producteurs de motos français. En 1926, la marque introduit un bloc-moteur très moderne de 350 cm³ suivi par une série de modèles quatre temps à bloc-moteur. On voit ici un modèle à moteur 250 cm³ de 1932. Cette machine à caractère utilitaire présente une finition correcte, mais sans luxe inutile.

L'ALLUMAGE DU MOTEUR LATÉRAL est confié à une magnéto entraînée par l'arbre à cames. Le carburateur est de marque Gurtner. Le sélecteur manuel de la boîte à trois rapports est monté contre le côté droit du réservoir.

PHÄNOMEN

Cylindrée 98 cm³ • Puissance 2,25 ch • Poids 58 kg • Vitesse maximale 48 km/h (estimée)

ALLEMAGNE

LA CÉLÈBRE FIRME PHÄNOMEN est un des plus anciens constructeurs allemands de motos. La marque s'oriente très tôt vers l'automobile, mais revient à la moto au milieu des années 30 (ici, un modèle 1938). Ces vélomoteurs sont propulsés par des moteurs deux temps Sachs. L'insuffisance de puissance rend indispensable le pédalier pour le démarrage et en cas d'ascension. De nombreux constructeurs allemands d'alors fabriquent des petites motos utilitaires de ce type, équipées de moteurs Sachs ou Ilo.

Pope

Cylindrée 997 cm³ • Puissance 15 ch à 3 800 tr/min • Poids 140 kg • Vitesse maximale 121 km/h

États-Unis

Au début du siècle, des moteurs électriques, à vapeur et à essence, équipent une variété de véhicules produits par Pope, mais les motos portant la marque Pope n'apparaissent qu'en 1911. Les premières machines ne sont que des monocylindres à admission automatique de 426 cm³ avec cadre en boucle et fourche avant suspendue par ressort à lames. La transmission à la roue arrière est à courroie plate. En 1913, Pope introduit un nouveau type très moderne qui suit la vogue américaine de l'époque pour les V-twins, mais la nouvelle Pope est plus raffinée que la plupart de ses concurrentes. Le bicylindre à 45° est à soupapes en tête à culbuteurs au lieu d'être latéral ou semi-culbuté comme les types américains courants. L'embiellage à rouleaux est graissé par une pompe mécanique avec pompe manuelle auxiliaire pour les grandes vitesses. La transmission se fait par chaîne via un embrayage multidisque. Des problèmes de gestion mettent fin à la production en 1918.

La plupart des machines sont vendues avec une boîte à trois vitesses et un kickstarter malgré un prix plus élevé que celui d'une moto monovitesse avec démarrage à la pédale.

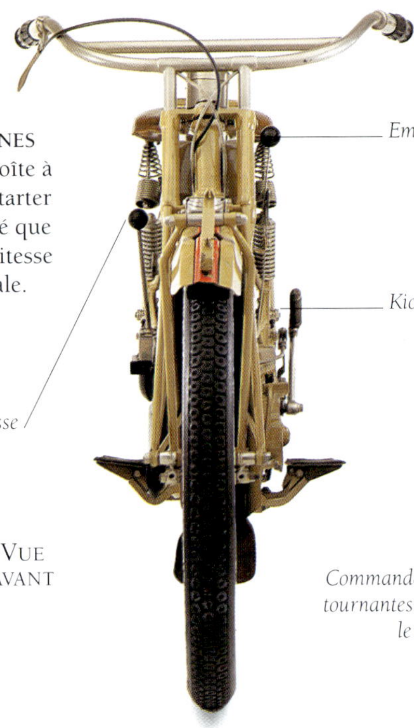

Vue avant

•Une moto confortable•

Le gros moteur lent bicylindre en V de type américain est très endurant. Le confort de marche est assuré par la suspension arrière à plongeurs qui complète la fourche avant à ressort à lames et à roue tirée.

Une Pope en action

PUCH 220

Cylindrée 223 cm³ • Puissance 4,5 ch • Poids 77 kg • Vitesse maximale 72 km/h

AUTRICHE

PUCH N'A JAMAIS EU PEUR DES SOLUTIONS originales comme l'ont démontré les productions de la marque au fil des années. La firme adopte en 1923 et pour presque cinquante ans la configuration en U dans laquelle deux pistons fonctionnent dans des cylindres parallèles en partageant une chambre de combustion commune. Autre système retenu pendant longtemps par la marque, l'embrayage logé dans le moyeu arrière. On voit ici un modèle de 1926.

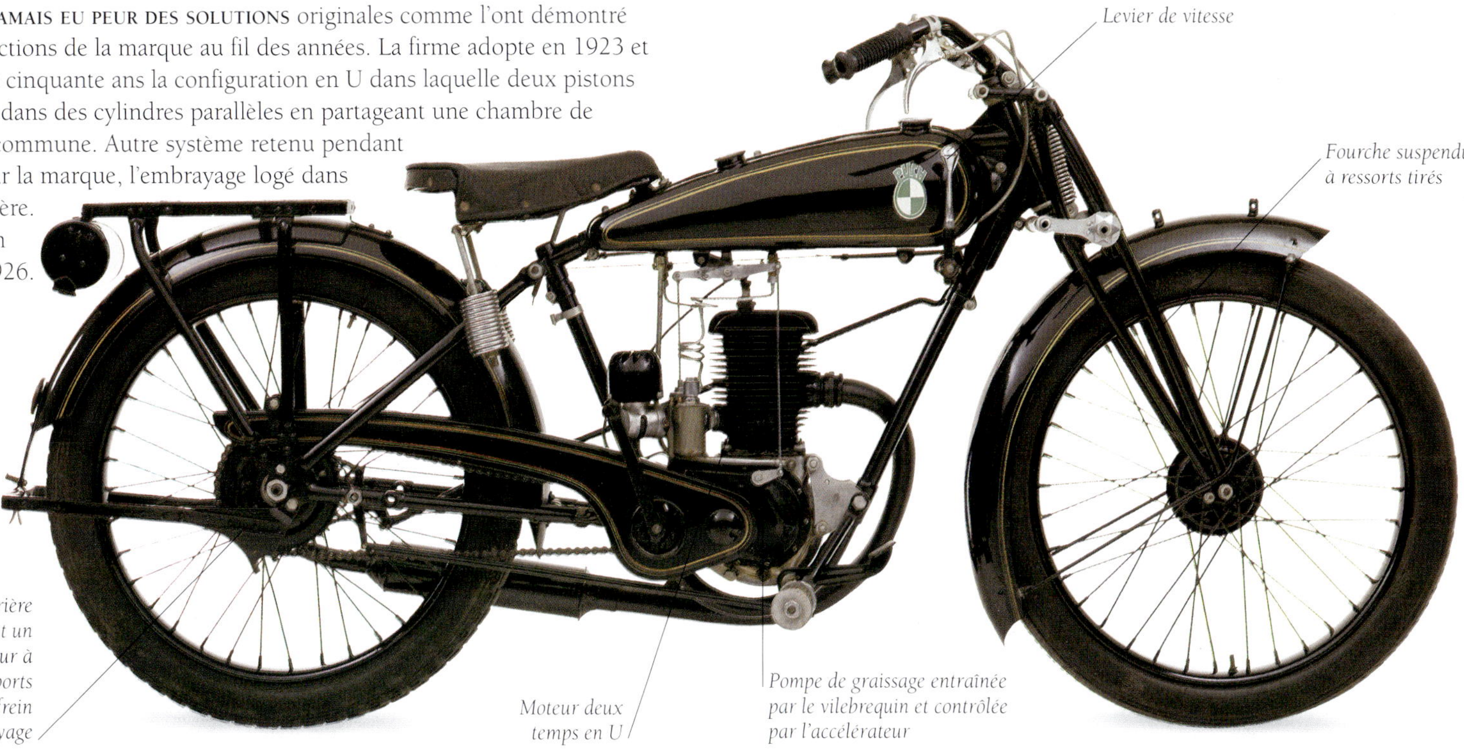

QUASAR

Cylindrée 848 cm³ • Puissance 40 ch à 5 500 tr/min • Poids 318 kg • Vitesse maximale 177 km/h (estimée)

ROYAUME-UNI

DÉVELOPPÉE PAR MALCOLM NEWALL ET KEN LEAMAN au milieu des années 70, la Quasar est une machine révolutionnaire, trop radicale pour la clientèle. Contrairement à la pratique, le pilote est assis pieds en avant comme dans une automobile. Le moteur est identique au quatre cylindres en ligne refroidi par eau de 848 cm³ qui équipe la Reliant Robin. Entre 1977 (année de la machine illustrée ici) et 1982, vingt exemplaires en sont vendus.

Raleigh Model 9

Cylindrée 699 cm³ • Puissance inconnue • Poids 131 kg • Vitesse maximale 90 km/h

ROYAUME-UNI

Raleigh arrête une première fois la moto en 1905 pour se concentrer sur la production de bicyclettes, mais une nouvelle moto de grosse cylindrée est présentée en 1921 pour utilisation en solo ou attelée. Elle est dotée d'un Raleigh flat-twin latéral et d'une boîte à trois rapports construite par la filiale de Raleigh, Sturmey-Archer. La machine a une suspension arrière par ressorts à lames et les chaînes de transmission sont sous carter.

La fourche à haubans Brampton Bi-flex est suspendue par des ressorts verticaux et horizontaux

Frein avant sur poulie-jante

Les bras arrière oscillants pivotent sur le carter de boîte

Carburateur Amal unique

VUE AVANT

Malgré l'arrivée de modèles à monocylindres quatre temps plus petits, le flat-twin Model 9 ne dure pas longtemps.

Reading Standard Thoroughbred

Cylindrée 288 cm³ • Puissance 2,25 ch • Poids 66 kg • Vitesse maximale inconnue

ÉTATS-UNIS

Les moteurs équipant les premières motos Indian (voir pages 101-110) sont fabriqués par l'Aurora Automatic Machine Company. Dans le cadre de son accord avec Indian, Aurora peut vendre des moteurs à d'autres constructeurs sous la marque Thor. Reading Standard achète ce moteur et produit des motos très proches de l'Indian.

Le moteur à admission automatique est intégré au tube de selle d'un cadre de bicyclette. La transmission est à chaîne après une première réduction. Reading produit sa première moto en 1903 et devient, en 1906, le premier constructeur américain qui adopte les soupapes latérales. Cette moto date de 1905.

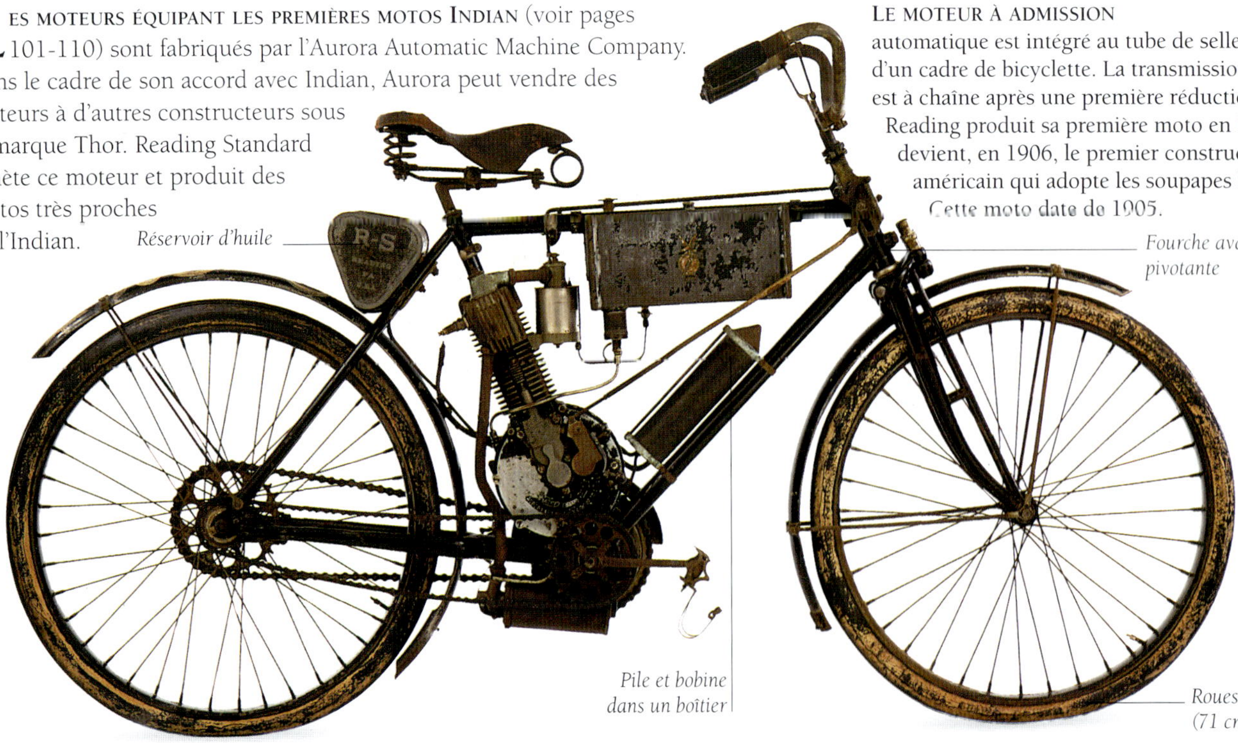

Réservoir d'huile

Fourche avant pivotante

Pile et bobine dans un boîtier

Roues de 28 pouces (71 cm)

VUE AVANT

REX-ACME TT SPORTS

Cylindrée 348 cm³ • Puissance inconnue • Poids 107 kg • Vitesse maximale 137 km/h (estimée)

ROYAUME-UNI

REX-ACME ADOPTE divers types de moteurs fournis par des spécialistes après avoir arrêté la production de ses propres unités en 1922. Ses modèles les plus réputés des années 20 sont les TT Sports à moteur Blackburne. La machine illustrée ici est construite en 1926, l'année suivant la victoire de Wal Handley au Junior TT sur une machine identique. Son moteur est le fameux monocylindre Blackburne 71 x 88 mm à soupapes en tête.

LA BOÎTE DE VITESSES est une Burman à trois rapports et le carburateur un Amal. Malgré le succès de ces machines auprès des coureurs amateurs, Rex décline à la fin des années 20.

REYNOLDS RUNABOUT

Cylindrée 269 cm³ • Puissance inconnue • Poids 95 kg • Vitesse maximale inconnue

ROYAUME-UNI

LA REYNOLDS RUNABOUT est une des meilleures et plus importantes productions parmi la vague des scooters anglais qui a déferlé après la Première Guerre mondiale. Le moteur Wall deux temps de 269 cm³ est placé sous la selle et dissimulé par des panneaux en tôle. La transmission aux roues arrière s'effectue via une boîte Moss à deux rapports, par chaîne ou courroie selon l'option. Les réservoirs d'huile et d'essence sont placés contre le tablier avant et la selle est posée sur une plate-forme suspendue.

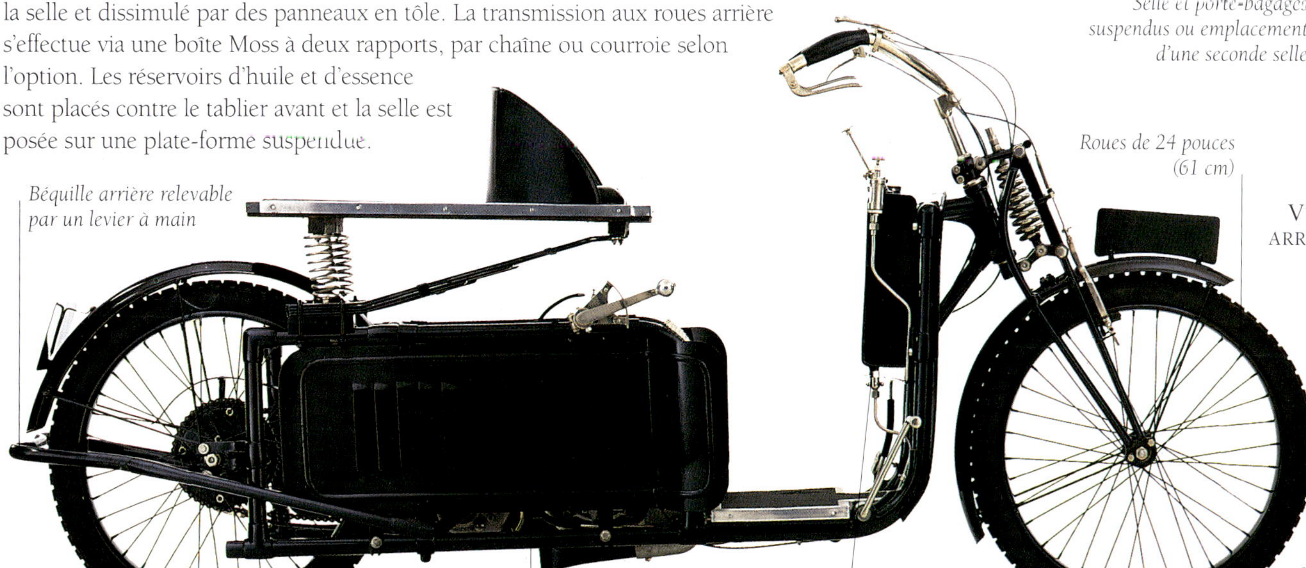

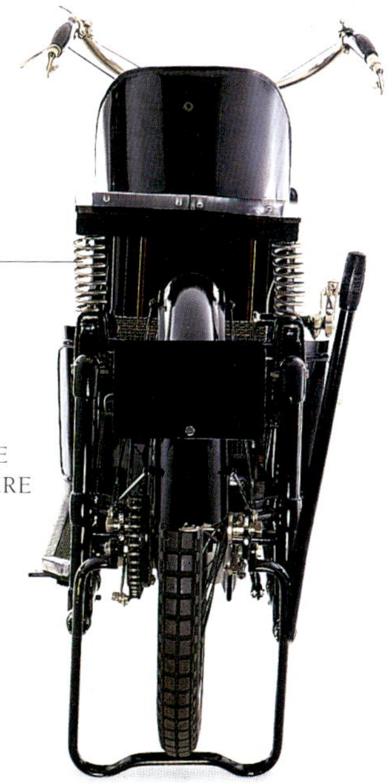

UNE BONNE répartition des masses, des roues de dimensions raisonnables et un moteur suffisant devraient assurer le succès du Reynolds. Malheureusement, il coûte deux fois le prix d'une petite moto utilitaire.

Rickman Métisse Mk3 Scrambler

Cylindrée 649 cm³ • Puissance 40 ch à 6 500 tr/min • Poids 129 kg • Vitesse maximale 130 km/h ROYAUME-UNI

LES FRÈRES RICKMAN fabriquent des motos spéciales après avoir rencontré des problèmes de production en série. Leurs premières motos résultent du montage d'un moteur Triumph dans un cadre BSA. Leur appellation « Métisse » reflète cette solution hybride. Les Rickman choisissent ensuite de produire leur propre partie-cycle.

Cadre duplex en berceau fait en tubes Reynolds 531 brasés et nickelés

Garde-boue, panneaux latéraux, réservoir et porte-selle sont en fibre de verre

CETTE MÉTISSE est dotée d'un bloc-moteur Triumph TR6 SS Trophy. Équipé de pistons donnant une compression de 8,5 à 1 et d'arbres à cames T120, le moteur est à la base une version simple carburateur du groupe Bonneville. Un seul carburateur Amal Concentric est utilisé avec deux échappements directs relevés. Cette moto est une réplique d'un modèle de 1965.

Tubes d'échappement directs

Large guidon renforcé donnant un meilleur contrôle

VUE ARRIÈRE

Rickman Enfield Métisse

Cylindrée 736 cm³ • Puissance 52 ch à 6 000 tr/min • Poids 160 kg • Vitesse maximale 177 km/h ROYAUME-UNI

LORSQUE LA MARQUE ROYAL ENFIELD arrête sa production en 1970, le liquidateur de la firme se retrouve à la tête d'un stock d'environ deux cents twins parallèles construits pour équiper les Mark 2 Interceptor d'Enfield, mais sans cadres. Une ultime série de motos à moteur Enfield est assemblée à partir de parties-cycle Rickman. La première de ces machines apparaît en 1970, mais le modèle illustré ici ne sera immatriculé que quatre ans plus tard.

Cadre en double berceau nickelé

Repose-pieds sur les échappements

Les branches du guidon relevé sont montées à colliers

VUE AVANT

LA FINE RICKMAN À MOTEUR ENFIELD ne pèse que 160 kg, soit 43 kg de moins que l'Interceptor Mk2 équipée du même moteur. Ce gain de poids en fait une moto particulièrement performante.

TRAIL-BREAKER goes anywhere

ROKON TRAIL-BREAKER

Cylindrée 146 cm³ • Puissance 8 ch à 7 000 tr/min • Poids 99 kg • Vitesse maximale 48 km/h (estimée) ÉTATS-UNIS

INTRODUIT EN **1963**, l'original Trail-Breaker a été produit par intermittence sans subir de profondes modifications. C'est la seule moto à deux roues motrices jamais construite en quantité significative. D'aspect fonctionnel, elle est destinée à ceux qui sont appelés à circuler en terrain difficile sans être spécialement expérimentés. Le moteur deux temps est un Chrysler conçu au départ comme un hors-bord de bateau. La machine peut aussi être fournie avec quelques équipements optionnels tels qu'une charrue, des remorques et des pompes. Le système de propulsion Rokon comprend un moteur de 146 cm³ attaquant une boîte à trois rapports via une courroie et un embrayage centrifuge. Les dernières versions reçoivent un convertisseur de couple. Les roues sont entraînées par une série de chaînes et de renvois d'angle. Un frein à disque monté à l'opposé du renvoi d'angle avant agit sur l'ensemble du propulseur en freinant donc les deux roues.

UNE CHAÎNE en sortie de boîte entraîne un renvoi d'angle placé au-dessus. Celui-ci entraîne une deuxième chaîne vers la roue arrière ainsi qu'un arbre logé dans la poutre supérieure du cadre. Un joint universel à l'avant permet le braquage sur la tête de fourche. Un deuxième renvoi d'angle placé au-dessus de la roue avant oriente le mouvement de 90°une fois de plus pour entraîner la chaîne de la roue avant.

ROYAL ENFIELD

Royal Enfield V-Twin

Cylindrée 425 cm³ • Puissance 14 ch • Poids 141 kg • Vitesse maximale 88 km/h

Royaume-Uni

Royal-Enfield débute dans la fabrication des bicylindres en V en 1910. Initialement, Enfield monte des moteurs MAG ou JAP, mais à partir de 1914, année de cette machine, Enfield utilise ses propres V-twin de 425 cm³. Les soupapes sont superposées (admission en tête) et les bielles sont graissées sous pression. La transmission est à deux rapports et de type chaîne-chaîne. Royal Enfield produit des V-twins jusqu'en 1939.

Le bicylindre en V possède une pompe mécanique qui envoie l'huile à la pression exacte dans le moteur. C'est un gros progrès par rapport aux autres machines de l'époque souvent équipées d'une pompe manuelle que le pilote doit actionner régulièrement.

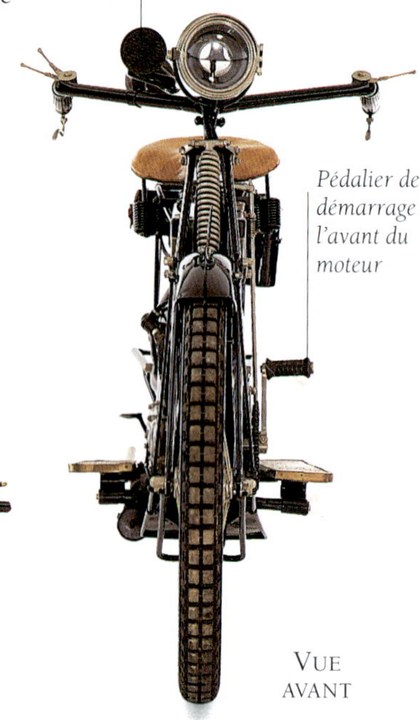

Vue avant

Royal Enfield 225L

Cylindrée 225 cm³ • Puissance 9 ch
Poids 68 kg • Vitesse maximale 70 km/h (estimée)

Royaume-Uni

Produite pour la première fois en 1914, la 225L est une moto légère à moteur deux temps de 225 cm³. Elle demeure dans la gamme jusqu'en 1929 sous deux versions : normale à réservoir plat d'une part et à cadre ouvert « pour dames » d'autre part.
Le moteur à trois orifices avec piston à déflecteur, le volant externe et la boîte à deux rapports lui permettent des performances modestes. Le cadre ouvert est conçu pour que les dames en jupe longue puissent piloter cette moto. On voit ici un modèle de 1924.

Vue avant

Royal Enfield JF

Cylindrée 499 cm³ • Puissance 19 ch à 5 000 tr/min
Poids 165 kg • Vitesse maximale 130 km/h

Royaume-Uni

La JF est une machine à moteur monocylindre à quatre soupapes. On croit à tort que les quatre soupapes par cylindre sont d'invention récente. Cette Royal Enfield démontre le contraire, sans être pour cela la première dans le genre. Bien des marques adoptent cette disposition entre les deux guerres. Son moteur sobre et souple vaut à la JF une avalanche de louanges à sa sortie. Malheureusement, le moteur à quatre soupapes disparaît vite à cause du coût de fabrication de la culasse, assez compliquée. Elle est remplacée par une deux soupapes qui n'a pas les qualités de sa devancière.

Vue avant

Royal Enfield Trials Bullet

Cylindrée 346 cm³ • Puissance 17 ch à 5 500 tr/min • Poids 141 kg • Vitesse maximale 105 km/h

ROYAUME-UNI

LA PRODUCTION D'UNE NOUVELLE Bullet d'après-guerre commence en 1949 pour s'achever en Angleterre en 1963. Elle est toujours produite en Inde (voir page 57). Le monocylindre tout alliage à soupapes en tête de 346 cm³ possède un réservoir d'huile intégral identique à celui des modèles d'avant-guerre, mais disposé derrière le moteur. Une partie-cycle moderne avec bras oscillant arrière équipe toute la gamme. Le succès de la Trials Bullet démontre la qualité du système de suspension. Une version 499 cm³ moins heureuse est produite à partir de 1953.

LA BULLET est produite en versions trial, scrambler et routière avec différents niveaux de préparation moteur, suspensions, garde-boue et autres composants. Les machines de trial se mettent spécialement en évidence en remportant une série impressionnante de victoires en compétition. On voit ici une moto de 1950.

VUE AVANT

Royal Enfield 500

Cylindrée 495 cm³ • Puissance 25 ch à 5 500 tr/min
Poids 177 kg • Vitesse maximale 125 km/h

ROYAUME-UNI

INTRODUITE EN 1948, cette 500 de 1951, qui répond à la Triumph Speed Twin (voir pages 182-183), est une des nombreuses motos anglaises à deux cylindres parallèles exportées en masse aux États-Unis. La suspension arrière expérimentée sur la Trials Bullet (ci-dessus) est reprise sur la twin 500. Elle reste en production jusqu'en 1958, mais une version 750 est fabriquée jusqu'au début des années 70. Les twins d'Enfield sont aussi vendues en Amérique sous l'écusson Indian (voir page 109).

Couverture de Motor Cycling de septembre 1952 montrant la twin 500

Royal Enfield Continental

Cylindrée 248 cm³ • Puissance 26 ch à 7 500 tr/min
Poids 136 kg • Vitesse maximale 138 km/h

ROYAUME-UNI

LA CONTINENTAL GT connaît un grand succès dans les années 60 en raison de son élégance et de son allure de « café racer ». Enfield commence la production de la Crusader 250, utilitaire à bloc-moteur, en 1956. Elle évolue en Crusader Sports, Continental et, enfin, Continental GT en 1964. Les poignées-bracelets, le réservoir de course et l'échappement sonore plaisent aux jeunes acheteurs. Mais la position de conduite inconfortable et la fragilité de sa boîte à cinq rapports limitent son succès. La production s'arrête en 1967 lorsque Enfield s'effondre financièrement après la reprise par le groupe Norton-Villiers.

Rudge Multi-gear

Cylindrée 499 cm³ • Puissance 3,5 ch • Poids 109 kg • Vitesse maximale inconnue ROYAUME-UNI

GRÂCE À UN INGÉNIEUX SYSTÈME DE POULIES VARIABLES, la Rudge Multi-gear possède une infinité de rapports. Commercialisée pour la première fois en 1912, elle remporte un grand nombre de victoires dans les épreuves d'avant la guerre de 1914, mais, après le conflit, les machines à boîte de vitesses et à chaînes déclassent le système Multi-gear. En 1924, toutes les Rudge sont dotées d'une boîte à quatre rapports. On voit ici une Multi de 1923.

LA DERNIÈRE apparition de la Multi au TT 1922 se solde par un désastre pour la firme Rudge-Whitworth située à Coventry. En effet, les cinq machines engagées abandonnent.

VUE AVANT

Rudge TT Replica

Cylindrée 498 cm³ • Puissance 32 ch • Poids 132 kg • Vitesse maximale 160 km/h ROYAUME-UNI

APRÈS DES ANNÉES DE SUCCÈS SPORTIFS, l'usine Rudge-Whitworth commence la production de la TT Replica en 1931. En même temps que cette moto de 1933, on trouve des options moteur en 348 et 248 cm³ qui contribuent à étendre la clientèle anglaise et continentale de la Rudge. Sous la direction de George Hack, l'équipe des courses de Graham Walker, H.G. Tyrell Smith et Ernie Nott remporte de nombreux Grands Prix, TT et autres épreuves avant la fin de l'équipe officielle au début des années 30.

Rudge Ulster

Cylindrée 499 cm³ • Puissance 35 ch • Poids 191 kg • Vitesse maximale 153 km/h ROYAUME-UNI

ANNONCÉE EN 1937 comme probablement « la plus rapide des motos 500 cm³ produites en grande série », la Rudge Ulster offre un niveau de confort et de raffinement très inhabituel sur une machine aussi performante. Tranchant sur les deux autres modèles 500 par sa culasse aluminium-bronze, elle offre d'autres améliorations au réputé moteur Rudge à quatre soupapes dont une distribution sous carter et un graissage sous pression du haut-moteur. Des freins couplés et une béquille centrale mise en place manuellement complètent la liste des raffinements. On voit ici un modèle 1937.

RUMI

Cylindrée 125 cm³ • Puissance 15 ch • Poids 85 kg • Vitesse maximale 150 km/h — ITALIE

LE MARCHÉ DES MOTOS DE PETITES CYLINDRÉES est très important en Italie au lendemain de la Seconde Guerre mondiale. Grands et petits constructeurs proposent de nombreux modèles intéressants. Moto Rumi, de Bergame, introduit son bicylindre 125 deux temps en 1949. La production se poursuit jusqu'au début des années 60. On voit ici un modèle 1954.

LES DEUX CYLINDRES du moteur sont horizontaux et l'embrayage est placé en bout du vilebrequin. Le bloc-moteur est accroché à la structure du cadre tubulaire. La même mécanique équipe le scooter Formicchino de Rumi.

VUE AVANT

SALSBURY MODEL 85

Cylindrée inconnue • Puissance 6 ch — ÉTATS-UNIS
Poids inconnu • Vitesse maximale 72 km/h (estimée)

EN 1935, E. FOSTER SALSBURY commence la production de scooters aux États-Unis et son succès incite Cushman et d'autres constructeurs à prendre pied sur ce marché. Les modèles de 1946 sont plus sophistiqués que ceux d'avant-guerre, mais toujours dotés d'un moteur simple, monocylindre et à soupapes latérales. Une transmission à convertisseur de couple facilite le pilotage : frein et gaz sont commandés par pédales et il n'y a pas de changement de vitesse. La machine possède des suspensions avant et arrière. Le style est typique de la fin des années 40, mais elle est peu produite. Le modèle illustré ici date de 1949, dernière année de fabrication.

SCHÜTTOFF

Cylindrée 348 cm³ • Puissance 2,5 ch — ALLEMAGNE
Poids 105 kg • Vitesse maximale inconnue

SCHÜTTOFF ABORDE LE MARCHÉ DE LA MOTO au milieu des années 20 avec une gamme de monocylindres quatre temps de 246, 348 et 496 cm³ avec boîte à trois rapports. Le modèle illustré ici est une machine de 1926 à quatre soupapes en tête et deux échappements séparés. Le cadre est tubulaire tandis que le couvre-chaîne et le tube de selle sont boulonnés à la boîte. Schüttoff fera plus tard des machines à moteur deux temps en utilisant ceux fournis par DKW, également installé en Saxe. DKW prendra le contrôle de Schüttoff au début des années 30.

SCOTT 3¾

Cylindrée 532 cm³ • Puissance 3,75 ch • Poids 89 kg • Vitesse maximale inconnue

ROYAUME-UNI

ALFRED ANGUS SCOTT, authentique novateur, est titulaire de près de soixante brevets différents concernant la moto. Il a déjà une certaine expérience du moteur deux temps quand apparaissent, en 1908, les premières Scott de production. Les toutes premières machines sont construites par Jowett, mais Scott organise bientôt sa propre usine de production à Shipley, dans le Yorkshire. Son modèle perfectionné comprend une transmission chaîne-chaîne à deux vitesses, un cadre triangulé, une fourche télescopique et un kickstarter. L'inhabituel cadre ouvert impose le montage du réservoir contre le tube de selle. La machine étudiée comme un tout est bien supérieure à la plupart de ses rivales qui ne sont guère plus que des bicyclettes motorisées. Le nouveau moteur est un bicylindre deux temps refroidi par eau avec vilebrequin calé à 180°et une cylindrée de 333 cm³. La cylindrée est peu à peu portée à 532 cm³ en 1912, année de sortie de cette moto. L'efficacité des Scott est démontrée par une série de succès en compétition culminant avec les victoires aux Seniors TT de 1912 et 1913.

•SANS LES MAINS•

Pédale de frein

Pédale du sélecteur de vitesse

En adoptant un kickstarter et un moteur d'une puissance suffisante pour grimper la plupart des côtes, Scott peut supprimer le pédalier de bicyclette qui équipe encore la majorité des motos de l'époque. Le pilote peut donc utiliser ses pieds pour actionner le frein arrière et le changement de vitesse sans lâcher le guidon, en toute sécurité.

Mme A. Wade, de Cardiff, et sa Scott 1912

LA STRUCTURE DU CADRE triangulé et rigide des Scott offre aux dames d'autres avantages que leur bonne tenue de route. Cette photo montre en 1912 une motocycliste de Cardiff avec sa Scott à deux vitesses. Le cadre ouvert permet aux dames de piloter en robe tandis que le comportement dynamique supérieur de la machine satisfait pleinement les sportifs des deux sexes, plus souvent confrontés à des motos aux trajectoires plutôt floues.

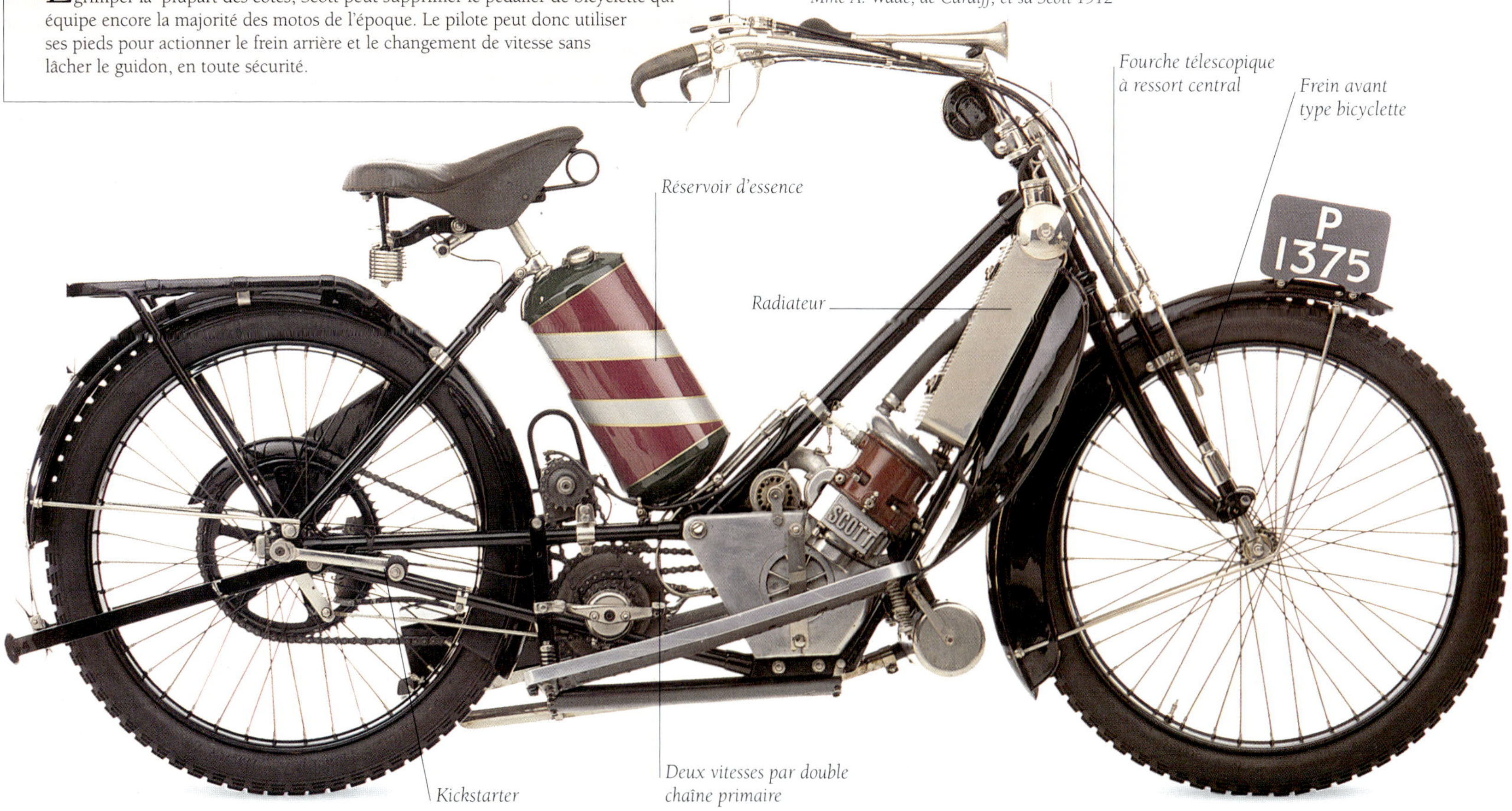

Scott Super Squirrel

Cylindrée 498 cm³ • Puissance inconnue • Poids 107 kg • Vitesse maximale 105 km/h

Royaume-Uni

Malgré le départ en **1915** de A.A. Scott de la firme qu'il a fondée, les modèles ultérieurs produits par la marque de Shipley sont du type qu'il a imposé. Les premiers modèles Squirrel qui apparaissent au début des années 20 sont des versions sport en 486 cm³ des machines existantes en 532 cm³. La Super Squirrel, introduite en 1924, est équipée d'un nouveau moteur de 498 ou 596 cm³ à refroidissement par eau de la culasse et des cylindres. La Super Squirrel, qui reste en production pendant sept ans, est un des modèles les plus appréciés de la marque. On voit ici un modèle de 1929.

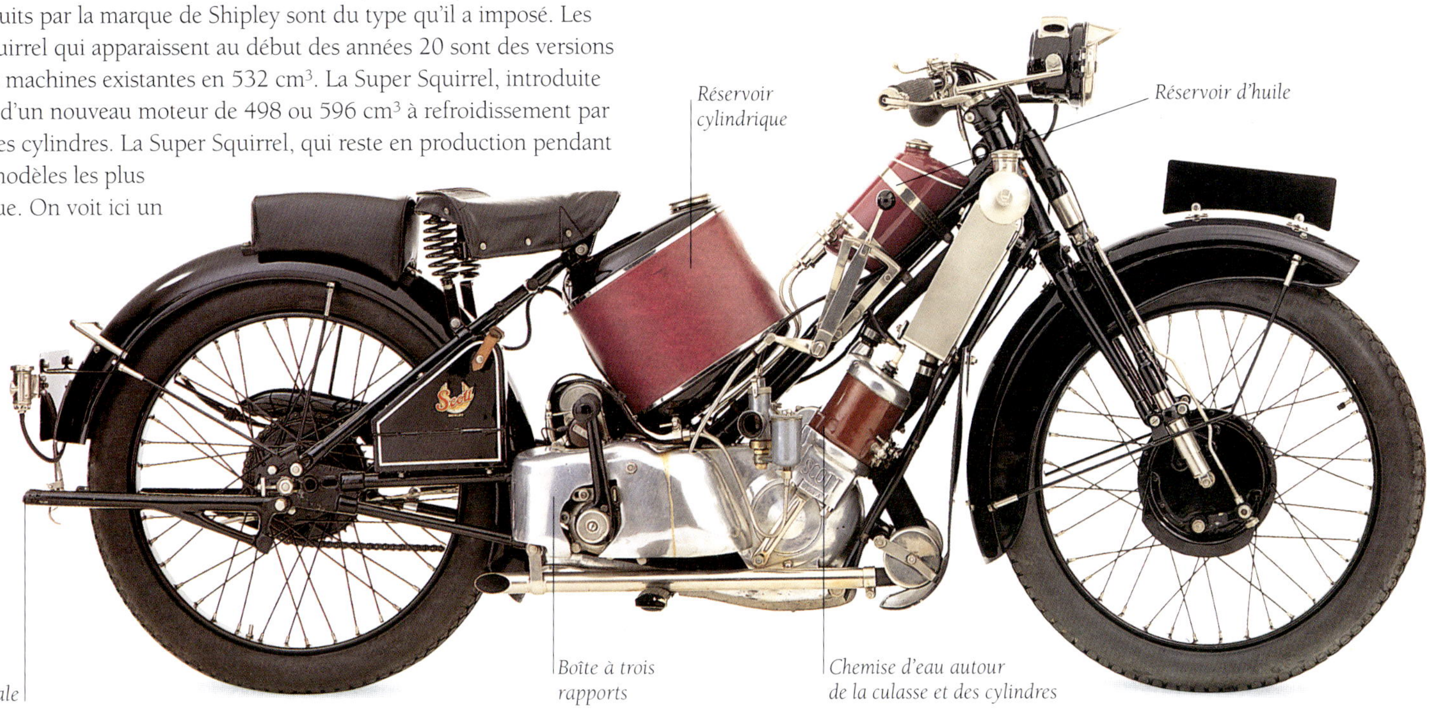

Scott Flying Squirrel TT Replica

Cylindrée 596 cm³ • Puissance inconnue • Poids 152 kg • Vitesse maximale 130 km/h (estimée)

Royaume-Uni

Les progrès des moteurs à quatre temps signifient que Scott ne peut plus renouer avec ses succès d'avant la Première Guerre mondiale obtenus sur l'Île de Man, quoique la marque obtienne le Prix des constructeurs en 1922. Une troisième place au Senior TT 1928 est une justification suffisante pour produire un modèle TT Replica pour 1929 à partir de la Flying Squirrel. Il utilise le cadre duplex apparu en 1927 en intégrant le réservoir structurel du TT. La fourche télescopique de la firme reçoit un haubannage de renfort mais, malheureusement, cette innovation de Scott fait place dès 1931 à une fourche à haubans extérieure à la marque.

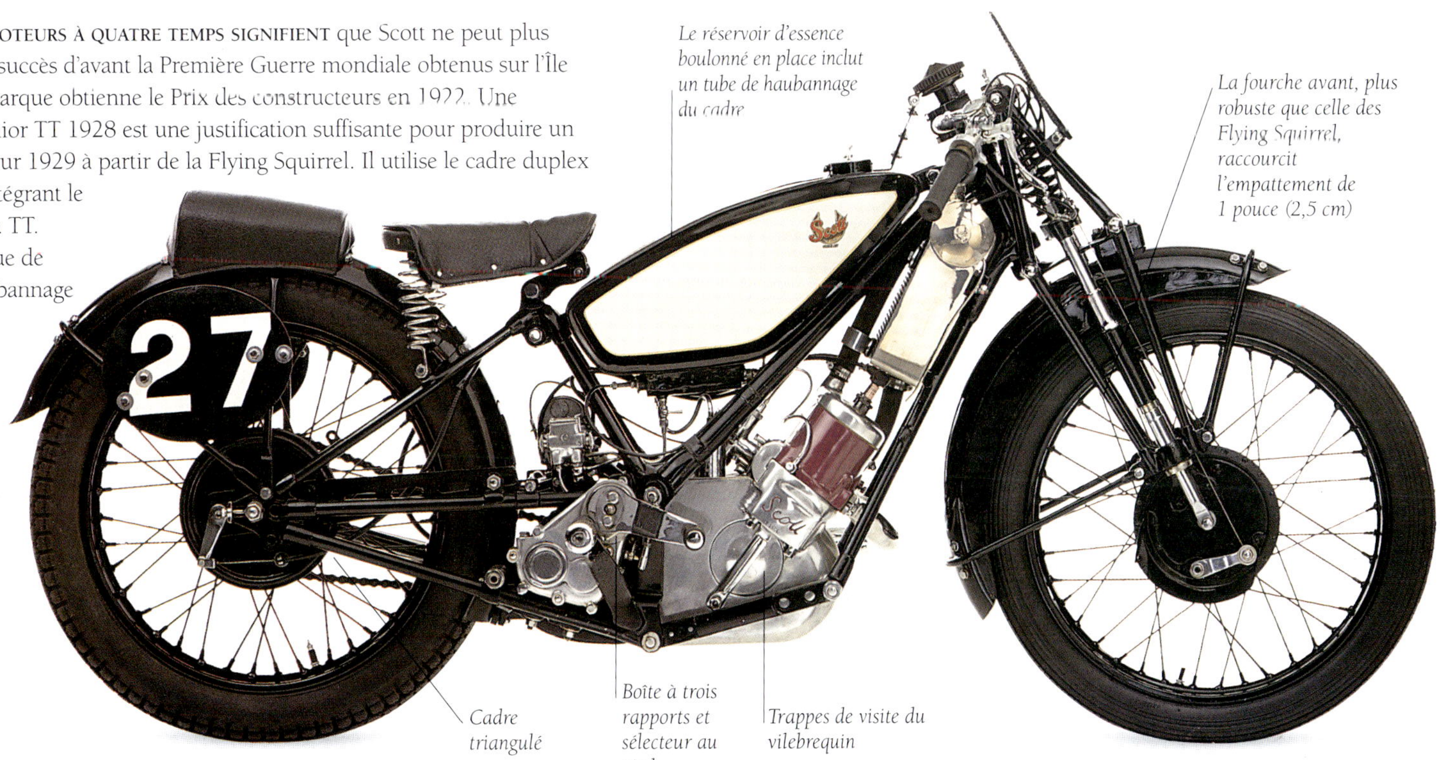

SEARS

Cylindrée 500 cm³ • Puissance 4,5 ch • Poids inconnu • Vitesse maximale 72 km/h (estimée) ÉTATS-UNIS

SEARS, ROEBUCK & CO, grands magasins et firme de vente par correspondance de Chicago, ajoute en 1912 des motos à son catalogue. Les motos Sears sont probablement construites par l'Excelsior Cycle Co qui utilise aussi la marque De Luxe. On voit ici un modèle de 1914. Le moteur est un monocylindre Spacke semi-culbuté avec son échappement caractéristique vers l'arrière. La transmission est à deux chaînes avec double réduction.

UN GRAND NOMBRE de ces machines, vendues par correspondance dans des régions reculées, sont pilotées et entretenues par des novices. Il faut donc qu'elles soient robustes et simples.

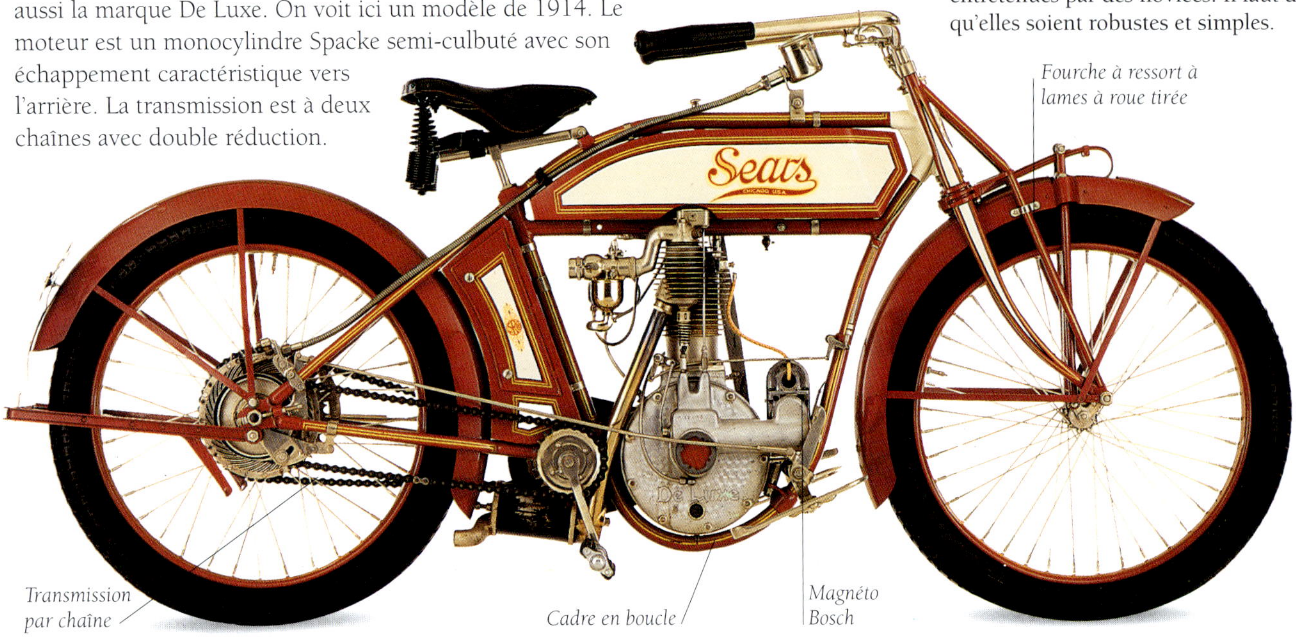

SEARS 106SS

Cylindrée 106 cm³ • Puissance 9 ch
Poids inconnu • Vitesse maximale 90 km/h ÉTATS-UNIS

SEARS ENTRETIENT LONGTEMPS DES RELATIONS commerciales avec la marque autrichienne Puch et vend de grandes quantités de motos sous les marques Sears ou Allstate dans les années 50 et 60. Il importe aussi des motos italiennes Gilera vendues sous la marque Sears dans les années 60. Cette 106SS de 1966 dérive de la 124 de Gilera (voir page 64). C'est un vélomoteur italien typique de l'époque avec monocylindre à culbuteurs et boîte à quatre rapports. Pour en réduire encore le prix, la moto Sears est fabriquée dans la version Gilera la plus dépouillée.

SEARS

Cylindrée 49 cm³ • Puissance 4,5 ch (estimée)
Poids inconnu • Vitesse maximale 64 km/h (estimée) ÉTATS-UNIS

SEARS COMMENCE LA DISTRIBUTION des motos construites par Puch dès 1954. À la fin des années 60, ce cyclo de 49 cm³ est typique de cette production. Le moteur deux temps est refroidi par turbine et la boîte offre trois rapports. Dans les années 50, Sears vend beaucoup de scooters et de motos légères, mais la situation devient plus difficile au cours de la décennie suivante. Non seulement les machines japonaises comparables sont supérieures aux modèles de Sears, mais les techniques commerciales des Japonais ont beaucoup progressé. Sears quitte le marché de la moto peu de temps après l'arrivée de cette machine en 1968.

SERTUM 250

Cylindrée 250 cm³ • Puissance 11 ch (estimée) • Poids 127 kg (estimé) • Vitesse maximale 90 km/h (estimée)

ITALIE

SERTUM, QUI COMMENCE À CONSTRUIRE DES MOTOS à Milan en 1932, est une des premières firmes à reprendre la production après la Seconde Guerre mondiale. Le modèle illustré ici date de 1947. Le monocylindre à soupapes latérales est monté en bloc avec la boîte. L'allumage est à bobine et batterie rechargée par une dynamo. Malgré une évidente qualité de construction et des caractéristiques modernes, la production Sertum, qui comprend aussi une 500, s'arrête en 1951.

LE CADRE EN PROFILÉS d'acier utilise le bloc-moteur comme élément structurel inférieur. La suspension avant comprend une fourche à parallélogramme en tôle emboutie et la suspension arrière une fourche oscillante avec ressorts dissimulés.

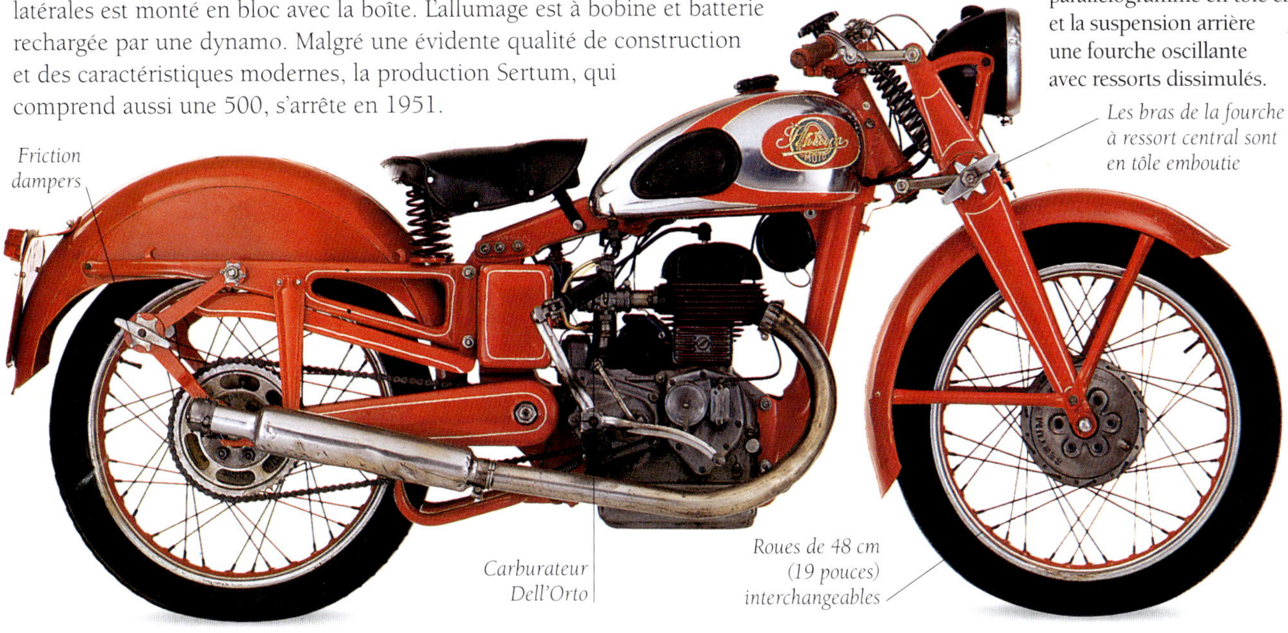

VUE AVANT

SIMPLEX SERVI-CYCLE

Cylindrée 150 cm³ • Puissance inconnue
Poids inconnu • Vitesse maximale 72 km/h

ÉTATS-UNIS

PRODUITE POUR LA PREMIÈRE FOIS EN 1935, la Simplex Servi-Cycle est produite jusqu'en 1960. C'est la seule moto construite en quantité importante dans les états du Sud. Le moteur est un monocylindre deux temps refroidi par air à disque rotatif avec un carburateur monté à l'arrière du carter. La version Automatic à embrayage est introduite en 1953. On voit ici un modèle 1957. Le cadre Simplex est un peu courant type double boucle dont chaque côté est formé par un seul tube. La fourche avant à roue poussée est une version réduite en dimensions du type « Springer » utilisé sur les premières Harley.

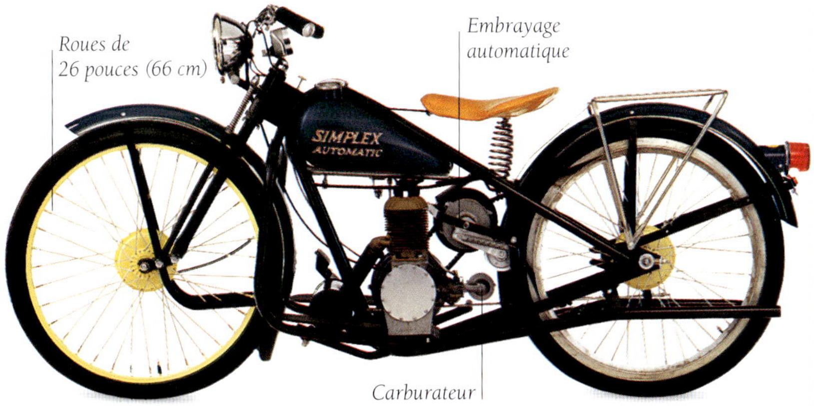

SIMPLEX SCOOTER

Cylindrée 150 cm³ • Puissance inconnue
Poids inconnu • Vitesse maximale 72 km/h

ÉTATS-UNIS

LE BOOM DU SCOOTER atteint aussi les États-Unis dans les années 50. Simplex essaie de pénétrer sur ce marché en 1956 (ici, un modèle 1958). Le Simplex utilise le même moteur avec variateur et transmisison à courroie que la moto Automatic (à gauche). La mécanique est installée dans un cadre ouvert équipé de roues en tôle d'acier chaussées de pneus de 4 x 12 pouces. Peu produit, le Simplex ne menace jamais le Cushman, leader du marché (voir page 44). En 1960, Simplex s'oriente vers les mini-motos et les karts équipés de moteurs quatre temps de spécialistes.

Skootamota

Cylindrée 124 cm³ • Puissance 1,5 ch • Poids 44 kg • Vitesse maximale 40 km/h

Royaume-Uni

Comme la moto ABC, la Skootamota, bien que produite par Gilbert Campling Ltd, est le produit de l'esprit fertile de Granville Bradshaw. Ce type de deux-roues connaît une vogue éphémère au lendemain de la Première Guerre mondiale ; et la Skootamota en est un des meilleurs exemples. Sur ce modèle de 1919, le moteur, monté horizontalement derrière la selle, entraîne la roue arrière au moyen d'une chaîne mue par un pignon calé sur une extension de l'arbre à cames.

Les premiers exemplaires sont du type semi-culbuté, les suivants à deux soupapes en tête. Le boom du scooter dure peu et la production s'arrête dès 1922.

Vue arrière

Smith Motor Wheel

Cylindrée 118 cm³ • Puissance inconnue • Poids inconnu • Vitesse maximale 32 km/h (estimée)

États-Unis

Conçu à l'origine en Grande-Bretagne par l'ingénieur motocycliste A.W. Wall, cet engin est lancé sous la marque Wall Auto Wheel en 1910. Les droits de fabrication sont ensuite acquis par A.O. Smith & Co de Milwaukee, Wisconsin, qui en commence la production en 1914 pour la cesser en 1919. On voit ici un modèle de 1915.

L'ensemble complet de roue à moteur adaptable peut équiper n'importe quelle bicyclette. Il comprend un moteur à admission automatique de 118 cm³ entraînant une troisième roue via un réducteur à engrenages. La bicyclette peut être inclinée en virage de façon normale.

Vue arrière

SPIEGLER

Cylindrée 348 cm³ • Puissance 12 ch à 3 800 tr/min • Poids 120 kg • Vitesse maximale 90 km/h

ALLEMAGNE

LE CADRE INNOVATEUR DE LA SPIEGLER comprend une poutre supérieure oblique reliant la tête de direction à l'axe de roue arrière construite en tubes recouverts d'un habillage en tôle. Le moteur et la boîte sont portés par un double berceau tubulaire boulonné à la poutre principale qui contient aussi les réservoirs d'essence et d'huile. La machine illustrée ici, qui date de 1924, utilise un monocylindre propre à la marque. La majorité des motos utilisent des moteurs JAP ou Motosacoche. La machine a une fourche à parallélogramme classique et des freins sur poulie-jante.

LES SOUPAPES EN TÊTE peuvent être inspectées grâce à une trappe relevable. Le système d'éclairage qui équipe cette moto est un équipement monté en après-vente.

Poulie-jante du frein

Réservoir de 7 l intégré à l'arrière de la poutre du cadre

Pédale de frein arrière

VUE AVANT

STANDARD REX SPORT

Cylindrée 491 cm³ • Puissance 22 ch à 4 800 tr/min • Poids inconnu • Vitesse maximale 81 km/h

ALLEMAGNE

STANDARD COMMENCE PAR MONTER des monocylindres et des twins en V fournis par JAP et MAG avant d'employer ses propres moteurs vers 1930. Les modèles Rex à arbre à cames en tête apparaissent plus tard. Ces machines, très avancées techniquement, existent en 348 et 493 cm³ de cylindrée. Le cylindre est incliné et l'huile est contenue dans un réservoir intégral. Culasse et cylindre sont en fonte avec double échappement. La boîte à quatre rapports Hurth est boulonnée à l'arrière du moteur, créant ainsi une sorte de bloc compact.

LA FOURCHE AVANT à roue poussée est fabriquée sous licence Brough en Angleterre à partir d'un dessin Harley-Davidson. Le modele illustré ici date de 1935.

Le carburateur Fischer Amal comporte un boisseau horizontal

Frein avant à tambour

Levier de changement de vitesse

VUE AVANT

STEEN

Cylindrée 98 cm³ • Puissance 10 ch — ÉTATS-UNIS
Poids 63 kg (estimé) • Vitesse maximale 97 km/h

LA SOCIÉTÉ CALIFORNIENNE STEEN arrive sur le marché de la mini-moto, en pleine expansion, au début des années 60. Les machines sont encore rustiques, équipées de petites roues souvent sans suspensions et dotées de moteurs industriels. La compétition (réservée en principe aux très jeunes) amène rapidement des changements et, au moment où ces modèles Steen/Allsport sont produits, en 1973, la demande vise des motos bien plus perfectionnées. Essentiellement, c'est la version réduite d'une vraie machine de cross à roues de 16 pouces (41 cm).

STOCK R119

Cylindrée 119 cm³ • Puissance 1,5 ch à 3 000 tr/min — ALLEMAGNE
Poids 32 kg • Vitesse maximale 50 km/h

BIEN QUE LES ÉTATS-UNIS n'aient jamais été un marché très lucratif pour les moteurs auxiliaires ni pour les motos légères, la firme américaine Cyclemotor Corporation introduit, en 1915, un simple moteur deux temps de 119 cm³ adaptable aux bicyclettes. Suit en 1918 une moto complète dotée de la même mécanique. Cette machine, appelée l'Evans, se vend en grande quantité en Allemagne jusqu'en 1924, date de la cessation de la production. Lorque celle-ci est déplacée à Berlin, la machine est construite jusqu'à 1929 environ sous la marque Stock.

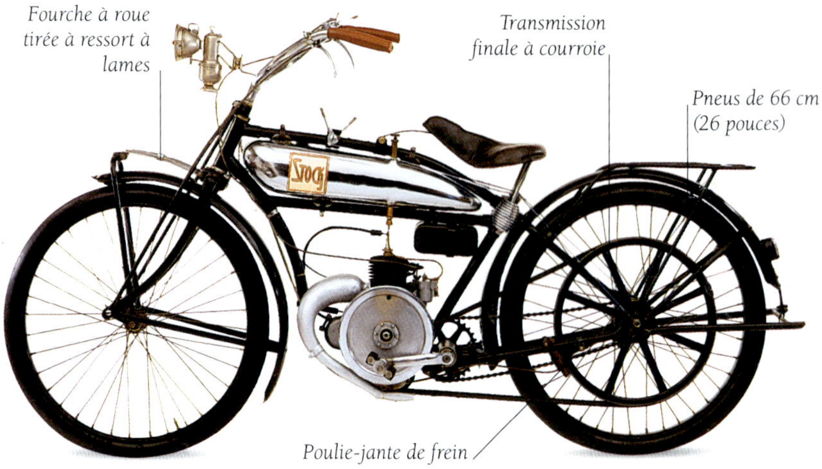

SUNBEAM
SPORTING MODEL

Cylindrée 499 cm³ • Puissance inconnue — ROYAUME-UNI
Poids inconnu • Vitesse maximale inconnue

OUTRE SES MODÈLES DE ROUTIÈRES (voir ci-contre), Sunbeam construit aussi des motos de course dérivées. Le surplus de puissance nécessaire est obtenu par une mise au point et une préparation soignées du moteur, et le poids bénéficie de la suppression de nombreux accessoires. Ces Sunbeam, qui obtiennent d'excellents résutats, assurent la réputation de la firme. George Dance est presque imbattable dans les sprints et les courses de côte, tandis que d'autres pilotes remportent le Senior TT en 1920 et 1922, le Grand Prix de France, le TT italien et le Championnat d'Autriche. Cette moto date de 1923.

SUNBEAM MODEL 5

Cylindrée 499 cm³ • Puissance 3,5 ch — ROYAUME-UNI
Poids 108 kg • Vitesse maximale 97 km/h (estimée)

JOHN MARSTON PRODUIT SA PREMIÈRE MOTO SUNBEAM – marque utilisée antérieurement pour des bicyclettes et des produits émaillés – en 1913. La Sunbeam est une monocylindre latérale avec transmission chaîne-chaîne sous carters conçue par John Greenwood, ancien concepteur des motos Rover. Sunbeam s'acquiert une réputation de haute qualité sur le plan technique et des finitions et, malgré des prix relativement plus élevés, les motos se vendent bien. Le modèle est amélioré au fil des années sans être vraiment modifié. La Model 5 illustrée ici est de 1925.

SUNBEAM MODEL 90

Cylindrée 493 cm³ • Puissance inconnue • Poids 136 kg • Vitesse maximale inconnue

ROYAUME-UNI

SUNBEAM INTRODUIT SES MONOCYLINDRES à soupapes en tête pendant la saison sportive 1923, machines qui apparaissent au catalogue en 1924 à côté des très appréciés modèles latéraux. Les Model 80 de 347 cm³ et les Model 90 de 493 cm³ sont initialement présentés comme des modèles de course et dépourvus de kickstarter et autres équipements routiers. Au moment de la construction du modèle 1928 illustré ici, les motos sont disponibles avec kickstarter, éclairage en option et autres accessoires indispensables au routier.

La culasse à deux orifices d'échappement, en option sur le Model 90 en 1926, devient standard l'année suivante. À cette époque, le double échappement est une caractéristique courante sur les monos britanniques. Les deux tubes d'échappement bien orientés dans le courant d'air améliorent le refroidissement de la culasse et le flux de gaz. En 1927-1928, un réservoir plat arrondi à l'avant est proposé, différent du type antérieur à coins concaves. Le réservoir plat est abandonné en 1929 au profit d'un réservoir en selle plus moderne.

VUE AVANT

LE MODEL 90 est conçu par John Grenwood et, bien dans le style Sunbeam, ne comporte aucune caractéristique avancée, mais présente des solutions éprouvées et une construction soignée avec deux cames, des tiges de culbuteurs creuses exposées et des ressorts de soupape en épingle. Les soupapes sont placées à 90° l'une de l'autre dans une culasse en fonte à ailettes serrées.

•UNE VRAIE SPORTIVE•

La Sunbeam à culbuteurs se taille un enviable palmarès dans les années 20. Charlie Dodson remporte le Senior TT en 1928 et 1929 au guidon d'une Model 90. On le voit ici après sa victoire de 1929 sur un modèle à réservoir en selle. C'est la dernière victoire d'une machine à culbuteurs, type désormais dépassé par les moteurs à arbre à cames en tête.

Charlie Dodson, vainqueur du TT 1929

Sunbeam Model S7 De Luxe

Cylindrée 487 cm³ • Puissance 25 ch • Poids 197 kg • Vitesse maximale 116 km/h

Royaume-Uni

Conçu pour BSA par Erling Poppe et commercialisée sous la marque Sunbeam, la Model 7 apparaît en 1946 sous la forme d'une moto rompant radicalement avec les conceptions britanniques traditionnelles en matière de style et de technique. Des problèmes de jeunesse mènent à une refonte en 1949 sous l'aspect de la version Model S8 avec suspensions, roues et autres élements de partie-cycle BSA ainsi que quelques modifications du moteur. La Model S7 De Luxe (ici, un modèle 1950) est essentiellement une S8 avec transmission S7. Le moteur est un bicylindre en ligne longitudinal.

La De Luxe possède une fourche et des plongeurs de BSA A7, mais le cadre duplex est réservé à la gamme Sunbeam.

SUZUKI

Suzuki RT63

Cylindrée 124 cm³ • Puissance 25 ch à 12 000 tr/min • Poids 94 kg • Vitesse maximale 183 km/h

Japon

Fabriquant à l'origine des métiers à tisser, Suzuki aborde l'industrie motocycliste juste après la Seconde Guerre mondiale. La première moto de la marque apparaît en 1955 sous la forme d'une monocylindre deux temps 125 cm³ à trois vitesses qui favorise son expansion rapide. Suzuki aborde en 1960 la compétition internationale. Cette bicylindre refroidie par air RT63 à valve rotative est produite à l'origine avec échappement vers l'avant et l'arrière (celle-ci a un échappement vers l'arrière). La boîte à huit rapports est à cassette, système permettant de changer rapidement l'ensemble des rapports selon les circuits.

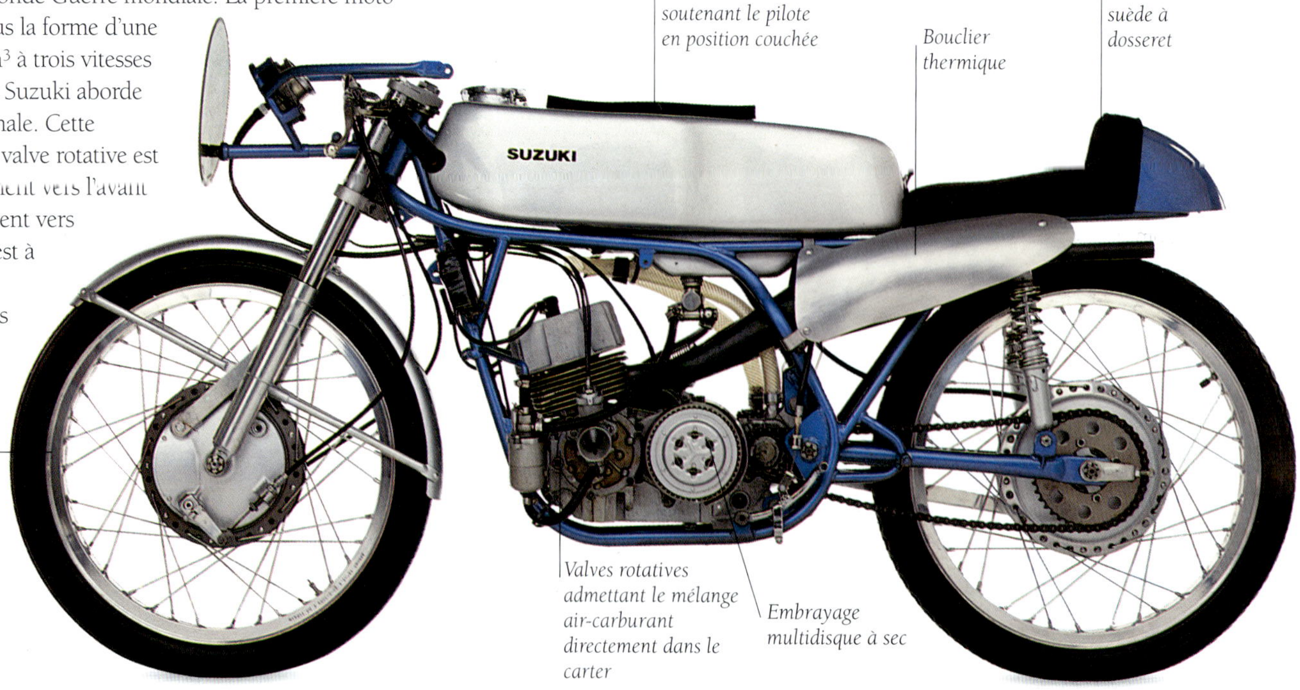

Suzuki X6 Hustler

Cylindrée 247 cm³ • Puissance 29 ch à 7 500 tr/min • Poids 143 kg • Vitesse maximale 145 km/h

Japon

Lors de son lancement par Suzuki en 1965, la X6 Hustler connaît un impact immédiat, notamment sur les amateurs de machines légères hautement performantes. Malgré son petit deux-temps de 247 cm³ refroidi par air, la X6, comme elle est appelée aux États-Unis (T20 Super Six en Angleterre), peut atteindre 145 km/h avec un raffinement d'équipements rarement rencontré sur ce type de petite moto.

Boîte à six rapports (d'où l'appellation « Six »), frein avant double came, tambour de 20,3 cm (8 pouces) et pompe à huile séparée pour le mélange deux temps, la X6 Hustler est produite pendant trois ans. À son apogée commerciale, Suzuki en fabrique cinq mille par mois.

Vue avant

Suzuki TR500

Cylindrée 500 cm³ • Puissance 64,5 ch à 8 000 tr/min • Poids 135 kg • Vitesse maximale 233 km/h

Japon

Développée à partir de la routière Cobra 500 cm³ à deux cylindres parallèles, apparue en 1968, la TR500 de Suzuki va récolter beaucoup de victoires en course, notamment aux États-Unis. La moto illustrée ici est pilotée par Art Baumann qui apporte à la marque sa première victoire en Championnat national américain à Sears Point le 7 septembre 1969. En 1970, des carburateur agrandis à 34 mm (1 1/3 pouce) sont adoptés et la compression atteint 7,34 à 1.

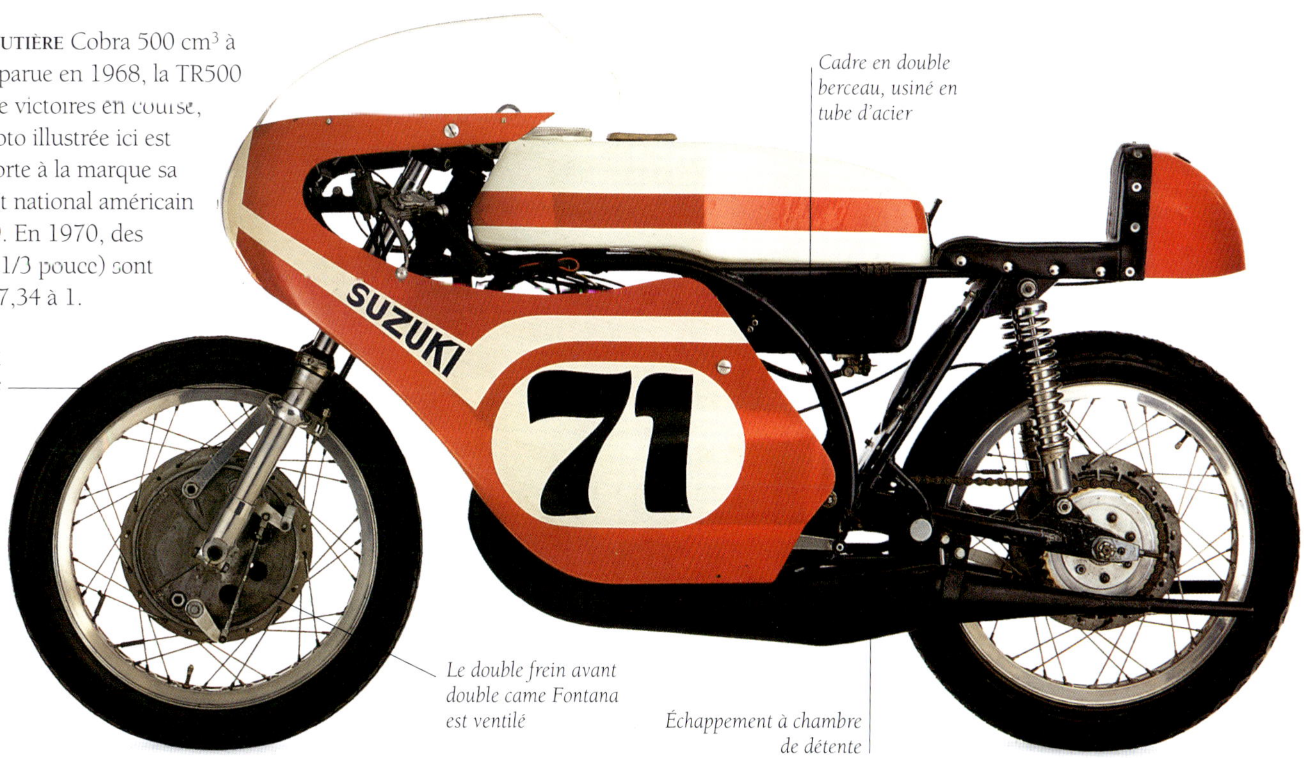

Suzuki GT750

Cylindrée 738 cm³ • Puissance 67 ch à 6 500 tr/min • Poids 238 kg • Vitesse maximale 174 km/h

Japon

Lancée en 1971, la GT750 de Suzuki connaît un succès immédiat grâce à sa conception radicalement nouvelle et à la rapidité de ses accélérations. Exploitant ses victoires des années 60 avec ses deux-temps de course, Suzuki décide de créer une moto sportive multicylindre de grosse capacité pour les grands rouleurs. La première apparition de Suzuki sur le marché des supermotos est une grande réussite. La GT est fabriquée pendant cinq ans. Les trois cylindres sont disposés en ligne, transversalement, d'où le risque d'une certaine surchauffe du cylindre central encadré par les cylindres extrêmes et privé du courant d'air relatif par les tubes avant du cadre et la fourche. C'est la raison du choix du refroidissement par liquide. Cette chemise d'eau permet non seulement de faire tourner le moteur à régime élevé pendant de longues périodes, mais elle réduit les bruits mécaniques. Comme pour de nombreuses deux-temps, le prix à payer pour avoir des performances élevées se traduit par une consommation élevée qui peut atteindre 11 l aux 100 km si la machine est menée rondement. On voit ici un modèle 1971.

Vue avant

Relativement compliqué, le système de refroidissement présente quatre stades de fonctionnement : un thermostat bloque la circulation du réfrigérant au départ de façon à atteindre rapidement la température de fonctionnement. Celle-ci s'élevant, d'autres conduits s'ouvrent pour accélérer la circulation, puis un ventilateur se déclenche pour assister le refroidissement.

• Suzuki en course •

Suzuki remporte le Championnat du monde 125 dans les années 60 et se retire des Grands Prix en 1967. La firme produit ensuite des machines de course efficaces à partir de la 500 de route puis la trois-cylindres 750. Ici, le Britannique Barry Sheene pilote une 500 en 1973.

Barry Sheene dans le Grand Prix de France 750

Suzuki RE5

Cylindrée 497 cm³ • Puissance 62 ch à 6 500 tr/min • Poids 230 kg • Vitesse maximale 179 km/h

JAPON

LA RE5 QUI ARRIVE À LA FIN DE 1974 est accueillie avec scepticisme et prudence par les acheteurs. La cause principale de ce comportement est son moteur rotatif type Wankel, une rareté en moto. Le modèle illustré ici est de 1975. Le moteur rotatif est fondamentalement différent du moteur à pistons alternatifs et les motards, dont le conservatisme est bien connu, l'acceptent avec réticence. Malgré sa douceur et sa puissance correcte pour sa taille, la RE5 consomme beaucoup ; son réservoir de 2,5 l lui donne une autonomie d'environ 130 km, rayon d'action insuffisant pour une routière dont la production s'achève en 1977.

Suzuki Katana

Cylindrée 997 cm³ • Puissance 108 ch à 8 500 tr/min • Poids 251 kg • Vitesse maximale 225 km/h

JAPON

AU DÉBUT DES ANNÉES 80, Suzuki développe un quatre-cylindres aussi compact que puissant désigné par le préfixe GSX. La firme a désormais besoin d'une nouvelle moto à la hauteur des performances de ce double arbre à seize soupapes. Elle se tourne vers l'ancien concepteur des voitures BMW, Jan Fellstrom, et le résultat s'appelle la Katana. Caractérisée par l'intégration du réservoir et de la selle, son carénage de tête et sa selle en deux couleurs, la Katana séduit aussitôt les motards épris de fiabilité et de hautes performances. On voit ici un modèle 1982.

SUZUKI GSX-R1100WR

Cylindrée 1 074 cm³ • Puissance 130 ch à 9 700 tr/min • Poids 230 kg • Vitesse maximale 285 km/h

JAPON

LA GSX-R1100 DE SUZUKI, LANCÉE EN 1986, annonce l'arrivée de vraies répliques de machines de course. Son quatre-cylindres quatre temps à deux ACT doté de caractéristiques de moteur de compétition et sa puissance hors du commun en font immédiatement une classique. La GSX-R, qui devient la monture favorite des amateurs de compétition, remporte beaucoup de succès en circuits. Elle est encore en production et, malgré sa taille et son poids élevés par rapport aux normes actuelles, bien que n'étant plus la plus rapide de sa catégorie, elle comble toujours ses fanatiques. Cette moto est un modèle WR de 1994.

SWM GUANACO 320TL

Cylindrée 277 cm³ • Puissance 18 ch à 6 500 tr/min • Poids 85 kg • Vitesse maximale 113 km/h (estimée)

ITALIE

EN 1971, SWM COMMENCE LA PRODUCTION MOTOCYCLISTE en se spécialisant dans les machines tout-terrain. Les premiers modèles utilisent des moteurs à deux temps allemands Sachs, mais, en 1978, année de construction de cette moto, les moteurs proviennent de la firme autrichienne Rotax. Dérivée de l'excellente SWM de trial, cette machine est modifiée en vue d'une double utilisation. En 1981, le pilote français Gilles Burgat remporte le Championnat du monde de trial sur une SWM.

TERROT 175

Cylindrée 173 cm³ • Puissance 3 ch • Poids 110 kg • Vitesse maximale 50 km/h

FRANCE

LA FISCALITÉ FRANÇAISE applicable aux motos étant favorable à une certaine époque aux machines jusqu'à 175 cm³, la plupart des constructeurs proposent des motos de cette cylindrée. Terrot, implanté à Dijon, un des principaux constructeurs français de motos, offre de belles machines à moteur deux temps à cylindre incliné et cadre en boucle. Le modèle illustré ici date de 1924. La transmission primaire est à chaîne sur une boîte à deux vitesses avec courroie à la roue arrière. La machine reprend le style de la Terrot de 269 cm³ introduite en 1922.

TORNAX SIMPLEX SPORT

Cylindrée 592 cm³ • Puissance 22 ch • Poids 178 kg • Vitesse maximale 120 km/h

ALLEMAGNE

FONDÉE EN 1925, la marque Tornax acquiert rapidement la réputation de produire des machines sportives de haute qualité utilisant, pendant toute son existence de constructeur, des moteurs émanant de spécialistes. Ce modèle Simplex Sport de 1934 est typique du genre avec son moteur à culbuteurs à deux orifices d'échappement de 592 cm³ fourni par le britannique JAP. La boîte est une Hermes à trois rapports. L'architecture est classique avec un cadre en losange et une fourche à parallélogramme. Les instruments sont encastrés dans le réservoir chromé. Ce modèle est le dernier des types Tornax à moteur JAP après l'interdiction gouvernementale d'importer des composants d'origine étrangère.

TRIUMPH MINERVA

Cylindrée 293 cm³ • Puissance 2,25 ch à 1 500 tr/min
Poids inconnu • Vitesse maximale 40 km/h

ROYAUME-UNI

POUR TRIUMPH, COMME POUR BEAUCOUP de fabricants de bicyclettes, il n'est guère difficile de produire un premier motocycle. Cette machine de 1902 est un peu plus qu'une bicyclette motorisée. Avec sa soupape d'admission commandée et son carburateur à pulvérisation, le moteur Minerva est plus perfectionné que beaucoup de ses contemporains. À partir de 1903, Triumph adopte des moteurs anglais JAP jusqu'à l'introduction, en 1905, de ses propres groupes à soupapes latérales de 363 cm³.

VUE ARRIÈRE

TRIUMPH HUB CLUTCH

Cylindrée 499 cm³ • Puissance 3,5 ch
Poids inconnu • Vitesse maximale 74 km/h

ROYAUME-UNI

CE MODÈLE APPARAÎT en 1910, année où Triumph introduit son nouvel embrayage intégré au moyeu arrière et actionné au pied. Ce système rend la moto plus pratique en permettant de l'arrêter sans couper le moteur. Cette moto est dérivée de la « trois-chevaux » 1905 Triumph, premier modèle de la marque utilisant son propre moteur latéral tandis que le cadre de bicyclette est abandonné en faveur d'un cadre en losange plus bas.

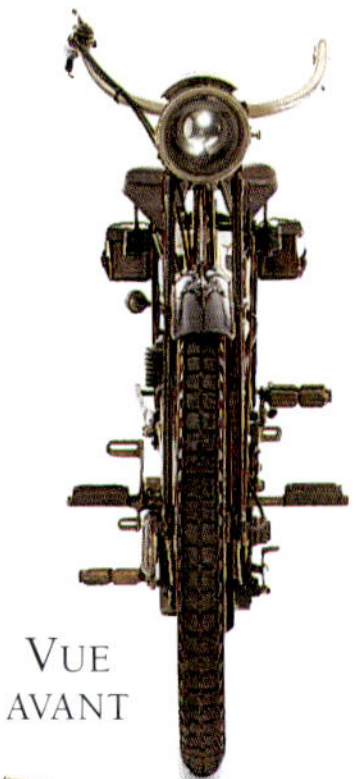

VUE AVANT

TRIUMPH TYPE R FAST ROADSTER

Cylindrée 499 cm³ • Puissance 20 ch • Poids 109 kg • Vitesse maximale 120 km/h

ROYAUME-UNI

LA TYPE R EST DÉRIVÉE DU POPULAIRE MODEL H de Triumph. Les seuls changements importants concernent le cylindre et la culasse conçus par l'ingénieur Harry Ricardo (à droite). Il modifie la motorisation de la machine en passant d'un latéral de 550 cm³ à un moderne monocylindre à quatre soupapes dans la culasse et bougie centrale. Les performances sont grandement améliorées. Le Model R, surnommé « Riccy », fait ses débuts au Senior TT 1921 et reste au catalogue jusqu'en 1927. Trente-cinq ans plus tard, Honda reconnaît le potentiel d'une culasse à quatre soupapes. Cette machine de 1923 précède d'un an l'adoption des freins à tambours.

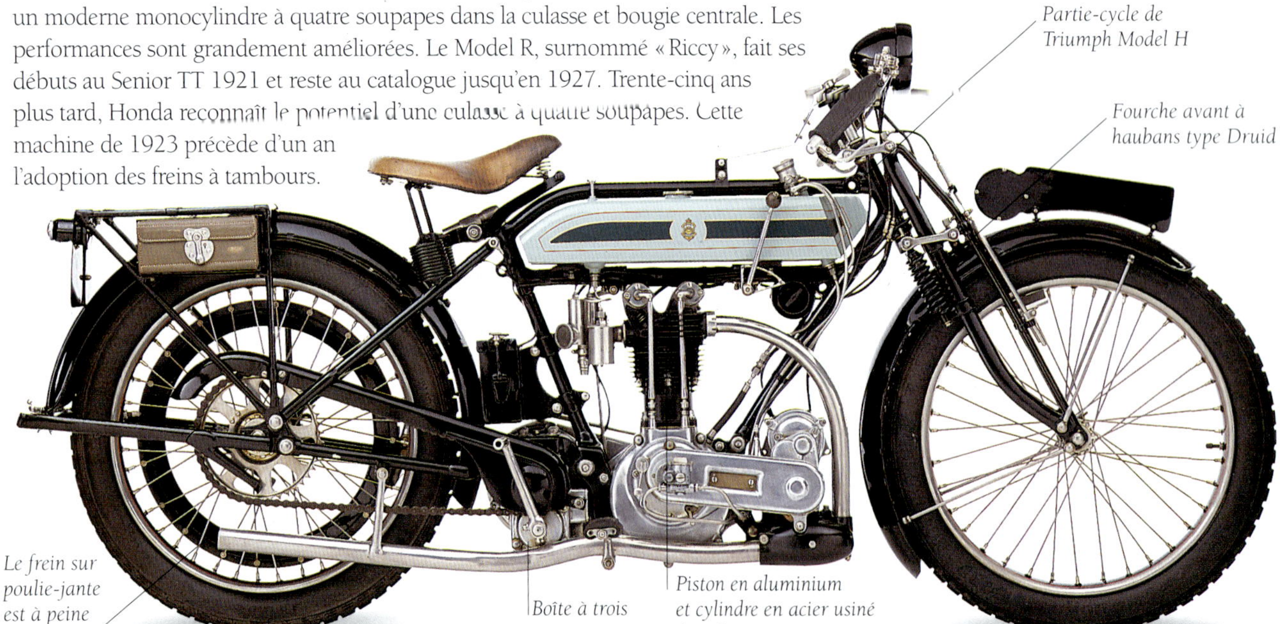

HARRY RICARDO comprend que le remplissage du cylindre est meilleur avec plusieurs soupapes qui donnent une section de passage supérieure. De petites soupapes légères réduisent les masses alternatives et autorisent des régimes plus élevés. La bougie centrale assure une combustion plus complète et plus rapide en réduisant le trajet de la flamme. Ces principes seront repris par Honda dans les années 60.

TRIUMPH MODEL SD

ROYAUME-UNI

Cylindrée 550 cm³ • Puissance 5,5 ch
Poids 110 kg • Vitesse maximale inconnue

LA TRIUMPH MODEL SD, INTRODUITE EN 1920, est basée sur le Model H à trois vitesses et courroie. La nouvelle moto possède deux chaînes et un kickstarter à la place du pédalier. Pour amortir le couple, la boîte possède un arbre entraîné élastiquement, d'où son appellation « SD » pour Spring Drive. Un avertisseur électrique et un éclairage à acétylène ou électrique sont en option. Cette moto de 1923 a reçu d'autres améliorations comme un frein avant à tambour et une fourche Druid à parallélogramme.

VUE AVANT

TRIUMPH 6/1

ROYAUME-UNI

Cylindrée 649 cm³ • Puissance 25 ch à 4 500 tr/min
Poids 197 kg • Vitesse maximale 137 km/h (estimée)

CONÇUE POUR LA SAISON 1934 par Valentine Page, la Triumph 6/1 innove sur de nombreux points et ses solutions seront reprises ultérieurement par la majorité des constructeurs britanniques. En 1935 la sélection manuelle des vitesses fait place à un sélecteur au pied, en option. La partie-cycle de la 6/1 comprend un cadre duplex en berceau et une fourche à parallélogramme. Elle vise surtout le marché du side-car, mais est discrètement abandonnée après la saison 1935.

VUE AVANT

TRIUMPH TIGER 80

ROYAUME-UNI

Cylindrée 343 cm³ • Puissance 20 ch à 5 700 tr/min • Poids 145 kg • Vitesse maximale 120 km/h

UNE NOUVELLE FAMILLE DE MONOCYLINDRES TRIUMPH à soupapes en tête conçus par Val Page apparaît en 1933. Lorsque la firme change de mains en 1936, Edward Turner revoit toute la gamme avec de nouveaux cadres, des échappements relevés, un tableau de bord intégré au réservoir et davantage de chromes. Ces motos sont désignées 70 (249 cm³), 80 (343 cm³) et 90 (493 cm³), nombre faisant référence (de façon optimiste) à leur vitesse maximale en miles. Les nouveaux modèles, plus élégants, plus rapides et moins chers, concourent au rétablissement de Triumph. Cette moto date de 1937.

VUE AVANT

LE MONOCYLINDRE À SOUPAPES en tête de 70 mm d'alésage et 89 mm de course a un rapport de compression de 7,5 à 1. Comme pour tous les autres Tiger, chaque moteur est mis au point et essayé avant livraison.

TRIUMPH SPEED TWIN

Cylindrée 498 cm³ • Puissance 27 ch à 6 300 tr/min • Poids 171 kg • Vitesse maximale 150 km/h

ROYAUME-UNI

EDWARD TURNER, INGÉNIEUR en chef de Triumph, lance la Speed Twin de 500 cm³ en juillet 1937, moins de deux ans après la suppression de la 6/1 (voir page 181). Le talent de Turner de vendre du style au prix le plus serré possible est souligné par la création de ce bicylindre parallèle, plus léger de 5 kg que le Tiger 90 sport monocylindre tout en ne coûtant pas beaucoup plus cher. Avec un rapport volumétrique de 7 à 1, ce bicylindre de 63 x 80 mm fait de la Speed Twin une machine à la fois douce et puissante par rapport à ses rivales, malgré son vilebrequin calé à 360°. Tourillonnant sur roulements à billes, le vilebrequin a un volant central et des bielles en alliage léger à coussinets garnis de métal blanc. La symétrie du moteur est accentuée par les deux arbres à cames montés en avant et en arrière du bloc en fonte. Les tiges-poussoirs, logées dans des tubes chromés placés entre les cylindres, actionnent la distribution enfermée dans des boîtiers séparés en aluminium boulonnés sur la culasse en fonte. La pompe à huile à double plongeur et la Magdyno Lucas sont entraînées par le pignon de l'arbre à cames d'admission. Un bouton émergeant du carter de distribution prévient d'une chute éventuelle de la pression d'huile. Le moteur, légèrement plus étroit que le Tiger 90, est monté dans une partie-cycle Tiger revêtue d'une finition noir ou marron. Capable de dépasser 145 km/h, la Speed Twin passe les 400 m départ arrêté à 119 km/h. Une version sport apparaît en 1939 avec la Tiger 100. Non seulement, le Speed Twin de Turner constitue la base de la gamme Triumph des cinquante années suivantes, mais il pousse l'industrie britannique à cultiver le twin parallèle tout au long des années d'après-guerre. Ce modèle date de 1939.

COMME BEAUCOUP D'AUTRES constructeurs, Triumph intègre un tableau de bord en haut du réservoir d'essence. Fabriqué dans une matière plastique de l'époque, appelée bakélite, le tableau comporte un contacteur d'éclairage Lucas à trois positions, un grand ampèremètre Lucas et un manomètre de pression d'huile. Accessoire utile, une petite lampe balladeuse facilite les réparations de nuit.

•LE BON GÉNIE DE TRIUMPH•

Edward Turner, concepteur de la Speed Twin, est une grande figure du motocyclisme anglais. Il commence sa carrière chez Ariel en signant la très innovante Square Four (voir page 18) avant de déménager chez Triumph lorsque les propriétaires d'Ariel reprennent la marque en 1936. Chez Triumph, il couvre de chrome et de couleurs des machines monocylindres assez ternes et en fait la gamme Tiger. Dans l'après-guerre, Turner joue un rôle clé en adaptant les motos Triumph au marché américain où elles se vendent en nombre.

Edward Turner à son bureau

VUE AVANT

VUS SOUS N'IMPORTE QUEL angle, les modèles de Turner sont caractérisés par l'élégance des lignes. Même le gros phare Lucas de 8 pouces (20 cm) ne détone pas sur la finesse générale de la Speed Twin. Avec ses deux échappements bien reserrés, le moteur est en fait plus étroit que celui des Tiger. Turner privilégiait la vitesse comme en témoigne le fait qu'il faut prendre plus de 45°d'angle pour frotter les repose-pieds ou les échappements.

TRIUMPH 3TA

Cylindrée 349 cm³ • Puissance 18,5 ch à 6 500 tr/min • Poids 158 kg • Vitesse maximale 130 km/h

ROYAUME-UNI

ANNONCÉE EN 1957, la 3TA est la première Triumph bicylindre à bloc-moteur. En raison du style radicalement nouveau du modèle, Edward Turner a sans doute estimé plus sage de tâter le marché avec un 350 twin, cylindrée peu populaire auprès des acheteurs anglais. Si l'architecture de base du moteur demeure identique, le carter est étendu de façon à loger la partie transmission dans un compartiment séparé. Un vilebrequin assemblé tourillonne sur des paliers lisses et à billes. Au lieu d'une magnéto, l'arbre à cames d'admission entraîne désormais un allumeur monté dans le carter, derrière celui affecté à la distribution, avec un renvoi d'angle. L'éclairage et l'allumage sont assurés par un alternateur en bout de vilebrequin dans le carter de transmission primaire. Un compteur de vitesse magnétique pris sur la roue arrière remplace le coûteux instrument traditionnel et un témoin de sélection figure en haut du carter de boîte. La caractéristique la plus radicale est le carénage arrière dit « la baignoire », qui fait place à une version raccourcie en 1964. La 3TA survit jusqu'en 1966. On voit ici un modèle 1968.

VUE AVANT

LA 3TA possède un rapport supérieur de 1 à 5,4 et une compression de 7,5 à 1. Les cotes du moteur (58,25 x 65,5 mm) donnent une cylindrée de 349 cm³ ou 21 pouces-cubes, d'où l'appellation « Twenty-One ». Le bloc-cylindre est en fonte avec culasse en aluminium et tubulure rapportée recevant un carburateur Amal 375 Monobloc. La boîte est entraînée par une chaîne duplex sans tendeur. La « Twenty-One » est peinte en beige argenté.

•UNE ÉLOQUENTE SILHOUETTE•

La partie-cycle de la 3TA comporte un cadre simplex en berceau avec bras arrière oscillant et fourche avant télescopique. Le réservoir porte le nouvel écusson « en harmonica » de la marque. La nacelle de phare est conservée et complétée, selon Turner, par un garde-boue très enveloppant. La selle se relève pour donner accès à un compartiment contenant la batterie et à la trousse à outils, mais le filtre à air est presque inaccessible.

Percy Tait essaie le prototype en 1957

TRIUMPH T120 BONNEVILLE

Cylindrée 650 cm³ • Puissance 46 ch à 6 500 tr/min ROYAUME-UNI
Poids 183 kg • Vitesse maximale 177 km/h

CONSIDÉRÉE COMME LA QUINTESSENCE du twin britannique, la Bonneville, introduite en 1959, se perpétue sous diverses formes jusqu'en 1989. Son nom rappelle les records de vitesse établis par les Triumph twins sur le Grand Lac salé de l'Utah, aux États-Unis, dans les années 50. Les premières Bonneville, comme ce rare modèle de 1959 illustré ici, avec un rapport volumétrique de 8,5 à 1, possèdent la nouvelle culasse en aluminium et un arbre à cames d'admission de semi-compétition. Les deux carburateurs Amal monobloc sont alimentés par une cuve commune séparée. Jusqu'en 1960, la partie-cycle comprend un cadre simplex standard et des organes communs à toute la gamme 650.

TRIUMPH T20 TIGER CUB

Cylindrée 199 cm³ • Puissance 10 ch à 6 000 tr/min ROYAUME-UNI
Poids 109 kg • Vitesse maximale 116 km/h

LANCÉE EN 1954, la T20 représente la seule tentative sérieuse de l'industrie britannique dans le domaine de la moto légère à moteur quatre temps. Dérivée de la Triumph Terrier 149 cm³, la Cub est développée plus tard par BSA pour faire la C15 248 cm³ (voir page 39). Les premiers modèles reçoivent une suspension arrière coulissante, mais ce modèle de 1959 est équipé d'un bras arrière oscillant. La boîte à quatre rapports est montée en bloc avec le moteur. L'appellation et le style de la machine font penser à une version réduite des twins si appréciés de Triumph. La Tiger Cub existe jusqu'en 1968.

TRIUMPH 6T THUNDERBIRD

Cylindrée 649 cm³ • Puissance 34 ch à 6 300 tr/min ROYAUME-UNI
Poids 175 kg • Vitesse maximale 171 km/h

LA THUNDERBIRD ORIGINALE apparaît en 1949 à l'intention du marché américain qui demande une cylindrée supérieure. Le moteur passe de 500 à 650 cm³ en créant une nouvelle catégorie parmi les twins anglais d'après-guerre. Dans le film L'Équipée sauvage, de 1954, Marlon Brando chevauche une Thunderbird. Ce modèle 1960 possède un cadre duplex en berceau carrossé dans le style « baignoire ». En 1961, le moteur reçoit une culasse en aluminium et le bloc-moteur apparaît en 1962. La désignation Thunderbird disparaît en 1966 pour renaître brièvement dans les années 80 sur une twin 650, puis dans les années 90 sur une version rétro de la trois-cylindres 900 cm³ Triumph.

TRIUMPH T120TT BONNEVILLE SPECIAL

Cylindrée 649 cm³ • Puissance 54 ch à 6 500 tr/min ROYAUME-UNI
Poids 150 kg • Vitesse maximale 193 km/h

LA FIRME TRIUMPH AMERICA DÉVELOPPE la TT Special pour le marché de la côte Ouest où les courses dans le désert et sur les plages sont très pratiquées. Pour économiser le poids d'une batterie, on utilise, malgré ses caprices, l'allumage dit « Energy Transfer », tandis que le cadre duplex fait place à un tube unique raccordé à un double berceau. La partie arrière est rigidifiée par des plaques recevant l'axe de la fourche oscillante. La T120 TT n'est produite que pendant deux saisons, et rares sont celles qui ont survécu aux rigueurs de la course dans le sable. L'arrivée des vraies machines de scramble déclasse la TT Special.

TRIUMPH T150 TRIDENT

Cylindrée 740 cm³ • Puissance 58 ch • Poids 212 kg • Vitesse maximale 200 km/h

ROYAUME-UNI

LA T150 TRIDENT, DESTINÉE À L'EXPORTATION, apparaît en 1968 et n'est disponible sur le marché britannique qu'en 1969. L'augmentation de cylindrée est obtenue par l'addition d'un troisième cylindre. Le vilebrequin calé à 120°en fait un moteur très doux doté d'une belle sonorité d'échappement. Malgré ses excellentes performances et son bon comportement dynamique, la Trident est éclipsée par la CB750 de Honda (voir pages 88-89). La T150V, modèle de 1972, a une boîte à cinq rapports et un frein à disque. La grande refonte de 1974 apporte un démarreur électrique et un sélecteur au pied gauche. On voit ici un modèle 1972.

À partir de 1971, les modèles export ont un réservoir plus petit et un guidon plus haut

Roues standard Triumph avec un nouveau frein avant double came introduit en 1968

Le système d'échappement type trois-en-quatre-en-deux se termine par une paire de silencieux futuristes surnommés les « ray guns » (pistolets à rayons)

Moteur à cylindres verticaux à trois carburateurs

Cadre à simple berceau

TRIUMPH X75 HURRICANE

Cylindrée 740 cm³ • Puissance 58 ch à 7 250 tr/min
Poids 201 kg • Vitesse maximale 170 km/h

ROYAUME-UNI

DÉVOILÉE EN NOVEMBRE 1972, la X75 Hurricane découle de la BSA Rocket 3 (voir page 39) retirée du marché. Mais elle conserve son cadre duplex et ses cylindres inclinés. BSA-Triumph a chargé le concepteur américain Craig Vetter de dessiner des trois-cylindres style chopper produites en série limitée pour profiter du phénomène de mode engendré par les films Wild Angels et Easy Rider. En 1972 (date de cette moto), la marque BSA est abandonnée et l'on utilise un écusson Triumph. La Hurricane est cependant plus voyante qu'efficace ; le réservoir de 9 l réduit l'autonomie, la fourche rallongée détériore le comportement routier et le guidon large ne facilite pas le pilotage à grande vitesse.

Les trois sorties d'échappement sont à droite

Un petit réservoir en tôle est dissimulé dans le support de selle et le faux réservoir en plastique

Pour le style, mais pas pour la tenue de route, la fourche est allongée de 1 pouce (25 mm)

Boîte Triumph à cinq rapports

Frein avant conique à double came insuffisant

TRIUMPH T140D BONNEVILLE

Cylindrée 748 cm³ • Puissance 51 ch (estimée)
Poids 186 kg • Vitesse maximale 155 km/h

ROYAUME-UNI

LA BONNEVILLE REÇOIT un nouveau cadre avec réservoir d'huile dans le tube supérieur en 1971 et la cylindrée passe à 748 cm³ en 1973. Lancée en 1979 (date de sa création), la T140D Special est modifiée en fonction des réglementations antipollution américaines. Les changements affectent les performances, faisant de la T140D une indigne héritière de l'appellation Bonneville. C'est la dernière Triumph exportée en grand nombre aux États-Unis. La production est poursuivie à l'usine de Meriden jusqu'à la fin de la coopérative ouvrière en 1983.

Le silencieux de l'échappement deux-en-un détruit les performances

Carburateurs Amal Mk2

L'huile moteur est contenue dans le tube supérieur du cadre duplex

Roues Lester en alliage léger à sept branches

Les commandes de frein et de sélection sont inversées en 1975 en fonction de la législation américaine

TRIUMPH SPEED TRIPLE

Cylindrée 885 cm³ • Puissance 99 ch à 9 000 tr/min • Poids 209 kg • Vitesse maximale 217 km/h

ROYAUME-UNI

LA SOCIÉTÉ TRIUMPH RESSUSCITÉE introduit ses nouvelles gammes de trois et quatre-cylindres en 1991. La conception des moteurs à deux ACT refroidis par liquide est très influencée par la GPZ900R de Kawasaki (voir page 115) et une poutre tubulaire en acier est à la base de tous les modèles. La meilleure machine de la gamme originale est la trois-cylindres Trident 885 cm³ non carénée. Cette Triple date de 1994. L'aspect bénéficie du traitement noir des finitions et elle est équipée d'organes de suspension et de freinage de meilleure qualité. Son appellation est inspirée de la Speed Twin de 1937.

Dosseret amovible cachant la selle passager

Double disque avant avec étriers à quatre pistons opposés

Échappement trois-en-un avec silencieux cylindriques

Roues de 17 pouces (43 cm) chaussées de pneus Michelin Hi-sport

TRIUMPH KNIRPS

Cylindrée 276 cm³ • Puissance 3 ch
Poids 59 kg • Vitesse maximale 64 km/h

ALLEMAGNE

LES TRIUMPH WERKE NÜRNBERG (TWN) ou Ateliers Triumph de Nuremberg sont fondés en 1903 en tant que filiale allemande de la Triumph Cycle Co. de Coventry, juste retour des choses puisque la firme anglaise est dirigée par Siegfried Bettman, de Nuremberg, et son compatriote Mauritz Schulte. Suite à l'introduction de la Triumph Junior, en 1914, l'usine allemande s'équipe pour produire un type identique, la Knirps (la « pince ») dont la production démarre en 1920, année de cette machine. À l'exception du moteur allemand un peu plus gros, la moto est presque identique à son homologue anglaise.

Moteur deux temps entraînant la boîte à deux rapports par chaîne, puis la roue arrière par courroie

TRIUMPH BDG 125

Cylindrée 123 cm³ • Puissance 6,5 ch à 4 800 tr/min
Poids 80 kg • Vitesse maximale 80 km/h

ALLEMAGNE

APRÈS LA SECONDE GUERRE MONDIALE, TWN est un des premiers constructeurs allemands à reprendre sa production, initialement celle des types d'avant-guerre. En 1949, la firme annonce de nouveaux modèles 125 et 250 utilisant le moteur deux temps à cylindres en U d'avant-guerre. Dans ce type, les orifices de transfert sont sur un cylindre et les échappements sur l'autre, avec chambre de combustion commune. Le moteur tourne comme un monocylindre, mais les flux gazeux sont bien séparés. TWN utilise cette configuration jusqu'en 1957, période où s'arrête la production. On voit ici un modèle de 1950.

Cadre tubulaire

Fourche télescopique

Van Veen OCR1000

Cylindrée 996 cm³ • Puissance 100 ch à 6 000 tr/min
Poids 295 kg • Vitesse maximale 242 km/h

Allemagne

Après des années de travail sur les 50 cm³ Kreidler de compétition, Henk Van Veen choisit de produire une machine de grosse cylindrée sous son propre nom. Il adopte un moteur rotatif Wankel refroidi par eau développé conjointement avec Audi/NSU, une boîte à quatre rapports et une transmission par arbre développés par Porsche, une fourche avant et une suspension arrière signées Koni et des freins Brembo. Chère et produite sur commande, cette moto constitue une prestigieuse « carte de visite » pour la firme Van Veen plutôt qu'une vraie tentative de devenir constructeur de motos.

Velocette D2

Cylindrée 220 cm³ • Puissance 8 ch
Poids 172 kg • Vitesse maximale 65 km/h

Royaume-Uni

Plus célèbre pour ses monocylindres quatre temps à culbuteurs, Velocette a aussi produit des moteurs deux temps à l'époque des réservoirs plats. Si la D2 paraît actuellement simpliste, il faut se rappeler que les premiers motocyclistes sont aussi mécaniciens et qu'ils assurent eux-mêmes les réparations et l'entretien de machines soumises aux contraintes imposées par l'état des routes au cours des années 20. La technologie des freins est encore rudimentaire. Les freins de bicyclette de la D2 valent bien ceux des marques concurrentes ; le niveau d'efficacité est peu élevé. On voit ici un modèle 1921.

Velocette Model K

Cylindrée 348 cm³ • Puissance inconnue • Poids 118 kg • Vitesse maximale 105 km/h

Royaume-Uni

Disponible en versions routière ou sportive, la Model K, qui doit devenir l'emblème de la marque de Birmingham, est la première Velocette à bénéficier du moteur à arbre à cames en tête conçu par Percy Goodman. Le nouveau moteur est le premier quatre-temps produit par Velocette depuis 1916, date de sa reconversion aux fabrications de guerre. Il demeure pratiquement inchangé jusqu'au début des années 30. Cette Model K date de 1925.

Vue arrière

Pendant la Grande Guerre, l'activité principale de Velocette porte sur la fabrication de pièces pour les voitures blindées Rolls-Royce, coopération qui aura une influence bénéfique sur la qualité des productions Velocette.

Velocette Model LE

Cylindrée 149 cm³ • Puissance 8 ch à 6 000 tr/min • Poids 113 kg • Vitesse maximale 80 km/h

Royaume-Uni

Pour un public habitué aux traditionnels et robustes monos de Velocette, la « Little Engine » (petit moteur) est un choc. Son cadre monocoque en tôle emboutie et son arbre de transmission, son moteur deux temps flat-twin réputé silencieux ne parviennent pourtant pas à lever le doute, et cela en dépit de toutes les innovations. Pour faciliter l'entretien, le moteur, la boîte, les radiateurs et le bras oscillant arrière sont assemblés sur un cadre secondaire démontable.

Vue arrière

Les lignes anguleuses du cadre embouti de ce modèle 1949 contrastent avec la souplesse des sacoches en toile.

Velocette KTT Mk VIII

Cylindrée 348 cm³ • Puissance 34 ch
Poids 145 kg • Vitesse maximale 185 km/h

Royaume-Uni

Malgré ses origines remontant à l'avant-guerre, le moteur Velocette à un ACT de Percy Goodman est construit jusque dans les années 50, démontrant ainsi la valeur du dessin original. Le dernier modèle portant la célèbre appellation, la KTT Mk VIII (ici, un modèle 1947) est introduit un an après la victoire totale de l'équipe officielle Velocette au TT 1938, soulignant la réputation de fiabilité de Velocette qui contraste avec les très capricieuses machines de course contemporaines. Les modifications d'après-guerre restent limitées, mais les machines du Championnat du monde, pilotées par Freddie Frith en 1949 et 1950, ont des moteurs à deux ACT.

Velocette Thruxton Venom

Cylindrée 499 cm³ • Puissance 40 ch à 6 200 tr/min
Poids 177 kg • Vitesse maximale 170 km/h

Royaume-Uni

À la base version améliorée du modèle Venom, le « gros mono » apparaît parfaitement adapté à l'épreuve d'endurance des 9 Heures de Thruxton pour motos de série, qui donne son nom aux évolutions de la sportive Venom. Avant l'introduction de la Thruxton en 1965, l'usine Velocette propose un kit hautes performances aux amateurs de compétition. Paradoxalement, la course de 800 km déménage la même année sur le circuit de Castle Combe, mais les Velocette dominent toujours la catégorie 500. Cette Thruxton Venom date de 1967.

Vespa 150

Cylindrée 190 cm³ • Puissance 7 ch à 5 000 tr/min • Poids inconnu • Vitesse maximale 90 km/h

Italie

Introduite dès 1946, la Vespa est encore produite dans les années 90 sous une forme modernisée et améliorée. C'est le motocycle de série produit le plus longtemps. La Vespa naît du besoin d'un moyen de transport personnel économique dans l'Italie bouleversée par la guerre et de la nécessaire reconversion de la firme aéronautique Piaggio. Elle est conçue par un ingénieur aéronautique, un certain Corradino D'Ascanio, qui est dépourvu des préjugés techniques d'un spécialiste de la moto. Le cadre est une monocoque en tôle d'acier conçue avec l'intention d'offrir un confort et une protection maxima au pilote, d'où la configuration à cadre ouvert et le tablier intégral. L'ensemble moteur-boîte-roue arrière oscille pour assurer la suspension arrière. Les roues interchangeables sont montées sur fusées comme celles d'une automobile. La sélection des vitesses s'effectue par poignée tournante à main gauche. Vespa signifie guêpe en italien ; c'est le bourdonnement du deux-temps et l'arrière effilé du scooter qui sont à l'origine du nom.

Vue avant

Tablier protégeant bien les vêtements

La Vespa originale possède un moteur de 98 cm³ porté à 125 en 1948, une version 150 apparaissant en 1954. Plus tard, la cylindrée atteint même 198 cm³. La 150 illustrée ici est un modèle 1965. De nombreux accessoires sont proposés dès le début : panier sur le tablier, porte-bagages recevant la roue de secours et selle passager entre autres. Le modèle de base dispose d'une selle solo.

•Accessoire de mode•

Malgré sa vocation utilitaire et pratique, la Vespa devient l'engin à la mode auprès des jeunes. Les scooters Vespa et Lambretta deviennent des objets cultes de loisir dans les années 60 avec clubs et sorties organisées comme ici à Hastings.

Vespa-club à Hastings, Angleterre

Victoria KR50S

Cylindrée 495 cm³ • Puissance 18 ch à 5 000 tr/min • Poids 150 kg • Vitesse maximale 115 km/h

Allemagne

En 1928, Victoria introduit une famille de monocylindres pour compléter la gamme de flat-twins qu'elle produit déjà. Les nouvelles machines sont classiques avec cadre tubulaire, fourche à haubans et moteur anglais Sturmey-Archer de 198 à 495 cm³. La KR50S haut de gamme, avec boîte à trois rapports, est introduite en 1931. Les Victoria à moteur Sturmey-Archer sont supprimées au début des années 30, la KR50S est abandonnée en 1933, la version 198 à soupapes latérales en 1934. On voit ici un modèle 1931.

Victoria Bergmeister

Cylindrée 347 cm³ • Puissance 21 ch à 6 300 tr/min • Poids 176 kg • Vitesse maximale 130 km/h

Allemagne

La Bergmeister est la première Victoria d'après-guerre à moteur quatre temps. Présentée en 1951, elle n'est livrée qu'à partir de 1953. La machine est conçue par Richard Küchen avec une boîte de vitesses à chaînes au lieu de pignons. La transmission finale se fait par arbre. La production s'arrête en 1956 et Victoria revient aux machines légères à deux temps. Le coût élevé des études de la Bergmeister a mis la firme en péril, et elle doit fusionner avec Zweirad Union en 1958. La moto illustrée ici date de 1954.

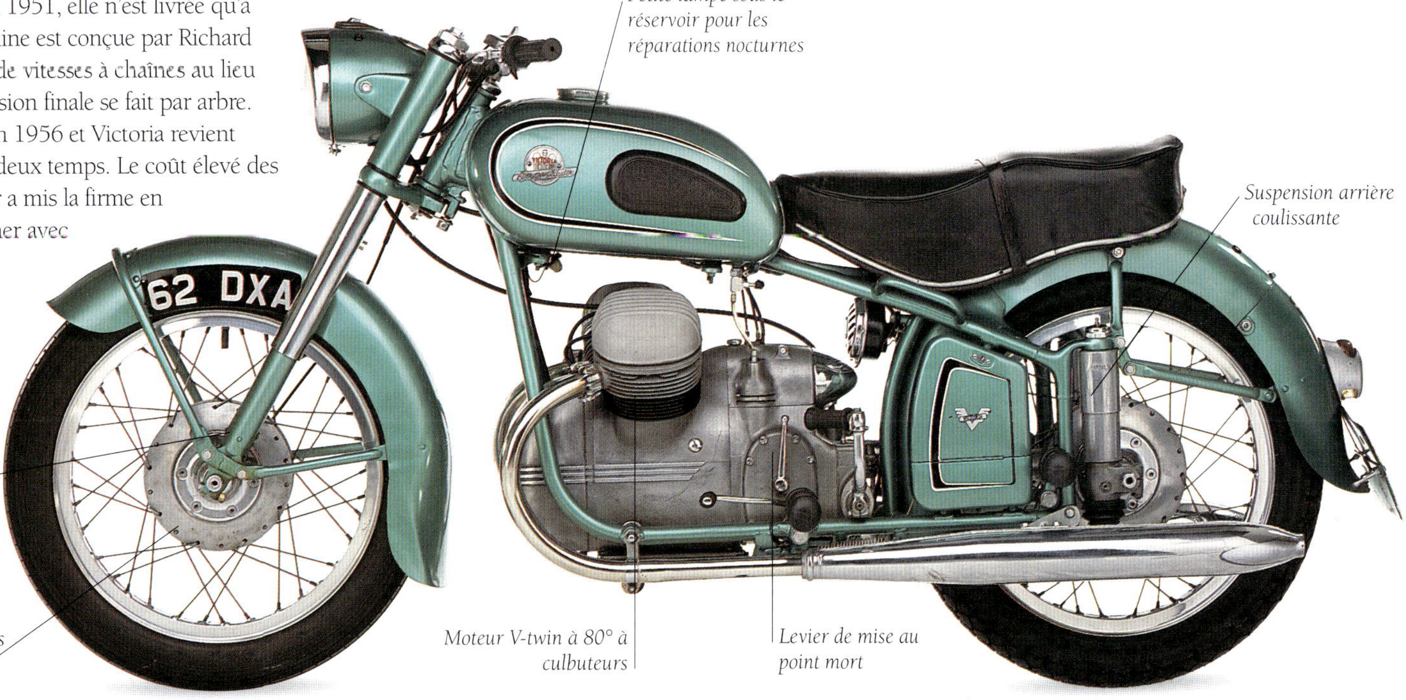

VICTORIA SWING

Cylindrée 197 cm³ • Puissance 11 ch à 5 300 tr/min • Poids inconnu • Vitesse maximale 100 km/h

ALLEMAGNE

INTRODUITE EN **1955**, la Swing tire son nom de l'inhabituelle suspension arrière. L'ensemble moteur-boîte et fourche arrière pivote d'un bloc sous le contrôle des combinés de suspension arrière. Sous l'effet d'un cahot, le groupe entier oscille. La chaîne finale, enfermée sous carter en fonte, est tendue par une poulie folle. À partir de 1956, date de cette machine, les rapports sont sélectionnés par un électro-aimant commandé au guidon par des boutons-poussoirs.

Axe d'oscillation de la suspension arrière

La fourche avant à roue poussée est suspendue par un ressort central caché par le carénage de tête

Sélecteur de vitesses électrique à poussoirs

VUE AVANT

LA SUSPENSION et les carénages originaux de la Swing s'expliquent pa les créations antérieures de Victoria dans le domaine du scooter.

VINCENT-HRD COMET

Cylindrée 498 cm³ • Puissance 25 ch à 5 300 tr/min • Poids 175 kg • Vitesse maximale 148 km/h

ROYAUME-UNI

APRÈS SA DÉSASTREUSE DÉMONSTRATION AU **TT 1934**, Philip Vincent abandonne les moteurs JAP. À moins de quatre mois du Salon de la moto 1934, il charge Phil Irving de développer un monocylindre de 500 cm³. Irving y parvient et le modèle 1935 est exposé avec le nouveau moteur qui n'a pas encore tourné. Le nouveau type, base des futurs modèles Vincent, possède un arbre à cames monté haut dans le carter et des tiges de culbuteurs très écartées. Les soupapes coulissent dans des doubles guides. Ce modèle date de 1938.

La roue avant porte deux tambours pour une meilleure efficacité à grande vitesse

Le moteur à soupapes en tête 84 x 90 mm entraîne une boîte Burman à quatre vitesses au moyen d'une chaîne double

VUE AVANT

LA COMET est doublement suspend au moyen d'une fourche à haubans Brampton et d'une suspension arrière cantilever brevetée par Vincent, en 19 après le rachat de la défunte firme HR

VINCENT-HRD SERIES C BLACK SHADOW

Cylindrée 998 cm³ • Puissance 55 ch à 5 700 tr/min • Poids 208 kg • Vitesse maximale 200 km/h

ROYAUME-UNI

LA PLUS CONNUE DE TOUS LES MODÈLES VINCENT-HRD, la Black Shadow, apparaît sous la forme d'une version améliorée de la Rapide Série B qui remplace, en 1946, la Rapide Série A d'avant-guerre. La version Série C, qui arrive en 1949, reste en production jusqu'en 1954. Le moteur V-twin en bloc forme partie intégrante de la partie-cycle, suspendu à une poutre supérieure servant de réservoir d'huile. La partie arrière du cadre pivote à l'arrière de la boîte sur deux boîtiers contenant un ressort et, à partir de 1949, un amortisseur est intégré entre son point de pivotement supérieur et l'arrière du réservoir d'huile. Entraînée par un servo-embrayage et une chaîne triple, la boîte transversale étroite comporte quatre rapports. À 100 km/h en quatrième, ce moteur souple tourne seulement à 4 000 tr/min. La moto possède deux béquilles latérales et une béquille principale très utiles pour procéder aux opérations d'entretien. Autre accessoire notable, le compteur gradué jusqu'à 240 km/h indique bien que la Vincent est, en son temps, la moto la plus rapide du monde.

LA BLACK SHADOW d'après-guerre conserve bien des caractéristiques de la Série A : suspension arrière cantilever, roues à double frein aisément démontables et, sur la Série B, une fourche à haubans Brampton. Les modèles Série C reçoivent la fourche maison Girdraulic qui combine la rigidité d'une fouche à haubans avec les avantages de l'hydraulique.

•LA PREMIÈRE BLACK SHADOW•

La machine datant de 1949, montrée ici sous le numéro JRO 102, est le prototype de la Black Shadow. Les modèles de production seront légèrement plus bas et la fourche Girdraulic remplace la fourche Brampton à parallélogramme. Derrière la moto on voit « l'usine » ; Vincent (à droite) et la maison de son propriétaire (à gauche).

Le prototype de la Black Shadow en 1949

VINCENT SERIES D RAPIDE

ROYAUME-UNI

Cylindrée 998 cm³ • Puissance inconnue
Poids 202 kg • Vitesse maximale 175 km/h

VINCENT AURAIT VOULU QUE tous les modèles Série D soient équipés d'un carénage intégral. Ces machines profilées sont annoncées fin 1954. La révision du cadre entraîne le déplacement du réservoir d'huile sous la selle. L'allumage par bobine est adopté et les suspensions sont contrôlées par des amortisseurs Armstrong. Mais les carénages, fabriqués par un spécialiste extérieur, ne peuvent être livrés à temps, et les premières machines de 1955, comme cette Rapide, sortent mais non carénées. La Série D est la dernière gamme produite par Vincent avant la fermeture de l'usine en 1955.

La selle biplace et le réservoir d'huile sont montés sur une structure tubulaire secondaire

WANDERER

ALLEMAGNE

Cylindrée 308 cm³ • Puissance 2,5 ch
Poids inconnu • Vitesse maximale 60 km/h (estimée)

CETTE MACHINE DE 1903 est une des premières productions de la société Winkelhofer & Jaenicke située en Saxe qui a débuté l'année précédente. Le cadre de cette moto simple est une boucle renforcée par un deuxième tube supérieur passant au-dessus du moteur. L'arbre à cames de ce moteur à soupape d'admission automatique est placé en avant du cylindre. Un long conduit relie au cylindre le carburateur placé vers l'arrière de façon à lui faire aspirer de l'air chaud. L'allumage est à magnéto. Les Wanderer sont réputées pour la qualité de leur fabrication.

Frein à patin sur le pneu avant

Le cadre en boucle permet de surbaisser le moteur

WANDERER K500

ALLEMAGNE

Cylindrée 498 cm³ • Puissance 18 ch • Poids 165 kg • Vitesse maximale 120 km/h

CONÇUE PAR ALEXANDER NOVIKOFF, cette machine originale est introduite en 1928. Étudiée comme une moto de qualité destinée à rivaliser avec les twins à arbre de BMW, le vilebrequin du monocylindre de la K500 est orienté longitudinalement dans un cadre en tôle emboutie. La boîte à trois rapports entraîne l'arbre de transmission final. Mais Wanderer compte trop sur cette nouvelle moto, et la firme est rachetée par NSU en 1930. La reprise signifie la fin de la production de la moto dont la configuration va s'avérer plus durable.

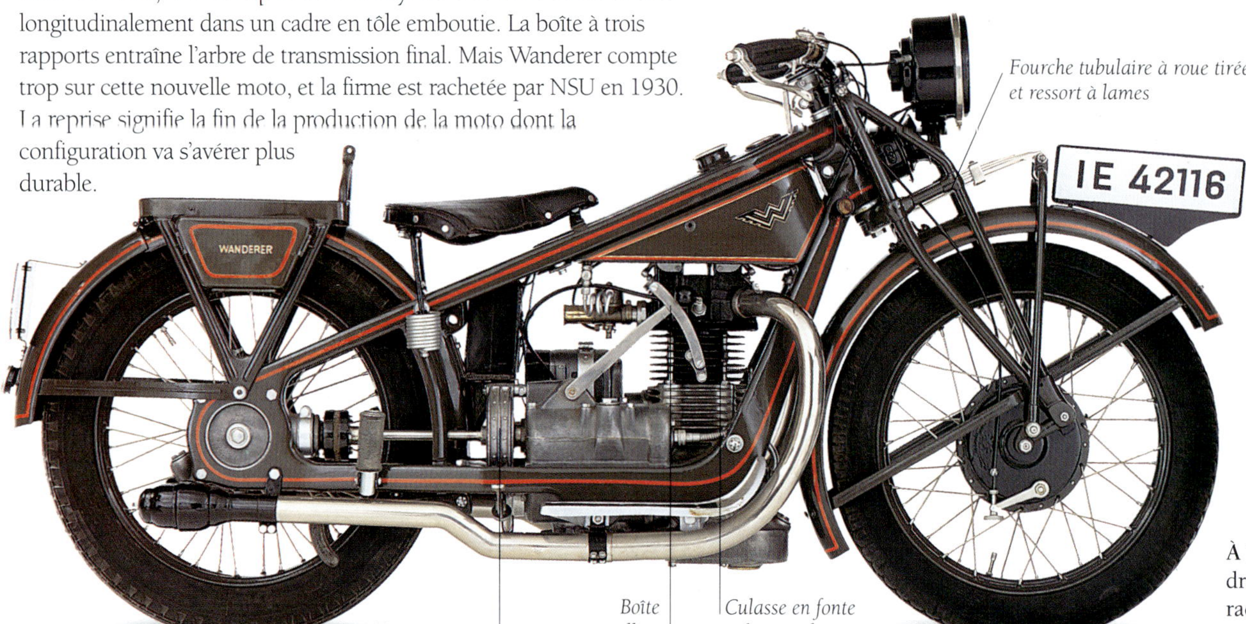

Fourche tubulaire à roue tirée et ressort à lames

Frein arrière à collier sur transmission

Boîte manuelle à trois rapports

Culasse en fonte à deux orifices d'échappement

VUE AVANT

À LA SUITE DE la reprise par NSU, les droits de fabrication de la Wanderer sont rachetés par Frantisek Janacek en Tchécoslovaquie. La réunion abrégée des deux noms donnera la marque Jawa.

WERNER

Cylindrée 262 cm³ • Puissance 2,5 ch • Poids inconnu • Vitesse maximale 32 km/h

FRANCE

LES FRÈRES WERNER présentent leur premier motocycle en 1897. Celui-ci résulte du montage d'un petit moteur dessiné par Hippolyte Labitte sur la roue avant d'une bicyclette. C'est la première « moto » fabriquée en quantité significative et produite sous licence en Grande-Bretagne. La position du moteur, le poids placé en haut de la fourche avant rendent la machine instable et dangereuse. Mais les autres marques ne font pas mieux : moteur dans une roue, sous la selle et même sur un cadre séparé placé derrière la roue arrière.

La « nouvelle » Werner, comme celle illustrée ici, apparaît en 1901. Cette machine s'éloigne d'une bicyclette motorisée pour devenir un motocycle intégré. Dès lors que le problème de l'emplacement du moteur est résolu, la voie est tracée vers d'autres développements du moteur et de la partie-cycle. Parmi les autres améliorations, citons l'allumage électrique, un meilleur carburateur et des freins plus efficaces. Ces choix font d'un jouet pour excentriques un moyen de transport pratique.

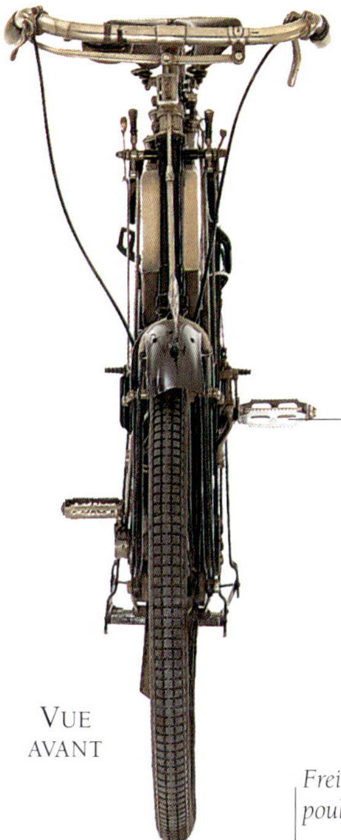

VUE AVANT

LE CADRE EST INTERROMPU entre le raccord inférieur et le tube avant en fourche de façon à recevoir le moteur boulonné entre les deux éléments du cadre. Un tube supérieur horizontal supplémentaire est ajouté au-dessus du moteur pour renforcer le cadre. Avec ce moteur surbaissé et placé au centre entre les roues, la tenue de route de la moto est bien meilleure.

Pédalier indispensable au démarrage et pour monter les côtes

•UNE MACHINE PEU PRATIQUE•

Le premier motocycle Werner est produit en 1897 avec un petit moteur à admission automatique placé au-dessus de la roue avant d'une bicyclette. Avec le recul du temps, la machine semble inutilisable : la répartition des masses est très mauvaise, l'allumage à tube incandescent est aussi dangereux que défectueux et la puissance est insuffisante.

Une Werner et son propriétaire au début du siècle

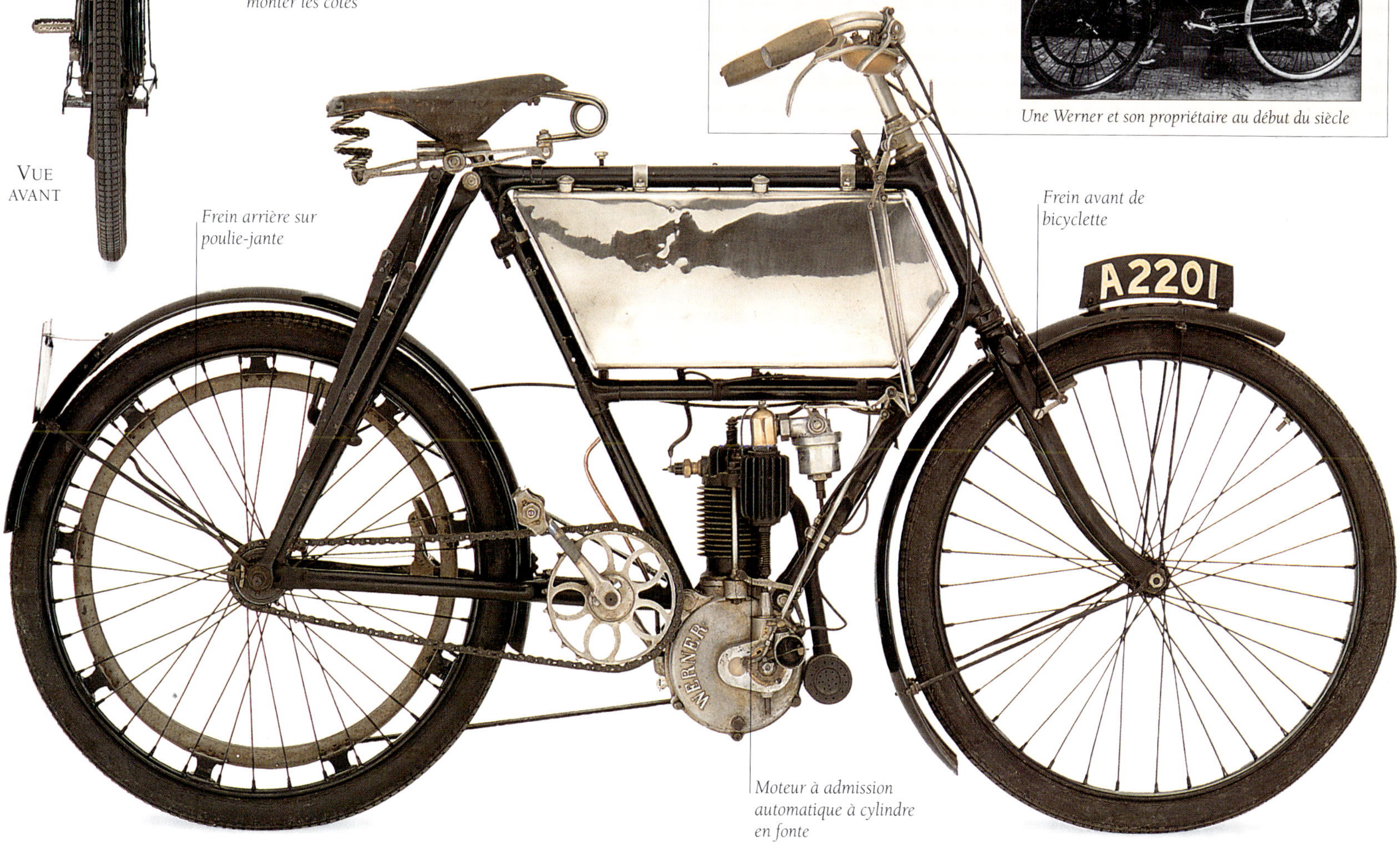

Frein arrière sur poulie-jante

Frein avant de bicyclette

Moteur à admission automatique à cylindre en fonte

WESLAKE

Cylindrée 499 cm³ • Puissance 48 ch • Poids 83 kg • Vitesse maximale 95-130 km/h ÉTATS-UNIS

LA MOTO DE SPEEDWAY fait partie des machines les plus spécialisées et sa conception a subi peu de modifications depuis soixante ans. Les cadres squelettes légers et les moteurs monocylindres verticaux à quatre temps des types modernes diffèrent peu des anciens. Jusqu'à l'arrivée du moteur Weslake à quatre soupapes en 1974, les moteurs à deux soupapes de JAP puis de Jawa dominent la spécialité depuis les années 30. Plus puissant, le Weslake s'impose en speedway. La moto illustrée ici est celle du champion du monde 1981, Bruce Penhall.

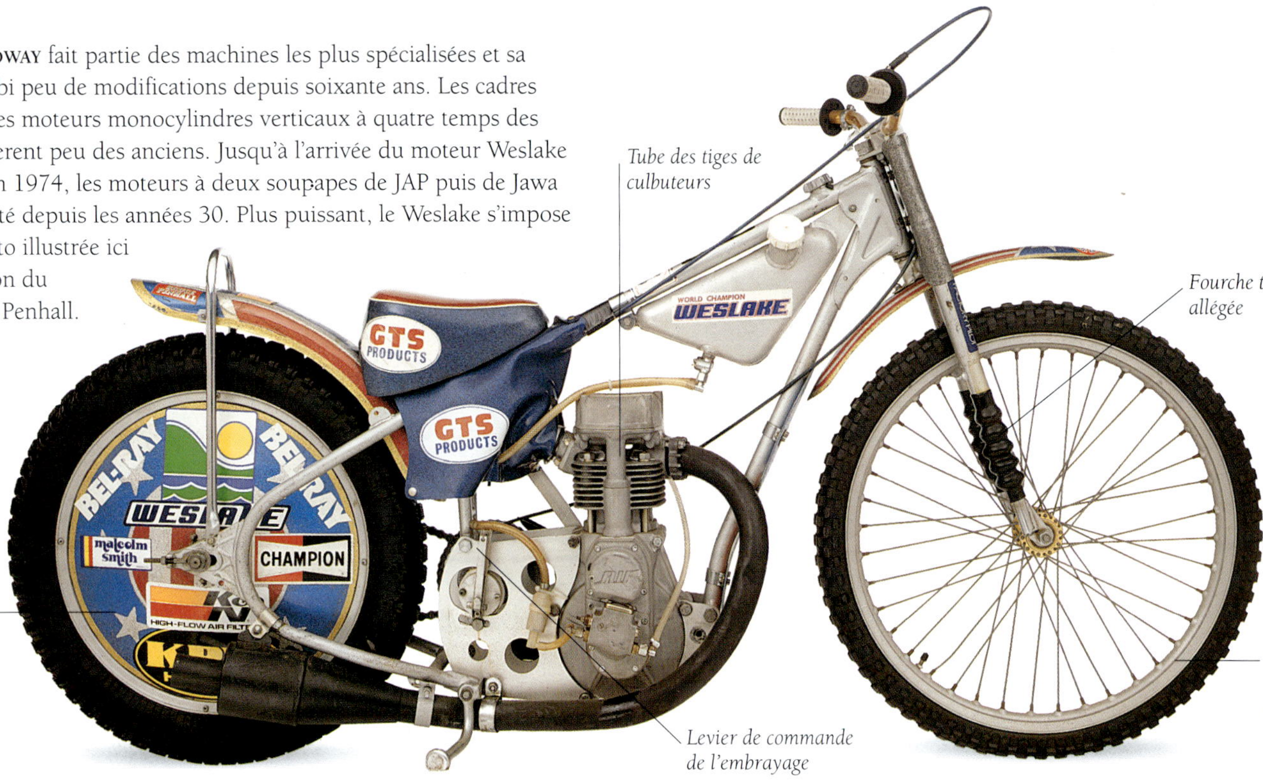

WHIZZER MODEL F

Cylindrée 138 cm³ • Puissance 2,5 ch ÉTATS-UNIS
Poids inconnu • Vitesse maximale 48 km/h (estimée)

PRODUIT À L'ORIGINE SOUS FORME d'un moteur adaptable à n'importe quelle bicyclette, le groupe Whizzer apparaît en 1939. Il suffit de trois attaches pour fixer ce simple moteur latéral sur n'importe quel cadre. L'entraînement à la roue arrière s'effectue par un galet de friction placé sous la douille inférieure et entraîné par courroie. En 1943, apparaît un modèle révisé, le Model F (illustré ici) avec un moteur amélioré et une courroie directe à la roue arrière.

WHIZZER PACEMAKER

Cylindrée 138 cm³ • Puissance 3 ch ÉTATS-UNIS
Poids inconnu • Vitesse maximale 56 km/h

EN 1951, ANNÉE DE PRODUCTION DE CETTE MACHINE, le cyclomoteur américain a évolué sous la forme d'une machine intégrale avec cadre Schwinn, réservoir d'essence chromé, fourche télescopique et deux tubes de cadre courbés. Les Whizzer, très économiques, se vendent très bien dans les années 40 et 50, surtout aux adolescents. Toujours disponibles au début des années 60, ils doivent céder sous la pression des cyclos importés du Japon.

Wilkinson TMC

Cylindrée 848 cm³ • Puissance inconnue • Poids 145 kg • Vitesse maximale inconnue

Royaume-Uni

Cette machine luxueuse et perfectionnée est conçue par P.G. Tacchi et construite par la Wilkinson Sword Company. Présentée la première fois sous la désignation TAC (Touring Auto Cycle), en 1909, avec transmission par arbre, suspension arrière par ressorts à lames et boîte à trois rapports, elle est redésignée TMC (Touring Motor Cycle) en 1911, et la cylindrée de son quatre-cylindres latéral passe à 848 cm³. Ce modèle date de 1912.

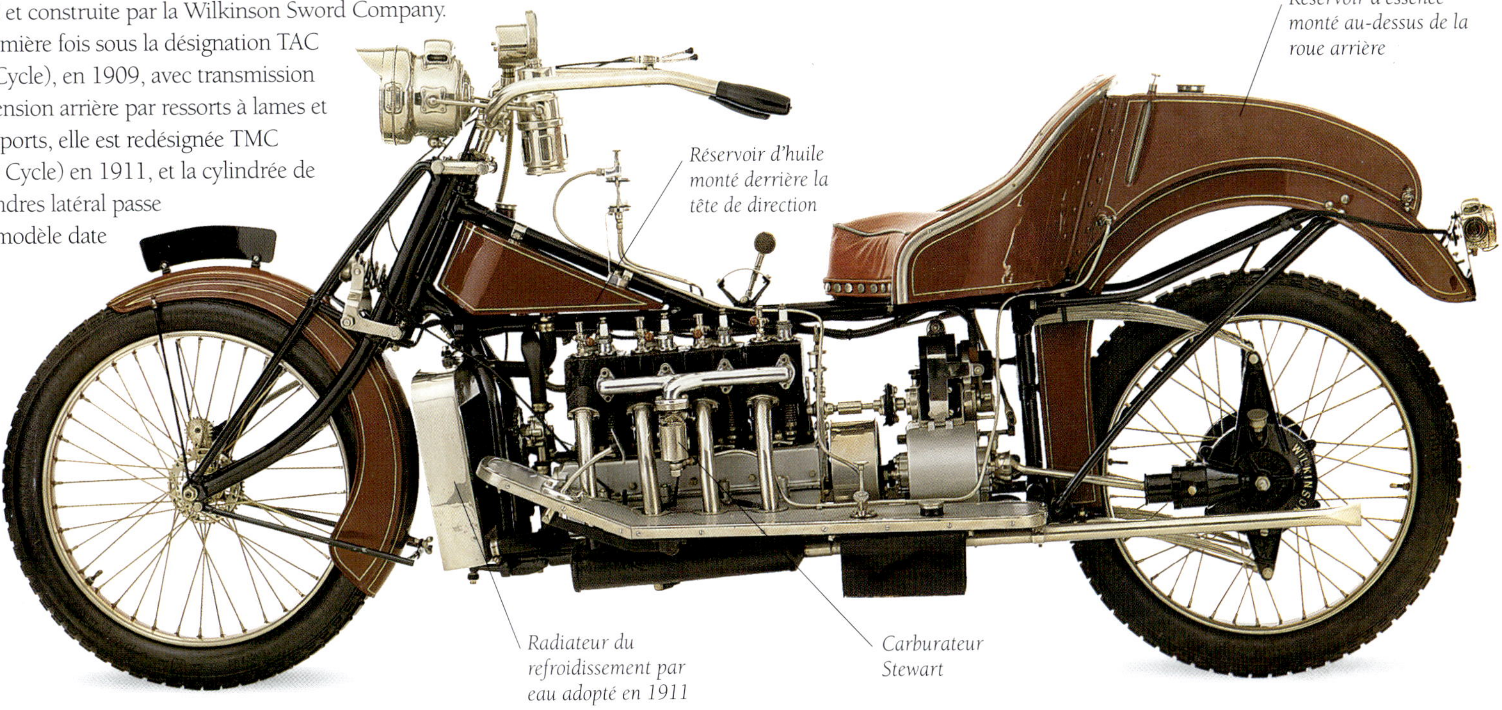

Wimmer GG35

Cylindrée 344 cm³ • Puissance 16 ch • Poids inconnu • Vitesse maximale 113 km/h (estimée)

Allemagne

La firme bavaroise B. Wimmer und Sohn commence à fabriquer des motos et des moteurs adaptables aux bicyclettes au début des années 20. Le modèle GG35 montré ici, qui date de 1932, est caractéristique par son dessin très dépouillé et sa construction de qualité. La boîte Hurth à trois rapports est boulonnée à l'arrière du moteur à cylindre incliné à culbuteurs de façon à former un semi-bloc rigide. Le cylindre et la culasse sont en fonte et l'échappement est double. Le cadre ramassé est un type à double berceau équipé d'une fourche avant classique à parallélogramme.

WINDHOFF

Cylindrée 748 cm³ • Puissance 22 ch à 4 000 tr/min • Poids 200 kg • Vitesse maximale 130 km/h

ALLEMAGNE

L'EXTRAORDINAIRE WINDHOFF À QUATRE CYLINDRES est exposée pour la première fois au Salon de Berlin de 1927. Ce modèle futuriste repose sur un énorme moteur en ligne refroidi par huile. Il n'y a pas de cadre : la boîte et la structure arrière sont boulonnées à l'arrière du moteur, la tête de direction à l'avant. Le moteur monobloc est en alliage léger et les chemises des cylindres sont refroidies par l'huile pompée dans le grand carter. La capacité en huile est de 6 l. L'arbre à cames en tête est entraîné par pignons. Le modèle illustré ici date de 1928.

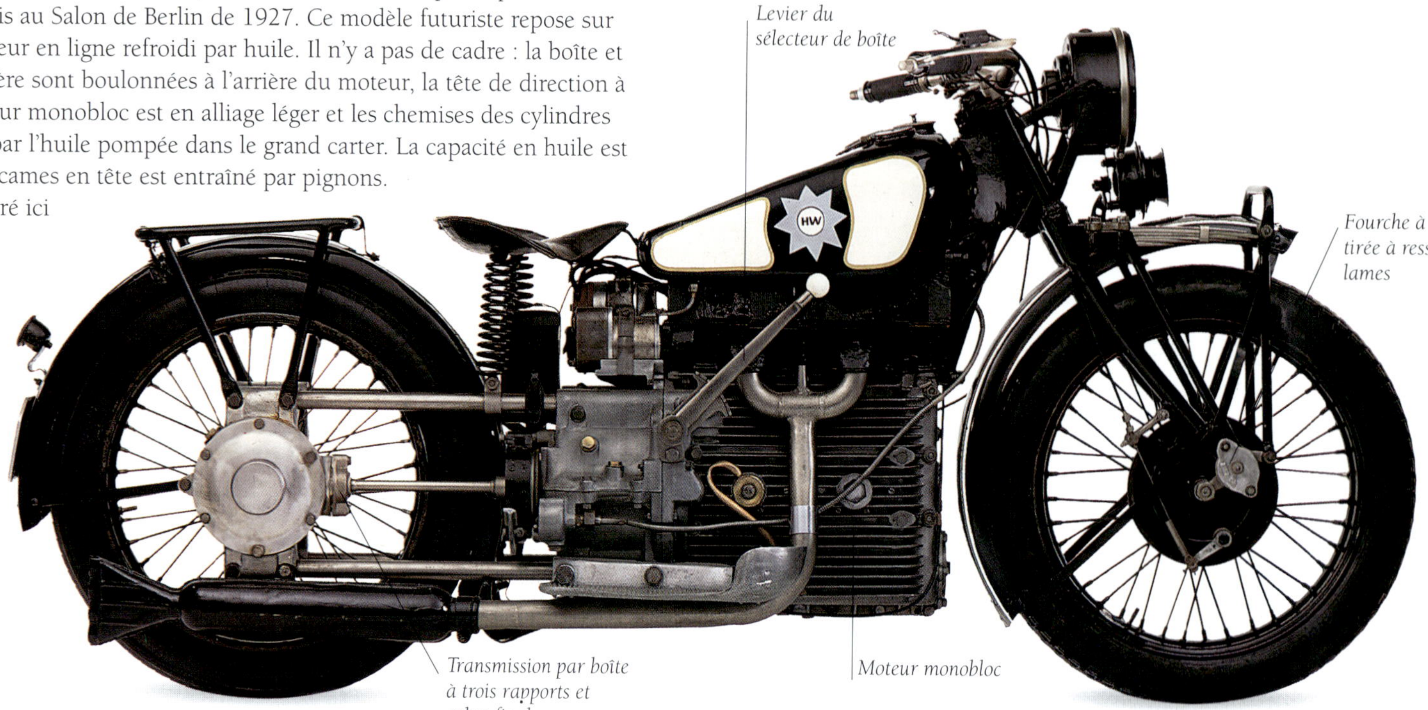

Levier du sélecteur de boîte

Fourche à roue tirée à ressorts à lames

Transmission par boîte à trois rapports et arbre final

Moteur monobloc

WOOLER

Cylindrée 340 cm³ • Puissance 2,75 ch • Poids inconnu • Vitesse maximale inconnue

ROYAUME-UNI

JOHN WOOLER A PRODUIT TOUTE UNE SÉRIE de motos innovantes sur une période allant de 1913 aux années 50. Beaucoup d'entre elles sont restées à l'état de prototypes, mais toutes comportent des caractéristiques peu ordinaires. Un moteur flat-twin classique semi-culbuté équipe les machines de série entre 1919 et 1925.

LE MODÈLE ILLUSTRÉ ICI, qui date de 1919, est équipé d'une transmission à poulie variable contrôlée au pied droit.

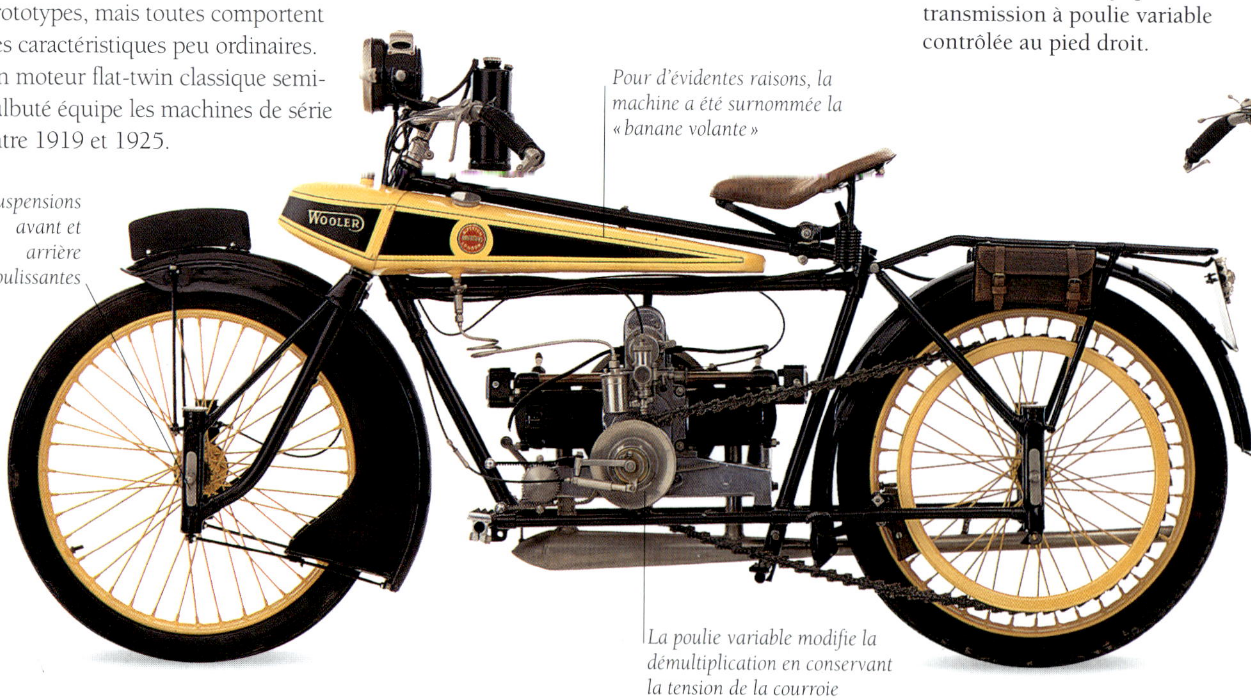

Suspensions avant et arrière coulissantes

Pour d'évidentes raisons, la machine a été surnommée la « banane volante »

La poulie variable modifie la démultiplication en conservant la tension de la courroie

Éclairage à acétylène

VUE AVANT

YALE

Cylindrée 500 cm³ • Puissance 3,5 ch • Poids 73 kg • Vitesse maximale 72 km/h

ÉTATS-UNIS

LA SOCIÉTÉ CONSOLIDATED MANUFACTURING DE TOLEDO, Ohio, commence à produire des motos en 1902 après avoir acheté les droits de la moto California. Les premières machines sont appelées Yale-California, mais le second nom a été abandonné lorsque cette monocylindre est produite en 1910. La Yale est typique de ces solides machines fabriquées aux États-Unis à cette époque. Les gaz et l'allumage sont contrôlés par poignées tournantes et une tringlerie compliquée. Le moteur conserve la soupape d'admission automatique avec allumage par batterie et bobine.

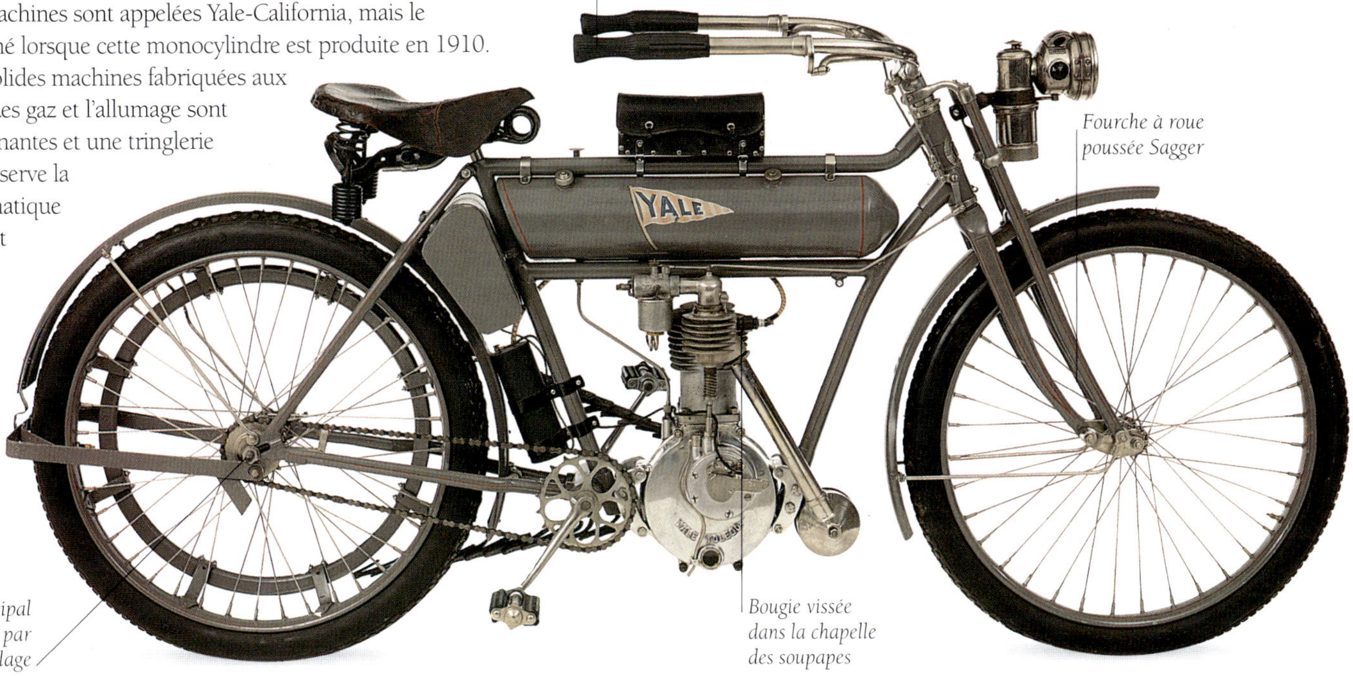

Poignées tournantes à embouts caoutchouc pour le confort du pilote

Fourche à roue poussée Sagger

Frein principal Eclipse actionné par rétropédalage

Bougie vissée dans la chapelle des soupapes

YALE

Cylindrée 1 000 cm³ • Puissance 6,5 ch • Poids inconnu • Vitesse maximale inconnue

ÉTATS-UNIS

YALE SUIT L'EXEMPLE DES AUTRES constructeurs américains en introduisant sa propre V-twin en 1910. Le moteur d'un litre est à deux cylindres à 45°, comme le Harley-Davidson. En 1914, année de construction de cette machine, le modèle a été sérieusement amélioré et les soupapes d'admission sont désormais commandées positivement.

DEUX VITESSES PAR PIGNONS épicycloïdaux commandés au pied constituent l'équipement standard avec un embrayage à disque contrôlé par levier du côté gauche. Les transmissions primaire et secondaire se font par chaînes.

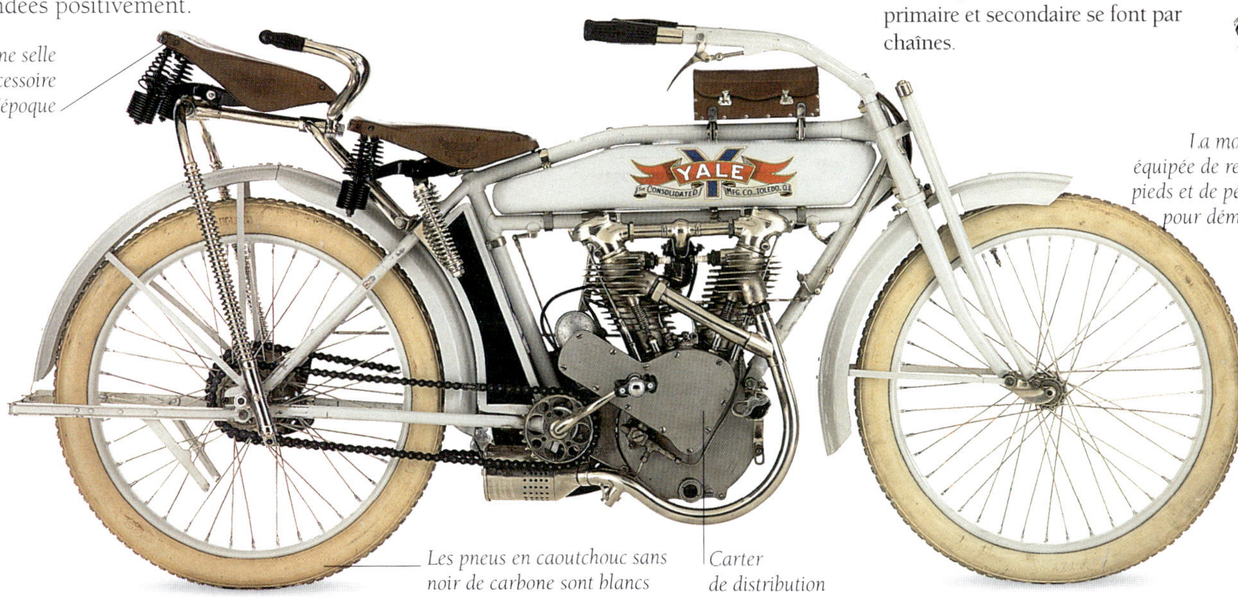

La deuxième selle est un accessoire courant à l'époque

Les pneus en caoutchouc sans noir de carbone sont blancs

Carter de distribution

La moto est équipée de repose-pieds et de pédales pour démarrer

VUE AVANT

Yamaha YD2

Cylindrée 247 cm³ • Puissance 14,5 ch à 6 000 tr/min • Poids 140 kg • Vitesse maximale 115 km/h (estimée) — Japon

La première twin deux temps de Yamaha, la YD1, qui apparaît en 1957, semble fortement inspirée par l'Adler M200 allemande (voir page 12). En 1959, elle est remplacée par la YD2 (la lettre D désigne un moteur 250). Les carters et cylindres du nouveau modèle sont modifiés. C'est la première Yamaha exportée en Occident. L'apparition d'une variante plus sportive semble indiquer que peu d'exemplaires sont vendus. On voit ici un modèle de 1959.

La YD2 est une moto utilitaire avec carter de chaîne et garde-boue profonds. Le style est typique des productions japonaises de l'époque.

Yamaha YDS3C Big Bear

Cylindrée 246 cm³ • Puissance 21 ch à 7 500 tr/min • Poids 159 kg • Vitesse maximale 135 km/h — Japon

Comme bien d'autres constructeurs japonais, Yamaha produit sa première machine de trail en relevant les échappements d'une machine routière. La Big Bear, première Yamaha « street scrambler » (ci-dessous), est introduite en 1965. Sur la base de la YDS3, c'est la première Yamaha deux temps équipée d'un système de graissage automatique. Le cadre et les suspensions révisées du nouveau modèle améliorent son comportement routier. Yamaha remporte le Championnat du monde des circuits en 1964, et le succès commercial de la YDS3 bénéficie de la réputation de la marque.

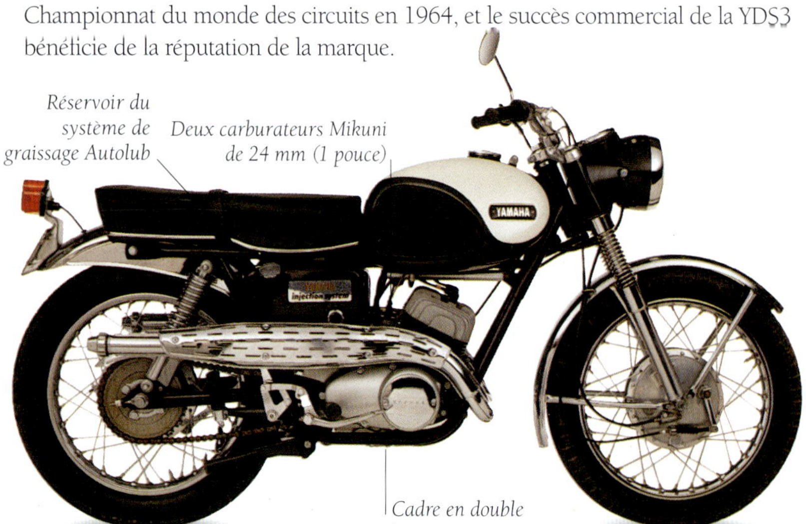

Yamaha YR2 GP Scrambler

Cylindrée 348 cm³ • Puissance 36 ch à 7 500 tr/min • Poids 163 kg • Vitesse maximale 155 km/h — Japon

La cylindrée des twins deux temps de Yamaha augmente peu à peu et la première YR apparaît en 1967. C'est un type totalement nouveau et la première Yamaha dont le carter-moteur est assemblé horizontalement. Version redessinée de la classique YR1, la YR2 est introduite en 1968. Les échappements relevés et le guidon large de cette variante scramble diminuent le confort du pilote sans doter la machine d'une vraie capacité tous chemins. L'arrivée de la trail DT1 (voir page 202) la même année élimine la street scrambler japonaise.

YAMAHA LS2

Cylindrée 97 cm³ • Puissance 10,5 ch à 8 000 tr/min • Poids 95 kg • Vitesse maximale 110 km/h (estimée)

JAPON

L'ENGAGEMENT DE YAMAHA ENVERS LE TWIN deux temps amène la firme à fabriquer des modèles de production aussi petits que des 90 cm³. Voici un exemple de LS2 97 cm³ produit jusqu'en 1973. Les petits moteurs sont des versions réduites en dimensions des gros deux-temps de la marque donnant, compte tenu de leur taille, de bonnes performances avec un bonne tenue de route et un équipement correct. Le moteur LS2 exige des régimes élevés pour offrir des performances maximales.

LORSQUE LA GAMME RD est introduite en 1973, le 97 cm³ est abandonné puis remplacé par un 124 cm³ qui devient la plus petite cylindrée disponible.

YAMAHA CS5

Cylindrée 196 cm³ • Puissance 22 ch à 7 500 tr/min
Poids 116 kg • Vitesse maximale 137 km/h (estimée)

JAPON

DÉMARRER AU KICK UN TWIN deux temps de 180 cm³ n'est guère difficile, mais au moment de son lancement, en 1967, la YCS1 a déjà un démarreur électrique. La machine est améliorée et agrandie pour devenir la CS5 de 196 cm³ disponible en 1972 et 1973. La 200, avec sa bonne tenue de route et ses performances brillantes, est une moto idéale de débutant. Elle fait place à la RD200, toujours avec démarreur électrique. Ici, un modèle 1972.

YAMAHA TR3

Cylindrée 347 cm³ • Puissance 58 ch à 9 500 tr/min
Poids 107 kg • Vitesse maximale inconnue

JAPON

YAMAHA AVAIT OFFERT DES VERSIONS compétition de ses deux-temps de route à partir de la TD1 de 1961. Ces machines avaient signé bien des victoires dans des épreuves de clubs et d'importance nationale avec des pilotes de tous niveaux. Le retrait, à la fin des années 60, de nombreuses écuries japonaises de la compétition internationale, favorise alors la domination des twins Yamaha. La TR3 de 1972 vue ici est menée à la victoire par Don Emde aux 200 Miles de Daytona malgré l'opposition des 750.

Yamaha DT1

Cylindrée 246 cm³ • Puissance 22 ch à 6 000 tr/min • Poids 107 kg • Vitesse maximale 114 km/h

Japon

Jusqu'à l'arrivée de la DT1, les constructeurs japonais produisent des « street scramblers » en greffant des échappements relevés et des pneus à crampons à leurs routières (voir la Big Bear page 200). La DT1 est la première trail conçue pour un nouveau marché en 1968. Les amateurs de compétition suppriment l'éclairage et peuvent augmenter la puissance grâce à un kit fourni par l'usine.

Cadre duplex avec 24 cm (9 1/2 pouces) de garde au sol

Monocylindre deux temps avec cylindre à cinq orifices

Roue avant de 48 cm (19 pouces)

La DT1 combine la légèreté à la souplesse du moteur et à de bonnes suspensions pour créer une machine tout-terrain utilisable et élégante, dotée d'un bon équipement et d'un bon comportement routier. La trail devient un élément important de la gamme Yamaha et DT désigne les trails deux temps de la marque.

Repose-pieds relevables

Vue avant

Yamaha YZ250

Cylindrée 246 cm³ • Puissance 21 ch à 7 500 tr/min • Poids 105 kg • Vitesse maximale 142 km/h

Japon

Pour gagner, une moto de cross doit avoir une excellente suspension. Conscient du fait, Yamaha développe en 1974 la YZ250 dotée d'un unique élément de suspension à grand débattement monté horizontalement sous la selle et le réservoir. C'est ainsi que la YZ250 devient probablement la meilleure machine de son temps.

Suspension arrière donnant 16,5 cm (6 1/2 pouces) de débattement

Fourche télescopique de 18 cm (7 pouces) de débattement

Boîte à cinq rapports

Monocylindre deux temps refroidi par air avec admission à clapets

Moyeux-tambours de frein coniques

Élément de suspension monobras De Carbon

Les premiers modèles de production apparaissent en 1974 sur le difficile, mais lucratif, marché américain. Elles rencontrent un succès immédiat, et les autres constructeurs imitent Yamaha. Très vite, le système mono-amortisseur devient la norme pour les routières comme pour les machines tout-terrain de compétition.

YAMAHA

Yamaha RD350B

Cylindrée 347 cm³ • Puissance 39 ch à 7 500 tr/min • Poids 154 kg • Vitesse maximale 170 km/h

Japon

Yamaha relève le niveau de sa gamme de twins deux temps pour 1973 en donnant à la nouvelle série des modèles allant de 124 à 346 cm³ le préfixe RD. Le changement le plus notable concerne l'adoption de l'admission à clapets sur toute la gamme. Placé entre le carburateur et le cylindre, le clapet se comporte comme une soupape à une seule voie. Il permet de faire tourner le moteur avec une pression supérieure dans le carter sans risquer de retour au carburateur.

Pendant toutes les années 70, les twins Yamaha, comme le modèle montré ici, représentent les meilleures motos deux temps de sport, dotées de performances capables d'inquiéter bien des motos de plus grosse cylindrée. La 350 est remplacée en 1976 par la RD400.

Frein avant à disque remplaçant le tambour en 1974 sur la version B de la RD350

Moteur facile à améliorer, très apprécié des amateurs de compétition

Cadre à double berceau

Grand guidon sur les modèles américains

Vue arrière

YAMAHA

Yamaha XS650B

Cylindrée 653 cm³ • Puissance 50 ch à 7 200 tr/min • Poids 220 kg • Vitesse maximale 180 km/h

Japon

Alors que les autres constructeurs japonais introduisent des machines multicylindres très spectaculaires, la première quatre-temps de Yamaha est une twin 650 classique dont le style s'inspire des traditionnelles machines britanniques. La version originale est introduite en 1969 sous la référence XS1, avec des freins à tambour et un démarreur électrique. Au moment de l'introduction de la XB650B, en 1975, celle-ci a reçu un démarreur électrique, des freins à disque et un meilleur cadre. Ici, un modèle de 1975.

La XS650B a un ACT entraîné par chaîne et la transmission primaire se fait par pignons. Le moteur gagne une excellente réputation de fiabilité et constitue la base des machines de compétition de flat-track avec lesquelles Kenny Roberts gagne le Championnat américain en 1973 et 1974. Yamaha produit aussi des twins parallèles plus complexes de 743 et 498 cm³ dans les années 70. Aucune n'a autant de succès que l'excellente 650.

Les machines destinées à l'Europe ont deux disques de frein à l'avant

Cadre en double berceau

Carburateurs Mikuni de 30 mm (1 1/5 pouce) à dépression constante

Jantes en alliage léger standard

Phare de grand diamètre et alternateur en 12 volts

Vue avant

Yamaha TZ250

Cylindrée 247 cm³ • Puissance 53 ch à 10 500 tr/min • Poids 108 kg • Vitesse maximale 225 km/h

JAPON

En 1973, les TZ à refroidissement par eau remplacent les Yamaha TD refroidies par air. Au cours des quinze ans qui suivent, la TZ devient indispensable au pilote amateur à la recherche du succès en course. La configuration du moteur est celle des twins deux temps de route de Yamaha avec des cylindres parallèles calés à 180°.

Pour maintenir son avantage compétitif, Yamaha améliore constamment la TZ. Les préparateurs travaillent aussi énormément pour les rendre plus rapides et certaines machines, comme ce modèle 1979, sont profondément modifiées.

Vue arrière

Yamaha XV920

Cylindrée 920 cm³ • Puissance 65 ch • Poids 224 kg • Vitesse maximale 177 km/h

JAPON

En s'éloignant du moteur deux temps, Yamaha essaye diverses configurations, y compris en produisant en 1981 un gros twin en V à 75° refroidi par air. Deux modèles sont produits pour le marché américain : la XV750 de style custom avec transmission par arbre et cette XV920 de 1981 qui apparaît plus classique avec une chaîne finale sous carter.

Les clients européens ne connaissent pas la XV920. On leur propose à la place un modèle similaire, mais de 981 cm³, sous la référence TR1. Aucune de ces versions n'obtient un vrai succès et les modèles custom se vendent en plus grandes quantités.

Vue avant

Yamaha RZ500

Cylindrée 499 cm³ • Puissance 87 ch à 9 500 tr/min • Poids 180 kg • Vitesse maximale 216 km/h

Japon

Lorsque les contrôles et les règlements antipollution se font de plus en plus sévères envers les deux-temps de grosse cylindrée, Yamaha produit l'ultime version de ses routières nées de la course. Produite de 1984 à 1987, la RZ est une machine à moteur V4 à deux vilebrequins refroidi par eau dont la configuration est reprise des premières machines de Grand Prix de Yamaha de 1980. On voit ici un modèle 1984.

Cadre en tube d'acier carré

Chambre de détente de l'échappement

Fourche avec anti-plongée et roue de 40,6 cm (16 pouces)

Comme beaucoup d'autres japonaises, la Yamaha V4 est vendue sous diverses formes en fonction des marchés mondiaux. En Amérique du Nord, c'est la RZ500 ; au Japon, c'est la RZV500 avec cadre en alliage léger et en Grande-Bretagne, la moto dotée d'un cadre en acier est appelée RD500.

Échappements des cylindres arrière débouchant sous la selle

Vue arrière

Yamaha V-MAX

Cylindrée 1 198 cm³ • Puissance 145 ch • Poids 270 kg • Vitesse maximale 230 km/h

Japon

L'Anglais John Reed est chargé par Yamaha de concevoir la V-Max lorsque la marque veut sortir la plus absolue des customs. Comme Reed réside en Californie, son style spectaculaire révèle tout naturellement une forte influence américaine. Au lieu d'avoir l'aspect allongé habituel des machines custom, la V-Max présente un aspect mécanique très ramassé. Son massif moteur V4 refroidi par eau dérive de la machine de tourisme Venture. Cette V-Max date de la première année de production : 1985.

Certains marchés, y compris le Royaume-Uni, reçoivent des V-Max de puissance réduite à 95 ch. En version normale, la V-Max est une fusée en ligne droite, mais son comportement dynamique est moins convaincant.

Style dominé par une énorme prise d'air de chaque côté du réservoir

Roue de 38 cm (15 pouces)

Frein avant hydraulique à deux disques

Le seul instrument est un compteur de vitesse

Vue avant

Yamaha GTS1000

Cylindrée 1 002 cm³ • Puissance 100 ch à 9 000 tr/min • Poids 251 kg • Vitesse maximale 213 km/h Japon

La GTS1000 est la première moto japonaise de série dotée d'une direction à pivot central à la place de la classique fourche avant. Le cadre « Omega » de Yamaha avec un unique bras avant oscillant et une suspension arrière monoshock lui donne un comportement d'une stabilité impressionnante et un centre de gravité très bas. Au passif, une direction lourde et un braquage limité. Propulsée par le moteur FZR1000 Exup de Yamaha doté de l'injection et d'un pot catalytique, la GTS1000 est destinée aux motards confirmés et expérimentés. Les freins ABS sont en option. Cette moto date de 1994.

Yamaha FZR1000

Cylindrée 1 002 cm³ • Puissance 125 ch à 10 000 tr/min • Poids 240 kg • Vitesse maximale 270 km/h Japon

La FZR1000 est la Yamaha super sport ayant la plus grosse cylindrée. Son histoire remonte à la FZ750 de 1985, première moto de série avec moteur à cinq soupapes par cylindre. L'originale FZR1000 devient la FZR1000 Exup en 1989. Le calage variable de l'échappement de l'Exup élargit la plage de couple tandis que le grand cadre donne une position de conduite convenant à toutes les allures. La puissance délivrée est phénoménale, notamment sur la version non limitée de 147 ch, standard sur certains marchés. La FZR1000 illustrée ici date de 1992.

ZÜNDAPP

Zündapp

Cylindrée 249 cm³ • Puissance 4,5 ch à 3 500 tr/min • Poids 85 kg • Vitesse maximale 75 km/h Allemagne

Comme beaucoup d'autres constructeurs au début des années 20, Zündapp entre sur le marché de la moto avec une deux-temps de 211 cm³ qui révèle plus qu'une ressemblance passagère avec la réputée Levis de même cylindrée (voir page 222). Des améliorations successives mènent à l'introduction du modèle EM250 en 1925. Ce dernier révèle une magnéto repositionnée permettant de réduire l'empattement, une fourche à ressort central et un frein sur moyeu à l'avant au lieu du type à étrier utilisé naguère.

Vue avant

Cette machine de 1927 possède un système de graissage semi-automatique supprimant la corvée du mélange huile-essence. L'adoption d'un carter de chaîne et de repose-pieds wagon rend cette moto plus propre à piloter que les premières Zündapp deux temps.

Zündapp K800

Cylindrée 800 cm³ • Puissance 22 ch à 4 300 tr/min • Poids 200 kg • Vitesse maximale 125 km/h Allemagne

Introduite en **1933** et continuée avec quelques changements mineurs jusqu'en 1939, la souple et puissante K800 est la super-moto de luxe de son époque. Le moteur à quatre cylindres opposés à plat à soupapes latérales a presque tous ses auxiliaires (carburateur, dynamo, allumeur, etc.) enfermés sous un couvercle en aluminium. Le couple moteur passe, via un embrayage multidisque, dans le volant à une boîte à quatre rapports dans laquelle quatre jeux de chaînes et de pignons donnent les différentes démultiplications. Le sélecteur est à rotule comme sur une voiture. La transmission à la roue arrière s'effectue par un arbre découvert.

ZÜNDAPP KS601

Cylindrée 597 cm³ • Puissance 28 ch à 4 700 tr/min • Poids 241 kg • Vitesse maximale 140 km/h

ALLEMAGNE

PLUS CONNUE COMME « L'ÉLÉPHANT VERT », la KS601 est la plus rapide des motos allemandes de route quand elle apparaît en 1950. Le bicylindre à plat opposé à culbuteurs et la boîte à quatre rapports par chaînes et pignons sont essentiellement repris de l'avant-guerre, mais désormais montés dans un cadre tubulaire avec fourche télescopique, suspension arrière coulissante et roues interchangeables. Le modèle illustré ici date de 1953.

BIEN DANS LE STYLE ZÜNDAPP, le moteur est élégamment traité avec ses principaux accessoires cachés. Le modèle est vite adopté par les amateurs de side-car sportif.

ZÜNDAPP BELLA 201

Cylindrée 199 cm³ • Puissance 10 ch à 5 200 tr/min
Poids 139 kg • Vitesse maximale 100 km/h

ALLEMAGNE

CONSÉQUENCE DU SUCCÈS MASSIF DU SCOOTER après la Seconde Guerre mondiale, de nombreux constructeurs de motos s'intéressent à ce type de machine. Afin d'obtenir un engin maniable et sûr, la plupart adoptent le cadre ouvert et de grandes roues. Les avantages en sont une meilleure répartition des masses grâce à l'avancement du moteur, un cadre plus rigide du fait de sa profondeur et un meilleur refroidissement par le tunnel d'air traversant le cadre. Le Bella, introduit en 1953, subsiste jusqu'en 1964. On voit ici un Bella 201 de 1957.

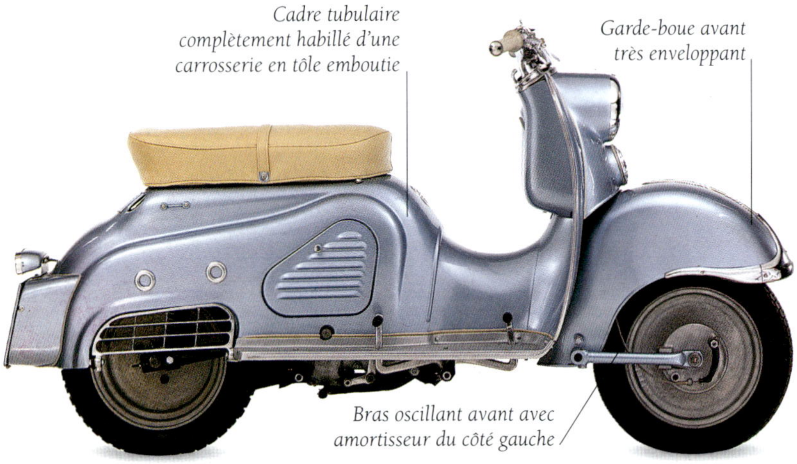

ZÜNDAPP GS125

Cylindrée 124 cm³ • Puissance 18 ch à 7 900 tr/min
Poids 100 kg (estimé) • Vitesse maximale 105 km/h (estimée)

ALLEMAGNE

LES LETTRES GS SIGNIFIE GELÄNDE SPORT, « gelände » se traduisant par « terrain ». Les épreuves de type enduro sont très populaires au début des années 70, surtout aux États-Unis où des machines japonaises de trail bon marché ont donné à beaucoup de jeunes pilotes le goût pour des engins plus sérieux. Les spécifications sont une bonne capacité tout-terrain, une bonne pointe de vitesse sur route en cas de nécessité et une conformité générale aux lois et règlements. La GS125 y répond bien. La moto illustrée ici est de 1972. Des versions développées gagnent le Championnat du monde de cross catégorie 125 en 1973 et 1974.

LE GRAND

RÉPERTOIRE

des

MARQUES DE MOTOS

Le catalogue complet
de toutes les marques de motos
connues présentées par ordre
alphabétique et par pays d'origine

Les marques mondiales

DEPUIS LA CONSTRUCTION DES PREMIÈRES MACHINES à moteur à essence, en 1885, le nombre de marques de motos est devenu impressionnant : plus de trois mille sont recensées à ce jour. Les marques figurant dans ce catalogue sont accompagnées de détails (quand ils sont disponibles) concernant les caractéristiques les plus notables des machines produites. Les pays producteurs majeurs (Royaume-Uni, Allemagne, Italie, États-Unis, France et Japon) sont classés en tête. Les pays n'ayant produit qu'une quantité relativement limitée de machines sont classés à la suite (pages 288-308). Lorsqu'il n'a pas été possible de vérifier l'existence d'une marque à partir d'une autre source, celle-ci a été classée dans les marques non confirmées à la fin de la rubrique consacrée au pays constructeur. Le signe associé à un renvoi de page placé à la suite du nom de la marque indique la ou les pages traitant d'une ou de plusieurs motos de la marque en question dans la première partie de cet ouvrage. Les lettres en capitales dans certains noms révèlent l'origine de la marque. Exemple : Alba est formée par quatre lettres empruntées au nom du fondateur ALbert BAruch.

Les zones ombrées sur la carte du monde indiquent les pays dans lesquels des marques de motos ont été recensées. Les pages renvoient au folio de début des listes relatives à chaque pays figurant dans le répertoire des marques mondiales.

NOMBRE DE MARQUES DE MOTOS RECENSÉES PAR PAYS

PAYS D'ORIGINE	NOMBRE DE MARQUES	PAYS D'ORIGINE	NOMBRE DE MARQUES
Afrique du Sud	1	Israël	1
Allemagne	667	Italie	567
Argentine	4	Japon	68
Australie	30	Mexique	2
Autriche	81	Norvège	2
Belgique	94	Nouvelle-Zélande	5
Brésil	3	Pays-Bas	90
Bulgarie	1	Pologne	15
Canada	11	Portugal	8
Chine	8	Roumanie	1
Corée du Sud	1	Royaume-Uni	685
Danemark	4	Slovénie	2
Espagne	57	Suède	20
États-Unis	340	Suisse	91
France	479	Taiwan	3
Hongrie	12	ex-Tchécoslovaquie	65
Inde	24	ex-URSS	20
Irlande	1		

La plus grande concentration de constructeurs de motos se situe historiquement en Europe (voir détail à droite).

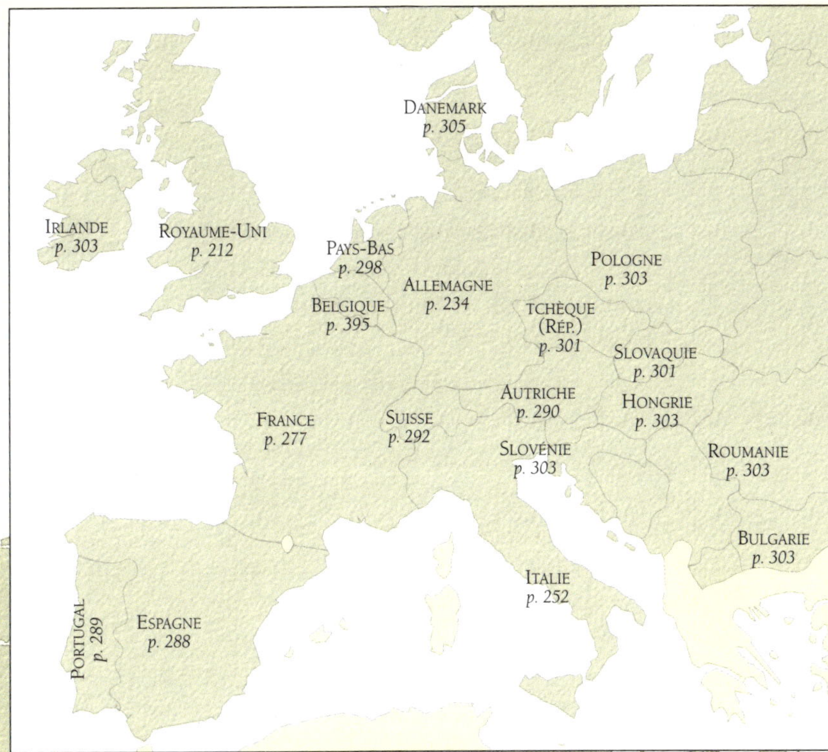

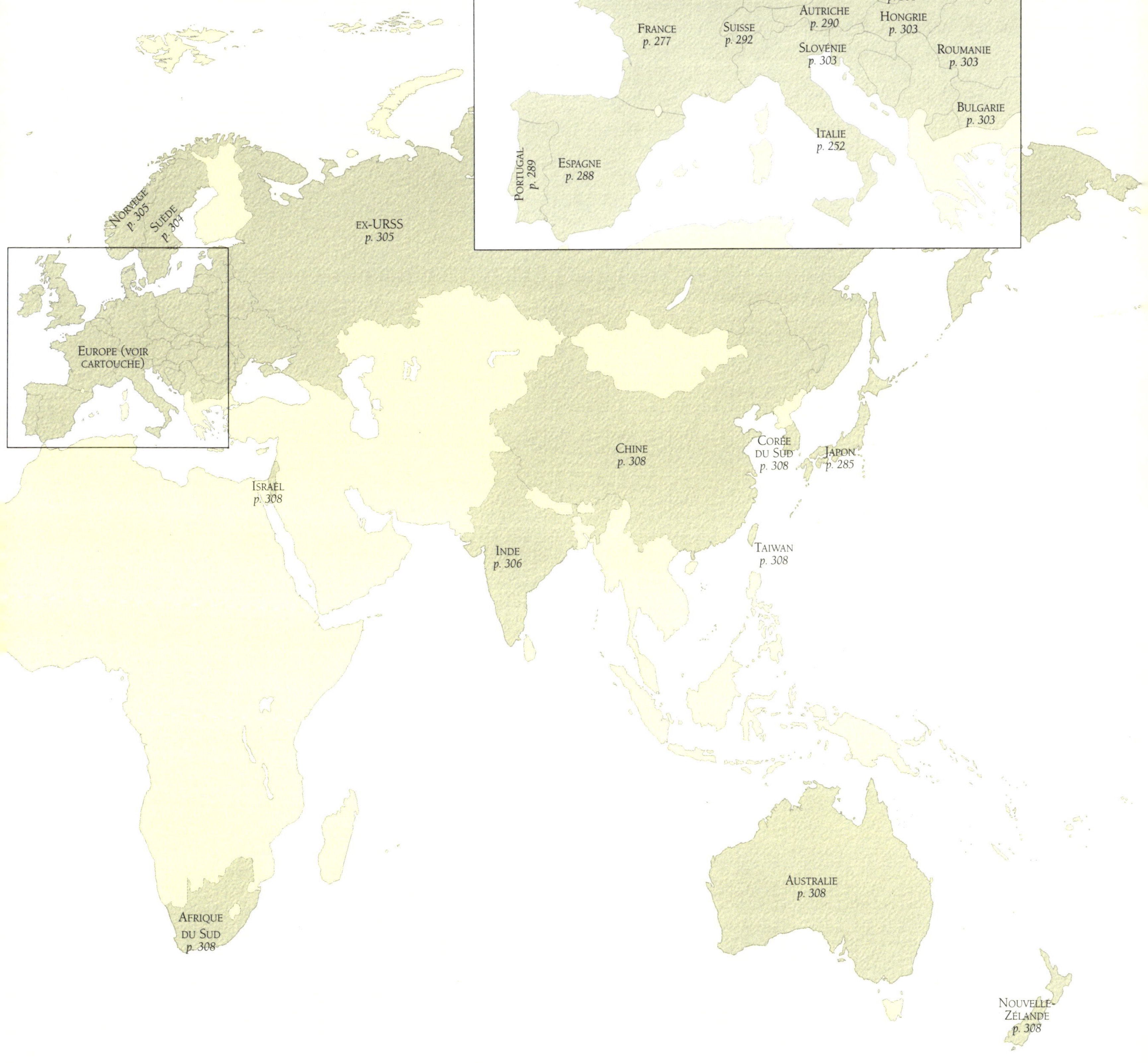

Royaume-Uni

L'INDUSTRIE MOTOCYCLISTE BRITANNIQUE naît de l'industrie du cycle déjà bien implantée à la fin du XIXe siècle. Une activité industrielle parallèle émerge très tôt pour alimenter petits et grands constructeurs en moteurs, boîtes de vitesses et autres organes mécaniques. Au cours des années 20, on compte des centaines de constructeurs et les motos anglaises jouissent d'une réputation mondiale. Beaucoup de petites firmes disparaissent à la suite de la crise des années 30 et le marché est peu à peu dominé par les plus grandes. Après 1945, la production se concentre sur quelques grandes marques. Les groupes BSA (p. 215) et AMC (p. 213) jouent un rôle déterminant. Les ventes comme les exportations se situent à un niveau élevé, mais les investissements dans les études de modèles nouveaux et dans les outils de production sont insuffisants. Des responsables timorés, confrontés à la concurrence japonaise, rendent inévitable l'effondrement de cette industrie dans les années 70. La renaissance de la marque Triumph (p. 231) en 1992 symbolise la réaffirmation des marques de prestige européennes sur un marché en quête d'image.

ABC p. 10
1913 Granville Bradshaw dessine des flat-twins en long de 492 cm³ et 3,5 ch à trois vitesses construites en série limitée par All British (Engine) Co. On trouve des versions culbutées et semi-culbutées.
1919 Apparition d'une nouvelle ABC 398 cm³ conçue par Bradshaw, construite par Sopwith Aircraft Co. en Angleterre et Gnôme et Rhône en France à partir de 1920. Cette machine radicalement nouvelle a un flat-twin transversal à culbuteurs, une boîte à quatre rapports, des freins avant et arrière et des suspensions avant et arrière à ressorts à lames. Ce type d'engin qui souffre de problèmes de mise au point, est d'une fabrication coûteuse.
1923 Construction des dernières ABC en Angleterre. La production se poursuit en France jusqu'en 1925.

ABC
C. 1920-24 Firme indépendante portant la même raison sociale qui produit des motos classiques à courroie, équipées de moteurs Villiers deux temps de 269 et 247 cm³.

ABC SKOOTAMOTA p. 170
1919-22 Scooter conçu par Bradshaw avec moteur monocylindre horizontal semi-culbuté de 123 cm³ monté au-dessus de la roue arrière. Transmission finale par chaîne. Construit par Gilbert Campling Ltd, île de Wight.

ABERDALE
1946-49 Marque commerciale utilisée sur les autocycles à moteur Villiers 98 cm³ construits par Bown (voir p. 215).

ABINGDON
1903 Coxeter and Sons d'Abingdon (Berkshire) commence par fabriquer des motos à courroie équipées d'un moteur Minerva de 2,5 ch. La raison sociale devient Abingdon-Ecco Ltd et la production déménage à Birmingham. La firme développe ses propres monocylindres et bicylindres en V à quatre temps de 348 à 794 cm³ et en vend à d'autres constructeurs. Associée à l'East London Rubber Co., qui vend les motos Kerry (voir p. 222), la firme propose la première moto Kerry-Abingdon en 1907 (disponibles jusqu'en 1915). Après la Grande Guerre, la gamme comprend des V-twins de794 cm³ et des monocylindres de 499 et 623 cm³ produites jusqu'en 1925.
1926 Une nouvelle moto à soupapes en tête de 174 cm³ est lancée en 1927, époque où ces machines sont plus communément appelées AKD (voir à droite).

ABJ
1949-54 A. B. Jackson construit des cyclos à moteur Villiers 98 cm³ et l'Auto-Minor de 49 cm³.

ACKLAND
c.1919-24 William Ackland produit quelques motos équipées de moteurs JAP V-twins et de boîtes Sturmey-Archer.

ACME
c.1902 Débute par la fabrication de motos et de tricars à moteurs monocylindres et V-twins de la marque ainsi qu'à moteurs Minerva, JAP ou autres. Firme reprise par Rex (voir p. 227) après la Grande Guerre. 1922 Adoption de la marque Rex-ACME.

ADVANCE
1905-07 Construit des motos à moteurs monocylindres et V-twins quatre temps de la marque à Northampton.

AEL
1919-24 A. E. Lynes & Co montent des moteurs deux temps Villiers 269 cm³ et JAP quatre temps sur des modèles classiques à courroie avec boîte Albion à deux rapports.

AEOLUS
1903-05 Conçue par E. R. Owen et fabriquée à Londres, l'Aeolus est une moto monocylindre de 492 cm³ à transmission par arbre.

AEOLUS
1914-16 Construites à Birmingham par Bown (voir p. 215), les motos Aeolus utilisent des moteurs deux temps maison de 205 cm³ ou des Villiers de 269 cm³. Il existe aussi un modèle à moteur monocylindre latéral Precision. Transmission par courroie.

AER
1937-40 A. E. Reynolds construit des motos à moteurs deux temps monocylindres de 249 cm³ et V-twins de 344 cm³ à boîte quatre vitesses et volant magnétique. Reynolds est un négociant important qui produit aussi la Reynolds Special (voir p. 228). À la fin des années 50, AER produit un prototype de moto à moteur Villiers avec carénage enveloppant.

AIROLITE
c.1921-23 Bicyclettes motorisées par des moteurs deux temps Simplex de 110 cm³ et side-cars pour enfants.

AJAX
1922-25 Motos légères économiques construites à Birmingham avec moteurs deux temps Villiers 147 et 269 cm³ et transmission à courroie. Il existe aussi un modèle à moteur Blackburne.

AJS pp. 13-15
1911 Après avoir produit des moteurs pour d'autres constructeurs, Albert John Stevens et ses frères construisent une moto sous la marque AJS, une monocylindre de 2,5 ch. Mais la gamme s'élargit rapidement aux V-twins. La marque s'octroie un copieux palmarès en compétition et construit d'excellents modèles de course, notamment des 350 à culbuteurs et, à partir de 1927, des monocylindres à un ACT.
1931 Les frères Stevens abordent la fabrication d'automobiles et de véhicules commerciaux. La crise et ses conséquences financières les obligent à vendre leur marque à Matchless (voir p. 223) et la production déménage de Wolverhampton au sud-est de Londres. Cette fusion est le point de départ du groupe AMC (voir p. 213). Peu à peu, les deux marques perdent leur identité propre et, après la Seconde Guerre mondiale, les modèles AJS ne sont guère autre chose que des Matchless sous un écusson différent. Les frères Stevens relancent une production en 1934 sous la marque Stevens (voir p. 230).
1967 Fin de production des AJS à quatre temps et poursuite des machines de cross à deux temps. La marque et les droits de fabrication des motos de cross sont rachetés par Fluff Brown d'Andover.

AJR
1925-26 Motos conventionnelles produites en Écosse par A. J. Robertson avec des moteurs à culbuteurs JAP de 246 à 490 cm³.

AJW
1928-77 Arthur John Wheaton commence par la construction de motos de grande qualité à Exeter, équipées de moteurs JAP, Anzani, Rudge et Villiers, dont une sensationnelle quatre-cylindres de 1 000 cm³ refroidie par eau avec direction à pivot. Pendant la guerre, la firme déménage à Bournemouth où ses repreneurs produisent une moto à moteur JAP twin parallèle en série limitée jusqu'en 1952. Elle est suivie brièvement d'une deux-temps à moteur JAP de 125 cm³. La marque AJW est ensuite appliquée à des deux-temps italiennes distribuées jusqu'en 1977.

AKD
1926-32 La réputée marque Abingdon utilise aussi l'appellation Abingdon King

Moto Abingdon « King Dick » 1920 monocylindre latérale de 499 cm³ à courroie

Dick, qui devint AKD en 1926. En 1927 les anciennes monocylindres et V-twins de grosse cylindrée sont remplacées par des monocylindres légères quatre temps de 174 cm³ à culbuteurs. La gamme AKD comprend ensuite des modèles de 146 à 349 cm³. AKD livre aussi des moteurs à d'autres constructeurs.

AKKENS
1919-22 Motos utilitaires à courroie équipées d'un moteur deux temps Union de 292 cm³. Construites à Birmingham par MM. Thomas et Gilbert.

ALECTO
1919-24 Motos à moteur deux temps de 345 cm³ et boîte deux vitesses à courroie finale. Ces machines, construites à Londres, peuvent être équipées d'un side-car d'usine.

ALERT
1903-06 Construite par Smith et Molesworth à Coventry, l'Alert possède un monocylindre de 3,5 ch accroché sous le tube avant. Le vilebrequin porte un embrayage.

ALLDAYS & ONIONS
1903 Alldays & Onions de Birmingham, firme pionnière, construit, dès 1898, des tricyles à moteurs De Dion. Ses premières motos utilisent des moteurs Moto-Rêve ou d'autres moteurs de spécialistes.
1914 Début de la production d'une moto à moteur deux temps de 292 cm³ propre à la firme, vendue sous la marque Allon (voir ci-dessous).
1926-27 La marque Alldays & Onions réapparaît en monocylindre quatre temps de 349 cm³ à moteur Bradshaw refroidi par huile et sur une V-twin JAP de 680 cm³. Après l'arrêt des fabrications motocyclistes, la firme poursuit celle du matériel pour forges.

ALLON
1915-26 Allon désigne à l'origine un modèle à monocylindre deux temps de 292 cm³ fabriqué par Alldays & Onions. Le mot est une contraction de la raison sociale et un rappel du fait que la moto est bien équipée : « all on » (tout installé).

ALP
1913-16 Machines légères produites par la branche anglaise de la firme suisse Moto-Rêve à Alperton, West London. Le moteur 256 cm³, à soupape d'admission, automatique, est monté dans un cadre en boucle à courroie. Une deux-temps, 3 ch, deux vitesses est introduite en 1915, mais la guerre limite la production.

ALTA
c.1968-71 Motos de trial à moteur Suzuki de 120 cm³.

ALWIN
c.1920 Scooter à moteur deux temps de 1,5 ch à petites roues qui se conduit debout sur une plate-forme adaptée sur un cadre en tôle emboutie. Volume de production inconnu.

Ambassador Embassy 1954 à moteur Villiers 197 cm³

AMBASSADOR
1946-64 Motos construites à Ascot, Berkshire, Angleterre. Cette gamme de motos et de scooters utilise des moteurs Villiers de 147 à 248 cm³. La firme distribue aussi les motos Zündapp au Royaume-Uni. DMW (voir p. 218) reprend brièvement la production à partir de 1962.

AMC
1931-66 Le point de départ d'Associated Motor Cycle coïncide avec la reprise d'AJS par Matchless en 1931, mais cette raison sociale n'est exploitée que tardivement. Norton, James et Francis Barnett sont absorbés à leur tour. AMC reste le nom du groupe alors que les motos sont vendues sous leur ancienne marque. AMC disparaît en 1966.

ANGLIAN
1903-12 Construites dans l'East Anglia, les Anglian reçoivent des moteurs verticaux MMC ou De Dion de 2,25 ou 2,75 ch à admission automatique et courroie finale. En 1905, la firme utilise aussi des moteurs JAP.

ARIEL pp. 18-20
1902 La firme Components Ltd, qui fabrique des pièces de bicyclettes à Birmingham, commence la construction de tricycles et de quadricycles motorisés vers 1898 avec des moteurs De Dion. Les premières motos utilisent des moteurs de spécialistes avant que ne soient créés les premiers moteurs de la marque, des monocylindres à soupapes latérales avec arbre à cames à vis sans fin monté derrière le cylindre vertical. La marque Fleet s'applique à certains moteurs et motocycles.
1910 Lancement d'une nouvelle machine à moteur latéral White & Poppe de 498 cm³, base de la gamme Ariel jusqu'en 1926. Des modèles à moteurs AKD et MAG sont aussi produits parallèlement. En 1924, un modèle plus petit à moteur Blackburne 249 cm³ est introduit.
1926 Ariel aborde une nouvelle ère en embauchant Val Page comme concepteur et construit de nouveaux monocylindres de 557 cm³ à soupapes latérales et de 496 cm³ à culbuteurs. Des versions modernisées de ces modèles sont produites jusque dans les années 50.
1930 Introduction de la célèbre Square Four d'Edward Turner. Le type, constamment modernisé, reste en production jusqu'en 1959. Le propriétaire d'Ariel, Jack Sangster, rachète Triumph en 1936. Plus tard, BSA rachète les deux firmes : Ariel en 1944 et Triumph en 1951. La première produit aussi des bicylindres parallèles de 498 et 646 cm³ dans les années 50. Les plus grosses twins utilisent un moteur BSA A10.
1958 Introduction de nouveaux twins deux temps, produits jusqu'en 1965, qui représentent les dernières vraies Ariel. La marque désigne ensuite un cyclo à trois roues en 1970.

ARMIS
1920-23 La firme Armis Cycle Manufacturing Co. de Birmingham produit au début une moto à courroie équipée d'un moteur deux temps Precision de 348 cm³, puis des quatre-temps à moteurs JAP et MAG dont un V-twin latéral de 654 cm³.

ARMSTRONG
c.1913-1914 La marque propose de classiques motos à courroie équipées d'un moteur Villiers de 269 cm³.

ARMSTRONG p. 21
1980 Le fabricant de pièces de motos Armstrong Equipment aborde la construction motocycliste en reprenant Cotton (voir p. 217). L'année suivante, CCM (voir p. 216) entre dans le groupe. Les motos Armstrong sont surtout des machines de compétition, de tout-terrain et des engins de type militaire à moteur Rotax.
1987 Armstrong se retire du projet et CCM revient sous le contrôle d'Alan Clews. Harley-Davidson acquiert la licence de fabrication du type militaire. La production des motos tout-terrain de compétition à moteur Rotax est poursuivie par CCM.

ARNO
1906-15 Motos à moteur monocylindre latéral 493 cm³ de la marque produite à Coventry.

ARROW
c.1913-17 Motos légères à moteur deux temps 211 cm³ extérieur à la firme et boîte Burman à deux rapports construites à Birmingham par Kirk & Merifield.

ASCOT
1904-06 Motos de style primitif construites à Londres avec des moteurs importés.

ASCOT-PULLIN p. 21
1928-30 Construites par Ascot Motor Co. et conçues par Cyril Pullin, auteur également de la Pullin-Groom (voir p. 227), les motos Ascot-Pullin offrent des caractéristiques avancées. Le monocylindre horizontal à culbuteurs de 498 cm³ est monté dans un cadre en tôle emboutie et les roues sont freinées hydrauliquement.

ASHFORD
1904 Motos et tricars assemblés à Ashford (Middlesex) à moteurs Minerva et Antoine.

ASL
c.1907-15 Air Springs Ltd produit des motos à suspensions avant et arrière pneumatiques équipées de moteurs Fafnir, White & Poppe et JAP monocylindres et V-twins avec courroie finale.

ATLAS
c.1913-14 Motos sportives monocylindres construites à Coventry à moteurs JAP et Blumfield 500 cm^3.

ATLAS
1921-25 Fabriquées par Aston Motor & Engineering Co. d'Aston, Birmingham, les motos Atlas sont des deux-temps trois orifices 142 cm^3 à courroie, peut-être vendues aussi sous la marque Aston.

AURORA
1901-07 W. H. Halliwell de Coventry produit des motos à cadre en boucle à courroie avec moteurs maison ou extérieurs.

AURORA
c.1919-21 Machines fabriquées sur l'île de Man à moteur Dalm 318 cm^3 deux temps et courroie finale.

AUSTEN
c.1903-06 Motos à cadre en boucle et moteur Kelecom vertical.

AUTOGLIDER
1919-22 Scooter à petites roues à moteur deux temps Union de 292 cm^3.

AUTOSCO
c.1920-21 Scooter à cadre tubulaire à moteur 117 cm^3 à admission automatique monté près de la roue arrière entraînée par engrenages (probablement moteur Wal Auto-Wheel).

AYRES-LEYLAND
1920 Appelée aussi Ayres-Hayman, cette machine utilise un moteur flat-twin Coventry-Victor de 688 cm^3 monté dans un cadre duplex tubulaire de conception maison.

BAC
1950-53 Après la cession des droits de fabrication de la moto Bond à cadre aluminium à revêtement travaillant, la Bond Aircraft and Engineering Co construit des motos légères classiques à cadre tubulaire et moteurs deux temps Villiers 98 cm^3 ou JAP 123 cm^3. Il existe aussi la moto petit format, Lilliput, et le scooter, Gazelle.

BAKER
1926-30 Frank Baker fonde la société Precision (voir p. 226) qui fusionne avec Beardmore pour former la Beardmore Precision en 1919. Après la fin de ce partenariat, en 1924-25, Baker développe une gamme de motos à moteurs Villiers de 147 à 247 cm^3 vendues sous son nom. Un modèle latéral de 249 cm^3 à cylindre incliné et boîte à trois rapports, Albion, apparaît en 1930, peu avant la reprise par James (voir p. 221).

BANSHEE
1921-24 La Banshee est construite à Bromsgrove, équipée de moteurs de 269 à 497 cm^3 fournis par Villiers, Blackburne, Bradshaw et Barr & Stroud. Elle est fabriquée par George Bell qui travaille plus tard pour Triumph.

BARNES
1904 G. A. Barnes fabrique des tricars et des avant-trains ainsi que des motos à moteurs MMC et Minerva.

BARON
c.1920-21 Baron produit des motos classiques à courroie équipées de moteurs deux temps Villiers et Blackburne latéraux de 348 cm^3.

BARRON
1977 Assemblée au Royaume-Uni, la Barron résulte du montage d'une partie-cycle d'origine polonaise et d'un moteur Minarelli italien de 123 cm^3.

BARTER
1902-05 Avant de développer la moto flat-twin Fée (voir p. 219), J. Barter conçoit une moto monocylindre dont l'arbre à cames entraîne la poulie motrice. Une machine complète est exposée au Salon du Crystal Palace en 1903.

BAT p. 22
1902 Firme fondée par S. R. Batson au sud de Londres.
1904 Reprise par la famille Tessier qui utilise le slogan « Best after Test » (la meilleure après essai). Fiabilité, confort et succès en course sont les arguments de Bat. La majorité des machines est équipée de monocylindres et V-twins JAP de 346 à 976 cm^3.
1923 Reprise de Martinsyde (voir p. 223).
1926 Arrêt de la production.

BAUGHAN
1930-36 Harry Baughan produit des machines de trial à Stroud, Gloucestershire, à moteurs latéraux et à culbuteurs JAP et Blackburne de 250 à 500 cm^3.

BEARDMORE PRECISION
1919 F. E. BAKER, créateur de la firme Precision, se lie avec l'énorme groupe industriel Beardmore vers 1915, mais les premières motos Beardmore Precision n'apparaissent qu'en 1919. Les premiers types sont des monocylindres deux temps de 348 cm^3 à deux vitesses en bloc à suspensions avant et arrière à ressorts à lames avec un cadre spécial dont le tube supérieur est formé par le réservoir en tôle emboutie. Des monocylindres à soupapes latérales de 348 à 596 cm^3 sont bientôt ajoutés à la gamme puis des moteurs Barr & Stroude sans soupapes ainsi que des latéraux Blackburne de 350 cm^3.
1925 La participation de Beardmore coûte cher et ne dure pas. Les ventes s'effondrent et, après les mauvais résultats obtenus au TT 1924, la firme disparaît en 1925. Beardmore poursuit une petite collaboration dans l'industrie motocycliste par le biais de ses intérêts dans Dunford & Elliot, fabricants de de la moto Dunelt (voir p. 218). Baker fonde une autre firme sous son propre nom (voir à gauche).

BEAUFORT
c.1923-26 L'Argson Engineering Co. de Beaufort Works, Twickenham, construit la voiture d'invalide Argson, mais aussi des scooters deux temps de 170 cm^3 et un flat-twin à culbuteurs de 175 cm^3.

BEAU IDÉAL
1904-07 La société Richard Beau Ideal Cycle de Wolverhampton produit des motos classiques à courroie équipées de moteurs Minerva, Peugeot ou autres. Elle vend aussi la moto hollandaise Eysink (voir p. 298).

BEAUMONT
1921-22 Motos orthodoxes construites à Leeds équipées de moteurs deux temps Wall de 269 cm^3 et Blackburne latéraux de 348 cm^3. Parfois, ce sont des moteurs trois cylindres en étoile à soupapes latérales Redrup de 309 cm^3, également construits à Leeds.

BEESTON
1898-1905 Humber, situé primitivement à Beeston (Nottingham), utilise la marque Beeston sur ses machines haut de gamme, même lorsqu'elle sont fabriquées à Coventry.

BERWICK
1929 Portant le nom de la ville natale de son concepteur où le prototype est assemblé, les Berwick utilisent des moteurs Villiers de 246 à 346 cm^3. Elle est exposée au Salon de l'Olympia en 1929, mais n'est probablement jamais lancée en production.

BINKS
1903-06 Charles Binks de Nottingham est l'un des premiers à construire une moto à quatre cylindres en ligne. Ses machines de 411 et 803 cm^3 à admission automatique sont à chaîne, kick starter et moteurs en long ou en travers. Des modèles de production sont vendus, probablement construits par Evart-Hall (voir p. 219). Binks fabrique aussi un carburateur

Beardmore Precision 1923 à bloc-moteur latéral de 596 cm^3 et réservoir intégré au cadre

perfectionné et construit les voitures New Leader de 1905 à 1909.

BIRCH
1902-05 John North Birch est un des pionniers anglais de la moto. Avec son associé Edwin Perks, il produit la Motorwheel Perks & Birch (voir p. 226). Après la cession, en 1900, des droits de fabrication de la Motorwheel à Singer, Birch passe à d'autres réalisations dans lesquelles les carters du moteur forment l'élément inférieur d'un cadre triangulaire auquel ils sont brasés. Ce système est cédé à Bradbury. Birch, sous le nom de George Elliot, construit aussi ses propres motos sur le même principe. Il semble qu'il connaisse l'écrivain Mary Ann Evans qui utilise aussi ce pseudonyme.

BLACKBURNE
1913 Le pionnier de l'aviation Geoffrey DeHaviland commence à étudier des moteurs de motos vers 1904. En 1909, il cède les droits de fabrication à Cecil et Alick Burney qui projettent de fabriquer des motos complètes. Le major Blackburne s'associe alors aux deux frères. Une moto latérale de 499 cm^3, dotée du caractéristique volant extérieur des Blackburne, est annoncée en 1913. Ces motos ont probablement des cadres fabriqués par OEC. Au moment de la guerre, les frères Burney sont mobilisés. Ils produiront plus tard des motos sous leur propre nom (voir p. 216).
1919 La production des motos Blackburne reprend. La demande de moteurs conduit à confier la production des motos à OEC (voir p. 225). Les machines sont vendues sous la marque Blackburne jusqu'en 1922, date à laquelle la marque OEC devint prééminente.

BLACK PRINCE
c.1919-20 La Black Prince n'a probablement pas dépassé le stade du prototype. Elle est dotée d'un moteur flat-twin deux temps de 500 cm^3 monté dans un cadre embouti. Une autre machine à cadre embouti à moteur deux temps Union de 292 cm^3 est également produite ainsi qu'une voiture à châssis en bois et moteur deux temps. E. W. Cameron fabrique ses machines à Doncaster puis à Barnard Castle, dans le Durham, Angleterre.

BLUMFIELD
c.1908-14 Initialement fabricant de moteurs, Blumfield construit aussi des motos complètes, y compris des types compétition.

BOND
1949-53 Lawrence Bond est l'auteur de divers véhicules à deux, trois et quatre roues construits par diverses firmes de la fin des années 40 aux années 60. La première moto est une machine légère, très élaborée, à cadre en aluminium et à revêtement travaillant. Elle possède un moteur deux temps Villiers de 98 cm^3 ou un JAP de 123 cm^3. De 1950 à 1953, d'autres types sont produits sous la marque BAC (voir p. 214). On doit aussi à Bond le prototype du scooter Oscar, exposé en 1953.
1958-62 Bond construit de nouveaux scooters à carrosserie en fibre de verre et moteurs Villiers de 147 à 197 cm^3 avant de se concentrer sur l'automobile.

BOOTH
1901-03 Le Booth Motor Syndicate de Putney, Londres, produit des motos conventionnelles à courroie et moteurs Minerva, vendues aussi, à partir de 1903, sous la marque Hulbert-Bramley (voir p. 221).

BORD
c.1902-06 Moteur adaptable avec entraînement par courroie monté verticalement dans le triangle du cadre.

BOWDEN
1902-05 Frank Bowden, inventeur de la commande à câble portant son nom, fonde la firme Raleigh (voir p. 227). Il construit aussi brièvement des motos sous sa propre marque dotées, entre autres, de moteurs monocylindres FN et Simms.

BOWN
1919-24 Avant la Guerre de 1914, Bown fabrique les motos Aeolus (voir p. 212). Après la guerre, il assemble des machines simples à courroie avec moteurs Villiers deux temps de 269 et 247 cm^3 ainsi que des moteurs quatre temps 350 cm^3 Blackburne et JAP. Lorsque la production de motos est arrêtée, la firme déménage vers le nord de Londres et se consacre aux cycles.
1946-49 Construit des autocycles à moteurs Villiers de 98 cm^3 sous la marque Aberdale (voir p. 212).
1950-58 Bown s'installe à Tonypandy (pays de Galles) et la marque Bown reparaît sur des motos legères à moteurs Villiers de 98 et 122 cm^3. À partir de 1955, elle produit des cyclos à moteurs Sachs de 47 cm^3.

BRADBURY
1901-25 Les motos Bradbury sont produites à Oldham, Lancashire, par une firme fabriquant aussi des bicyclettes, des voitures d'enfants et des machines à coudre. Les premières motos, qui portent la marque Peerless, sont des monocylindres à admission automatique fabriquées sous licence J. N. Birch (voir Birch à gauche).
1914 Introduction de nouveaux modèles à moteurs flat-twins latéraux de 499 cm^3 et de V-twins latéraux de 749 cm^3. Les derniers sont ensuite portés à 871 cm^3. La firme privilégie la qualité plutôt que l'innovation.

BRITAX
1954-56 Firme productrice d'accessoires de moteurs qui fabrique des scooters et une moto de course 50 cm^3 à base de moteurs Ducati Cucciolo. Elle rachète la firme Excelsior (voir p. 219) en 1964.

BRITISH-RADIAL
1921-23 British-Radial propose une machine originale construite à partir d'un moteur trois cylindres en étoile à 120°Redrup de 309 cm^3 monté dans une partie-cycle Chater-Lea avec un boîte à deux rapports Strumey-Archer et courroie finale. En 1923, la firme aurait produit un monocylindre à quatre temps de 123 cm^3.

BRITISH SALMSON Voir Cyclaid (p. 217).

BRITISH STANDARD
c.1919-23 Construit, à Birmingham, des machines classiques à courroie. Les moteurs Villiers et Arden sont à deux temps et les moteurs Blackburne à quatre temps.

BROCKHOUSE
1946-55 Brockhouse est la firme qui produit la mini-moto Corgi (voir p. 217) avant de s'associer majoritairement à la marque Indian (voir p. 271) au début des années 50 puis de décider l'arrêt de la production Indian aux États-Unis. Au Royaume-Uni, elle produit une moto basique à moteur latéral 250 cm^3 vendue, en majorité aux États-Unis, sous la marque Indian Brave.

BROUGH
1908-25 William Brough construit des motos à Nottingham, mais c'est son fils George (voir ci-dessous Brough Superior) qui apporte la célébrité au nom. Willima Brough produit des monocylindres et des V-twins avant d'adopter définitivement le flat-twin. Les machines produites sont dotées de flat-twins en long jusqu'à 692 cm^3. Production limitée.

BROUGH SUPERIOR pp. 34-35
1920 George Brough expose ses premières motos au Salon de l'Olympia de 1920. Elles sont équipés de moteurs V-twins JAP de 986 cm^3, à soupapes latérales ou en tête. Les versions ultérieures ont des moteurs Matchless et MAG. Le magazine Motor Cycle les qualifie de « Rolls-Royce de la moto ». George Brough fait tout pour justifier le prix de ces machines coûteuses, rapides et de grande qualité. Elles remportent aussi de nombreux succès sportifs. Avec les années, apparaissent des prototypes et des séries limitées, dont une machine dotée d'un moteur d'automobile Austin 7 et la quatre-cylindres à arbre Golden Dream. La firme confirme sa réputation avec de gros V-twins jusqu'à 1 150 cm^3 tout en produisant des versions plus raisonnables.
1940 Fin de la production motocycliste lorsque la firme produit du matériel militaire.

BROWN
1901-15 La firme d'accessoires Brown Brothers vend aussi des motos complètes. Les premiers modèles possèdent des cadres de cycles BSA et des moteurs de 1,5 ch. En 1902, la « nouvelle » solution Werner est adoptée avec des moteurs Minerva de 2 ch. Les modèles suivants sont équipés de monos à quatre temps de 292 à 499 cm^3. Brown vend aussi des motos sous la marque Vindec jusqu'en 1928

BROWN BICAR
Voir Midget Bicar (p. 224).

BSA pp. 36-39
1910 La firme Birmingham Small Arms se diversifie dans la fabrication de pièces de bicyclettes à la fin du xixe siècle. Celle des pièces pour motos ne tarde pas à suivre, mais la firme ne construit des motos complètes qu'en 1910. BSA produit des machines simples, solides et bon marché. Les premiers modèles ont des monocylindres latéraux de 499 cm^3, suivis de monos de 557 cm^3 puis, en 1919, de V-twins 770 cm^3. En 1939, lorsque la firme se consacre aux productions de guerre, elle propose des V-twins de 500 à 1 000 cm^3. Dans les années 20 et 30, la gamme comprend une deux temps 175 ainsi que des monocylindres latéraux et à culbuteurs dont la Sloper et la première des monocylindres Star, la Blue Star de 1933, suivie de l'Empire Star et, finalement, des modèles Gold Star.
1943 BSA rachète la marque Sunbeam à AMC (voir p. 213). Après 1945, elle désigne une luxueuse moto à transmission par arbre puis un scooter qui se vend mal.
1944 Acquisition de la marque Ariel.
1946 Introduction de nouveaux twins parallèles BSA de 498 cm^3 en réponse à la Speed Twin de Triumph, suivis de versions 646 cm^3.
1948 Début de la production du deux-temps Bantam 123 cm^3, type pris à DKW au titre des réparations de guerre. Construit jusqu'en 1971, c'est la BSA la plus vendue.
1951 BSA reprend Triumph, mais les deux firmes conservent leur identité propre pendant des années. L'arrivée des petites machines japonaises dans les années 50 contraint les fabricants anglais à se réfugier dans les grosses cylindrées comme la Rocket III de 740 cm^3 lancée en 1968. L'effondrement de ce marché les ruine financièrement.
1973 La firme tombe en faillite. Norton Villiers en prend le contrôle et supprime la marque BSA qui réapparaît à la fin de la décennie sur des machines de trail à moteur Yamaha destinées en priorité à l'exportation.

BULLDOG
1920 Construite à Birmingham par H. H. Timbrell, la Bulldog a un flat-twin Coventry-Victor monté dans un cadre en double berceau.

BURFORD
c.1914-15 Motos conventionnelles avec moteurs monocylindres latéraux de 500 cm^3 ou Villiers deux temps de 269 cm^3.

BURNEY
1923-27 Les motos Burney sont construites par Alick et Cecil Burney après leur départ de chez Blackburne. Ils produisent d'abord une monocylindre latérale de 495 cm³ à chaîne, puis une V-twin à moteur JAP latérale de 680 cm³ apparaît en 1927.

CAIRNS MOCYC
1949-51 Ce moteur deux temps de 49 cm³ avec support adaptable sur bicyclette au-dessus de la roue avant l'entraîne par galet de friction. On l'appelle aussi GYS Motamite.

CALCOTT
1910-15 Firme située à Coventry construisant des automobiles depuis 1904. Les premières motos emploient des moteurs White & Poppe de 3,5 ch. Par la suite, elle produit ses propres moteurs latéraux de 292 cm³.

CALTHORPE
1909 Exposées pour la première fois au Stanley Cycle Show, les motos Calthorpe sont produites à Birmingham par George Hands. Les premiers modèles à moteurs White & Poppe de 3,5 ch sont suivis par des deux-temps de 211 cm³ et des moteurs quatre temps achetés à l'extérieur. Après la Grande Guerre, Calthorpe utilise des moteurs Villiers, JAP, Blackburne, Peco et Precision avant de produire ses propres moteurs 350 à culbuteurs et 500 à ACT en **1925.** Ce dernier est rapidement abandonné en faveur du type à culbuteurs de cylindrées allant de 247 à 493 cm³.
1928 Introduction du modèle Ivory avec moteur incliné et peinture ivoire qui reste au catalogue jusqu'en 1935.
1938 Les nouveaux propriétaires déménagent l'usine à Bristol dans l'intention de produire des motos à moteurs Matchless.
1939 La nouvelle usine est réquisitionnée par le gouvernement avant le commencement de la production.

CALVERT
c.1900-04 Construites à Stoke Newington, au nord de Londres, les machines Calvert sont équipées des propres monos et V-twins à volant extérieur de la firme.

CAMPION
c.1901-25 La Campion Cycle Co. de Nottingham produit aussi des motos classiques équipées de moteurs JAP, Précision et Villiers, allant de 269 cm³ deux temps à des V-twins de 1 000 cm³. Elle fabrique aussi des motos pour la firme écossaise New Gerrard (voir p. 224) pendant une courte épriode après 1924.

CARFIELD
1919-27 Construites à Birmingham, les premières motos Carfield utilisent un moteur deux temps Villiers de 269 cm³, une boîte Albion à deux rapports et une courroie finale. La firme ne tarde pas à proposer une gamme de machines à moteurs Villiers, JAP et Coventry-Victor. En 1927 est introduite une nouvelle moto légère à chaîne à moteur deux temps Aza de 175 cm³, peu de temps avant la cessation d'activité.

CARLTON
1936-39 Motos classiques à moteur Villiers 122 cm³ construites par cette firme de bicyclettes et vendues également sous la marque Grose-Spur par un négociant de Londres. Carlston fait aujourd'hui partie du groupe des Cycles Raleigh.

CASTELL
1903 Constructeur éphémère de Londres utilisant des moteurs verticaux à admission automatique.

CASSWELL
1904-05 Casswell assemble des motos avec des cadres Chater-Lea et de moteurs Fafnir 3,5 ch.

CAYENNE
1912-13 Produite par la société Hayes-Pankhurst Manufacturing, dans le Sussex, la Cayenne est une monocylindre à culbuteurs de 499 cm³ refroidie par eau.

CC
c.1921-24 Charles Chamberlain produit un nombre limité de machines à moteurs deux temps Villiers et quatre temps monocylindres et V-twins.

CCM
1971 Clews Competition Motorcycles commence par la production de motos de cross de haute qualité en partant du moteur culbuté BSA B50. Ces machines connaissent le succès dans les années 70 malgré l'avantage théorique des deux-temps concurrents.
1981 CCM entre dans le groupe Armstrong et, pendant six ans, la production motocycliste se poursuit sous cette marque.
1987 CCM redevient indépendante et continue à faire en petite série des machines tout-terrain à moteurs Rotax.

CEDOS
1919-29 Motos construites à Northampton par CEDric et OScar Hanwell à partir de leurs propres moteurs deux temps de 198 à 246 cm³. Par la suite, ils utilisent des deux-temps Villiers et Peco et des quatre-temps Blackburne, Bradshaw et JAP, y compris des V-twins de 976 cm³.

CENTAUR
1901-15 Les premières motos Centaur reprennent le type Minerva. En 1904, Centaur introduit un nouveau cadre dont le tube avant contient le silencieux. Les moteurs sont des monocylindres et des V-twins. Un prototype à moteur bicylindre parallèle avec volant central est exposé en 1910.

Chater-Lea Super Sport 1926 à cames-plateaux

CENTURY
c.1899-1905 Production limitée de motos, de tandems et d'avant-trains à moteurs Aster ou d'autres marques.

CHASE
1902-06 Les frères Chase pratiquent la compétition motocycliste et construisent des machines à cadre en boucle et à courroie. Elles sont équipées de moteurs MMC et Ariel de 2,5 à 4 ch similaires à celles qu'ils pilotent.

CHATER-LEA
1900 Chater-Lea est une firme de pièces pour cycles qui fournit des composants de motos à d'autres marques avant de fabriquer ses propres modèles. Les premiers types ont des moteurs monocylindres et V-twins Minerva, Peugeot, JAP, Sarolea et autres. Tout en développant ses propres monocylindres et V-twins, elle continue à offrir à ses clients l'option de monter les moteurs de leur choix. En 1908, elle introduit le Model 7 équipé d'un 350 avec transmission chaîne-chaîne.
1919 Reprise de la production motocycliste après la guerre avec une gamme de monocylindres 350 et 550 cm³ latéraux et culbutés à moteurs Blackburne, JAP et de la marque. À partir de 1922, les modèles à moteurs Blackburne 350 culbutés et Chater-Lea 545 latéraux sont appréciés. Ces derniers sont vendus en quantité à l'Automobile Association pour utilisation en side-car jusqu'en 1936. Les moteurs 350 de la marque, y compris le célèbre monocylindre à came plate, sont développés en vue de l'utilisation sportive.
1936 Arrêt de la production moto, mais poursuite du négoce.

CHELL
1938-39 production limitée de vélomoteurs à moteurs Villiers 98 et 122 cm³.

CHENEY
1962- Cheney propose des machines tout-terrain de compétition à moteurs Triumph, BSA et Sachs.

CLARENDON
1901-11 Construction de machines utilisant des moteurs de la marque ou extérieurs. En 1903, la marque adopte le cadre en boucle et peut-être le refroidissement par eau. Les soupapes d'admission commandées apparaissent sur certains modèles en 1904.

CLÉMENT-GARRARD
1902-11 Charles Garrard importe des moteurs français Clément montés dans des cadres James Norton. Norton produit des machines identiques sous la marque Energette (voir p. 219).

CLEVELAND
c.1911-14 Construite à Middlesborough par Egerton Price qui adopte des moteurs Precision. Freddie Dixon débute au TT en 1912 sur une moto Cleveland.

CLYDE
1899-1926 Construite à Leicester par G. H. Wait, Clyde est une des premières marques à utiliser cadre en boucle, allumage par magnéto et carburateur à pulvérisation. Elle utilise au début des moteurs Simms, puis des moteurs JAP monocylindres et V-twins. Produit aussi des autos.

CLYNO
1909 Les motos Clyno sont construites dans le Northamptonshire, Angleterre. Les premiers modèles utilisent des variateurs de vitesse de la marque et des pièces achetées à l'extérieur comme des moteurs Stevens monocylindres à culbuteurs de 386 cm³ et V-twins de 744 cm³. En 1910, le monocylindre est abandonné et Clyno conserve le bicylindre. La marque acquiert les droits de fabrication du V-twin Stevens et déménage dans l'usine de cette marque à Wolverhampton. En 1913, introduction d'une deux-temps de 269 cm³ à cylindre incliné à deux vitesses et à courroie.
1914 Clyno bénéficie de commandes militaires portant sur des side-cars armés d'une mitrailleuse, équipés de moteurs V-twins. La production d'après-guerre porte sur des deux-temps et des V-twins.
1923 La demande en faveur des voitures légères Clyno entraîne l'arrêt des fabrications motocyclistes.

CMM
c.1919-21 Les motos CMM construites par Coventry Motor Mart utilisent des deux-temps de 292 cm³.

COMERY
1919-22 Firme de Nottingham construisant des motos équipées de moteurs Villiers de 247 cm³ à courroie ainsi qu'un side-car.

COMET
c.1902-07 Motos à moteur Minerva et courroie produites à Londres.

COMMANDER
1952-53 Prototype de machine légère d'aspect futuriste apparu en 1952 avec moteurs Villiers de 98 ou 122 cm³.

CONNAUGHT
1910-27 Motos monocylindres deux temps de 293 et 348 cm³ à graissage par mélange et à courroie. En 1924, la firme reprend JES (voir p. 222) et ajoute à sa gamme des quatre-temps à moteurs maison de 348 et 490 cm³ latéraux et d'autres modèles à moteurs Bradshaw, Blackburne et JAP.

CONSUL
1916-23 Firme située à Norwich construisant des machines à moteurs Villiers deux temps à courroie de 269 et 246 cm³.

CORAH
c.1905-11 R. N. Corah de King's Norton construit des motos à moteurs achetés à l'extérieur, notamment des JAP. Un prototype à soupape rotative a été également produit.

CORGI
1946-55 Scooter à petites roues à moteur deux temps construit par Brockhouse, le Corgi possède un moteur Excelsior Spryt de 98 cm³ à cylindre horizontal. Ce modèle, qui dérive des motos de parachutistes Excelsior Welbike utilisées pendant la guerre, est vendu aux États-Unis sous la marque Indian Papoose.

CORONA-JUNIOR
1919-23 Moto construite au nord de Londres par la Meteor Manufacturing Co. avec un monocylindre latéral vertical de 447 cm³ à volant extérieur. Le type de base est monovitesse et à courroie.

CORYDON
1904-08 Motos à cadre en boucle à moteurs monocylindres et V-twins construites à Croydon.

COTTON p. 43
1919 Frank Willoughby Cotton construit des motos équipées de son cadre triangulaire breveté. Les premiers modèles sont dotés de moteurs Villiers de 269 cm³ et de latéraux Blackburne de 350 cm³ puis de moteurs extérieurs de 150 à 600 cm³. L'excellent comportement du cadre à tube droit oblique rapporte à Cotton des succès sportifs. La guerre mondiale interrompt la production.
1953 Reprise de la production avec des modèles à moteurs Villiers et Anzani jusqu'à 250 cm³ et des cadres conventionnels. Les machines de course Cotton et de trial à moteur Minarelli remportent de nombreuses victoires dans les années 60. Apparition en 1976 de machines à moteur Rotax.
1980 Rachat de Cotton par Armstrong et disparition de la marque.

COULSON-B
1919-23 La Coulson-B est fabriquée d'abord à Londres. Elle possède une suspension arrière à lames, un moteur Blackburne latéral de 348 cm³ (d'où le suffixe B) et une boîte à deux vitesses avec courroie finale. Apparition d'un modèle 499 cm³ en 1920. A. W. Wall (voir Wall p. 232) reprend la production en 1921 et, en 1923, sous le contrôle de H. R. Backhouse & Co., la marque devint New Coulson.

COVENTRY B & D
1923-26 Motos fabriquées par Barbary & Downes qui produisent aussi des machines sous les marques Wee McGregor (voir p. 232) et Three Spires (voir p. 231). Elles utilisent des moteurs monocylindres et V-twins JAP de 346 à 976 cm³ et des Barr & Stroud de 348 cm³. La firme est aussi appelée Coventry Bicycles Ltd.

COVENTRY-CHALLENGE
1903-11 Motos conventionnelles à moteur Minerva à courroie finale.

COVENTRY-EAGLE
1901 Fabrique de cycles qui installe des moteurs MMC, De Dion et Buchet sur des cadres de bicyclettes pour produire ses premières motos. À partir de 1904, la production est limitée.
1921 Reprise de la production avec des monocylindres 500 et des V-twins JAP de 680 cm³. Les derniers modèles vont des deux-temps de 147 cm³ à la Flying Eight à moteur V-twin JAP de 996 cm³. La Pullman à moteur Villiers 250 est introduite en 1933.
1939 Arrêt de la production.

COVENTRY-MASCOT
1922-24 Production de machines à moteurs latéraux, culbutés et sans soupapes de 350 cm³ fournis par Balckburne, Bradshaw et Barr & Stroud.

COVENTRY-PREMIER Voir Premier (p. 227).

COVENTRY-VICTOR
1919-35 Production de motos à moteurs flat-twin de 499, 688 et 907 cm³ de la marque. La firme fabrique aussi une voiture légère à trois roues. La fabrication de moteurs se poursuit après 1935.

CRESCENT
1915 Marque désignant un modèle utilitaire construit par Rudge-Whitworth avec des moteurs Villiers 269 cm³.

CROFT CAMERON
1923-26 La Croft Cameron Super-Eight construite en nombre limité utilise des moteurs V-twins Anzani.

CROWNFIELD
1903-04 Moto pour dames à cadre ouvert à moteur Kerry de 2,25 ch.

CRYPTO
1901-08 Construites par W. G. James à Londres, les motos Crypto sont équipées de moteurs divers dont des MMC et des Peugeot.

CURRY
1913 Moto à moteur JAP.

CYC-AUTO p.45
1934-55 La Cyc-Auto est une bicyclette motorisée avec cadre modifié. Le moteur à cylindre vertical a un vilebrequin disposé en long. Une vis sans fin renvoie la rotation à 90°pour attaquer la chaîne finale. La firme utilise ses propres moteurs avant d'adopter brièvement des moteurs Villiers et Scott. Une moto de 98 cm³ dérivée de la Cyc-Auto, mais équipée d'un arbre de transmission et d'une suspension arrière oscillante est proposée en 1955.

CYCLAID
c. 1950-56 British Salmson produit des deux-temps adaptables de 31 cm³ installés sur le porte-bagages arrière.

CYCLEMASTER/CYCLEMATE
1951-60 Roue motorisée à moteur deux temps de 26 puis 33 cm³ montable à la

Coventry-Victor 1922 modèle sport de 688 cm³ avec boîte de vitesses sous le cylindre arrière

place d'une roue arrière de 1934-55 bicyclette. À partir de 1955, la firme offre aussi une machine complète appelée Cyclemate.

CYKELAID
c.1920-26 Cykelaid fabrique des moteurs deux temps de 133 cm³ adaptables sur bicyclettes.

CYMOTA
c.1950-52 Moteur deux temps 45 cm³ adaptable sur cycle avec entraînement de la roue avant par friction.

DALESMAN
1969-74 Machine tout-terrain de compétition avec moteur deux temps Puch de 124 cm³ et partie-cycle anglaise.

DALTON
1920-22 Production limitée de motos avec moteurs de provenance extérieure.

DART
1923-24 Production de quelques machines équipées de moteurs monocylindres 350 cm³ à un ACT.

DAVIS
1910 Attelage à moteur JAP dans lequel le pilote assis dans le side-car pilote avec une barre franche.

DAVISON
1902-08 Davison utilise des moteurs Minerva et Simms dans des cadres de bicyclettes.

DAW
1902-05 Fabricants de moteurs, Dalton And Wade produisent quelques machines complètes.

DAWN Voir Pearson & Cox (p. 226).

DAY-LEEDS Voir Eclipse (p. 219).

DAYTON
1913-15 Fabricant de bicyclettes, Charles Day propose aussi une moto deux temps à courroie de 162 cm³. Le moteur, peut-être dû à Stuart Turner, offre la possibilité d'être adapté à un cadre de bicyclette.
1921-22 Production de motos à moteur Villiers de 269 cm³.
1938-39 Reprise de la production avec un cycle à moteur Villiers de 98 cm³.
1954-60 Production de scooters à moteurs Villiers de 174 à 249 cm³.

DEFY-ALL
1921-22 Motos à moteurs Villiers et Blackburne avec suspension arrière à lames.

DE LUXE
1914-24 Motos utilisant des moteurs deux temps TDC et Villiers ou des Barr & Stroud sans soupapes.

DENE
1903-c.1923 Motos produites à Newcastle-upon-Tyne avec des moteurs Minerva, Precision et JAP.

DENNELL
c.1903-08 Utilisation de moteurs extérieurs dont des Minerva et un original JAP à trois cylindres de 660 cm³.

DERBY
1901-02 Construction de motos de style bicyclettes dotées de moteurs de 1 ch à admission automatique. Fournisseur de moteurs pour d'autres fabricants.

DESPATCH-RIDER
1915-17 Motos légères avec moteurs deux temps extérieurs de 211 cm³.

DIAMOND
1908-31 Firme de Wolverhampton construisant ses premières motos avec des moteurs FN monocylindres et V-twins. Un type moderne à bloc-moteur et deux vitesses apparaît en 1912, mais la production est arrêtée par la guerre. Après le conflit, construction de motos classiques à moteurs Villiers, JAP et Bradshaw. La firme cultive activement un programme de compétitions. La production sérieuse s'achève en 1931 après une tentative ambitieuse, mais vaine au TT. La firme ne construit plus que sur commande.

DKR
1957-66 Construction de scooters à moteurs Villiers de 147 à 249 cm³. Le réservoir est intégré au carénage avant en bulbe.

DMB
c.1927 Motos légères à courroie et cadre en losange à moteurs Villiers de 247 et 342 cm³ construites par la Derby Cycle Manufacturing Co. de Birmingham.

DMW
1945-71 Les Dawson's Motor Works fabriquent les fourches Metal Profiles et des moyeux de roue ainsi que des motos à moteur Villiers, y compris des machines tout-terrain et des utilitaires légères. La firme achète le stock de Villiers à la fermeture et continue de fournir les pièces de rechange.

DORMAN Voir Whirlwind (p. 232).

DOT p. 50
1902-32 Harry Reed débute en produisant des motos à moteurs Fafnir, Peugeot et JAP. Avant et après la Grande Guerre, Dot produit des machines de course efficaces. Dans les années 20, Dot utilise des moteurs JAP, Blackburne et Bradshaw 325 refroidis par huile. En 1928, la firme lance une gamme à moteurs Villiers de 98 à 346 cm³. La crise arrête la production en 1932.
1949-73 Dot relance la production de motos à moteur Villiers, notamment de machines tout-terrain de compétition. Dans les années 50, la firme importe les cyclos allemands Victoria et, dans les années 60, les motos italiennes Guazzoni. Lorsque Villiers cesse de fabriquer des moteurs, Dot utilise des deux-temps Minarelli avant d'arrêter ses fabrications.

DOUGLAS p. 51
1907 La fonderie Douglas Brothers livre d'abord des pièces brutes à Light Motors Ltd de J. Barter, fabricant de la moto Fée (voir p. 219). À la faillite de Light Motors, Barter entre chez Douglas avec ses projets. Douglas va produire des flat-twins pendant cinquante ans. La première moto est une 350 à courroie. La firme devient vite l'un des constructeurs britanniques majeurs et remporte des succès en course. Elle fournit les armées pendant la Première Guerre mondiale. En 1922, elle produit une gamme de flat-twins de 348 à 735 cm³ et, dans les années 30, une gamme légère à moteurs maison ou Villiers. L'Endeavor 500 cm³ à arbre de 1935 est la première Douglas à moteur transversal. Dans les années 30, la firme change de mains et décline.
1946 Introduction des nouveaux flat-twins transversaux de 348 cm³.
1951 Douglas commence la construction sous licence du scooter italien Vespa.
1957 Fin de la production motocycliste. Poursuite de la construction de la Vespa jusqu'à 1964 environ. Importation ensuite de scooters Vespa jusque dans les années 80.

DREADNOUGHT
1915-23 Motos à courroie équipées de moteurs Villiers de 269 cm³ construites par W. A. Lloyd & Co. à Birmingham. Certains modèles ont pu être vendus sous la marque Walco. Lloyd fabrique aussi la moto du même nom (voir p. 223).

DUNELT p. 56
1919-35 Les aciéries de Sheffield Dunford & Elliot proposent une très moderne monocylindre deux temps à pistons à étages. Un modèle de 499 cm³ est produit de 1919 à 1927 et un 249 cm³ de 1926 à 1935. À partir de 1929, montage de moteurs Sturmey-Archer et Villiers. Les toutes dernières motos sont dotées de moteurs Python et JAP.
1957 Production d'un cyclomoteur de 49 cm³ à moteur allemand Rex.

Dunelt 1923 deux temps 499 cm3 à piston à étages avec boîte à trois vitesses Sturmey-Archer

DUNKLEY
c.1913 Motos construites à Birmingham avec des moteurs de provenance extérieure dont des deux-temps 170 cm^3 Precision et 349 cm^3 Peco.

DUNKLEY
c.1957-59 Fabricant de voitures d'enfants construisant des scooters et des cyclos équipés du moteur à culbuteurs de 65 cm^3.

DUZMO
1919-24 Motos à moteurs monocylindres de 496 cm^3 et V-twins à 50°de 992 cm^3 conçues par John Wallace.

ECLIPSE
1903-05 Production de motos dont les moteurs V-twins sont très ouverts.

ECLIPSE
1912-14 L'entreprise de mécanique Job Day & Sons Ltd de Leeds produit des moteurs monocylindres, V-twins, des cycle cars et des motos équipées du semi-culbuté de 499 cm^3 appartenant à la marque.

ECONOMIC
1921-23 Les premiers types ont un moteur flat-twin deux temps de 165 cm^3 placé en long, mais les modèles ultérieurs reçoivent un moteur transversal.

EDMONTON
c.1903-05 Motos construites à Edmonton avec un moteur vertical à admission automatique.

EDMUND
c.1907-26 Charles Edmund construit des motos équipées, entre autres, de moteurs JAP et Blackburne.

ELF
c.1913 Moto à cadre en boucle à moteur 149 cm^3 semi-culbuté construite par Nestor Motor Co. de Blackpool.

ELF-KING
c.1907-09 Exposée au Stanley Show de 1907, la moto Elf-King est une machine à courroie équipée d'un moteur 443 cm^3.

ELFSON
1923-25 Wilson & Elford construisent une quantité limitée de motos légères à moteurs maison deux temps de 292 cm^3 et Norman à culbuteurs de 170 cm^3.

ELI
1911-12 Motos et side-cars dotés de moteurs Precision assemblés à Bristol.

ELLISON
c.1911 Motos à cadre suspendu à moteurs Peugeot ou JAP.

ELMDON
1915-21 Machines légères classiques avec moteurs Villiers de 269 cm^3 et courroie finale.

ELSWICK
1903-21 Fabricant de cycles utilisant, sur ses premières motos, des moteurs Precision monocylindres latéraux. Marque reprise par Hopper et déménagée de Elswick à Barton-on-Humber. Hopper produit aussi une moto presque identique sous la marque Torpédo (voir p. 231).

EMC
1947 La Motorcycle Company du Dr Josef Ehrlich produit d'abord un modèle deux temps à cylindres en U de 348 cm^3 dont la production ne dure pas faute de succès commercial. Une machine de compétition à moteur Puch 125 cm^3 est produite à partir de 1952.
1960 Ehrlich produit quelques motos deux temps de compétition sans grand succès. 1981 EMC s'associe à Waddon Engineering Co. dans le développement de machines de course à moteur Rotax.
1982 Ehrlich se sépare de Waddon et produit ses propres machines. Le projet culmine avec la victoire d'Eddie Laycock dans le Junior TT de 1987.

EMERALD
c.1903 Motos de 1,75 et 2,75 ch.

ENDRICK
c.1911-15 Constructeur à Birmingham.

ENDURANCE
c.1909-24 C. B. Harrison produit des machines à deux temps à moteurs maison et Villiers.

ENERGETTE
1902-07 Marque désignant au début certains modèles Norton (voir p. 225).

EVART-HALL
1903-05 Constructeur d'une moto monocylindre avant de devenir licencié de la quatre-cylindres Binks (voir p. 214).

EXCELSIOR p. 60
1896-1964 Bayliss, Thomas & Co. fabriquent leur première moto en montant un moteur Minerva de 1,25 ch sur un cadre de bicyclette Excelsior. C'est un des premiers modèles sur le marché anglais.
1919 R. Walker & Son, fabricant de la moto Monarch, reprend la firme et utilise des moteurs Villiers, JAP et Blackburne. Les types les plus réputés sont les monocylindres à quatre soupapes Mechanical Marvel et les Manxman à un ACT des années 30. Des deux-temps plus simples sont également produites ainsi que, pendant la guerre, des Welbike 98 cm^3 pour parachutistes. Après la guerre, la firme produit une gamme de machines allant de 98 à 197 cm^3 à moteurs deux temps maison et Villiers.
1949 Introduction de la deux-temps bicylindre Talisman de 249 cm^3, portée à 328 cm^3 avant la fin de la production en 1962. Rachat de la firme par Britax en 1964 (voir p. 215) et fin de la production.

FAIRFIELD
c.1914-15 Classiques deux-temps construites par Alfred Forster & Co.

FAIRY Voir Fée.

FB
1913-22 Fowler & Bingham construisent des moteurs deux temps de 269 cm^3 fournis à d'autres constructeurs ainsi que quelques motos complètes. Les derniers modèles portent la marque FB Wizard.

FEDERAL/FEDERATION
1919-37 Motos construites à Birmingham par la Co-Operative Society et vendues par les magasins Co-Op.

FÉE
1905-07 J. Barter (voir p. 214) construit un monocylindre avant de faire un flat-twin de 200 cm^3, probablement le premier moteur de ce type utilisé sur une moto. Barter fonde Light Motors Ltd pour produire des motos sous l'appellation Fée, bientôt traduit par l'anglais Fairy. Suite à des problèmes financiers, Barter emporte le modèle chez Douglas (p. 218) qui construit des flat-twins pendant cinquante ans.

FEW-PARAMOUNT
1920-27 Curieux véhicule à deux roues construit en nombre limité par F. E. Waller. Le pilote et le passager sont assis dans des sièges baquets. Les moteurs sont des JAP et Blackburne monocylindres et V-twins. Les machines produites de 1926 à 1927 portent la marque Paramount-Duo.

FLEET Voir Ariel (p. 213).

FLM
c.1951-53 Construites à Leeds par Frank Leach, ancien ingénieur de Panther, les motos légères FLM sont dotées de moteurs deux temps Villiers et JAP et de suspension arrière.

FORWARD
1919-15 La firme produit ses propres V-twins latéraux de 339 et 479 cm^3 montés dans des parties-cycle classiques à courroie.

P. W. Owen au Junior TT 1912 au guidon d'une Forward V-twin 339 cm^3

FRANCIS-BARNETT p. 63
1919 La production de la très moderne moto de Gordon Francis à cadre tubulaire droit boulonné et moteur JAP commence en 1920, suivie de machines légères à moteur Villiers deux temps.
1933 Introduction de la Cruiser à moteur Villiers 249 cm^3 à carénage partiel et cadre combinant des éléments forgés en I et des emboutis.
1947 Intégration au groupe AMC. Les productions d'après-guerre sont des types conventionnels à moteurs deux temps Villiers et AMC jusqu'à 250 cm^3. Les derniers modèles, identiques aux types James, autre marque du groupe AMC, sont par la suite fabriqués dans la même usine.
1966 Fin de la production.

GABY
1914-20 Gaby produit des motos à deux temps à courroie équipées de moteurs Metro 269 cm^3. Après la guerre, elles reçoivent des moteurs Arden de mêmes type et cylindrée.

GAMAGE
1900-24 Les grands magasins Gamage vendent sous leur propre marque des machines produites par d'autres. Les premiers types sont des motos à moteur Fafnir, les suivantes sont dotées de deux-temps Villiers de 269 cm^3 et de monocylindres latéraux de cylindrée supérieure.

GARRARD Voir Clément-Garrard (p. 216).

GB
1905-08 GB produit des motos longues et surbaissées à moteurs monocylindres et V-twins. Le modèle militaire de 1908 possède un V-twin refroidi par turbine de 5,5 ch et un moyeu arrière à deux rapports.

GEORGE ELLIOT Voir Birch (p. 215).

GERRARD
1913-15 Motos légères à courroie fabriquées à Birmingham équipées de moteurs Villiers de 269 cm^3.

GLENCAIRN
1902 Machine assemblée pour l'exportation. Production très faible.

GLENDALE
c.1902-21 Machines construites en petit nombre à Wooler, Northumberland, avec moteur Blackburne latéral de 550 cm^3.

GLOBE
c.1901-05 Motos construites à Coventry par Clarke, Cluley & Co. Fabricant de machines textiles équipées de moteurs verticaux et de cadres en boucle.

GLORIA
1924-25 Moto légère anglaise typique des années 20, la Gloria a une fourche Druid et une boîte Albion à deux rapports avec

Hawker de course c.1926 à moteur Blackburne (pilote : capitaine Peatty)

courroie finale. Le moteur Train de 123 cm^3 deux temps d'origine française est inhabituel.

GLORIA
1931-33 Modèle provisoire bon marché à moteur Villiers 98 cm^3 construit par Triumph pour profiter des nouvelles catégories fiscales.

GOUGH
c.1920-23 Motos utilisant des moteurs monocylindres latéraux JAP et Blackburne.

GOVERNMENT
1914 Moto à moteur quatre temps JAP de 292 cm^3 comprenant une poulie motrice variable.

GRANDEX
1910-16 Motos classiques à courroie utilisant des moteurs monocylindres et V twins JAP et Precision. En 1916, Grandex produit une deux-temps à moteur Precision de 232 cm^3. La chaîne primaire entraîne la magnéto.

GRAVES
1914-15 La firme de vente par correspondance Graves propose dans son catalogue d'avant-guerre la (mal nommée) moto Speed King (roi de la vitesse). Cette machine à cadre en losange et courroie, dotée d'un moteur JAP latéral de 292 cm^3, est construite par New Imperial (voir p. 224).

GREEN
1903-04 Moto produite à Cheltenham par un fabricant de fusils utilisant des moteurs et des magnétos Simms. Le modèle est suspendu à l'arrière et les réservoirs d'essence et d'huile sont intégrés aux tubes de grand diamètre du cadre.

GREEN
1910-23 Les motos de Charles Green utilisent des moteurs dérivés de ceux de type Precision, à refroidissement par eau, moteurs également utilisés avant-guerre par la marque Regal.

GREEVES p. 66
1953-72 Fabricant de voitures pour handicapés, Greeves produit une moto prototype en 1951 pour essayer une suspension à base de caoutchouc. Les toutes premières motos ont des moteurs Villiers de 197 cm^3, mais les suivantes reçoivent des moteurs Villiers et Anzani de 250 cm^3. À partir de la fin des années 50, Greeves remporte des succès en trial et scrambling et exporte de grandes quantités de motos tout-terrain. À partir du début des années 60, des routières-compétition de 250 cm^3 sont proposées. À la fin de cette décennie, l'arrivée des motos tout-terrain espagnoles et japonaises et la fin des moteurs Villiers ruinent la firme.
1975 Tentative de résurrection de la marque qui disparaît vers 1977.

GRI
1921-22 Conçue par G. R. Inshaw et fabriquée à Glasgow, la GRI combine une seule soupape classique en tête et une soupape rotative pour contrôler les gaz. Des versions 349, 420 et 499 cm^3 sont produites uniquement en petit nombre.

GRIGG
1920-25 Grigg construit un scooter à moteur deux temps 161 cm^3 puis de petites motos dotées de moteurs de la marque. Les gros modèles utilisent des moteurs Villiers, Blackburne et le rare B & H 900 V-twin.

GRINDLAY-PEERLESS
1923-24 Fabricant de side-cars réputé, la firme produit sa première moto équipée d'un 1000 V-twin sans soupapes Barr & Stroud. Suivent des modèles à moteurs 172 cm^3 et plus fournis par Villiers, JAP, Python et Barr & Stroud.

GROSE-SPUR
1916 Motos deux temps à courroie munies de moteurs Dalm probablement fabriquées par une autre firme, mais vendues à Londres par le négociant James Grose Ltd.
1938-40 Moto légère à moteur Villiers construite par Carlton, mais vendue aussi sous l'écusson Grose, à moteur 122 cm^3 et boîte à trois rapports.

GSD
1922-23 La GSD (Grant Shaft Drive) possède un moteur monocylindre deux temps transversal White & Poppe de 345 cm^3, une boîte à quatre rapports, une transmission par arbre et un cadre à double berceau. Production limitée.

G & W
1902-06 Guy et Wheeler de Liverpool construisent des motos à moteur Aster ou d'autres marques. Le modèle 1903 possède un moteur monté verticalement derrière le tube avant d'un cadre à grand empattement.

GYS MOTAMITE Voir Cairns Mocyc (p. 216).

HACK
1920-23 Scooter à moteur deux temps Simplex 110 cm^3 monté devant la roue arrière entraînée par chaîne.

HADEN
1912 A. H. Haden expose une moto de 4,5 ch à boîte trois vitesses sous son propre nom. Il produit aussi la marque New Comet (voir p. 224).
1920-24 Haden récidive avec un modèle à moteur deux temps Precision de 347 cm^3.

HAGG-TANDEM
1920-23 La moto Haag-Tandem dessinée par Arthur Hagg est produite en nombre limité par Taylor & Taylor. Elle est largement carrossée et porte un tan-sad démontable. Le moteur est un monocylindre sans soupapes Barr & Stroud de 349 cm^3.
En 1923, la marque est abrégée en HT et une moto plus classique est produite, toujours avec un moteur Barr & Stroud.

HAMILTON
1901-07 Constructeur de moteurs monocylindres et bicylindres en V et de machines complètes.

HAMPTON
c.1912-1914 Machines à moteur latéral TDC de 492 cm^3.

HARPER
1954-55 Construite à Exeter, la Harper Scootamobile utilise un moteur deux temps Villiers et une carrosserie en fibre de verre.

HAWKER
1920-24 Harry Hawker est le chef pilote d'essai de la Sopwith Aircraft Co. Après la Grande Guerre, Sopwith se diversifie dans la construction motocycliste via le malheureux projet ABC (voir p. 212). Une nouvelle société est fondée sous la direction de Hawker. Son premier modèle est une deux-temps de 292 cm^3 dotée d'une boîte maison et d'une transmission à courroie produite jusqu'en 1924. Les autres modèles, introduits à partir de 1922, utilisent des moteurs Blackburne latéraux et culbutés de 248 et 550 cm^3.

HAZEL
c.1906-11 Motos fabriquées à Londres dotées de moteurs Peugeot, puis JAP.

HAZLEWOOD
1905-25 Construites à Coventry, les dernières machines utilisent des moteurs V-twins JAP 676 et 976 cm^3 et la boîte à trois rapports de la marque.

HB
1919-23 Motos classiques à moteurs Blackburne latéraux et culbutés de 348 à 550 cm^3 construites par les Hill Brothers à Wolverhampton.

HEC
1922-23 Construite à Taunton par la Hewin Engineering Co., la HEC est une moto légère à courroie équipée d'un moteur Villiers 247 cm^3 et d'une boîte Sturmey-Archer.

HEC
1938-40 Vélomoteur à moteur Levis deux temps de 80 cm^3 produit par la Hepburn Engineering Co. de King Cross, Londres.

HENLEY
1920-26 Gamme de diverses machines construites par les frères Clarke et utilisant des monocylindres quatre temps verticaux jusqu'à 545 cm^3 fournis par Blackburne, Bradshaw et JAP. En 1926, la marque devient New Henley.

HERCULES
1912-1914 Hercules, fabricant de cycles de Birmingham, aborde le marché de la moto avec des modèles équipés de moteurs monocylindres latéraux de marques Precision et Sarolea. En 1914, la marque offre une deux-temps de 211 cm^3 à courroie.
1955-61 Production de cyclomoteurs pour profiter du boom du marché. Les premiers, en 1955, sont à moteur JAP deux-temps de 49 cm^3, les modèles ultérieurs utilisent des moteurs français Lavalette.

HESKETH p. 81
1981 Programme aussi ambitieux que malheureux visant à produire une nouvelle super-moto britannique. Après le développement d'un moteur à deux ACT et huit soupapes de 992 cm^3 par Weslake, les prototypes roulent en 1980. Les premiers modèles connaissent des problèmes. Les machines améliorées, produites jusqu'en 1988, sont disponibles sur commande spéciale.

HJ
1920-21 Howard & Johnson de Birmingham montent des moteurs deux temps de 269 cm^3 Liberty et Villiers.

HJH
1954-56 H. J. Hulsman construit des motos à moteur Villiers au pays de Galles.

HOBART
1901-24 Construites à Coventry par le fabricant de cycles Hobart, Bird & Co., ces motos conventionnelles ont un moteur vertical et une courroie finale, puis, plus tard, Hobart propose des V-twins. Des moteurs Precision sont utilisés à partir de 1911 et la marque propose des modèles pour dames. La production d'après 1918 est centrée sur des motos légères à moteur Villiers de 269 cm^3 suivies, plus tard, par des machines à moteurs quatre temps JAP et Blackburne.

HOCKLEY
1914-16 Construites à Birmingham, ces motos à moteur deux temps de 269 cm^3 achetés à l'extérieur et courroie finale sont produites pour l'exportation.

HOLDEN
1897-1902 Les premières motos à quatre cylindres sont l'œuvre du colonel H. C. L. Holden. La Holden est produite commercialement par la Motor Traction Company de Londres de 1899 à 1902. Holden dessinera ensuite la piste de l'autodrome de Brooklands.

HOLROYD
1922 Machines de sport conventionnelles construites par le champion J. S. Holroyd avec des moteurs monocylindres JAP, des boîtes Burman et des transmissions à courroie.

HOSKISON
1919-22 Hoskison est un assembleur typique de l'époque utilisant des composants extérieurs. Les moteurs sont des deux-temps Union de 292 cm^3 et des monocylindres latéraux Blackburne de 349 et 499 cm^3.

HOWARD
1904-07 Construite à Coalville, Leicester, par Howard & Co., cette moto possède un moteur horizontal dont le carter est attaché au tube de selle d'un cadre de type bicyclette. Le carburateur est un simple évaporateur d'essence.

H & R
1922-25 Moto légère à courroie produite à Coventry avec un moteur Villiers de 147 cm^3. (Initiales parfois inversées : R & H.)

HRD p. 97
1924-28 Howard R. Davis est apprenti chez AJS et pilote chez Sunbeam avant la Première Guerre mondiale. Il gagne plus tard le Senior TT 1921 sur une 350 AJS avant de lancer sa propre marque. Les modèles HRD sont conçus par E. J. Massey avec des moteurs JAP monocylindres de 344 et 490 cm^3. Une 597 cm^3 est offerte en 1927, année où HRD cesse ses activités. Les droits de fabrication sont rachetés par le producteur des motos OK Supreme (voir p. 225) puis revendus à Phillip Vincent, créateur de la Vincent-HRD (voir p. 231).

HT Voir Hagg-Tandem (p. 220).

HULBERT-BRAMLEY
1903-06 Successeur de Booth Motor Company, Hulbert-Bramley construit des motos monocylindres à moteur Minerva, ainsi que des avant-trains et des motos pour dames.

HUMBER p. 97
1898 Thomas Humber commence à construire des cycles à Beeston, Nottingham, vers 1870. Les premières machines motorisées sont le fruit des activités d'Harry J. Lawson et de sa Motor Manufacturing Co. de Coventry. Humber utilise les moteurs MMC ainsi que des groupes Minerva.
1902 Humber commence la production d'une moto monocylindre de 344 cm^3 conçue par Joah Phelon qui lance peu après la fabrication d'une machine très proche sous la marque P & M. Le moteur incliné est parallèle au tube avant du cadre et la transmission est à chaîne. Entre 1906 et 1908, la demande en faveur des automobiles Humber interrompt la production des motos. En 1909, Humber revient sur ce marché avec une 500 assez classique à courroie dont le tube avant sert de silencieux. On trouve ensuite une moto légère dotée d'un 198 cm^3 latéral et, en 1911, une 340 V-twin latérale à deux vitesses qui remporte le Junior TT cette année-là. Les autres modèles comprennent une mono 500 cm^3 refroidie par eau et une 750 flat-twin.
1919 La gamme d'après-guerre comprend des flat-twins de 500 et 600 cm^3. Au milieu des années 20, Humber se concentre sur les monocylindres 350 latéraux et culbutés.
1930 Humber abandonne la moto.

HUNTER
1904 Motos construites à Londres avec des moteurs verticaux à admission automatique et transmission par chaîne incorporant un amortisseur de couple.

IMPERIAL
1901-04 L'Imperial Cycle & Motor Co. de Birmingham monte des moteurs Coronet à admission automatique dans des cadres en boucle de divers types.

INDIAN PRINCE Voir Silver Prince (p. 229).

INVICTA
1913-23 Motos construites à Coventry par Arthur Barnett, associé de Francis-Barnett à partir de 1919. Invicta utilise des moteurs Villiers, Abingdon et JAP de 147 à 654 cm^3.

IRELAND
c.1912 Machines à cadre en losange produites à Wolverhampton avec moteurs monocylindres et V-twins Blumfield.

IVEL
1901-05 Moto produite à Biggleswade, Bedfordshire, par un ingénieur agricole devenu fabricant de cycles et d'automobiles. La moto Ivel utilise des moteurs De Dion et MMC.

IVY
c.1908-32 Les motos Ivy sont produites par le fabricant de bicyclettes S. A. Newman Ltd à Birmingham. Les premiers types ont des moteurs JAP et Precision. Après la Grande Guerre, Ivy produit ses propres moteurs monocylindres deux temps de 225 à 348 cm^3 avant de recourir de nouveau à des fournisseurs extérieurs.

IXION
c.1910-23 Produites à Birmingham, les motos Ixion reçoivent des moteurs extérieurs JAP, Villiers, Precision et Peco.

IXION
1929-30 New Hudson ressuscite brièvement la marque Ixion sur un modèle existant de 249 cm^3 à soupapes latérales.

JAMES p. 111
1902 Le fabricant de bicyclettes de Birmingham utilise des moteurs Minerva et FN pour produire ses premières motos. Un modèle radicalement nouveau apparaît en 1908. Le moteur est un 523 cm^3 de la marque. Les modèles suivants sont plus classiques, équipés de moteurs James deux temps, de 500 V-twins latéraux et de 600 monocylindres latéraux.
1922 La production en série reprend au cours des années 20. James construit une gamme de motos monocylindres et V-twins de 250 à 750 cm^3 à moteur latéral et culbuté. Des machines légères à moteur Villiers deux temps sont ajoutées après la reprise de la marque Baker en 1930. Au milieu des années 30, James ne produit que des motos légères. Après 1945, il se consacre à des machines utilitaires et des motos tout-terrain à moteur Villiers.
1951 reprise de la firme par AMC qui possède aussi la marque Francis-Barnett. Les productions des deux marques sont de plus en plus semblables.
1966 Un manque d'identité et les problèmes posés par les moteurs deux temps AMC mettent la marque en difficulté. Elle finit par disparaître dans l'effondrement d'AMC.

JAP
1903-08 J. A. Prestwich produit brièvement des motos complètes avant de se concentrer sur la fabrication des moteurs.
1932-39 JAP introduit ses propres parties-cycle sur ses excellentes machines de speedway.

JD
c.1920-26 Moteur de 116 cm³ adaptable sur bicyclette ou tout monté sur un cadre renforcé (modèles pour hommes et pour dames).

JEHU
1901-c.1910 La moto Jehu, de Londres, modèle 1903, est à chaîne à embrayage maison. Les moteurs sont des Minerva et des MMC.

JES
1913-24 J. E. Smith and Co. de Gloucester fabrique un moteur de 116 cm³ à admission automatique, adaptable verticalement dans un cadre de bicyclette. La roue arrière est entraînée par courroie. Des motos complètes à moteur deux temps de 169 cm³ sont introduites en 1922. La boîte à quatre rapports et la transmission par chaîne JES sont en option. En 1924, la production est reprise par Connaught et déménagée à Birmingham. Une moto classique à moteur Blackburne de 348 cm³ est vendue sous écusson JES.

JESMOND
1902-03 Jesmond produit des motos typiques de cette époque primitive équipées de moteurs Fafnir et fabriquées à Newcastle. Elles précèdent la marque Dene (voir p. 218). (Jesmon Dene est un parc dans les faubourgs de la ville.)

JH
c.1913-15 James Howarth produit à Oldham une gamme de motos équipées de moteurs Villiers, JAP et MAG.

JNU
1920-22 Moto à cadre ouvert et moteur Dalm deux temps de 318 cm³.

JOYBIKE
1958-60 Produites par les Cycles H. V. Powell à Birmingham, les Joybike sont proposées sous forme de cyclomoteurs ou « scooterettes » à moteurs deux temps Trojan 49 cm³ ou JAP 79 cm³.

JP IMPREGNABLE
c.1912-14 Le fournisseur d'accessoires de motos John Piggot Ltd de Londres commercialise aussi des machines à moteur TDC 300 cm³ qu'il ne fabrique pas lui-même.

JUCKES
1902-25 T. C. Juckes et sa firme, The Efficient Engineering and Motor Co., fabriquent épisodiquement des motos à partir de 1902. Au début des années 20, une deux-temps de 274 cm³ est offerte. En 1924, le modèle à culbuteurs de 347 cm³ possède une boîte à quatre rapports et un cadre à renforts diagonaux.

JUNO
1904 Construite par la London Machinists Co., la Juno possède un moteur Fafnir vertical de 353 cm³ à admission automatique et une transmission à courroie.
1914-16 La marque est relancée par la même firme avec une moto légère à moteur Villiers et courroie. Une machine à V-twin JAP est est proposée en 1916.

JUPP
1921-24 Machine genre scooter à moteur deux temps Villiers de 269 cm³, grands garde-boue et sièges-baquets. Un modèle ultérieur reçoit un moteur Villiers de 147 cm³ dans un cadre plus conventionnel.

KEMPTON
1921-22 Motos légères et scooters construits par William Hooper avec le moteur 124 cm³ du Skootamota ABC. Hooper est également responsable du prototype Superb Four.

KENILWORTH
1919-24 Machine type scooter développée par un certain capitaine G. Smith-Clarke. Les modèles de série ont un moteur Norman à culbuteurs de 142 cm³ monté à l'avant d'un cadre tubulaire.

KERRY
1902-14 Marque des motos vendues par l'East London Rubber Company. Les premières Kerry ont un cadre en boucle avec un monocylindre incliné et une courroie finale. Elles utilisent des moteurs Kelecom et FN, et il est probable que les motos soient assemblées en Belgique. L'introduction d'une machine à chaîne et à moteur 308 cm³ en 1907 coïncide avec le début d'une association avec Abingdon, qui mène à la production de la Kerry-Abingdon.
1960-66 Après une interruption de près de cinquante ans, Kerry revient sur le marché de la moto avec une gamme de cyclos italiens.

Levis deux temps monovitesse de 211 cm³ (c.1914)

KESTREL
c.1903 Marque pionnière utilisant des moteurs Minerva et probablement d'autres moteurs de spécialistes.

KIEFT
1955-57 Les scooters allemands Hercules sont vendus en Angleterre sous le nom de l'importateur, car la marque Hercules appartient aux Cycles Raleigh. (La marque Prior est aussi utilisée à d'autres époques.)

KING
1901-07 Constructeur de tricycles et de motos à courroie à moteurs De Dion, Minerva, MMC et DAW.

KINGSBURY
1919-23 Lors du premier boom du scooter, la Kingsbury Aviation Co. construit un scooter à très petites roues à pilotage debout. Le moteur est un deux-temps de 2,25 ch. La firme produit aussi des motos orthodoxes à moteurs deux temps de 349 et 254 cm³.

KINGSWAY
1921-23 Moto fabriquée à Coventry à moteur deux temps Arden de 269 cm³ et courroie.

KUMFURT
1914-16 Motos conventionnelles offertes avec des moteurs Villiers, Vitesse, Precision ou JAP. Elles sont équipées de grands garde-boue, de porte-bagages, de grands repose-pieds wagon et d'un coussin de selle amovible rembourré en plume, d'où le nom.

KYNOCH
1903-04 Firme d'armement de Birmingham construisant des monocylindres à chaîne dont le cylindre incliné fait fonction de tube avant du cadre.
1911-13 La firme revient à la moto avec des modèles conventionnels à moteurs JAP latéraux monocylindres et bicylindres en V.

LAGONDA
1902-05 Plus célèbre comme constructeur de voitures de qualité, Lagonda produit quelques motos équipées de ses propres moteurs. Un modèle 2,75 ch de 1903 possède un moteur incliné monté sous le tube avant d'un cadre type bicyclette.

LAKE & ELLIOT
c.1904-05 Moto à moteur 3 ch maison à soupapes commandées.

LEA FRANCIS
1912-24 Constructeur de cycles et d'automobiles fabriquant aussi des motos de qualité à moteurs V-twins MAG et JAP.

LEONARD
1903-06 Production limitée utilisant des moteurs Minerva, MMC et Fafnir montés dans des cadres type bicyclette ou en boucle.

LETHBRIDGE
c.1923 Modèles à moteurs deux temps de 293 cm^3 et Blackburne 350 à quatre temps.

LEVIS
1911 Les premières motos Levis, construites par Bob Newey et les frères Butterfield, sont des deux-temps de 211 cm^3. Levis poursuit le développement du moteur deux temps portant la cylindrée à 247 cm^3. Le modèle « Six-port », de 1929-30, est le premier à utiliser un piston à orifices de transfert dans la jupe pour refroidir le dessous de la tête. Levis obtient des victoires en compétition de vitesse et trials avec des machines de faible cylindrée.
1927 Levis introduit son premier quatre-temps, un monocylindre à culbuteurs de 346 cm^3. Les dernières motos à quatre temps comprennent la monocylindre à un ACT de 247 cm^3 de 1933 et des monocylindres de grosses cylindrées, 498 et 592 cm^3, à soupapes en tête
1939 Au déclenchement de la guerre, Levis se consacre à la fabrication de compresseurs.

LGC
1926-31 La Leonard Gundle Motor Co. construit en petite série des motos à moteurs Villiers et JAP ainsi que des véhicules commerciaux à trois roues.

LINCOLN-ELK
c.1902-15 Motos construites à Lincoln par James Kirby, d'abord avec des moteurs extérieurs, puis avec des groupes Kirby. Une V-twin de 770 cm^3 est introduite vers 1913.
1919-26 La production reprend après la guerre avec une gamme de motos conventionnelles utilisant les moteurs monocylindres latéraux de la marque en 349 et 597 cm^3 ainsi que des V-twins à 50° de 770 cm^3.

LITTLE GIANT
1913-13 Construites à Uxbridge, ces motos légères utilisent des moteurs Precision deux temps de 225 cm^3 et latéraux de 199 cm^3.

LLOYD
1902-03 Motos construites par Cycle Fittings Ltd de W. A. Lloyd à Birmingham avec le moteur maison de 2 ch. W. A. Lloyd a collaboré avec W. J. Lloyd dans la société des cycles Quadrant. La Dreadnought à moteur Villiers est produite par W. A. Lloyd de 1915 à 1923.

LLOYD THOMAS
c.1905-10 Marque galloise utilisant des moteurs Minerva et des Antoine.

LMC
1907-23 Lloyd Motor Engineering Co. est fondée par W. J. Lloyd après son départ de Quadrant en 1907. Avant 1914, elle produit des monocylindres latéraux de 499 et 596 cm^3 avec transmission par courroie.

Michael McEvoy et l'ingénieur George Patchett avec une V-twin à moteur JAP de 1926

En 1909, elle produit aussi un twin parallèle. Après la guerre, LMC construit des V-twins latéraux de 832 à 960 cm^3 équipés de boîtes Sturmey-Archer à trois rapports.

LONDON
c.1904 Machines construites par Rex Patents avec leur propre moteur latéral vertical de 3,5 ch.

LUGTON
c.1912-14 Production limitée de monocylindres quatre temps à moteurs achetés à l'extérieur.

MABON
c.1904-05 Construites à Londres, les motos Mabon sont équipées de moteurs de provenance extérieure montés verticalement dans des cadres type bicyclette.

MACKLUM
1920-22 Scooters à petites roues conçus par F. MacCallum et construits par Alfred Wiseman, constructeurs de la Verus (voir p. 231). La Macklum utilise un moteur deux temps Union de 292 cm^3 monté au-dessus de la roue avant entraînée par chaîne.

MAJESTIC
1933 Modèle de luxe produit par OK Supreme avec des moteurs Ajax monocylindres à culbuteurs de 250, 350 et 500 cm^3, moteurs construits par les frères Stevens après qu'ils eurent vendu leur firme AJS à Matchless (voir à droite).

MARLOE
1920-22 Marque issue des deux-temps Precision ou des monocylindres quatre temps Blackburne. Un modèle pour dames est proposé parallèlement au type classique.

MARSEEL
1920-21 Scooter primitif éphémère à monocylindre deux temps de 232 cm^3 à cylindre horizontal.

MARTIN
1911-22 Motos construites par H. Martin & Co. de Croydon avec des moteurs Precision et JAP de 198 à 498 cm^3, y compris des V-twins, montés dans des cadres en losange conventionnels. Produit ausi des machines de course pilotées à Brooklands et au TT par Harry Martin et d'autres pilotes.

MARTIN-COMERFORD
c.1933-57 Machines de speedway conçues à l'origine par George Wallis. Par la suite, le négociant Comerford de Thames-Ditton reprend le modèle. Ces motos apparaissent aussi sous les marques Martin-Rudge et Martin-JAP.

MARTINSHAW
1923-26 Motos construites à Twickenham en nombre limité avec moteurs Blackburne latéraux et culbutés de 348 à 998 cm^3.

MARTINSYDE
1919 La firme aéronautique d'Helmuth MarTIN et George HandaSYDE, comme beaucoup d'autres, se reconvertit après 1918. La nouvelle moto est dotée d'un moteur de la marque, un V-twin à 50° semi-culbuté (échappement en tête) de 678 cm^3, suivi d'une version 738 cm^3 en 1922. Une monocylindre de 346 cm^3 arrive trop tard pour sauver la marque.
1923-25 Bat (voir p. 214) rachète la marque et continue la production.

MASON & BROWN
1904-c.1908 Machine type bicyclette avec moteur de 2 ou 3 ch monté horizontalement au-dessus du pédalier.

MASSEY-ARRAN
1920-24 Petite production par E. J. Massey qui utilise des moteurs de provenance extérieure de 172 à 490 cm^3 fournis par Villiers, JAP, Blackburne et Bradshaw. Quelques modèles compétition.

MATADOR
1922-27 Construites par Bert Houlding à Preston, Lancashire, les motos Matador ont un cadre en losange et un Blackburne latéral et culbuté de 350 cm^3. La marque utilise aussi des moteurs Bradshaw 349 cm^3 refroidis par huile. Matador produit également les motos Toreador.

MATCHLESS pp. 123-25
1899 H. Collier & Sons produit ses premières motos en utilisant les moteurs MMC de 2,75 ch montés dans des cadres de type bicyclette. Il adopte bientôt des V-twins JAP pour les routières et les machines de compétition souvent victorieuses.
1912 Matchless commence à fabriquer ses propres moteurs monocylindres de 488 cm^3 et adopte le V-twin MAG semi-culbuté de 1 000 cm^3 sur un side-car. Les moteurs Matchless V-twins et monocylindres à soupapes latérales et en tête sont bientôt disponibles de 250 à 990 cm^3. Il existe aussi un 350 à arbre à cames en tête.
1930 Introduction d'une nouvelle, mais peu réussie, V-twin de 400 cm^3 suivie d'une V4 de 593 à ACT.
1931 Rachat de la firme AJS de Wolverhampton et transfert de la production à Londres. Cette association forme la base d'Associated Motor Cycles (voir AMC p. 213).
1948 Construction d'une nouvelle twin parallèle de 500 cm^3 avec suspension arrière oscillante dont la cylindrée est portée par la suite à 650 cm^3. Des motos monocylindres sur la base des anciennes 350 et 500 sont également produites tandis que de nouvelles 250 et 350 cm^3 apparaissent en 1958.
1966 AMC disparaît, remplacé par le groupe Norton Villiers Ltd. La marque Norton prime les autres dans la nouvelle firme. En 1969, Matchless disparaît.
1987 Brève résurrection du nom sur une monocylindre à moteur Rotax 500 cm^3.

McEVOY
1925-29 Gamme de motos construites à Derby par Michael McEvoy, financées par Cecil Birkin et conçues par George Patchett. Les moteurs sont extérieurs, du Villiers deux temps de 172 cm^3 au V-twin Anzani de 998 cm^3. On trouve aussi des monocylindres et V-twins JAP et Blackburne.

McKECHNIE
1921-22 Petite production du colonel McKechnie d'une machine à moteur Coventry-Victor flat-twin de 688 cm^3.

MCKENZIE
1921-25 Motos légères équipées de moteurs divers à deux temps de 147 et 169 cm^3 avec courroie finale, disponibles en versions hommes ou dames.

MEAD
1911-1916 Construit à Liverpool, le modèle léger de 1914 possède un moteur Precision à quatre temps de 170 cm^3, une boîte à deux vitesses et une courroie finale, dans un cadre en losange.

MERCURY
c.1937-39 Motos à moteur Scott et cadre en duralumin produites à cinq exemplaires seulement.

MERCURY
1956-59 Fabricant de cycles produisant des motos légères et des scooters à moteur Villiers 98 cm^3. Il construit aussi la Mercury Mercette de 49 cm^3.

METRO
1912-18 Ces modèles légers à courroie utilisent des moteurs deux temps de 269 cm^3 appartenant à la marque. La firme fusionne avec Tyler en 1919 pour produire des motos Metro-Tyler (voir ci-dessous).

METRO-TYLER
1919-23 La Tyler Apparatus Co. (voir p. 213) reprend Metro (voir ci-dessus) en 1919 et les deux marques fusionnent. La production des deux-temps 269 cm^3 à courroie continue. En 1922-23, une 696 cm^3 V-twin figure au catalogue.

MIDGET BICAR
c.1904-23 Conçue et construite par J. T. Brown, la machine utilise un cadre embouti et une transmission à courroie à poulie variable. Elle utilise des moteurs d'autres marques, y compris des Precision de 500 et 600 cm^3. La Midget Bicar est également produite sous licence aux États-Unis.

MILLIONMOBILE
c.1902-03 Les premiers modèles sont des cycles motorisés au moyen d'un groupe de 1,5 ch monté au-dessus de la roue avant ou derrière la tête de fourche. En 1903, production d'une moto à cadre en boucle avec moteur Aster de 3,25 ch.

MOHAWK
c.1903 Fabricant de cycles construisant des motos à moteurs de 2,25 et 3 ch montés verticalement dans un nouveau cadre de type Werner.
1920-25 Mohawk produit des motos à cadre en losange à moteurs Villiers deux temps de 269 cm^3, de monocylindres latéraux AKD de 499 cm^3 et de JAP de 293 et 346 cm^3. La marque propose aussi le moteur deux temps flat-twin American Economic 154 cm^3 adaptable sur un de ses modèles de bicyclette.

MONARCH
c.1919-21 R. Walker & Son utilise la marque Monarch sur des motos à moteurs Villiers 269 cm^3 et JAP 292 cm^3. Walker reprend la marque Bayliss Thomas Excelsior (voir p. 219) et abandonne très vite la marque Monarch.

MONOPOLE
1902 Monopole expose au Stanley Show une bicyclette motorisée par un moteur incliné accroché sous le tube avant.
1911-27 Monopole revient sur le marché avec des machines à moteur Precision. Elle produit ensuite une gamme de modèles à moteurs Villiers et JAP, depuis des deux-temps de 147 cm^3 à des V-twins de 676 cm^3.

MONTGOMERY
c.1902 William Montgomery commence à produire en nombre limité des motos à moteurs Fafnir et FN.
1911-39 Après un déménagement à Coventry, la production de motos et de side-cars reprend. Avant la guerre de 1914, la marque construit un flat-twin latéral de 688 cm^3. La production d'après-guerre reprend en 1922 avec des moteurs divers provenant de JAP, Anzani, Bradshaw et Villiers. Les motos P & P sortent également des usines Montgomery. Un incendie interrompt la production en 1925. En 1926, les nouveaux modèles reçoivent des moteurs Villiers et JAP et des réservoirs en selle.

MOONBEAM
1920 La Moonbeam est une machine légère à courroie à moteur Villiers de 269 cm^3.

MORRIS
c.1902-05 William Morris, futur grand constructeur d'automobiles, commence par des motos à moteurs De Dion et MMC.

MORRIS-WARNE
1921-22 Motos monocylindres deux temps de 247 cm^3 produites à Londres. Deux modèles sont commercialisés.

MOTORPED
c.1920-22 Moto complète incorporant un moteur deux temps Simplex de 105 cm^3 sur un cadre de bicyclette.

MOUNTAINEER
1920-24 Motos légères à moteur deux temps de 269 cm^3, courroie et cadre en losange, construites dans le Yorkshire.

MPH
1920-24 La moto MPH est une machine légère à cadre en losange, courroie et moteur deux temps Wall de 269 cm^3.

NER-A-CAR p. 140
1921-26 Développée aux États-Unis par Carl A. Neracher, la Ner-a-Car est aussi construite en Angleterre par la firme Sheffield Simplex. Les premières Ner-a-Car utilisent le moteur deux temps de 211 cm^3 et la transmission variable à friction de la version américaine. La cylindrée du moteur est portée à 285 cm^3 et, en 1925, un moteur monocylindre Blackburne latéral de 348 cm^3 et une boîte Sturmey-Archer à trois vitesses sont offerts pour améliorer les performances.

NEW BOWDON
1902-03 Construite par H. Cragg & Sons, cette machine a un moteur Simms de 2 ch monté devant la roue arrière.

NEW COMET
c.1905-28 La New Comet est construite par le fabricant d'accessoires de cycles A. H. Haden qui utilise son propre nom sur ses premières motos. En 1910, une gamme de motos de 2, 5, 3 et 3,5 ch est proposée. Des moteurs Precision et Green-Precision équipent certaines motos avant la Grande Guerre. Après 1918, la production est concentrée sur des modèles à moteurs deux temps Peco, Villiers et Climax de 147, 269 et 292 cm^3.

NEW COULSON
1923-24 Anciennement Coulson-B (voir p. 217), le nom de la marque change après le rachat par H. R. Backhouse & Co. qui utilise des moteurs divers de 269 à 498 cm^3 fournis par Liberty, Blackburne et Bradshaw. L'original cadre suspendu par des lames est encore proposé en option.

NEW COURIER
1919-23 Version économique des motos Olympic (voir p. 226).

NEW ERA
c.1920-22 Motos construites à Liverpool, équipées de moteurs deux temps monocylindres de 318 cm^3 fournis par Dalm et quatre temps de 499 cm^3 de chez Blackburne.

NEW GERRARD
1922-40 Moto construite à Édimbourg et conçue par Jock Porter qui remporte les TT de 1923 et 1924 pour la marque. Au cours du boom commercial qui suit, la production est sous-traitée à la firme Campio jusqu'en 1927. Des moteurs Blackburne équipent les toutes premières machines, mais certaines sont dotées de JAP et de monocylindres sans soupapes Barr & Stroud fabriqués en Écosse. À partir de 1933, un seul modèle à moteur JAP culbuté de 346 cm^3 est catalogué.

NEW HENLEY
1926-30 Nouvelle appellation de la marque Henley (voir p. 221) après sa reprise par J. Crump. Un modèle à moteur MAG culbuté de 348 cm^3 apparaît en 1926. Les autres modèles conservent des moteurs monocylindres et bicylindres en V JAP et Blackburne jusqu'à 748 cm^3. Lors de la dernière année, des deux-temps Villiers de 172 et 247 cm^3 sont aussi proposés.

NEW HUDSON
c.1903 New Hudson est une marque réputée de bicyclettes dont les premières motos sont des cycles équipés de moteurs Minerva.
1910 Une production nouvelle commence avec des moteurs JAP. L'année suivante, la marque utilise ses propres monocylindres latéraux de 499 cm^3. Suivent une monocylindre de 350 cm^3 et une V-twin latérale de 700 cm^3. En 1914, une deux-temps de 211 cm^3 sur la base du type Levis est ajoutée à la gamme. Des modèles à culbuteurs apparaissent au milieu des années 20.
1931 Introduction de monocylindres inclinés de 350 et 500 cm^3 à culbuteurs et à soupapes latérales.
1933 Fin de la production motocycliste ; la firme fabrique des pièces de suspension et de freins pour Girling.
1939 Un cyclo à moteur Villiers de 98 cm^3 est introduit, offrant ainsi un moyen de transport économique et populaire pendant la guerre. Les droits de fabrication sont cédés à BSA qui en construit une version modernisée jusqu'en 1958.

NEW IMPERIAL p. 141
1901 La première moto New Imperial possède un moteur de 500 cm^3 au-dessus de la roue avant. C'est un échec commercial.
1910 Redémarrage de la production. La première moto utilise un moteur latéral JAP de 292 cm^3. La firme continue à monter des monocylindres ou des V-twins fournis par JAP jusqu'à la fin des années 20. Des machines de course réussies sont également produites.
1925 La marque commence à produire ses propres moteurs, surtout des quatre-temps monocylindres de 250 à 500 cm^3.
1931 Introduction d'un vélomoteur avec bloc-moteur à culbuteurs de 146 cm^3 suivi par des monocylindres en bloc à culbuteurs modernes. Une suspension arrière cantilever est proposée. Une machine à moteur 500 cm^3 en V à 60°établit plusieurs records en 1934.
1938 La firme est cédée à Jack Sangster, propriétaire d'Ariel et de Triumph, mais la guerre interrompt la production.

NEW KNIGHT
c.1923-27 Motos conventionnelles produites en petit nombre à Bedford par MM. Holloway et Knight. Ils utilisent des moteurs deux temps Villiers de 147 et 247 cm^3 et JAP de 292 et 343 cm^3.

NEWMOUNT
1929-33 Ces motos sont des Zündapp allemandes assemblées à Coventry sous un écusson différent. Certains modèles reçoivent des monocylindres à quatre

Monocylindre Ariel des années 30 pilotée par Mme O. Miller (voir p. 213)

soupapes Python de 348 et 498 cm³, mais les modèles 198, 248 et 298 cm³ utilisent des moteurs deux temps Zündapp.

NEW PARAGON
c.1922-23 Anciennement désignées Paragon, ces motos utilisent les propres moteurs deux temps de la firme. Le seul modèle catalogué pour 1922-23 est une monocylindre de 358 cm³.

NEW RYDER
1914-22 Ces motos fabriquées à Birmingham possèdent des moteurs deux temps Villiers et Peco de 269 cm³. Une quatre-temps à moteur JAP de 293 cm³ est proposée en 1916.

NEW SCALE
1919-25 Vendues sous la marque Scale de 1913 à 1919, ces machines prennent le nom de New Scale en 1920. Les moteurs employés sont des deux-temps Precision de 348 cm³ et des Blackburne latéraux de 499 cm³. Des 350 latérales à moteurs JAP, Bradshaw et Blackburne sont également proposées, puis la firme est absorbée par Dot (voir p. 218).

NEWTON
1920-22 Motos bon marché à courroie et moteur Villiers de 269 cm³.

NICKSON
1920-26 J. Nickson de Preston construit des motos à moteurs Blackburne monocylindres quatre temps de 348 à 546 cm³ et des Bradshaw à culbuteurs refroidis par huile de 346 cm³. La firme produit aussi la deux-temps JNU à moteur Dalm de 318 cm³ et cadre ouvert.

NLG
1905-12 North London Garage construit des machines classiques à moteurs JAP monocylindres de 499 cm³ et V-twins de 770 cm³. Les versions de track racing remportent beaucoup de succès en course.

NOBLE
c.1901-06 Cette marque utilise ses propres moteurs à soupapes d'admission commandées, mais les premiers types ont pu recevoir des moteurs De Dion, MMC, Minerva et Coronet. À partir de 1904, elle adopte le cadre Chater-Lea, copie du type Werner.

NOBLE-PRECISION
1912 Construite par Alfred Noble & Co., cette machine à cadre en losange et à courroie possède un moteur Precision latéral de 499 cm³.

NORBRECK
1921-24 Machines produites par D. H. Valentine, à moteurs deux temps Villiers et Arden.

NORMAN
c.1937 Fabricant de cycles du Kent qui commence par un cyclo équipé d'un moteur Villiers de 98 cm³ appelé le Mobyk.
1948 Les modèles offerts comprennent des cycles motorisés et des motos de 98 à 249 cm³ ainsi que des machines tout-terrain de compétition. Tous ces deux roues sont dotés de moteurs Villiers, excepté l'éphémère Uni-twin 1956 qui possède un moteur British Anzani de 242 cm³.
1958 Norman rachète les droits de fabriquer un cyclomoteur à moteur Sachs de 1949 appartenant à la marque allemande alors disparue, Achilles, et vendu sous le label de Norman Lido.
1961 Fin de la production.

NORTON pp. 142-47
1902 James Lansdowne Norton fournit des composants pour cycles dont des cadres pour les motos Clément-Garrard. Une moto Norton à moteur Clément apparaît bientôt, suivie de machines à moteurs Peugeot et Moto-Rêve. Rem Fowler remporte le TT 1907 sur un modèle à moteur V-twin Peugeot.
1908 Norton commence à fabriquer ses propres moteurs monocylindres latéraux de 490 cm³ qui resteront en production pendant plus de quarante ans. Des moteurs monocylindres à culbuteurs sont construits à partir de 1922.
1927 Introduction des machines de course à moteur à ACT. Un grand nombre de victoires aidant, elles évoluent peu à peu vers la célèbre Manx.
1948 Une nouvelle moto à moteur bicylindre parallèle de 497 cm³ apparaît pour concurrencer la Triumph Speed Twin. Ce moteur est peu à peu porté à 828 cm³.
1950 Introduction du cadre « featherbed » (lit de plume) sur les machines de course.
1952 Norton est absorbée par AMC (voir p. 213). La production déménage à l'usine Matchless. À la chute d'AMC, en 1966, le groupe fusionne avec la société des moteurs Villiers pour devenir Norton-Villiers.
1967 Lancement de la Commando à moteur 745 cm³ (plus tard, 828 cm³) dérivé du vieillissant bicylindre de Norton, mais monté dans un nouveau cadre, avec isolation du moteur dont les vibrations sont extrêmement réduites.
1973 Norton-Villiers reprend le groupe BSA-Triumph en difficulté pour devenir Norton-Villiers-Triumph (NVT). La nouvelle firme rencontre de graves problèmes financiers et sociaux. Un cyclo à cadre ouvert et à moteur italien apparaît en 1976.
1977 Effondrement du groupe NVT.
1983 Le nom de Norton réapparaît sur une moto à moteur Wankel vendue aux forces de police britanniques. À partir de 1988, le Wankel est mis sur le marché. Les versions course signent beaucoup de succès.

NUT
1912 Les initiales NuT font référence au site de la marque, la ville de Newcastle-upn-Tyne. Certaines machines des débuts possèdent un moteur Moto-Rêve, mais la majorité est équipée de moteurs V-twins JAP de 350 à 1 000 cm³. Le fondateur, Hugh Mason, mène une 350 à moteur JAP à la victoire dans le Junior TT de 1913. La production repart après 1918, concentrée sur les V-twins jusqu'à 750 cm³ à moteurs JAP ou maison. Il existe aussi un type utilitaire à moteur Villiers de 172 cm³.
1933 Les problèmes financiers ont souvent interrompu la production dans les années 20 et la firme a souvent changé de mains. La crise de 1929-32 finit par la faire disparaître.

NVT Voir Norton (à gauche).

NYE
1910 Motos conventionnelles à moteurs JAP et Precision.

OEC p. 152
c.1901 L'Osborn Engineering Co. fabrique ses premières machines avec des moteurs Minerva.
1922 Apparition des motos OEC, identiques aux machines Blackburne qui disparaissent à la même époque. OEC fabriquait les motos Blackburne depuis au moins 1920. Ce sont dorénavant des OEC, mais elles conservent le moteur Blackburne, entre autres groupes. Un modèle de compétition utilise le moteur Blackburne 350 à un ACT et certaines routières reçoivent le moteur Bradshaw 350 refroidi par huile.
1927 Apparition des premières machines à double fourche avant pivotante. Une gamme de motos bizarres et conventionnelles à moteurs JAP, Villiers, Blackburne, Matchless et Python de 147 à 998 cm³ apparaît. La production est arrêtée par la guerre.
1949 Reprise de la production avec des machines légères à moteurs Villiers de 122 et 197 cm³. Un modèle reçoit le moteur latéral Brockhouse 250 cm³.
1954 Fin de la production.

OGSTON
1914-16 Ogston reprend la production de la quatre-cylindres Wilkinson-TMC au moment du déclenchement de la guerre de 1914.

OK (OK SUPREME) p. 153
1899 Le fabricant de bicyclettes Humphries & Dawes commence par la production de cycles équipés de moteurs De Dion, Minerva, JAP et Precision. Le modèle le plus vendu avant la guerre de **1914** Moteur NSU semi-culbuté de 200 cm³. Après la Grande Guerre, OK fabrique des motos légères vendues sous la marque OK Junior. Des quatre-temps sont ajoutés à la gamme en 1923.
1926 Dawes quitte la firme tandis que Humphries tente de tirer OK vers le haut du marché en changeant la marque qui devient OK Supreme.
1927 Humphries engage l'ancien ingénieur de HRD, E. J. Massey. Il

Hugh Mason et sa moto NuT à moteur JAP après sa victoire au Junior TT 1913

acquiert aussi ce qui subsiste de la firme HRD en faillite (voir p. 221) avant de revendre à Phillip Vincent. De nouveaux modèles à moteur OK 250 cm^3 à arbre à cames en tête. sont dessinés, mais les modèles à moteur JAP se vendent mieux.
1939 Fin de la production.

OLIVOS
1920-21 Motos à suspensions à lames à moteur Blackburne latéral de 496 cm^3.

OLYMPIC
1902-23 Motos construites par F. H. Parkyn, d'abord avec moteurs MMC et Minerva. La production démarre vraiment en 1919 avec des moteurs Verus deux temps de 269 cm^3 montés dans des cadres triangulaires. Les modèles bon marché sont vendus sous la marque New Courier.

OMC
1930 Motos à moteur Villiers 172 cm^3.

OMEGA
1919 Machines légères à moteur 1,75 ch.

OMEGA
1913-16 Construites par W. J. Green, les premières Omega ont des moteurs deux temps de 345 cm^3 appartenant à la marque. Une moto à moteur JAP à soupapes latérales de 292 cm^3 est lancée en 1916, mais la guerre limite sa production.
1919-27 La production d'après-guerre repart avec la JAP 292 cm^3 et les deux temps 345 cm^3. Une deux-temps de 170 cm^3 suit, dotée d'une boîte à deux vitesses et d'une transmission à courroie.

ONAWAY
c.1905-08 Onaway utilise des moteurs Kelecom V-twins ou des bicylindres parallèles Bercley.

ORBIT
1913-24 La production débute en 1919 avec un deux-temps de la marque. Les modèles ultérieurs reçoivent des moteurs JAP, Levis, Bradshaw et MAG.

ORMONDE
c.1900-05 Commence par une machine à moteur 3 ch Kelecom à admission automatique et courroie. La partie-cycle est fournie par Taylor-Gue qui rachète, en 1905, les actifs de Kelecom et Ormonde et produit les motos Veloce. Celles-ci deviendront les Velocette (voir p. 231).

ORTONA
1904-06 Moto à moteur monocylindre à admission automatique de 3,5 ch avec cadre à grand empattement et moteur vertical.

OSBORNE
1910-11 Marque de monocylindres et de bicylindres en V. Les innovations portent sur une transmission à courroie à quatre rapports par la poulie.

OSMOND
1902 Osmond expose des motos au Stanley Show, mais revient bien vite à la bicyclette. Firme reprise par James (voir p. 221) en 1911.
1920 Réapparition des motos et construction d'un deux-temps de 103 cm^3 à cadre ouvert. Introduction en 1923 d'une moto classique à moteur deux temps de 239 cm^3.
1926 Abandon de la marque.

OVERSEAS
1913-23 Motos d'exportation simplifiées construites par W. J. Lloyd, constructeur des motos LMC (voir p. 223). Les moteurs monocylindres de 499 cm^3 et V-twins à 50°de 832 et 960 cm^3 sont les mêmes sur les deux marques.

PACER
1914-15 Motos légères construites à Guernesey avec moteurs JES.

PACKMAN & POPPE
Voir P & P (à droite).

PANTHER (P&M) p. 154
1900 Joah Phelon construit le prototype de sa première moto. Le modèle est cédé à Humber (voir p. 221) qui le produit sous sa propre marque de 1902 à 1905. Phelon s'associe à Richard Moore en 1904 pour lancer une vraie production. Les P & M seront constamment améliorées jusque dans les années 60. Le moteur est porté à 555 cm^3, puis, plus tard, à 598 et 645 cm^3. Un V-twin à 90° de 770 cm^3 développé avant la guerre n'est pas mis en production.
1923 Adoption de la marque Panther.
1927 Bradshaw conçoit une nouvelle moto à moteur V-twin transversal en bloc appelée la Panthette. Échec commercial. Suivent des motos légères à moteurs Villiers de 147 à 247 cm^3.
1932 Apparition de monocylindres culbutés de 250 et 350 cm^3. Ces motos bon marché appelées Red Panther sont vendues par un négociant londonien. La production des gros monocylindres se poursuit avec quelques modifications de détail. Après la guerre, des modèles à moteurs Villiers de 197 à 249 cm^3 réapparaissent à côté des monocylindres 250 et 350 revus et corrigés. Le gros monocylindre, apprécié des side-caristes est porté à 645 cm^3. Fin de la production en 1967.

PARAGON
1914-23 Motos monocylindres deux temps à courroie et cadre en losange construites par Portaway-Cooper. Produites plus tard sous la marque New Paragon (voir p. 225).

PARAMOUNT-DUO Voir FEW-Paramount (p. 219).

PARKYN
1902-04 Parkyn monte des moteurs Minerva à soupapes commandées dans des cadres robustes. Motos vendues ensuite sous la marque Olympic (voir à gauche).

PAX
1920-23 Motos à moteurs Blackburne 348 et 499 cm^3 dans des cadres en losange.

PEARSON
c.1903-04 Machines produites à Southsea, Hampshire, avec des moteurs français Aster de 3 ch.

PEARSON & COX
1912-14 Moto équipée d'un moteur à vapeur avec chaudière brûlant du pétrole lampant.

PEBOK
c.1903-09 Machines équipées de moteurs de la marque de 2,5 à 3,5 ch.

PECO
c.1913-15 La firme PEarson & COle fabrique des monocylindres deux temps de 346 cm^3 ainsi que quelques machines complètes.

PEERLESS Voir Bradbury (p. 215).

PENNINGTON
1897 Le modèle conçu par l'Américain E. J. Pennington possède deux cylindres placés derrière la roue arrière et des bielles attaquant directement l'axe de la roue. Il vend les droits de fabrication à H. J. Lawson qui construit deux prototypes dans ses usines Humber (voir p. 221).

PERKS & BIRCH p. 154
1899-1900 La première roue motorisée est fabriquée par Edwin Perks et John North Birch (voir Birch p. 215). Il s'agit d'un moteur à admission automatique de 222 cm^3 avec magnéto et réservoir monté dans une roue entraînée par engrenages. L'ensemble complet peut être substitué à n'importe quelle roue de n'importe quelle bicyclette. En 1900, les droits sont cédés à Singer (voir p. 229).

PETERS
1921-25 Moto originale à suspensions avant et arrière dont le réservoir fait fonction d'élément travaillant du cadre.

PHILIPS
1953-65 Cyclomoteurs vendus par le groupe Raleigh, principalement des machines importées.

PHOENIX
1900-08 Motos de pionniers dues à J. V. Hooydonk.

PHOENIX
1956-64 Scooters à moteurs Villiers de 147 à 322 cm^3 fabriqués à Londres..

PIATTI
1954-58 Scooter conçu par Vincenzo Piatti et construit par Britax. Le moteur et les roues sont dissimulés sous une coque en tôle à revêtement travaillant.

PILOT
1910-16 Fabricant d'accessoires et de cadres qui produit aussi quelques machines complètes.

PMC
c.1909-15 Premier Motor Co. construit le tricycle Premier Motorette avant de passer à la production motocycliste. Ne pouvant utiliser la marque Premier, les machines portent les écussons PMC, Premo, Rex-JAP et Warwick.

PORTLAND
1910-11 Fabriquées pour et vendues exclusivement par Maudes Motor Mart de Londres, ces motos possèdent des moteurs JAP et Peugeot.
1920 Introduction d'une machine à courroie et moteur deux temps Arden.

POUNCY
1930-36 Machines construites à Dorchester, Dorset, avec des moteurs Villiers de 147 à 346 cm^3.

POWELL
1921-26 Powell utilise des moteurs Blackburne latéraux de 546 cm^3 avant d'adopter ses propres deux-temps de 169 à 245 cm^3.

POWERFUL
c.1903-06 Motos construites à Coventry équipées de moteurs Buchet ou autres montés dans des cadres de type bicyclette.

P&P
1922 Erling Poppe et Gilmour Packman construisent leur premier prototype avec un moteur deux temps White & Poppe (père d'Erling). Les machines de série utilisent des moteurs JAP et Barr & Stroud. Le cadre est à tube droit de la tête de direction à l'axe arrière oscillant. Au milieu des années 20, la fabrication est sous-traitée à Montgomery (voir p. 224).
1925 Gilmour Packman est tué dans une bagarre avec un employé et un incendie arrête la production chez Montgomery. Poppe vend à John Wooler en 1926 et une production limitée se poursuit à Londres.
1930 Arrêt de la production. Poppe conçoit plus tard la Sunbeam S7 pour le groupe BSA (voir p. 215).

PRECISION
1912-19 La firme de Frank Baker fabrique son premier moteur de moto en 1910, un monocylindre latéral de 499 cm^3. En 1912, elle fournit des monocylindres et des bicylindres en V de 293 à 760 cm^3 à la plupart des constructeurs britanniques. À partir de 1912, elle construit des motos complètes avant d'entrer dans l'énorme groupe industriel Beardmore en 1915. En 1919, apparition des motos Beardmore-Precision.

PREMIER
1908 La Premier Cycle Co. de Coventry prend pied sur le marché de la moto avec un modèle monocylindre à soupapes latérales White & Poppe de 427 cm³.
1910 La firme commence à utiliser son propre moteur latéral de 499 cm³. Une filiale allemande est fondée puis déménagée en Tchécoslovaquie trois ans après. La production tchèque se poursuit jusqu'en 1933 (voir p. 302).
1911 Introduction d'un modèle de 246 cm³. L'année suivante, une V-twin à 90° de 548 cm³ est ajoutée à la gamme. Une bicylindre deux temps de 322 cm³ et une V-twin quatre temps de 998 cm³ apparaissent en 1914, mais la production est limitée avant la guerre de 1914. À cette époque, la marque devint Coventry-Premier.
c.1916 Pendant le conflit, quelques machines sont vendues aux militaires, mais la production ne reprend pas après 1918.

PREMO
1909 Machine monocylindre deux temps de 345 cm³ construite par PREmier MOtor Co. (PMC) de Coventry.

PRIDE & CLARKE
1939 Cet important négociant londonien vend brièvement des machines légères à moteurs Villers 98 et 122 cm³.

PRINCEPS
1902-07 Construites par J. E. Hutton, les premières machines sont des cycles motorisés au moyen du moteur 1,75 ch de la marque.

PRIOR
c.1936 Les motos allemandes Hercules sont vendues au Royaume-Uni sous la marque Trior. Les machines à moteurs Sachs, JAP et Villiers sont exposées au Salon de l'Olympia de 1936. De 1955 à 1957, les motos Hercules sont vendues en Grande-Bretagne sous la marque Kieft.
1957-1960 Réintroduction de la marque Prior après changement d'importateur.

PRIORY
1919-26 Motos deux temps de 147 à 292 cm³ à moteurs Union, Arden et Villiers et une quatre-temps à moteur JAP 292 cm³.

PROGRESS
1901-08 Une des premières motos utilisant un cadre fermé.

P&S
1919-21 Moto utilitaire à cadre en losange et courroie dotée d'un moteur JAP latéral construite par Pearson & Sopwith.

PULLIN-GROOM
1920-25 Conçue par Cyril Pullin et comme l'Ascot-Pullin ultérieure (voir p. 213), très en avance sur son temps, la Pullin-Groom a un cadre ouvert en tôle emboutie et une suspension arrière oscillante. Le moteur deux temps de 216, puis 350 cm³ monté horizontalement est dissimulé dans le cadre.

PV
1910-25 Motos à moteurs de spécialistes allant du JAP V-twin 996 cm³ au deux-temps Villiers 246 cm³.

QUADRANT
1901 La première moto Quadrant, l'Autocyclette, possède un moteur Minerva 211 cm³ dans un cadre de bicyclette. La marque commence à fabriquer ses 250 à admission automatique en 1903, puis des monocylindres de 450 et 500 cm³.
1907 W. J. Lloyd quitte Quadrant pour créer LMC (voir p. 223). Son associé, Thomas Silver, constitue de son côté la firme Silver (voir p. 229) avant de revenir chez Quadrant. Il quitte encore la firme et y revient deux ans après. Avant la guerre, apparition de V-twins jusqu'à 1 129 cm³.
1918-28 La production d'après-guerre porte sur des monocylindres de 490 à 780 cm³.

QUASAR p. 157
1977-85 Étrange moto, la Quasar a même un toit. Le moteur provient d'une Reliant 750 et le pilote est assis très bas, pieds en avant.

RADCO
1913 E. A. RADnall & CO. commence à produire des motos avec leurs propres moteurs deux temps de 211 et 247 cm³.
1926-30 La firme fabrique des motos à quatre temps équipées de moteurs JAP 246, 293 et 490 cm³. Après 1930, Radnall revient aux deux-temps en montant des Villiers 147 et 196 cm³ ainsi que ses propres moteurs de 247 cm³.
1954-56 Radnall produit une machine légère à moteur Villiers de 98 cm³.
1966 Production d'une mini-moto.

RAGLAN
1903 Fabricant de cycles, Raglan commence par des avant-trains et des motos de 2,75 ch.
c.1909-13 Nouveaux modèles à moteurs Precision de 292 à 496 cm³.

RALEIGH p. 158
1899 La première moto de ce fabricant de cycles reçoit un moteur Schwann à admission automatique monté au-dessus de la roue avant.
1903 Commence la production de bonnes machines de 2 et 3 ch.
1905 Arrêt de la production motocycliste.
1919-33 Apparition d'un flat-twin latéral de 698 cm³ suivi de machines monocylindres (174 à 496 cm³) et bicylindres en V (598 et 998 cm³) à soupapes latérales et culbutées.
1958 Début de production de cyclos. Les modèles Raleigh sont remplacés par la Mobylette produite sous licence. Un scooter Bianchi de 78 cm³ est produit sous licence sous le nom de Raleigh Roma.
1967 Fin de la production de motos.

RAMBLER
c.1951-61 Machines à moteurs Villiers de 98, 122 et 197 cm³ construites par Norman (voir p. 225) pour l'export.

RAY
1919-20 Motos monocylindres deux temps de 331 et 269 cm³ construites à Londres.

RAY
1922-25 Moto de 198 cm³ avec boîte à deux rapports en bloc. Autre modèle à bloc moteur-boîte Villiers-Jardine de 172 cm³.

RAYNAL
c.1914-22 Ce fabricant de bicyclettes construit des motos légères à moteur Villiers deux temps de 269 cm³.
1937-50 Raynal produit des cycles motorisés avec des moteurs Villiers.

READY
1920-22 Motos construites par D. Read avec des moteurs JAP 293 et 346 cm³ à soupapes latérales.

REBRO
c.1922-25 Ead BROs. de Tunbridge Wells produit des motos légères à moteurs Villiers.

REGAL
c.1909-15 Utilise des moteurs deux temps Peco de 349 cm³ et des Precision de 196 à 602 cm³. Les machines de course reçoivent des moteurs Blumfield ou des Green-Precision refroidis par eau. Rachetée par New Comet (voir p. 224) en 1913.

REGENT
1920 Regent Motor Cycles de Londres vend cette moto de 688 cm³ avec un moteur flat-twin latéral Coventry-Victor.

REGINA
1902-05 Motos à courroie finale et moteurs verticaux fournis probablement par MMC, Fafnir et Minerva.

REGINA
1914-15 S. Barnett construit des deux-temps de 292 cm³ avec ses propres moteurs à cylindre vertical dans un cadre en losange. Boîte à deux rapports en option.

REMUS
1914-22 Motos à moteur deux temps Radco de 211 cm³ à courroie produites à Birmingham.

REVERE
1915-22 Motos à moteur Villiers de 269 cm³ construites par W. H. Whitehouse & Co.

REVOLUTION
1904-06 Marque utilisant des moteurs 2,75 et 3,5 ch montés inclinés sous le tube avant de cadres type bicyclette. Fabrique ses propres moteurs sous l'écusson NRCC.

REX (REX-ACME) p. 159
1899 Marque fondée par Billy et Harold Williamson.
1900 La première moto Rex reçoit un moteur monocylindre à admission automatique de 398 cm³. En 1905, production d'une monocylindre latérale de 465 cm³ et de V-twins semi-culbutées de 726 cm³.
1911 Les Williamson quittent la firme. Billy fonde Williamson (voir p. 233) et Harold va chez Singer (voir p. 229).
1919 Rex reprend la Coventry Acme Motor Co. et fabrique la première

S. F. Garrett et sa Regal Precision refroidie par eau sur l'île de Man en 1912

Rex-Acme en 1921, une moto à moteur Blackburne de 348 cm^3. À partir de 1922, montage de moteurs issus de provenances extérieures, à deux et quatre temps de 170 à 550 cm^3. Déclin de Rex-Acme.
1930-33 Fermeture de l'usine et rachat de la marque par le fabricant de side-cars Mills-Fulford qui l'utilise sur des monocylindres à culbuteurs de 175 à 250 cm^3 à moteur AKD.

REX-JAP
1908-15 Apparemment sans lien avec Rex-Acme, la Rex-JAP est construite par la Premier Motor Co. appelée aussi PMC (voir p. 226) et Premo (voir p. 227).

REYNOLDS RUNABOUT p. 159
1919-23 Construites par Scott et vendues uniquement par A. E. Reynolds Ltd, les Reynolds Special dérivent des moteurs Scott TT Replica de 498 et 596 cm^3. Elles sont équipées de pièces et d'accessoires de toute première qualité. Les premières versions sont appelées Aero Special. Par la suite, Reynolds fabrique l'AER (voir p. 212).

REYRE-NEWSON
1921 Monocylindre sportive de 248 cm^3 avec moteur vertical à came-plateau, boîte Sturmey-Archer et courroie finale.

R & H Voir H & R (p. 221).

RICHARDS Voir Beau Ideal (p. 214).

RICKMAN p. 160
1962-86 Champions de scramble, les frères Rickman commencent la fabrication de parties-cycle de motos de compétition dites Métisse, dotées de moteurs Triumph ou d'autres de provenance britannique. Par la suite, ils produisent des machines de route et de course ainsi que des tout-terrain légères à moteurs Zündapp et autres deux-temps. Dans les années 70, les motos à moteur bicylindre 736 cm^3 Royal Enfield sont suivies de grosses routières à moteurs quatre cylindres Kawasaki et Honda. Pat French reprend la fabrication des Métisses en 1982, mais Rickman continue de produire quelques ensembles à moteur japonais jusqu'en 1986.

RILEY
1901-08 Firme qui commence par produire des tricycles et des avant-trains motorisés. Les premiers modèles reçoivent des moteurs Minerva et MMC, bientôt remplacés par des monocylindres et V-twins Riley. Le Riley est le premier moteur britannique à soupape d'admission commandée, la marque innovant dans le domaine du croisement de distribution.

ROC
1903-15 Apparemment fondée par le père de Sherlock Homles, Sir Arthur Conan Doyle, la Roc est conçue et construite par A. W. Wall, plus tard auteur de la Wall Auto Wheel (voir p. 232) et du moteur deux temps Liberty.

Une Rover latérale de 499 cm^3 démontre son caractère familial

ROCKSON
1920-23 Motos à moteurs Villiers et Blackburne produites par J. E. ROCK & SONs.

ROLFE
1911-14 Motos à moteurs monos JAP de 498 cm^3 et V-twins Precision de 770 cm^3.

ROMPER
1920 Motos à cadre en losange et transmission à courroie à moteur Union.

ROVER
1903-05 Fabricant de cycles dont la première moto reçoit un moteur monocylindre à soupapes latérales.
1910-22 Une moto à soupapes latérales de 499 cm^3 et 3,5 ch, conçue par John Greenwood, constitue la base de la gamme jusqu'aux années 20. Une boîte Ariel à trois rapports est ajoutée en 1915. Des V-twins à moteur JAP sont produites à partir de la période de guerre.
1923-25 Des motos à bloc-moteur de 250 et 350 cm^3 apparaissent. Le marché automobile met fin à la production des motos.

ROYAL-AJAX
c.1904 Machines type bicyclette à courroie finale et moteur à cylindre vertical.

ROYAL ENFIELD pp. 162-63
c.1898 L'Enfield Cycle Co. commence à développer des tricycles et des quadricycles à moteurs De Dion, Minerva et MMC. Les motos apparaissent en 1900.
1910 Reprise de la production moto avec une V-twin à moteur MAG de 2,25 ch. Suivent des versions plus grosses à moteur JAP 770 cm^3. La firme produit bientôt son propre V-twin semi-culbuté de 425 cm^3 et, avant la guerre, un deux-temps de 225 cm^3. Après 1918, la firme se consacre aux bicylindres parallèles de grosse capacité à moteur 976 cm^3 de la marque tout en poursuivant la production des deux-temps de 225 cm^3.
1924 Lancement d'une quatre-temps de 350 cm^3 à moteur JAP bientôt remplacée par des 350 latéraux et culbutés. Cylindrée portée à 488 cm^3 en 1927, année de l'introduction d'une boîte à quatre rapports. Une nouvelle 225 latérale apparaît en 1928. En 1931, apparition d'une monocylindre à quatre soupapes et de la deux-temps Cycar de 146 cm^3.
1948 La production d'après-guerre découle des modèles d'avant-guerre jusqu'à l'arrivée de la nouvelle 500 bicylindre parallèle, suivie, en 1949, de la 350 Bullet monocylindre à culbuteurs. Ces deux moteurs sont montés dans des parties-cycle à suspension arrière oscillante. En 1952, les modèles vont d'une deux-temps de 125 cm^3 à la twin Meteor de 692 cm^3. De nouvelles monocylindres à culbuteurs de 250 cm^3 apparaissent en 1954, suivies, en 1957, par la série Crusader à bloc-moteur.
1962 La firme est vendue. La nouvelle 250 de course n'est pas un succès. La cylindrée de la grosse twin atteint 736 cm^3.
1967 Fermeture de l'usine. Les outillages de production des 350 et 500 Bullett sont expédiés en Inde où la production continue. L'assemblage des twins Interceptor de 736 cm^3 continue à Bradford-on-Avon à partir de pièces fournies par des sous-traitants.
1970 Liquidation de la société.

ROYAL GEORGE
c.1903 Machine type bicyclette à moteur 2 ch Minerva accroché sous le tube avant du cadre.

ROYAL MAIL
c.1902 Motos primitives à moteurs Clément et Kelecom, mais avec chaîne de transmission.

ROYAL ROEBUCK
c.1902 Machines à cadre en boucle construites par J. F. James avec des moteurs de 1,75 et 2,25 ch et courroie finale.

ROYAL-RUBY
c.1909-22 Marque utilisant ses propres moteurs latéraux de 275 et 350 cm^3 ainsi que des deux-temps Villiers et des JAP V-twins jusqu'à 1 000 cm^3. La société est dissoute en 1922 et lka marque change de mains.
1927-32 La production repart avec principalement des modèles à moteur Villiers et quelques moteurs JAP.

ROYAL SCOT
1922-24 Cette moto est une des premières machines dotées du moteur sans soupapes Barr & Stroud de 348 cm^3, avec un cadre en losange, une boîte Burman à trois vitesses et un réservoir en selle.

ROYAL SOVEREIGN
c.1902-03 Moto à moteur Minerva 211 cm^3 monté au centre du cadre.

R & P
1902-06 Robinson & Price produisent une moto dont le carter-moteur est coulé en une seule pièce avec des pattes de fixation aux tubes du cadre. Le cylindre du moteur à admission atmosphérique de 346 cm^3 est vertical. Transmission finale par courroie.

RUDGE p. 164
1911 La fabrique de cycles Rudge-Whitworth de Coventry commence à produire des motos de 499 cm^3 à moteur semi-culbuté.
1912 Le système de transmission à rapport variable Rudge-Multi introduit cette année-là est conservé jusqu'en 1923. Des moteurs plus gros, monocylindres (750 cm^3) et V-twins (998 cm^3), sont introduits en 1913 et 1915.
1924 Construction du premier monocylindre à quatre soupapes de Rudge qui se développe pendant des années entre 250 et 500 cm^3. Les premières 250 avaient reçu des JAP à deux soupapes. Le quatre-soupapes Rudge et la boîte sont également fournis aux autres constructeurs sous la marque Python.
1933 Liquidation de Rudge, mais la production et le développement se poursuivent. En 1935, une 250 cm^3 deux soupapes est introduite et la firme est rachetée par EMI qui la transfère dans le Middlesex en 1938. Au début de la guerre, la firme se consacre à la production des radars. Un cycle motorisé par un deux-temps Villiers de 98 cm^3 est construit par Norman (voir p. 225) jusqu'en 1941.

RUDGE-WEDGE
1903-04 Dirigée par le fils du fondateur de la société Rudge, Rudge-Wedge produit des motos en nombre limité avant d'être absorbée par celle-ci.

RUSSELL
1913 Machine semi-culbutée de 172 cm^3 avec cadre en losange, courroie finale et pédalier pour le démarrage et les côtes.

RW SCOUT
1919-21 Moto construite par R. Weatherell & Co. avec un moteur Dalm deux temps de 318 cm^3 dans un cadre en losange avec courroie finale. La marque devient Wheatherell en 1922 et la gamme s'élargit à des quatre-temps à moteur Blackburne.

SALTLEY
1919-25 Marque utilisant surtout des moteurs Villiers deux temps de 147, 247 et 269 cm^3. Quelques machines à moteurs 499 cm^3 latéraux Blackburne et Vulcanus (peut-être des Anzani sous un autre nom). Motos classiques à courroie finale.

SARACEN
1967-73 Motos tout-terrain à moteurs deux temps Sachs de 123 à 188 cm^3.

SARCO-RELIANCE
1921-25 Production de motos à cadre en losange et moteurs deux temps de 269 et 262 cm^3 avec boîte Albion à deux rapports et courroie finale.

SAXESSORIES
1923 Motos à moteur deux temps Villiers de 247 cm^3 et courroie finale vendues par le fabricant d'accessoires Saxelby's de Coventry.

SCALE
1913-19 Machines deux temps à cadre en losange produites à Manchester. Premiers modèles à moteur Dalm 318 cm^3. La guerre de 1914 interrompt la production. De nouvelles motos à moteur Precision de 348 cm^3 apparaissent en 1919. Construites au début par Harry Scale, les modèles d'après-guerre sont fabriqués par Roberts & Hibbs et, à partir de 1920, vendus sous la marque New Scale (voir p. 225).

SCARLET
1915 Machine légère classique à moteur deux temps Metro de 269 cm^3.

SCORPION
1963-65 Produites en versions trial, scramble et circuit, les Scorpion ont un cadre monocoque et un moteur Villiers.

SCOTT pp. 166-67
1908 Alfred Angas Scott produit une des premières motos deux temps vraiment fiables. La première machine de série est une bicylindre parallèle de 333 cm^3 à culasse refroidie par eau, transmission chaîne-chaîne, kickstarter, boîte à deux vitesses, cadre triangulaire et fourche télescopique.
1911 Les motos de course reçoivent une soupape rotative. Scott remporte le TT en 1912 et 1913. Pendant le conflit mondial, A. A. Scott quitte sa firme pour concevoir un véhicule à trois roues. La marque décline et sa situation financière reste précaire dans les années 20 et 30. La production de l'entre-deux guerres se concentre sur les twins deux temps Scott traditionnels en 500 et 600 cm^3. Une monocylindre de 298 cm^3 construite en 1929-30 ne rencontre aucun succès.
1934 Introduction d'une trois-cylindres en ligne de grosse cylindrée (747 cm^3) refroidie par eau. Production limitée à neuf exemplaires.
1938 Reprise de Cyc-Auto (voir p. 217) et production du 98 cm^3 maison. Reprise de la production de motos après la Seconde Guerre mondiale.
1954-65 Sous une direction nouvelle, introduction d'un nouveau modèle : cadre modernisé, mais moteur et boîte Scott anciens modèles. Production en nombre limité à Birmingham. La marque disparaît sans annoncer officiellement la fin de sa production.

SEAL
1912-23 « Sociable, Economical And Light », la SEAL ressemble à un attelage normal, mais elle est pilotée à partir du side-car. La « moto » n'a ni guidon, ni selle. Le moteur est un V-twin JAP de 980 cm^3.

SEELEY
1966-72 Le négociant en motos et pilote de side-cars, Colin Seeley, rachète les droits de fabrication des moteurs de course à ACT Matchless G50 et AJS 7R quatre ans après l'arrêt de la production par AMC (voir p. 213). Il produit de nouvelles parties-cycle et ces excellentes motos de compétition sont fabriquées jusqu'en 1972. Une routière est également développée, mais produite en nombre limité.

SERVICE
c.1911-15 La firme Service Co. de Londres commercialise divers modèles dont certains sous sa propre marque.

SHARATT
c.1920-30 Firme familiale fabriquant des bicyclettes à West Bromwich, Sharratt construit des machines classiques à moteurs JAP. Production limitée. Introduction en 1923 d'une deux-temps de 147 cm^3.

SHAW
c.1901-08 Pionnier de la moto de Crawley, Sussex, produisant des machines de 2,25 ou 2,75 ch. Moteur monocylindre vertical monté derrière le tube de selle entraînant la roue arrière par courroie ou chaîne.

SHEFFIELD-HENDERSON
1919-23 Fabricant de side-cars à l'origine, la première moto de la marque est dotée d'un deux-temps de 3 ch à cylindre incliné, bientôt remplacé par des machines à moteurs Blackburne de 348 et 498 cm^3.

SILK
1975-79 Après avoir produit une moto sur la base d'un moteur Scott amélioré, George Silk assemble quelques motos complètes avec un moteur inspiré par le Scott, mais totalement redessiné, de 653 cm^3 à deux temps et refroidi par eau avec boîte en bloc.

SILVA
1919-1920 Scooter primitif à roue avant motrice et moteur 118 cm^3 à admission automatique Wall Auto-Wheel.

SILVER
1907 Thomas Silver quitte Quadrant (voir p. 227) pour construire des machines identiques présentées sous le slogan : « Une vieille amie sous un nom nouveau. » Moins d'un an après, les deux marques sont réunies et l'histoire se répète en 1909.

SILVER PRINCE
1920-24 Construites à Birmingham par la Tyrus Cycle Co., ces motos conventionnelles ont des moteurs Villiers 269 cm^3 et JAP 292 cm^3. Ces mêmes machines sont parfois vendues sous la marque Indian Prince. Production d'une deux-temps 187 cm^3.

SIMMS
c.1902 Fabricant de moteurs, magnétos et de quelques motos complètes.

SINGER
1900 Ce producteur de cycles et de machines à coudre achète les droits de fabrication de la Perks & Birch Motorwheel (voir p. 226). La Motorwheel est remplacée par une machine plus orthodoxe, mais Singer arrête la moto en 1906.
1908 Singer reprend la production motocycliste avec des modèles type bicyclette dotés de moteurs Motosacoche.
1911 Singer commence à produire ses propres motos complètes à moteur latéral de 299 cm^3. Un modèle 499 cm^3 apparaît aussi puis, par la suite, un bloc-moteur monocylindre latéral de 535 cm^3 à boîte deux rapports et embrayage multidisque. Le même schéma équipe aussi la 300 cm^3. Une 350 cm^3 deux temps est présentée en 1914, mais la production reste faible.
1915 La guerre interrompt la production.

Harold Petty à la sortie de Ramsey, île de Man, sur sa Singer 3,5 ch au Senior TT de 1912

SIRRAH
1921-26 Produites à Birmingham par Alfred Wiseman Ltd, fabricant des Verus (voir p. 231), les Sirrah sont conçues par un certain Harris dont le nom inversé donne la marque. Une monocylindre à moteur Union de 292 cm^3 apparaît et la marque Sirrah est utilisée plus tard sur les versions bon marché de la gamme Verus.

SKOOTAMOTA Voir ABC Skootamota (p. 212).

SLANEY
1921-22 La marque utilise un moteur flat-twin Coventry-Victor de 688 cm^3.

SMS
1913-14 S. M. Wrangler construit ces deux-temps de 211 cm^3. Ce moteur original comprend un orifice d'air additionnel et un simple clapet anti-retour disposé entre le carburateur et le carter.

SOS
1927-40 La Super Onslow-Special est construite par Len Vale-Onslow qui utilise des moteurs Villiers refroidis par eau de 172 et 250 cm^3. D'autres types reçoivent des monocylindres quatre temps JAP et Blackburne. Ces motos sont parmi les premières équipées de cadres tubulaires entièrement soudés.

SOUTHEY
c.1921-22 Machines orthodoxes à courroie assemblées à partir d'organes du commerce dont des monocylindres deux temps de 346 cm^3.

SPARK
1903-04 Moto construite à Londres à moteur 2 ch vertical propre à la marque.

SPARK
1921-23 Sparkbrook (voir ci-dessous) construit une machine légère à moteur Villiers 247 cm^3.

SPARKBROOK
1912-24 Avant la Grande Guerre, Sparkbrook utilise des moteurs JAP monocylindres et bicylindres en V. Une moto légère à moteur Villiers de 269 cm^3 apparaît en 1914. À partir de 1922, utilisation de motos 350 cm^3 à quatre temps équipées de moteurs JAP et Barr & Stroud sans soupape.

SPARTAN
1920-22 Construite à Nottingham, cette deux-temps à cadre en losange à courroie et à moteur 349 cm^3 Broler est appelée antérieurement Welland B et Broler.

SPARTON
c.1976-78 Machine de course combinant un moteur Barton square-four inspiré du Suzuki et une partie-cycle Spondon.

SPEED KING Voir Graves (p. 220).

SPRITE
1964-74 Sprite construit des machines de trial et de motocross, souvent livrées en kit, à moteurs Husqvarna, Maico, Villiers puis, plus tard, 360 à 405 cm^3 de la marque.

SPUR Voir Grose-Spur (p. 220).

STAFFORD PUP
1920 Scooter à culbuteurs de 142 cm^3 fabriqué par T. G. John qui produit plus tard les voitures Alvis.

STAG
1912-14 Motos conventionnelles dotées de moteurs Precision.

STANGER
1921-23 Bicylindre en V de 538 cm^3 de facture inhabituelle avec des cylindres à 45° mais des manetons calés à 135° pour égaliser les intervalles d'allumage.

STAR
1903-1915 Fabricant de tricycles et de voitures de Wolverhampton, Star propose la moto Star Griffon très probablement importée de France. De 1903 à 1905, Star construit des motos inspirées de la Griffon. En 1913, production de monocylindres et de V-twins à moteur JAP.

STARLEY
1902-04 La moto Starley est développée par Wiliam Starley et construite par Swift (voir p. 231). Le moteur, monté devant le raccord inférieur d'un cadre type bicyclette, tourne dans le plan transversal. Une vis sans fin renvoie le mouvement à 90° sur la transmission finale à chaîne.

STELLAR
1912-14 Stuart Turner construit un bicylindre en ligne deux temps de 784 cm^3 refroidi par eau. Moto vendue aussi sous la marque Stuart.

STEVENS
1934-38 Construites par les frères Stevens après la vente d'AJS (voir p. 212) à Matchless (voir p. 223), les motos Stevens sont des monocylindres à culbuteurs orthodoxes de 249, 348 et 495 cm^3 à cadre duplex. Les moteurs sont vendus à d'autres marques.

STUART Voir Stellar (ci-dessus).

SUN
1911 Fabricant de cycles qui débute avec des motos de 270 à 590 cm^3 à moteur Precision. En 1913, Sun est un des rares à utiliser un moteur Villiers semi-culbuté de 346 cm^3 bientôt remplacé par un deux-temps Villiers de 269 cm^3. Sun monte aussi le deux-temps Vitesse (VTS : Valveless Two-Stroke ou deux-temps sans soupape) de 269 cm^3 à admission à disques pour les éditions du TT au début des années 20. Les machines de route utilisent des moteurs Villiers, Vitesse, Blackburne et JAP de 98 à 650 cm^3.
1932 Arrêt de la production motocycliste.
1948 Production d'un cycle à moteur Villiers de 98 cm^3, de motos et de scooters jusqu'à 250 cm^3 et des tous-terrains.
1961 Sun est vendue à Raleigh qui ne produit plus de motos.

Une Sun 1926 à moteur JAP avec culbuteurs de 500 cm^3 et boîte Burman

SUNBEAM pp. 172-74
1912 John Marston construit des cycles de qualité sous la marque Sunbeam à l'usine de Sunbeamland de Wolverhampton.
La première moto Sunbeam est une mono latérale de 347 cm^3 à deux vitesses. Les chaînes primaire et finale sont enfermées dans les célèbres carters à semi-bain d'huile de Sunbeam. Un modèle 499 cm^3 suit rapidement. De 1913 à 1923, modèles V-twins à moteurs JAP, MAG et AKD.
1918 Sunbeam est vendue à une société de produits chimiques. Les victoires aux Senior TT 1920 et 1922, alliées à l'indéniable qualité des machines, assurent à Sunbeam une excellente réputation.
1924 Apparition de monocylindres à culbuteurs victorieuses au TT en 1928 et 1929. Une machine de course à un ACT est construite en 1925 avec moins de succès. À la fin des années 20, les routières de la marque sont dépassées par la concurrence et, sous la pression, la qualité diminue. De nouveaux types en 250 et 500 cm^3 et des modèles modernisés avec réservoir en selle apparaissent au début des années 30.
1936 La société est vendue à AMC (voir p. 213) et réinstallée à Londres. En 1939, apparition de modèles monocylindres de 250 à 500 cm^3 à culbuteurs et arbre à cames surélevé, mais la guerre interrompt la production.
1947-56 Après le rachat de Sunbeam en 1943, le groupe BSA désigne ainsi des twins en ligne de 487 cm^3 à arbre de transmission.
1959-64 Suprême injure avec l'utilisation de la marque sur des scooters BSA à moteurs 173 cm^3 deux temps et 249 cm^3 twins culbutés. En 1964, vente des derniers scooters BSA et disparition de la marque Sunbeam.

SUPERB FOUR
1920 William Hooper, de la marque Kempton (voir p. 222), construit un prototype à quatre cylindres en ligne et un ACT de 998 cm^3.

SUPREMOCO
c.1921-23 Motos construites à Manchester avec moteurs extérieurs à deux et quatre temps et courroie finale. Production réduite.

SWALLOW
1946-51 Fabricant de side-cars, la firme Swallow avait été, avant la guerre, le point de départ des automobiles Jaguar. Elle construit en 1946 le scooter Gadabout à cadre tubulaire et petites roues doté de moteurs Villiers 122 ou 197 cm^3.

SWAN
1911-13 H. F. Thornton construit des motos avancées à moteurs JAP et Precision montés dans des cadres ouverts formés en tôle.

SWIFT
1898-1915 Fabricant de cycles, Swift est impliquée dans la construction des motos Starley vers 1900, mais abandonne la moto vers 1905. Associée à Ariel (voir p. 213), Swift fait réapparaître ses motos en 1910. Ces dernières ressemblent aux Ariel de l'époque avec le même moteur White & Poppe latéral de 492 cm^3. Plus tard, Swift adopte la V-twin Abingdon de 670 cm^3.

TANDON
1948-57 Tandon utilise des deux-temps Villiers et British Anzani de 122 à 322 cm^3. Les premiers modèles ont des cadres à tubes droits boulonnés, mais des types plus classiques sont adoptés par la suite.

THOMAS SILVER Voir Silver (p. 229).

THREE SPIRES
1931-32 Moto deux temps à moteur Villiers 147 cm^3 fabriquée par Coventry Bicycles. La marque fabrique auparavant les motos Wee McGregor et Coventry B & D (voir p. 232).

TICKLE
1967-73 Tickle rachète les droits et les outillages des motos Norton Manx après la fermeture du service course d'AMC. Production réduite en 350, 500 et 600 cm^3.

TOOLEY'S BI-CAR Voir Zenith (p. 233).

TOREADOR
1924-28 Bert Houlding construit les Toreador et Matador (voir p. 223) à Preston. La première moto a un V-twin MAG à culbuteurs de 496 cm^3 monté dans un cadre en losange. En 1925, il produit des monos de 344 à 492 cm^3 à moteurs JAP et Bradshaw refroidis par huile.

TORPEDO
1910-20 Machine construite à Barton-on-Humber par la firme de cycles Hopper qui produit aussi l'Elswick (voir p. 219). Les motos, identiques sauf la couleur, ont des moteurs Precision deux et quatre temps de 294 à 499 cm^3.

TREBLOC
1922-25 Production de moteurs adaptables de 63 cm^3.

TRIPLE-H
1921-23 Les deux frères Hobbis et Horrell construisent une deux-temps à moteur Morris de 246 cm^3. Les frères Hobbis produisent plus tard la Triplette (voir à droite).

TRIPLETTE
1923-25 Machine à moteur Villiers 147 cm^3 construite par les frères Hobbis.

TRIUMPH pp. 180-87
1902 Les Allemands Siegfied Bettman et Maurice Schulte commencent par fabriquer des bicyclettes Triumph à Coventry, en 1887. Leurs premières motos remontent à 1902 sous forme de cycles à moteur Minerva de 2,25 ch. Ils utilisent aussi des moteurs Fafnir et JAP. En 1904, Triumph adopte le schéma Werner pour le moteur.
1905 La marque commence à produire ses propres moteurs latéraux de 363 cm^3. En 1910, la cylindrée atteint 499 cm^3. Construction également d'un twin vertical latéral expérimental de 600 cm^3.
1913 Apparition du modèle Junior deux temps 225 cm^3 qui sera produit jusqu'en 1925. Amélioration du monocylindre latéral dont la cylindrée atteint 550 cm^3. L'adoption d'une boîte à trois rapports crée en 1915 le modèle H qui sera fourni en grand nombre aux militaires pendant le conflit.
1920 Apparition de la monocylindre SD 550 cm^3 chaîne-chaîne. En 1921, une nouvelle culasse à quatre soupapes en tête est adaptée à une variante sportive du modèle.
1924 Triumph introduit le modèle P, une monocylindre latérale de 494 cm^3 bon marché qui se vend en grande quantité.
1932 Apparition d'une gamme de monocylindres à culbuteurs de 250 à 500 cm^3, suivie de monocylindres latérales de 550 cm^3, de twins parallèles 650 cm^3, et de motos légères à culbuteurs de 147 cm^3. Concentrée sur la production automobile au cours de l'année de crise 1936, Triumph vend la branche motos à Jack Sangster, propriétaire d'Ariel (voir p. 213).
1937 Arrivée de la Speed Twin 498 cm^3 d'Edward Turner. C'est la base de la production Triumph pour les cinquante ans à venir. Pendant la guerre, la firme déménage dans une nouvelle usine à Meriden.
1951 Vente de Triumph au groupe BSA qui maintient aux marques leur identité propre jusqu'à la fin des années 60. La gamme Triumph est dominée par les twins parallèles jusqu'à 650 cm^3 largement exportés aux États-Unis. Introduction en 1954 d'une machine légère à bloc-moteur monocylindre de 150 cm^3.
1957 Construction d'une twin 350 à bloc-moteur. Lancement en 1959 du modèle Bonneville 650 cm^3 et tentative infructueuse de production de scooters.
1968 Lancement de la trois-cylindres Trident 740 cm^3 (produite aussi sous la marque BSA Rocket 3). Les 500 et 650 twins sont maintenues en production et une monocylindre 250 BSA est vendue comme une Triumph.
1973 Le groupe BSA/Triumph s'effondre. Ses restes rejoignent la société Norton-Villiers pour créer NVT, Norton-Villiers-Triumph.
1975 À la suite d'un long conflit social, une coopérative ouvrière est fondée à Meriden pour produire les twins 750 cm^3. La production des Trident continue à l'usine Small heath de NVT jusqu'en 1977, date de la faillite du groupe.
1983 Fin de la coopérative et rachat de la marque et des droits par John Bloor.
1985-88 Reprise d'une petite production de twins 750 par le fabricant de pièces Les Harris tandis que l'équipe de John Bloor met au point de nouveaux types.
1990 Les toutes nouvelles motos de Bloor arrivent avec des moteurs à trois ou quatre cylindres et deux ACT refroidis par eau de 750 à 1 200 cm^3 montés dans un cadre-poutre en acier. Seul le nom de Triumph représente le lien avec le passé.

TROBIKE
c.1960-61 Mini-moto à moteur de 98 cm^3.

TRUMP
c.1910-23 Construites à Byfleet, les Trump obtiennent beaucoup de succès sportifs sur la piste voisine de Brooklands. Les motos de série reçoivent des moteurs JAP et Anzani, monocylindres et V-twins. Une deux-temps à moteur Peco 269 cm^3 est produite avant 1914.

TURNER "BY-VAN"
1946-50 Machine pour transport de marchandises à moteur deux temps de 148 cm^3 monté sur la fourche avant ; sa carrosserie peut porter 75 kg.

TUSROKE
c.1919 Moto à moteur deux temps 350 cm^3 de la marque et transmission à courroie.

TYLER
1913-18 Moto construite à Londres par la Tyler Apparatus Co. avec un moteur quatre temps latéral Precision de 198 cm^3 ou un deux-temps de 269 cm^3. Tyler, associé à la marque Metro en 1918, produit ensuite la moto Metro-Tyler (voir p. 224).

UNIBUS
1920-22 Scooter deux temps de 269 cm^3 construit par la Gloucester Aircraft Company. Ses caractéristiques avancées lui valent un prix élevé et des ventes limitées.

VAL
1913-14 La classique Val est dotée d'un moteur latéral JAP de 488 cm^3. La Val Motors Co. de Birmingham construit aussi des side-cars.

VAUXHALL
c.1923-24 Constructeur automobile, Vauxhall développe une moto à quatre cylindres de 931 cm^3 à arbre de transmission qui n'atteint pas le stade de la production.

VELOCETTE pp. 188-89
1905 Le fabricant de cycles Taylor-Gue fournit les cadres des motos Ormonde à moteur Kelecom (voir p. 226). Lorsque Ormonde s'arrête, Taylor-Gue reprend la production sous la marque Veloce.
1910 Production d'une quatre-temps moderne de 276 cm^3 à carter humide et boîte à deux rapports en bloc. Elle est remplacée par une classique monocylindre latérale de 500 cm^3 vendue sous la marque VMC (Veloce Motor Co.).
1913 Introduction de la deux-temps Velocette de 206 cm^3 dont le nom est transféré sur tous les modèles futurs. La petite deux-temps constitue la base de la gamme d'après-guerre et la cylindrée passe à 249 cm^3.
1925 Apparition du modèle K à un ACT. Les versions course des 350 et 500 à un ACT comprennent la KTT qui remportera le Championnat du monde 350 cm^3 en 1949 et 1950.
1933 Introduction de nouvelles monocylindres de 249, 346 et 495 cm^3 à soupapes en tête.
1948 Apparition du modèle LE. Cette flat-twin novatrice de 149, puis 192 cm^3 refroidie par eau est chère par rapport aux modèles comparables. Des variantes et un éphémère scooter deux temps de 247 cm^3 apparaissent l'année suivante. Le reste de la gamme comprend les monos à culbuteurs 349 et 499 cm^3 de type ancien.
1971 Fin de la marque.

VENUS
1920-22 Venus construit des motos de 318 cm^3 à moteur Dalm deux temps.

VERUS
1919-25 Motos produites par Alfred Wiseman Ltd qui fabrique aussi les machines Sirrah (voir p. 230) et Weaver (voir p. 232). Livrables au début avec des deux-temps de 211 et 269 cm^3, la gamme de 1923 ne comprend que des quatre-temps équipées de monocylindres et V-twins Blackburne et JAP.

VICTORIA
c.1902-28 La Victoria fabriquée à Glasgow avec des pièces achetées à l'extérieur est une des rares motos construites en Écosse. Les premières reçoivent des moteurs Precision monocylindres. Par la suite, adoption de moteurs Coventry-Victor, JAP et Villiers de 147 à 688 cm^3.

VINCENT (VINCENT-HRD) pp. 192-94
1928 Philip C. Vincent achète la réputée marque HRD pour ses nouveaux modèles. Les premiers types adoptent des monocylindres à culbuteurs JAP et Python (Rudge) de 350 et 500 cm^3 dans des cadres tubulaires avec suspension arrière

Une Zenith 1920 à moteur JAP de 5 ch et système de transmission variable Gradua

cantilever. Les motos Vincent sont bien conçues et de qualité.
1934 Début de la production des moteurs monocylindres à culbuteurs de 498 cm³ propres à la marque.
1936 Le monocylindre est doublé pour donner un V-twin de 998 cm³. Les deux modèles sont refondus après la Seconde Guerre mondiale, et la twin est considérée à juste titre comme la moto de série la plus rapide du monde. Mais elle est chère à la construction comme à l'achat. Vincent, qui n'est jamais financièrement solide, tente de se diversifier avec un moteur 48 cm³ de cyclo et en distribuant les motos NSU au Royaume-Uni.
1955 Arrêt de la production Vincent.

VINCO
1903-05 Motos à moteur Minerva produites par W. H. Heighton Ltd de Peterborough, qui fabrique aussi des avant-trains.

VINDEC
1914-28 La firme Brown Brothers vend sous son nom une deux-temps de 226 cm³. Elle vend aussi des quatre-temps de grosse cylindrée sous l'écusson Brown (voir p. 215). Après la guerre de 1914, tous les modèles portent la marque Vindec : motos à quatre temps à monocylindres et V-twins JAP et une deux-temps légère à moteur Aza de 147 cm³ depuis le milieu des années 20.

VINDEC-SPECIAL (VS)
1903-14 Marque utilisée sur les motos Allright fabriquées en Allemagne pour le marché britannique.

VIPER
1919-22 Machines classiques à moteur JAP latéral de 292 cm³.

WADDON-EHRLICH
1981-82 Projet d'une machine de compétition à moteur Rotax 250 développé par Joe Ehrlich, la partie-cycle relevant de Waddon Engineering. Le projet tourne court non sans déboucher sur la relance de la marque EMC d'Ehrlich (voir p. 219).

WAG
c.1925 Originale V-twin deux temps de 496 cm³ fabriquée par Wright et Gasking.
WALL
1909-16 La Wall Auto Wheel est une roue motorisée par un groupe semi-culbuté de 118 cm³ adaptable à une roue arrière de bicyclette. La conception en revient à A. W. Wall, également producteur de la moto Roc (voir p. 228). À partir de 1914, une version révisée est produite aux États-Unis sous le nom de Smith Motor Wheel (voir p. 275).

WALLIS
1925-26 Ces motos non conventionnelles possèdent une direction à pivot et une suspension avant à lames de ressort. Les moteurs 346 et 490 cm³ JAP et 348 cm³ Blackburne sont montés inclinés.

WARD
1915-16 Machines deux temps classiques de 298 cm³ construites dans le Yorkshire.

WARDILL
c.1926 Deux-temps original de 346 cm³ possédant un cylindre de précompression séparé entourant le cylindre principal de telle sorte que le carter de vilebrequin ne joue plus aucun rôle dans le cycle moteur.

WARLAND
1923 La Warland est dotée d'un moteur latéral Blackburne de 348 cm³. La transmission est à chaîne. Warland est reprise par Connaught (voir p. 217).
WARWICK Voir PMC (p. 226).

WASP
1963- Constructeur spécialisé dans les side-cars tout-terrain de compétition, Wasp produit aussi quelques machines solo et un bicylindre parallèle à huit soupapes en nombre limité.

WASSELL
1970-75 Motos spéciales de trial et de cross construites par le fournisseur d'accessoires W. E. Wassell qui utilise des moteurs Sachs, Bantam, BSA et Puch.

WAVERLEY
1921-23 Construites à Birmingham, les motos Waverley reçoivent des moteurs Peco deux temps de 269 cm³ et des moteurs latéraux Blackburne de 348 à 499 cm³.

WD
1912-13 Moto monocylindre semi-culbutée de 499 cm³ construite par Wartnaby & Draper. L'huile contenue dans un carter-moteur est envoyée sous pression au vilebrequin.

WEARWELL
1901-03 Fabricant de bicyclettes réputé, Wearwell fabrique des motos à moteur 2,5 ch à admission automatique construites par les frères Stevens qui fondent AJS (voir p. 212). Le moteur, installé au-dessus du tube avant, entraîne la roue arrière au moyen d'une courroie. Après son perfectionnement, vers 1903, la moto prend la marque Wolf (voir p. 233).

WEATHERELL
1922-23 R. Wheatherell & Co utilise auparavant la marque RW Scout (voir p. 229) sur de classiques monocylindres et V-twins à moteurs Blackburne de 249 à 696 cm³.

WEAVER
1922-25 Les constructeurs des motos Verus (voir p. 231) produisent une machine légère à moteur Wiseman à culbuteurs de 142 cm³, mais aussi à moteurs deux-temps Villiers ou Aza de 147 cm³.

WEE MCGREGOR
1922-25 Moto deux temps à courroie et à moteur Hobart 170 cm³ construite par le fabricant des machines Coventry B & D.

WELLAND B Voir Spartan (p. 230).
WELLER
1902-05 Constructeur de motos et d'automobiles utilisant ses propres moteurs.

WESTFIELD
c.1902-04 Constructeur de motos à moteurs MMC et autres marques.

WESTOVIAN
1914-16 R. V. Heath de South Shileds offre une gamme de modèles à moteurs Villiers, JAP ou autres.

W & G
1927-28 Twin deux temps de 490 cm³ à cadre en losange.

WHIPPET
1920-21 Scooter à petites roues construit par G. C. Hayward & Co. avec un moteur à culbuteurs de 150 cm³ placé devant la roue arrière entraînée au moyen d'une chaîne.

WHIRLWIND
1900-03 Marque de modèle utilisé par Dorman & Co. sur leurs motos équipées de groupes de 1,75 à 3 ch propres à la marque. Premiers types avec cadres de bicyclette puis cadres en boucle et refroidissement par eau.

WHITE & POPPE
c.1902 White & Poppe auraient construit quelques motos complètes avant de se consacrer aux seuls moteurs.

WHITLEY
c.1902-04 Firme proposant des moteurs de 2,75 et 3,5 ch dont certains refroidis par eau, et quelques motos complètes.

WHITWOOD
1934-36 Véhicule carrossé à deux roues et stabilisateurs construits par OEC, à moteurs allant du 250 Villiers au 1000 JAP. Production limitée.

WIGAN-BARLOW
1921-22 Machines fabriquées à Coventry à moteurs latéraux JAP de 292 cm³ et Barr & Stroud sans soupapes de 346 cm³.

WILKIN
c.1920 Motos à cadre en losange, construites à Sheffield, équipées de moteurs Blackburne latéraux de 348 et 499 cm³ avec transmission à chaîne sous carter.

WILKINSON p. 197
c.1903-05 La première moto de la société Wilkinson Sword possède un cadre en boucle, un moteur Antoine et une courroie finale.
1908-14 La firme développe une moto radicalement nouvelle conçue par

P. G. Tacchi. La TAC (Touring Auto Cycle), exposée au Stanley Show de 1909, possède un quatre-cylindres de 676 cm^3 en ligne refroidi par air à admission automatique. Le pilote est assis dans un siège baquet.
1911 Un modèle TMC (Touring Motor Cycle) amélioré atteint 848 cm^3 avec refroidissement par eau et soupapes latérales commandées. Bientôt, la cylindrée passe à 996 cm^3.
1912 Wilkinson est impliquée dans le projet de fabrication de l'originale deux-temps Woller (voir ci-dessous).
1914 La firme se consacre aux armements. La production de la TMC est transférée à l'Ogston Motor Co. (voir p. 225) qui en poursuit la fabrication pendant deux ans.

WILLIAMSON
1912-20 Billy Williamson construit ses propres motos de luxe après avoir quitté la société Rex (voir p. 227). Un moteur flat-twin de 964 cm^3 à refroidissement par air ou eau est construit par Douglas, spécialement pour la Williamson. Après la Grande Guerre, la machine reçoit un V-twin latéral de 770 cm^3.

WILLOW
1920 Scooter très rudimentaire mû par une Wall Auto Wheel 118 cm^3.

WIN
1910-14 Moto orthodoxe à moteurs Precision à soupapes latérales de 499 et 599 cm^3.

WITALL
1919-23 Production limitée de machines légères à courroie dotées de moteurs deux temps TDC et Arden de 269 cm^3.

WIZARD Voir FB (p. 219).

WIZARD
1920-22 Motos construites au pays de Galles à moteur Liberty de 269 cm^3 et cadre boulonné.

WOLF
1903-39 La marque Wolf est adoptée pour désigner les motos Wearwell (voir p. 232). Des moteurs Stevens sont utilisés jusqu'en 1909 et, peut-être, des moteurs Moto-Rêve.
1912 Le nom Wulfruna est utilisé pour une nouvelle famille de motos à moteurs monocylindres et V-twins JAP avec cadre en losange. La marque figure aussi parmi les premières à utiliser des moteurs deux temps Villiers. Après la Grande Guerre, des moteurs Blackburne sont également utilisés et la marque Wulfruna est abandonnée. La production est interrompue en 1928.
1931-40 Elle reprend avec une gamme de motos légères conventionnelles à moteurs Villiers de 98 à 197 cm^3 qui demeurent en production jusqu'à la guerre mondiale.

WOOLER p. 198
c.1909 La première moto de John Wooler est une originale deux-temps monocylindre à piston double et double bielle. Un système à courroie à rapport variable équipe la machine qui possède des suspensions à plongeurs avant et arrière. Un modèle de 344 cm^3 est brièvement construit par la société Wilkinson-TMC de 1912 à 1914.
1911 Wooler construit un twin semi-culbuté de 348 cm^3 monté en long.
1923 Apparition d'un moteur modernisé dont l'arbre à cames entraîné par une vis sans fin actionne des soupapes en tête placées perpendiculairement au cylindre.
1926 Wooler achète P & P (voir p. 226) et relance la production en nombre limité. Il construit aussi un prototype monocylindre de 511 cm^3 avec arbre à cames vertical.
1930 Wooler arrête P & P.
1948 Réapparition avec une nouvelle moto pourvue d'un original quatre-cylindres à plat transversal dans lequel les pistons se déplacent par paires accouplées.
1956 La mort de Wooler entraîne la dissolution de la société.

WULFRUNA Voir Wolf (à gauche).

WYNNE
c.1919 Construit par J. W. Oates, le Wynne est un scooter de 2,75 ch avec suspensions avant et arrière.

XL
1921-23 Construites à Worthing par la Norfolk Engineering Company, ces machines solides ont des tubes horizontaux prolongés jusqu'au tube avant et formant double berceau. La XL utilise des moteurs monocylindres JAP et Blackburne de 490 à 550 cm^3.

YOUNG
1919-23 La firme des bicyclettes Mohawk propose un très copieux moteur deux temps adaptable de 269 cm^3. Par la suite, on trouve un modèle de 130 cm^3 plus plausible. Ces deux types se fixent derrière la selle.

ZENITH
1905 Zenith produit la Bicar brevetée par Toeley, une étrange deux-roues à cadre tubulaire bas et direction à pivot. Divers moteurs extérieurs sont utilisés dont des V-twins Sarolea.
1907 La Zenette à cadre suspendu apparaît avec un moteur Fafnir latéral de 482 cm^3. À partir de 1908, elle est disponible avec le changement de vitesse Zenith Gradua qui caractérisera ces machines jusqu'en 1923. Il s'agit d'une poulie moteur de diamètre variable offrant plusieurs rapports. La commande agit aussi sur la roue arrière afin de conserver la tension optimale de la courroie. Ce système est très appréciable en côte. À partir de 1914, le JAP V-twin est principalement utilisé, mais on trouve le flat-twin Bradshaw refroidi par huile à partir de 1920.
1922 Apparition des premières Zenith à chaîne-chaîne dotées de moteurs JAP, Bradshaw et Blackburne jusqu'à 998 cm^3. Des machines de cylindrées supérieures courent avec succès, et l'on trouve aussi une moto légère à moteur Villiers de 172 cm^3. Le déclin des ventes mène à l'arrêt de la production en 1930.
1931 Après rachat de la firme, une production limitée de machines conventionnelles à moteur JAP est relancée. La Seconde Guerre mondiale interrompt la production qui cesse définitivement en 1949.

ZEPHYR
1918-20 La marque fabrique un moteur deux temps de 131 cm^3 adaptable sur bicyclette ainsi qu'une machine complète.

Productions non confirmées

Abbotsford *1919-20*
AGA *1921 350*
Arab *1923-26*
Arden Coventry *1912-20*
Argyle
Armstrong Londres *1902-05*
Aston Birmingham *1923-24*
Avon *1919-20*
Avondale
AWJ
Bamber
Bentinck
Blackford *c.1902-04*
Borham *1902-05*
Bounds-JAP 1909-12
Caesar *1922-23*
Camber *1920-21*
Carlton *1922*
Charlton *1904-08*
Colonial *1911-13*
Condor *1907-14*
Coventry-Star *1919-21*
Crest *1923*
Dane *1919-20*
Dart *1901-06*
Downer Groves
Dux *1904-06*
Dyson-Motorette *1920-22*
Eagle-Tandem *1903-05*
Eagre
EBO Leicester *1910-c.1914*
Ever-Upright
Farnell
Force
Frays
Frogmore
Fuller
Givaudan *1908-14*
Graphic *1903-06*
Greyhound Hampstead *1905-07*
Hansan *1920-22*
Harewood *1920*
Haxel-JAP *1911-13*
Hercules Derby *1902*
Invicta *1902-06*
Ixion *1901-03.*
JD *c.1902*
Lancer *c.1904*
Large *1903*
L&C *c.1904*
Lily *1906-14*
Marlow *1920-22*
Mars *1905-08*
Marvel-JAP *1909-12*
Maxim *1919-21*
May Bros *1903-06*
MCC Londres *1903-1910*
Mead *1922-24*
M&M *1914*
Morris *1913-22.*
Mountaineer *c.1902*
Moveo *c.1907*
ND *1928*
Neal-Dalm *1919*
Neall *1910-14*
Nestor *1913-14*
New Crescent *1912*
Nicholas Londres
Overdale *1921-22*
Pallion *1905-14*
PDC Londres *1903-06*
Peerless *1913-14*
Pick *c.1908*
Planet *1919-20*
Precision Northampton *1902-06*
Prim *1906-07*
Radmill *1912-14*
Reliance Southampton *c.1902*
RIP Londres *1905-08*
Romp *1913-14*
Roulette *1918-19*
Royal-Eagle *1901-10*
Royal Wellington *c.1901*
Saturn *1925-26*
Scout *1912-13*
SL *1924-25*
Slade-JAP Manchester *1920-23*
SPA-JAP Scarborough *1921-23*
Stafford *c.1898*
Stan *c.1919*
Stanley *c.1902*
Star *1919-21*
Sudbrook *1919-20*
Symplex *1913-22*
Tee-Bee Glasgow *1908-11*
Thomas *1904*
Thorough *1903*
Tilston *1917-19*
Townend Coventry *1901-04*
Trafalgar *1902-05*
Trafford *1919-22*
Trent *1902-c.1906*
Victa *1912-13*
Waddington *1902-06*
Wakefield *c.1902.*
Warrior *1921-23*
Watney *1922-23*
Wheatcroft *1924*
Wilbee *1902-c.1906*
Winco *1920-22*
Wirral *1902-c.1906*

Allemagne

Le motocycle, comme le moteur à combustion interne, est pratiquement né en Allemagne. Hildebrand & Wolfmüller (voir p. 241) construisent la première moto de « production » à Munich en 1894. Adler (voir p. 234), NSU (voir p. 245), bien d'autres encore, produisent des cycles motorisés au tournant du siècle. L'industrie décolle après la Première Guerre mondiale lorsque des centaines de petites firmes apparaissent pour répondre à la demande en faveur d'un moyen de transport motorisé. Une minorité résiste à l'effondrement de l'économie au milieu des années 20. Les firmes survivantes connaissent une expansion dans les années 30, quand DKW (voir p. 236) devient le plus gros producteur de motos du monde. Après la Seconde Guerre mondiale, la demande de moyens de transport personnels économiques est satisfaite par les producteurs de machines utilitaires bon marché. Avec le retour de la prospérité et l'apparition d'automobiles économiques, le déclin commence dès la fin des années 50. Dans les années 90, BMW demeure le seul constructeur important en activité.

ABAKO
1923-25 Firme de Nuremberg produisant des deux-temps de 129 cm³ à trois orifices avec transmission à chaîne.

ABC
1922-24 Petite firme construisant des deux-temps de 149 cm³ à Berlin.

ABENDSONNE
1933-34 Marque ayant produit en nombre limité des motos dotées de deux moteurs Villiers deux temps de 98 cm³ accouplés pour constituer un twin parallèle.

ACHILLES
1953-57 Fabricant de cyclos et de scooters à moteurs Sachs de 48 à 123 cm³. Après l'arrêt de la production chez Achilles, la société anglaise Norman achète les outillages et les droits de fabrication afin de produire le cyclomoteur Norman Lido.

ADLER p. 12
1900-07 Adler commence comme fabricant de bicyclettes, de machines à écrire et d'automobiles à Francfort. La firme fabrique ses premières motos avec des moteurs De Dion, mais elle développe bientôt ses propres monocylindress et V-twins. La demande d'automobiles arrête la production de motos.
1949-58 Introduction de nouvelles machines à moteurs deux temps monocylindres et bicylindres de 98 à 247 cm³. Les twins de 200 à 250 cm³ sont largement copiés par d'autres constructeurs. La production est arrêtée lors de la crise des ventes à la fin des années 50. La firme, désormais contrôlée par Grundig, poursuit ses activités de grand fabricant d'équipements de bureau.

ADRIA
1921-28 Adria fabrique des moteurs à quatre temps puis des motos complètes à courroie de 276 à 346 cm³. La firme fournit en moteurs d'autres constructeurs.

AGON
c.1924-28 Fabricant de motos conventionnelles à base de moteurs achetés à l'extérieur dont le Bradshaw de 346 cm³, à culbuteurs et refroidi par huile.

ALBA
1919-24 Motos à cadre en boucle et moteurs latéraux et à culbuteurs de 198 à 249 cm³ construites à Stettin par ALbert BAruch. Les moteurs sont également vendus à d'autres constructeurs. Certains modèles de motos ont un bloc moteur-boîte avec transmission finale à courroie.

ALBERT
1922-24 Motos deux temps de 183 cm³ à cadre ouvert construites en Saxe. Production limitée.

ALBERTUS
1922-24 Albertus produit des motos légères conventionnelles à moteurs deux temps Löwy de 118 à 146 cm³ et courroie finale montés dans un cadre à simple berceau.

ALGE
1923-31 ALfred GEissler de Leipzig construit des motos de 173 à 498 cm³ utilisant des moteurs britanniques à deux ou quatre temps.

ALLRIGHT p. 15
1901 Les machines Allright sont construites par Köln-Lindenthaler Metallwerke AG. Les premières reçoivent des moteurs monocylindres et V-twins Kelecom, Minerva, FN et Fafnir. Par la suite, la firme utilise des moteurs JAP, MAG ou autres dans des parties-cycle conventionnelles. Les mêmes modèles sont vendus sur certains marchés sous des noms différents : Vindec-Special (voir p. 249), Tiger (voir p. 248) et Roland (voir p. 247).
1923 Allright achète la marque Cito qui produit à cette époque la moto KG 497 cm³ à arbre de transmission.
1927 Arrêt de la production motocycliste.

ALMORA
C.1924-25 Almora produit brièvement un modèle qui utilise des moteurs deux temps Löwy de 113 à 176 cm³ fonctionnant (plutôt mal) au pétrole brut.

AMAG
1924-25 Firme située à Berlin construisant des machines à moteur deux temps Bekamo de 149 cm³.

AMI
1921-25 Moteur adaptable à quatre temps de 94 cm³ pour bicyclettes, monté sous le pédalier, construit par Auto Motoren Ind à Berlin.

AMMON
1923-25 Moto légère et originale, produite à Berlin, l'Ammon utilise des moteurs extérieurs à la marque, de petites cylindrées, dont des 200 cm³ Paqué et divers deux-temps montés dans un cadre mixte tubulaire et embouti.

AMO
c.1921-24 Marque produisant une typique moto légère à deux temps de 146 cm³ avec courroie.

AMO
1953-55 Petite firme de Berlin produisant des cyclos de 10 cm³.

ANDREES
c.1923-29 Les motos Andrees sont produites à Düsseldorf par H. W. Andrees, qui monte des moteurs extérieurs de 346 à 598 cm³ fournis par Bradshaw, MAG et Blackburne. Ces motos classiques sont très bien construites. Les derniers modèles sont équipés de deux-temps maison de 198 cm³.

ANKER
1949-53 Fabricant de bicyclettes qui produit une gamme de motos et de cyclos utilisant des moteurs Sachs et Ilo de 48 à 244 cm³. Après 1952, la production déménage dans une autre usine et les motos sont brièvement produites sous la marque Pamag (voir p. 245).

ARCO
c.1922-31 Arco produit une gamme de monocylindres refroidis par eau de 248, 346 et 498 cm³. La version 498 cm³ est équipée d'un moteur à ACT et les versions plus petites sont dotées de soupapes en tête. Tous ces moteurs sont à cylindre vertical avec carburateur à l'avant et orifice d'échappement vers l'arrière.

ARDIE p. 17
1919 ARno DIEtrich commence par la construction de motos deux temps de 305 et 348 cm³.
1922 Dietrich meurt accidentellement, mais la production continue, bientôt orientée vers une gamme de machines à moteurs JAP, Rudge, Küchen et Bark de 246 à 996 cm³. Après la Seconde Guerre mondiale, la firme est contrôlée par Dürkopp (voir p. 237) et produit des deux-temps de 122 à 346 cm³.
1958 Arrêt de la production.

ARGEO
1924-27 Firme située à Berlin produisant des deux-temps de 198 et 246 cm³.

ARISTOS
1922-24 Construite à Berlin, cette moto non conventionnelle utilise un moteur flat-twin refroidi par eau à soupapes latérales de 614 cm³ monté dans un cadre à éléments emboutis caissonnés. Ces machines sont également vendues sous les marques Menos (voir p. 244) et Sterna (voir p. 248).

ARMINIA
1925-31 Motos utilitaires produites en nombre limité par le fabricant de motos EPA (voir p. 237) qui monte des moteurs achetés à l'extérieur.

ASTORIA
1923-25 Marque de machines deux temps de 289 cm³ produites à Nuremberg. En difficultés financières, la firme est reprise par Nestoria (voir p. 245).

ASTRA
c.1921-25 Motos construites à Munich, équipées d'un moteur flat-twin Bosch-Douglas de 339 cm³. D'autres modèles utilisent des monocylindres JAP et Blackburne de 293 à 496 cm³.

ATLANTIC
1921-22 Petite firme berlinoise construisant des motos à moteur latéral Hansa de 193 cm³.

ATLANTIK
1925-26 Petite firme située à Bamberg fabriquant en nombre limité des deux-temps simplifiées de 173 cm³.

ATLAS
1924-29 Motos construites à Leipzig et dotées de moteurs deux temps Atlas 248 cm³ et 348 cm³.

AUTINAG
c.1924-25 Les motos Autinag sont

produites par Düsseldorfer Motorenfabrik. La gamme comprend des deux-temps à courroie de 127 et 198 cm^3 dotées de moteurs maison et d'une 496 cm^3 à moteur quatre temps MAG. Une version sport du modèle 198 cm^3 prend le nom de Dümo.

AUTOFIX
1950-53 Autofix produit un curieux scooter à moteur deux temps de 120 cm^3 et boîte à trois vitesses montés au-dessus de la roue avant. L'ensemble moteur-fourche avant est recouvert d'un carénage.

AUTOFLUG
1921-23 La marque construit des motos et des scooters légers à courroie en utilisant des moteurs deux temps Bekamo.

AVIS-CELER
c.1925-31 Motos conventionnelles à moteurs Villiers, JAP et MAG de 172 à 498 cm^3.

AWD
1921-59 Augustus Wurring de Düsseldorf fonde sa marque de motos à l'âge de 21 ans. Les machines d'avant-guerre utilisent des moteurs DKW, Villiers et Blackburne. Après la guerre, la firme emploie des moteurs deux temps Ilo et Sachs sur ses modèles utilitaires. La production cesse en 1959, mais les machines AWD restent disponibles sur commande jusque dans les années 80. La marque Wurring (voir p. 250) est parfois utilisée.

AWO
1950-61 L'AWO est une copie de la BMW 250 cm^3 monocylindre à culbuteurs et arbre produite en Allemagne de l'Est. La marque est changée en Simson et la production porte sur des deux-temps légères.

BAIER
1924-29 À l'origine, Baier construit des monocylindres deux temps de 173 à 248 cm^3 puis des 500 deux temps à cylindres à chambre commune et deux orifices d'échappement.

BALALUWA
c.1924-25 Firme éphémère, située à Munich, construisant une monocylindre à culbuteurs de 346 cm^3.

BAM
c.1933-37 Berlin Aachener Motorradwerke assemble des motos FN belges en Allemagne pour éviter les taxes à l'importation.

BAMO
1923-25 Petite firme située en Saxe qui construit des machines de 148 et 172 cm^3 à moteur DKW.

BASTERT
1949-55 Bastert construit divers scooters et motos à moteurs Sachs et Ilo de 98 à 197 cm^3, dont le luxueux scooter Einspurauto.

BAUER
1936-53 Constructeur avant la Seconde Guerre de cyclomoteurs à moteurs Sachs de 74 et 98 cm^3. Après le conflit, elle produit des modèles à moteurs deux temps Sachs et Ilo de 97 à 174 cm^3. En 1952, une nouvelle moto à moteur monocylindre à culbuteurs de 248 cm^3 propre à la marque est introduite. Le carburateur et l'échappement font face à l'arrière. Les coûts de développement ayant épuisé les ressources de la firme, celle-ci doit fermer ses portes.

BAYERN
c.1923-26 Les premiers modèles sont dotés de moteurs flat-twin Bosch-Douglas de 293 cm^3. Par la suite, Bayern élargit sa gamme à des V-twins à moteurs MAG de 498 à 998 cm^3.

BE-BE
1924-27 Petit constructeur de deux-temps de 117 cm^3.

BECKER
1903-06 Motos construites à Dresde par Karl Becker, qui utilise ses propres moteurs monocylindres et bicylindres en V ou des Fafnir.

BEKAMO
1922-25 Les motos Bekamo, de conception avancée, construites à Berlin sur études de Hugo Ruppe qui a travaillé auparavant pour DKW (voir p. 236), sont équipées de deux-temps de 129 cm^3. La Bekamo a un piston-pompe au fond du carter et un cadre en bois. La firme, victime de la crise économique, fait faillite en 1924. La production de motos Bekamo à cadre tubulaire se poursuit en Tchécoslovaquie jusqu'en 1930.

BERGFLEX
1904-09 Firme berlinoise construisant des motos dotées de moteurs Bergflex ou Fafnir, monocylindres ou V-twins.

BERLIN
c.1958-65 Scooter d'Allemagne de l'Est à moteur MZ 148 cm^3 (voir Pitty p. 246).

BEUKER
C.1921-29 Beuker construit des motos à quatre temps latéraux de 211 cm^3 dotées de ses propres moteurs intégrant la boîte à deux rapports. Transmission finale par courroie. Machines produites en Nordrhein Westfalen.

BIMOFA
c.1922-25 Firme fabriquant des motos légères, avec cadre en boucle et courroie, à moteur latéral Hansa.

BINZ
1954-58 Binz produit un curieux engin mi-scooter, mi-cyclo à grosses roues et moteurs Sachs et Ilo de 49 cm^3.

BISCHOFF & PEDALL
1926-31 Marque reprenant à Nuremberg la production des deux-temps Astoria/Nestoria (voir p. 234), mais construisant néanmoins des modèles à moteurs quatre temps Küchen, Motosacoche et Sturmey-Archer qui signent quelques succès sportifs.

BISMARCK
1904-08 Important fabricant de cycles dont les premières motos sont de typiques modèles pionniers équipées de moteurs de provenance extérieure.
1931 Introduction de cyclos utilitaires à moteurs deux temps de 74 et 98 cm^3.
1950-57 Produit une gamme de modèles à moteurs Sachs et Ilo de 98 à 174 cm^3. La firme disparaît en 1956.

BLEHA
1923-26 Bleha construit en nombre limité des motos à moteurs deux temps DKW et maison de 174 à 247 cm^3.

BMW pp. 26-33
1923 Les restrictions imposées après la Grande Guerre sur la production aéronautique allemande obligent le fabricant de moteurs d'avions BMW (Bayerische Motoren Werke, Usine de moteurs de Bavière) à se diversifier. La firme commence par fournir des flat-twins à soupapes latérales à d'autres constructeurs avant de s'impliquer dans la production des motos légères Flink (voir p. 238) et Helios (voir p. 240) puis de produire des machines sous sa propre marque. Le premier modèle paru sous écusson BMW, la R32, est doté d'un flat-twin transversal et d'une transmission par arbre. Ce type de moteur et de transmission est toujours utilisé par BMW. Cette conception est modernisée au fil des années avec, entre autres améliorations de détail, adoption des soupapes en tête. BMW produit aussi des monocylindres à moteur vertical et transmission par arbre.
1935 Introduction de la R12 à soupapes latérales de 745 cm^3, première moto de production équipée d'une fourche télescopique hydraulique. Elle est aussi dotée d'une boîte à quatre rapports. Dans les années 30, BMW construit aussi quelques motos de compétition équipées d'un compresseur qui établissent plusieurs records du monde de vitesse. Des side-cars, dont certaines versions offrent un side à roue tractée, sont fournis à l'armée allemande pendant la Seconde Guerre mondiale. La production de monocylindres et bicylindres à arbre reprend après la guerre. BMW produit aussi des machines de course révisées à arbre à cames en tête qui n'obtiennent pas de grands succès en solo mais qui, à partir de 1954, s'imposent dans le Championnat du monde pour side-cars pendant vingt ans. La gamme des routières comprend des monocylindres de 245 cm^3 jusqu'à des twins de 594 cm^3 équipées dès 1954 de fourches Earles et de suspensions arrière oscillantes. Les monocylindres sont supprimées en 1967.
1969 Introduction d'une nouvelle gamme de motos. Les modèles de 498, 599 et 746 cm^3 reçoivent une fourche télescopique et une silhouette modernisée. La cylindrée des twins refroidis par air est portée par la suite à 898 puis 980 cm^3.
1978 Des twins légères de 473 et 649 cm^3 sont introduites pour élargir la base de clientèle de BMW.
1983 Rompant avec soixante années de tradition, BMW introduit une nouvelle gamme de trois et quatre-cylindres de 740 à 987 cm^3, en ligne à plat, refroidis par eau et à injection. La transmission par arbre est retenue. La gamme comprend des machines de tourisme, de sport et des modèles dépouillés de tout carénage. Les nouvelles motos sont conçues pour égaler en performances les machines multicylindres japonaises tout en respectant les nouvelles normes en matière de bruit et de pollution. Par la suite, BMW produit des culasses à quatre soupapes et une version 1 081 cm^3.
1993 BMW revient au flat-twin sur les modèles destinés à mener la firme dans le xxie siècle. Les moteurs 1 085 et 850 cm^3 ont quatre soupapes par cylindre et un arbre à cames haut placé dans le bloc. L'injection d'essence et le refroidissement par huile sont adoptés. Le moteur fait partie intégrante du cadre et la suspension avant comprend un triangle oscillant. Autre rupture radicale avec l'introduction d'une moto monocylindre de 652 cm^3 à chaîne. Cette machine est construite en Italie par Aprilia, selon les spécifications de BMW, à partir de moteurs Rotax autrichiens.

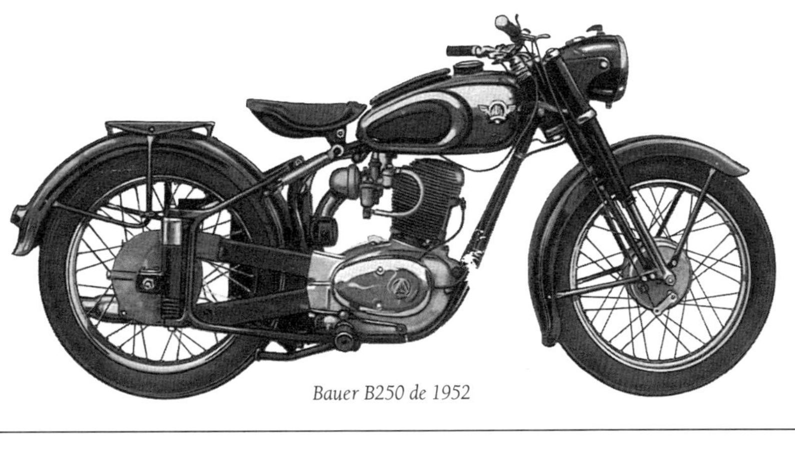
Bauer B250 de 1952

BOGE
c.1923-27 Fabricant de motos conventionnelles utilisant le moteur latéral de 295 cm^3 de la marque et une transmission à courroie. Les boîtes à trois vitesses sont des Sturmey-Archer ou des Burman. La firme fabrique actuellement des compresseurs.

BÖHME
1925-30 Fabricant de deux-temps modernes de 130 cm^3 à pistons à étages et cylindres horizontaux.

BRAND
1925-30 Moto légère construite à Berlin, dotée d'un moteur deux temps horizontal fourni par Bekamo. La machine a une courroie, une fourche à parallélogramme et un bloc moteur-boîte à deux rapports. Elle est construite par Brand & Sohne et parfois vendue sous la marque B & S (voir ci-dessous).

BRENNABOR
1902-12 Brennabor est un des plus importants constructeurs allemands de motos. Ses premiers modèles possèdent un monocylindre à admission automatique monté dans un cadre en losange selon la « nouvelle » solution Werner. Des moteurs Zedel, Fafnir ainsi que les propres monocylindres et bicylindres en V de la marque sont utilisés. La production motocycliste est alors arrêtée en faveur de celle des automobiles et des cycles.
1933-40 Reprise de la production motocycliste avec une gamme de cyclos et de machines légères.

B & S
1925-30 B & S est l'abréviation de Brand & Sohne, qui construit des deux-temps à moteur Bekamo (voir aussi Brand).

BÜCKER
1922-58 Avant la Seconde Guerre mondiale, Franz Bücker produit des motos équipées de moteurs de diverses provenances jusqu'à 1 000 cm^3. Après 1948, la firme produit des motos légères.

BUSSE
c.1922-26 Moto à moteur monocylindre deux temps 141 cm^3 construite à Magdebourg.

CAMBRA
1921-26 Firme située à Berlin construisant des motos légères à moteur latéral.

CHARLETT
1921-24 Moto légère à moteur latéral de 195 cm^3.

CITO
1905-27 Fabricant de bicyclettes utilisant des monocylindres et des V-twins Fafnir sur ses premières motos. Après la Grande Guerre, il construit des machines de 346 cm^3 équipées du monocylindre deux temps apppartenant à la marque.
1922 Cito reprend la production de la moto KG à cadre triangulaire, arbre de transmission et moteur culbuté de 497 cm^3.
1923 La firme est rachetée par Allright.
1927 Fin de la production.

CITYFIX
1949-53 Firme produisant une machine légère à cadre-poutre à moteur Sachs 98 cm^3 ainsi que quelques scooters rudimentaires.

CL
1951 Marque éphémère qui construit quelques scooters deux temps de 48 cm^3.

CM
c.1921-23 Motos légères et simples à cadre ouvert et à courroie, construites à Munich et équipées de moteurs DKW.

COCKERELL
1919-24 Motos produites à Munich par Fritz Cockerell, également concepteur de la Megola (voir p. 244). Il s'agit de machines deux temps de 110 à 169 cm^3 à cylindre horizontal, supérieures à la plupart des motos de petites cylindrées présentes à l'époque sur le marché allemand. Les versions sport remportent quelques succès en compétition. Les moteurs sont également vendus à d'autres constructeurs. Un prototype de quatre cylindres deux temps est aussi conçu. Les propriétaires de la marque Abako (voir p. 234) rachètent la firme.

COLOMBUS
1922-24 Colombus est le fabricant du moteur de 63 cm^3 adaptable sur bicyclette Gnom ainsi que du moteur 250 cm^3 à culbuteurs de la première Horex (voir p. 241), avant de se consacrer uniquement à la production de moteurs. La société est absorbée par Horex en 1926, mais continue à fournir des moteurs.

CONDOR
1953-54 Fabricant de scooters 48 cm^3.

CORONA
1902-07 Constructeur de motos et de tandems à cadre en boucle et transmission à courroie. Moteurs verticaux à admission atmosphérique Zedel et Fafnir.
c.1922-24 Reprise de la production à partir de moteurs extérieurs, dont des flat-twins BMW.

CUDELL
c.1898-1905 Machines de pionniers à moteur De Dion.

CURWY (CURSY)
c.1911-31 Curwy produit des machines orthodoxes dotées de ses propres monocylindres latéraux et culbutés de 350 et 500 cm^3. Le nom est changé en Cursy en 1927.

CYKLON p. 45
1901-05 Fabricant situé à Berlin dont les premières motos reprennent le premier schéma Werner avec le moteur au-dessus de la roue avant d'adopter une architecture plus conventionnelle. Utilisation de moteurs De Dion, Werner et Zedel.

DAIMLER p. 46
c.1885 L'Einspur (Monotrace) de Daimler est la première moto du monde dotée d'un moteur à combustion interne. Ce cycle à cadre en bois sert aux essais du moteur de Gottlieb Wilhelm Daimler qui s'oriente vers l'automobile. Sa firme, alliée plus tard à Benz, fabriquera les automobiles Mercedes.

DAK
1923-25 La Deutsch Automobil-Konzern produit des machines à moteurs deux temps de 117 et 147 cm^3.

DAW
c.1924-25 Diana-Werke GmbH construit une monocylindre deux temps de 407 cm^3. Cette moto inhabituelle, conçue par Ernst Köhler, possède un cadre en tôle emboutie et des roues à disque (voir Köhler p. 242).

DEFA
1921-24 Deutsche Fahrradbau, de Berlin, produit des motos à moteur quatre temps de 198 cm^3 et transmission par courroie.

DELTA
c.1924 Delta construit une curieuse moto à carrosserie intégrale anguleuse contenant un monocylindre deux temps de 499 cm^3. Cette moto est équipée d'un tan-sad et d'une suspension arrière.

DERAD
1923-26 Deutsche Industriewerke produit un flat-twin en long de 393 cm^3. La marque deviendra plus tard D-Rad (voir p. 237).

DGW
1927-28 La marque DGW désigne parfois des motos DKW (voir ci-dessous), notamment à l'exportation.

DIAG
1921-28 Diag commence par construire des moteurs adaptables de petite cylindrée, puis une gamme de motos complètes dont des monocylindres quatre temps jusqu'à 346 cm^3.

DIAMANT p. 47
1903-07 Commence par des motos typiques de l'époque des pionniers avec des moteurs Fafnir V-twin puis, plus tard, ses propres moteurs.
1926 Diamant reprend la production motocycliste avec des moteurs Kühne montés dans des cadres en losange. La marque fusionne avec Elite (voir p. 237) à la fin des années 20. De 1928 à 1931, elle produit les motos Opel (voir p. 245) et EO (voir p. 237) à cadre en Duralumin et moteurs Oel et Küchen.
1937-40 La marque produit des motos légères à moteurs deux temps Sachs de 74 à 124 cm^3. La firme existe toujours mais fabrique des bicyclettes.

DIETERLE-DESSAU
c.1921-25 Wilhelm Dieterle construit des motos à courroie à Dessau. Alba fournit les moteurs latéraux de 198 et 247 cm^3 montés dans des cadres de bicyclette.

DIHL
1923-24 Motos deux temps fabriquées à Berlin dotées d'un moteur de 269 cm^3 et d'une transmission à courroie.

DKF
1923-24 Motos légères à soupapes latérales produites à Berlin par Deutsche Kleinmotoren & Fahrzeugwerke.

DKW pp. 48-50
1919 DKW, fondée par un Danois émigré en Allemagne, Jörgen Skafte Rasmussen, commence par produire des moteurs deux temps de 118 cm^3 adaptables sur des bicyclettes, surnommés das kleine Wunder (la petite merveille). Par la suite, différents slogans seront forgés en fonction des initiales formant la marque. La firme produit une série de machines deux temps modernes et bien conçues.
1921 Les premières machines complètes sont les scooters Golem de 122 cm^3. Le scooter Lomos de 142 cm^3 apparaît l'année suivante, mais aucun de ces modèles ne rencontre le succès. En revanche, les motos légères DKW lancées l'année suivante se vendent bien. DKW adopte le cadre embouti et offre, dans les années 20, une série de machines à refroidissement par turbine et eau.
1930 Dans les années 30, DKW devient le plus important producteur de motos du monde. Des machines de course deux cylindres à chambre commune et compresseur sont développées dans les années 30. Ewald Kluge remporte le Lightweight TT 1938 ainsi que les Championnats d'Europe 1938 et 1939 sur DKW.
1945 Après la guerre, DKW quitte Zschopau en Allemagne de l'Est pour s'installer à l'Ouest. La gamme deux temps d'après-guerre comprend des monocylindres et des bicylindres jusqu'à 350 cm^3. Les machines de petite cylindrée découlent du très copié modèle RT125 d'avant-guerre. Les motos MZ (voir p. 244) sont produites dans les anciennes usines de Zschopau. Des DKW de course apparaissent dans les années 50.
1958 Alors que l'industrie motocycliste traverse une profonde dépression, DKW fusionne avec Victoria (voir p. 249) et Express (voir p. 238) pour former la Zweirad Union (voir p. 251).
1966 Les fabricants de moteurs Fichtel & Sachs, propriétaires de la marque

Hercules (voir p. 240), reprennent la Zweirad Union. La marque DKW est brièvement utilisée sur des motos légères à moteur Sachs. Elle subsiste plus longtemps sur certains marchés d'exportation où les motos Hercules, y compris le modèle à moteur Wankel, portent l'écusson DKW jusqu'à la fin des années 70.

DOBRO-MOTORIST
1923-25 Petite firme située à Berlin assemblant des machines à moteurs DKW et JAP dans des cadres triangulaires de type Cotton.

DOLF
c.1922-25 Dolf construit des modèles non conventionnels utilisant le deux-temps 198 cm³ de la firme.

D-RAD
1926-33 Deutsche Industriewerke construit des motos à partir de 1923 après avoir racheté la marque Star (voir p. 248) et son modèle à flat-twin latéral de 393 cm³. Les premières machines sont appelées Derad (voir p. 236), mais l'écusson D-Rad apparaît en 1926. L'année suivante, une monocylindre latérale de 498 cm³ à cylindre incliné et bloc-moteur à boîte trois rapports remplace la flat-twin. Une version à soupapes en tête est produite par la suite. La firme offre aussi des motos de petites cylindrées à moteur deux temps Bark. NSU rachète et dissout la firme en 1933.

DÜRKOPP
1899-1907 Fabricant de bicyclettes et de machines à coudre, la firme produit une gamme de motos avant la Première Guerre mondiale. Par la suite, elle abandonne la moto au profit de l'automobile.
1949-60 Reprise de la production de motos avec une gamme de deux-temps de 100 à 200 cm³. Au début, la firme utilise des moteurs Ilo et Sachs, mais elle développe vite ses propres moteurs deux temps de 147 à 194 cm³. Elle produit aussi, avec succès, le scooter Diana. En 1955, Dürkopp fusionne avec Ardie (voir p. 234), mais la production cesse cinq ans après. Actuellement, Dürkopp fabrique toujours des machines à coudre.

DWB
1924-26 Dorko Werke Bamberg reprend la production des motos deux temps Juhö (voir p. 241) à la fermeture de cette firme. DWB produit des versions 198 et 269 cm³ de cette moto, mais seulement en nombre limité.

EBER
1924-28 Petit assembleur qui utilise des moteurs Blackburne, Kühne et Küchen de 347 à 498 cm³.

EBS
1927-30 Ernst Bauermeister & Sohn construit à Berlin une gamme étendue de motos. La firme utilise ses propres moteurs quatre temps de 198 à 796 cm³. Certains modèles sont équipés de moteurs Villiers deux temps.

ECA
c.1923-24 Eca, située à Hambourg, construit une moto légère à moteur deux temps, cadre en boucle et courroie.

ECEKA
1924-25 Firme éphémère produisant une variété de machines de petites cylindrées dotées de moteurs extérieurs à la marque.

EGA
1922-26 EGA produit des monocylindres deux temps dotées de ses propres moteurs de 246 et 346 cm³.

EICHELSDÖRFER
1929-31 Eichelsdörfer assemble des motos utilitaires à moteurs JAP de 198 et 298 cm³.

EICHLER
1920-25 Eichler, un des constructeurs moyens allemands les plus prolifiques de cette époque, produit des motos légères deux temps utilisant des moteurs fournis par Bekamo et DKW.
Les scooters DKW Lomos et Golem sont également produits sous licence.
La firme est située à Berlin.

EISENHAMMER
1923-26 Motos à cadre fermé et à courroie à moteurs deux temps DKW de 206 à 225 cm³.

EKA
1924-25 EKA construit un nombre limité de motos équipées de moteurs deux temps DKW.

ELFA
c.1926-40 Elfa utilise divers moteurs extérieurs à la marque jusqu'à 500 cm³. Durant les années 30, la firme produit surtout des cycles motorisés.

ELFE
1923-25 Petite firme située à Leipzig produisant des deux-temps dotées du moteur de 196 cm³ de la marque.

ELITE
c.1924-40 Ancien constructeur automobile, Elite fusionne avec Diamant vers 1924 et commence la production de motos en montant des moteurs quatre temps Kühne 350 et 500 cm³. À partir de 1932, la firme produit l'Elite-Opel ou EO (voir ci-dessous) à partir du cadre original en tôle emboutie Opel et d'un moteur Küchen à arbre à cames en tête. Elite utilise aussi des moteurs JAP et produit des motos deux temps à moteur Sachs.

ELRING
1924-25 La marque Elring est parfois utilisée pour désigner des deux-temps ELFE (voir ci-dessus).

ELSTER
c.1924-26 Constructeur, en nombre limité, de motos conventionnelles de petites cylindrées à moteur latéral.

EMA
c.1922-26 Construites par Eduard Molitor à Aalen, les motos EMA sont des machines simples à courroie équipées d'un moteur DKW de 145 cm³.

EMW
c.1945-56 Située en Allemagne de l'Est, EMW produit une monocylindre de 340 cm³ à arbre, cadre en tôle emboutie et suspension arrière oscillante découlant du type BMW d'avant la Seconde Guerre mondiale.

ENAG
1924-25 Les motos ENAG, conçues par Theo Steininger et construites par Erie & Nestler à Nuremberg, sont d'originales deux-temps de 250 et 350 cm³ à refroidissement par eau.

ENLAG
1925-27 Marque des motos Eschag à partir de 1925.

EO
1930-31 La moto Elite-Opel, construite par l'usine Elite-Diamant, combine le cadre sous licence Neander de l'Opel Motoclub à des moteurs Küchen à arbre à cames en tête de 347 et 498 cm³.

EPA
1924-33 Les motos EPA sont conçues par Peter Pazciky. La firme produit en nombre limité des motos à moteur JAP. Des engins légers et utilitaires sont également fabriqués sous la marque Arminia (voir p. 234).

ERKA
1923-24 Firme éphémère construisant en nombre limité des deux-temps utilitaires.

Cyclomoteur Dürkopp Fratz 1958 à cadre embouti typique de l'époque

ERKÖ
1922-24 Une des nombreuses petites marques allemandes apparues au début des années 20. Elle utilise des moteurs DKW de 145 cm³.

ERMAG
1923-30 Les premiers modèles produits par Ermag sont des deux-temps originaux de 246 cm³ à pistons à étages et distributeur rotatif. Dès 1926, la marque produit des quatre-temps de 500 cm³ et monte des moteurs MAG au cours de la dernière année de production.

ERNST
c.1924-30 Gamme de machines conventionnelles à moteurs MAG, du monocylindre de 348 cm³ aux V-twins de 498 à 996 cm³.

ESCHAG
1923-25 Constructeur de petites deux-temps à courroie. La marque prend le nom d'Erlag à partir de 1925.

ESCH-REKORD
c.1927-30 Située à Cologne, Esch-Rekord construit des machines sportives équipées de divers moteurs d'origine britannique.

EUROPA
c.1931-33 Europa, située à Munich, produit des motos équipées de deux-temps Villiers et Schliha.

EVEREST
1925-26 Marque éphémère produisant une monocylindre à culbuteurs de 500 cm³.

EWABRA
c.1921-24 Ewabra produit des monocylindres latéraux de 600 cm³ à boîte à trois rapports et courroie.

EXCELSIOR
c.1901-39 Constructeur de bicyclettes produisant très longtemps des machines banales équipées de divers moteurs extérieurs à la marque. La marque, dont l'usine est située à Brandenburg, disparaît au début de la Seconde Guerre mondiale.

EXPRESS
c.1903-08 Constructeur de cycles réputé, Express monte des moteurs Fafnir dans des cadres de bicyclettes pour produire ses premières motos. La firme offre une machine V-twin dès 1904, mais abandonne rapidement la construction motocycliste.
1933-39 Reprise d'une production moto avec des cyclos et des machines légères équipées de moteurs Sachs.
1949-58 Production de cyclos et de motos jusqu'à 250 cm³ dotées de moteurs Ilo, Sachs ou maison. En 1958, la gamme est réduite à deux modèles et la firme rejoint DKW (voir p. 236) et Victoria (voir p. 249) dans la Zweirad Union (voir p. 251). La marque Express disparaît peu après.

FA
1952 FA produit des scooters à cabine de conduite équipés de moteurs Sachs 175 cm³.

FABULA
c.1922-24 Firme située à Bielefeld, Fabula construit une deux-temps perfectionnée de 246 cm³ à arbre de transmission et cadre triangulaire tubulaire d'une conception influencée par la moto KG. Production limitée.

FADAG
c.1921-25 À l'origine, Fadag construit des moteurs de 118 cm³ adaptables sur bicyclettes avant d'ajouter à sa gamme une monocylindre quatre temps de 497 cm³.

FAFNIR
c.1900-14 Constructeur réputé de moteurs fournis à un grand nombre d'assembleurs, Fafnir produit des motos complètes pendant une courte période.

FAKA
1952-57 Sous une apparence influencée par le style aéronautique, la marque désigne des scooters conventionnels à moteurs Ilo de 147 à 197 cm³ construits par Fahrzeugwerke Kannenberg.

FALKE
c.1923-25 Falke produit des deux-temps légères à moteurs extérieurs à la marque.

FALTER
1952-63 Petit constructeur qui se consacre exclusivement aux cyclomoteurs.

FAMO
c.1923-26 Constructeur de simples motos deux temps à courroie de 127 cm³.

FAVORIT
1933-38 Marque de motos et de side-cars. Les premières machines sont équipées de moteurs V-twins JAP de grosses cylindrées. Par la suite, la firme produit des deux-temps à moteur Sachs.

FERBEDO
1953-54 Scooter éphémère à moteur Zündapp de 48 cm³ produit par un fabricant de jouets.

FEX
1923-24 Constructeur berlinois opérant brièvement au début des années 20. Ses modèles utilisent des moteurs deux temps DKW et Bekamo.

FIFI
1923-24 Le Fifi est un moteur deux temps adaptable de 2 ch, produit par Eichler, qui se monte dans la roue.

FIX
1922-26 Le constructeur automobile Lloyd fabrique les deux-temps Fix de 144 cm³ à Brême, et il les vend aussi sous sa propre marque (voir p. 243). Fix fournit aussi des moteurs à d'autres constructeurs.

Publicité de 1956 pour le cyclomoteur Express de 49 cm³

FKS
1921-25 Frank Krause produit des motos légères de 149 cm³ et une curieuse flat-twin deux temps de 298 cm³ à courroie. Ses usines sont situées à Berlin.

FLINK
1920-22 Il semble que la Flink soit la première moto construite par BMW (voir p. 235) sous la forme d'une machine légère classique à moteur deux temps Kurier de 148 cm³.

FLOTTWEG
c.1921-37 Flottweg est un de ces nombreux producteurs de motos qui commence par des bicyclettes équipées de moteurs adaptables, ici des quatre-temps de 119 cm³. Par la suite, la firme offre des motos complètes à moteurs à culbuteurs de 183 et 243 cm³. Certaines machines sont équipées de moteurs JAP. Les dernières machines produites par Flottweg sont équipées du moteur à culbuteurs de 198 cm³ propre à la marque.

FLUX
1923-24 Petite firme située à Berlin fabriquant des motos deux temps équipées de moteurs divers.

FORELLE
1955-58 Fabricant de bicyclettes produisant brièvement des cyclos à moteurs Ilo et Sachs de 49 cm³.

FORTUNA
1921-28 Marque située à Nuremberg produisant des deux-temps banales, mais correctement construites, de 247 et 297 cm³.

FRANKONIA
1923 Frankonia assemble des motos équipées de moteurs DKW de 145 cm³ montés horizontalement.

FRANZIANI
1923-31 Franziani produit en nombre limité des machines dotées du moteur deux temps de la marque. Par la suite, la firme adopte des quatre-temps JAP et Küchen.

FRANZENBURG
c.1925 Klaus Franzenburg, de Nuremberg, construit une gamme de machines monocylindres de 350 et 500 cm^3 à double tube avant. Volume de production inconnu.

FREITAL
1925-26 Marque brièvement utilisée par DKW sur des motos deux temps de 173 cm^3.

FREUDENIA
1925 Autre petite marque utilisant des moteurs DKW.

FRIMA
c.1923-24 La moto Frima, construite par FRIedrich MArquardt, est une deux-temps.

FRIMO
c.1923-25 La moto Frimo est une deux-temps de 246 cm^3 construite par les fabricants des motos VIS (voir p. 249).

FRISCHAUF
1928-40 La marque produit, jusqu'en 1933, des motos conventionnelles en nombre limité à moteurs JAP, Blackburne, Küchen et Villiers. Par la suite, elle produit des motos légères à moteur Sachs.

GEHA
1920-24 Au cours de sa brève période d'activité, Geha produit des machines proches des bicyclettes motorisées dotées de deux-temps de petite cylindrée.

GEIER
1934-54 Au cours des années 30, Geier équipe ses motos de moteurs Ilo. La production, interrompue par la Seconde Guerre mondiale, ne reprend qu'en 1950. La nouvelle gamme comprend des machines à moteurs Ilo et Sachs jusqu'à 175 cm^3 ainsi qu'un tricycle.

GEKA
c.1924-25 Constructeur de machines légères classiques à moteur DKW 173 cm^3 refroidi par turbine avec boîte à deux rapports et courroie finale.

GE-MA-HI
c.1924-27 Constructeur d'une gamme étendue de machines légères deux temps équipées de divers moteurs extérieurs à la marque. Certains modèles possèdent un original cadre caissonné en tôle emboutie.

GERMANIA
1901-08 La marque Germania désigne des modèles monocylindres et V-twin Laurin & Klement (voir p. 300) construits sous licence, à Dresde, par Siedel & Naumann (voir S & N p. 248).

GLAS-GOGGO
1951-56 Glas-Goggo fabrique des scooters à moteurs Ilo de 123, 148 et 197 cm^3. En 1955, la production s'oriente vers les voiturettes produites jusqu'au milieu des années 60. Des copies soviétiques du scooter Goggo apparaissent sous la marque Tula (voir p. 305).

GNÄDIG
1925 Frank Gnädig participe à la production des motos KG (Krieger Gnädig, voir p. 242), mais lorsque KG est reprise par Allright, Gnädig démissionne pour produire son propre modèle de 350 cm^3 à culbuteurs. La moto complète n'est produite que peu de temps et, par la suite, Kühne reprend la production du moteur. Gnädig travaille ensuite pour Diamant (voir p. 236) et Opel (voir p. 245).

GNOM
c.1921-23 Moteur à soupapes en tête adaptable sur bicyclette fabriqué par Colombus (voir p. 236) à Oberursel. Gnom rejoint par la suite la marque Horex (voir p. 241).

GOEBEL
1951-79 Petite firme produisant exclusivement des cyclomoteurs.

GOETZ
1925-35 Constructeur de motos en nombre limité et sur commande utilisant des moteurs extérieurs à la marque.

GOGGO
1951-56 Goggo produit des scooters à moteurs Ilo de 123 à 197 cm^3 (voir aussi Glas-Goggo).

GÖRICKE
1903-12 Fabrique de bicyclettes de Bielefeld produisant des motos par intermittence. Les premiers modèles sont de classiques monocylindres et V-twins à courroie.
1928-33 Introduction d'une nouvelle gamme de machines à moteurs MAG, Blackburne et Villiers.
1949-c.1959 Production de motos à moteurs Sachs et Ilo de 48 à 247 cm^3. Actuellement, Göricke produit toujours des bicyclettes.

GOUVERNEUR
c.1902-07 Firme pionnière de la moto allemande produisant des machines de 3,5 ch.

GRADE
c.1903-25 Spécialiste du moteur deux temps qui produit aussi des avions et des automobiles. Les motos sont principalement équipées de moteurs de 118 et 132 cm^3.

GRITZNER p. 66
1903-08 Fabricant de machines à coudre produisant des motos à moteurs Fafnir monocylindres et V-twins dès les premières années de l'industrie motocycliste.
1953-62 Reprise de la production avec une gamme de motos légères à moteur Sachs. En 1958, Gritzner reprend la production du modèle Monza de la défunte usine Mars (voir p. 243) et produit, sous licence, un scooter KTM.

GROTE
1924-25 Production d'une monocylindre deux temps de 305 cm^3 à Berlin. Par addition de moteurs, la marque crée une twin de 610 cm^3 ou une trois-cylindres de 915 cm^3.

GRUCO
c.1924-25 Firme éphémère produisant des motos dotées de moteurs Kühne 346 cm3.

GRUHN
1921-32 Richard Gruhn a probablement produit des motos dès 1906, mais la production ne démarre sérieusement à Berlin qu'après la Première Guerre mondiale. Les motos Gruhn sont des quatre-temps de 196 cm^3 à soupapes latérales à cadre fermé et transmission à courroie. Gruhn fabrique aussi quelques machines à soupapes en tête et un modèle à transmission par arbre.

GRUTZENA
c.1925-26 Grutzena utilise des moteurs Kühne de 348 cm^3 à soupapes en tête montés dans des cadres classiques, mais avec suspension avant par lames de ressort.

GS
c.1920-24 Gustav Schultz fabrique des moteurs deux temps de 129 cm^3 adaptables sur bicyclettes et des machines complètes.

GS
1923-25 Construites par George Schroff à Berlin, les motos GS sont aussi connues sous le label Schroff-Record (voir p. 247).

GÜLDNER
c.1925 Güldner s'aventure brièvement dans l'industrie motocycliste avec une monocylindre de 497 cm^3 à culbuteurs.

GUSTLOFF
c.1934-40 Produit des motos légères de 74 à 123 cm^3, équipées de moteurs Sachs.

HABROS
1927-30 Habros produit un cyclo-scooter doté d'un moteur attaché au côté gauche de la roue arrière.

Un cyclo-scooter Göricke Gorette en 1955

HAGEL
1925 Lors d'une tentative brève et infructueuse de prendre pied sur le marché de la moto, Hagel, située à Nuremberg, propose une deux-temps de 247 cm^3 dotée d'un moteur de la marque.

HAKO
c.1924-25 HAns KOrn produit des machines à moteur JAP inspirées par la HED britannique (voir p. 221). Ces machines seront appelées plus tard HKR (voir p. 241).

HANFLAND
1920-25 Firme berlinoise construisant des deux-temps de 147 cm^3 équipées de ses propres moteurs. Ces machines sont parfois vendues sous la marque Kurier (voir p. 243).

HANSA
c.1922-26 Construction de motos deux et quatre temps de 148, 198 et 248 cm^3.

HAPAMEE
c.1925-26 Production de motos à courroie équipées de moteurs deux temps 198 et 246 cm^3 appartenant à la marque.

HARRAS
1922-25 Harras est une de ces nombreuses petites marques berlinoises qui fleurissent dans les années 20. Elle utilise des moteurs deux temps Bekamo de 139 et 145 cm^3.

HASCHÜT
1929-31 HAns SCHÜTze de Dresde produit des motos à moteur Villiers de 172 cm^3.

HAWEKA
c.1923-26 Marque produisant des motos quatre temps monocylindres à moteurs JAP et MAG

HECKER
1922 Hans Hecker, fondateur de la marque, commence par produire des deux-temps de 245 cm^3 et des quatre-temps à culbuteurs de 346 cm^3 dotées de moteurs de sa conception. À partir de 1926, les motos Hecker reçoivent des moteurs JAP de 198 à 546 cm^3 et d'autres provenances, y compris des moteurs MAG.
1931 La production s'oriente vers des machines légères équipées de moteurs Sachs deux temps de 73 et 98 cm^3. La guerre interrompt la production. À la reprise, en 1948, la firme produit des machines légères à moteurs deux temps Ilo et Villiers.
1957 Arrêt de la production.

HEIDEMANN
1949-52 Fabricant de cycles réputé produisant brièvement une moto légère à moteur Sachs de 125 cm^3.

HEILO
1924-25 Motos monocylindres deux temps de 250 et 350 cm^3 construites à Nuremberg par Heilbron & Co.

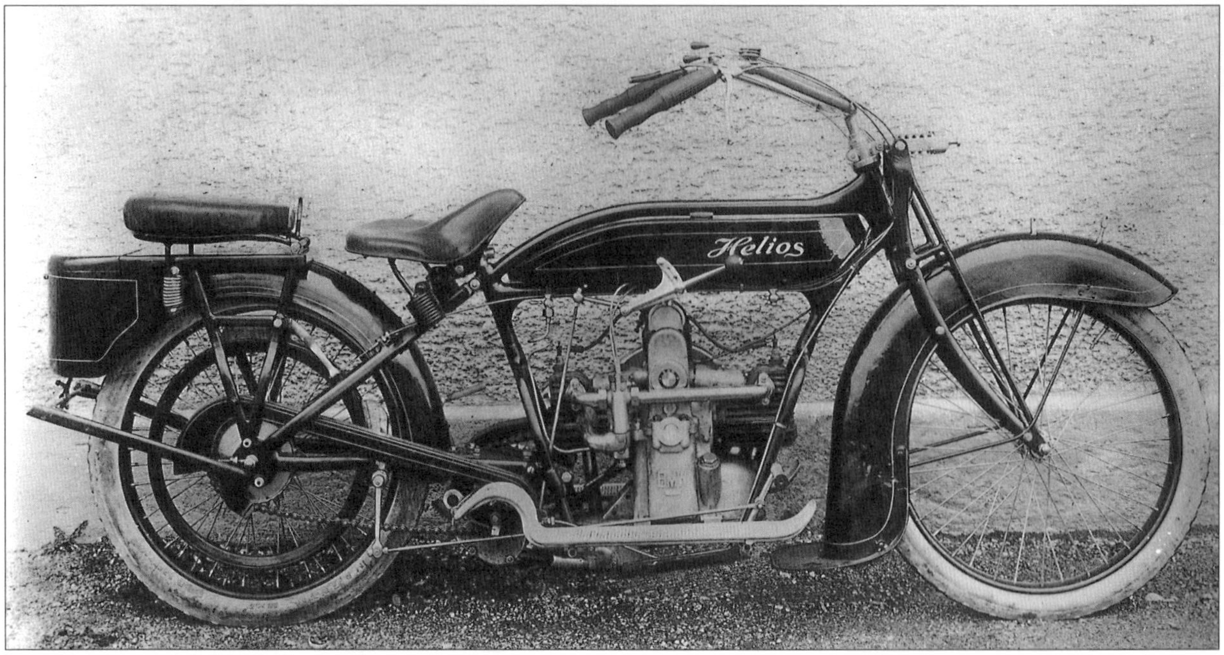

Helios 1922 fabriquée par BMW à moteur flat-twin en long et chaîne finale

HEINKEL p. 77
1953-65 Après l'interdiction des productions aéronautiques consécutive à la fin du conflit, Heinkel se tourne vers la construction de cyclos et de scooters. Le scooter Tourist 150 cm^3 à culbuteurs apparaît en 1953 et le cyclo Perle en 1954. Le scooter Heinkel, quant à lui, connaît un énorme succès.

HELI
1923-25 Moto produite à Berlin à moteur deux temps de 246 cm^3 refroidi par eau.

HELIOS
1921-22 L'Helios est une moto à moteur flat-twin construite par BMW (sans être la première tentative de la marque sur le marché de la moto, voir aussi Flink, p. 238), mais avant l'adoption du montage transversal. La moto Helios copie l'architecture de la Douglas avec un flat-twin en long et une chaîne. Le moteur, un 496 cm^3 à soupapes latérales, est également vendu à d'autres constructeurs, dont Victoria.

HELLA
c.1921-24 Hella construit des monocylindres deux temps de 147 et 183 cm^3 à courroie.

HELLER
1923-26 Heller construit une moto à moteur BMW flat-twin de 493 cm^3. La firme offre aussi une version à refroidissement par eau ainsi qu'un nombre limité de deux-temps.

HELO
1923-25 Constructeur éphémère de motos à moteur Bekamo deux temps de 149 cm^3.

HENKEL
1927-32 Paul Henkel reprend les droits et les outillages de fabrication de la moto monocylindre à arbre KG de la firme Allright (voir p. 234) quand celle-ci cesse la production de motos. À partir de 1929, la marque produit une machine plus petite à moteur Blackburne de 198 cm3.

HERCULES p. 81
1904 La première moto produite par ce constructeur de bicyclettes de Nuremberg est une classique machine monocylindre à admission automatique et courroie. La guerre de 1914 interrompt la production.
1924-26 Reprise d'une production limitée de motos à partir de moteurs extérieurs à la marque de 75 à 500 cm^3 fournis par JAP, Sachs, Küchen et Bark, entre autres fournisseurs.
1950 Après la Seconde Guerre mondiale, la production reprend avec une gamme de machines à moteurs deux temps Sachs et Ilo de 100 à 250 cm^3 dans des parties-cycle classiques. Hercules se développe jusqu'à devenir l'un des plus grands constructeurs allemands des années 50 avant d'être racheté par Fichtel & Sachs.
1966 Fusion avec la Zweirad Union, regroupement de DKW (voir p. 236), Express (voir p. 238) et Victoria (voir p. 249).
1974 Lancement de la W2000, première moto de production à moteur Wankel. Le reste de la gamme est constitué par des deux-temps. Le nombre de modèles offerts décroît tout au long des années 70 et depuis les années 80 Hercules se consacre surtout aux cyclomoteurs.

HERKO
c.1922-25 Firme produisant des motos complètes dont des deux-temps à courroie de 122 et 158 cm^3 à cylindre incliné et un modèle à moteur latéral de 198 cm^3.

HERMA
c.1921-24 Constructeur de moteurs de 148 cm^3 adaptables sur bicyclettes.

HERMES
c.1918-25 Firme située à Stettin produisant des motos perfectionnées équipées d'un moteur deux temps deux cylindres horizontaux de 150 cm^3 et transmission chaîne-chaîne.

HERMES
1924-25 Petite firme abordant la production motocycliste dans les années 20, Hermes construit en nombre limité des machines à cadre ouvert équipées de moteurs JAP.

HEROS
1921-29 Marque installée en Saxe et connue à l'origine sous le nom de H & R (voir p. 241), Heros produit une variété de motos deux et quatre temps de 155 à 247 cm^3.

HEROS
1923-24 Cette marque, différente de la précédente, fabrique à Berlin des motos à moteur DKW de 142 cm^3.

HERTHA
1925 Firme éphémère assemblant des motos dotées de moteurs DKW de 142 cm^3.

HESS
1925 Hess offre une moto à quatre cylindres en ligne de 748 cm^3 refroidis par air. Production très limitée.

HEXE
1924-25 Implantée à Bamberg, la firme fabrique des moteurs adaptables sur bicyclettes et des motos légères et complètes.

HIEKEL
1925-32 Moto à cadre triangulaire construite à Leipzig équipée d'un moteur deux temps monocylindre de 348 cm^3.

HILDEBRAND & WOLFMÜLLER pp. 82-83
1894-97 Hildebrand et Wolfmüller construisent un cycle mû par la vapeur avant de développer leur moteur à essence. Après deux ans d'expérimentations, la firme commence la construction de la première moto commercialisée au monde. Machine difficilement praticable, elle disparaît en même temps que s'estompe l'attrait de la nouveauté.

HIRSCH
1923-25 La firme produit à Berlin des motos deux temps de petite cylindrée dotées de moteurs de la marque et de DKW.

HIRTH
1923-26 Hirth fabrique des deux-temps de course à moteurs refroidis par eau de 144 et 244 cm³ qui remportent de nombreux succès dans les années 20.

HKR
1925-26 HKR est la nouvelle appellation des motos Hako (voir p. 240). Les machines ressemblent toujours aux HRD anglaises et utilisent toujours des moteurs JAP. Les initiales sont celles de Hans Korn de Rothenburg.

HOCHLAND
c.1926-27 La moto Hochland est une flat-twin à culbuteurs de 496 cm³. Le moteur est monté en long dans un cadre tubulaire.

HOCO
1924-28 Hoco suit l'exemple de Bekamo en employant un cadre en bois fait de pièces de frêne assemblées et renforcé par des ferrures en acier au niveau de la tête de direction et des supports moteurs. Les moteurs utilisés sont des deux-temps DKW et Villiers ainsi que des quatre-temps JAP.

HOFFMANN p.84
1949 Jakob Oswald Hoffman commence la construction de motos à moteur Ilo et acquiert la licence de fabrication du scooter Vespa en Allemagne.
1951 Introduction d'une flat-twin 250 cm³ style BMW, mais son côut de développement compromet les finances de la firme.
1954 Non-renouvellement de la licence Vespa qui entraîne la disparition de la firme.

HOREX p. 96
1923 La moto Horex est le produit assez inattendu de la diversification de la Société des verreries REX implantées à HOmburg. Les premières motos utilisent des quatre-temps de 250 à 600 cm³ fournis par le constructeur de moteurs d'Oberursel qui produit aussi le moteur adaptable Gnom (voir p. 239).
1926 Reprise d'Oberursel.
1930 L'échec commercial des moteurs Oberursel pousse Horex à lancer la fabrication sous licence de moteurs 350 et 500 cm³ Sturmey-Archer. Ces moteurs, ainsi que d'autres, sont produits sous la marque Colombus (voir p. 236) et vendus à d'autres constructeurs. Suivent divers modèles monocylindres et twin parallèles à quatre temps avec soupapes latérales, soupapes en tête et arbre à cames en tête.
1948 Reprise de la production après la guerre avec le monocylindre 350 à culbuteurs d'avant-guerre. La gamme s'élargit à des monocylindres 250 et un twin parallèle de 500 cm³ dans les années 50, mais la production est interrompue en 1960.
1980 Apparition d'une gamme de cyclos à moteur Sachs sous la marque Horex qui disparaît rapidement. Le nom est toujours utilisé sur des machines à moteur Honda produites en nombre limité au Japon pour le marché intérieur.

H & R
1921-25 La firme Hartmann & Richter qui produit des motos à deux et quatre temps est le prédécesseur de la marque Heros (voir p. 240).

Imperia 1935 deux temps 348 cm³ à compresseur monté au-dessus du cylindre

HUC
1924-25 Huc fabrique des machines légères à moteurs DKW 145 et 172 cm³.

HUCKE-RINNE
c.1924-26 Motos produites par Max Hucke utilisant des moteurs deux temps Rinne de 124, 174 et 247 cm³.

HULLA
c.1925-26 Hulla monte des moteurs DKW et JAP dans des parties-cycle classiques, mais de sa propre conception.

HUMMEL
1951-54 Fabricant de motos, scooters et cyclos de 49 à 247 cm³ à moteur Ilo. Les scooters sont majoritairement vendus sous la marque Sitta (voir p. 248).

HUY
1922-26 Fabricant utilisant ses propres moteurs et des MAG de 198 à 346 cm³.

IDEAL
1922-25 Motos légères construites à Dresde, à cadre en boucle, transmission à courroie et fourche pivotante type Triumph. Ideal utilise à l'origine un quatre-temps de 1,5 ch, mais les versions ultérieures peuvent disposer d'un deux-temps de 173 cm³.

IFA p. 100
1947 Après la Seconde Guerre mondiale, l'ancienne usine DKW (voir p. 236) se retrouve sur le territoire de l'Allemagne de l'Est. DKW se réimplante en Allemagne fédérale et les motos produites dans l'ancienne usine sortent sous la marque IFA. La plupart des modèles sont des deux-temps monocylindres de 98 à 298 cm³ issus des types DKW d'avant-guerre, mais on trouve aussi un flat-twin deux temps de 350 cm³.
1960 Les motos sont rebaptisées MZ (voir p. 244), abréviation de Motorradwerke Zschopau.

ILO
c.1923-25 Ilo, constructeur de moteurs deux temps réputé, produit brièvement des motos complètes sous forme de machines légères classiques à courroie.

IMME p. 100
1948-51 La moto Imme est une machine novatrice et perfectionnée à moteur deux temps de 99 cm³ conçue par Norbert Riedel. Les roues sont portées par des fusées solidaires de monobras, à l'avant comme à l'arrière. Le moteur pivote avec le bras arrière oscillant qui fait également office de tube d'échappement. Le caoutchouc sert d'élément élastique. Une version 148 cm³ est aussi construite, mais en nombre limité.

IMPERIA
1923-25 Constructeur de motos en nombre limité à moteurs JAP de 350 à 500 cm³.

IMPERIA
1924 La firme commence par des motos à moteurs MAG, JAP, Bradshaw et Blackburne de 350 à 1 000 cm³. Elle remporte un grand nombre de victoires en course avec les versions compétition de ses productions.
1926 La firme change de mains et la production déménage de Cologne à Bad Godesberg. La construction des motos se poursuit à partir de divers moteurs extérieurs à la marque. Dans les années 30, la firme tente de mettre au point des moteurs deux temps originaux à compresseur et des transmissions hydrauliques.
1935 Ces tentatives ruinent les finances de la société qui doit disparaître.

INDUS
1924-25 Production limitée à Berlin de motos à moteurs JAP, Kühne et Küchen montés dans des cadres à suspensions.

JAVON
1929-32 J. A. Volger rachète les restes de la marque Abako (voir p. 234), y compris les droits de fabrication du moteur deux temps Cockerell. Des deux-temps de petite cylindrée et des quatre-temps à moteur JAP sont produites en quantité limitée à Nuremberg.

JCZ
c.1925 Josef Cemanek assemble à Zitau des motos dotées de moteurs et composants provenant de divers fournisseurs.

JHC
1921 Firme située à Nuremberg qui produit une poignée de deux-temps de 183 cm³.

JOOS
c.1900-07 Firme pionnière qui produit à l'origine des twins horizontaux de sa propre conception. Les modèles ultérieurs sont équipés de monocylindres et de V-twins Fafnir.

JUHO
1922-24
JUlius HOflich monte son propre deux-temps de 195 cm³ et le moteur Alba latéral de 148 dans des parties-cycle classiques à courroie. Les droits de fabrication sont acquis par DWB (voir p. 237) qui continue la production jusqu'en 1927.

JURISH
1926-30 Le spécialiste du deux-temps Carl Jurish construit à Leipzig cette moto de compétition à moteur bicylindre 250 cm³ avec compresseur à refroidissement par eau.

KARÜ
c.1922-24 La moto Karü est produite par KArl RUhmer au Stockdorfer Motoren Werk où sont construites les SMW (voir p. 248) identiques. Ces motos reçoivent des moteurs flat-twins Bosch-Douglas et BMW.

Krauser MKM 1000 (1982) à cadre en treillis tubulaire et moteur flat-twin BMW

K-C
c.1920-24 24 Kircheim & Co, de Magdebourg, construit un moteur deux temps pour bicyclette de 105 cm^3 à soupape rotative qui se monte au-dessus de la roue arrière. Il offre aussi une curieuse moto à deux temps flat-twin de 257 cm^3 à soupape rotative et transmission par courroie.

KENI
1921-25 Firme berlinoise produisant de classiques machines légères à courroie. La marque emploie ses propres deux-temps de 145 et 158 cm^3 montés dans des cadres en boucle.

KG
1919 La KG est une machine perfectionnée produite par Franz Gnädig et les frères Krieger. Elle est dotée d'un monocylindre à culbuteurs de 497 cm^3 monté en bloc avec une boîte à trois rapports et un arbre de transmission à la roue arrière. Le cadre est une structure tubulaire triangulaire équipé d'une fourche à parallélogramme.
1922 En raison de la situation économique, Cito (voir p. 236) reprend la fabrication de la moto KG; l'année suivante, Cito est absorbée par Allright (voir p. 234) qui poursuit la production du modèle sous la marque Allright-KG. Les frères Krieger fondent alors une firme concurrente qui produit une machine similaire qu'ils baptisent Original-Krieger (voir p. 245).
1927 Allright arrête la production de motos et la KG est reprise par Paul Henkel.
1932 Après treize ans de production tumultueuse, la KG n'est plus construite.

KILLINGER & FREUND
1938 La firme produit un prototype à moteur deux temps trois cylindres en étoile installé dans la roue avant comme sur la Megola (voir p. 244). La machine est aussi habillée d'une carrosserie profilée.

KLEINSCHNITTGEN
c.1954 Petite firme produisant quelques scooters à moteur Ilo 49 cm^3 ainsi que des voiturettes.

KLOTZ
c.1923-26 Firme de Stuttgart produisant des deux-temps dotées de son propre moteur de 246 cm^3.

KMB
1923-26 Motos monocylindres à quatre temps construites par la Köln Motorrad Becker.

KÖBO
c.1923-26 Marque d'une moto monocylindre deux temps de 276 cm^3 à trois vitesses et à courroie.

KOFA
1923-25 Petite production de deux-temps de 276 cm^3.

KÖHLER
1922-25 Conçue par Ernst Köhler et construite à Munich par Diana-Werke GmbH, cette moto est aussi désignée par les initiales DAW (voir p. 236). La machine a un deux-temps monocylindre dissimulé dans une curieuse carrosserie en tôle emboutie étendue vers l'avant de manière à former un carénage pour le phare. Les roues sont à disque en tôle et la fourche avant est à roue tirée.

KOMET
1902-05 Komet produit des deux-temps de 1 à 4 ch sous licence française Ixion (voir p. 280), montés dans ses propres parties-cycle type bicyclette.

KONDOR
1924-25 Marque berlinoise construisant des machines conventionnelles à moteurs extérieurs à deux et quatre temps.

KÖNIG
1969-76 Constructeur de moteurs de hors-bord, König développe également une machine de course 500 cm^3 à moteur deux temps flat-four, produit aussi en 680 cm^3. Kim Newcombe remporte avec cette moto le Grand Prix de Yougoslavie 1973, la marque récoltant d'autres succès en compétition en solo comme en side-car. La mort de Newcombe et l'apparition de nouveaux moteurs plus développés chez d'autres constructeurs met un terme à la brève mais mémorable carrière de König.

KOSTER
c.1923-25 Koster développe une machine d'aspect étrange à cadre tubulaire et embouti probablement inspiré par le modèle Mars. Les machines reçoivent des moteurs deux temps de petites cylindrées Bekamo et Cockerell.

KRAMER
1977-85 Cosntructeur de machines de cross et d'enduro à moteurs Rotax de 124 à 280 cm^3. Firme liée à l'Italien Kram-It.

KRAUSER
1976- Le concessionnaire BMW et fabricant de bagages pour motos Mike Krauser développe en 1976 une version huit soupapes du moteur BMW Rennsport afin de le rendre plus compétitif dans les courses pour side-cars face aux deux-temps concurrents. Par la suite, il finance puis reprend le contrôle des équipes sportives Kreidler, puis Zündapp dès la cessation d'activité de ces firmes. Les Championnats du monde 50 cm^3 en 1983 et 80 cm3 en 1985 sont remportés tous deux par des machines financées par Krauser. Après l'échec du moteur issu du BMW en compétition pour side-cars, des quatre-cylindres deux temps pour ce type de machines sont aussi produits. Entre 1982 et 1983, Krauser fabrique deux cents cadres multitubulaires spéciaux destinés à recevoir le flat-twin BMW. Ces cadres sont vendus sous forme de kit ou de machine complète avec garantie de BMW. À la fin des années 80, Krauser produit le Domani, un side-car utilisant le moteur et la transmission de la BMW série K.

KREIDLER p. 118
1951-82 Les motos Kreidler sont produites à Stuttgart par une firme métallurgique. La marque se spécialise dans les motos et les cyclomoteurs de 50 cm^3. Les machines Kreidler utilisent un moteur deux temps horizontal. Les modèles Florett, introduits en 1956, rencontrent un très net succès. Les premières machines Kreidler de course sont introduites en 1959 à partir des machines de route appartenant à la marque. La conception est développée au début des années 60 et Kreidler devient champion du monde. La firme remporte six Championnats en catégorie 50 cm^3 et établit des records de vitesse mondiaux. Les ventes s'effondrent au début des années 80 et la firme est liquidée.

KRIEGER
c.1925-26 Peu de temps après la reprise de la marque KG (voir ci-dessus) par Allright (voir p. 234), les frères Krieger fondent une nouvelle entreprise. Ils produisent des machines a moteur monocylindre Blackburne et à cadre triangulaire très semblables aux motos KG. Ils utilisent aussi la marque Original-Krieger (voir p. 245).

KRUPP
c.1919-22 Pendant une brève période, Krupp construit sous licence le scooter d'origine américaine Autoped (voir p. 268). Le réservoir d'essence et le petit moteur à admission automatique sont montés sur la fourche avant. La marche avant est obtenue en poussant le guidon, le débrayage puis le freinage en tirant dessus. Celui-ci peut être replié pour faciliter le rangement de l'engin.

KSB
1924-29 Petite firme située en Saxe utilisant des moteurs deux et quatre temps

de 142 à 498 cm^3 fournis par Blackburne, DKW, JAP et Kühne. Les initiales KBS signifient Kurt Schiebach de Bautzen.

KURIER
1921-24 Kurier construit une moto légère deux temps à cadre en boucle et courroie ; proposée vers 1922 avec une suspension arrière simpliste. La cylindrée du moteur monté incliné est de 154 cm^3.

KZ
1924-25 Les motos KZ sont assemblées en nombre limité par Kolb & Ziegler qui utilisent des moteurs latéraux Alba de 198 cm^3 et des Kühne culbutés de 348 cm^3.

LEBELT
1924-25 Paul Lebelt construit en nombre limité des machines équipées de ses propres moteurs deux et quatre temps.

LEOPARD
c.1921-26 Firme située à Magdebourg construisant des machines classiques équipées de ses propres moteurs deux temps puis à soupapes en tête de 249 et 350 cm^3.

LEOPARD
c.1958-66 La marque allemande Panther désigne ainsi sur certains marchés d'exportation des motos légères à moteur deux temps Sachs afin d'éviter toute confusion avec la Panther de fabrication britannique (voir p. 226).

LEVANTE
1954 La marque utilise un moteur Rex 34 cm^3 monté au-dessus de la roue avant entraînée par courroie.

LFG
1921-25 Luftfahrzeug GmbH est un constructeur de dirigeables berlinois qui doit se diversifier dans les moteurs adaptables sur bicyclettes. Il produit une moto totalement carénée style Zeppelin à moteur deux temps de 305 cm^3.

LINSER
c.1922-24 Constructeur de motos à moteurs flat-twins Bosch-Douglas et BMW.

LLOYD
c.1922-26 Motos à moteur deux temps standard de 144 cm^3 construites par le constructeur automobile Lloyd.
La Lloyd est également vendue sous la marque Fix (voir p. 238).

LLOYD
1923-29 Lloyd est le label commercial désignant des motos de grosse cylindrée construites parallèlement aux machines Ocra plus utilitaires (voir p. 245) et dotées de moteurs quatre temps extérieurs à la firme.

LMS
c.1922 LMS est un autre constructeur de dirigeables tentant de se reconvertir dans la production motocycliste. Le résultat donne une curieuse machine à carénage dissimulant des moteurs bicylindres quatre temps 350 et 500 cm^3. Une version à moteur DKW de 142 cm^3 est également offerte. Production limitée.

LORENZ
c.1921-22 Lorenz construit à Stettin, en nombre limité, des scooters deux temps de 211 cm^3.

LORENZ
1921-24 Firme berlinoise produisant un moteur deux temps flat-twin de 126 cm^3 disponible sous forme de moteur adaptable ou de moto complète.

LUPUS
1923-26 Petite firme produisant des motos dotées de ses propres moteurs de 148 cm^3.

LUTRAU
c.1924-33 Marque d'une gamme de monocylindres deux temps de 200 à 350 cm^3 et d'une monocylindre quatre temps de 500 cm^3.

LUTZ
1949-54 Production de scooters 58 et 174 cm^3.

LUWE
1924-28 LUdwig WEber produit une gamme de motos à moteurs extérieurs à la marque fournis par Paqué, Kühne, Blackburne, MAG et JAP.

MABECO
1922-27 La moto Mabeco est construite à Berlin par MAx BEnhardt & CO. Copie de l'Indian Scout, elle existe en versions 596 et 749 cm^3. Certains modèles reçoivent des moteurs à culbuteurs à la place des moteurs latéraux. Quelques motos sortent avec un moteur deux temps deux cylindres à chambre commune Garelli construit sous licence.

MAFA
1923-27 La marque offre une gamme de motos équipées de moteurs deux temps DKW de petite cylindrée et de monocylindres quatre temps Kühne de 119 à 496 cm^3.

MAGNET
1901-14 Firme pionnière produisant des machines à moteurs monocylindres et V-twins de la marque.

MAICO p. 122
1935 MAIsch & CO commence par produire des motos légères et des cyclos à base de moteurs deux temps Ilo et Sachs. La guerre de 1939 interrompt la production.
1948 Après la guerre, Maico lance une nouvelle machine de 123 cm^3 utilisant son propre monocylindre deux temps. En 1953, la marque offre une gamme complète de machines jusqu'à 400 cm^3 ainsi que la Maico-Mobil entièrement carénée. À partir de 1955, elle produit un scooter appelé Maicoletta. La firme, qui s'intéresse de plus en plus aux compétitions tout-terrain, produit dans les années 60 de plus en plus de machines d'enduro et de cross qui sont largement exportées.
1983 Arrêt de la production de routières et de tout-terrain lorsque la firme tombe en faillite. Par la suite, une autre firme produit par intermittence et en nombre limité des machines de cross et d'enduro qui portent toujours la marque Maico.

MAMMUT
1924-33 Constructeur de machines-outils, cette firme de Nuremberg commence à produire des motos en 1924. Elle utilise ses propres moteurs deux temps de 197 et 246 cm^3 ainsi que des moteurs quatre temps MAG, JAP et Blackburne. À partir de 1929, la marque emploie des cadres en tôle emboutie Coventry-Eagle qu'elle fabrique sous licence.

MAMMUT
1953-56 Constructeur de cycles réputé venu à la moto dans les années 50, Mammut produit une gamme de cyclos et de motos légères jusqu'à 197 cm^3 à moteurs deux temps Ilo, Zündapp et Sachs. Ces motos sont également vendues sous la marque Meister (voir p. 244) et Phanömen (voir p. 246).

MAMMUT (MAMMOTH)
1966- Mammut désigne le premier modèle de motos produit par Friedl Münch (voir p. 244) : une machine monstrueuse équipée d'un moteur d'automobile NSU. De 1966 à 1977, lorsque Münch perd ses droits sur son propre nom, la même moto est également appelée Münch. En 1977, Münch redonne le nom de Mammut à quelques machines produites en nombre très limité.

MARS (MA) p. 123
1903-14 Mars commence à construire des motos dans son usine de Nuremberg. Ces premières machines sont dotées de moteurs Fafnir et Zedel.
1920 Introduction de la « Weiss Mars » équipée d'un moteur latéral bicylindre opposé à plat de 948 cm^3 construit par Maybach et installé en long dans un cadre caissonné. Une faillite et la situation économique générale de l'Allemagne interrompent la fabrication entre 1925 et 1927. À la reprise de la production, la firme n'a pas le droit d'utiliser la marque Mars, et les motos sont appelées MA. Elle lance une nouvelle gamme équipée de moteurs MAG, Sturmey-Archer et Villiers. Pendant toutes les années 30, la firme se consacre à la fabrication de motos légères équipées de moteurs Sachs. Cette politique se poursuit après la Seconde Guerre mondiale avec la production de machines légères à moteurs Sachs de 98 à 174 cm^3.
1958 Fermeture de Mars avec reprise de la production du modèle Monza par Gritzner (voir p. 239).

MAURER
1922-26 Spécialiste du deux-temps construisant des moteurs adaptables à soupapes rotatives et quelques machines complètes. Maurer produit un flat-twin de 294 cm^3 et un monocylindre de 247 cm^3, tous deux à refroidissement par eau. Ces deux moteurs sont aussi utilisés sur des automobiles.

Scooter pliant Krupp de 1919

MAUSER
1924-27 La Mauser est le résultat d'un croisement bizarre entre l'automobile et la moto. Le cadre est constitué de deux éléments en tôle emboutie et le moteur est un 510 cm^3 latéral refroidi par eau et monté horizontalement à l'arrière, sous le siège passager. La fourche avant est à parallélogramme et la suspension arrière se fait par bras oscillant et ressort à lames. La machine est habillée d'une étroite carrosserie de style automobile et les roulettes stabilisatrices latérales sont rétractées lorsque la moto est en marche. La machine est également construite en France sous la marque Monotrace (voir p. 281).
1927-32 Gustav Winkler reprend la production.

MAX
1924-25 Motos construites à Berlin équipées du moteur deux temps maison de 180 cm^3 et de moteurs à soupapes latérales de 446 cm^3.

MEGOLA p. 126
1921-25 Conçue par Fritz Cockerell, qui produit aussi des motos légères à moteur deux temps sous son propre nom (voir p. 236), la Megola possède un moteur à cinq cylindres en étoile de 640 cm^3 inspiré par la technique aéronautique. Ce moteur, monté dans la roue avant, tourne autour d'un vilebrequin fixe. La machine ne possède ni embrayage ni boîte de vitesses. Le cadre caissonné est en tôle emboutie et la suspension arrière est à ressorts à lames. La Megola a donné lieu à des versions de course.

MEISTER
1951-56 Fabricant de cycles réputé, la firme produit une gamme de motos équipées de divers moteurs extérieurs à la marque ainsi que de cyclos à moteurs Zündapp, des motos légères à moteurs Sachs et Ilo et des scooters jusqu'à 197 cm^3. Certains modèles sont également vendus sous les marques Mammut (voir p. 243) et Phänomen (voir p. 246).

MENOS
1922-23 Les motos Menos sont aussi vendues sous les marques Aristos (voir p. 234) et Sterna (voir p. 278). Toutes ces motos, construites à l'usine de Berlin, utilisent le même moteur flat-twin refroidi par eau de 641 cm^3 et le même cadre en tôle emboutie. La Menos se fait remarquer par sa conception originale et dépouillée.

MERCO
1922-24 Merco construit des machines légères équipées du deux-temps de 148 cm^3 propre à la marque.

MESSERSCHMITT-VESPA
1954-64 Constructeur d'avions, Messerschmitt reprend, après Hoffman, la licence de fabrication du scooter Vespa. La firme construit aussi des micro-voitures.

MF
1922-25 Ingénieur dans l'industrie laitière, Max Fischer commence à construire des motos en 1922. Les machines MF sont dotées de moteurs flat-twins BMW latéraux de 492 cm^3 ainsi que de monocylindres latéraux Blackburne de 347 et 497 cm^3 et, parfois, de deux-temps DKW.

MFZ
1921-28 Firme située à Berlin produisant des motos simples et solides équipées de ses propres moteurs à culbuteurs de 198, 247 et 347 cm^3.

MGF
1923-26 Firme berlinoise produisant des deux-temps orthodoxes de 122 à 198 cm^3.

MIELE
1933-62 Constructeur de bicyclettes, Miele commence en 1933 en montant des moteurs Sachs de 73 et 98 cm^3 dans ses propres parties-cycle type bicyclette. Après la Seconde Guerre mondiale, la firme continue à construire des motos légères, jusqu'à 190 cm^3, toujours avec des moteurs Sachs. De 1955 à sa disparition, en 1962, elle se consacre à la production de cyclomoteurs.

MJ
c.1924-25 MJ produit un modèle à moteur à deux cylindres opposés horizontaux de 339 cm^3 refroidi par air, boîte de vitesses en bloc et transmission finale à chaîne. Le cadre est un double berceau et la fourche avant est à roue tirée. Une version deux temps refroidie par eau de 249 cm^3 a peut-être été produite.

MJS
1924-25 Firme éphémère qui produit quelques simples deux-temps de 245 cm^3.

MOFA
1926 Albert Möser construit en nombre limité des motos à moteur quatre temps monocylindre Blackburne.

MOLITOR
c.1926 Machine de style britannique construite par Eduard Molitor, également créateur des motos légères EMA (voir p. 237). Les motos Molitor sont des machines assemblées équipées de moteurs 500 et 600 cm^3 monocylindres quatre temps achetés à l'extérieur.

MOTAG
1923-24 Construite en nombre très limité par Becker & Co. de Leipzig, la Motag possède un original cadre en alliage léger coulé. Elle existe avec moteurs à deux cylindres parallèles verticaux de 514 à 804 cm^3 refroidis par air ou par eau.

MOTA-WIESEL
1948-52 La Mota-Wiesel est un cyclo à petites roues à moteur deux temps de 74 ou 98 cm^3.

MUCO
1921-24 Müco offre brièvement un deux-temps de 98 cm^3 adaptable sur roue arrière de bicyclette.

MÜNCH p. 133
1966 Le constructeur Friedl Münch construit plusieurs machines de route et de course, mais la Mammut (Mammouth) (voir p. 243) reste son chef-d'œuvre. La machine est construite à l'origine à partir d'un moteur automobile NSU de 996 cm^3 puis de 1 177 cm^3 et au-delà.
1974 La firme est reprise par Heinz W. Henke qui conserve la marque Münch.
1977 Friedl Münch se sépare de Henke. Celui-ci conserve la marque Münch et produit des motos jusqu'au début des années 80. Friedl Münch ressuscite l'appellation Mammut donnée au modèle original de 1966. Il est aussi impliqué dans une tentative de relance de la marque Horex (voir p. 241) dans les années 80.

MUZ
1991- La moto MuZ est la descendante de la marque MZ (voir à droite). Les modèles de la gamme sont dotés de moteurs quatre temps Yamaha et Rotax.

MW
c.1923-26 Les machines MW sont dotées d'un cadre original en alliage léger avec éléments en tôle emboutie. Tous les modèles ont une suspension arrière et un moteur monocylindre à culbuteurs de 249 cm^3 ou un twin parallèle de 144 cm^3.

MZ pp. 137-139
1960 Les productions de Motorradwerke Zschopau portent initialement la marque IFA (voir p. 241). L'usine de Zschopau appartenait avant la guerre à DKW (voir p. 236). Les machines MZ reprennent des modèles DKW : les 125/150 cm^3, qui découlent de la DKW RT125, représentent l'essentiel de la production pendant quarante ans. On trouve aussi un inhabituel deux-temps à deux cylindres opposés horizontaux de 350 cm^3 à transmission par arbre. Ce modèle fait place à des 250 monocylindres de route développées en machines d'enduro. En compétition de vitesse, l'ingénieur de MZ, Walter Kaaden est à l'origine du développement des machines 125 et 250 cm^3 qui dominent la spécialité dans les années 60.
1991 Après la réunification de l'Allemagne, MZ est privatisée et rebaptisée MuZ. De

Mauser Einspuranto à roues stabilisatrices rétractées

nouveaux modèles à quatre temps équipées de moteurs Yamaha et Rotax sont produits alors que les deux-temps sont pratiquement abandonnés.

NAMAPO
c.1921-24 Motos monocylindres latérales de 147 et 197 cm³.

NEANDER
c.1924-32 Ernst Neander conçoit et construit des motos équipées de moteurs jusqu'à 1 000 cm³ fournis par Villiers, Küchen, MAG et JAP. Le cadre original est fait d'éléments de Duralumin et la fourche est de type pivotant. Le modèle est également produit sous licence par Opel (voir ci-dessous) et EO (voir p. 237).

NEMALETTE
1924-25 Nemalette produit une curieuse machine à carrosserie intégrale et double roue arrière. Le moteur est un deux-temps DKW de 173 cm³. Production très limitée.

NERA
1948-50 Scooter de l'immédiat après-guerre à moteurs deux temps Ilo 120 cm³ et Sachs 149 cm³.

NESTORIA
1925-31 Nestoria reprend la production de la marque Astoria (voir p. 234) en 1925. Ses motos, construites dans l'usine de Nuremberg, sont dotées des moteurs deux temps 289 et 346 cm³ de la firme. En 1926, elle est reprise par Bischoff & Pedall (voir p. 235) et commence à utiliser des quatre-temps achetés à l'extérieur : moteurs Küchen trois cylindres à arbre à cames en tête, 496 et 596 cm³ monocylindres MAG semi-culbutés et quatre-temps monocylindres Sturmey-Archer.

NKF
1924-25 Norddeutsche Kühlerfabrik fabrique des motos de 132 cm³ à Berlin et utilise des deux-temps Bekamo.

NSH
c.1923-28 Constructeur de motos classiques à moteurs Villiers et JAP jusqu'à 490 cm³.

NSU p. 148-151
1900 Vers 1890, la firme Neckarsulm Strickmaschinen (métiers à tisser) commence à produire des bicyclettes. Au tournant du siècle, elle installe, pour produire sa première moto, un moteur suisse Zedel de 1,5 ch dans un cadre de bicyclette. En 1903, la société commence à produire ses propres moteurs de 329 cm³ et 2,5 ch. L'année suivante, elle lance la production d'un V-twin de 804 cm³. Dans les années qui précèdent la Première Guerre mondiale, NSU produit diverses motos à moteurs monocylindres et V-twins dont des versions course. Elle exporte aussi massivement ses productions. Après la guerre, la production reprend sur les mêmes bases.
1929 L'ingénieur britannique Walter Moore entre chez NSU après avoir travaillé chez Norton (voir p. 142). Il crée des monocylindres de compétition à arbre à cames en tête de 348 à 596 cm³. Des modèles de production plus calmes à deux et quatre temps sont également développés : la gamme OSL comprend des monocylindres à culbuteurs de 250 à 600 cm³ et des monocylindres deux temps de 98 et 200 cm³.
1949 La production d'après-guerre redémarre lentement. La nouvelle Fox 98 cm³ à culbuteurs est introduite en 1949. Elle est dotée d'un cadre en tôle emboutie, d'une fourche à roue poussée et d'une suspension arrière cantilever. L'année suivante, NSU commence à produire sous licence le scooter Lambretta. La gamme OSL continue jusqu'en 1952, année où apparaît la Max. En 1953, débute la production du cyclo Quickly qui rencontre un très grand succès : plus d'un million d'exemplaires en dix ans. Le scooter Prima remplace le type Lambretta en 1956.

Panther KS 175S à moteur Sachs 173 cm³ présentée au catalogue 1956

1963 Le développement de la branche automobile interrompt la production motocycliste, excepté celle des cyclos construits jusqu'en 1965.

NUX
1924-25 Firme berlinoise éphémère qui construit des deux-temps de 170 cm³.

OCRA
1923-25 Ottamar CRAmer fabrique un moteur deux temps de 137 cm³ adaptable sur bicyclettes. Il construit aussi les motos Lloyd (voir p. 243) de cylindrée supérieure.

OD p. 152
1927-35 Willy Ostner, de Dresde, fabrique des motos de qualité à partir de moteurs achetés à l'extérieur. La plupart des modèles sont équipés de moteurs MAG monocylindres et V-twins de 347 à 996 cm³. Quelques machines sont construites avec des moteurs deux temps Bark de 198 et 246 cm³.

ODIN
1923-24 Motos deux temps de 124 cm³ produites en nombre limité par K. L. Konrad.

OGE
1921-24 Moto légère à moteur deux temps de 118 cm³.

OHB
1928 Production en nombre limité par Otto Hoffmann de motos à moteurs monocylindres JAP à culbuteurs de 490 cm³.

OKUR
c.1922 Voir Oruk (à droite).

OMNIA
1931-33 Imperia (voir p. 241) utilise l'appellation Omnia sur une gamme de deux-temps bon marché à moteurs Villiers de 98 et 147 cm³ et Bark de 198 cm³.

OPEL p. 153
1901-30 Ce grand constructeur automobile fabrique aussi des motos. Jusqu'en 1907, il produit des monocylindres conventionnelles de 1,75 à 2,75 ch. La production reprend après la Première Guerre mondiale avec des moteurs latéraux de 140 cm³ adaptables sur bicyclettes, puis, plus tard, des motos complètes à moteur semi-culbuté de 148 cm³. À partir de 1926, Opel fabrique des monocylindres latéraux de 498 cm³ et lance en 1928 le modèle Motoclub sur la base du modèle Neander. Les machines Motoclub, dotées des moteurs latéraux et culbutés de 499 cm³ de la marque, sont en fait fabriquées par l'usine Diamant-Elite.

ORIAL
c.1929-31 Orial est l'appellation utilisée sur les marchés d'exportation pour les Triumph de fabrication allemande après la séparation avec la branche anglaise. À partir de 1931, les initiales TWN (Triumph Werke Nürnberg) sont utilisées.

ORIGINAL-KRIEGER
1925-26 Les frères Krieger et Franz Gnädig commencent en 1919 par construire une monocylindre perfectionnée de 497 cm³ à arbre sous la marque KG (voir p. 242). Une fusion ultérieure avec Cito (voir p. 236) suivie d'une reprise par Allright (voir p. 234) les séparent de leur création. Ils construisent ensuite la moto Original-Krieger à moteur Blackburne, très semblable à la KG, mais un procès intenté par Allright en arrête la production.

ORIONETTE
1921-25 Marque produisant à Berlin des deux-temps classiques de 129 à 346 cm³. Création d'un prototype avec soupape d'échappement dans la culasse.

ORTLOFF
1924-25 Firme éphémère produisant des machines légères à moteurs latéraux de 185 et 198 cm³ fournis par Gruhn.

ORUK
1922-24 Marque produisant une moto légère à cadre ouvert et moteur latéral de 189 cm³ monté à côté de la roue arrière. Au cours de la première année de production, la marque Okur (voir à gauche) est parfois utilisée. Vingt-cinq ans après, Vespa reprend le même principe sur un modèle dont le succès est sans commune mesure avec celui d'Oruk.

OSCHA
1924-25 Otto SCHAaf construit à Leipzig en nombre limité des twins opposés horizontaux refroidis par eau de 496 cm³.

PAFFRATH
c.1923-26 La moto MW (voir p. 244), conçue par Paul Paffrath, est également vendue sous son propre nom. Il utilise un cadre mixte original en alliage léger et tôle emboutie.

PAMAG
1952-53 PAderborner Maschinenbau AG reprend la production des motos Anker (voir p. 234) en construisant brièvement des machines à moteurs Sachs et Ilo.

PAN
1924-25 Firme située à Berlin construisant des motos équipées de moteurs monocylindres à culbuteurs Kühne de 346 cm³. Le cadre est tubulaire et triangulaire avec fourche avant à roue tirée.

PANTHER
1933-59 Constructeur de bicyclettes qui commence par produire des motos légères à moteurs deux temps Sachs et Ilo de 73 et 98 cm³. Après la Seconde Guerre mondiale, la gamme est élargie à des machines de 49 à 173 cm³ à moteur Sachs. Elles sont

Rabeneick à moteur Universal modèle 250 cm^3 à arbre version 1955

vendues sur certains marchés d'exportation sous la marque Leopard (voir p. 243) afin d'éviter toute confusion avec la marque britannique Panther (voir p. 226). La prodution des cyclos continue jusqu'au milieu des années 70.

PAQUÉ
c.1921-25 Située à Augsbourg, en Bavière, Paqué commence en 1921 à produire des moteurs de 137 cm^3 adaptables sur bicyclettes. Il fabrique ensuite des motos complètes à moteurs culbutés de 147 et 197 cm^3 et quelques 198 cm^3 à arbre à cames en tête et 497 cm^3 latérales. Il fournit aussi des moteurs à d'autres constructeurs.

PATRIA
1925-27 Constructeur de motos à moteurs quatre temps à arbre à cames en tête de 250 et 350 cm^3.
1949-52 Brève reprise de la production avec des deux-temps à moteur Ilo.

PAWA
1922 Curieuse et éphémère machine, la Pawa possède un cadre à grand empattement, des suspensions avant et arrière, un vaste carénage et des sièges-baquets. Les moteurs utilisés sont des monocylindres deux temps de 226 cm^3 ou des bicylindres quatre temps de 340 cm^3.

PAWI
1922-24 Pawi, située à Berlin, construit en nombre limité des motos à moteur BMW.

PER
1925-26 PER utilise un deux-temps de 308 cm^3 dans un curieux cadre embouti équipé de sièges-baquets. Le moteur est dissimulé sous une carrosserie intégrale. Cette moto est due à Kurt Passow, auteur de la Pawa, plus bizarre encore.

PERLE
c.1920 Machines de compétition construites par le pilote Hans Perle.

PETERS
1924 Petite usine berlinoise produisant des motos à moteur DKW de 143 cm^3.

PHÄNOMEN p. 155
1903-40 Marque produisant à l'origine des motos à moteurs Fafnir monocylindres de 487 cm^3 et V-twins de 507 cm^3. La production est arrêtée avant la Première Guerre mondiale. À partir de 1930, la firme produit des deux-temps à moteurs Sachs de 73 à 123 cm^3.

PHANOMEN
1951-56 La marque Phanomen est appliquée à une gamme de motos légères construites par Meister (voir p. 244).

PHANTOM
1921-28 Firme berlinoise produisant des machines classiques à moteur quatre temps. Phantom utilise ses propres moteurs monocylindres de 148 à 265 cm^3. Les derniers modèles disponibles sont équipés de moteurs JAP.

PHOENIX
c.1933-39 La marque Phoenix est utilisée par RMW (voir p. 247) sur des machines classiques.

PIMPH
c.1924-26 Firme produisant des motos équipées de monocylindres et bicylindres en V d'origines JAP et MAG.

PIROL
1949-54 Pirol reprend la production des scooters Schweppe (voir p. 247), équipés de moteurs deux temps de 143 à 198 cm^3 fournis par Ilo, Sachs et Küchen.

PITTY
1954-64 Scooter à moteur MZ de 149 cm^3 produit en Allemagne de l'Est.

POSTLER
1920-24 Walter Postler produit un scooter à moteur semi-culbuté de 252 cm^3 et une moto à culbuteurs de 246 cm^3.

PREMIER
1910-13 Branche de la firme britannique du même nom (voir p. 227) produisant des motos latérales de 347 cm^3 et des deux-temps de 270 cm^3. Après l'arrêt de la production à Nuremberg, l'usine est réinstallée à Eger, en Tchécoslovaquie, où la production se poursuit jusqu'en 1933.

PRESTO
1901-40 Initialement, Presto utilise des moteurs Fafnir, Minerva et Zedel pour une production intermittente. Après la Première Guerre mondiale, elle produit des motos légères à moteur latéral Alba de 197 cm^3. Vers la fin, les motos sont équipées de moteurs Sachs 74 et 98 cm^3. Presto produit également des automobiles.

PRIOR
c.1935 La marque Prior est adoptée pour désigner les Hercules fabriquées en Allemagne et vendues au Royaume-Uni. La marque britannique Hercules appartient alors au groupe Raleigh.

PROGRESS
1901-14 Constructeur pionnier situé à Berlin utilisant d'abord des moteurs monocylindres et V-twins Zedel et Fafnir avant de produire ses propres moteurs.

PROGRESS
c.1953-60 Progress produit des scooters à moteurs Sachs de 147 à 191 cm^3 désignés également sous la marque Strolch (voir p. 248).

RABENEICK
1933-63 Fabricant de pièces et de cycles complets, August Rabeneick produit quelques cyclomoteurs à moteur Sachs de 74 cm^3 avant la Seconde Guerre mondiale. En 1947, il réintroduit le marché des bicyclettes motorisées et, à partir de 1950, construit ses propres motos à moteurs Sachs et Ilo jusqu'à 247 cm^3. À partir de 1953, il fabrique aussi quelques monocylindres à culbuteurs et transmission par arbre à moteur Universal. Après 1958, Rabeneick abandonne les grosses motos pour se consacrer aux cyclos et aux machines légères de 98 cm^3. En 1963, la firme est reprise par Fichtel & Sachs, propriétaires de la marque Hercules (voir p. 240). La production des deux-roues cesse peu après au profit de la fabrication des embrayages pour véhicules.

RECORD
1922-24 La marque propose des machines classiques équipées du deux-temps de 98 cm^3 de la marque.

REH
1948-53 Les motos REH sont produites par Richard Engelbrecht de Hambourg qui monte des moteurs Ilo de 198 à 248 cm^3.

RENNER-ORIGINAL
1924-32 Firme située à Dresde construisant principalement des motos à moteurs JAP monocylindres et V-twins de 198 à 996 cm^3 ainsi que de petites deux-temps à moteur Villiers.

RENNSTEIG
c.1925-30 Rennsteig joue un rôle important dans l'histoire compliquée des motos Krieger. La firme reprend la production de l'Original-Krieger (voir

p. 245) en 1925 et utilise des moteurs Blackburne de 198 à 497 cm^3.

REX
1923-25 Firme éphémère construisant des deux-temps orthodoxes équipées de moteurs de 283 cm^3.

REX
1948-64 Rex débute par des moteurs adaptables sur bicyclettes avant de produire des cyclos et des motos équipés de ses propres moteurs ainsi qu'une moto à moteur Villiers de 123 cm^3.

R & F
c.1924-26 R & F produit une moto de 348 cm^3 équipée d'un moteur à culbuteurs appartenant à la marque.

RIBI
1923-25 Firme située à Berlin produisant des motos dotées de moteurs à culbuteurs de 196 à 248 cm^3 de la marque.

RIEDEL
1948-51 Voir Imme (p. 241).

RINNE
1925-30 Petit constructeur berlinois construisant en nombre limité des deux-temps de 124 à 248 cm^3.

RIXE
1934-59 Rixe commence par la construction de cyclos à moteurs Sachs de 73 à 98 cm^3. Après la guerre, la production est étendue à des modèles à moteurs Sachs de 49 à 248 cm^3. La construction de cyclomoteurs est poursuivie jusque dans les années 70.

RMW
1925-55 commence par produire des motos deux temps de 132 à 198 cm^3 dotées de moteurs de la marque. La firme y ajoute une gamme de quatre-temps équipée de moteurs MAG, Möser, Küchen ou autres jusqu'à 498 cm^3. RMW produit aussi des motos identiques sous la marque Phoenix (voir p. 246). Production très réduite après la Seconde Guerre mondiale.

ROBAKO
1924-26 Motos produites à Berlin équipées de moteurs Bekamo et MGF de 129 et 132 cm^3.

ROCO
1922-25 Une des nombreuses marques berlinoises produisant des deux-temps légères de 110 et 147 cm^3.

ROCONOVA
1924-26 Constructeur d'un très petit nombre de monocylindres à arbre à cames en tête de 248 et 348 cm^3.

ROHR
1952-57 Brève incursion de ce constructeur sur le marché des deux-roues avec un scooter doté d'un moteur Ilo de 197 cm^3.

ROLAND
1904-07 Une des nombreuses marques utilisées sur les productions de la Köln-Lindenthaler Metallwerke AG (voir Allright p. 234).

ROLAND
1923-24 Constructeur berlinois de deux-temps à moteurs Bekamo de 132 cm^3 et DKW de 145 cm^3.

ROTER TEUFEL
1923-25 Moto à moteur latéral de 170 cm^3 construite à Berlin.

ROYAL
1902-12 Royal construit des motos typiques de cette période des pionniers avec des moteurs fournis par FN, Minerva et autres.

RS
1924-25 Rogge & Stiller, de Berlin, produisent une twin deux temps originale de 380 cm^3 à soupapes rotatives.

RUD
1927-30 Richard Uhlmann de Dresde construit des machines à moteurs Kühne, MAG et JAP de 348 à 748 cm^3.

RUNGE
1923-24 Hermann Runge construit à Nuremberg une moto légère à moteur quatre temps Paqué.

RUNGE
1923-26 Harold Runge produit à Hanovre des quatre-temps de petite cylindrée.

RUPPE
1927-30 Après la disparition de la marque Bekamo (voir p. 235), Hugo Ruppe relance une affaire de construction de moteurs de bicyclette adaptables de 98 cm^3.

RUT
1923-24 RUT expérimente une deux-temps simple de 124 cm^3 avant de se consacrer à la fabrication de pièces.

RUWISCH
1948-49 Scooter propulsé par une moteur Victoria de 38 cm^3. Production limitée.

SACHS
1980- Fichtel & Sachs commence par produire des moteurs deux temps dans les années 30. La firme reprend Hercules (voir p. 240), Rabeneick (voir p. 246) et la Zweirad Union (voir p. 251) à la même époque. La marque Sachs n'apparaît sur une moto complète qu'en 1980. Les mêmes modèles sont parfois proposés sous les marques Hercules ou DKW (voir p. 236).

SAR
1923-30 Firme berlinoise construisant des motos équipées de ses propores deux-temps de 122 à 198 cm^3.

SATURN
1921-27 Saturn construit des motos à deux et quatre temps dotées de ses propres moteurs de 149 à 497 cm^3 dont des V-twins à soupapes latérales. La firme fabrique aussi un moteur adaptable.

SBD
c.1923-24 SBD offre un unique modèle équipé du moteur flat-twin Bosch-Douglas de 293 cm^3.

SCHLIHA
1924-30 La moto Schliha est une originale machine deux temps avec soupape d'admission dans la culasse. Les cylindrées s'étendent de 129 à 596 cm^3. L'usine Schliha est située à Berlin.

SCHMIDT
1921-24 Robert Schmidt construit des moteurs adaptables sur bicyclettes et des motos à moteur quatre temps de 196 cm^3.

SCHNEIDER
1924-26 Schneider assemble des machines à moteurs DKW de 142 à 206 cm^3.

SCHNELL-HOREX
1952-54 Robert Schnell construit des motos de compétition dans l'usine Horex. Il s'agit de machines monocylindres de course de 248, 348 et 498 cm^3 avec double arbre à cames en tête entraîné par pignons.

SCHROFF-RECORD
1923-25 Schroff-Record désigne aussi des motos GS construites à Berlin (voir p. 239). Ce sont de simples deux-temps de 148 cm^3 à courroie.

SCHÜRHOFF
1949-53 Schürhoff construit des cyclos et des motos à moteurs Ilo de 125 à 175 cm^3. La firme continue à produire des cyclos jusqu'à la fin des années 50.

SCHÜTT
c.1933-34 Paul Schütt produit des deux-temps équipées de ses propres deux-cylindres de 196 cm^3 montés dans des cadres en aluminium.

SCHÜTTOFF p. 165
1924-33 Constructeur de motos à Chemnitz, en Saxe, utilisant ses propres moteurs monocylindres à soupapes latérales et en tête de 246 à 496 cm^3. DKW entre au capital de la société en 1928 (voir p. 236). Celle-ci construit par la suite des modèles à moteurs DKW de 198 à 298 cm^3 et une machine à quatre temps de 500 cm^3 sous écusson DKW. En 1932, elle est absorbée par la firme DKW et la production est arrêtée.

SCHWALBE
c.1922-24 La moto Schwalbe est produite par les frères Spiegler qui construisent ensuite des motos sous leur propre nom (voir p. 248). Il s'agit de flat-twins de 124 à 198 cm^3 disponibles sous forme de moteurs adaptables ou de machines complètes.

SCHWEPPE
1949-50 Constructeur de scooters à moteurs Ilo, Sachs et Küchen de 143 à 198 cm^3. Machines vendues ensuite sous la marque Pirol (voir p. 246).

SEEGARD
1924-25 Firme berlinoise produisant quelques motos légères à moteurs maison de 146 et 197 cm^3.

SEITH
1949-50 Seith produit des motos pour enfants propulsées par des moteurs Victoria de 38 cm^3.

SERVOS
1953 Firme produisant brièvement un scooter à moteur Victoria de 38 cm^3 monté au-dessus de la roue avant.

La Sachs GS125 type enduro vendue parallèlement à la gamme Hercules en 1979

S & G
1924-32 Scharrer & Gross fabriquent et vendent des moteurs aux autres constructeurs à partir de 1922 avant de produire des motos complètes. La firme propose des monocylindres quatre temps de 346 à 596 cm^3 et des deux-temps à moteurs Villiers.

SIEG
c.1922-30 Sieg assemble des machines équipées d'une grande variété de moteurs de spécialistes de 110 à 598 cm^3.

SIMSON
1950- Simson produit des monocylindres de 250 cm^3 à soupapes en tête avec arbre de transmission. Initialement désignées AWO (voir p. 235), elles dérivent d'un modèle BMW d'avant-guerre. La production de cyclos deux temps de 49 et 74 cm^3 et de motos légères commence à la fin des années 50. La 250 à arbre est abandonnée peu après. Simson produit aussi avec succès des modèles de compétition tout-terrain et de petite cylindrée.

SITTA
1950-55 Hummel produit des cyclos, des scooters et des motos dans ses usines de Brême, utilisant des moteurs deux temps Ilo de 49 à 247 cm^3. Les scooters sont vendus sous la marque Sitta.

SMW
c.1923-33 Karl Rühmer construit des machines à l'usine Stockdorfer Motoren Werk sous la marque Karü (voir p. 241) avant d'adopter la marque SWM.

S & N
1901-08 Seidel et Naumann construit des modèles Laurin & Klement (voir p. 301) sous licence en utilisant les marques Slavia et Germania.

SNOB
c.1921-25 Constructeur de quatre-temps de 154 à 184 cm^3 à Düsseldorf. La plupart des modèles sont dotés de moteurs semi-culbutés à cylindre incliné et transmission à courroie. Ces motos sont plus appréciées que la plupart des autres petits modèles proposés en Allemagne à l'époque.

SOLO
1949-82 Solo produit des cyclos et des motos légères dotés de ses propres deux-temps de 49 cm^3.

SPIEGLER p. 171
c.1923-32 Les frères Spiegler installent des moteurs JAP et MAG de 198 à 598 cm^3 dans des cadres originaux à poutre en tôle emboutie reliant la tête de direction à l'axe arrière.

SPIESS
1902-07 Construites à Berlin par Otto Spiess, ces machines sont équipées de moteurs Minerva, Zedel et Fafnir.

STANDARD p. 171
1925-39 Wilhelm Gutbrod commence par assembler des motos à moteurs JAP et MAG à Stuttgart. Il fonde une branche suisse (voir Stanard p. 294) en 1931. Pendant les années 30, la firme produit ses propres deux et quatre-temps. La production s'arrête à Stuttgart en 1939, mais continue en Suisse jusqu'en 1952.

STAR
1920-23 Conçue par H. F. Günther, de Berlin, la Star est une flat-twin latérale de 393 cm^3. Le modèle est acquis par le fabricant de munitions Deutsche Industriewerke, constituant la base des motos Derad/D-RAD ultérieures (voir p. 236-237).

STEIDINGER
c.1925-27 Constructeur de deux-temps de 199 cm^3 à cadre triangulaire.

STEINBACH
1981-85 La firme produit en nombre limité des machines monocylindres quatre temps à moteur Rotax.

STERNA
1922-24 La moto Sterna, une flat-twin de 614 cm^3, est également vendue sous les marques Aristos (voir p. 234) et Menos (voir p. 244).

STOCK p. 172
1924-33 La moto légère Evans, de 119 cm^3, construite aux États-Unis, connaît un certain succès en Allemagne. Lorsque la Cyclemotor Corporation de New York arrête sa fabrication, elle est produite sous licence, à Berlin, par Stock. À partir de 1929, production de nouveaux modèles à moteurs deux temps de 173 à 298 cm^3 à arbre de transmission.

STROLCH
c.1953-60 Strolch produit des scooters à moteurs Sachs de 98 à 191 cm^3 qui sont vendus sous la marque Progress (voir p. 246).

STUDEMANN
1953 Studemann apparaît brièvement sur le marché des deux-roues avec des cyclos à moteur Victoria de 38 cm^3.

SUDBRACK
1950-51 Fabricant de cycles produisant des machines à moteurs Ilo de 98 et 123 cm^3.

SUT
1921-27 Construite par Scholz Und Tegener, à Berlin, la SUT est une moto légère à moteur quatre temps et courroie de 196 cm^3. Le moteur est accroché sous un cadre tubulaire surbaissé avec suspension par ressorts à lames et roues tirées.

TAS
c.1924-31 TAS équipe ses motos de moteurs à deux et quatre temps Gnome et Rhône de 173 à 499 cm^3 avant d'adopter des monocylindres MAG de 500 cm^3.

TAUTZ
1921-23 Frank Tautz produit des machines type scooter à cadre tubulaire propulsées par des moteurs DKW de 119 cm^3. La firme est implantée à Leipzig.

TECO
c.1920-26 Firme située à Stettin utilisant des moteurs Alba quatre temps de 198 cm^3 produits dans la même ville. Par la suite les motos reçoivent des moteurs Kühne de 350 cm^3.

TERRA
c.1922-24 Firme construisant des deux-temps standard de 125 à 175 cm^3.

TETGE
1923-26 Tetge produit en nombre limité des machines à moteurs latéraux de 150 et 175 cm^3 de la marque ainsi que des V-twins MAG de 597 cm^3.

TIGER
c.1901-07 Tiger est une des appellations utilisées par la Köln-Lindenthaler Metallwerke AG (voir Allright p. 234).

TORNAX p. 179
1926-55 Tornax fabrique des machines de qualité à Wuppertal utilisant des moteurs JAP et Colombus de 350 à 1 000 cm^3 dans ses propres parties-cycle. Elle produit aussi avec succès quelques motos de compétition. Dans les années 30, elle ajoute une deux-temps à moteur Ilo. Après la guerre, Tornax reprend la production de deux-temps à moteurs Ilo de 125 à 250 cm^3 et propose une twin 250 à soupapes en tête. En 1953, elle introduit

Moto Simson ISDT 1967 produite en versions 49 et 73 cm^3

Moto Uno café racer 1986 à moteur Ducati monocylindre de 450 cm^3

une twin quatre temps, novatrice, de 250 cm^3. Malheureusement, si le modèle rencontre un bon succès commercial, la firme n'amortit pas ses frais d'études et doit cesser ses productions en 1955.

TORNAX
1982-84 La marque Tornax est brièvement ressuscitée sur une gamme de motos légères à moteurs Minarelli de 50 à 80 cm^3.

TORPEDO
1928 Fabricant de bicyclettes produisant des monocylindres de 198 cm^3 jusqu'en 1934.
1950 Reprise de la production avec des motos légères deux temps à moteurs Sachs et Ilo de 49 à 174 cm^3.
1953 Arrêt de la production de motos, mais poursuite de la fabrication de bicyclettes et de cyclos.

TREMO
1925-27 Firme berlinoise construisant en quantité limitée des motos équipées de moteurs maison de 308 cm^3 à soupapes latérales et en tête.

TRIANON
c.1922-26 Trianon monte son propre moteur deux temps de 232 cm^3 dans une partie-cycle légère.

TRIUMPH p. 187
1903 Firme filiale de la société britannique Triumph elle-même fondée par un Allemand. Elle commence par la production de machines à moteurs Minerva et Fafnir. Lorsque la maison mère, anglaise, commence à produire ses propres moteurs, ceux-ci sont utilisés en Allemagne, mais la faiblesse de la demande entraîne en 1908 l'arrêt de la production de motos à Nuremberg.
1920 La production repart avec l'introduction d'une deux-temps de 276 cm^3, le modèle Knirps, dérivée de la Triumph Baby anglaise. À partir de 1924, la firme importe des quatre-temps construites en Angleterre.
1930 Après la séparation d'avec Triumph Angleterre, les moteurs monos et V-twins de 350 à 750 cm^3 sont fournis par MAG. À partir de 1934, la firme fournit aussi des deux-temps légères à moteur Sachs. Les initiales TWN (Triumph Werke Nürnberg) et la marque Orial (voir p. 245) sont adoptées sur les marchés d'exportation afin de les différencier des machines britanniques. De nouvelles deux-temps de 170 à 350 cm^3 sont développées, dont une deux-temps à cylindres à chambre commune et soupapes rotatives de 250 cm^3 qui apparaît en 1939.
1948 Reprise de la production après la guerre. En 1953, la firme construit une gamme de solides - mais moins sportives - deux-temps de 125 à 350 cm^3 à chambre commune. Le scooter Contessa est inclus dans cette gamme.
1957 Incapable de se maintenir sur le marché de la moto en déclin, la firme est reprise par Grundig qui arrête la production motocycliste.

TX
1924-27 La TX est produite à Berlin avec des moteurs Bekamo de 132 et 174 cm^3. Le cadre de la TX comporte un tube supérieur de gros diamètre qui fait fonction de réservoir d'essence.

UDE
c.1924-25 UDE produit en nombre limité des deux-temps de 249 cm^3.

UNIVERSELLE (UNIVERSAL)
1925-29 Firme située à Dresde, Müller & Co. construit des motos utilisant ses propres quatre-temps de 183 à 247 cm^3. La boîte formant bloc est montée à l'avant du moteur. La transmission finale est à courroie.

UNO
1980- UNO propose des machines de compétition et des machines de route style café-racer qui utilisent divers moteurs monocylindres quatre temps montés dans des parties-cycle monobras.

URANIA
c.1934-39 Marque de machines légères à moteurs Sachs et Ilo.

URS
1966-70 La moto URS est une machine de course dotée d'un moteur quatre cylindres 500 cm^3 à deux ACT construit par Helmuth Fath. Son nom provient de celui du village où elle est construite, URSenbach. Fath remporte le Championnat du monde en catégorie side-cars en 1968 avec un attelage URS. Une machine solo est développée avec moins de succès. En 1970, l'équipe est cédée à l'organisation Münch financée par des Américains. Fath développe ensuite, sous son propre nom, un flat-four 500 cm^3 quatre temps.

UT
1925-59 UT monte son propre moteur deux temps horizontal de 246 cm^3 avant d'adopter des moteurs Blackburne, JAP et Küchen de 125 à 500 cm^3. Après la guerre, la firme produit des deux-temps à moteurs Ilo de 125 à 250 cm^3.

VAN VEEN p. 188
1978-1981 Van Veen, distributeur hollandais des cyclomoteurs Kreidler (voir p. 242), construit des motos légères, dont des versions course à moteur Kreidler dans son usine allemande. Il existe aussi un modèle à moteur Wankel de grosse cylindrée et produit en nombre limité.

VAREL
1951-53 Varel construit des cyclos et des scooters deux temps en utilisant ses propres moteurs Mota de 43 et 99 cm^3. Sur certains modèles, le moteur est monté au-dessus de la roue avant.

VATERLAND
c.1933-39 Motos légères à moteurs Sachs de 98 et 123 cm^3.

VENUS
1953-55 Venus produit une gamme de scooters à moteur Sachs. Les modèles les plus gros sont livrables avec démarreur électrique en option.

VICTORIA pp. 191-192
1899 Fabricant de bicyclettes de Nuremberg qui produit ses premières motos comme beaucoup d'autres en montant un moteur de provenance extérieure sur un cadre de cycle. La production ne démarre pas avant 1905 environ, époque où sont produites des motos à courroie équipées de moteurs monocylindres Zedel et Fafnir. Après la Première Guerre mondiale, Victoria produit des twins opposés à plat montés en long. Les premières versions utilisent des moteurs BMW, mais, à partir de 1923, Victoria produit ses propres moteurs. Vers la fin des années 20, la firme commence à construire des monocylindres à base de moteurs provenant de spécialistes et propose des deux-temps de petite cylindrée et une twin parallèle à cylindres inclinés et boîte en bloc à quatre rapports.
1945 Après la fin de la guerre, Victoria se consacre aux deux-temps de 38 à 247 cm^3.
1951 Lancement de la V35 Bergmeister. Cette V-twin à arbre de 347 cm^3 est produite jusqu'en 1958 lorsque le déclin du marché allemand oblige la firme à concentrer ses efforts sur les motos légères. De nouveaux modèles deux temps apparaissent et, à partir de 1956,

certains modèles reçoivent des moteurs italiens Parilla.
1958 Victoria rejoint DKW (voir p. 236) et Express (voir p. 238) dans la Zweirad Union (voir p. 251). La marque Victoria est utilisée sur une gamme de cyclos et de scooters.
1966 Disparition de la marque.

VINDEC-SPECIAL
c.1903-14 Une des marques utilisées par la Köln-Lindenthaler Motorenwerke (voir Allright p. 234).

VIS
c.1922-25 Vis propose des deux-temps monocylindres et bicylindres de 250 et 500 cm^3.

VOMO
1922-31 Le concessionnaire DKW, Eugen Seder, construit aussi des cyclos deux temps. VOMO est l'abréviation de VOlksMOtorrad.

VORAN
1921-24 Firme berlinoise construisant des deux-temps de 150 cm^3.

VS
c.1922-24 Production très limitée de motos par Veit Schuh.

WACKER
1922-23 Petite production de motos par Julius Wacker à Nuremberg.

WALBA
1949-52 Scooters à moteurs Ilo de 98 à 172 cm^3.

WALTER
c.1903-42 Constructeur utilisant sur ses premières machines des moteurs Fafnir. Dans les années 20 et 30, il produit une gamme de deux-temps à moteurs Villiers, Sachs et Ilo.

WANDERER p. 194
1902 Wanderer applique la recette habituelle pour produire ses premières motos en attachant un moteur à un cadre de bicyclette. Par la suite, la firme produit une gamme de motos à moteurs monocylindre latéral de 250 cm^3 et V-twin latéral de 500 cm^3. La cylindrée du V-twin d'après-guerre atteint 616 puis 750 cm^3, et la transmission par chaîne est adoptée. Le dernier bicylindre en V possède quatre orifices d'échappement. Il existe aussi des machines de plus faible cylindrée.
1928 Un tout nouveau modèle remplace les types existants. Cette étude originale propose un monocylindre à culbuteurs de 498 cm^3, une boîte à trois rapports montée en bloc, un arbre de transmission et un cadre en tôle emboutie. Le poids des investissements causés par ce modèle amène probablement la fin de la marque.

Vindec-Special 1906 à moteur V-twin Fafnir et suspension avant à roue poussée

1929 La firme disparaît, mais le modèle de la monocylindre à arbre est cédé à F. Janacek, et la production déménage à Prague. L'appellation JAnacek-WAnderer est par la suite abrégée en Jawa (voir p. 301). Une moto légère à moteur Sachs sous écusson Wanderer est parfois produite dans les années 30.

WEGRO
1922-23 La Wegro est une curieuse moto à grand empattement équipée d'un twin deux temps de 452 cm^3 et produite à Berlin par VIS-Ges.

WELS
1925-26 Wels assemble des motos à moteurs Kühne de 348 cm^3 et JAP de 490 cm^3.

WERNO
1925-33 Les motos Werno sont des machines légères classiques munies de moteurs quatre temps de 154 cm^3 et deux temps de 143 cm^3. Elles sont construites à Berlin par WERner Noel

WIMMER p. 197
1921-39 Motos de qualité construites en Bavière et dotées de moteurs à culbuteurs de 137 à 497 cm^3 appartenant à la marque. Certains modèles sont équipés de deux-temps Bark.

WINDHOFF p. 198
1925 Les premières machines sont des deux-temps de 122 et 173 cm^3 à moteurs Bekamo construits sous licence. Certains modèles sont refroidis par eau. Tous ces moteurs sont à piston-pompe.
1927 Introduction d'une très moderne quatre-cylindres à arbre à cames en tête refroidie par huile de 746 cm^3 avec transmission par arbre. Le moteur est un élément travaillant du cadre auquel la tête de direction et les tubes arrière sont boulonnés. Deux ans après, ce modèle fait place à un flat-twin à arbre de 996 cm^3. Ces deux modèles connaissent peu de succès sur le plan commercial.
1932 La demande en faveur des coûteuses motos de grosse cylindrée devient pratiquement nulle. Les derniers modèles de Windhoff utilisent des moteurs deux temps Villiers fabriqués sous licence.
1933 Arrêt de la production des motos.

WITTEKIND
1952-54 Cyclomoteurs de 40 cm^3.

WITTLER
1924-53 Wittler commence une production motocycliste avec une deux-temps de 250 cm^3. Après la seconde Guerre mondiale, la firme fabrique des cyclos et des machines légères à moteurs Sachs et Zündapp.

WK
1920-22 La WK est une roue motorisée de 249 cm^3 qui se monte sur une bicyclette.

WOLF-SUPERIOR
c.1927 Monocylindres de 500 cm^3 produites en petit nombre par le pilote Hans Wolf à Nuremberg.

WOTAN
1923-25 Firme implantée à Leipzig produisant des deux-temps de 170 cm^3.

WSE
1924-25 Moto construite par W. Elsel et dotée de son propre moteur latéral de 249 cm^3.

WURRING
1921-59 À Dusseldorf, August Wurring commercialise aussi ses motos sous la marque AWD (voir p. 235). Les modèles d'avant-guerre sont dotés d'une grande diversité de moteurs anglais et allemands. Les modèles d'après-guerre utilisent des moteurs deux temps de 100 à 250 cm^3.

WURTTEMBERGIA
1925-53 Firme berlinoise utilisant des moteurs Blackburne de 198 à 596 cm^3 montés dans des parties-cycle conventionnelles.

ZEGEMO
1924-25 Firme éphémère de Dresde produisant des modèles de 248 cm^3.

ZETGE/ZETTGE
1922-25 Zetge produit des motos légères à cadre surbaissé et moteurs horizontaux DKW de 142 à 173 cm^3.

ZEUGNER
1902 Firme pionnière assembleuse de motos à moteurs extérieurs à la marque, implantée à Berlin.

ZEUS
1925-27 Assemblées à Leipzig par Klotz & Becker avec des moteurs Küchen à arbre à cames en tête de 348 et 498 cm^3.

ZIEJANÜ
1923-27 Albert ZIEgelgängsberger et Hans JAKob de NUremberg montent leurs propres moteurs deux temps de 211 et 246 cm^3 ainsi que des JAP de 348 et 498 cm^3. Le nom est abrégé en ZJN.

ZIRO
1920-25 Ziro produit des deux-temps horizontaux à soupapes rotatives de 148

et 346 cm^3 avec transmission à courroie à trois rapports. Les cadres tubulaires sont de type BMW. La moto est conçue par Albert Roder qui rejoint bientôt Ermag (voir p. 238).

ZITTAVIA
1924-25 Zittavia construit des motos sur commande dotées de moteurs Alba, JAP et Blackburne.

ZÜNDAPP pp. 207-208
1921 La fabrique d'armement de Nuremberg ZUNder und APParatebau copie ses premiers modèles sur la Levis britannique. Il s'agit de machines simples à courroie et moteur deux temps de 211 cm^3. La cylindrée est portée par la suite à 249 cm^3, une boîte de vitesses est ajoutée à partir de 1924 et, en 1930, on trouve un gamme de deux-temps légères de 200 à 300 cm^3. Zündapp se place rapidement parmi les plus grands constructeurs allemands. Quelques quatre-temps monocylindres sont produites avec des moteurs Rudge Python anglais. Les motos Zündapp sont aussi construites en Grande-Bretagne sous la marque Newmount (voi p. 224).
1933 Apparition des premières Zündapp quatre temps. Il s'agit de flat-twins à arbre de 398 et 498 cm^3 et de flat-fours de 598 et 797 cm^3. Pendant la Seconde Guerre mondiale, les flat-twins KS750, comme d'autres modèles, sont fournis à l'armée allemande. Après la guerre, les flat-twins de 597 cm^3 et les deux-temps de 198 cm^3 sont réintroduites.
1953 Introduction du scooter Bella de 147 cm^3 et du moteur adaptable de 48 cm^3. La gamme des machines légères est élargie à des deux-temps de 48 à 249 cm^3. Les flat-twins à quatre temps sont abandonnées en 1957. Les routières et tout-terrain à moteur deux temps sont développées pendant toutes les années 60 et 70. Ces modèles comprennent des types tout-terrain compétition, des cyclos, des scooters et des motos à refroidissement par eau jusqu'à 250 cm^3. Une Zündapp 80 cm^3 remporte le Championnat du monde 1984, mais ce succès ne sauve par la firme.
1984 Fin de Zündapp et vente de certains actifs à la Chine.

ZWEIRAD UNION
1958-74 Victoria (voir p. 249), Express (voir p. 238) et DKW (voir p. 236) fusionnent, confrontés au déclin du marché de la moto en Allemagne. Les marques sont encore exploitées individuellement. Hercules, qui rejoint le groupe en 1966, reste la seule marque survivante à la suite d'une reprise par le groupe industriel Fichtel et Sachs en 1969.

ZWERG
1923-25 Zwerg, fabricant de pompes et de moteurs fixes, construit brièvement des motos légères à moteurs deux temps de 147 et 187 cm^3.

Productions non confirmées

ADMA *1924-26*
Aeroplan *1922-25*
AFW *1923-25*
Alfa *1925-28*
Ambag *1923*
Apex *1925-26*
Argul *1923-26*
Ari *1924-25*
Atlantis *1926-32*
Auto-Ell *1924-26*
Bamar *1923-25*
Bayerland *1924-30*
BB *1923-25*
Beco *1923-25*
Befag *1922-24*
Behag *1924-26*
Beresa *1923-25*
Bergo *1924*
Bero *1924-25*
Bismarck *1921-23*
BNF *1903-07*
Bodo *1924-25*
Braak *1923-25*
Bravis *1924-26*
Bubi *1921-24*
Bullo *1924-26*
Bulow *1923-25*
Burkhardita *1904-08*
Centaur *1924-25*
Charlkron *1925*
Claed *1904-08*
CR *1926-30*
Cyclop *1922-25*
Danibus *1923-24*
Deloma *1924*
DFB *1922-25*
Difra *1923-25*
DMG *1921-24*
DSW Berlin *1922-23*
Dringos Berlin *1924-25*
Dümo *1924-25*
EBW *1923-24*
ECKL *1923-26*
ED *1923-25*
EMH *1927-29*
EMWE *1924-25*
Engee *1925*
Ernst-Eichler *1924-25*
Evans-Pondorf *1924-25*
Evo *1923-25*
Excelsior *1923-24*
Fagard *1923-25*
Fama *1923-25*
FB *1923-25*
Fechtel *1924-26*
FG *1923-25*
FHG *1927-29*
Fiamc *1951-53*
Fiame *1951-53*
Fortonia *1924-25*
Freco *1923-25*
FSW Berlin *1923-26*
Fubo *1923-25*
Furch *1924-25*
Gaggenau *1925-27*
GAR *1924-26*
Geppert *1925-26*
Gervo *1924-25*
Gloria-Rekord 1924-1925
Golbi
Gold-Rad *1952-81*
Haja *1924-25*
Hako *1924-25*
Halumo *1923-26*
Harsho *1925-26*
Hascho *1923-26*
Hauser *1981-*
Herbi *1928-32*
Herkra *1922-23*
Hesco
Hessrad *1923-25*
HMW *1923-28*
Hoock *1926-28*
Hüffer *1923-25*
Husar *1923-25*
JAK *1922-25*
Jale *1923-25*
Jeanette Berlin *1949-50*
JSL *1923-25*
Kadi *1924-30*
Karrenberg
Katho *1923-25*
King-Jap *1928-31*
K&K *1924-25*
KM *1924-26*
KMS *1922-24*
Kolibri *1923-30*
KR *1924-25*
KR *1930-33*
Kroboth *1951-54*
KRS *1921-26*
Kuli Berlin *1922-24*
Kurras *1925-27*
KV *1924-27*
LDR *1922-25*
Leifa *1924-25*
Leto *1926-28*
Liliput *1923-26*
Lord *1929-31*
Lucas *1923-24*
Ludolph *1924-26*
LWD *1923-26*
Mabret *1927-28*
Maco *1921-26*
Mamof *1922-24*
MAS *1923-24*
Mascotten
Matador *1925-26*
Mawi *1923-30*
Mederer *c.1920*
Meteor *1924-26*
Meybrein *1922-26*
Meybra *1923-25*
MFB *1923-24*
MFB *1925-26*
Mimoa *1924*
MMM *1925-27*
Möfa *1923-27*
Möwe *1903-08*
MUFI (Imperator) *1925-26*
Nassovia *1925*
Neve-Ilo *1924-26*
NIS *1925-26*
Nordstern *1922-24*
Norved *1924-25*
Oberle *1927-29*
Oda *1925-26*
Ofran *1923-25*
OM *1923-25*
Ori *1923-25*
Otto *1921-37*
Pe *1923-24*
Perkeo Berlin *1924-26*
Perlex *1924-26*
Permo *1952-54*
Phönix *1933-39*
Ponny *1924-26*
Pony *1924-26*
Potthoff *1924-26*
PSW *1924-29*
Radex *1951-fin années 50*
Rapid Berlin *1924*
Ratingia *1923-25*
Real *1981-*
Riwina *1924-25*
Rotter *1924-25*
Rueder *fin années 10-début années 20*
Sarolette Berlin *1949-52*
Sartorius *1924-26*
Schlimme *1924-25*
Schunk *1924-26*
SCK *1924-25*
Sewut *1924-26*
SFW *1924-26*
SH *1925-28*
Siegfried *1925*
SMW *1923-33*
Spindler *1922-25*
Standard *1922-24*
Star *1895-c.1900*
Sticherling *1923-26*
Stoewer *1904-05*
Stolco *1922-24*
Struco *1922-25*
Sturm *1923-25*
Tempo *1924-27*
Thumann *1925-26*
Tika *1921-24*
Torpedo *1901-07*
Tropfen *1923-24*
TUK *1921-22*
Vesuv *1924-26*
Vollblut *1925-27*
Wackwitz *1920-22*
Walmet *1924-26*
Weber-Mag *1926-27*
Wecoob *1925-30*
Weiss *1925-28*
Wela *1925-28*
Welt-Rad *1901-07*
Westfalia *1901-06*
Wiga *1928-32*
Wikro *1924-26*
WMB *1924-26*
WSM *1919-23*
Wuco *1925*
Zehner *1924-26*
Zurtz-Rekord *1922-26*

Italie

MOINS PROLIFIQUE INITIALEMENT que d'autres pays, l'industrie italienne explose au lendemain de la Première Guerre mondiale par le biais d'entreprises familiales comme Benelli (voir p. 253) et Gilera (voir p. 257) qui produisent des machines de haute qualité et s'octroient un palmarès sportif impressionnant. Après la Seconde Guerre mondiale, le besoin en moyens de transport personnels et bon marché se traduit par le boom du scooter mené par Vespa (voir p. 267) et Lambretta (voir p. 259). Comme partout ailleurs, l'arrivée d'automobiles économiques dans les années 50 et 60 entraîne une récession de l'industrie de la moto et ruine un grand nombre de petites marques. Mais, tandis que les firmes britanniques sont laminées par la concurrence japonaise, de lourdes taxes à l'importation protègent les entreprises transalpines. Des marques réputées comme Ducati (voir p. 255) et Laverda (voir p. 257) conservent leur marché domestique tout en exportant leurs prestigieux modèles de sport. Dans les années 90, l'industrie italienne continue de produire des motos de tous types.

ABIGNENTE
1926-29 Production en nombre limité de motos à moteur deux temps de 345 cm³.

ABRA
1923-27 Petit constructeur utilisant des moteurs de sa marque et des DKW.

ACCOSATO
1976-90 Motos légères à moteurs Minarelli et Hiro.

AERMACCHI p. 74
1945 Constructeur d'avions réputé, la firme de Varèse commence par la production du tricycle commercial Macchitre à moteur flat-twin.
1951 Construction du scooter Macchi à moteur deux temps de 125 cm³.
1956 Introduction de la futuriste Chimera. Son moteur horizontal à culbuteurs de 175 cm³ constitue, pendant de nombreuses années, la base de la gamme Aermacchi de 175 à 350 cm³.
1960 Harley-Davidson achète 50 % du capital d'Aermacchi et vend des motos sous cette marque aux États-Unis. Une monocylindre deux temps de 125 cm³ est introduite en 1967, précédant deux autres monocylindres deux temps. Des machines de course deux temps à deux cylindres remportent les Championnats du monde en 250 et 350 cm³. Harley-Davidson prend le contrôle d'Aermacchi en 1974.
1978 Harley-Davidson vend Aermacchi à Cagiva (voir p. 254). La marque Cagiva désigne des modèles ultérieurs.

AERO-CAPRONI
1947 Le constructeur aéronautique Caproni aborde l'industrie de la moto après la Seconde Guerre mondiale en produisant une machine à quatre temps de 48 cm³ et le cyclomoteur CCC.
1951 Introduction de la moto Capriolo de 75 cm³, dotée d'un moteur très élaboré à soupapes en tête et cames-plateaux, d'une boîte à quatre rapports et d'un cadre en tôle emboutie. Production ultérieure à quelques exemplaires du monocylindre à cames-plateaux de 100 et 125 cm³.
1954 Introduction du Cento 50 à moteur flat-twin transversal de 150 cm³.
1958 La firme change de raison sociale et devient Aeromere, mais la gamme des motos de 75, 100 et 125 cm³ conserve son appellation de Capriolo.
1964 Arrêt de la production motocycliste.

Chimera d'Aermacchi à carrosserie en tôle emboutie

AESTER
1932-35 Constructeur de Turin produisant des motos à quatre temps en 150 et 500 cm³.

AETOS
1912-14 Moto V-twin de 492 cm³ à allumage par magnéto et transmission à courroie produite à Turin en nombre limité.

AGOSTINI
1991- Constructeur de cyclos à moteur deux temps Franco Morini de 50 cm³. N'y voir aucun lien avec l'ex-champion du monde du même nom.

AGRATI
1958-65 Ce fabricant de pièces pour cycles, établi de longue date, introduit en 1958 les scooters Capri deux temps en 70, 80 et 125 cm³ puis propose le scooter Como de 48 cm³. En 1960, reprise de Garelli (voir p. 257), cette marque étant exclusivement utilisée à partir de 1965.

AIM
1974-78 Constructeur de motos légères tout-terrain.

ALATO
1923-25 Machine produite à Turin et dotée de son deux temps de 131 cm³.

ALCYON ITALIANA
1926-28 Fabricant sous licence des Alcyon françaises en 98 et 173 cm³.

ALDBERT
1953-59 Produit à Milan avec ses propres moteurs des motos deux temps de 49 à 173 cm³ et à soupapes en tête de 174 à 246 cm³.

ALFA
1923-26 Marque utilisant des moteurs à culbuteurs JAP, Norman 170 cm³ et Blackburne 348 cm³. Production limitée.

ALGAT
1992 Constructeur du Pico, un cyclo pliant à moteur de 22 cm³.

ALIPRANDI
1925-30 Motos construites par les frères Aliprandi utilisant des moteurs de 173 à 498 cm³ fournis par Moser, JAP et Sturmey-Archer. Production limitée.

ALKRO
1992- Cyclos pliants de 48 cm³.

ALMIA
1924-26 Petite marque produisant des motos légères à moteur deux temps.

ALPINA
1923-26 Petite marque produisant des motos légères à moteur deux temps.

ALPINO
1945-63 Producteur d'un moteur de 48 cm³ adaptable sur bicyclette, puis de scooters, de cyclos et de tricycles de 48, 125 et 175 cm³ à deux et quatre temps.

ALTEA
1939-41 Alberico Seiling, déjà constructeur des motos MAS (voir p. 260) et Seiling (voir p. 265), produit cette moto à culbuteurs de 196 cm³ équipée d'une suspension arrière cantilever.

AMISA
1946-50 Producteur de petits tricycles commerciaux avant de proposer une moto légère à moteur Rumi 125 cm³.

AMR
1979-85 Constructeur de motos de compétition tout-terrain à moteurs Sachs.

ANCILLOTI
1967-85 Petite marque spécialisée dans les cyclos et les motos légères sportives et tout-terrain à moteurs 50, 125 et 250 cm³ fournis par Franco Morini, Hiro et Sachs.

ANCORA
1926-39 Motos construites à Milan équipées de moteurs deux temps Villiers de 147 à 347 cm³. À partir de 1936, le nouveau propriétaire de la marque, Umberto Dei (voir p. 255), fabrique des modèles de 60 à 98 cm³. Après 1939, utilisation exclusive de la marque Dei.

ANZANI
1922-25 En 1907, le pionnier italien commence à produire en France des moteurs pour l'aviation et la moto. Il crée une filiale à Milan, sa ville natale, et réalise en 1922 une moto à moteur V-twin 500 cm³ à culbuteurs.

APE
1923-25 Motos légères à moteur Train.

APRILIA pp. 16-17
1960 Fabricant de cycles, Aprilia

produit ses premières motos à Noale.
1975 Développement des motos tout-terrain à moteurs Rotax, Sachs et Hiro.
1982 Introduction de routières et début du développement des machines de vitesse initialement équipées de moteurs Rotax deux temps. La firme produit aussi des monocylindres quatre temps à moteur Rotax. Depuis 1995, la gamme comprend une V-twin de grosse cylindrée à moteur Aprilia.

AQUILA
1927-35 Débute par la production de cycles à moteur DKW à Bologne avant de construire des motos à moteurs Küchen, Python et OMB de 247 et 498 cm^3.

AQUILA
1953-58 Nouvelle marque Aprilia produisant des motos de 48 à 174 cm^3 dont une 175 à arbre à cames en tête.

ARDEA
1931-34 Construction sur une petite échelle à Gallarate d'une gamme comprenant une monocylindre horizontale à soupapes en tête et boîte trois vitesses.

ARDITO
1951-56 Constructeur d'un moteur adaptable et d'un cyclo de 48 cm^3 suivis par une gamme de motos légères deux et quatre temps dont certaines avec ACT.

ARES
1932-35 Moto à culbuteurs de 175 cm^3 fabriquée à Turin.

ARIZ
1952-54 Armido RIZetto produit à Milan des moteurs auxiliaires de 48 cm^3.

ARZANI
1904-06 Francesco Arzani produit des motos de course à moteur monocylindre vertical et à courroie.

ASPES
1967-82 Constructeur de cyclos et de motos légères sportives à moteurs Franco Morini et Minarelli. Le deux-temps de 124 cm^3 de la marque est utilisé sur des machines de route, de cross et de course.

ASPI
1946-51 Constructeur de moteurs adaptables puis de flat-twins deux temps 125 cm^3 à arbre de transmission.

ASSO
1927-31 Monocylindre incliné à soupapes en tête de 175 cm^3 construite à Turin.

ASSO
1947-52 Constructeur d'un moteur adaptable de 48 cm^3.

ASTORIA
1934-36 La firme utilise d'abord des moteurs britanniques Ajax de 250 et 500 cm^3. En 1935, elle fabrique ses propres moteurs, mais la marque disparaît l'année suivante.
1947-57 Le label réapparaît avec un modèle doté d'un moteur à soupapes en tête de 498 cm^3. Les légères utilisent des moteurs deux temps Villiers et maison.

ASTRA
1931-51 Firme fondée par Max Türkheimer (voir p. 267) qui produit à Milan des motos à moteurs Ariel et maison de 175 à 500 cm^3.

ASTRO
1950-53 Constructeur de moteurs adaptables de 48 cm^3.

ATALA
1923- Constructeur de bicyclettes produisant avant la Seconde Guerre mondiale des motos à moteurs JAP et Blackburne. Après la guerre, elle construit des cyclos équipés de mécaniques diverses avant d'être reprise par Rizzato (p. 265) en 1977. La production des cyclos à moteur Atala se poursuit.

ATTOLINI
1920-23 Produit en quantité limitée des motos à moteur Villiers de 269 cm^3.

AUGUSTA
1924-31 Constructeur en nombre limité de motos monocylindres à ACT de 125, 175 et 350 cm^3 conçues par Angelo Blatto.

AZZARITI
1933-34 En 1931, Vincenzo Azzariti construit un moteur de 175 cm^3 à soupapes en tête à commande desmodromique et, par la suite, un bicylindre à ACT de 344 cm^3.

BANTAM
1947-49 Scooter à moteur deux temps de 123 cm^3

BARONI
1957-59 Constructeur en nombre limité de cyclos et de motos 175 cm^3.

BARTALI
1953-61 Fabricant de cyclos et de motos à moteurs deux et quatre temps de 48 et 175 cm^3 dont le Gabbiano (voir p. 257).

BAUDO
1920-31 Firme fondée par Antonio Baudo produisant d'abord des V-twins de 474 à 1 000 cm^3 puis, en 1927, des machines à moteurs 250 Train et 350 Bradshaw. Baudo s'associe à Augusto Monaco pour produire la 500 latérale Monaco-Baudo (voir p. 261). En 1928, Baudo se sépare pour fonder BM (voir p. 254).

BAZZONI
1951 Construction, limitée en nombre, de scooters 135 cm^3 à quatre temps.

Scooter Capri 80 cm^3 d'Agrati version 1960

BB
1927-30 Constructeur établi à Parme de motos à moteur deux temps de 123 cm^3.

BECCACCINO-BETTOCCHI
1951-56 Cyclos à moteur Demm.

BECCARIA
1924-28 Machines produites par Beccaria et Revelli et dotées de moteurs quatre temps Blackburne de 350 cm^3 et deux temps Villiers.

BENELLI p. 23
1921 Fondée en 1911 par les frères Benelli, la firme produit sa première moto en 1921 : une deux-temps de 98 cm^3. La cylindrée est portée par la suite à 125, 150 et 175 cm^3.
1927 Construction d'une monocylindre quatre temps à ACT.
1950 Giuseppe Benelli se sépare pour fonder la marque MotoBi (voir p. 262). Dario Ambrosini remporte le Championnat du monde en 250 sur Benelli. Dans les années 50 et 60, construction d'une gamme de deux et quatre-temps de moins de 250 cm^3. Les machines de course à quatre cylindres apparaissent en 1960. Une routière bicylindre à soupapes en tête de 643 cm^3 est lancée en 1970.
1972 La marque en difficulté est reprise par Alessandro de Tomaso qui investit dans une gamme de machines modernes comprenant la six-cylindres 748 cm^3 Sei.
1992 Benelli change encore de mains. La production de cyclos est poursuivie.

BENOTTO
1947-58 Fabricant de bicyclettes qui produit aussi quelques machines légères équipées de moteurs extérieurs.

BERNARDI
1894 Cette machine, saluée comme la première moto italienne, est construite à Padoue par le professeur Enrico Bernardi. Le moteur à quatre temps est monté sur une remorque attachée à une bicyclette.

BERNEG
1955-61 Construites à Bologne et conçues par Alfonso Drusiani, ces motos ont des moteurs bicylindres verticaux de 160 et 175 cm^3.

BERTONI
1953-55 Production en nombre limité de deux-temps de 160 cm^3.

BETA
1948- Giuseppe Bianchi commence par produire à Florence des monocylindres à soupapes en tête de 153 à 199 cm^3 avant d'utiliser ses propres deux-temps. Depuis les années 70, Beta produit des modèles tout-terrain.

BIANCHI p. 23
1897 Fabricant de cycles réputé, Edoardo Bianchi produit un moteur adaptable à admission automatique puis des automobiles et des tricycles.
1925 Production de routières à moteurs monocylindres et bicylindres en V latéraux de 171 à 498 cm^3 et de machines de course monocylindres à arbre à cames en tête. Après 1945, la firme produit des deux-temps et des quatre-temps de 125 à 250 cm^3. Quelques modèles de course bicylindres à arbre à cames en tête de 248 à 482 cm^3 apparaissent en 1960 tandis que la gamme routière est étendue à des scooters et des cyclomoteurs.
1967 Fin de la production motocycliste.

BIKRON
1924-36 Production de motos légères.

BIMM (MOTOBIMM)
1965-80 Constructeur de cyclomoteurs tout-terrain et sportifs et de motos de 50 à 125 cm^3.

BIMOTA pp. 24-25
1972 Fondée par BIanchi MOrri et TAmburini, la marque construit des cadres spéciaux pour machines de sport et de course. Si les premières machines utilisent un moteur 750 Honda, la firme adopte par la suite des moteurs provenant des plus importants constructeurs japonais et de Ducati.
1984 Construction du prototype Tesi à direction par pivot, mais la construction ne démarre qu'en 1991. Dans les années 90, la marque développe son propre moteur deux temps de compétition.

BIMOTOR
1984- Constructeur de cyclos à moteurs achetés à l'extérieur, y compris des modèles tout-terrain.

BLATTO
1924-27 Constructeur d'une moto légère à arbre à cames en tête.

BM
1928-31 Antonio Baudo (voir p. 253) et le fabricant de side-cars Meldi (voir p. 261) produisent en petit nombre des motos de 498 cm^3 à ACT utilisant des moteurs JAP.

BMA
1972- Construction limitée de cyclomoteurs.

BM BONVINICI
1950-72 Mario Bonvinici produit des machines légères à moteurs Ilo, NSU et maison. Production de remarquables motos de course à arbre à cames en tête de 50 et 175 cm^3.

BMP
1920-25 Les frères Malasagna, établis près de Turin, construisent une moto deux temps de 240 cm^3 à boîte à quatre vitesses.

BORGHI Voir Olympia (p. 263).

BORGO (MOTOBORGO)
1906-1926 Fondée à Turin par les frères Borgo, la marque fait bientôt figure de grand constructeur de machines perfectionnées. Les premiers modèles sont des monocylindres de 498, 693 et 827 cm^3 semi-culbutées. La firme introduit les pistons en aluminium dès 1911 et une transmission variable à courroie en 1914. En 1920, elle construit des V-twins de 477 cm^3 à boîte montée en bloc dont l'huile est contenue dans les tubes du cadre. La production motocycliste est arrêtée en 1926 lorsque Borgo se spécialise dans la fabrication des pistons.

B & P
1926-29 Production de machines légères à moteurs bicylindres Della Ferrera de 125 cm^3 et Brouiller de 175 cm^3.

BREDA
1946-49 Bicyclette motorisée par un deux-temps de 65 cm^3.

BRM
1954-58 Cyclomoteurs fabriqués par les frères Bellentani.

BROUILLER
1926-29 Machines assemblées à Turin à partir de moteurs français Brouiller de 125 et 175 cm^3.

BS VILLA
1992-94 Production de petits scooters à moteur Yamaha deux temps de 49 cm^3.

BUCHER (BUCHER & ZEDA)
1911-20 Marque réputée qui commence par des quatre-temps monocylindres de 342 à 568 cm^3. Après la Grande Guerre, produit une monocylindre 500 cm^3.

BUSI-NETTUNIA
1950-54 Motos deux temps à moteurs Parilla de 98, 15 et 160 cm^3 réalisées par Athos Busi.

CABRERA
1979-83 Production en nombre limité de deux-temps tout-terrain de 125 à 175 cm^3.

CAGIVA p. 42
1978 Les frères Castiglioni rachètent la marque Aermacchi (voir p. 252) à Harley-Davidson lorsque la firme américaine décide de céder ses intérêts italiens. Les premières Cagiva sont des deux-temps de 123 cm^3 dérivées des anciens modèles Harley. La firme fabrique aussi des machines de cross et des trails 350 à quatre temps. En 1983, un accord avec Ducati lui permet de produire des machines plus importantes. Au cours des dix ans qui suivent, Cagiva connaît une expansion rapide. La firme rachète Ducati (voir p. 255) en 1985, Husqvarna (voir p. 304) en 1986, Morini (voir p. 261) en 1987 et CZ (p. 301) en 1993. Malgré ces reprises, la marque Cagiva désigne surtout des machines de petites cylindrées et des trails.

CALCATERRA
1926-29 Production d'une deux-temps de 175 cm^3.

CALVI
1923-24 Production d'une monocylindre quatre temps de 280 cm^3.

CAMPANELLA
1927-28 Production de motos légères.

CAPELLO
1911-15 Construction à Turin de V-twins de 3,5 et 5,5 ch.

CAPPA
1905-10 Giulio Cappa, futur concepteur de moteurs, construit cette monocylindre à arbre refroidie par eau.

CAPPONI
1924-26 Production limitée de motos deux temps de 175 cm^3.

CAPRI Voir Agrati (p. 252).

CAPRIOLO Voir Aero-Caproni (p. 252).

CAPRONI-VIZZOLA
1953-59 Autre filiale d'Aero-Caproni (voir p. 252) produisant des motos à moteurs NSU de 98 à 247 cm^3 installés dans des cadres à poutre en tôle emboutie.

CARCANO
1899-1902 Constructeur pionnier montant un moteur à quatre temps dans un cadre de type bicyclette.

CARDA
1946-54 Produit un moteur adaptable de 43 cm^3.

CARDANI
1967-69 CARlo Savaré et DANIele Fontana (fabricants de freins) construisent une machine de course à trois cylindres, douze soupapes et deux ACT de 498 cm^3 qui ne sera jamais totalement développée.

CARNIELLI
1931-39 Fabricant de bicyclettes, Teodoro Carnielli construit des motos de 98 à 500 cm^3 à moteurs Sachs, JAP et Rudge Python.
1950-60 Carnielli revient à la moto avec des machines légères dotées de moteurs Sachs, Ilo ou autres. Il produit aussi des trois-roues sous la marque Vittorio.
1968-80 Commence à produire le cyclo pliant Graziella à moteur Sachs de 48 cm^3.

CARNITI
1953-54 Constructeur de bateaux produisant sans succès le scooter Automoto. Ce modèle atypique possède un moteur deux temps trois cylindres de 186 cm^3 et une transmission variable à friction dans un cadre en tôle emboutie.

CARRU
1927-60 Commence par construire une deux-temps de 175 cm^3 et produit dans les années 40 des machines de course de 250 à 500 cm^3 à arbre à cames en tête.

CASALINI
1958- Fabricant d'engins de transport à deux et trois roues à moteurs 50 et 125 cm^3.

CASOLINI
1928-33 Fabricant à petite échelle de motos deux temps à moteurs Villiers et maison.

CAVICCHIOLI
1923-24 Constructeur de motos deux temps de 349 cm^3 avec pistons à deux diamètres.

CBR
1912-15 Cigala, Barberis et Ruda produisent des quatre-temps à cylindre incliné de 255 et 346 cm^3 ainsi qu'une deux-temps de 3 ch.

CECCATO
1950-63 Constructeur d'une gamme de deux et quatre-temps comprenant des modèles sport à arbre à cames en tête entraînés par pignons de 75 à 98 cm^3.

CENTAURUS
1946-50 Les frères Bergami reprennent MG (voir p. 261), constructeur des motos MG et Taurus avant la guerre. Centaurus fabrique des quatre-temps de 250 et 500 cm^3 dérivés des modèles antérieurs.

CF
1927-36 Catelli et Fiorani fondent cette marque à Plaisance pour produire un modèle à soupapes en tête de 175 cm^3. En 1934, des motos de 250 cm^3 à cames-plateaux sont introduites, suivies par une twin latérale de 500 cm^3. CF s'effondre en 1936, et ses brevets sont repris par Fusi (voir p. 257).

CFG
1926-29 Construction par Colombo, Folli et Genesini de motos à moteurs quatre temps à ACT de 175 et 250 cm^3.

CHIANALE
1927-30 Motos construites à Cunea à partir de moteurs Chaise 350 cm^3.

CHIORDA
1952-57 Fabricant de cycles produisant des machines légères à moteurs deux et quatre temps de provenance extérieure.

CICALA
1952-53 Petit scooter à grosses roues et moteur deux temps de 49 cm^3.

CIGNO
1953-54 Production d'un scooter de 48 cm^3.

CIMA
1927-29 Constructeur d'une machine propulsée par un moteur monocylindre quatre temps Blackburne.

CIMATTI
1949-84 Fabricant de cycles produisant des cyclos de 50 cm^3 à partir du boom d'après-guerre et jusqu'en 1984, date de sa disparition. Il produit aussi des modèles de 100 à 175 cm^3 depuis la fin des années 50 jusqu'aux années 70.

CISLAGHI
1922-27 Roue motorisée plutôt que

motocycle, cet engin se présente sous la forme d'un énorme roue contenant le moteur et le pilote. Apparemment capable d'atteindre 100 km/h, ce véhicule n'attire pourtant pas les acheteurs.

CM
1930-57 Mario Cavedagni et Oreste Drusiani, de Bologne, construisent une moto de 175 cm^3 à culbuteurs suivie de modèles à soupapes et arbre à cames en tête de 250 et 500 cm^3 dans les années 30 et 40. En 1950, CM introduit des modèles deux temps monocylindres de 125 cm^3 et bicylindres de 250 cm^3.

CMK
1967-75 Motos de compétition tout-terrain utilisant au début des moteurs Zündapp de 50 cm^3, modèles qui seront suivis par des machines à moteurs deux temps maison de 50 à 173 cm^3. Production très limitée.

CMP
1953-56 Machines légères construites sur une petite échelle, équipées de moteurs Ceccato et Sachs de 50, 75, 100 et 125 cm^3.

COLELLA
1988-93 Constructeur d'un cyclo pliant.

COLOMBO
1923-25 Constructeur de motos légères.

COMET
1953-57 Motos perfectionnées dues à l'ingénieur Alfonso Drusiani.
Le premier modèle reçoit un bicylindre de 175 cm^3 à deux ACT et manetons en porte-à-faux. Fabrication également d'une complexe monocylindre sans soupapes de 250 cm^3.

COMFORT
1923-26 Moto construite à Milan utilisant des moteurs 350 cm^3 Bradshaw, Barr & Stroud et Blackburne.

CONTI
1935-39 Firme produisant une moto de 175 cm^3 à culbuteurs et boîte à trois rapports.

COPPI
1958-60 Cyclomoteurs équipés d'un moteur deux temps de 48 cm^3.

COZZO
1954-55 Constructeur d'une moto à monocylindre horizontal et un ACT de 175 cm^3 à transmission par arbre.

CRT
1925-29 Constructeur de quelques motos à moteurs Blackburne de 175 à 350 cm^3.

DALL'OGLIO
1926-30 Guido Dall'Oglio quitte GD (voir p. 257) pour construire sa propre moto deux temps de 123 cm^3.

DARDO
1926-29 Construites par Fara à Turin, les motos Dardo utilisent des moteurs deux temps à cylindre horizontal, boîte à deux vitesses et embrayage à cône dans le moyeu arrière. En 1928, la firme construit une moto à moteur quatre temps 175 cm^3 avec culbuteurs à cylindre horizontal monté dans un cadre tubulaire.

DE AGOSTINI
1925-27 Production très limitée d'une moto Della Ferrera à moteur deux cylindres deux temps de 125 cm^3.

DECA
1955-58 Petite firme fabriquant un cyclo quatre temps de 48 cm^3 et une twin verticale à culbuteurs de 100 cm^3 avec boîte à quatre rapports. Produit aussi, à partir de 1957, une version 125 cm^3 du twin.

DEI
1906-14 Le fabricant de cycles Umberto Dei de Turin produit, avant la Première Guerre mondiale, des motos conventionnelles monocylindres à quatre temps.
1934-66 Reprise de la production avec des machines légères à moteurs Sachs de 74 et 98 cm^3. Ces types sont suivis par des machines de 250 et 500 cm^3 à moteurs Villiers et JAP. En 1940, Dei construit la Dei à moteur Sachs de 98 cm^3 et une bicyclette motorisée de 60 cm^3. Après la Seconde Guerre mondiale, la firme construit les cyclos Garelli à moteur Mosquito et des motos équipées de moteurs Sachs de 150 cm^3.

DELLA FERRERA
199-38 Fondée à Turin par les frères Della Ferrera, la firme apparaît très tôt comme l'une des marques italiennes majeures. Ses premières machines de haute qualité, construites à la main, sont des monocylindres à culbuteurs de 350 et 500 cm^3. En 1914, sont introduites une V-twin de 500 cm^3 et une monocylindre à quatre soupapes et transmission variable à courroie. En 1921, la firme présente une V-twin de 1 098 cm^3 avec boîte en bloc à quatre rapports. En 1925, elle produit une luxueuse sportive de 1 394 cm^3 et une twin deux temps de 125 cm^3. Après 1930, Della Ferrera se concentre sur des motos à quatre temps de 175 et 350 cm^3.

DEMM
1953-82 Les frères Demm, de Milan, construisent une gamme de motos légères, du cyclo à moteur deux temps de 50 cm^3 à la moto 175 cm^3 à ACT entraîné par arbre.

DE TOGIN
1932-33 Véhicule bizarre fabriqué à Bologne et doté d'un deux-temps DKW de 175 cm^3 et d'un siège biplace côte à côte.

DEVIL
1953-57 Voir OCMA (p. 263).

DI BLASI
1988-92 Assembleur d'un cyclo pliant.

DIK DIK
1950-52 Fabricant d'un moteur adaptable de 43 cm^3.

DIONISI
1924-27 Alberto Dionisi produit des motos à moteur deux temps de 123 cm^3.

DI PIETRO
1921-24 Fabricant de moteurs auxiliaires.

DOGLIOLI
1929-35 Marque modeste construisant sur une petite échelle des machines à moteurs de 175 à 500 cm^3 d'origine britannique.

DOMINISSINI
1924-28 Constructeur de motos légères à moteur DKW.

DONISELLI
1951-61 Après avoir construit des tricycles commerciaux pour le transport de marchandises avant la Seconde Guerre mondiale, la firme produit par la suite le scooter Vedetta à moteur Demm de 49 cm^3 et des cyclos traditionnels.

DOTTA
1924-35 Firme construisant des motos légères à moteur deux temps Piazza de 125 cm^3 et des trois-roues commerciaux.

DP
1923-26 Petit constructeur de deux-temps légères.

DUCATI pp. 52-55
1946 Début de la production avec le moteur adaptable de 48 cm^3 à soupapes en tête Cucciolo (voir Siata, p. 266). À partir de 1950, la firme construit des motos et des scooters utilisant les moteurs Cucciolo.
1952 Introduction du scooter perfectionné Cruiser de 175 cm^3 à soupapes en tête, transmission automatique et démarreur électrique. Suivent des motos légères à moteur culbuté.
1954 L'ingénieur Fabio Taglioni entre chez Ducati, et pendant trente ans ses conceptions vont influencer les productions de la marque. Sa première moto, une monocylindre de 98 cm^3 à un ACT, apparaît en 1955.
1956 Première utilisation d'une commande des soupapes desmodromique sur les Ducati de course, caractéristique de la marque. Les années 50 et 60 sont celles du développement des monocylindres, mais des bicylindres de course et un prototype à moteur V4 de 1 257 cm^3 sont également produits.
1970 Reprenant la technologie des monocylindres, une V-twin de 748 cm^3 est construite avec des arbres à cames en tête entraînés par arbre et pignons coniques. La cylindrée est portée à 864 puis 973 cm^3, et Ducati développe d'efficaces modèles de course. Ce type est produit jusqu'en 1986.
1977 Ducati crée une V-twin de 500 cm^3 à arbres à cames en tête entraînés par courroie et lance la production en 1979. En 1994, la cylindrée de ce moteur à deux soupapes refroidi par air atteint 904 cm^3.
1985 Rachat de Ducati par Cagiva.
1988 Construction d'une nouvelle V-twin à quatre soupapes de 851 cm^3 à injection et refroidissement par liquide. La cylindrée est portée à 916 cm^3 et les versions de course dominent en catégorie World Superbike.

EASY BIKE
1992-94 Constructeur d'une moto électrique.

ELECT
1920-23 Constructeur à Turin d'une flat-twin en long.

ELSA
1920-25 Elettromeccanica Lucini Società Anonima construit un moteur adaptable de 75 cm^3.

EOLO
1947-48 Moteur adaptable de 46 cm^3.

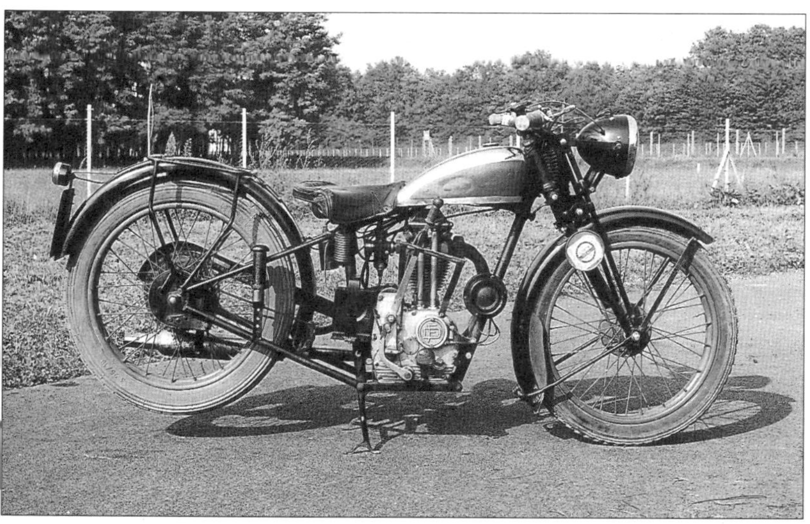
Moto Della Ferrera des années 30 à bloc-moteur avec culbuteurs

ERCOLI-CAVALLONE
1922-23 Construit en nombre limité des V-twins deux temps 500 cm^3 avec boîte en bloc.

ERFIM Voir Moretti (p. 261).

EST
1932-34 Motos construites par Claudio Petinetto utilisant des moteurs quatre temps FN 500 cm^3.

EUROCROSS
1969-70 Motos de cross à moteur deux temps Aermacchi de 125 cm^3.

EXCELSIORETTE
1924-26 Production de bicyclettes à moteur.

FAGGI
1950-53 Construction de motos légères classiques à moteur Villiers.

FAINI
1923-27 Construction de deux-temps légères de 108 et 198 cm^3. L'ingénieur Pietro Vasena créera par la suite le moteur Rumi (p. 265).

FALCO
1950-53 Production de motos légères à moteur Sachs.

FANTIC p. 61
1968- Constructeur de cyclos et de mini-motos à moteur deux temps Minarelli et Franco Morini. La marque développe des machines de compétition tout-terrain dotées de ses propres moteurs, parmi lesquelles des motos de trial championnes du monde.

FB
1970-72 Constructeur de motos tout-terrain à moteur deux temps Aermacchi de 125 cm^3.

FB MINARELLI
1957- Nouvelle raison sociale de FMB (voir ci-dessous) après le départ de Franco Morini. Producteur de moteurs avant tout, la firme développe par intermittence des motos de course et de record.

FB MONDIAL p. 61
1933-79 Avant la Seconde Guerre mondiale, les frères Boselli (Fratelli Boselli) produisent des trois-roues commerciaux. Après la guerre, Giuseppe Boselli crée la marque Mondial. En 1949, la première machine, une twin 125 à arbre à cames en tête, remporte le Championnat du monde de la catégorie. La production démarre en 1950 avec des 125 à soupapes en tête, bientôt suivies de scooters et de motos à moteurs deux et quatre temps. La marque décline dans les années 60 et, au milieu des années 70, elle produit des cyclos et des motos à moteur Sachs avant de cesser ses activités en 1979.
1987 La marque est relancée, mais la construction à l'usine de Villa ne dure pas longtemps.
1989 Mondial réapparaît encore avec une petite production de deux-temps de 125 cm^3 et de quatre-temps de 600 cm^3.

FBM
1951-57 Franco Morini et Vittorio Minarelli produisent la monocylindre deux temps 125 cm^3 Gabbiano et la quatre-temps Vampire. En 1956, FBM fournit des moteurs de 48 et 175 cm^3 à d'autres constructeurs. Morini se sépare de FBM pour fonder sa propre marque (voir p. 261) en 1957 et FBM devient FB Minarelli (voir à gauche). La production du Gabbiano est poursuivie par Bartali (voir p. 253).

FERRARI
1952-60 Sans lien avec le constructeur automobile, il s'agit de motos deux temps de haute qualité à moteurs de 125 à 160 cm^3. Une twin 175 cm^3 à double ACT est produite en quantité limitée.

FERRARIS
1903 La firme installe des moteurs Peugeot dans des cadres de bicyclettes renforcés.

FERT
1926-29 Ferrucio Calamida produit à Milan une machine à moteur de 175 cm^3 et ACT entraîné par arbre.

FIAM
1923-25 Constructeur de motos légères.

FIAMC
1952-55 Petite production, à Parme, d'une deux-temps de 125 cm3.

FIAMMA
1935-38 Moto construite à Turin avec un moteur en alliage léger à un ACT, cylindre incliné et boîte à trois rapports.

FIAT
1938 Scooter à moteur Sachs de 98 cm^3 construit sous forme de prototype par la firme automobile.

FIGINI
1898-1910 Luigi Figinio construit sa première moto avec un moteur monocylindre monté à la place du tube de selle (type Indian) d'un cadre de bicyclette.

FINZI
1922-25 Moto perfectionnée dotée d'un V-twin transversal latéral de 650 cm^3 conçue par Gino Finzi.

FIORELLI
1951-68 Construit des motos légères à moteur Ilo avant d'aborder exclusivement celle des cyclos.

FIT
1950-52 Production d'un moteur adaptable de 50 cm^3.

Frera 500 cm^3 à admission automatique en tête c.1907

FLY
1946-49 Production d'un moteur de 50 cm^3 adaptable monté au-dessus de la roue arrière.

FM MOLTENI
1925-27 Les frères Molteni de Milan construisent des motos à moteurs MAG et Bradshaw équipées de cadres, de fourches avant et de garde-boue en alliage léger.
1950-56 Retour à la production avec un scooter à cadre-poutre en alliage léger à moteur deux temps de 125 cm^3. En 1952, introduction d'une moto conventionnelle de 125 cm^3.

FMT
1928-30 Mattarello de Trévise fabrique des deux-temps à cadre ouvert de 132 cm^3 pour ecclésiastiques. Sans lien avec l'autre entreprise FMT.

FMT
1922-30 Fratelli Matarollo de Turin produit des deux-temps de 124 cm^3.

FOCESI
1948-56 Le fabricant de bicyclettes Alberto Focesi utilise aussi la marque Gloria sur ses productions. Les premières deux-temps de 48 cm^3 possèdent un ensemble moteur-bras oscillant pivotant. Une monocylindre à culbuteurs de 100 cm^3 avec cadre en tôle emboutie est introduite en 1953, suivie par une deux-temps de 160 cm^3 à fourche Earles.

FOCHJ
1954-57 Constructeur de motos légères à moteur quatre temps HSU de 98 cm^3.

FONGRI
1910-30 Fondée à Turin par FONtan et GRIgnani, la firme monte ses propres moteurs flat-twins longitudinaux de 500 et 580 cm^3. La boîte à trois vitesses attaque une chaîne finale sous carter. Dans les années 20, la marque construit des moteurs bicylindres 500 cm^3 à refroidissement par eau et un modèle 125 cm^3, mais des problèmes financiers mettent en 1930 un terme à la production.

FORONI
1984-87 Production en nombre limité de cyclos pliants et de motos de cross.

FPM PUCH Voir Frigerio (à droite).

FRANCHI
1950-58 Fabrique d'accessoires de cycles produisant aussi des cyclos et des motos légères à moteurs Sachs de 50, 98 et 125 cm^3.

FRECCIA AZZURA
1951-53 Construction en nombre limité de scooters et de motos légères à moteurs deux temps Puch 125 cm^3 deux cylindres à chambre commune et Sachs de 147 cm^3.

FREJUS
1956-68 Production de cyclos et de machines légères généralement équipés de moteurs FB Minarelli.

FRERA
1906-36 Corrado Frera de Milan crée ce qui sera, jusqu'en 1930, la marque italienne la plus importante. Avant la Première Guerre mondiale, elle produit des monocylindres et des V-twins de 300 à 1 140 cm^3 à courroie finale.Une machine de compétition est équipée d'un moteur à quatre soupapes. Après 1930, la marque décline face à la domination du marché par Moto Guzzi.

FRERA LEONARDO Voir Leonardo Frera (p. 259).

FRIGERIO
1969-88 Les frères Frigerio de Treviglio construisent des motos de compétition tout-terrain de 175 à 350 cm^3 dérivées des quatre-temps Gilera Regolarita. La firme utilise ensuite des moteurs Puch de 125 à 250 cm^3 sur des machines vendues sous la marque FPM. Elle produit aussi des cyclomoteurs.

FRISONI
1951-57 Moto à moteur Villiers de 123 cm^3 et scooter de 160 cm^3.

FUCHS (TAPPELLA-FUCHS)
1953-57 Construction de moteurs adaptables et de motos complètes à moteurs deux temps de 124 cm^3 et à culbuteurs de 159 cm^3.

FULGOR
1922-26 Fabrication de moteurs adaptables de 123 cm^3.

FURETTO
1948-49 Production d'un scooter à moteur deux temps de 65 cm^3 à roues de 12 pouces (305 mm), cadre tubulaire et carrosserie en tôle emboutie qui deviendra la base du type Iso (voir p. 258).

FUSI
1936-58 Marque fondée à Milan par Achille Fusi, ancien constructeur des motos Ras à moteur JAP (voir p. 264). Il rachète la marque CF en 1936 (voir p. 254) et commence sous son propre nom la production de la moto CF 250 cm^3 à cames-plateaux. La production de ce modèle est reprise après la Seconde Guerre mondiale parallèlement aux cyclos Garelli à moteur Mosquito.

FVL
1925-36 L'ancien pilote Francesco Vincenzo Lanfranchi construit ses premières motos en utilisant des moteurs Moser 124 et 174 cm^3. À partir de 1931, FVL construit ses propres moteurs de 174 et 248 cm^3.

GA
1925-27 La marque monte des V-twins Blackburne de 700 cm^3 dans des cadres en tôle emboutie.

GABBIANO
1951-61 Moto à monocylindre horizontal deux temps de 123 cm^3 construite en nombre très limité. Voir FB Minarelli (p. 256) et Bartali (p. 253).

GABBIANO
1985-88 Production de machines légères à moteurs 50 cm^3 Minarelli et Franco Morini.

GAIA
1922-32 Débute par la fabrication de bicyclettes à moteur Rubinelli puis de motos légères à moteurs Moser et Ladetto & Blatto.

GAIO
1947-48 Construction d'un moteur adaptable à soupapes latérales de 48 cm^3 avec entraînement par friction.

GALATOR
1933-35 Construction limitée de motos légères à moteurs Sachs de 74 et 98 cm^3.

GALBAI
1921-25 Production restreinte de motos deux temps de 276 à 492 cm^3.

GALBUSERA
1934-56 Galbusera commence par construire des motos à moteurs Rudge Python de 175 à 500 cm^3. Des modèles radicalement nouveaux sont exposés au Salon de Milan de 1938, mais les V4 250 cm^3 et les V8 500 cm^3 deux temps à compresseur ne sont pas lancés en production. Après la guerre, Galbusera produit des motos conventionnelles et des trois-roues de 175 à 500 cm^3 à moteurs Sachs, Villiers et originaires de la marque.

GALIMBERTI
1933-35 Cesare Galimberti produit des versions modernisées des motos Maffei (voir p. 259).

GALL-MOTOR
1956-57 Production d'un deux-temps adaptable de 42 cm^3 pouvant fonctionner à l'essence ou au gazole.

GALLONI
1920-31 Construction de V-twins latérales de 500 et 750 cm^3 suivies de monocylindres quatre temps de 250 à 500 cm^3. Malgré le succès de ces motos, la marque doit cesser ses activités à la suite de problèmes financiers. Les dernières motos reçoivent des Blackburne de 175 cm^3.

GANNA
1923-67 Les modèles d'avant-guerre sont dotés de moteurs britanniques à quatre temps de 175 à 500 cm^3. Après la Seconde Guerre mondiale, la marque adopte des deux-temps Minarelli, Puch et Sachs.

GARABELLO
1903-29 Francesco Garabello équipe ses premières motos à courroie d'un monocylindre de 240 cm^3. La cylindrée est bientôt portée à 480 cm^3. En 1922, production d'une quatre-cylindres en ligne de 984 cm^3 à refroidissement par eau et transmission par arbre, mais trop coûteuse pour être vendue en quantité. Une 175 refroidie par eau à soupapes rotatives avec transmission par arbre est produite avant la cessation d'activité de la firme (1929).

GARAFFA
1923-26 Production de moteurs adaptables.

GARANZINI
1921-30 Oreste Garanzini importe les motos anglaises Verus et en vend des versions modifiées sous la marque Veros (voir p. 267). À partir de 1922, Garanzini produit sous son propre nom des motos à moteurs JAP, Blackburne et Villiers. Des moteurs à ACT sont montés sur les derniers modèles.

GARAVAGLIA
1904 Cette unique et grande roue motorisée contenant le moteur et le pilote est probablement la première Dynasphère du monde.

GARELLI
1919-35 Firme fondée par Adalberto Garelli qui a commencé par construire des deux-temps à cylindres en U avec chambre commune en 1912. La 350 Garelli obtient des succès considérables en course. À la fin des années 20, la firme évolue vers les équipements militaires et arrête les fabrications motocyclistes en 1935.
1945 Pour répondre à la demande de moyens de transport économiques, la firme revient à la moto et produit le deux-temps 38 cm^3 Mosquito adaptable aux bicyclettes.
1961 Garelli fusionne avec Agrati (voir p. 252) et produit une gamme étendue de cyclos et de motos légères jusqu'à 125 cm^3. Dans les années 80, la marque revient à la course et remporte plusieurs Championnats du monde en 125 entre 1982 et 1987. La production de cyclos se poursuit en 1996.

GARLASCHELLI
1922-27 Construction de deux-temps de petite cylindrée et de motos à culbuteurs de 173 cm^3.

GATTI
1904-06 Marque pionnière italienne utilisant des moteurs De Dion montés dans des cadres de bicyclettes.

GAZZELLA
1946-51 Construction de moteurs adaptables.

GAZZI
1929-32 Production en nombre limité de motos dotées du moteur à culbuteurs de la marque.

GC
1932-35 Production de moteurs adaptables de 70 cm^3.

GD
1923-47 Producteur réputé de motos légères, le premier type est une deux-temps de 123 cm^3 à deux vitesses. En 1929, la firme introduit un modèle de 175 cm^3 à un ACT. La production se termine en 1933, mais la firme commence en 1939 une production de tricycles commerciaux.

GEMS
1921-23 Production limitée de motos à moteur deux temps de 269 cm^3, boîte à deux rapports et transmission à chaîne.

GERBI
1952-54 Giovanni Gerbi produit en nombre limité des motos légères à moteur Sachs deux temps de 48 à 173 cm^3.

GEROSA
1953-75 La firme commence par utiliser ses propres moteurs à culbuteurs de 125 et 175 cm^3 puis adopte des deux-temps Minarelli.

GG
1928-34 Firme fondée par Ugo Gasparetti et Albano Ghisellini, de Padoue, produisant des moteurs de 75 cm^3 adaptables sur bicyclettes et des deux-temps de 100 et 125 cm^3 pour motos légères.

GHIRRONI
1968-93 Construction de cyclos sport et utilitaires propulsés par des deux-temps Franco Morini.

GIACOMASSO
1926-35 Marque créée par Felice Giacomasso qui monte des moteurs 175 cm^3 Moser et 125 cm^3 Della Ferrera. Puis la firme construit son propre modèle quatre temps de 175 cm^3 ainsi que des moteurs à culbuteurs de 489 et 595 cm^3.

GIANOGLIO
1930-35 Motos de qualité de 175 et 250 cm^3 produites en nombre limité.

GILERA pp. 64-65
1909 Marque réputée, fondée à Milan par Giuseppe Gilera. Le premier modèle utilise un moteur vertical à soupapes en tête de 317 cm^3. Les modèles ultérieurs utilisent des moteurs latéraux jusqu'en 1926, année où réapparaissent les moteurs à culbuteurs.
1935 Gilera achète les droits de fabrication de la moto Rondine à quatre cylindres (voir p. 265) qui servira de base aux Gilera de Grand Prix jusqu'au début des années 60. Une gamme de routières à quatre temps, jusqu'à 500 cm^3, est introduite au milieu des années 30. La célèbre Saturno à moteur de 500 cm^3 culbuté apparaît en 1939. La gamme d'après-guerre est constituée de monocylindres et de twins parallèles à quatre temps de 100 à 500 cm^3.
1969 La firme est rachetée par le groupe Piaggio, constructeur de la Vespa (voir p. 267), qui introduit de nouvelles motos à deux temps de 49 à 125 cm^3 et continue les anciennes quatre-temps. À partir de 1985, une nouvelle monocylindre quatre temps de 350 cm^3 apparaît. Sa cylindrée est ensuite portée à 558 cm^3, puis ce moteur est adapté à des trails et à la Nuovo Saturno de style café-racer.
1993 Piaggio ferme brusquement l'usine Gilera d'Arcore, mettant fin à quatre-vingt quatre années de production motocycliste.

GIORDANI Voir Ome (p. 263).

Gori Valli Replica 1977 portant le nom du champion d'Italie en course de côte

GIRARDENGO
1951-54 Production de cyclos et de motos légères à moteurs de provenance extérieure.

GITAN
1950-85 GIno TANsini produit des motos légères dotées de ses propres moteurs deux temps de 125 cm³ et quatre temps à culbuteurs de 160 cm³. Une quatre-temps de 175 cm³ est introduite en 1955. Par la suite, Gitan se consacre à la production de cyclos utilitaires et sportifs.

GIULIETTA
1957-80 Peripoli (voir p. 264) produit ces cyclos et motos à moteur Minarelli de 49 cm³.

GKD
1978-85 Firme produisant des cyclos, des mini-motos et des machines tout-terrain.

GLORIA Voir Focesi (p. 256).

GM
1946-48 Moteur auxiliaire.

GN
1920-25 Moto construite à Turin par Giuseppe Navone qui utilise des composants britanniques.

GORI
1969-71 Les frères Gori produisent dans leur atelier de Florence des versions améliorées des motos de cross Bimm de 50 et 60 cm³ (voir p. 254) à moteur Minarelli sous la marque Gori-Bimm. 1971-83 Production de machines de sport et tout-terrain de 50 à 245 cm³ à moteurs deux temps Sachs, Franco Morini et Rotax. Reprise par SWM en 1980 (voir p. 266), la marque disparaît avant l'effondrement de SWM en 1985.

GR
1924-25 Machines de course légères construites par le comte Gino Revelli qui utilise des moteurs JAP de 489 cm³ et des cadres conçus par Antonio Baudo. La marque remporte le Grand Prix des nations en 1925. À partir de 1926, la moto est vendue sous la marque Revelli.

GRASSETTI
1962-65 La marque produit en quantité limitée des motos deux temps de 123 et 148 cm³.

GRAZIELLA Voir Carnielli (p. 254).

GRG
1926-27 Moto deux temps à moteur bicylindre 125 cm³ Della Ferrera et suspension arrière construite en nombre limité.

GRIM
1945-50 Moteurs adaptables sur bicyclettes.

GS-GIOIELLO
1950-54 Construction de moteurs adaptables de 48 cm³.

GUALANDI
1911-14 Construction en nombre limité de monocylindres de 2 ch.

GUARALDI
1905-16 Production de motos à moteurs Fafnir et Sarolea à Lodi. Un side-car de 1905 possède une manivelle d'assistance actionnée par le passager dans les côtes.

GUARASCHI
1951-56 Roberto Guaraschi construit des deux-temps de 123 cm³ à cadre classique et fourche à roue tirée. Production limitée.

GUAZZONI
1935-79 Avant la Seconde Guerre mondiale, les frères Guazzoni produisent des motos à moteur Calthorpe. En 1950, production de motos à deux et quatre temps de 125 à 250 cm³. Guazzoni construit d'efficaces machines de course et tout-terrain à moteurs deux temps à soupapes rotatives de 50 à 125 cm³. Dans les années 70, la firme se consacre aux cyclomoteurs et aux motos de 50 cm³.

GUIA
1950-54 Production en nombre limité de deux-temps légères à moteur Sachs de 125 cm³.

GUIZZARDI
1926-32 Production limitée de quatre-temps de 125 et 175 cm³ dont la magnéto est entraînée par l'arbre à cames.

GUIZZO
1955-62 Guizzo produit des cyclos et un scooter de 149 cm³ sans succès commercial.
HIRUNDO
1951 Production en nombre limité, à Turin, de scooters bicylindres de 123 cm³.

HM
1994- Nouvelle marque produisant, sur une petite échelle, des cyclos de sport à moteurs Morini et Minarelli de 49 cm³.

HRD
1980- Construction de cyclos et de motos légères à moteur Tau. Marque reprise par Kram-It en 1987 (voir p. 259).

IBIS
1925-28 L'Ibis possède un moteur à culbuteurs Piazza de 173 cm³ monté dans un cadre ouvert. Firme implantée à Turin.

IBIS
1947-51 Marque fabriquant à Bologne des deux-temps de 49 à 98 cm³, parmi lesquelles des monocylindres à chambre commune et des bicylindres.

ICEMI
1927-30 Constructeur en nombre limité de motos à moteurs Blackburne, JAP et maison de 175 à 500 cm³.

IDROFLEX
1949-54 Marque milanaise produisant des deux-temps à moteur horizontal pivotant avec le bras de suspension arrière.

IMN
1950-58 Industria Meccanica Napoletana se reconvertit de l'armement à la moto après la Seconde Guerre mondiale. IMN fabrique sous licence le moteur Garelli Mosquito et construit des motos à quatre temps à moteurs de 49 et 98 cm³ et à deux temps de 49 à 248 cm³. Une flat-twin à culbuteurs innovatrice à transmission par arbre est produite en 1956.

INNOCENTI Voir Lambretta (p. 259).

INTRAMOTOR
1971-81 Production de cyclos à moteur Minarelli et de motos de compétition tout-terrain de 125 cm³.

INVICTA
1950-52 Construction en nombre limité de motos deux temps de 73 et 123 cm³.

IPREM
1977-81 Machine de Grand Prix dérivée des deux-temps Kreidler de 50 cm³. Eugenio Lazzarini remporte le titre mondial 50 cm³ sur Iprem en 1980. La bicylindre 125 cm³ est moins réussie.

IRIS
1952-53 Marque utilisant des moteurs Ilo de 123 cm³.

ISO
1949-63 Fabricant réputé de réfrigérateurs et d'équipements ferroviaires, Iso Thermos achète les droits du scooter Furetto (voir p. 256). La firme introduit une deux-temps à chambre commune de 123 cm³ en 1950. Une version 236 cm³ est proposée par la suite avec graissage séparé et transmission par arbre.
Le moteur équipe aussi la voiturette Isetta construite ensuite sous licence par BMW. Une gamme de motos de 125 et 175 cm³ apparaît en 1961.

ITALA
1933-39 Giuseppe Navone de Turin (voir aussi GN, à gauche) construit des motos de 100 à 586 cm³ à moteurs Train, Chaise et Rudge Python à quatre soupapes. En 1933, il construit aussi la Super Itala à moteur Train V4 de 750 cm³. Les modèles de course qui reçoivent un cadre en tôle emboutie sont construits sous licence Durandal. En 1936, Itala produit la Piccola Italiana à moteur Train de 98 cm³.

ITALEMMEZETA
1958-66 Motos à moteur MZ construites par Leopoldo Tartarini qui fonde par la suite Italjet (voir ci-dessous).

ITALJET p. 110
1966- Leopoldo Tartarini utilise des moteurs MZ, CZ et Triumph sur ses premiers modèles. Il construit la Velocette Indian pour l'Américain Floyd Clymer à la fin des année 50. Dans les années 70, il se consacre aux mini-motos pour enfants et signe le style de la Ducati Darmah. Dans les années 80, Italjet produit des 350 cm³.

ITALMOTO
1952-54 Firme produisant à Bologne de classiques deux-temps de 125 cm³ et des motos légères à culbuteurs de 160 cm³.

ITOM
1945-68 Marque produisant initialement des moteurs adaptables de 48 cm³ à entraînement par friction et des machines complètes à trois vitesses. Par la suite, la marque introduit une machine de 65 cm³. À partir de 1960, la firme se spécialise dans les cyclos et les motocylindres légères de sport de 50 et 60 cm³.

JANGA
1922-25 Production en nombre limité de motos légères deux temps.

JENIS
1922-24 Production en quantité limitée de bicyclettes motorisées par des deux-temps et fournitures de moteurs.

JUNIOR
1924-36 Firme implantée à Livourne dont les premières motos sont à moteur deux temps de 350 cm³ avec deux vitesses et courroie finale. Tous les boulons étant de la même dimension, la moto peut être totalement démontée avec une seule clé. En 1927, la marque monte des quatre-temps JAP et Blackburne de 175, 250 et 350 cm³. La firme ferme ses portes en 1936.

K2
1954-56 Production d'une moto deux temps de 175 cm³ à transmission par arbre avec bras arrière oscillant.

KOSMOS
1978-84 Production de motos tout-terrain à moteurs deux temps de 125 à 480 cm³.

KRAMER Voir Kram-It (ci-dessous).

KRAM-IT
1981- Motos construites initialement sous la marque Kramer avec des moteurs fournis par la même firme allemande. Lorsque l'entreprise allemande disparaît en 1985, la marque devient Kram-It. Utilisation de moteurs Minarelli et Rotax et absorption de la marque HRD en 1987 (voir p. 258).

KYMCO
1994- Construction de cyclos utilitaires.

KZ
1954-56 Pietro Vassena produit à Lecco une deux-temps de 175 cm³.

LADETTO (LADETTO & BLATTO)
c.1923-27 Les frères Ladetto fabriquent des moteurs et des motos légères tout en concevant des modèles pour plusieurs autres constructeurs.
1927-32 Giovanni Ladetto s'associe avec l'ingénieur Angelo Blatto (voir p. 254). Ladetto & Blatto construisent des moteurs deux et quatre temps et des motos de 132 à 247 cm³. Blatto part en 1930 et la production se poursuit sous le nom de Ladetto.

L'ALBA
1924-26 Motos légères produites en nombre limité par Giorgio Valeri qui monte des moteurs Alba latéraux.

LAMBRETTA p. 119
1947 La diversification d'après-guerre de la firme métallurgique Innocenti débouche en 1947 sur le scooter Lambretta dont le succès est immédiat. Le premier modèle est un deux-temps 125 cm³ à arbre à cadre tubulaire et en tôle emboutie. L'habillage est proposé en option en 1950, année où une moto de course V-twin de 250 cm³ est construite. En 1951, introduction d'un nouveau cadre à poutre en gros tube. Un cyclo est produit à partir de 1954 et des scooters à moteur 150 cm³ sont proposés.
1957 Apparition d'un nouveau type à transmission par chaîne et boîte à quatre vitesses. Style revu avec garde-boue avant fixé au tablier et non plus à la fourche. La cylindrée passe à 173 puis à 198 cm³.
1972 Fin de la production du Lambretta en Italie, mais poursuite de la construction sous licence en Espagne et en Inde.

LAMPO
1925-30 Production en petit nombre de motos légères à moteurs deux temps 125 cm³ et quatre temps 175 et 250 cm³. Interruption de la production entre 1928 et 1929 puis apparition d'un modèle 175 cm³ à soupapes en tête.

LANDI
1923-26 Lamberto Landi produit à Turin des deux-temps de 125 et 175 cm³.

LARDORI
1924-27 Construction en quantité limitée de motos à moteur Train 350.

LAVERDA pp. 120-122
1949 Fabricant de matériel agricole, Laverda commence par la construction d'une moto de 74 cm³ à soupapes en tête à cadre en tôle emboutie, premier modèle d'une série de petites cylindrées.
1968 Construction d'une nouvelle machine à arbre à cames en tête de 653 cm³ inspirée par la Honda CB77. La cylindrée passe à 748 cm³ et l'exportation commence.
1973 Laverda introduit des trois-cylindres à deux ACT de 980 cm³. Une version 1 115 cm³ apparaît bientôt. Construction aussi d'une twin 500 cm³ et d'un prototype de machine de course à moteur V6 ainsi que de machines de cylindrée inférieure à moteurs deux temps Zündapp ou Laverda refroidis par eau. Au milieu des années 80, Laverda rencontre des difficultés financières et la production est arrêtée en 1988.
1994 Après plusieurs faux départs, la production d'une twin 650 cm³ commence dans une nouvelle usine.

LAZZATI
1899-1904 Marque montant des moteurs De Dion dans des cadres de type bicyclette. Voir aussi Figini (p. 256).

LECCE
1930-32 L'ingénieur Otello Albanese, de Lecce, construit en nombre très limité des motos à moteur Moser 175 cm³ modifié au moyen d'une culasse à trois soupapes.

LEGNANO
1932-68 Fabricant de cycles ayant initialement produit des motos sous la marque Wolsit (voir p. 267). Après la Seconde Guerre mondiale, la firme produit des cyclos à moteurs Garelli Mosquito et Sachs.

LEM
1974 Construction à Bologne de cyclos et de mini-motos pour enfants à moteurs Minarelli et Franco Morini.

LEONARDO FRERA
1931-34 Marque fondée par Leonardo Frera après avoir repris la marque fondée par son père (voir p. 257), Emilio Fossio. Production de motos à moteurs JAP quatre temps de 175 et 350 cm³.
1949-60 Retour de la marque avec une production limitée de cyclos et de motos à moteurs maison et Sterzi de 50 à 150 cm³.

LEONE
1946-48 Production d'un moteur deux temps.

LEPROTTO
1951-57 Production à Turin, en nombre limité, de motos dotées de moteurs maison deux temps bicylindres de 160 et 200 cm³. En 1957, construction de cyclos propulsés par des moteurs Demm de 49 cm³.

LILLIPUT Voir Roselli (p. 265).

LINTO
1947-48 Les premières motos fabriquées par LINo TOnti sont des machines de course de 75 cm³ à deux ACT.
1967-71 Tonti crée une nouvelle machine de course en accouplant deux moteurs Aermacchi 250 Ala d'Oro pour obtenir un twin horizontal de 497 cm³ à soupapes en tête avec boîte à six rapports.

LINX
1929-41 Machines de sport assemblées avec des moteurs Rudge Python, JAP, Blackburne puis Piazza. Production très limitée.

LIVIA
1932-35 Construction de motos légères à moteurs deux temps Sachs.

LUCINI
1921-25 Moteurs adaptables sur bicyclettes.

Itom Super Sport 50 cm³ 1957 à boîte à trois rapports

LUSARDI
1984-85 Machines de course de 50 et 80 cm³ inspirées par les Kreidler.

LUZI
1970-72 Cesare Luzi produit une machine de course de 50 cm³ utilisant un moteur FB Minarelli modifié.

MAFALDA
1923-26 Petite marque produisant des motos légères deux temps de 123 et 173 cm³.

MAFFEIS
1903-35 Bernardo Maffeis a peut-être construit un motocycle dès 1895. En 1903, production d'une moto à moteur Sarolea de 2 ch. Les frères Maffeis construisent par la suite des V-twins puis, dans les années 20, des motos à moteurs Blackburne latéraux et culbutés de 250 à 500 cm³.

MAGNI
1928-30 Intéressante moto à twin parallèle horizontal de 350 cm³ à arbre à cames en tête entraîné par arbre construite par Luigi Magni de Milan, mais qui n'atteint pas le stade de la production en série. En 1930, construction d'une monocylindre verticale de 500 cm³ conventionnelle.

MAGNI
1977- Antérieurement chez MV-Agusta, Arturo Magni fonde sa propre affaire à la fermeture de MV. Il produit en nombre limité des machines dont il signe la partie-cycle.

MAININI
1966-70 Les frères Mainini produisent des motos de course à base de moteurs deux temps Aermacchi 125 cm³ modifiés.

MAINO
1902-10 Constructeur pionnier montant des moteurs Souverain sur ses premières motos.
1953-60 Après la guerre mondiale, Maino construit des cyclos à moteur Garelli Mosquito puis de petites motos à moteurs NSU 98 cm³ et Sachs et Ilo de 147 cm³.

MAJOR
c.1947-48 Motos construites à Turin, en nombre limité, par Salvatore Majorca.

MALAGUTI
1945- Fabricant de bicyclettes, Antonio Malaguti installe des moteurs Garelli Mosquito 38 cm³ sur ses premiers cyclos. Par la suite, des deux-temps Sachs et Franco Morini équipent la gamme.

MALANCA
1956-86 Construction de motos deux cylindres deux temps de 124 et 149 cm³ ainsi que de cyclomoteurs et de quelques machines de course.

MALFARDA
1923-28 Petite marque produisant des motos légères deux temps de 123 et 173 cm³.

MANTOVANI
1902-10 Motos à courroie à moteurs monocylindres de 1,5, 2,75 et 4 ch refroidis par air ou par eau.

MARCHAND
1899-1910 Paolo et Leone Marchand, de Plaisance, font partie, dans les années 1900, des plus importants constructeurs de motos italiens. Attilio Orio leur est associé, et certaines machines portent parfois un écusson Marchand-Orio. La firme monte des semi-culbutés de 1,75 à 3,5 ch.

MARCHITELLI
1947-48 Roue motorisée à moteur deux temps de 38 cm³ se montant à la place de la roue arrière d'une bicyclette.

MARIANI
1930-34 Motos construites à Monza par Enrico Mariani avec un monocylindre 500 cm³ à soupapes latérales fonctionnant à l'essence ou au gazole. La version gazole, qui possède deux soupapes d'échappement, doit être démarrée à l'essence. Production limitée.

MARINI
1924-28 Moto deux temps de 124 cm³ produite en nombre limité.

MARTINA
1924-32 Production initiale à moteur JAP 175 cm³. Derniers modèles avec motorisation au choix du client.

MAS
1920 Produites à Milan par Alberico Seiling, les premières machines sont dotées de moteurs 123 cm³ à culbuteurs montés dans des cadres de type bicyclette. Elles sont suivies par une gamme de monocylindres quatre temps latérales et culbutées de 123 à 568 cm³. Une suspension arrière est disponible sur les MAS à la fin des années 30.
1937 Seiling quitte MAS pour fonder sa propre marque (voir p. 265). MAS fournit des motos aux forces italiennes pendant la guerre. Après 1945, la firme ne renoue pas avec le succès d'avant-guerre. Le modèle Stella Alpina 122 cm³ à soupapes en tête avec refroidissement par turbine et la twin verticale de 500 cm³ à ACT sont des échecs commerciaux. Une 500 Grand Prix à deux ACT est développée en 1953, mais ne dépasse pas le stade du prototype. Très vite, la firme doit se contenter de produire des 125 et des cyclos à moteur deux temps Sachs.
1956 Cessation d'activité.

MASERATI
1953-1961 Les frères Maserati cèdent leur entreprise automobile à la fin des années 40. De 1953 à 1961, ils produisent des bougies et, en petite quantité, des motos de qualité comprenant des deux-temps 125 cm³, des motos à culbuteurs de 160 et 250 cm³ et des modèles 175 cm³ à ACT ainsi que divers cyclomoteurs.

MASSARINI
1926-30 Production à petite échelle, à Plaisance, avec des moteurs deux temps de la marque en 118, 125 et 148 cm³.

MAV
1954-56 Moteurs adaptables sur bicyclettes.

MAV
1973-82 Petite firme construisant des machines tout-terrain de compétition à moteurs Minarelli, Hiro et Sachs de 50, 125 et 175 cm³.

MAXIMA
1920-25 Construction de flat-twins de 690 et 750 cm³ montés en long.

MAZZILLI
1970-78 Giorgi Mazzilli produit quelques machines tout-terrain de compétition avec des moteurs deux temps Sachs modifiés de 125 à 250 cm³ montés dans des parties-cycle conventionnelles.

MAZUCCHELLI
1925-28 Construction de motos légères avec des moteurs allemands Alba 198.

MBA
1977-85 Petite firme liée à l'entreprise d'armement de la famille Benelli ainsi qu'aux constructeurs des machines de course Morbidelli (voir p. 261). Elle produit des cyclos à moteurs Sachs et d'autres marques. MBA est aussi impliquée dans la fabrication des versions de production des motos de compétition Morbidelli 125 cm³.

MBM
1974-81 Construction de cyclomoteurs à moteur Minarelli.

MBR
1924-26 Production de motos deux temps de 124 cm³.

MDS (Moto Di Scoccimarro)
1955-60 Ces initiales désignent une moto légère à soupapes en tête de 65 cm³ à cadre ouvert et roues de 16 pouces (41 cm). Modèle suivi par des machines plus classiques de 70 et 80 cm³.

ME
1953-55 Moto Emilia de Bologne produit

Monocylindre MAS à culbuteurs c.1930

des 175 cm^3 en nombre limité. Les modèles tourisme sont à culbuteurs, les modèles sport à un ACT et deux ACT pour les Supersport.

MEDUSA
1957-58 Motos de sport conçues par Luciano Pasini et construites par le célèbre pilote Vasco Loro. Il s'agit de twins parallèles à deux ACT de 175 cm^3.

MELDI
1927-37 Meldi construit en quantité limitée des machines de compétition à monocylindres JAP et Rudge Python à culbuteurs de 250 à 500 cm^3.

MEMINI
1946-47 Fabricant de carburateurs qui construit l'Electa, une moto légère deux temps de 173 cm^3 à fourche télescopique et suspension arrière. Non produite.

MENGOLI
1952-54 Moto quatre temps de 175 cm^3 à deux ACT et fourche télescopique.

MENON
1930-32 Marque montant des moteurs latéraux de 173 et 198 cm^3 sur des machines produites en petite quantité.

MERLONGHI
1927-30 Bicyclette motorisée avec un deux-temps de 132 cm^3 et une boîte à deux vitesses.

METEORA
1953-66 Angelo Zanasi construit la première Meteora à partir d'un moteur OMS 175 cm^3 à un ACT. À partir de 1955, les modèles légers utilisent des moteurs FB, NSU et Franco Morini de 50 à 100 cm^3.

MFB
1957-64 MFB construit des deux-temps de 50 à 175 cm^3 et des machines à culbuteurs de 174 cm^3.

MFG
1921-27 Francesco Garanzini, frère d'Oreste (voir Garanzini, p. 257) produit des motos légères dotées de son propre moteur deux temps de 142 cm^3. Il utilise aussi des monocylindres Blackburne à culbuteurs.

MG
1926-50 Marque fondée à Modène par Vittorio Guerzoni. Le premier modèle possède un moteur Train. En 1932, la société Guarinoni-Marninoni reprend la production pour construire des machines de 250 et 350 cm^3 à culbuteurs et un ACT. À partir de 1933, des modèles presque identiques sont produits sous la marque Taurus (voir p. 266). Après la Seconde Guerre mondiale, MG est reprise par les frères Bergamini qui poursuivent la production des modèles 250 et 350 sous la marque Centaurus (voir p. 254).

MIGNON
1922-32 Vittorio Guerzoni (voir MG ci-dessus) utilise aussi la marque Mignon. Il produit initialement une moto légère quatre temps de 125 cm^3 et construit une twin 250 en 1926 en doublant le moteur 125. Une machine de course de 500 cm^3 à un ou deux ACT est aussi produite.

MILANI
1970-81 Cyclos et motos tout-terrain à moteurs Minarelli produits en petite quantité.

MILLER-BALSAMO
1921-59 Les frères Balsamo vendent à Milan les motos américaines Excelsior avant de fabriquer leurs propres modèles avec des moteurs Moser de 175 cm^3. En 1928, ils construisent leur propre moteur à culbuteurs de 175 cm^3 qui acquiert une excellente réputation parmi les sportifs. Dans les années 30, Miller construit des motos à moteurs Rudge Python quatre soupapes de 250 à 500 cm^3 et des moteurs de 98 et 250 cm^3 appartenant à la marque. En 1939, une machine totalement carénée, créée avec un moteur à culbuteurs de 200 cm^3, est baptisée la Jupiter. Elle reparaît après la guerre. Des modèles 175 cm^3 à un ACT et des machines conventionnelles en 250 et 500 cm^3 sont également produites.

MINARELLI Voir FB Minarelli (p. 256).

MINERVA
1929-31 Moto quatre temps de 175 cm^3 produite en quantité limitée à Turin. Marque sans lien avec Minerva de Belgique.

MINETTI
1924-27 Les frères Minetti produisent à Turin des deux-temps de 124 cm^3.

MINIMOTOR
1945-56 Moteurs adaptables de 49 puis 87 cm^3 conçus par Vincenzo Piatti qui crée par la suite le scooter Piatti, construit en Belgique et en Grande-Bretagne.

MINIZETA
1989 Production de moteurs adaptables de 38 cm^3, de cyclos complets et de mini-motos.

MI-VAL
1950-67 Les premiers types sont des deux-temps de 125 cm^3 qui remportent de nombreux succès sportifs. À partir de 1954, production restreinte de modèles à soupapes en tête de 125 à 250 cm^3 ainsi que d'une machine de course à deux ACT. La firme produit aussi la microvoiture Messerschmitt sous licence. Les derniers modèles sont des cyclos et des motos de cross quatre temps de 250 cm^3.

MM
1924-64 Firme fondée à Bologne par Angelo Mattei, Mario Mazetti, Alfonso Morini et Giuseppe Massi. En 1927, Mattei et Massi se séparent et le Dr Antonio Salva rejoint la firme. Le premier modèle de la marque est une machine de course deux temps de 125 cm^3 avec boîte à deux rapports qui gagne dans sa catégorie au Grand Prix des Nations 1927. Dans les années 30, MM commence la production de machines culbutées et latérales jusqu'à 496 cm^3. Quelques motos de course à un ACT, de 123 et 173 cm^3, sont également produites. Alfonso Morini quitte la firme en 1937 pour créer sa propre marque (voir Morini à droite). Après la Seconde Guerre mondiale, MM produit des machines de 350 et 500 cm^3 dérivées des types d'avant-guerre et un exceptionnel modèle 250 cm^3 avec ACT entraîné par chaîne et suspension télescopique. Malheureusement, la marque ne retrouve pas son succès d'avant-guerre et les dernières machines produites par MM sont des 125 deux temps utilitaires.

MOLARONI
1921-27 Les frères Molaroni produisent des machines à moteur deux temps à Pesaro, des monocylindres de 296 et 344 cm^3 et une flat-twin de 596 cm^3.

MOLTENI Voir FM Molteni (p. 256).

MONACO
1950-55 Vittorio Monaco produit une moto deux temps de 125 cm^3 avec carrosserie intégrale et siège-baquet pour le pilote. La seconde version prend le nom de Montanto.

MONACO-BAUDO
1927-28 Augusto Monaco et Antonio Baudo (voir p. 253) s'associent pour produire une monocylindre latérale de 500 cm^3 avec boîte à trois rapports et partie-cycle conventionnelle. Monaco avait auparavant construit une twin à quatre temps de 250 cm^3 en association avec Della Ferrera.

MONDIAL Voir FB Mondial (p. 256).

MONTANTO Voir Monaco (ci-dessus).

MONTEROSA
1954-58 Petite firme produisant des cyclos utilitaires.

MONTU
1903-10 Constructeur d'Alexandrie (Piémont) produisant des motos à moteurs Carcano, puis De Dion.

MONVISO
1951-56 Petite marque fabriquant des cyclos et des motos légères à moteurs Sachs de 50 à 175 cm^3.

MORBIDELLI p. 127
1969-82 L'affaire commence pour satisfaire une passion de l'industriel passionné de motos qu'est Giancarlo Morbidelli. Ses deux-temps perfectionnées de course de 50 à 250 cm^3 remportent six Championnats du monde au cours des années 70, mais ses modèles de compétition à quatre cylindres en 350 et 500 cm^3 ne sont pas aussi compétitifs. MBA, un partenariat entre Morbidelli et Benelli Armi, produit des versions clients de bicylindres à soupapes rotatives de 125 cm^3 refroidies par eau.
1994 Morbidelli introduit une nouvelle machine de tourisme à moteur V8 de 850 cm^3 et transmission par arbre. Le prix élevé et le style signé Pininfarina attirent peu d'acheteurs.

MORETTI
1934-52 Giovanni Moretti commence la production de motos à Turin à partir de moteurs Ladetto, DKW et JAP. En 1946, Moretti produit une machine de 125 cm^3 à deux ACT avec cadre en tubes ovales conçu par Angelo Blatto. Suit une version en 250 cm^3. En 1947, une flat-twin 250 à soupapes en tête et transmission par arbre est introduite et vendue sous la marque Erfim.

MORINI pp. 128-29
1937 Alfonso Morini quitte MM (voir à gauche) et fonde sa propre firme qui commence par produire des tricycles commerciaux.
1946 Morini commence la production d'une deux-temps de 123 cm^3 inspirée par la DKW RT 125. Une monocylindre deux temps de 246 cm3 apparaît en 1949.
1950 Introduction d'une nouvelle moto de course de 123 cm^3 de course à un ACT. Le développement de ces monocylindres à un ACT se poursuit dans les années 60. La Rebello, une moto de course à un ACT, de 1955, sert de base à la twin de 247 cm^3 qui conteste à Honda le titre mondial en 250 pendant l'année 1963.
1952 Introduction des premières routières monocylindres à culbuteurs de 175 cm^3. Elles donneront naissance aux sportives Settebello.
1973 Mise en production de nouvelles V-twins à 72° à soupapes en tête. Ce genre très avancé utilise des culasses de type Heron et l'allumage électronique. Les premiers modèles sont des 344 cm^3, mais des versions de 239 et 479 cm^3 sont produites par la suite. La conception modulaire permet de produire des monocylindres 125 et 250 cm^3 en utilisant de nombreuses pièces reprises du V-twin. Ce groupe est toujours produit vingt ans après son apparition. Un prototype à turbocompresseur, dérivé du V-twin de 500 cm^3, est exposé en 1981, mais il n'atteint pas le stade de la production.
1987 Morini est vendue à Cagiva.

MOTOBI
1950 Après son départ de l'entreprise familiale, Giuseppe Benelli (voir p. 253) construit des deux-temps de 98 cm^3 à cylindres horizontaux et groupe de forme ovoïde, qui devient une caractéristique propre à MotoBi. Construction également

de monocylindres et de twins deux temps de 98 et 248 cm^3.
1956 Introduction de monocylindres quatre temps à culbuteurs de 123 et 172 cm^3 dotées de moteurs de même style. La cylindrée est, par la suite, portée à 245 cm^3.
1962 Giuseppe meurt et MotoBi revient au sein du groupe Benelli.
1976-80 La dernière MotoBi identifiable comme telle est une machine de style café-racer dérivée de la Benelli bicylindre deux temps de 250 cm^3.

MOTOBIMM Voir Bimm (p. 254).

MOTO BM
1982-88 Construction, en petite quantité, de cyclos et de motos de 50 cm^3 à moteur Minarelli deux temps.

MOTO-BORGO Voir Borgo (p. 254).

MOTOCLIPPER
1948-49 Moto légère à moteur Ducati quatre temps de 60 cm^3.

MOTODELTA
1970-73 Construction de motos de compétition tout-terrain équipée d'un moteur Sachs de 125 cm^3.

MOTO FUTURO
1948-49 Construction de motos à cadre ouvert de 98 à 250 cm^3 à siège-baquet.

MOTO GUZZI pp. 130-132
1921 Firme fondée à Mandello del Lario par Carlo Guzzi et Giorgio Parodi. Le premier modèle de production est une monocylindre horizontale de 498 cm^3. Ce quatre-temps horizontal est à la base de toute la production Guzzi jusqu'au milieu des années 60, et les monocylindres 500 cm^3 conserveront les cotes 88 x 82 mm de la machine originale jusqu'en 1976. En 1924, apparition de la 500 quatre soupapes à un ACT qui remporte le premier Championnat d'Europe. À partir de 1926, la firme construit des modèles 250 cm^3 et des machines de course spéciales. Guzzi conserve le monocylindre pour ses routières, mais développe une série de motos de course originales, y compris un V-twin à 120°, des monocylindres, des trois et des quatre-cylindres à compresseurs, des quatre-cylindres en ligne à un ACT en 1955, et une incroyable V8 de 500 cm^3. Après la Seconde Guerre mondiale, Moto Guzzi construit des petites cylindrées comme la deux-temps Motoleggera 65, les Zigolo 98 et 110 cm^3, les 160 et 175 cm^3 et le scooter quatre temps de 192 cm^3 à grandes roues Galletto. Les modèles 250 et 500 cm^3 horizontaux à volant extérieur sont maintenus en production.
1967 Introduction d'une V-twin de 703 cm^3 à arbre dont le moteur a été conçu à l'origine pour un véhicule militaire à trois roues. Le type V7 devient la base de la gamme Guzzi, toujours en production aujourd'hui. Des versions tourisme et sport sont produites. La cylindrée du moteur a été portée à 1 100 cm^3 en 1994.
1971 Alessandro de Tomaso, propriétaire de Benelli (voir p. 253), rachète la firme en difficulté. Une gamme V-twin est développée ainsi qu'une gamme de deux et quatre-cylindres identiques aux Benelli. Une V-twin plus petite à transmission par arbre apparaît en 1977. Des modèles de 350, 500 et 650 cm^3 sont également produits par la suite.
1993 Une Guzzi V-twin refondue apparaît : la Daytona possède des culasses à quatre soupapes, un ACT par culasse et l'injection.

MOTOM
1947-71 Construction de moteurs quatre temps adaptables et de cyclos complets. La première moto est l'originale Delfino de 147 cm^3 à culbuteurs construite en 1950. Son moteur refroidi par turbine est placé sous la selle. Le modèle radicalement nouveau 98TS de 1953 possède un moteur horizontal à soupapes en tête de 98 cm^3 monté dans un cadre en tôle emboutie et des suspensions à éléments en caoutchouc. Des motos légères classiques à quatre temps sont produites dans les années 50. Dans les années 60, Motom décline.

MOTOMEC
1985-89 Cyclomoteur multifonctionnel pouvant servir de pompe mobile, de compresseur ou de chargeur de batterie.

MOTO PIANA
1926-31 Gualtiero Piana (voir Piana p. 264) construit des motos à moteurs Villiers et JAP jusqu'en 1927, année où il fabrique son propre moteur latéral de 250 cm^3.

MOTO-REVE ITALIANA
1912-15 Construction de motos monocylindres et V-twins de 300 à 497 cm^3 sous licence Moto-Rêve de Suisse.

MOTO V
1927-30 Monocylindre semi-culbutée de 355 cm^3 avec cadre en tôle emboutie.

MOTRON
1977- Constructeur de cyclos à moteur Minarelli.

MP
1934-35 Petite production de cette moto de 500 cm^3 à moteur culbuté Sturmey-Archer.

MR
1924-26 Construction en nombre limité de motos à moteur Train.

MT34
1943-49 Moteur adaptable de 34 cm^3 conçu par Giuseppe Remondini.

MT Voir Muratore (ci-dessous).

MULLER
1950-79 La première machine de Bruno Müller est une éphémère moto légère de 98 cm^3 à moteur NSU. La production reprend en 1968 avec des motos tout-terrain à moteurs Zündapp, Hiro, Sachs et Franco Morini.

MURATORE
1948-53 Teresio Muratore construit une machine de 250 cm^3 à moteur bicylindre incliné à un ACT dans une partie-cycle classique.

MUSA
1947-49 Construction d'une deux-temps de 70 cm^3 à suspension arrière cantilever. Musa produit aussi des cyclos à moteur Ducati Cucciolo.

MV AGUSTA pp. 134-137
1945 Les premières MV (Meccanica Verghera) sont des deux-temps légères de 98 et 125 cm^3.
1947 Construction d'une monocylindre quatre temps de 250 cm^3. MV utilise de plus en plus des moteurs quatre temps sur ses routières. Au milieu des années 50, on trouve une gamme de motos légères et de scooters de 50 à 175 cm^3. À partir de 1967, construction de twins 250 et 350 cm^3.
1950 La première MV de course quatre cylindres est construite après l'arrivée des compétences en provenance de Gilera. La 500 à un ACT possède une suspension à barres de torsion et une transmission par arbre. Une monocylindre de 125 cm^3 est également construite. Ces deux machines signent de nombreux succès en course, et MV produit aussi des 250 et des 350 de compétition. Si des 125 et 250 de compétition sont commercialisées, les quatre-cylindres sont réservées à l'équipe officielle.
1966 Apparition de la première quatre-cylindres routière sous la forme d'une machine de tourisme de 600 cm^3 à transmission par arbre. Elle reste en

MotoBi 1976 sur base de Benelli deux cylindres deux temps 250 cm^3

production jusqu'en 1971, année où apparaît une 750 de sport. Des routières à quatre cylindres à deux ACT sont aussi produites en petit nombre.
1977 La marque est cédée à Cagiva (voir p. 254).

MVB
1954-56 Production de cyclos et de motos légères à moteur deux temps.

NAGAS & RAY
1925-28 Alessandro Nagas et Tullio Ray sont, en Italie, les distributeurs des machines Indian et Zündapp. Conçues par Giuseppe Remondini, leurs motos sont des monocylindres latérales et culbutées de 348 cm^3.

NASSETTI
1951-60 Nassetti, fabricant de magnétos et de pièces aéronautiques, produit des moteurs deux temps adaptables de 49 cm^3 appelés Pellegrino.

NAVONE
1928-29 Giuseppe Navone produit les marques GN (voir p. 258) et Itala (voir p. 258) ainsi que des motos légères à moteur français PM de 175 cm^3.

NAZZARO
1926-28 Eugenio Nazzaro produit à Turin des motos légères de 175 cm^3.

NECCHI
1948-54 Petite production de motos légères dotées de moteurs Ducati Cucciolo, Garelli Mosquito, Villiers et Sachs jusqu'à 123 cm^3.

NEGRINI
1956-86 Construction de cyclos, mini-motos et machines légères jusqu'à 125 cm^3.

NENCIONI
1926-28 Construction de machines légères à moteurs bicylindres deux temps Della Ferrera.

NEPTUNIA Voir Busi-Nettunia (p. 254).

NEPTUNNS
1924-26 Production en nombre limité de deux-temps légères.

NETTUNIA Voir Busi-Nettunia (p. 254).

NIBBIO
1946-52 Premier scooter italien à moteur deux temps de 98 cm^3 et cadre tubulaire. Construit initialement par Gianca de Monza, il est repris en 1949 par San Cristoforo (voir p. 265) de Milan. En 1952, le modèle est vendu sous la marque Simonetta (voir p. 266).

NOVARRA
1930-35 Angelo Novarra de Legnano produit en nombre limité des motos à moteurs JAP, Chaise et FN de 175 cm^3.

Moto Oliverio à culbuteurs c.1930

NVB
1956-57 Cyclos et motos légères à moteurs deux temps 50 et 150 cm^3 et quatre temps de 125 cm^3. Production limitée.

OASA
1930-32 Succédant à la marque Aliprandi (voir p. 252), les machines OASA utilisent des moteurs quatre temps Ladetto de 173 cm^3 et des JAP de 246 et 346 cm^3.

OCMA (DEVIL)
1953-58 L'entreprise Officine Costruzioni Martinelli de Bergame, fabricant de pièces automobiles, produit ses premières motos deux temps de 125 et 160 cm^3 et ses cyclos en 1953 sous la marque Devil. Une quatre-temps de 175 cm^3, un modèle sport à deux ACT et des tricycles commerciaux sont également produits.

OLIVERIO
1929-32 Production sur une petite échelle, à Turin, de motos à moteur culbuté Sturmey-Archer de 346 et 496 cm^3.

OLIVIA
1920-25 Les frères Olivia produisent des bicyclettes motorisées, puis une moto légère à moteur Train de 175 cm^3.

OLLEARO
1921-53 Neftali Ollearo, de Turin, construit d'abord une 125 cm^3 deux temps à cadre en berceau puis des monocylindres à culbuteurs de 175 à 500 cm^3. En 1945, reprise de la production des types d'avant-guerre et production de moteurs deux temps adaptables de 45 cm^3.

OLMO
1951-61 Construction de cyclos et de motos légères de 49 cm^3.

OLYMPIA
1951-54 L'entreprise de cycles de Borghi produit en petite quantité des cyclos et des motos légères de 50 et 125 cm^3.

OMA
1952-55 Petite production de monocylindres quatre temps de 173 cm^3 à culbuteurs ou à un ACT.

OMAN
1927-28 Motos à moteur Diesel produites en petit nombre.

OMB
1933-34 Marque fondée par Angelo Blatto après sa séparation avec Ladetto (voir p. 259). La gamme s'étend d'une 175 cm^3 à la moto de course 500 cm^3 à un ACT.

OMC
1933-35 Moto classique de 175 cm^3 conçue par Giovanni Ladetto et construite par l'Officine Meccaniche Calabresi.

OMC
1985- OMC produit des cyclos routiers et tout-terrain à moteurs Minarelli et Franco Morini. Production également des motos Testi (voir p. 266) depuis 1987.

OME
1920-21 Moto électrique construite par Ernest Giordani. Le moteur 6/12 volts de 250 watts permet d'atteindre 25 km/h.

OMEA
1950-53 Conçue par Carlo Bottari et construite à Milan, l'Omea est une deux-temps de 124 cm^3 avec boîte à trois rapports. Le cadre est en alliage léger et la suspension arrière à bras oscillant. La fourche avant à ressort central est amortie hydrauliquement. Production limitée.

OMER
1968-81 Petite production de cyclos à moteurs Minarelli et Morini.

OMN
1924-25 Petite production de motos à moteurs Villiers de 147 et 172 cm^3.

OMT Voir Muratore (p. 262).

OPRA
1927-29 Machine de course perfectionnée à quatre cylindres de 490 cm^3 conçue par Pietro Remor et Carlo Gianni, construite par Officine di Precisione Romane Automobilistiche. Le moteur transversal est à deux ACT entraînés par pignons. Malgré son succès, son coût met fin au projet, mais le modèle servira de base à la Rondine (voir p. 265) et à la Gilera (voir p. 257) de course.

OR
1928-31 Construction en série limitée de moteurs adaptables et de motos à moteur culbuté ou latéral de 175 cm^3.

ORIONE
1923-28 Guido Carpi construit à Milan des deux-temps de 87 et 125 cm^3, un modèle culbuté de 124 cm^3 et fournit aussi des moteurs seuls.

ORIX-PRINA
1949-54 Fabricant de cycles produisant en nombre limité des scooters et des motos deux temps de 125 et 175 cm^3.

OSCAR
1965-82 Construction de cyclos utilitaires et sportifs à moteurs Franco Morini ou Minarelli. En 1966, construction d'une machine de course de 60 cm^3.

OTTOLONGHI
1928-32 Production en nombre limité de motos à moteurs Piazza, Ladetto & Blatto, JAP, Ladetto et de la marque.

OTTINO
1926-35 Construction de bicyclettes motorisées et de motos légères à moteurs deux temps 125 cm³ Della Ferrera et quatre temps 175 cm³ JAP, Della Ferrera et CF.

PAGLIANTI
1948-66 Production de petits scooters et cyclos à moteurs Ducati Cucciolo, Garelli Mosquito, puis Minarelli et Franco Morini.

PANDA
1980-85 Motos tout-terrain légères à moteur Sachs de 79 cm³.

PARILLA
1946 Giovanni Parrilla commence par la fabrication de machines de course à moteur 247 cm³ à un ACT. En 1950, la gamme comprend des routières à moteurs deux temps de 98, 123 et 249 cm³.
1952 Lancement d'une monocylindre de 174 cm³ et d'une twin parallèle équipées de moteurs à un ACT de 348 cm³, mais aussi fabrication de cyclos et de scooters.
1956 Apparition des Slughi 98 et 123 cm³ à carénage partiel. Elles sont livrables avec monocylindre horizontal à deux ou quatre temps. Des monocylindres de 175 et 250 cm³ sont exportées en versions route, course et scramble.
1967 Arrêt de la production.

PARVUS
1921-26 Production de deux-temps adaptables de 104 cm³ et d'un modèle deux temps de 123 cm³.

PASSONI
1902-04 Pionnier milanais montant des moteurs de 2 ch sur des bicyclettes.

PATON
1958-85 Giuseppe PAttoni, ancien de chez Mondial, construit des machines de course compétitives malgré des budgets très serrés. Lino TONti l'aide à modifier ses premières motos 125 et 175 cm³. En 1964, Paton crée une twin 250 à deux ACT. Des twins à quatre temps de 350 et 500 cm³ sont développées par la suite. En 1976, une quatre-cylindres deux temps de 500 cm³ est produite. Le développement des deux-temps se poursuit jusqu'au milieu des années 80.

PATRIARCA
1907-10 Gustavo Patriarca construit un moteur deux temps adaptable avant de s'orienter vers l'aéronautique.
1925-33 Patriarca construit des motos de 125 et 175 cm³ à soupapes en tête et à bloc-moteur.
1951-53 Production de la Mottina à moteur culbuté de 248 cm³.

PEGASO
1955-64 D'anciens employés de Motom fabriquent des cyclos de grande qualité et des motos de 60 cm³ à moteur quatre temps en quantité limitée.

Twin Parilla 350 à ACT de 350 cm³ version Turismo

PERIPOLI
1957- Construction de cyclos et de motos à moteur deux temps de 49 cm³ sous la marque Giulietta (voir p. 237).

PERUGINA
1953-62 Motos construites à Pérouse, en quantité limitée, par Giuseppe Menicucci, équipées de moteurs monocylindres et un ACT de 173 et 248 cm³ et deux temps de 158 cm³.

PFG Voir Piola (à droite).

PG-PARASACCO
1929 Parasacco et Guarino, de Turin, construisent des machines légères à moteur culbuté de 175 cm³.

PGO
1992- Production de cyclos et petits scooters utilitaires à moteur deux temps de 49 cm³.

PIAGGIO
1946- Fondée en 1884, à Gênes, par Rinaldo Piaggio pour l'aménagement des bateaux, la firme aborde la construction aeronautique en 1915. En 1946, elle se diversifie dans le scooter et crée la célèbre Vespa (voir p. 267). Puis elle absorbe Gilera (voir p. 257) en 1969. Une nouvelle gamme de scooters à carrosserie plastique apparaît en 1990.

PIANA
1923-26 Piana construit à Florence des machines à moteurs deux temps Villiers et quatre temps JAP jusqu'à 490 cm³. La marque devient Moto Piana (voir p. 262).

PIAZZA
1924-35 Antonio Piazza, de Turin, construit un moteur adaptable de 124 cm³ et des motos complètes, à culbuteurs, de 173 cm³. Les moteurs sont également vendus à d'autres marques. Un modèle de 1934 est équipé d'un 500 JAP.

PICOT
1946-48 Picot produit en quantité limitée un scooter à moteur Condor de 148 cm³.

PIOLA
1919-21 G. Piola et fils construit une quantité limitée de flat-twins latérales de 620 cm³ à transmission par chaîne, également vendues sous la marque PFG.

PIOVATICCA
1973-75 Construit des machines de course à moteur deux temps à soupapes rotatives de 50 et 125 cm³ et à refroidissement par eau. Des problèmes financiers imposent la cession à Bultaco, lequel finit par remporter quatre titres mondiaux avec des modèles Piovaticca.

PIROTTA
1949-58 Petite firme milanaise produisant des moteurs adaptables de 40 cm³, des cyclos et des motos légères de 75, 125 et 160 cm³.

PIUMA
1989-92 Motos d'enduro à moteur quatre temps dérivées des Husqvarna.

PIVA
1922-24 Firme construisant des deux-temps légères de 135 cm³.

PIVIERE
1953-56 Construit un cyclomoteur deux temps à cadre embouti.

PIZETA
1993- Cyclos à moteur électrique et à deux temps produits en nombre limité.

PO (Pagni et Occhialini)
1921-23 Machine à moteur deux temps de 350 cm³ avec graissage automatique produite à Florence.

POLENGHI
1945-58 Moteurs adaptables de 58 cm³ à pistons opposés et entraînement par friction, remplacés par la suite par des cyclos classiques.

POLET
1923-24 Le célèbre pilote de Milan, Achille Polet, produit quelques machines à moteur semi-culbuté de 481 cm³.

PONY
1946-49 Moteur adaptable de 44 cm³.

POSDAM
1926-29 Les frères Da Milano fabriquent à Turin des motos légères à moteur semi-culbuté de 125 cm³.

PR
1935-36 Construction à Turin, en petite quantité par Piero Rosati, d'une monocylindre à un ACT de 500 cm³.

PREMOLI
1935-37 Machines assemblées manuellement par Guido Premoli à Varese utilisant des moteurs OMB-Blatto de 175 cm³ et Rudge Python de 500 cm³.

PRINA Voir Orix-Prina (p. 263).

PRINETTI & STUCCHI
1898-1926 Fabricant de bicyclettes qui construit en 1898 un tricycle à moteur De Dion et son propre moteur quatre temps de 2 ch en 1901. Un an après, le nom de Stucchi s'impose seul. En 1905, Carlo Liedi conçoit des modèles à moteurs latéraux et à courroie de 3 et 4 ch. Quelques V-twins de 500, 750 et 1 000 cm³ sont construites en 1919. La production ralentit, mais des monos 350 et 500 sont produites jusqu'en 1926.

QUAGLIOTTI
1902-07 Carlo Quagliotti de Turin est, au début du siècle, l'un des plus grands constructeurs italiens. Il produit des motos à monocylindres Peugeot et des V-twins de 5 ch à transmission par chaîne et réduction primaire par pignons.

RANZANI
1923-31 Motos légères utilisant des moteurs culbutés 175 cm³ Heros et 170 cm³ Norman.

RAPID
1953-55 Production de moteurs adaptables de 48 cm³.

RAS
1932-36 Motos produites à Milan par Achille Fusi (voir p. 257) à moteurs JAP de 175 à 490 cm³ montés dans des parties-cycle orthodoxes. Utilisation initiale de la marque Fusi jusqu'au rachat des droits d'utilisation de la marque CF.

REGGIOLI
1969-70 Production limitée de motos de cross à moteur Minarelli de 60 cm³.

REITER
1927-29 Production turinoise à moteurs Blackburne et Bradshaw à quatre temps.

REVELLI Voir GR (p. 258).

RIGAT
1912-14 Production de motos à moteur Fafnir de 487 cm^3.

RINGHINI
1973-75 Moto de course à moteur deux temps de 50 cm^3.

RIVA
1928 Moto à quatre cylindres 500 cm^3 à compresseur et deux ACT avec refroidissement par eau construite par RIdde VAlerio.

RIVARA
1984 Production de mini-motos et cyclos tout-terrain à moteurs Franco Morini et Minarelli.

RIZZATO
1979- Production de motos légères à moteurs Franco Morini et Minarelli jusqu'à 123 cm^3. Rachète Atala (voir p. 253).

ROMANO
1904-06 Les frères Romano, de Turin, construisent une bicyclette motorisée avec un quatre-temps monocylindre et une suspension avant.

ROMEO
1969-75 Construction de cyclos et mini-motos à moteur Minarelli.

ROMERO
1934-36 À Turin, production à petite échelle de motos à monocylindres horizontaux latéraux de 500 cm^3 à quatre vitesses.

RONDINE
1923-28 Bicyclettes motorisées à moteur deux temps Train de 98 cm^3.

RONDINE
1934-35 Machine de course à quatre cylindres construite par la Compagnia Nazionale di Aeronautica. Elle est développée à partir de l'OPRA (voir p. 263). La machine remporte des succès spectaculaires et, à la fermeture de la CNA, Gilera (voir p. 257) rachète Rondine qui fournira la base des quatre-cylindres Gilera de course.

RONDINE
1952-57 Cette Rondine, produite à petite échelle, est une moto légère deux temps de 123 cm^3 avec cadre en alliage léger.

RONDINE-COPETA
1967-72 Construction de cyclos et motos tout-terrain à moteurs 48 cm^3 Franco Morini et Minarelli. Sans lien avec les autres Rondine.

ROSSELLI
1899-1910 Implantée à Turin et connue sous le nom de Rosselli et Castellazzi, la firme construit une bicyclette à moteur quatre temps de 1 ch appelée Lilliput et des moteurs seuls. Par la suite, construction de modèles de 258 cm^3.

ROSETTA
1950-52 Machines à moteur Villiers.

ROSSI
1929 Petite production d'une V-twin latérale à 90°de 350 cm^3 à cadre aluminium utilisant des pièces d'automobiles Fiat.

ROSSI
1950-55 Construction limitée de motos légères à moteur Sachs de 123 cm^3.

ROTA
1950-54 Petite production par Felice Rota de monocylindres de 500 cm^3 à culbuteurs.

ROVETTA
1900-06 Giovanni Rovetta construit des moteurs adaptables dont un modèle de 2,25 ch refroidi par eau et une version à monter sur la fourche avant.

ROYAL
1923-28 Les frères Santagostino produisent des deux-temps de 123 cm^3 et quelques quatre-temps à moteur JAP.

RUBINELLI
1921-27 Production, à Milan, de deux-temps de 122 et 172 cm^3.

RUMI p. 165
1949 La Fonderia di Bergamo construit une des motos italiennes de sport les plus populaires des années 50. Son bicylindre horizontal deux temps de 125 cm^3 est monté dans un cadre tubulaire. Un modèle de 200 cm^3 est produit par la suite parallèlement aux scooters Formichino (petite fourmi) et Scoiattolo (écureuil).

1955 Introduction d'une monocylindre à culbuteurs de 175 cm^3.
1960 Introduction de V-twin à 90° à culbuteurs de 98, 125 et 174 cm^3.
1962 La firme est en cessation d'activité.
1991 Réapparition du nom sur des machines de course.

RUSPA
1925-29 Construction d'une deux-temps de 124 cm^3 et d'une culbutée de 175 cm^3. Production, de monocylindres 350 cm^3 sous la marque Ruspa et Gaeta.

S4
1939-50 Sergio Secondo construit des machines de course à moteurs 350 et 500 cm^3 quatre cylindres en travers à un ACT.

SACOM
1985- Production à Palerme de cyclos à moteurs extérieurs à la marque.

SALETTA
1912-15 Saletta, de Turin, vend les motos britanniques Premier et Sunbeam. Elle construit aussi des machines sous son propre écusson et comportant de nombreuses pièces d'origine anglaise.

SALVE
1925-26 Construction, à Milan, d'une monocylindre latérale de 496 cm^3.

SAMA
1923-26 Production sur une petite échelle de monocylindres à culbuteurs de 350 cm^3.

SANCINETO
1933-35 Production de motos légères et de trois-roues à moteur JAP 175 cm^3.

SAN CRISTOFORO
Voir Nibbio (p. 263) et Simonetta (p. 266).

SANTAMARIA
1951-63 Construction de cyclos et de motos légères équipées de moteurs extérieurs à la marque.

Moto Shifty à moteur Fiat c.1976

SANSEVERO
1980-83 Production en petit nombre de motos de Grand Prix à moteurs deux temps de 125, 250 et 500 cm^3.

SAR
1920-26 Production de flat-twins à moteurs 500 cm^3 latéraux et culbutés. La firme monte aussi des moteurs Bradshaw refroidis par huile de 350 et 500 cm^3.

SCARAB
1967-85 Appellation parfois utilisée pour désigner les motos Ancilotti (voir p. 252).

SEGALE
1985-94 Motos de sport construites à partir de moteurs quatre cylindres japonais.

SEGONI
1967-74 Construction de motos de course et de sport à cadre monocoque en alliage léger et moteur Laverda 750 cm^3.

SEILING (SEI)
1937-38 Alberico Seiling fonde la marque Seiling après avoir quitté MAS (voir p. 260). Il produit une monocylindre latérale de 305 cm^3 équipée d'une boîte à trois rapports intégrée, d'un volant-moteur extérieur et d'une suspension arrière. En 1939, la marque devient Altea (voir p. 252).

SENIOR
1913-14 Motos construites à Milan par Bonzi & Marchi utilisant des moteurs monocylindres et V-twins Moser avec transmission par chaîne ou courroie.

SERTUM p. 169
1932-51 Sertum (signifiant couronne en latin) est une marque italienne majeure dans les années 30. Son premier modèle est une moto latérale de 175 cm^3 à bloc-moteur et cadre tubulaire. La firme développe par la suite des modèles de 200, 250 et 500 cm^3. Production également d'une twin parallèle latérale de 500 cm^3, d'une deux-temps de 120 cm^3 à cadre embouti et d'une 250 à culbuteurs. Au cours de la Seconde Guerre mondiale, de nombreuses machines sont fournies à l'armée italienne. Après la guerre, Sertum réintroduit des monocylindres quatre temps de 250 et 500 cm^3 et des twins parallèles latérales ou culbutées de 500 cm^3. Les modèles d'après-guerre possèdent un cadre en tôle emboutie à suspension arrière et fourche à parallélogramme. Des problèmes financiers mènent à la cessation d'activité.

SESSA
1950-56 Firme produisant des motos légères à moteur deux temps suspendu au cadre-poutre monotube. À partir de 1953, utilisation de fourches à roue poussée et de suspensions arrière à barres de torsion.

SHIFTY
1975-78 Ugo Grandisj, de Padoue, construit une grosse moto à chaîne dotée d'un moteur quatre cylindres refroidi par eau de 907 cm³ emprunté à la Fiat 127. Son succès est limité.

SIAMT
1907-14 Motos construites par la Societa Automobili Motocicli Torino et conçues par Luigi Semeria. Les machines (monocylindres de 262 et 344 cm³ et V-twins de 494 et 731 cm³ à transmission par chaîne ou courroie) se révèlent efficaces en compétition.

SIAT
1924-26 SIAT construit des moteurs adaptables et des machines complètes de 98 à 198 cm³.

SIATA
1945-55 La Societa Italiana Tecniche Automobilistiche di Torino produit un moteur adaptable à culbuteurs de 48 cm³ appelé le Cucciolo (petit chien). Ce moteur, qui connaît un grand succès, est fabriqué par Ducati (voir p. 255) dès 1947. À partir de 1952, SIATA construit un cyclo complet à moteur Cucciolo et une deux-temps de 160 cm³ : la Dinghi.

SIGNORELLI
1928-30 Production très limitée de deux-temps de 173 cm³.

SIM
c.1951-56 La societa Italiana Motoscooter produit le scooter Ariete doté de son propre moteur deux temps de 150 cm³, d'une transmission par arbre et d'une suspension arrière à caoutchouc. Le dernier modèle, le Moretti, est équipé d'un moteur Puch à chambre commune de 125 cm³, mais les ventes restent limitées.

SIMONCELLI
1927-35 Production de motos légères équipées de moteurs JAP à culbuteurs de 175 cm³ et suspension cantilever.

SIMONETTA
1952-54 Version améliorée du scooter Nibbio de 125 cm³ (voir p. 263) construit par San Cristoforo, modèle également construit en France par Ravat.

SIMONINI
1970-83 Firme produisant des machines de cross et d'enduro utilisant des moteurs deux temps Sachs de 49 à 247 cm³, ainsi que des cyclos utilitaires.

SIMPLEX
1921-50 La firme Simplex de Turin fabrique d'abord des moteurs adaptables, suivis bientôt par des machines complètes à moteur deux temps de 123 cm³. En 1927, construction de quatre-temps de 150 et 175 cm³. En 1930, introduction de

Trans-Ama d'enduro 1980 à moteur Hiro 244 cm³

l'Ala d'Oro 175 cm³ à culbuteurs suivie d'une version 500 cm³ en 1934. Après la Seconde Guerre mondiale, les motos de 250 et 500 cm³ sont réintroduites avec un succès limité.

SIRIO
1945-48 Fabrication de moteurs adaptables de 58 cm³.

SIRTORI
1900-02 Petite production de motos de 1,5 ch.

STELLA
1927-29 Production d'une moto légère à moteur Blackburne culbuté de 175 cm³ dans des parties-cycle conventionnelles.

STERZI
1939-62 Sterzi produit, avant la Seconde Guerre mondiale, des motos à moteurs Sachs de 98 et 123 cm³. La production reprend en 1948 avec son propre deux-temps de 125 cm³. En 1954, production d'une deux-temps de 160 cm³ et d'une quatre-temps de 175 cm³, suivies d'un cyclo quatre temps de 49 cm³, d'un scooter deux temps de 160 cm³ et d'une moto quatre temps de 65 cm³.

STILMA
1948-49 Monocylindre à quatre temps de 500 cm³ produite à Turin avec un cadre tubulaire et embouti à fourche télescopique et suspension arrière à parallélogramme. Production très restreinte.

STORERO
1899-1904 Storero, de Turin, produit un tricycle à moteur De Dion et, en 1903, une moto dont le moteur est monté au bas du triangle du cadre, entraînant la roue arrière par la chaîne du pédalier.

STUCCHI Voir Prinetti et Stucchi (p. 264).

SUPERBA
1928-35 Production en nombre limité de motos légères à moteurs 175 Piazza et JAP.

SUPERIOR
1934-36 Moto construite par Giuseppe Milanaccio avec un moteur à un ACT de 220 cm³.

SUPERMOTO
1925-26 Moto perfectionnée construite à Milan par Luigi Angelino avec un cadre ouvert et un moteur horizontal latéral de 350 cm³ refroidi par une turbine.

SVM
1985-87 Tentative infructueuse de ressusciter la marque SWM (voir ci-dessous).

SWM p. 178
1971-85 Machines tout-terrain de compétition, efficaces, dotées de moteurs deux temps Rotax et Sachs de 50 à 320 cm³. SWM rachète Gori (voir p. 258) en 1979, mais se met de ce fait en difficulté, rendant ainsi son existence éphémère.

TAPPELLA-FUCHS Voir Fuchs-Tappella (p. 256).

TARBO
1967-69 Motos deux temps de 49 à 350 cm³ à moteur Jawa produites par Italemmezeta (voir p. 258) en très petite quantité.

TAUMA
1949-53 Moteurs adaptables de 49 cm³.

TAURA
1927-39 Motos produites à Turin par Giulio Doglioli utilisant des moteurs JAP monocylindres et V-twins de 175 à 500 cm³.

TAURUS
1933-66 Fabricant réputé de bicyclettes, Taurus prend une participation dans la marque MG (voir p. 261) en 1932. Peu après, des motos presque identiques apparaissent sous l'écusson Taurus. Le catalogue propose des machines à moteurs monocylindres de 175 à 500 cm³ à culbuteurs et à un ACT dont certaines sont équipées d'une suspension arrière à barre de torsion. En 1938, construction d'une machine de course à deux ACT qui n'est jamais totalement développée. Après la Seconde Guerre mondiale, Taurus construit des cyclos et des motos, dont un modèle à un ACT de 175 cm³, une deux-temps de 160 cm³ et une 250 à culbuteurs.

TECHNOMOTO
1968-79 Constructeur, à l'origine, de machines de compétition tout-terrain à moteurs Zündapp et Franco Morini, la firme fabrique par la suite des motos pour enfants.

TESTI
1951-83 Motos légères produites à Bologne, équipées de moteurs de provenance extérieure. La marque se spécialise dans les machines de sport de 50 cm³. Certains modèles sont vendus à l'étranger sous les écussons Horex et Gitane. Reprise de la prodution sur une petite échelle en 1987 parallèlement aux motos OMC (voir p. 263).

TGM
1974-85 Fabricant d'efficaces machines de cross et d'enduro à moteurs deux temps Hiro et Villa de 50 à 250 cm³.

TGR
1979-87 Cyclos électriques produits en quantité limitée.

TIGLI
1950-52 Moto deux temps de 75 cm³ construite par Amedeo Tigli et Franco Morini.

TM
1968-92 Constructeur de cyclos, motos légères et machines tout-terrain de compétition à moteurs deux temps Franco Morini et Zündapp de 48 à 125 cm³. La firme produit par la suite ses propres moteurs qu'elle vend à d'autres marques.

TOMASELLI
1931-39 Production limitée de motos à moteurs JAP de 173 à 490 cm³.

TOMMASI
1926-27 Petite firme de Gênes utilisant des moteurs deux temps deux cylindres 123 cm³ Della Ferrera. Un modèle de 246 cm³ est obtenu par doublement du moteur 123 cm³.

TORPADO
1950-62 Fabricant de bicyclettes produisant en petite quantité des cyclos

utilitaires, initialement à moteur Garelli Mosquito, puis à moteur Minarelli.

TRAIN ITALIANA
1932-35 Motos légères à moteur Train de 100 cm^3 construites par Giuseppe Navone (voir p. 263).

TRANS-AMA
1978-85 Implantée à Pesaro, la firme produit en nombre limité des machines de compétition tout-terrain à moteur deux temps de 48 à 320 cm^3.

TRESPIDI
1925-30 Paolo Trespidi de Stradella produit des motos deux temps de 175 et 250 cm^3 dotées de ses propres moteurs. Après la Seconde Guerre mondiale, il crée la marque Alpino (voir p. 252).

TREVISAN
1900-02 Antonio Trevisan de Padoue produit une moto bicylindre à entraînement direct de la roue arrière. Un coupe-circuit interrompt l'allumage lorsque le pilote enlève son pied du repose-pied.

TÜRKHEIMER
1902-05 Pionnier italien de la moto, Max Türkheimer importe les machines allemandes Hildebrand et Wolfmüller dès 1894 avant de produire ses propres machines. Il utilise des monocylindres verticaux et horizontaux. En 1931, il crée la marque Astra (voir p. 253).

TWM
1979-86 Production très limitée de machines tout-terrain de compétition de 125 à 250 cm^3.

UFO
1976-83 Cyclos, mini-motos et motos tout-terrain à moteur Minarelli.

UNIMOTO
1985-88 Cyclos à moteur Minarelli et machines de sport à moteur deux temps 125 cm^3 à refroidissement par eau.

VAGA
1925-34 Mario Vaga construit des motos légères à moteurs 175 Blackburne, JAP Sturmey-Archer et CF. Certains modèles sont abondamment chromés.

VALENTI
1979-84 Motos tout-terrain de compétition à moteurs deux temps de 125 à 250 cm^3.

VANONI
1926-27 Monocylindre 500 cm^3 à un ACT produite à Gallarate par Nino Vanoni.

VASCHETTO
1936-38 Moto produite à Turin par Giuseppe Vaschetto qui monte des moteurs de 250 et 500 cm^3.

VASSENA
1926-29 Le concepteur de moteurs Pietro Vassena construit une moto légère à moteur deux temps horizontal de 125 cm^3. Après la guerre mondiale, il réalise des moteurs pour Rumi (voir p. 265).

VECCHIETTI
1954-57 Production en nombre limité de cyclos à moteur Victoria de 49 cm^3.

VEGA
1947-49 Moteur adaptable de 38 cm^3 placé sous le raccord de cadre inférieur.

VÉLOSOLEX
1948-56 Vélosolex français construit sous licence par Sifacin.

VELOX TECNICA
1951-53 Cyclo à moteur installé au-dessus de la roue arrière avec entraînement par friction.

VELTA
1939-40 L'ingénieur Vittorio Belmondo produit ce scooter à moteur Sachs 98 cm^3. Ce modèle à production limitée aura une influence certaine sur les scooters italiens ultérieurs.

VELTRO
1954-55 Cyclomoteur construit à Bologne.

VERGA
1951-54 Firme produisant des cyclos utilitaires et une moto légère à moteur deux temps de 75 cm^3 monté dans un cadre embouti avec suspension arrière par bras oscillant.

VEROS
1922-24 Oreste Granzini (voir p. 257) produit une version modifiée de la moto anglaise Verus (voir p. 231).

VESPA p. 190
1946 Développée par le constructeur d'avions Piaggio (voir p. 264) après la Seconde Guerre mondiale, la Vespa, crée par Corradino D'Ascanio, est conçue comme un engin utilitaire bon marché. Devenue l'un des véhicules les plus produits au monde, elle est encore fabriquée plus de cinquante ans après son introduction. Elle doit son nom (guêpe en italien) de son bourdonnement et de sa silhouette à taille de guêpe. La première version de 1946 est dotée d'un deux-temps horizontal de 98 cm^3 refroidi par air forcé et une boîte à trois rapports commandée par poignée tournante. Le cadre-coque est en tôle emboutie, comme la carrosserie. Les roues de 8 pouces (201 mm) en tôle sont facilement démontables. La cylindrée croît graduellement : 125, 150, 160, 180 puis 200 cm^3. Une vitesse est ajoutée et les roues passent à 250 mm (10 pouces), mais la structure de base est inchangée.
Une version 50 cm^3 apparaît en 1963.
La Vespa est construite sous licence dans de nombreux pays. En 1990, Piaggio introduit une nouvelle gamme de carrosseries en plastique, mais la Vespa de base est toujours produite.

VG
1931-35 Vittorio Grilli produit en nombre limité des motos à moteur JAP.

VICENTINI
1925-26 Moto deux temps de 250 cm^3 avec piston-pompe et fonctionnement au gazole.

VICINI
1984-88 Vicini produit en nombre limité des cyclos à moteur Franco Morini.

VICTRIX
1924-27 Deux-temps légères produites en nombre très limité.

VILLA
1968-88 Francesco et Walter Villa sont deux pilotes de vitesse réputés. Mais la plupart de leurs motos sont des tout-terrain de compétition de 50 à 350 cm^3 utilisant des moteurs deux temps Franco Morini ou de leur marque. Quelques machines de circuit sont produites dont la V4 deux temps de 250 cm^3 datant de 1969.

Villa 247 cm^3 de cross 1957

VILLANI
1925-37 Andrea Villani, de Bologne, produit des motos deux temps monocylindres de 175 cm^3 ainsi qu'une twin parallèle 350 obtenue en doublant la monocylindre.

VI-VI
1955-57 Cyclos produits à Milan en diverses versions par VIberti utilisant des moteurs VIctoria. Production reprise par SAS à la fermeture de Viberti.

VOLTA
1902-07 Le motocycle à vapeur français Dalifol est construit en Italie par Volta. Il est équipé d'une chaudière centrale, d'un foyer à charbon et d'une machine monocylindre attaquant directement la roue arrière (voir Dalifol, p. 278).

VOLUGRAFO
1939-42 Firme constructrice de deux scooters : un type civil à moteur Sachs de 98 cm^3 et une version militaire parachutable à moteur 125 cm^3 et guidon repliable.

VVV-GARLASCHELLI
1926-28 Angelo Garlaschelli produit en petit nombre des deux-temps de 125 cm^3.

WILIER TRIESTINA
1960-70 Giovanni Parrilla (voir p. 264) produit en quantité limitée des cyclomoteurs.

WOLSIT
1910-14 Le fabricant de cycles Legnano utilise la marque Wolsit sur ses premières motos 3,5 ch à trois vitesses.
c.1932 La marque Wolsit réapparaît sur une bicyclette motorisée par une groupe NSU Motorsulm monté au-dessus de la roue avant. Legnano fabrique par la suite des cyclomoteurs sous son propre nom (voir p. 259).

ZANNETTI
1967-75 Firme construisant un cyclo dont le moteur est placé au-dessus de la roue avant. Fournit également des moteurs seuls.

ZENIT ITALIANA
1953-56 Construction de machines à moteur français AMC de 160 et 175 cm^3.

ZETA
1947-52 Petit scooter construit à Gênes équipé d'un moteur Ducati Cucciolo, de roues de 18 pouces (46 cm) et d'un carénage partiel.

États-Unis

L'INDUSTRIE AMÉRICAINE DE LA MOTO connaît une période prospère entre 1905 et 1915. Indian (voir p. 271) est alors le plus gros producteur de motos du monde. Mais l'arrivée d'automobiles bon marché freine le succès de la moto, si bien qu'il ne subsiste plus, dans les années 20, que trois constructeurs majeurs. Après la fermeture d'Excelsior-Henderson (voir p. 270) en 1931, ne survivent qu'Indian et Harley-Davidson (voir p. 271). Les conséquences d'une gestion sans rigueur dans les années 30 et 40 mènent à la disparition d'Indian en 1953. Un boom du scooter après la guerre fait naître plusieurs entreprises spécialisées conduites par Cushman (voir p. 269). La vogue de la mini-moto dans les années 60 est alimentée par de petits constructeurs locaux jusqu'à ce que les marques japonaises envahissent le marché. Dans les années 80 et 90, la demande en faveur de machines de style rétro représente une deuxième chance pour Harley-Davidson.

ACE p. 11
1919 Bill et Tom Henderson créent la marque Henderson (voir p. 271) en 1912. La firme est vendue à Ignatz Schwinn, propriétaire d'Excelsior en 1917, et la production est déplacée dans l'usine de Schwinn, à Chicago. Bill Henderson se sépare de son nouvel employeur deux ans après pour créer l'Ace. Cette moto à quatre cylindres de grosse cylindrée et à hautes performances retrouve le style de la Henderson originale. La nouvelle société est située à Philadelphie, Pennsylvanie.
1922 Bill Henderson meurt dans un accident de moto, mais la production de l'Ace se poursuit. Arthur O. Lemon est embauché comme ingénieur en chef.
1924 Des problèmes financiers mettent fin à l'entreprise. Au cours des deux années qui suivent, quelques machines Ace sont construites par la Michigan Motors Corp.
1927 Indian achète les droits de fabrication de l'Ace. Le type Ace sert de base aux quatre-cylindres Indian produites de 1927 à 1942.

ADB
1993 Fondation de la société American Dirt Bike par un groupe d'investisseurs précédemment impliqués dans l'affaire ATK. La firme produit des machines de compétition tout-terrain utilisant des moteurs Rotax à un ACT de 350 à 620 cm³ montés dans une partie-cycle originale à centre de gravité surbaissé et carénage total.

ALLSTATE p. 16
1951-65 En 1951, la chaîne de magasins Sears commence à vendre les scooters Cushman sous sa propre marque : Allstate. En 1954, elle ajoute à son catalogue les motos autrichiennes Puch et importe les scooters italiens Vespa entre 1951 et 1963. Elle continue à vendre les machines Puch et Gilera sous écusson Sears (voir p. 274) jusqu'à la fin des années 60.

AMC
1912-15 En 1912, à Chicago, l'Allied Motors Corporation reprend l'usine Armac dès sa fermeture. AMC construit des monocylindres 500 cm³ et des V-twins de 1 000 cm³ à moteur semi-culbuté et cadre fermé conventionnel.

AMERICA
1904-c.1906 L'America est une moto monocylindre style Indian dont le moteur est intégré au tube de selle. L'innovation se situe dans le choix d'un volant au lieu d'un guidon. Cette machine est produite par la Great Western Manufacturing Co. de La Porte, Indiana, qui fabrique plus tard les motos Crown (voir p. 269).

AMERICAN
1911-14 L'American Motorcycle Co. de Chicago construit des monocylindres de 500 et 508 cm³ et des V-twins de 1 016 cm³. Tous ces modèles sont à admission automatique.

AMERICAN EAGLE
1967-69 Marque sous laquelle sont vendues les twins Laverda 750 cm³ aux États-Unis. La société AE essaie aussi, mais sans succès, de vendre des machines tout-terrain britanniques et des motos à moteur Kawasaki 350 cm³ sous la même marque.

AMERICAN-ROCKET
1952 L'American-Rocket est un prototype construit par le spécialiste d'Indian, Sam Pierce. Il est doté d'un moteur monté sur blocs de caoutchouc et dérivé du moteur Chief 996 cm³.

AMERICAN-X
c.1910-31 Pour éviter toute confusion avec la marque Excelsior britannique, les motos American Excelsior sont rebaptisées American-X sur certains marchés d'exportation.

ANTHONY
1900-01 Le pionnier américain E. J. Anthony, de Colorado Springs, Colorado, installe un moteur à combustion interne derrière la roue arrière d'une bicyclette. Ce groupe, fixé sur une structure simple, entraîne la roue par courroie.

APACHE
1917-11 L'Apache est produite à Denver par Brown & Beck. Elle est équipée d'un monocylindre Thor de 3 ch avec carburateur à l'avant et échappement vers l'arrière.

ARGYLE
1957-61 L'Argyle est un minuscule scooter pliant utilisant un moteur Clinton deux temps de 2,5 ch et construit à Memphis par C & E Manufacturing.

ARMAC
1905-13 Armac produit une machine originale intégrant les réservoirs d'huile et d'essence dans les tubes de cadre de gros diamètre. La firme fabrique aussi ses propres moteurs. Les premières machines sont des monocylindres de 410 cm³ à soupape d'admission automatique. Par la suite, la cylindrée atteint 492 cm³ et l'on trouve des V-twins de 983 cm³. En 1906, la production est déplacée de Saint Paul, Minnesota, à Chicago, Illinois. À la fermeture de la firme, AMC reprend l'usine.

ARROW
1909-14 Firme située à Chicago qui produit une machine classique dotée du propre moteur de la marque, un monocylindre de 5 ch et de 467 cm³ à admission automatique. La fourche est suspendue par des lames de ressort et la transmission est à courroie.

ATK
1983- ATK construit des machines tout-terrain qui possèdent un système de tension constante de la chaîne et qui élimine les à-coups de transmission malgré l'importance des débattements de la roue arrière. Le frein arrière est à disque monté sur l'arbre de sortie de boîte. Des moteurs Rotax à deux et quatre temps sont utilisés. Les machines sont assemblées en Californie.

AUSTIN
1868 Bicycle doté d'un moteur à vapeur et d'une chaudière à charbon construit par W. W. Austin de Winthrop, Massachusetts.

AUTO-BI
1900-09 E. R. Thomas fait partie des pionniers de la moto aux États-Unis. Il monte d'abord un petit moteur auprès de la tête de direction d'une bicyclette. Une courroie relie le vilebrequin à une poulie placée sous la selle qui entraîne à son tour la roue arrière par friction sur le pneu. Les modèles ultérieurs utilisent un moteur 3 ch à cylindre incliné et entraînement direct par courroie de la roue arrière. Motos fabriquées à Buffalo, New York, elles sont aussi appelées Thomas Auto-Bi (voir p. 275). À partir de 1909, utilisation de la marque Greyhound (voir p. 271).

AUTO-GLIDE
1936-46 La marque Auto-Glide est utilisée sur des machines construites par Cushman (voir p. 269) jusqu'à la Seconde Guerre mondiale.

AUTOPED p. 22
1915-21 Un des premiers scooters pliants avec moteur à admission automatique de 155 cm³ monté à côté de la roue avant. L'Autoped est aussi construit sous licence en Grande-Bretagne et en Allemagne.

BADGER
1919-21 La Badger est construite à Milwaukee, Wisconsin. Elle est dotée d'un moteur de 161 cm³ monté dans la roue arrière.

BAILEY FLYER
1913-17 La Bailey Flyer est une inhabituelle flat-twin en long de 1 016 cm³ avec boîte à deux rapports, arbre et embrayage dans le moyeu arrière.

BANGOR
c.1938-40 Bangor, inspirée par le scooter Cushman, produit le Scootmaster à moteur Clinton.

BEAM Voir Doodlebug (p. 270).

BI-AUTO-GO
c.1913 Cette machine est une curieuse voiture à deux roues équipée d'un moteur V8 de 5 191 cm³ avec boîte à quatre rapports, roues stabilisatrices et carrosserie de style automobile. C'est un produit du cerveau fertile de James Scripps-Booth, de Detroit, qui fabriquera plus tard un cyclecar. Une seule Bi-Auto-Go aurait vu le jour.

BI-CAR
1911 La Bi-Car est un bizarre hybride entre une automobile et une moto. Elle utilise un moteur à quatre cylindres dans un cadre en profilés d'acier. La boîte est à deux rapports et la transmission par arbre.

BLACK DIAMOND
1903-c.1905 Reeser et MacKenzie, de Philadelphie, Pennsylvanie, produit une moto à cadre fermé équipée d'un moteur de 299 cm³ développant 2,5 ch.

La transmission est à chaîne avec réducteur monté sur un arbre intermédiaire.

BLACK HAWK
1912-14 La Black Hawk est une monocylindre conventionnelle à moteur de 500 cm^3 semi-culbuté et cadre à moteur porteur, construite à Rock Island, Illinois. Une V-twin à culbuteurs de 1 000 cm^3 est cataloguée en 1914, mais la production est très limitée.

BONANZA
1967-69 Cette firme californienne produit des mini-motos à moteurs deux temps.

BOSS HOSS
1990- La Boss Hoss utilise un V8 Chevrolet de 5 735 cm^3 dans une partie-cycle style custom de dimensions impressionnantes. Le couple du moteur permet de supprimer la boîte de vitesses. La Boss Hoss n'a qu'un rapport capable de l'entraîner de 0 à 275 km/h (donnée constructeur). Le volume de production dépasse actuellement 150 unités.

BRADLEY
c.1910-14 Petite firme de Philadelphie construisant des monocylindres à courroie de 3,5 ch.

BRIGGS & STRATTON
1919 Briggs & Stratton reprend la production de la Smith Motor Wheel (voir p. 275) et la fabrique brièvement sous le nom de la firme, devenue célèbre comme constructeur de moteurs industriels.

BUELL p. 40
1985 Société fondée par l'ancien employé de Harley-Davidson, Eric Buell, qui construit des machines de sport raffinées et coûteuses à moteur Harley-Davidson monté dans un cadre multi-tubulaire. Les premiers modèles sont recouverts de curieuses carrosseries arrondies. En 1993, Harley-Davidson achète une part significative du capital de Buell et un nouveau modèle est introduit. Harley-Davidson est intéressée par la production de machines de sport sans risquer pour autant de perdre sa clientèle traditionnelle. La Thunderbolt est conçue pour être produite en grande quantité et pour un coût inférieur aux Buell précédentes. Ces motos sont vendues par le réseau Harley-Davidson avec garantie du constructeur.

CALIFORNIA
1901-04 Les motos California, construites à San Francisco, Californie, sont probablement dérivées des Mark précédentes (voir p. 272). Un moteur de type De Dion est monté dans un cadre de type bicyclette avec transmission par courroie. En 1903, une moto de ce genre réalise la première traversée – avec un véhicule à moteur – du continent nord-américain. Les droits de fabrication sont achetés par la Consolidated Manufacturing Co. de Toledo, Ohio, fabricant des cycles Yale et qui utilise ce modèle pour produire les premières motos appelées Yale-California (voir p. 275).

CAULFIELD
1953-58 Moteur adaptable sur bicyclette fabriqué par Lowell Caulfield de Temperance, Michigan.

CHAMPION
1914 Constructeur sous licence à St Louis, Missouri, de la curieuse moto quatre cylindres Militaire de 1 261 cm^3 à stabilisateurs.

CLEMENS
c.1902 Chester Clemens de Springfield, Massachusetts, produit une machine apparemment semblable aux premières Indian construites dans la même ville.

CLEVELAND pp. 42-43
1915 La Cleveland Manufacturing Co. commence par la production de monocylindres deux temps de 222 cm^3 avec vilebrequin en long et chaîne finale. Par la suite, la cylindrée est portée à 269 cm^3. Ces machines, réussies, se vendent bien.
1922 Cleveland rachète la Reading-Standard Company.
1924 Introduction d'une monocylindre latérale de 350 cm^3 d'une architecture et d'une partie-cycle similaires à celles de la deux-temps, mais son succès est moindre.
1925 Introduction d'une quatre-cylindres de 598 cm^3 dérivée de la Fowler-Four qui ne parvient pas à concurrencer les quatre-cylindres Henderson et Ace de cylindrées supérieures.
1926 Apparition d'une quatre-cylindres de 737 cm^3 puis d'une version 1 000 cm^3.
1929 Malgré la qualité de ses productions, Cleveland disparaît à la suite du krach de Wall Street.

COLUMBIA
c.1900-05 Columbia est une marque commerciale appartenant à ABC (American Bicycle Company) et contrôlée par le colonel Albert Pope depuis 1903. Pope (voir p. 274) fabrique des motos sous son propre nom à partir de 1911.

COOPER
1972-73 Construite au Mexique par Islo (voir p. 307), mais vendue aux États-Unis sous le nom de l'importateur, la Cooper est une machine de compétition tout-terrain à moteur monocylindre deux temps.

COPELAND
c.1884-c.1892 Copeland construit des tricycles à vapeur après avoir produit un deux-roues également à vapeur.

CRAWFORD
1913-15 Le fabricant de bicyclettes du Michigan, R. S. Crawford, construit des V-twins classiques à cadre fermé, moteur Spacke et transmission par chaîne. La Crawford étant presque identique à la De Luxe (voir p. 270), il est possible que ces deux machines soient produites par le même fabricant et vendues sous des marques différentes.

CROCKER
1933 Les premières motos fabriquées par l'agent Indian de Los Angeles, Al Crocker, sont destinées aux épreuves sur speedway alors en pleine expansion. Malheureusement, la Crocker ne peut lutter contre le JAP britannique, et peu d'exemplaires en sont vendus.
1935 Début du développement d'un nouveau V-twin à 45°culbuté destiné à l'usage sportif. La production de la nouvelle moto commence l'année suivante sur une petite échelle. La cylindrée s'étend de 1 000 cm^3 à 1 475 cm^3, et la Crocker a des performances largement supérieures à celles des bien moins coûteuses Harley-Davidson.
1941 La guerre interrompt la production en série après une centaine d'exemplaires. Un élégant scooter est aussi produit en nombre limité.

CROUCH
1904-09 Petit constructeur de monocylindres classiques de 3 ch à courroie situé à Stoneham, Massachusetts.

CROWN
1910 La Crown est une monocylindre à courroie de 475 cm^3 construite à La Porte, Indiana, par la Great Western Manufacturing Co., anciennement fabricant de l'America (voir p. 268).

CURTISS
1902-10 Le pionnier américain de l'aviation, Glenn Curtiss, fabrique aussi des motos à Hammondsport, New York. Le modèle le plus réputé est la V8 qui bat un record du monde de vitesse pure à plus de 219 km/h en 1907. Les machines de série utilisent des monocylindres et des V-twins à 50°. En 1909, la firme produit une originale trois-cylindres en W. Le fabricant la présente comme la machine de série la plus rapide du monde. Les activités aéronautiques prennent le dessus dès 1910, mais Curtiss continue la production de la moto The Marvel (voir p. 272) jusqu'en 1914.

CUSHMAN p. 44
1936-65 Cushman fabrique le moteur industriel Husky et produit parallèlement des scooters équipés appartenant à ce groupe. La marque Auto-Glide (voir p. 268) est utilisée après la Seconde Guerre

Moto Black Hawk 500 cm^3 c.1912

mondiale. Pendant le conflit, des machines sont fournies aux troupes aéroportées. Cushman profite du boom du scooter qui suit la guerre en produisant toute une gamme de modèles. La demande décline dans les années 60, en partie à cause du succès du Honda Cub, et Cushman se tourne vers la fabrication des véhicules de terrains de golf.

CVS
1911-12 C. V. Stahl fabrique des monocylindres de 442 cm^3 et des V-twins de 934 cm^3 à Philadelphie, Pennsylvanie. Ces deux types sont à admission automatique et cadre fermé.

CYCLEMOTOR
1915-24 Moteurs deux temps adaptables sur bicyclettes montés verticalement dans le cadre et entraînant la roue arrière par courroie. À partir de 1918, la machine est livrée complète sous la marque Evans (voir ci-dessous).

CYCLE-SCOOT
1953-55 Scooters à moteur industriel.

CYCLONE
c.1912-16 Les motos Cyclone sont construites à St Paul, Minnesota, par Joerns Motors, ancien constructeur de la Thiem (voir p. 275). Cyclone est réputé pour ses V-twins 1 000 cm^3 perfectionnées et puissantes qui utilisent des arbres à cames en tête entraînés par arbres et couples coniques. Le pilote d'usine, J. A. McNeil, atteint en 1915 la vitesse de 179 km/h sur une Cyclone.

DAYTON
1911-17 Construite à Dayton, Ohio, la moto Dayton a un moteur Spacke V-twin. Elle existe en deux modèles : un 1 000 et un 1 163 cm^3 avec cadre fermé et fourche avant suspendue par lames de ressort avec roue tirée. En 1915, introduction d'une moto légère à moteur 1,5 ch monté à côté de la roue avant d'une bicyclette.

DE LONG
c.1902 Construite par l'Industrial Machine Co. de Phoenix, New York, l'architecture de la De Long est identique à celle de l'Indian avec le moteur servant de tube de selle. La De Long utilise les tubes du cadre comme réservoir d'essence et d'huile et comme compartiment à batterie et à bobine d'allumage.

DE LONG
c. 1936 Curieuse moto à cadre embouti et à courroie à moteur deux temps de 220 cm^3. Volume de production inconnu.

DE LUXE
1912-15 La De Luxe est construite par l'Excelsior Cycle Co. à Chicago (à ne pas confondre avec l'Excelsior Supply Co. de Chicago qui construit des machines semblables). La De Luxe utilise des moteurs

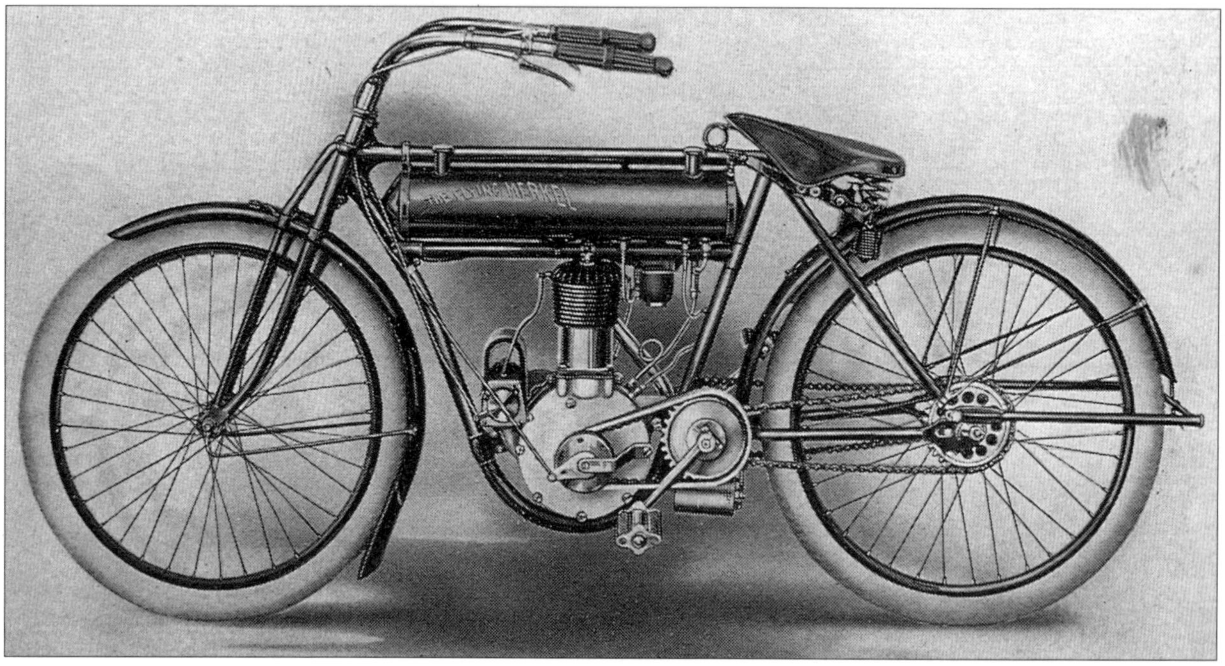

Flying Merkel 1913 avec cadre fermé et transmission chaîne-chaîne

V-twins semi-culbutés Spacke et une transmission par chaîne.

DETROIT
1910-11 Moto monocylindre à courroie de 4 ch à cadre de type Pierce avec tubes de gros diamètre servant de réservoir d'essence et d'huile.

DOODLEBUG
1954-58 Scooter propulsé par des moteurs industriels Briggs & Stratton ou Clinton 1,5 ch, construit par la Beam Manufacturing Co., vendu par la chaîne de magasins Gambles, et concurrent des Cushman sous écusson Allstate des magasins Sears.

DRIVER
c.1902 Monocylindre de grosse capacité de 7 ch à soupape d'admission automatique et transmission à courroie, construite en Pennsylvanie par William Driver.

DUCK
c.1902-c.1904 La Duck pourrait être assimilée aux premières Marks (voir p. 272) et California (voir p. 269) construites à San Francisco.

DYNACYCLE
1949-53 Moteur adaptable sur bicyclette construit à St Louis, Missouri.

EAGLE
1909-15 Motos monocylindres et V-twins à moteurs semi-culbutés Spacke de 500 cm^3 à 1 000 cm^3. Les premiers modèles utilisent des cadres à moteur porteur et des courroies avant l'adoption de cadres fermés et de chaînes. À partir de 1912 environ, elles sont construites par l'American Motors Co., fabricant de la MM (voir p. 273).

ELECTRA
c.1911 Tentative de réalisation d'une moto électrique. « Des modifications sont encore nécessaires pour avoir une machine parfaite », écrit Motor Cycling en 1911. La machine sombre ensuite dans l'oubli.

EMBLEM p. 56
1907-25 Construites a Angola, New York, les premières Emblem utilisent des moteurs Thor montés dans le tube de selle d'un cadre de type bicyclette. À partir de 1909, la firme fabrique ses propres moteurs et les monte dans des cadres fermés avec transmission par courroie. À partir de 1910, fabrication de V-twins dont une version 1 254 cm^3 qui apparaît en 1913. Peu d'Emblem sont vendues aux États-Unis après 1918, mais une V-twin de 531 cm^3 est exportée vers l'Europe jusqu'en 1925 environ.

ERIE
1905-09 La moto Erie est produite à l'origine à Buffalo, sur le lac Erié, mais la production est déplacée à Hammondsport, New York, lorsque Glen Curtiss (voir p. 269) s'implique dans la marque. Les premiers modèles sont dotés de cadres de bicyclette jusqu'en 1908, année de l'adoption de cadres fermés. La firme utilise ses propres moteurs et des moteurs de provenance extérieure.

EVANS
1918-24 Moto légère de 119 cm^3 à moteur deux temps construite par la Cyclemotor Corporation de Buffalo, New York. De nombreux exemplaires sont exportés vers l'Europe et, après l'arrêt de la production aux États-Unis, elle est fabriquée en Allemagne sous la marque Stock (voir p. 248).

EXCELSIOR pp. 58-59
1907 La firme Excelsior Supply Co., de Chicago, commence par produire des motos à moteur monocylindre de 475 cm^3 fabriqué par la marque. Des V-twins apparaissent en 1910.
1911 La société est rachetée par le fabricant de cycles Ignatz Schwinn qui continue à produire des monocylindres et des V-twins semi-culbutés jusqu'à 1 000 cm^3. Excelsior devient très vite le plus petit des « Trois Grands » constructeurs de motos, après Indian et Harley-Davidson.
1917 Schwinn achète la marque Henderson (voir p. 271).
1925 Lancement du modèle Super-X, première V-twin américaine de 737 cm^3 (45 pouces cubes). Harley-Davidson et Indian suivent bientôt avec leurs propres « 45 ».
1931 Avec l'affirmation de la crise, Schwinn abandonne la construction motocycliste.
Années 90 Les droits d'exploitation des marques Excelsior et Henderson sont rachetées par la Hanton Manufacturing Co., du Minnesota, qui annonce son intention de produire une nouvelle gamme de motos Excelsior/Henderson.

FEILBACH
1912-15 La firme construit à Milwaukee des monocylindres de 565 cm^3 et des V-twins de 1 301 cm^3. Les moteurs, semi-culbutés, sont montés dans des cadres fermés. À partir de 1914, utilisation de la marque Limited (voir p. 272).

FLANDERS
1911-14 Construite par le constructeur des automobiles Flanders, la moto originale est une monocylindre de 4 ch avec cadre fermé et transmission à

courroie. Une V-twin latérale avec transmission chaîne-chaîne sous carter apparaît en 1914, mais la production est arrêtée cette même année.

FLESCHER FLYER
1913 Cette moto n'existe peut-être qu'à l'état de prototype, propulsé par un moteur De Luxe de 9 ch et doté d'une fourche avant suspendue à deux réglages de fermeté.

FLYING MERKEL
1913-15 Ce slogan, utilisé pour la première fois vers 1910 pour les motos Merkel (voir p. 272), devient le nom officiel de la marque, en 1913, après déménagement de la production à l'usine Miami de Middletown, Ohio.

FOWLER-FOUR
1924 L'ingénieur de Detroit, L. E. Fowler, construit une moto à quatre cylindres de 600 cm^3 avec culasses en T et transmission par arbre. Cleveland (voir p. 269) achète le modèle et en fait la base de sa première quatre-cylindres qui ne rencontre pas le succès.

FREYER & MILLER
c.1902 Motos monocylindres construites à Columbus, dans l'Ohio.

GEER
1915-09 Construite à St Louis, Missouri, par Harry R. Geer & Co., cette moto est disponible avec le monocylindre 2,5 ch de la marque ou des V-twins de 4 ch. Les deux types possèdent un cadre fermé et une transmission à courroie.

GERHART
1913-14 Firme produisant, en nombre limité, des quatre-cylindres inspirées par la FN belge. Le moteur en ligne est à soupapes en tête et la transmission finale par chaîne.

GIBSON
c.1902 Cecil Gibson, d'Indianapolis, Indiana, construit des tandems à moteur Merkel et transmission à courroie et, probablement, des machines solo.

GLOBESTAR
c.1948-50 Les scooters Globestar sont dotés d'un quatre-temps de 130 cm^3 à embrayage centrifuge, avec transmission à variateur à courroie et d'un cadre en alliage léger.

GO-KART CO.
c.1960-72 Un des plus gros constructeurs de mini-motos dans les années 60.

GREYHOUND
c.1907-14 Les motos Greyhound sont produites à Aurora, Illinois, et dotées d'un moteur monocylindre Thor de 4,5 ch.

GREYHOUND
1909-14 La réorganisation de la société Thomas Auto-Bi se traduit par la création d'une nouvelle moto et d'une nouvelle marque. La Greyhound a un moteur vertical de 494 cm^3 monté dans un cadre à moteur porteur. La cylindrée passe par la suite à 524 cm^3.

HARLEY-DAVIDSON pp.67-77
1903 William S. Harley et Arthur Davidson construisent leur première moto, une monocylindre à admission automatique de 410 cm^3.
1904 La production commence dans un hangar, derrière la maison familiale des Davidson. La moto est une monocylindre de 494 cm^3 qui recevra le surnom de Silent Gray Fellow. Les frères Davidson, William et Walter, entrent dans la société.
1907 Harley-Davidson construit un prototype de V-twin. Les modèles de série sont catalogués en 1909, mais ne sont mis au point qu'en 1911. La production des V-twins à 45° n'a jamais cessé depuis cette date, parfois accompagnée de flat-twins et de monocylindres. Harley-Davidson devient rapidement le second plus gros producteur américain de motos après Indian. Le développement des motos est plus évolutif que radical. Les moteurs latéraux remplacent les semi-culbutés à la fin des années 20.
1936 Introduction du moteur à culbuteurs, dit Knucklehead. Cette moto est le point de départ de toutes les « big twins » ultérieures. La disparition d'Indian dans les années 50 laisse Harley-Davidson comme le seul constructeur de motos américain d'importance. Après-guerre, la gamme de la firme comprend des deux-temps et même un scooter.
1960 Harley-Davidson rachète la firme italienne Aermacchi. Des machines légères italiennes sont vendues sous la marque Harley-Davidson jusqu'en 1978, année de la revente des intérêts italiens.
1969 American Metal Foundries – AMF – reprend Harley-Davidson.
1981 Pour la firme, Harley-Davidson rachète la marque à AMF et développe de nouveaux modèles ainsi qu'une nouvelle image. La qualité et la fiabilité sont améliorées tandis que le style et l'héritage de ces motos sont mis en valeur.

HAUSMANN
1918 Marque offrant une machine légère propulsée par une Smith Motor Wheel (voir p. 275).

HAVERFORD
1909-14 Haverford construit des machines simples dotées d'un moteur 500 cm^3 à admission automatique appartenant à la marque.

HENDERSON pp. 78-80
1912 Bill et Tom Henderson commencent par construire à Detroit, Michigan, des motos à quatre cylindres en ligne de 920 cm^3 avec transmission par chaîne. Les premières machines sont équipées de moteurs semi-culbutés et de cadres à grand empattement. Au cours des années suivantes, les machines évoluent, mais Henderson ne construit que des quatre-cylindres en ligne.
1917 La firme est rachetée par le fabricant de cycles Ignatz Schwinn qui possède aussi la marque Excelsior (voir p. 270). La production déménage à Chicago, Illinois.
1919 Les frères Henderson quittent la firme. Bill Henderson fonde Ace (voir p. 268). La société Henderson continue de produire de luxueuses quatre-cylindres sous la direction de Schwinn.
1931 Schwinn ferme sa branche motos au début de la Grande Dépression, mettant ainsi un terme à la production des Henderson.

HILAMAN
c.1906-13 A. J. Hilaman, du New Jersey, fabrique en nombre limité des monocylindres de 475 cm^3 et 3,5 ch ainsi que des V-twins de 950 cm^3 à chaîne.

INDIAN pp. 101-110
1901 George Hendee et Oscar Hedstrom lancent la fabrication des motos Indian à Springfield, Massachusetts. Ils construisent d'abord des monocylindres de haute qualité avec transmission par chaîne et commandes par poignées tournantes. Ces motos sont suivies par des V-twins en 1907. Indian devient très tôt le plus grand constructeur du monde.
1914 Indian produit la première moto à démarreur électrique.
1916 Des monocylindres et V-twins à soupapes latérales, conçues par Charles Gustafson, remplacent les précédents modèles semi-culbutés. Les soupapes latérales seront, jusqu'en 1953, une des caractéristiques propres aux Indian. En 1917, introduction d'une flat-twin légère qui ne reste pas longtemps en production.
1920 Introduction de la Scout suivie, en 1922, par la Chief. Ces deux types forment la base de la production Indian jusqu'à la Seconde Guerre mondiale, mais l'insuffisance du développement défavorise Indian face à Harley-Davidson au cours des dernières années. Les modèles Prince monocylindres à soupapes latérales et en tête sont produits de 1925 à 1928.
1927 Indian achète les droits de la moto Ace à quatre cylindres et produit des motos de ce type jusqu'en 1942.
1945 Ralph B. Rogers prend le contrôle d'Indian. De nouvelles machines monocylindres et bicylindres parallèles, conçues par Torque, sont construites, mais elles ne connaissent pas de vrais succès commerciaux.
1953 Construction des dernières Indian Chief. La marque est ensuite portée par divers produits d'importation sans intérêt alors que la firme change fréquemment de mains. Les premières Indian importées

Iver-Johnson V-twin latérale 1920 à cadre entretoisé

La Militaire surbaissée à châssis et roues à rais en bois

sont des machines britanniques monocylindres latérales de 250 cm³ fabriquées par Brockhouse. Vers la fin des années 50, on trouve des Royal Enfield sous écusson Indian. En 1970, une série de machines hybrides, Velocette, à cadre italien, est produite, suivie de divers modèles deux temps de petites cylindrées.
1990 Rumeurs de résurrection de la marque.

IVER-JOHNSON
1911-20 Ce fabricant réputé d'armes et de cycles commence par réaliser des motos monocylindres dotées de son propre cadre à double tube supérieur qui comprend un tube en arche sous le réservoir reliant le tube avant au tube de selle. Les premières machines sont des monocylindres latérales de 508 cm³ à transmission par courroie. Une suspension arrière par lames de ressort est proposée à partir de 1913. En 1914, la firme introduit une V-twin latérale de 1 016 cm³ à deux manetons et cylindres à 60°.

JEEPETTE
1943 La Jeepette est une moto miniature dans le style de la Powell A-V-8 et de la Cushman Eagle

JEFFERSON
1912-15 La Jefferson est produite par la Waverley Manufacturing Co. de Jefferson, Wisconsin. La firme a déjà produit des moteurs et des machines complètes sous la marque Waverley (voir p. 275) de 1905 à 1912, utilisant aussi brièvement l'écusson PEM (voir p. 273). Les machines sont dotées de moteurs culbutés monocylindres et V-twins de 500 et 1 000 cm³.

JOERNS-THIEM
1908-16 Constructeur du réputé moteur V-twin à arbres à cames en tête Cyclone (voir p. 270), Joerns-Thiem a construit précédemment des monocylindres latérales de 508 cm³ et des V-twins également latérales de 1 082 cm³. La marque Thiem (voir p. 275) est plus couramment utilisée avant 1910.

JOHNSON
1918-19 Johnson propose un moteur deux temps adaptable type flat-twin de 155 cm³, pour bicyclettes, monté au-dessus de la roue arrière qu'il entraîne par chaîne.

KEATING
c.1902 Cette moto, construite par l'Eisenhuth Horseless Vehicle Co., possède un monocylindre monté derrière le tube de selle d'un cadre type bicyclette. Comme innovations, un carburateur à cuve, un embrayage, une chaîne de transmission et un garde-boue arrière en caisson servant de silencieux d'échappement.

KEEN
1936-c.1944 Scooter élémentaire style Cushman doté d'un moteur industriel latéral Lauson de petite cylindrée.

KENZLER
c.1910-11 Kenzler fabrique des motos à Cambridge, Wisconsin, avant de fusionner avec Waverley (voir p. 275) et de déplacer sa production dans l'usine Waverley de Jefferson, Wisconsin, où les deux firmes réunies produisent les motos Jefferson (voir à gauche).

KOKOMO
1910-11 Monocylindre latérale de 346 cm³ à courroie produite à Kokomo, Indiana, avec un cadre fermé et une fourche à lames de ressort et roue poussée.

LA RAY
1946-48 Firme basée à Milwaukee produisant des machines légères à moteur industriel Clinton.

LE JAY
c.1939 Producteur du premier scooter électrique au monde.

LIBERTY
1918 La Liberty est une moto à moteur V-twin semi-culbuté de 989 cm³ développée pour l'armée américaine par les services du matériel. Des représentants des marques Harley-Davidson, Indian et Excelsior sont impliqués dans le projet.

LIGHT THOR-BRED
1901-09 La Light Manufacturing and Foundry Co. de Pottstown, Pennsylvanie, construit des motos à moteur Thor. En 1909, elle se lie à Merkel (voir à droite). Les modèles 1910 sont encore désignés Merkel-Light avant suppression de la marque Light.

LIMITED
1914-15 La marque Limited figure sur le réservoir des motos Feilbach (voir p. 270) au cours des dernières années de production.

MANSON
c.1901-08 Les premières Manson, construites dans l'État de New York, possèdent un cadre ouvert avec un moteur type De Dion. Après déplacement de la production à la Fowler Manson Sherman Co. de Chicago, Illinois, la firme produit des motos monocylindres et des tricycles de livraison à moteur Thor. Une V-twin figure au tarif de 1908.

MARKS
c.1898-c.1904 Roy C. Marks, pionnier de la Côte Ouest, détient plusieurs brevets dans le domaine de la technique motocycliste. Son simple modèle de type bicyclette est probablement à la base des motos California (voir p. 269) puis, plus tard, des Yale-california (voir p. 275).

MARSH
c.1900-06 Les motos Marsh sont construites à Brockton, Massachusetts, par l'American Motor Co. Les carters du moteur sont intégrés au cadre et le cylindre, comme sur l'Indian, fait partie du tube de selle. La société fusionne avec Metz (voir à droite) en 1905 et les premières machines MM (voir p. 273) apparaissent l'année suivante.

MARVEL
1910-13 À partir de 1910, Curtiss (voir p. 269) se consacre aux productions aéronautiques tout en continuant à fabriquer la moto Marvel. La majorité de ces machines est équipée de monocylindres à culbuteurs de 492 cm³.

MAYO
c.1903-08 Les motos Mayo sont construites par la Mayo Damper Co. de Pottstown, Pennsylvanie. Les premiers modèles possèdent un monocylindre incliné monté dans un cadre type bicyclette. Les versions ultérieures reçoivent un cadre fermé et des moteurs monocylindres de 401 cm³ et V-twins de 803 cm³ avec transmission par courroie.

MCM
1994- Production de motos V-twins tout-terrain de 1 000 cm³ à moteur Folan.

MERKEL
1902 Joe Merkel commence une production de motos à Milwaukee, Wisconsin, utilisant son propre moteur monocylindre à admission automatique avant de construire des V-twins. C'est le premier constructeur américain qui adopte un cadre à suspension.
1909 Fusion avec la Light Manufacturing and Foundry Co. de Pottstown, Pennsylvanie (voir à gauche). En 1910, abandon du nom Light et adoption du slogan The Flying Merkel (la Merkel volante).
1911 La Miami Cycle Co., fabricant de la Moto-Racycle (voir Racycle p. 274) rachète Merkel-Light et la production est déplacée à Middletown, Ohio. Joe Merkel quitte la firme en 1913. En 1914, un démarreur à ressort équipe les V-twins, mais ce système n'a pas de succès.
1917 Fin de la production

MERKEL MOTOR WHEEL
1917-22 Conçu par Joe Merkel, la Motor Wheel est un moteur adaptable sur bicyclette, placé sur le côté de la roue arrière. La dernière série est produite à l'usine Indian.

METZ
1902-06 Charles Metz participe à la production de la moto Orient (voir p. 273) avant de construire des machines sous son propre nom. Ses motos ont un cylindre incliné et les carters font partie intégrante du cadre. La transmission est à chaîne et une boîte à deux rapports apparaît en 1903. En 1905, Metz fusionne avec l'American Motor Co., fabricant de la moto Marsh (voir à gauche). La marque Marsh-Metz est adoptée en 1906.

Des moteurs V-twins sont proposés au cours de la dernière année de production.

MEYERS
c.1969 Le fabricant de buggies de plage, Bruce Meyers, construit des mini-motos équipées de moteurs Briggs & Stratton.

MIAMI
1914-16 La Miami Cycle Co. produit les Moto-Racycle (voir Racycle p. 274) puis les Merkel (voir ci-dessus). La firme applique aussi son nom sur une machine légère et bon marché, à soupapes latérales, vendue parallèlement aux grosses Merkel.

MICHAELSON
1913-15 J. M. Michaelson, précédemment impliqué dans l'affaire Minneapolis (voir p. 273), construit des monocylindres de 590 cm^3 et des V-twins de 1 180 cm^3 à moteur Spacke semi-culbuté. Les cadres sont fermés avec fourche avant suspendue par des lames de ressort et roue tirée.

MIDGET-BICAR
1908-09 La Walton Motor Co., de New York, produit sous licence la Midget Bicar d'origine britannique (voir p. 224). Les machines sont équipées de V-twins Peugeot et Sarolea ou de monocylindres Fafnir.

MILITAIRE
1911-19 Engin hybride, entre moto et automobile, conçu à usage militaire. Les premières versions utilisent un monocylindre latéral de 480 cm^3 monté dans un cadre-châssis avec longerons tubulaires, direction à pivot et marche arrière. Par la suite, l'engin reçoit un quatre-cylindres de 1 306 cm^3, mais ce n'est pas une réussite. La marque Militor est aussi utilisée pour désigner des machines identiques. La Champion (voir p. 269), fabriquée sous licence, est presque semblable.

MINNEAPOLIS
1908-15 Les premières motos Minneapolis utilisent des moteurs Thiem de 316 cm^3 avec transmission par chaîne et boîte à deux rapports. Les derniers modèles reçoivent des V-twins Thor et Spacke et le monocylindre de la marque avec des boîtes montées en bloc. À partir de 1912, les V-twins sont disponibles avec cadre suspendu.

MITCHELL
1901-06 Machine de pionnier construite par les Wisconsin Wheel Works avec un moteur de 1,5 ch monté auprès de la tête de direction d'un cadre type bicyclette. La roue arrière est entraînée par une courroie de cuir torsadée.

MM
1906-13 Charles Metz crée la première moto Orient (voir à droite) et produit des machines sous son propre nom (voir Metz p. 272). William Marsh fait aussi partie des pionniers. Ils s'associent en 1905 sous la bannière de l'American Motor Co. et produisent les premières motos Marsh-Metz dès l'année suivante. Outre des monocylindres 500 cm^3 conventionnelles, ils construisent une originale V-twin à 90°de 1 000 cm^3 dont le moteur est intégré au cadre.

MONARCH
1912-14 Monarch succède à la marque Reliance (voir p. 274). Les machines sont des monocylindres de 549 cm^3 et des V-twins de 1 098 cm^3 semi-culbutées construites à Oswego, New York, par l'Ives Motorcycle Co.

MON-AUTO
1916-17 Bizarre mini-moto à moteur de 264 cm^3 monté à côté de la roue arrière. Le cadre est un unique tube de gros diamètre et les repose-pieds du pilote sont placés sur l'axe avant. Parfois appelée Gibson Mon-Auto.

MONTGOMERY WARD
c.1911-12 Grand magasin et firme de vente par correspondance commercialisant des motos sous sa propre marque, dont le constructeur reste inconnu.
c.1959-69 La firme reprend la vente de motos au public avec, cette fois, des scooters japonais Mitsubishi et des motos italiennes Benelli sous la marque Ward Riverside.

MORGAN
c.1902 Machine de type bicyclette, fabriquée à Brooklyn, New York, la Morgan possède un moteur incliné placé auprès de la tête de direction.

MORSE-BEAUREGARD
1912-17 Cette moto est une machine perfectionnée de 655 cm^3 puis 819 cm^3 à moteur bicylindre longitudinal et transmission par arbre. Les soupapes sont bilatérales (en T) et le carter est à joint horizontal. Le moteur est un élément travaillant du cadre.

MOTORMASTER
1939 Bicyclette équipée d'un moteur deux temps Evinrude et produite par la Cleveland Welding Co., dans l'Ohio.

MOTO-SCOOT
1936-48 Scooters élémentaires à moteur industriel fabriqués à Chicago, Illinois.

MUSTANG p. 134
1946-65 Moto à petites roues fabriquée à Glendale, Californie. Les premières versions sont dotées de moteurs Villiers, mais les modèles suivants reçoivent des moteurs industriels latéraux de 320 cm^3. Les motos Mustang sont très appréciées par les étudiants dans les années 50.

NER-A-CAR p. 140
1922 Machine innovatrice à cadre-châssis surbaissé et direction à pivot conçue par Carl A. Neracher. La production commence un an avant, en Grande-Bretagne, chez Sheffield-Simplex Co. Tous les modèles américains reçoivent un moteur deux temps de 211 cm^3 tandis que la cylindrée des types anglais atteint 285 cm^3 en 1922 et qu'un quatre-temps Blackburne de 348 cm^3 est proposé en 1924.
1926 Arrêt de la production des deux côtés de l'Atlantique. En Grande-Bretagne, la maison mère s'écroule alors que la Ner-A-Car n'atteint pas ses objectifs de vente aux États-Unis.

NEW ERA
1908-13 Machine non conventionnelle conçue par E. L. LeFevre. Le moteur de 500 cm^3 est monté sous un siège-baquet et la boîte à deux rapports est commandée au pied. La société tombe en faillite en 1912, mais réapparaît brièvement l'année suivante avec une twin verticale de 1 000 cm^3 parallèlement au type monocylindre.

ORIENT
1899-c.1904 Charles H. Metz est ingénieur chez le fabricant de bicyclettes Orient. Les premiers deux-roues motorisés de la firme sont des machines de piste construites vers 1898 pour entraîner les cyclistes. Le pas est alors vite franchi vers de simples motos à courroie. Les premiers modèles utilisent des moteurs français Aster, mais en 1903, la firme produit sa propre gamme de moteurs de 344 à 492 cm^3 à admission automatique. À partir de 1902, Metz produit des motos sous sa propre marque (voir p. 272). Orient se tourne alors vers l'automobile.

PARAMOUNT
1917 Moto légère de 318 cm^3, à moteur flat-twin monté en long, fabriquée à Columbus, Ohio. L'arbre à cames est placé perpendiculairement au vilebrequin et le mouvement est pris sur l'arbre à cames par un embrayage multidisque.

PEERLESS
1911 La marque Peerless désigne brièvement des motos SD (voir p. 274).

PEERLESS
1912-15 Firme située à Boston produisant des monocylindres semi-culbutées. Le carter du moteur fait partie intégrante du cadre. La transmission est à courroie.

Une des premières motos Pierce Arrow c.1909 à quatre cylindres en ligne

PEM
1912 Initiales du concepteur Perry E. Mack qui désignent brièvement des monocylindres à culbuteurs de 500 cm^3 fabriquées par Waverley (voir p. 275). Moins d'un an après, la marque devient Jefferson.

PIERCE
1909-13 Pierce fabrique des autos et des bicyclettes avant de faire des motos. La première machine s'inspire de la FN quatre cylindres belge. Son moteur latéral à quatre cylindres en ligne de 598 cm^3 est monté dans un cadre en tubes de 89 mm de diamètre qui intègre les réservoirs d'essence et d'huile. La transmission finale se fait par arbre. Une boîte à deux rapports et un embrayage sont ajoutés en 1910. Pierce produit aussi une monocylindre plus simple à courroie.

PILOT
1912 Moto monocylindre construite par l'Oberwegner Motor Co. utilisant un moteur Thor de 492 cm^3 dans un cadre fermé.

PIRATE
1913-15 Construite à Milwaukee, Wisconsin, la gamme Pirate comprend des monocylindres semi-culbutées de 574 cm^3 et des V-twins de 1 130 cm^3 avec cadre fermé, embrayage sur arbre intermédiaire et transmission chaîne-chaîne.

POPE p. 156
1911-18 Le colonel Albert A. Pope est un des premiers magnats de l'industrie automobile dont les firmes construisent des autos, des cycles et des motos dès le tournant du siècle. Il possède entre autres les marques de motos Columbia (voir p. 269) et Rambler (voir à droite). Le premier motocycle produit sous la marque Pope utilise le monocylindre à admission automatique de 426 cm^3 de la marque. En 1913, une V-twin perfectionnée à culbuteurs de 1 000 cm^3 et suspension arrière télescopique est introduite.

POWELL
1939-51 En 1939, les frères Powell, de Los Angeles, commencent par construire de typiques scooters américains à moteur industriel. L'année suivante, ils introduisent l'A-V-8 (Aviate) qui utilise le moteur de 344 cm^3 appartenant à la firme dans un cadre de moto de dimension réduite. La conception de l'A-V-8 inspirera les mini-motos d'après-guerre.
1967-72 La marque Powell réapparaît sur des mini-motos à moteur industriel.

PUDDLEJUMPER
c.1938 Élégant scooter fabriqué au Nebraska par la Midget Motors Corporation. Il semble qu'il soit disponible avec moteur industriel à soupapes latérales ou moteur électrique fonctionnant sur batteries rechargeables.

RACYCLE (MOTO-RACYCLE)
1905-12 La moto Racycle est produite par la Miami Cycle Co. de Middletown, Ohio. Son style rappelle les premières Indian, avec un moteur Thor de 2,25 ch servant de tube de selle dans un cadre de type bicyclette. Les modèles ultérieurs reçoivent un moteur Thor monté dans un cadre en losange à moteur porteur. La marque Racycle est abandonnée lorsque Miami rachète Merkel (voir p. 272).

RAMBLER
1902-14 Les motos Rambler sont des machines de type Indian intégrant le moteur au tube de selle avec transmission par chaîne. Rambler fait partie du groupe American Bicycle Co. Pope.

READING STANDARD p. 158
1903 Les premières motos produites à Reading, Pennsylvanie, sont des copies à moteur Thor de l'Indian.
1907 Reading Standard est le premier constructeur de motos américain fabriquant des moteurs latéraux, conçus par Charles Gustafson qui travaille plus tard pour Indian. Des monocylindres et des V-twins jusqu'à 1 000 cm^3 sont produits peu après.
1922 Reading Standard arrête ses activités et la marque est rachetée par Cleveland (voir p. 269).
1923 Après la vente du stock, Cleveland n'exploite plus le label.

RELIANCE
1904-12 Firme de New York construisant des motos équipées de moteurs de 344 cm^3 à admission automatique propres à la marque montés dans des cadres fermés. Dès la fermeture de la firme, Monarch reprend la marque (voir p. 273).

RIVERSIDE
c.1959-69 La chaîne de magasins Montgomery Ward utilise la marque Riverside pour désigner les scooters Mitsubishi Silver Pigeon et les motos Benelli vendues par correspondance.

ROCK-OLA
1938-40 Le célèbre fabricant de juke-boxes Rock-Ola construit aussi des scooters sous formes de machines à petites roues et moteurs industriels à soupapes latérales. Production également d'un tricycle de livraison.

ROKON p. 161
1959- La Rokon originale est une moto à deux roues motrices conçue en vue d'une utilisation en tout-terrain par les chasseurs ou les forestiers. Elle est équipée d'un deux-temps Chrysler marin de 134 cm^3. Dépourvue de suspension, elle n'a que de gros pneus à basse pression. La production de cette machine sur la base du concept original s'est poursuivie sur différents sites et avec des interruptions depuis 1959. De nouvelles machines destinées à la compétition sont apparues en 1973, dotées de moteurs deux temps Sachs de 340 cm^3 et une transmission automatique. Ces motos, innovatrices et bien construites, ont signé des succès en compétition. L'arrivée de motos de compétition japonaises bon marché au milieu des années 70 met un terme aux ambitions de Rokon comme constructeur de motos de course. Après une interruption de 1979 à 1981, la production de la Rokon a repris à Portsmouth, New Hampshire.

ROLLAWAY
1919-21 Rollaway fabrique un moteur deux temps pour bicyclettes qui se fixe au-dessus de la roue avant comme ultérieurement le Solex français.

ROYAL
1901-10 Emil Hafelfinger construit sa première moto de 1,25 ch en 1901. La production ne débute qu'en 1907, époque où la puissance atteint 2,75 ch et la cylindrée 316 cm^3. L'architecture ressemble à celle des premières Indian, mais le moteur, monté sous la selle, est encagé par quatre tubes. La marque devient Royal-Pioneer en 1909 lorsqu'un moteur à soupapes en tête horizontales apparaît.

RUGOMOBILE
c.1903 Moto étrange à cadre ouvert et moteur de 3 ch lancé par une manivelle. A peut-être été désigné sous la marque Ruggles.

SAFTICYCLE
1946-50 Construite à La Crosse, Wisconsin, la Safticycle est un curieux mélange de moto et de scooter.

SALSBURY p. 165
1935-42 Le modèle Salsbury inspire les scooters américains classiques des années 40 et 50. Les premières machines d'E. Foster Salsbury utilisent des moteurs deux temps Evinrude et un entraînement par friction sur le pneu arrière. Peu après, il adopte des quatre-temps et une chaîne. La conception du Salsbury influence et encourage les constructeurs de scooters américains les plus réussis.
1946-49 Une nouvelle société contrôlée par Northrop Aviation produit le Salsbury après la guerre, mais seulement pendant quelques années.

SCHICKEL
1912-19 Schickel fabrique des monocylindres deux temps non conventionnelles de 492 et 688 cm^3 à Stamford, Connecticut. La firme expérimente l'emploi du mélange huile-essence pour le graissage des deux-temps.

Schickel deux temps c.1912 dont le réservoir est intégré au cadre

À partir de 1915, production d'une moto légère avec volant magnétique. Certains modèles sortent sous la marque SMC (voir p. 275).

SCOUT
1911-13 Moto monocylindre de 500 cm^3 à courroie fabriquée par la Michigan Motorcycle Co. de Detroit.

SD
1909-11 Initiales des constructeurs Spangler & Dewald de Brooklyn, New York, signifiant également shaft drive, transmission par arbre. La moto est une monocylindre de 442 cm^3. La marque Peerless est brièvement utilisée en 1911.

SEARS p.168
1912-16 Les grands magasins Sears vendent sous leur marque des motos fabriquées par d'autres constructeurs. De 1913 à 1914, celles-ci sont produites par Thor. Les machines ultérieures, qui utilisent des moteurs Spacke, sont probablement fabriquées par Excelsior Cycle Co. (voir De Luxe p. 270).
c.1964-69 Sears reprend la distribution de machines importées. Des Gilera et des Puch sont vendues sous la marque Sears. L'écusson Allstate de la firme (voir p. 268) est aussi utilisé sur des machines Puch et Cushman à partir de 1951.

SHAW
1912-20 Shaw fabrique une monocylindre de 3,5 ch équipée du moteur latéral de la marque, modèle peut-être dérivé de la moto Kokomo antérieure (voir p. 272). Un moteur de 2,5 ch est également proposé pour équiper les bicyclettes. La firme est située à Galesburg, Illinois.

SIMPLEX
1906-09 La Prospect Motor Manufacturing Co. de Brooklyn, New York, vend des V-twins Peugeot sous la marque Simplex. On ignore si les machines sont fabriquées aux États-Unis ou importées.

SIMPLEX p. 169
1935-75 Simplex construit la Servi-Cycle, une machine légère très appréciée et produite pendant très longtemps. Le moteur deux temps de 125 cm^3 utilise un vilebrequin en porte-à-faux et un clapet rotatif. La transmission finale est à courroie et automatique à partir du début des années 40. Une version scooter est produite à la fin des années 50. À partir de 1960, Simplex fabrique des mini-motos à moteur industriel.

SMC
1916-18 Marque utilisée sur certaines deux-temps Schickel (voir p. 274).

SMITH MOTOR WHEEL p. 170
1914-19 La Motor Wheel est une troisième roue motorisée pour bicyclettes qui comporte un moteur monocylindre quatre temps de 146 cm^3. Ce système, produit sous licence par l'ingénieur anglais A. W. Wall, est cependant légèrement différent dans sa version américaine. Il est produit par Briggs & Stratton à partir de 1919 (voir p. 269).

STAHL
c.1902-12 La moto originale de C. V. Stahl utilise un moteur vertical monté dans un cadre type bicyclette modifié qui intègre un tube avant en boucle pour supporter le carter. Les machines ultérieures sont des monocylindres de 442 cm^3 et des V-twins de 934 cm^3 à cadre fermé. Elles sont aussi connues sous les initiales CVS (voir p. 270).

STEEN p. 172
c.1962-75 Fabricants californiens de mini-motos qui abordent la production avec de classiques machines à petites roues. Par la suite, la firme produit des modèles plus raffinés avec moteurs japonais Hodaka.

STEFFEY
c.1902-05 La Steffey est probablement la première moto refroidie par eau produite aux États-Unis. Elle se caractérise par ses volants moteurs extérieurs. Le moteur de 1,5 ch est monté dans un cadre de type bicyclette avec transmission par chaîne.

STRATTON
c.1901 Produite à New York, la Stratton est une machine type bicyclette à moteur avec admission automatique monté sur la partie inférieure du tube avant et entraînant la roue arrière par courroie.

THIEM
1908-14 Avant de construire des motos complètes, Thiem fournit des moteurs aux autres constructeurs. La firme produit de typiques monocylindres à courroie et admission automatique de 292 à 475 cm^3 avant de fabriquer des V-twins à soupapes latérales. Thiem fusionne avec Joerns (voir p. 272) et fabrique par la suite la célèbre V-twin Cyclone à arbre à cames en tête (voir p. 270).

THOMAS
1900-09 E. R. Thomas est un constructeur pionnier responsable de la moto Auto-Bi (voir p. 268) appelée aussi la Thomas. Construites à Buffalo, New York, elles sont remplacées par la Greyhound (voir p. 271).

THOR
1907-19 L'Aurora Automatic Machine Co. construit des moteurs sur plans d'Oscar Hedstrom pour les premières Indian. Elle fournit aussi ces moteurs à d'autres constructeurs sous la marque Thor. Reading-Standard, Racycle, Emblem, entre autres, utilisent des moteurs Thor sur leurs premiers modèles. Les premières motos Thor apparaissent en 1907 sous forme de monocylindres de 2,25 et 3 ch à admission automatique, cadre fermé et fourche à parallélogramme. En 1908 apparaissent des V-twins à 50° de 5 ch. Les puissances augmentent avec l'introduction ultérieure des soupapes d'admission commandées.

THOROUGHBRED
c.1904 La marque Thoroughbred est utilisée pour les premières motos Reading-Standard (voir p. 274).

TIGER
1915-16 Moto légère à courroie équipée d'un moteur deux temps de 250 cm^3 construite à New York par Frederickson & Stenger.

TORPEDO
1907-09 Firme utilisant des monocylindres et V-twins Antoine et Thor avec transmission directe à chaîne.

TORQUE
c.1945 Firme de mécanique originaire du New Jersey qui développe une gamme de motos. Le concepteur, Briggs Weaver, a travaillé précédemment avec Indian. La conception « modulaire » permet de proposer une monocylindre de 360 cm^3, une twin de 721 cm^3 et une quatre-cylindres de 1 442 cm^3 à partir de composants communs. En 1945, Ralph B. Rogers rachète la firme Torque puis Indian (voir p. 271). Les modèles Torque constituent la base des modèles Indian d'après-guerre, excepté la quatre-cylindres qui demeure à l'état de prototype.

TOURIST
c.1904-10 Les motos Tourist sont construites à Newark, New Jersey. Le moteur à admission automatique est monté incliné dans un cadre fermé avec transmission à courroie. Les versions finales ont des moteurs semi-culbutés de 4 ch et un moyeu à deux rapports en option.

TRAUB
c.1916 Machine à moteur V-twin latéral construite à Chicago, la Traub demeure à l'état de prototype.

TRIUMPH
1907-09 La marque Triumph désigne une machine de 287 cm^3 à moteur Thor construite par les fabricants de la moto Excelsior (voir p. 270).

VALIANT
c.1964-65 La Valiant est une version à moteur Villiers de 197 cm^3 de la mini-moto Simplex (voir p. 270).

VARD
c.1944 Machine construite à Pasadena, Californie, probablement demeurée à l'état de prototype. Il s'agit d'une monocylindre latérale à moteur incliné de 350 cm^3 et bras oscillant.

WAGNER
1901-14 Motos monocylindres construites à St Paul, Minnesota, à moteurs Thor ou appartenant à la marque dans un cadre fermé avec entretoise diagonale. La firme réalise aussi des tandems.

WAVERLEY
1905-12 La moto Waverley est construite par la Waverley Manufacturing Co. En 1912, elle porte brièvement les initiales de son créateur, Perry E. Mack (voir PEM p. 273) avant d'être commercialisée de 1912 à 1915, sous la marque Jefferson (voir p. 272).

WHIPPLE
1903-05 Moto construite à Chicago, Illinois, avec un cadre type bicyclette et un monocylindre monté parallèlement au tube de selle. La transmission finale se fait par courroie attaquant un moyeu à deux rapports et embrayage incorporés.

WHIZZER p. 196
1939-62 Whizzer fabrique un moteur adaptable à soupapes latérales de 138 cm^3. Après la Seconde Guerre mondiale, la firme propose une machine complète à cadre Schwinn et courroie.

WILLIAMS
1915 Moto non conventionnelle construite à New York équipée d'un moteur trois cylindres en étoile monté dans la roue arrière.

WYSECYCLE
1946-50 La Wysecycle, construite à Dayton, Ohio, est une petite moto pour adolescents. Partiellement carrossée, elle est équipée d'un moteur de 322 cm^3.

YALE p. 199
1903-15 L'appellation Yale désigne des motos construites par la Consolidated Manufacturing Co. de Toledo, Ohio. Les premières machines, qui découlent du modèle California (voir p. 269), utilisent la marque Yale-California. Par la suite, la firme produit une gamme de monocylindres et de V-twins de 292 à 1 000 cm^3.

YANKEE
1920-23 L'Illinois Motor Co. de Chicago construit des motos légères deux temps de 250 cm^3.

YANKEE
1972-75 Motos deux temps bicylindres de 488 cm^3 pour dirt track produites par le constructeur espagnol Ossa pour ses importateurs américains, la Yankee Motors Corporation, qui utilisent la marque Yankee.

Productions non confirmées

Airman Chicago, IL *c.1948*
American Hartford, CT *c.1903*
American Rahway, NJ *c.1903*
American Denver, CO *c.1909*
American Louisville, KY *c.1921*
Atco Pittsburgh, PA *c.1912*
Autobike Chicago, IL *c.1915*
Auto Car Pittsburgh, PA *c.1900*
Auto Four Chicago, IL *c.1971*
Auto Scoot *c.1938*
Barber Brooklyn, NY *c.1900*
Barr Middletown, OH *c.1940*
Baysdorfer-Dumbleton Omaha, NE *c.1903*
Bean Boston, MA *c.1903*
Bearcat Rochester, NY *c.1950*
Beard & Abel Boston, MA *c.1903*
Boland Rahway, NJ *c.1903*
Bowman New York, NY *c.1905*
Bradford Bradford, PA *c.1907*
Breed Bay City, MI *c.1912*
Buckeye Columbus, OH *c.1905*
Buffalo Buffalo, NY *c.1984*
Caille Detroit, MI *c.1935*
Camden Camden, NJ *c.1906*
Centaur New York, NY *c.1961*
Century Chicago, IL *c.1917*
Chicago 400 Chicago, IL *c.1905*
Clark Torrington, CT *c.1903*
Clarke St Louis, MO
Clemcut Hartford, CT *c.1908*
Clement Hartford, CT *c.1906*
Cleveland Hartford, CT *c.1903*
Clinton-Tower Cleveland, OH *c.1895*
Comet Elwood, IL *c.1911*
Commando Minneapolis, MN *c.1950*
Crescent Hartford, CT *c.1905*
Crosley Cincinnati, OH *c.1943*
Culp Columbus, OH *c.1903*
Cyclone South Gate, CA *c.1948*
Day Lake View, NY *c.1903*
Delaware Delaware, OH *c.1908*
Duesenberg Rockford, IA *c.1903*
Dukelow Chicago, IL *c.1913*
Dyke St Louis, MO *c.1905*
Eagle Brockton, MA *c.1908*
Eagle St Louis, MO *c.1911*
Economy Detroit, MI *c.1908*
Elk Elkhart, IN *c.1911*
Eshelman Baltimore, MD *c.1954*
Fairchild Pasadena, CA
Fleming White Plains, NY *c.1901*
F&M Columbus, OH *c.1905*
Francke-Johannsmeyer Milwaukee, WI *c.1905*
Franklin Mount Vernon, WA *c.1900*
Grady *c.1909*
Greyhound Reading, PA *c.1924*
Hampden Springfield, MA *c.1903*
Harper New York, NY *c.1908*
Hartford Hartford, CT *c.1907*
Hawthorne Chicago, IL *c.1912*
Heald Benton Harbor, MI *c.1976*
Hemingway Glenwood, IL *c.1905*
Hercules Hammondsport, NY *c.1904*
Herring St Joseph, MO *c.1899*
H&H San Diego, CA *c.1903*
Holley Bradford, PA *c.1906*
Holmes *c.1900*
Hudson Middletown, OH *c.1910*
Imperial *c.1903*
Industrial Syracuse, NY *c.1903*
Kaestner Chicago, IL *c.1903*
Kaye-Pennington Racine, WI *c.1895*
Kelsey *c.1911*
Kenzler-Waverley Cambridge, WI *c.1912*
Kiefler Buffalo, NY *c.1910*
Kirkham Bath, NY *c.1903*
Kulture Rochester, NY *c.1909*
Landgraf Chicago, IL *c.1906*
Langford Denver, CO *c.1920*
Leader Milwaukee, WI *c.1906*
Leo Oakland, CA *c.1905*
Lewis Brooklyn, NY *c.1901*
Lightning Joliet, IL *c.1948*
Lunford Marble, NC *c.1916*
Lyons *c.1909*
Magnacycle
Majestic *c.1912*
Maltby Brooklyn, NY *c.1903*
Mansen-Marsh Brockton, MA *c.1906*
Marathon Hartford, CT *c.1910*
Marman Inglewood, CA *c.1948*
Maxim Hartford, CT *c.1893*
McDonald Chicago, IL *c.1905*
Meadowbrook Hempstead, NY *c.1905*
Mears Brooklyn, NY *c.1903*
Mecky Philadelphia, PA *c.1903*
Menns-VanHorn Boston, MA *c.1903*
MOHS *c.1960s*
Monarch Hartford, CT *c.1903*
Monark Chicago, IL *c.1952*
Monnot Canton, OH *c.1903*
Moore Indianpolis, IN *c.1917*
Morris-Corkhill Rochester, NY *c.1903*
Moto-Glide Los Angeles, CA *c.1930s*
Motopede Rutherford, NY *c.1921*
Nelk Palo Alto, CA *c.1909*
Nioga Whitney Point, NY *c.1903*
Nyberg Chicago, IL *c.1913*
Oakes Johnstown, PA *c.1916*
OK Brooklyn, NY *c.1916*
Pansy *c.1905*
Parkin-Leflem Philadelphie, PA *c.1903*
Patee Indianapolis, IN *c.1901*
Phoenix Milwaukee, WI *c.1906*
Pioneer Jersey City, NJ *c.1903*
Pioneer Worcester, MA *c.1909*
Playboy Oakland, CA *c.1956*
Pony Clarkston, MI *c.1955*
Pratt Four Elkhart, IN *c.1912*
P-T New York, NY *c.1900*
Ranger Chicago, IL *c.1938*
Razoux Boston, MA *c.1903*
Redman *c.1907*
Regas Rochester, NY *c.1901*
R & H Brockton, MA *c.1905*
Riotte New York, NY *c.1895*
Rocket Columbus, NE *c.1962*
Roper Roxbury, MA *c.1869*
Ruggles Brooklyn, NY *c.1903*
Rupp Mansfield, OH *c.1960s*
Salisbury Chicago, IL *c.1895*
Skootmobile Chicago, IL *c.1938*
Slattery Brooklyn, NY *c.1903*
Snell Toledo, OH *c.1905*
Spiral New York, NY *c.1896*
Starlin Tonawanda, NY *c.1903*
Starlite Crystal Lake, IL *c.1960s*
Stormer Hartford, CT *c.1907*
Suddard Providence, RI *c.1905*
Thompson Beverly Farms, MA *c.1909*
Tinkham New Haven, CT *c.1899*
Tribune Hartford, CT *c.1908*
Trimoto Hartford, CT *c.1900*
Twombly Portland, ME *c.1895*
Victor Cleveland, OH *c.1911*
Victory
Warwick Springfield, MA *c.1903*
Wasson Haverhill, MA *c.1903*
Westfield Westfield, MA *c.1917*
Westover Denver, CO *c.1913*
Widmayer New York, NY *c.1907*
Williamson Philadelphie, PA *c.1903*
Willis New York, NY *c.1903*
Wilson Wichita, KS *c.1910*
Wizzard *c.1950s*
Woods Denver, CO *c.1914*
Woods-Meagher Richmond, VA *c.1896*
Yardman Jackson, MI *c.1959*

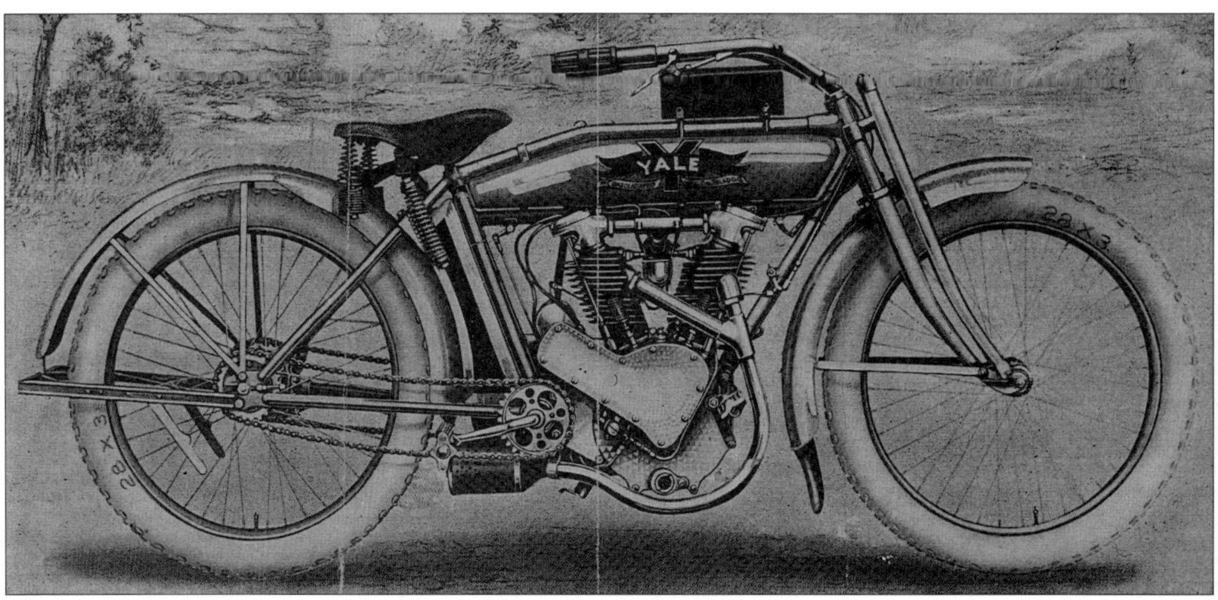

Yale Model 37 à chaîne c.1913

France

Le développement, par Albert de Dion et Georges Bouton, d'un petit moteur à combustion interne rapide apporte enfin aux véhicules motorisés performances et fiabilité. Les courses confirment la valeur de l'invention. À la fin du siècle, la France apparaît comme le berceau de l'industrie automobile et motocycliste mondiale. Mais cette avance ne va pas durer : dès la fin de la Première Guerre mondiale, la Grande-Bretagne et l'Allemagne sont les plus importants pays producteurs de motos. L'industrie française survit en répondant à la demande intérieure, mais ses productions ne sont jamais massivement exportées. Entre les deux guerres, la production se concentre entre les mains de quelques grands groupes comme Peugeot (voir p. 282), Alcyon (voir ci-dessous) et Motobécane (voir p. 281). L'arrivée des voitures économiques après la Seconde Guerre mondiale ruine l'industrie motocycliste française à l'exception de Peugeot et de Motobécane (devenue MBK et désormais contrôlée par Yamaha) qui continuent à produire des deux-roues à moteur.

ABC
c.1920-24 Le constructeur de moteurs d'avions Gnôme et Rhône (voir p. 279) commence par produire une version améliorée de la flat-twin ABC.

ACMA
1952-62 Firme constructeur en grande série sous licence Piaggio du scooter Vespa.

ADER
1903-06 Clément Ader produit un nombre limité de motos à moteur V-twin.

ADONIS
1950-52 Production de cyclos et de motos légères à moteurs VAP de 48 à 75 cm³.

AGF
1947-56 Production d'un scooter et de motos à moteurs deux temps Jonghi de 123 à 173 cm³. Fusionne avec Guiller.

AIGLON
1900-54 Constructeur pionnier d'automobiles et de cycles produisant aussi des motos conventionnelles à moteurs Mirus et autres marques. Firme rachetée par Peugeot en 1922.

ALCYON
c.1904-57 Edmond Gentil donne à sa marque le nom d'un oiseau de la mythologie. Les premiers modèles utilisent des moteurs Zedel, Zürcher ou autres. Après la Première Guerre mondiale, le groupe Alcyon absorbe Armor, La Française (voir p. 279), Labor (voir p. 280), Olympique (voir p. 282), Thomann (voir p. 283) et produit des motos à deux et quatre temps de 98 à 498 cm³. Après la Seconde Guerre mondiale, il fabrique des cyclos et des motos à moteurs AMC, Zürcher et VAP jusqu'à 248 cm³.

ALLELUIA
1922-56 Production de cyclos et de motos légères à moteur de provenance extérieure.

ALMA
1949-56 Fabrication de machines légères à moteurs Ydral et Poulain de 175 cm³.

ALPHA
1983-91 Firme produisant des motos de trial à moteur Honda, puis avec son propre deux-temps de 239 cm³.

ALPHONSE THOMANN
1908-23 Production de deux-temps de 98 à 173 cm³.

L'élégant scooter Alcyon Paris-Nice 1957 à moteur deux temps de 125 cm³

ALTER
1955-56 Construction de machines légères.

ANZANI
1900-c.1939 Célèbre constructeur de moteurs et de quelques motos complètes.

ARBINET
1924-34 Firme de Dijon fabriquant des deux-temps de 98 à 497 cm³.

ARDENT
1950-54 Marque produisant un scooter à moteurs deux temps VAP, Le Poulain et Lavalette.

ARGENTRE
1930-33 Production de monocylindres latérales et culbutées de 247 à 498 cm³ à moteurs de provenance extérieure JAP et LPL.

ARLIGUE
1950-54 Production de cyclomoteurs.

ARMOR Voir Alcyon (à gauche).

ASTER
1898-1910 Constructeur et fournisseur de moteurs et de quelques motos complètes.

ATLANTIC
1929-32 Production de motos de 250 à 500 cm³ à moteurs Blackburne, Chaise et autres marques.

AUSTRAL
c.1904-30 Austral produit des motos équipées de moteurs Aster. Après 1918, utilisation de moteurs Poinsard, JAP et Zürcher.

AUTO-FAUTEUIL
1902-06 Machines non conventionnelles à moteur Aster placé sous le siège-baquet du pilote, d'où leur appellation.

AUTOMOTIONNETTE
1934-39 Bicyclettes à moteurs 100 cm³ Sachs et Aubier-Dunne.

AUTOMOTO
1901 La firme Chavanet, Gros, Pichard & Cie, venant de l'automobile, monte des moteurs 500 cm³ JAP, Blackburne, Aubier-Dunne, Peugeot et d'autres appartenant à sa propre marque pour ses premières motos. **1931** Peugeot reprend la marque et construit des machines jusqu'à 250 cm3 équipées de moteurs de provenance extérieure. Après la Seconde Guerre mondiale, la firme produit des modèles à moteurs Villiers et AMC ainsi que des cyclos à moteurs VAP, Motobloc et Marquet. **1962** Arrêt de la production.

BABY MOTO
c.1950-52 Scooter à cadre tubulaire à moteurs Gucciolo de 49 cm³ ou Lavalette de 70 cm³.

BAILLEUL
1903-10 Motos à courroie équipées de moteurs Peugeot et Buchet.

BARIGO p. 22
1982- Constructeur de motos à moteur monocylindre quatre temps Rotax qui signent des succès dans les rallyes-raids, en enduro et en épreuves Super-Motard. L'un des rares constructeurs indépendants encore en activité dans les années 90.

BARRÉ
c.1925 Motos à moteur deux temps produites par un constructeur automobile de Niort (Deux-Sèvres).

BCR
1923-30 Firme fabriquant ses propres moteurs deux temps en 125 et 350 cm³ et achetant des quatre-temps JAP puis Chaise pour équiper des motos à suspension arrière à lames.

BENOÎT-GONIN
1908-28 Motos créées à Lyon avec des moteurs Zedel, Anzani ou autres.

BERNARDET
1947-57 Les frères Bernardet produisent des scooters à moteurs Ydral, Violet et appartenant à la marque de 49 à 246 cm³.

BERNASSE
1907-c.1902 Constructeur artisanal de motos monocylindres et V-twins.

BFG
1978-83 Boccardo, Favrio et Grange construisent en nombre limité cette moto entièrement française à moteur Citroën GS quatre cylindres à plat de 1 299 cm³. Boccardo crée aussi la moto MF (p. 281).

BICHRONE
1902-07 Constructeur d'un deux-temps à deux cylindres en V.

BLAUSERETTE
c.1924 Paul Blauseur construit à Paris des deux-temps à courroie de 125 à 175 cm³.

BLÉRIOT
1919-23 Constructeur d'avions créateur d'une twin parallèle de 497 cm^3 après la Première Guerre mondiale.

BLOTTO
1929-55 Motos à moteurs deux temps de 123 à 348 cm^3.

BOIVIN
1896-1904 Producteur de motos et de roues motorisées.

BOLIDE
1902-10 Machines légères produites à Paris-Pantin.

BOUGERY
1896-1902 Constructeur pionnier de machines monocylindres.

BPS
1973-78 Boudet, Portal (voir p. 282) et Seurat construisent des motos tout-terrain et enduro deux temps de 49 à 124 cm^3 équipées de moteurs Sachs, SWM et Minarelli.

BREUIL
1902-08 Constructeur pionnier montant des moteurs Peugeot, Aster et Zürcher dans ses propres parties-cycle.

BRILLANT
c.1900-04 Motos de pionnier à moteur Zedel.

BRUNEAU
c.1900-10 Construction à l'origine de motos à moteur Zedel montés dans des cadres type bicyclette puis selon le « nouveau » schéma Werner.

BRUTUS
1900 Production de moteurs et de machines complètes à courroie.

BUCHET
1900-11 Constructeur de moteurs et d'automobiles produisant quelques motos dont une machine de 4 500 cm^3 destinée à l'entraînement des cyclistes sur piste.

BUT
1978 Machines de Grand Prix conçues par Eric Offenstadt. Ces monocoques innovatrices à moteurs deux temps de 350 et 500 cm^3 refroidis par eau portent le nom de leur sponsor.

CAMILE-FOUCAUX
1952-54 Fabricant de scooters et de cyclomoteurs.

CARPIO
1930-35 Constructeur de motos légères à moteur Aubier-Dunne.

CARREAU
1902-03 Motos dotées de moteurs De Dion et Aster.

Moto Blériot bicylindre parallèle de 497 cm^3 à roues à disque

CAZANAVE
1950-58 Constructeur de cyclos, de scooters à moteur AMC et de motos légères.

CEM
c.1920 Constructeur lyonnais de motos à soupapes latérales.

CEMEC
1948-55 La firme CEMEC reprend à la CMR la production des flat-twins type BMW avant la reprise par Ratier (voir p. 282).

CFC (Cie française des cycles)
c.1902-06 Construit des motos à moteurs Onfray mono et bicylindres.

CHAPELLE
c.1901-02 Marque pionnière absorbée par Rochet (voir p. 283).

CHOUBERSKY
1899 Tricycles et tandems fabriqués à Paris sous licence De Dion-Bouton.

CHRISTOPHE
c. 1925 Motos deux temps à courroie de 100 et 175 cm^3.

CL. DELAGE
1924-30 Claude Delage, sans lien avec les automobiles du même nom, fabrique à Paris des deux-temps de 175 à 250 cm^3, en majorité à moteur LPL.

CLÉMENT
1896-35 La firme de cycles d'Adolphe Clément fusionne avec Gladiator (voir p. 279) pour créer Clément-Gladiator qui vend à d'autres marques son modèle Autocyclette de 142 cm^3 à moteur semi-culbuté. En 1913, Clément achète des moteurs MAG et JAP utilisés sur les modèles ultérieurs, mais fabrique aussi un moteur adaptable de 43 cm^3.

CMR
1945-48 Voir CEMEC (ci-dessus).

COCYMO
1956-59 Assembleur de cyclos et de motos à partir d'éléments achetés à l'extérieur..

COINTOT
c.1950 Motos légères non conventionnelles à suspensions avant et arrière.

COLOMB
1950-54 Fabricant de cycles qui produit des vélomoteurs 49 cm^3.

CONTAL
c.1903-13 Constructeur de tricycles de livraison à moteur deux temps dont un exemplaire participe au Pékin-Paris de 1907.

COTTEREAU
c.1903-09 Constructeur d'automobiles dijonnais produisant des motos et des tricycles.

CP-ROLÉO
1927-39 Motos construites à Paris utilisant des moteurs LMP, Harissard et Staub.

LA CYCLETTE
1922-30 Construction d'une bicyclette à moteur deux temps de 91 cm^3.

CYCLEX
c.1950 Producteur de moteurs deux temps adaptables.

CYCLOTRACTEUR
1914-22 Constructeur d'un moteur adaptable quatre temps de 108 cm^3.

DALIFOL
c.1895-1900 Constructeur d'une moto à moteur à vapeur avec chaudière centrale et attaque directe de la roue arrière.

DAX
1932-39 Producteur de monocylindres de luxe à culbuteurs de 98, 348 et 498 cm^3.

DEAUVILLE & CIE
c.1907-09 Machines fabriquées par Alcyon.

DE-DE
1923-39 Gamme étendue de motos de 98 à 498 cm^3 fabriquées à Courbevoie (Paris).

DEDION BOUTON p.47
1895-1910 Firme pionnière constructeur de tricycles puis de motos et fournisseur de moteurs à un grand nombre d'autres marques. Ses machines ont un moteur vertical placé derrière le tube de selle entraînant la roue arrière par une courroie.

DELAPLACE
c.1952 Constructeur de motos légères et de scooters.

DEPREZ
c.1920 Motos légères à moteur LMP.

DERNY
1949-58 Constructeur de vélomoteurs solo et tandem à moteur Zürcher de 98 cm^3. En 1957, présentation de la moto Taon à moteur AMC de 125 cm^3 conçue par Roger Tallon.

DERONZIÈRE p. 47
1906-14 Moto conçue à Lyon par Francisque Croizier de Ronzière et construite par différentes firmes utilisant des moteurs extérieurs à la marque ou le Deronzière de 288 cm^3 à admission automatique.

DFR
1921-33 Désert et de Font-Réaulx (qui

pilote en compétition) construisent des machines sportives à moteur deux temps de 175 cm³ puis des monocylindres 250 et 350 cm³ dont certaines à moteur Bradshaw refroidis par huile.

DIAMON
c.1930 Fabricant d'accessoires, puis assembleur de motos à Toulouse.

DILECTA
1929-39 Assembleur de motos légères à moteur Zürcher de 98 cm³.

DOLLAR
1922-39 Fabricant de motos de 125 à 500 cm³ à culbuteurs. Production très limitée d'une 750 cm³ à moteur Chaise V4.

DORION
1932-36 Production de motos légères à moteurs Aubier-Dunne de 98 et 123 cm³.

DRESCH p.52
1923-39 Henri Dresch, après le rachat des marques DFR (voir p. 278) et Le Grimpeur (voir p. 280) produit en série des machines de qualité à prix concurrentiel équipées de moteurs MAG de 250 et 350 cm³ avant de construire, par la suite, ses propres bicylindres en ligne à arbre de transmission dont, en 1930, un 500 cm³ monté dans un cadre en tôle emboutie.

DS-MALTERRE
1922-58 Les frères Malterre produisent à Paris, avant la Seconde Guerre mondiale, des motos à moteur maison dont une 500 monocylindre. Après la guerre, la firme utilise des moteurs JAP, Ydral et AMC à soupapes latérales.

DUCOMMUN
1900 Machine de pionnier à moteur de 1,5 ch.

DUNCAN-SUPERBIE
c.1894 Constructeur, sous licence, de la machine allemande Hildebrand et Wolfmüller.

DURANDAL
1926-33 Producteur de motos à moteurs extérieurs à la marque dont Zürcher et Sturmey-Archer, Durandal utilise aussi des Rudge Python.

DUTEMPLE
c.1903-06 Marque mineure produisant des machines à courroie ou arbre.

ELF
1978-88 Machines de course expérimentales à direction à pivot financées par le pétrolier Elf.

ÉMERAUDE
1902-10 Motos monocylindres de 2 ch à admission automatique.

ÉOLE
c.1930 Marque utilisée par Favor (voir ci-dessous) pour ses motos légères.

ESPER
1928-30 Motos assemblées à moteurs Moser, Zürcher, Chaise et JAP de 175 à 500 cm³.

ÉTOILE
1933-39 Constructeur de machines à moteurs deux temps de 98 à 198 cm³.

FASTEX
1952 Constructeur de petits scooters.

FAVOR
1919-59 Les frères Guillaume utilisent leurs propres moteurs et des JAP pour leurs premières motos. Après la Seconde Guerre mondiale, ils produisent des cyclos et des motos légères à moteurs Alter et AMC de 48 à 174 cm³.

FÉLIX MILLET
1887-1900 Pionnier d'une moto à moteur rotatif cinq cylindres en étoile.

FÉMINIA
1933-36 Petites machines à moteurs deux temps Aubier-Dunne et Stainless.

FIOR
c.1978 Christian Fior construit une quatre-cylindres deux temps innovatrice.

FLINOIS
c.1900-02 Constructeur d'un moteur adaptable et de bicyclettes motorisées.

FOLLIS
1951-60 Fabricant de cycles et constructeur de cyclos et de motos jusqu'à 250 cm³ à moteurs Sachs, Ydral et AMC.

LA FRANÇAISE DIAMANT
1902-54 Ce fabricant de cycles vend aussi sous les marques La Française et Diamant. Les premières machines ont des moteurs 1,25 ch montés sur le tube avant du cadre de type bicyclette.
En 1913, la marque produit une moto à moteur maison de 289 cm³. En 1926, elle est absorbée par Alcyon (voir p. 277).

LA FRANCE
c.1922 Constructeur d'une moto légère deux temps.

GALLAND
c.1930 Constructeur de triporteurs de livraison à moteur JAP 500 cm³.

GARIN
1950-53 Production de cyclos et petites motos.

GARREAU
c.1896-1903 Constructeur pionnier d'une bicyclette à moteur.

GAUTHIER
1973-82 Petite marque produisant des motos sportives à moteurs Sachs de 123 à 247 cm³.

GECO-HERSTAL
1927-28 Après avoir fabriqué la moto légère Harlette (voir p. 280), Gerkinet et Co. fusionne avec la marque belge Gillet-Herstal et produit ses machines en France.

GÉNIAL-LUCIFER
1928-56 Construite à Paris, cette machine est aussi vendue par correspondance par Mestre et Blatgé.

GEORGES RICHARD
1903-09 Constructeur pionnier du cycle et de l'automobile produisant des motos à moteurs Zedel ou Peugeot. La firme utilisera plus tard la marque Trèfle-à-Quatre.

GEORGIA KNAP
1901-05 Installé d'abord contre la roue arrière, le moteur 250 cm³ à admission automatique est déplacé ensuite vers un endroit plus conventionnel.

GERALD
1927-32 Charles Gérald construit ses motos à Paris avec des moteurs Aubier-Dunne, JAP et Chaise de 98 à 498 cm³.

GIMA
1947-56 Propriété de Favor (voir à gauche), cette marque utilise des moteurs deux et quatre temps AMC et Ydral jusqu'à 250 cm³.

GITANE
c.1947-80 Jusqu'aux années 60, ce fabricant de cycles produit des cyclomoteurs et des motos à moteurs VAP, Ydral et Sachs de 100 à 175 cm³. Dans les années 70, la firme vend la Testi italienne de 49 cm³ sous écusson Gitane. Rachat par Renault en 1980.

GL
1919-21 Orial (voir p. 282) construit ces V-twins à moteurs JAP et MAG de 1 000 cm³.

GLADIATOR
c.1902-12 Fondée par Darracq, Gladiator est cédée à Clément (voir p. 278) vers 1897.

GLORIOL
c.1924-28 Petit constructeur de motos à moteurs deux et quatre temps Train, Anzani et JAP.

GNÔME & RHÔNE p.65
1919 Fabricant de moteurs d'avions, la firme débute par la production sous licence de la moto ABC de Bradshaw (voir p. 277).

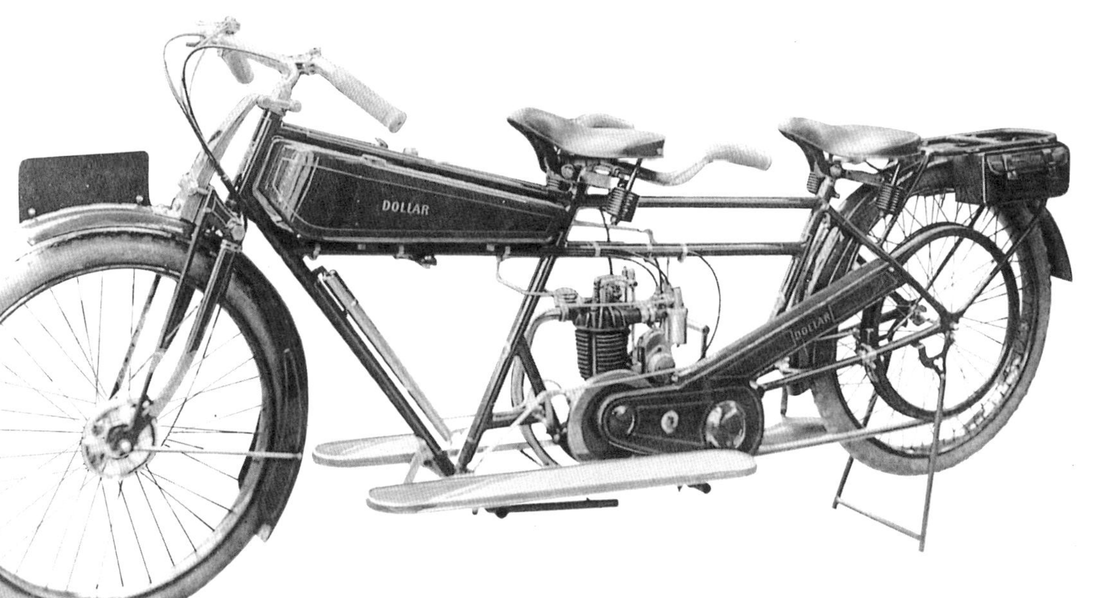

Tandem Dollar 1924

1923 Début de la fabrication des excellentes monocylindres maison de 300, 350 et 500 cm³.
1931 Gnôme et Rhône initie la production de flat-twins à arbre type BMW et d'une monocylindre 250 cm³. Après l'apparition d'une Type X à culbuteurs de 724 cm³ en 1935, une twin latérale de 800 cm³ est construite pour l'armée.
1945-59 La production d'après-guerre porte sur des deux-temps utilitaires.

GOBRON-MINERVA
1903-04 Production de motocycles à moteur Minerva.

GOLIATH
c.1920-22 Moteur adaptable de 124 cm³.

GRATIEUX
1919-21 Constructeur d'une deux-temps de 250 cm³ à fourche élastique.

GRIFFON
1902-55 Célèbre marque pionnière produisant des monocylindres et des V-twins avant la Première Guerre mondiale. Après 1918, elle fabrique des monocylindres et des V-twins à moteurs Zedel et Anzani et quelques deux-temps utilitaires de 175 à 350 cm³. Peugeot rachète la marque en 1927.

LE GRIMPEUR
1900 Les premières machines utilisent des moteurs Stainless, JAP, Aubier-Dunne et autres. Au début des années 20, production d'excellentes et légères deux-temps.
1926 Rachat de la firme par Dresch (voir p. 278). Les modèles ultérieurs utilisent des monocylindres construits sous licence MAG de 250 à 500 cm³.
1932 Dresch vend les motos sous son nom.

GUERRY
c.1902-04 Constructeur de moteurs et de machines complètes de 250 à 350 cm³.

GUIGNARD
1933-38 Vélomoteurs deux temps de 98 et 123 cm³ construits par Jean Guignard.

GUILLER
1949-56 Les frères Guiller installent des moteurs AMC, Aubier-Dunne, Ydral et VAP dans des cyclos et machines légères jusqu'à 250 cm³. Construction, sous licence également, du scooter italien SIM et fusion avec AGF (voir p. 277) en 1954.

GURTNER
c.1922 Production de deux-temps à moteur Train.

HARLETTE
1923-28 Construite initialement par Goode et Cie, importateur des motos Harley-Davidson en France, la moto légère Harlette est dotée de moteurs deux temps LPL de 125 à 175 cm³. Gerkinet et Cie reprennent la production vers 1925.

HASTY
1930-34 Bicyclettes à moteur deux temps de 98 cm³.

HELYETT
1926-55 Petit constructeur montant principalement des moteurs JAP et Chaise de 98 à 996 cm³. Quelques V-twins à moteur JAP transversal de 750 cm³ et à arbre sont fabriquées vers 1930. Après 1945, production de petites deux-temps principalement.

HÉMY
c.1950 Fabricant de moteurs adaptables.

HERDTLÉ-BRUNEAU
1903-14 Constructeur de motos à cadre de type bicyclette dotées de monocylindres 150 cm³ semi-culbutés.

HIRONDELLE
1921-54 Motos vendues par correspondance par Manufrance, il s'agit au début de Deronzière rebaptisées (voir p. 278).

HUNTER
1922-26 Moto deux temps à courroie.

HURTU
c.1900-58 Fabricant de machines à coudre devenu constructeur automobile, Hurtu produit une moto à courroie dès 1906. Après 1945, Hurtu fabrique des cyclos à moteur VAP de 49 cm³.

IMPÉTUS
c.1901 Baron Impetus, pseudonyme du coureur cycliste Max Hertel, construit brièvement une moto de 1,5 ch.

ISOFLEX
1950 Constructeur d'une moto originale à cadre ouvert, moteur Villiers de 98 cm³ et suspension à cadre articulé.

IXION
c.1901-05 Pionnier du deux-temps qui brevette un moteur à clapet rotatif.

JACK SPORT
1927-31 Sous-marque d'Utilia (voir p. 283), assembleur parisien de monocylindres à moteurs JAP.

JANOIR
1919-24 Motos flat-twins de 964 cm³ produites après la Grande Guerre par le constructeur d'avions et carrossier automobile Louis Janoir.

JAPAUTO
1969-75 Machines d'endurance sur base quatre cylindres Honda 750 construites par l'importateur parisien de la marque japonaise.

J.-B. LOUVET
c.1913-30 Assembleur de machines à moteurs JAP et Aubier-Dunne.

JCM
1983- Joël Carrow construit cette machine de trial à moteur Tau avant d'adopter des moteurs espagnols Gas Gas.

JEAN THOMANN
1920-50 Marque parisienne de machines utilitaires à moteur deux temps.

JOCHUM
c.1901-02 Moto de 1,75 ch à moteur monté contre le tube de selle.

JONGHI
1930-56 Italiens expatriés, Tito Jonghi et Giuseppe Remondini construisent, dans les années 30, d'excellentes monocylindres de 173 à 348 cm³ ainsi que de petites deux-temps à moteur de provenance extérieure. En 1936, Jonghi fusionne avec Prester (voir p. 282). Après 1945, Jonghi produit une excellente 125 cm³ à arbre à cames en tête et des deux-temps de 98 à 248 cm³.

JOUCLARD
1903-07 Machines construites à Dijon équipées de moteurs de 1,5 et 2,25 ch.

JUNCKER
1935-37 Motos légères à moteurs Stainless et Aubier-Dunne de 98, 123 et 147 cm³.

KD
1906-10 Constructeur de moteurs adaptables et de machines complètes.

KOEHLER-ESCOFFIER
c.1912 Firme lyonnaise dont la première machine, une V-twin de 491 cm³, bénéficie d'une excellente réputation chez les sportifs. La monocylindre 499 cm³ de 1926 est doublée pour donner le jour à une V-twin à arbres à cames en tête de 980 cm³, une des machines françaises les plus réputées. La firme produit aussi des routières à moteurs MAG et Chaise.
1929 Reprise de la marque par Monet-Goyon (voir p. 281) qui exploite la technologie de la firme pour créer une moto de course sous écusson Monet-Goyon totalement française. Les productions des deux marques se rapprochent, notamment après 1945, lorsque les Koehler-Escoffier, jusqu'à 250 cm³, deviennent des deux-temps à moteur Villiers.
1957 Fin de la production.

LABOR
1908-60 Les premières machines utilisent des moteurs Zürcher. Alcyon (voir p. 277) reprend la marque en 1924.

LAMAUDIÈRE
c.1900-07 Constructeur pionnier de motos de compétition dont une monocylindre de 942 cm³..

LAMBORGHINI
1985 Reprenant le nom de la célèbre marque d'automobiles italienne, Yves Kerlo et la société Boxer construisent cette machine à carrosserie redessinée sur base Kawasaki GPZ1000.

LANDRU
1899-1900 Henri-Désiré Landru est plus célèbre par ses crimes que par sa moto quatre temps de 1,25 ch à chaîne.

LELOIR
1922-24 Motos parisiennes à moteurs Train deux temps de 125 et 175 cm³. Construction également d'une bicylindre à moteur Anzani.

LIBÉRATOR
c.1900-27 Production de motos et de tricycles à moteur de provenance extérieure dont des monocylindres et des V-twins Sarolea.

LIBÉRIA
1951-56 Production à Grenoble de deux-temps jusqu'à 250 cm³.

LORIOT
1927-30 Construction de motos utilitaires de 250 à 350 cm³ à deux et quatre temps. En 1928, motos à moteur JAP et arbre de transmission.

LA LORRAINE
1922-25 Marque régionale utilisant ses propres moteurs deux temps de 98 à 248 cm³.

LOUIS CLÉMENT
1920-32 Constructeur d'avions pendant la Grande Guerre, cette firme aborde la moto en 1919 avec une V-twin à arbre à cames en tête de 540 cm³. La culasse unique ferme les deux cylindres et un seul ACT attaque les soupapes. La qualité de la conception et de l'exécution en fait une machine chère. Après une version 996 cm³, la firme produit des motos deux temps légères dans les années 30.

LOUISSON
1931-33 Motos légères construites à Saint-Étienne avec des moteurs deux temps de provenance extérieure de 74 à 98 cm³.

LUCER
1953-58 Motos à moteurs quatre temps AMC de 173 cm³ et deux temps Aubier-Dunne et VAP.

LUCIFER Voir Génial-Lucifer (p. 279).

LUMEN
c.1919-25 Monté à la place la roue arrière, cet ensemble roue-moteur adaptable, à soupapes en tête de 150 cm³, équipe d'abord des machines de type scooter. Le garde-boue forme réservoir d'essence.

LURQUIN-COUDERT
1899-1914 Firme commercialisant des moteurs monocylindres et V-twins, ainsi que des machines complètes.

Magnat Debon M4DL 1956 à moteur 125 cm^3 sur base Terrot

LUTÈCE
1921-26 Moto bicylindre en ligne de 1 000 cm^3 à transmission par arbre, cadre duplex robuste et suspension arrière.

LUTETIA
c.1922-23 Constructeur d'un moteur adaptable de 98 cm^3 montable au-dessus de la roue arrière.

MACQUET
1951-54 Constructeur de moteurs deux temps de 123 et 174 cm^3.

MAGNAT-DEBON
1906 Après la fondation de la firme par Joseph Magnat et Louis Debon en 1893, celle-ci produit ses premières motos en 1906 avec des moteurs monocylindres et V-twins achetés à l'extérieur tels que Moser et Moto-Rêve.
1924 Reprise par Terrot (voir p. 283).
1958 Fin de la marque Magnat-Debon.

MAJESTIC
1928-34 M. Roy, créateur de la New Motorcycle (voir à droite) construit cette étrange machine avec direction à pivot et carénage intégral. Il utilise divers moteurs, dont des quatre-cylindres Train.

MANON
1902-c.1906 Fabricant de bicyclettes motorisées par des groupes Kratos et maison de 1,5 ch.

MANUFRANCE
1951-55 Production de motos légères deux temps de 125 et 175 cm^3. Commercialisation également des marques Serge et Hirondelle (voir p. 280).

MANURHIN
1956-62 Construction sous licence du scooter deux temps 74 cm^3 DKW Hobby.

MARC
1926-51 Constructeur de motos à moteurs monocylindres quatre temps LMP et JAP.

MAROT-GARDON
1897-1901 Construction de tricycles (et quadricycles) à moteur De Dion.

LA MASCOTTE
c.1924 Marque rappelant le chat noir figurant sur le réservoir de ces petites motos deux temps de 125 cm^3.

MAZOYER
1950-54 René Mazoyer, de Paris, crée une intéressante moto culbutée de 500 cm^3 destinée surtout au motocross.

MAZUÉ
1911-14 Constructeur utilisant ses propres moteurs monocylindres de 346 et 496 cm^3.

MBK
1984- Nouvelle raison sociale de Motobécane (voir plus bas), firme reprise peu après par Yamaha.

MERCIER
1950-62 Fabricant de bicyclettes, de cyclomoteurs puis de motos à moteurs Lavalette, Ydral ou autres.

MÉTROPOLE
c.1902-03 Moto produite par M. Chapelle avec moteur vertical de 1,5 ch.

MF
1981-82 Moto Française qui combine sur cette machine de tourisme un moteur Citroën flat-twin de 652 cm^3 à une boîte Guzzi ; production limitée.

MGC
1927-36 Moto originale conçue par Marcel Guiguet avec un cadre-poutre formant réservoir en aluminium coulé et des moteurs Chaise et JAP de 250 à 600 cm^3.

MICROMOTEUR
c.1922 Marque d'un moteur adaptable fabriqué par Labinal.

MILLET Voir Félix Millet (p. 279).

MINISCOOT
c.1960-62 Scooter pliant à moteur Manurhin de 74 cm^3.

MOBYLETTE
1949-84 Marque de cyclomoteurs célèbres produits par millions par Motobécane.

MOCHET
1950-55 Motos légères à moteur deux temps Ydral de 149 cm^3.

MONET-GOYON
1917 Firme commençant par vendre en France la Wall Auto Wheel britannique sous sa propre marque.
1923 Lancement d'une machine à moteur Villiers de 147 cm^3. à partir de 1926, la firme utilise des moteurs MAG à culbuteurs de 350 et 500 cm^3 ainsi que ses propres moteurs de 250 à 350 cm^3.
1929 Reprise de Koehler-Escoffier (voir p. 280). Création également d'une moto classique à soupapes latérales.
1934 Début de la production sous licence de moteurs Villiers de 98 à 342 cm^3. Fabrication également de moteurs quatre temps dans les années 30.
1945-58 La production se concentre sur des motos utilitaires à moteur Villiers.

MONOTRACE
1926-29 Curieuse voiture à deux roues et moteur 500 cm^3 refroidi par eau, construite sous licence de la firme allemande Mauser.

MORS (SPEED)
1951-56 Scooters à moteurs deux temps Ydral de 60, 115 et 124 cm^3 conçus par P. Brissonnet. Marque reprise par Alcyon en 1955.

MOTEURCYCLE
1921-24 Moteurs 206 cm^3 deux temps adaptables avec entraînement par friction produits par Louis Rosengart.

MOTO-BÉCANE
c.1906 Bicyclettes motorisées et motos construites à Paris, connues aussi sous les marques Étoile et Amstoutz.

MOTOBÉCANE p. 129
1923 Fondation de la firme par Charles Benoît et Abel Bardin, créateurs d'une moto légère à moteur deux temps de 172 cm^3 et à courroie qu'ils appellent Motobécane.
1925 Lancement d'un modèle de 308 cm^3 sous la marque Motoconfort (voir à droite).
1927 Fabrication d'une quatre-temps à moteur Blackburne. En 1929, une quatre-cylindres en ligne latérale de 500 cm^3 est produite, mais comme la quatre-cylindres à un ACT ultérieure, elle a peu d'impact.
1930 Production de vélomoteurs deux temps et de monocylindres quatre temps à blocs-moteurs de 175 à 500 cm^3, suivies de bicylindres parallèles et de quatre-cylindres de 100 à 750 cm^3. Les modèles à culbuteurs de 100 à 175 cm^3, les plus réputés, seront construits jusqu'en 1960.
1949 Apparition de la Mobylette, cyclo de 49 cm^3 vendu à des millions d'exemplaires.
1964 Arrêt de la production de motos.
1969 Reprise de la production de motos avec des bicylindres deux temps de 125 cm^3 construites jusqu'en 1978.
Des versions compétition se montrent très efficaces en course. De 1972 à 1978, production de trois-cylindres de 350 cm^3.
1984 La raison sociale devient MBK (voir plus haut).

MOTOBLOC
1948-54 Production de motos légères à moteurs Villiers et Aubier-Dunne ainsi que de groupes AMC de 123 et 248 cm^3 et du scooter Sulky (voir p. 283).

MOTO CARDAN
1903-08 Motos à moteur De Dion, pionnières de la transmission par arbre à cardan.

MOTOCONFORT
1925-63 Marque créée par Motobécane en 1925 pour désigner une monocylindre deux temps de 308 cm^3 puis appliquée à des modèles jumeaux de type Motobécane.

MOTO MONTE
1927-38 Motos utilitaires deux temps de 175 à 250 construites à Saint-Étienne.

MOTOPÉDALE
c.1931-39 Marque utilisant des moteurs deux temps Aubier-Dunne de 98 à 123 cm^3 et des moteurs JAP et Rudge.

MOTO PORTEUR
c.1919-23 Side-car motorisé adaptable à toutes les bicyclettes.

MOTO RECORD
c.1930 Motos à moteurs deux et quatre temps de provenance extérieure.

MOTOR FLY
c.1921 Roue motorisée par un deux-temps et parfois appelée Fly-Voisin.

MOTOSOLO
1919-23 Assembleur de motos à moteur deux temps 248 cm^3 Sicam.

MOTO TRACTEUR
c.1914 Moteur adaptable sur bicyclette.

MR
c.1934-55 Mandille et Roux produisent des motos à moteurs Sachs, Ydral, Train, VAP ou autres de diverses cylindrées.

NARCISSE
1950-53 Constructeur de motos à moteurs deux temps Sachs et Aubier-Dunne.

NERVOR
1947-58 Motos construites par Radior (voir p. 282) qui utilise ses propres moteurs ou des AMC.

NEW IMPERIA
1947-58 Constructeur de motos légères à moteurs AMC de 125 à 175 cm^3.

NEW MAP
1920-58 Firme fondée à Lyon par Paul Martin, New Map utilise des moteurs Chaise, MAG, JAP et autres. La gamme s'étend des deux-temps de 98 cm^3 à des V-twins de 998 cm^3. Après 1945, la firme produit des cyclos, des scooters et des motos jusqu'à 248 cm^3 à moteurs deux et quatre temps Ydral, AMC et Sachs.

NEW MOTORCYCLE
c.1925-30 Motos conçues par M. Roy (futur constructeur de la Majestic).

NINON
1928-39 Production de motos classiques de 100 à 500 cm^3 et de tricycles.

NOUGIER
1937-72 Les frères Nougier, concessionnaires Magnat-Debon à Avignon, construisent artisanalement des machines de course monocylindres de 250 cm^3 et quatre cylindres de 500 cm^3.

OLYMPIQUE
1922-54 Motos classiques à moteur deux temps de provenance extérieure. Les modèles d'après-guerre reçoivent des moteurs AMC de 123 à 248 cm^3.

OMÉGA
1899 Produit une bicyclette motorisée.

ORÉOL
c.1903-14 Constructeur utilisant son propre monocylindre et des V-twins fournis par Zedel et Moto-Rêve.

ORIAL
1920-27 Motos lyonnaises à moteur monocylindre MAG 750 cm^3. Produit aussi une V-twin sous la marque GL (voir p. 279).

ORIGAN
1929-50 Motos classiques de 174 à 350 cm^3 construites par les frères Guiller avant qu'ils n'utilisent leur propre nom.

OSA-LIBERTY
1926-35 Omer SAmyn construit des deux-temps de 173 à 246 cm^3 et installe aussi des moteurs JAP monocylindres de 350 et 500 cm^3.

PALOMA
1954-64 La firme Michel Humblot, importateur des motos autrichiennes Puch, construit des motos légères et des scooters à moteurs Gillet et Lavalette.

PASQUET
1932-c.1939 Constructeur de motos légères à moteurs Aubier-Dunne.

PÉCOURT
1900-05 Constructeur pionnier utilisant des moteurs Zedel de 0,5 et 2,5 ch.

PERNOD
1981-83 Moto de Grand prix à moteur deux temps 247 cm^3 financée par cette marque d'apéritif.

PERNOT
1899 Machine à moteur de 1,25 ch.

PERREAUX
1871 Louis-Guillaume Perreaux construit probablement le premier motocycle du monde en installant une petite machine à vapeur sur un vélo Michaux.

PÉTROCYCLETTE
c.1901-07 Macquart & Cie propose une bicyclette à moteur 2 ch.

PEUGEOT p. 155
1899 Peugeot Frères, déjà constructeur de cycles, développe ses propres fabrications et devient un des plus importants constructeurs de motos du monde, produisant son moteur à admission automatique en 1903.
1906 Fabrication de V-twins de 726 cm^3 vendues à d'autres constructeurs, puis de V-twins de 345 à 994 cm^3.
1913 Apparition de machines de course perfectionnées et efficaces à moteurs bicylindres parallèles à deux ACT.
1926 Fabrication de monocylindres latérales à bloc-moteur de 350 cm^3 suivies de monocylindres de 175 à 500 cm^3. Production de deux-temps légères et abandon de la bicylindre 500 cm^3 après 1927.
1949 Reprise de la production avec une gamme de deux-temps, du cyclo et du scooter aux twins 350.
1959 Abandon de la production des motos au profit des cyclomoteurs.
1980 Début de la production de motos de 80 cm^3 parallèlement aux cyclos et développement d'une machine de 124 cm^3 avec Gilera. Ces projets ne rencontrent pas de vrai succès, contrairement au scooter à moteur Honda 80 cm^3 dont la production continue en 1996 comme celle des cyclos.

PIERTON
1922-25 Motos à moteurs deux et quatre temps de 98 à 498 cm^3 de provenances diverses.

LA PIZE
1930-37 Motos à moteurs Aubier-Dunne, JAP et LMP.

POPP
c.1904-06 Henri Popp et Cie, de Paris, vend des moteurs adaptables et des motos légères complètes.

PORTAL
1977-c.1982 Constructeur de machines tout-terrain de compétition à moteurs Sachs et Rotax.

PP ROUSSEY
1931-56 À l'origine, Pierre et Paul Roussey construisent des motos à moteurs Chaise, Aubier-Dunne et Staub de 98 à 498 cm^3. Après la guerre mondiale, ils produisent un scooter très sophistiqué.

PRESTER
1930-55 Constructeur de motos de 98 à 496 cm^3 à moteurs Chaise, Aubier-Dunne et autres. Fusion avec Jonghi (voir p. 280) en 1936. Après 1945, Prester construit des motos à deux et quatre temps de 98 à 248 cm^3 et un scooter de 123 cm^3.

PRESTO
1931-33 Marque produisant des motos légères à moteurs Sachs de 74 et 98 cm^3.

QUENTIN
1904-07 Fournisseurs de moteurs et de quelques motos complètes.

RADIOR
1904-55 Firme utilisant à l'origine des moteurs Peugeot et Antoine. Après la Première Guerre mondiale, elle construit des moteurs deux temps de 98 à 247 cm^3 et monte des quatre-temps JAP et Chaise jusqu'à 500 cm^3. Après 1945, elle produit des cyclos à moteur NSU et des motos, jusqu'à 250 cm^3, à moteurs Nervor et AMC.

RASSER
1922-23 Motos deux temps de 98 et 350 cm^3 à cadre embouti.

RATIER
1959-62 Ratier rachète CEMEC (voir p. 278) qui produit des flat-twins de 494 et 594 cm^3 inspirées des BMW.

Portal Ranger 125 cm^3 à moteur deux temps Rotax

RAVAT
1922-54 Fabricant de bicyclettes qui débute dans la moto avec un modèle à moteur 98 cm^3 avant de produire ses propres deux-temps de 175 à 350 cm^3. La firme monte aussi des moteurs Chaise, Blackburne et Zürcher et produit plus tard des motos légères.

RÉGINA
1905-10 Moto à moteur Rochet.

RD
c.1950 Vélomoteurs à moteur VAP.

RENÉ GILLET
1898-1957 La première moto de la marque possède un moteur monté sur la fourche avant. La première des réputées 500 cm^3 V-twins apparaît en 1904. La cylindrée atteint ensuite 750 et 1 000 cm^3. Certaines grosses motos reçoivent une suspension arrière dès 1930.

RHONSON
1952-58 Producteur de cyclos et de motos légères de 125 cm^3.

RHONY-X
1924-32 Producteur lyonnais de motos de 98 à 498 cm^3 à moteurs deux et quatre temps JAP, Chaise, LMP et Stainless. Fabrication d'un modèle à bloc-moteur Chaise de 490 cm^3 à un ACT.

RIVA-SPORT
c.1950 Production de motos légères à moteur AMC de 98 cm^3 et construction des modèles Motobloc (voir p. 281), Sporting et du scooter Sulky.

RIVIERRE
c.1898-c.1904 Gaston Rivierre fabrique des cycles à moteur De Dion.

RM
1920-23 Moto deux temps originale monocylindre de 344 cm^3.

ROCHESTER
1923-29 Construction de motos légères.

ROCHET
1900-10 Fabricant de bicyclettes assemblant des motos à moteur De Dion avant de produire ses propres moteurs monocylindres de 219 cm^3 et twins verticaux de 654 cm^3 refroidis par eau.

ROLAND
c.1906 Firme utilisant des moteurs Rochet. En 1906, elle propose un bicylindre en ligne avec transmission par chaîne.

ROSENGART
1922-23 Production de motos légères à moteur deux temps.

ROTO-SIM
1922 Constructeur d'une roue motorisée pour cycles.

ROVIN
1920-34 Constructeur de motos deux temps de 100 à 175 cm^3 et d'un nombre limité de machines de course à monocylindre JAP 500 cm^3.

ROYAL-MOTO
1923-33 Fournisseur de moteurs deux temps de 244 cm^3 et d'un nombre limité de quatre-temps de 246 à 498 cm^3.

RUPTA Voir Deronzière (p. 279).

SADEM
1951-54 Production de cyclos et de motos légères jusqu'à 98 cm^3.

SANCHOC
1922-24 Motos deux temps de 100 à 250 cm^3 et quatre-temps latérales de 350 cm^3.

SANCIOME
c.1899 Constructeur pionnier d'une monocylindre à transmission par friction.

SAN-SOU-PAP
1923-36 Firme produisant des deux-temps (d'où son nom) de 175 à 250 cm^3. À partir de 1929, elle monte des moteurs JAP, MAG et Vélocette de 250 à 500 cm^3.

SAVARD/SAVAGE
1987-91 Moto à moteur Honda 500 cm^3 à deux roues motrices.

SCA
c.1895-98 La Société Continentale d'Automobiles produit une bicyclette motorisée et un tricycle à moteur flat-twin.

SCOOTAVIA
c.1951-54 Morin construit des scooters raffinés à moteur Ydral deux temps puis à moteur AMC 175 cm^3 à ACT.

SCOTO
1949-50 Scooter simple à moteur Garelli-Mosquito de 38 cm^3.

SCYLLA
1928-37 Motos dotées de moteurs Aubier-Dunne deux temps de 123 cm^3 et de quatre-temps Train de cylindrées supérieures.

SÉVITAME
1937-39 Moto destinée aux militaires et construite par Simca sur étude Violet.

SIC
1921-25 Motos à moteurs DKW et autres de 98 à 346 cm^3.

SICAM
1921-22 Moteurs adaptables de 98 cm^3.

SICRAF
1947-53 Construction de cyclos et motos légères à moteurs Ydral et AMC jusqu'à 346 cm^3.

Ratier 600 cm^3 1962 inspirée de la BMW

SIMARD
1951-54 Scooter à moteur Ydral 174 cm^3.

SMART
1922-27 Motos légères à deux-temps.

SOLEX
1946-91 Cyclomoteur conçu par Paul Mennesson (fabricant des célèbres carburateurs) et produit à des millions d'exemplaires.

SOYER
1920-35 Fabricant de pièces pour l'aéronautique, Soyer produit aussi des deux-temps de petite cylindrée jusqu'en 1928 avant de fabriquer des monocylindres quatre temps à moteurs JAP, Chaise et autres, et même un modèle 500 cm^3 à moteur Soyer à cames-plateaux.

SPADA
c.1922 Construction d'une machine de type scooter à moteur deux temps deux cylindres de 190 cm^3.

STANDARD
c.1900 Motos à courroie produites à Paris par le fabricant de cycles A. Rogalle.

STERVA (STERLING)
c.1920-1956 Fabricant de cycles qui produit dès 1951 quelques scooters à moteur Ydral 123 cm^3 et des cyclomoteurs.

STIMULA
c.1902-14 Constructeur de tricycles et de motos à moteurs Minerva, Buchet, Peugeot et de la marque.

STYL'SON
1919-34 Motos construites à Saint-Étienne, équipées de moteurs Moser, Blackburne.

SULKY
1954-57 Motobloc (voir p. 281) construit des scooters à moteurs AMC de 98 à 124 cm^3.

SUBLIME
1947-48 Machine raffinée à moteur bicylindre de 350 cm^3 non commercialisée.

SYPHAX
1952-53 Petite production de motos légères à moteurs deux et quatre temps de 98 à 174 cm^3.

TALBOT
1953-57 Cyclomoteurs et motos légères jusqu'à 125 cm^3 fabriqués par le constructeur d'automobiles de luxe de Suresnes.

TAVERNIER
1921-23 Motos à moteurs Zürcher, JAP et autres de 175 à 500 cm^3.

TENDIL
c.1950 Fabricant de cycles produisant des motos légères de 100 à 170 cm^3.

TERROT p. 179
1901 Charles Terrot produit des bicyclettes avant de fabriquer des motos à moteurs Bruneau, MAG, Zedel et Dufaux. Après la guerre, Terrot adopte des moteurs JAP de 250 à 500 cm^3 et ses propres deux-temps de 173 et 250 cm^3.
1927 Reprise de Magnat-Debon.
1930 Une V-twin à moteur JAP de 680 cm^3 est suivie d'un modèle du même type à moteur Terrot 750 cm^3 en 1934. La firme offre une gamme de machines légères et de motos de course de 175 à 500 cm^3. Après la guerre, Terrot modernise son monocylindre à culbuteurs de 498 cm^3 et le produit jusqu'en 1958. La firme produit aussi de petits deux-temps dont un scooter de 125 cm^3. Les très réputés monocylindres 125 et 175 cm^3 sont produites jusqu'en 1962.
1954-61 Reprise par Peugeot.

THOMANN
1914-54 Construction de deux-temps de 98 à 248 cm³. Firme absorbée par le groupe Alcyon (voir p. 277).

TITANIA
1901-03 Motos de 2,5 ch avec embrayage.

TOTEY
1901-04 Bicyclettes motorisées.

TRACTOCYCLETTE
1906 Bicyclettes à moteur Garreau.

TRAIN
1913-39 Fabricant de moteurs deux et quatre temps de 98 à 995 cm³ qui produit aussi des motos sous sa marque dont une V4.

TRÈFLE-À-QUATRE Voir Georges-Richard (p. 279).

ULTIMA
1908-58 Fabricant de moteurs lyonnais produisant des motos à moteurs deux temps 98 cm³ et quatre temps V-twins 500 cm³.

VALLÉE
1949-54 Paul Vallée produit des triporteurs de livraison, des motos légères et des scooters à moteurs deux temps Ydral de 125 et 175 cm³.

VAP
1951-années 70 Production de moteurs de 48 cm³ pour cyclomoteurs puis de machines complètes.

VÉLOSTYLE
c.1952 Bicyclettes carrossées à moteurs VAP et Mochet 49 cm³.

VÉLOSOLEX Voir Solex (p. 283).

VÉLOTOURIST
1922 Moteurs deux temps adaptables.

VERLOR
1930-38 Motos légères de 100 à 125 cm³.

VICTOIRE
c.1900 Motos à moteur Zedel.

VILLEMAIN
c.1904-05 Moto à moteur monocylindre.

VIRATELLE
1906-24 Motos à moteurs monocylindres de 180 et 350 cm³ et bicylindres de 700 cm³ construites à Lyon.

WERNER p. 195
1897 Michel et Eugène Werner développent un motocycle à moteur de 1,5 ch monté au-dessus de la roue avant. **1901** Un nouveau moteur de 1,75 ch est installé, pour la première fois, devant le pédalier. Cette disposition nouvelle fera école. Les puissances passent à 2 et 2,5 ch. **1905** Construction de twins parallèles de 3,25 et 4 ch. **1908** Décès de Michel Werner et arrêt de la production.

WILLIAM
c.1950 Fabricant de cycles d'Orléans qui produit des bicyclettes et des tandems motorisés de 100 cm³.

YVEL
1919-24 Motos à moteurs deux temps Villiers et quatre temps JAP.

ZEDEL
1902-15 Monocylindres et V-twins équipées de moteurs suisses.

Productions non confirmées

Albatros *1904*
Albert-Jean *1901*
Amstoutz *1900*
Andre *c.1930*
Andru *1903*
Annino *c.1950*
Aquillon *c.1909*
Astral *1919-23*
Audax *1904*
Autocyclette *c.1899*
Automotion *c.1929*
Aviator *1906*
Axa *c.1927*
Bagys *1903*
Benjamin *c.1925*
Bertin *1955-58*
Birma *1949-late 1950s*
BJS *1930-35*
Blanche Hermine *c.1922*
Boccardo *c.1989-92*
Bon Avion *c.1927*
Bonin *c.1905*
Bonin *c.1930*
Boudier *1957*
Bouilly *1899*
Bozier *1903*
Breton *1951-54*
Brooklyn *c.1932*
Brouiller *c.1926*
Cazalex *1951-55*
Cecile *c.1899*
Centaure *c.1900-05*
Chansid *c.1913*
Charles Gerald *c.1927*
Chartier *1902*
Codridex *1952-56*
Columbia *1922-26*
Constantin *c.1900*
Corre *1901-10*
Creanche *c.1900*
Cyclocette *c.1950*
Cyclorex *c.1950*
Deckert *1903*
De Dion Bouton *1926-30*
Degre *c.1903*
Diem. *c.1950*
Doué *c.1903*
Dupuy *c.1925*
Durand *1920-23*
Duten *c.1931*
Eler *c.1950*
Elie Huin *c.1950s-c.1960s*
Elvish *c.1950*
Eriac *c.1950*
Eriol *1932-39*
Everest *1926*
Excelsior *1905-12*
Exshaw *1922-23*
Eyrant *1904*
Famocyclette *1922*
FOR *1924*
FR *1954*
France *1931-35*
Gallia-Sport *c.1930*
Gauthier-Wehrlé *1897*
GD *c.1928*
Genest *1926*
Gimbretiere *c.1951*
Givaudan *c.1902-03*
Grandiere *c.1953*
Hallot *1904*
Harding-JAP *1912-14*
Horsy *1952-53*
Jacquelin *1902*
Jog *c.1906*
Jubocette *c.1922*
Keops *c.1926*
Kervran *c.1927*
Lacombe *1948*
Laforge-Palmanthier *c.1902*
Lafour & Nougier *1927-36*
Lamblin *1910*
Latscha *1948-53*
Liaudois *1923-27*
Libertas *1902*
Lobin *1902*
Magali *1904*
Magaty *1931-37*
Magda *1933-36*
Magnier *1901*
Marant *1922*
Marmonnier *1947-51*
Max *1927-30*
Mercier *1939*
Metropole *c.1955*
MGD *1943*
Mistral *1902*
MOM *1905*
Monarque *1904*
Monoto *1929-54*
Moto-Bijou *1921-22*
Motocette *1922*
Moto Maitre *c.1926*
Motorette *1900*
Motte *c.1910*
M&P *c.1920-c.1930*
Myriam *c.1930*
Neva *1926-27*
Omega *c.1910*
Onoto *1922-54*
Otobirou *1921*
Pal *1905*
Pannetonc *1906*
La Pantherre *1928-32*
La Parisienne *1927*
Patimo *1947*
Pauvert *1933-c.1939*
Peregrine *c.1933*
Perraud (PAP) *c.1926*
Petit *1903*
Petit Breton *c.1926*
Phebus *c.1904*
Pierme *1926*
Pipres *c.1903*
Plasson *1921-24*
Poinard *1951-56*
La Préférée *1913*
Presto *1904*
The Pretty *c.1905*
Progrés *1901*
Propul *1923-26*
Quidet *c.1922*
Racer *1953-56*
Racing *1906*
Radiola *1933-39*
RD *c.1950*
Renouard *1904*
Rex *1900*
Ridel *c.1899*
Rivolier *1905-10*
Roés *1932-34*
Roll *1923-24*
Rovlante *1929-35*
Royal Sport *c.1929*
Ruche *1952-54*
Salvatator *c.1901*
Sauvage *c.1950*
Schneider *1902*
Scoot-Air *1953*
Scot *1953*
Sept *c.1937*
Serrus *c.1929*
Sia *1903-12*
Siccardi *1981*
Siphax *1951-56*
Socomia *1951*
Sommaire *c.1908*
Special-Monneret *1952-58*
Sphinx *1899*
Sphynx *1923*
Starnord *c.1953*
Stella *1922-53*
Strock *c.1903*
Sublime *c.1947*
Succès *1904*
Supplexa *1922-32*
Suzy *1932-33*
Svelte *1935*
Teddy *1922-24*
Tortue *1900*
Trilby *1904*
Tungnaud-Cavellier *1902*
Turgan-Foy *1900*
L'Universel *1901*
Vallièrre *1903*
Velox *1904*
Vierge *1900*
D'Yrsan *1925*

Le célèbre cyclo Solex deux temps 49 cm³ dit « la bicyclette qui roule toute seule »

Japon

AVANT LA SECONDE GUERRE MONDIALE, le Japon ne possède pas une industrie de la moto digne de ce nom, mais du fait du chaos économique qui succède à la fin des hostilités en 1945, la demande de moyens de transport individuels bon marché se révèle énorme. De petites entreprises commencent à produire à bas prix de rudimentaires bicyclettes motorisées dotées de moteurs très simples. Émergent très vite de grosses entreprises bien organisées comme Honda (voir ci-dessous) et Suzuki (voir p. 287), qui s'affirment des producteurs de véritables gammes de motos. D'autres firmes se diversifient dans l'industrie motocycliste et certaines, comme Yamaha, fabricant d'instruments de musique (voir p. 287) et le groupe de constructions navales et aéronautiques Kawasaki, se montrent très offensives dans ce nouveau domaine. L'industrie connaît alors une croissance phénoménale qui s'accélère encore dès le commencement des exportations à la fin des années 50. Depuis 1974, les producteurs japonais dominent le marché mondial.

ABE-STAR
1949-55 Cette marque produit des machines coûteuses et de haute qualité qui n'atteignent jamais le stade de la production de masse. Le modèle principal est une monocylindre quatre temps de 142 cm³ suivie en 1954 par une V-twin à culbuteurs de 338 cm³ équipée d'une curieuse fourche télescopique à quatre bras.

AUTO-BIT
1952-62 Construction de machines à quatre temps de 125 et 250 cm³. Le modèle SS de 249 cm³ à culbuteurs qui apparaît en 1959 possède un démarreur électrique et une suspension arrière réglable.

BRIDGESTONE p. 34
1953-67 Marque produisant des cycles dotés d'un cadre en aluminium coulé et, à partir de 1953, des moteurs deux temps adaptables. Les premiers cyclomoteurs complets sont construits en 1958, et les motos légères suivent au début des années 60. Bridgestone exploite les avantages des clapets rotatifs pour produire une gamme de deux-temps de haute qualité, depuis des monocylindres de 88 cm³ aux twins de 348 cm³.
La production est arrêtée en 1967 et Bridgestone se consacre à la fabrication de pneumatiques pour motos et autos qu'il fournira aux autres constructeurs.

CABTON
1935-60 Les motos Cabton sont produites à Osaka par Koushiro Nakagawa et son fils. Le nom de la marque provient du slogan accrocheur « Come And Buy To Osaka Nakagawa » (Venez acheter à Osaka chez Nakagawa). Les premières motos sont des monocylindres à culbuteurs de 346 cm³, copies de l'Ariel britannique. En 1946, Cabton produit une bicyclette à moteur deux temps adaptable et, au milieu des années 50, la firme construit une gamme de monocylindres et de twins à culbuteurs de 250 à 600 cm³. Ces machines ont des cadres tubulaires, des fourches télescopiques et des suspensions arrière oscillantes. La conception des moteurs est très influencée par la gamme (peu appréciée) des monocylindres verticaux et des twins d'Indian. Les modèles de petites cylindrées sont vendus sous la marque Mizuho (voir p. 286).

DNB
1957-c.1962 Les motos DNB, de simples monocylindres deux temps de 125 et 250 cm³, construites par Fuji Motor, sont également vendues sous cette marque (voir à droite).

DSK
1954-62 La société Daito Seiki produit des machines textiles ainsi qu'une monocylindre de 247 cm³ à transmission par arbre copiée de la BMW R25.

ECHO
1958-60 Machine deux temps de 50 cm³ construite par Tosyo, affaire commerciale en partenariat entre Showa (voir p. 287) et Tohatsu (voir p. 287) qui produisent aussi la Pandra (voir p. 286).

EMURO
1957-58 Firme éphémère produisant des deux-temps. Les modèles vont des monocylindres de 90 cm³ aux twins de 490 cm³ obtenus par doublement du monocylindre de 248 cm³.

FUJI KOGYO
1946-68 Fugi Kogyo est le fabricant des scooters Rabbit (voir p. 286) et des motos Hurricane (voir à droite). Cette firme aéronautique se diversifie après la Seconde Guerre mondiale et change de raison sociale par la suite en devenant Fuji Heavy Industries, à ne pas confondre avec Fuji Motor Corporation, fabricant de la moto DNB (voir à gauche).

FUJI MOTOR Voir DNB (à gauche).

HIRANO
1962-61 Hirano construit une gamme de scooters à moteurs deux temps de 60 à 165 cm³ sous la marque Pop (voir p. 286) ainsi qu'une moto de 121 cm³ et le scooter pliant Valmobile de 49 cm³ conçu en France.

HODAKA p. 84
1964-78 Hodaka fournit des moteurs à la marque Yamaguchi (voir p. 287) et, en 1963, construit des motos complètes après l'effondrement de cette même marque. Ces machines sont développées et vendues aux États-Unis par la Pacific Basin Trading Co. (PABATCO). Les Hodaka ne sont pas vendues sur le marché japonais. Les motos sont d'excellentes monocylindres deux temps de 100 et 125 cm³ destinées surtout au tout-terrain. Un modèle 250 cm³ est disponible à partir de 1975, mais la société disparaît peu après.

HONDA pp. 85-95
1948 Soichiro Honda commence à produire des motos en assemblant, dans des cadres de bicyclettes, des moteurs provenant des surplus de l'armée. Dès 1960, Honda est devenu le plus gros producteur de motos du monde. Les premières machines sont suivies par des modèles de style bicyclette de 50 cm³ dotés de moteurs deux temps Honda. En 1949, une vraie moto, baptisée Dream (rêve), est produite avec un moteur deux temps de 98 cm³ et un cadre en tôle emboutie.
1953 Honda produit son premier quatre-temps. La gamme est élargie à des motos de 250 cm³.
1958 Introduction du Super Cub.
1959 Honda commence à exporter des motos en Occident avant d'entamer une carrière sportive. À la fin de 1967, Honda, qui a remporté dix-sept Championnats du monde, abandonne la compétition.
1969 Lancement de la Honda CB750, première quatre-cylindres produite en masse. C'est aussi la première moto équipée de freins à disques et l'une des rares grosses cylindrées munies d'un démarreur électrique. Le succès est si important que cette moto est suivie de versions plus petites. Honda continue de dominer le marché des motos utilitaires. Depuis 1969, la firme a produit de très nombreux nouveaux types et remporté d'innombrables victoires en compétition, et cela dans toutes les catégories.
1974 Introduction de la 1 000 cm³ quatre cylindres refroidis par eau Gold Wing. En 1981, la production de la Gold Wing est déplacée dans l'usine Honda opérant aux États-Unis. La cylindrée de la machine est ensuite portée à 1 500 cm³ par adjonction de deux cylindres supplémentaires.
1983 Alors que les autres constructeurs considèrent le quatre-cylindres transversal comme la configuration standard de la supermoto, Honda introduit de nouveaux types V4 qui ne connaissent pas un succès équivalent au quatre en ligne, bien que des versions 750 cm³ soient encore en production, constituant la base mécanique des supermachines de compétition Honda. Dans les années 90, Honda est encore le plus important constructeur du monde. Soichiro Honda meurt en 1992.

HOSK
1953-57 Gamme de motos produites par une firme nommée Nippon Kousoku Kikan ou Organisation Grande Vitesse du Japon. Les premières machines, des monocylindres quatre temps de 196 et 235 cm³, sont suivies par des deux-temps à cylindre en U à chambre commune de 123 et 143 cm³. On trouve aussi des monocylindres et des twins à quatre temps de 350 et 500 cm³. Les modèles reçoivent des appellations prestigieuses comme Hosk Road King et Road Queen (Roi et Reine de la Route). Cette production ne dure pas longtemps.

HURRICANE
1953-68 Cette moto d'inspiration britannique est produite par Fuji Heavy Industries, anciennement Fuji Kogyo (voir à gauche). Le moteur est un monocylindre à soupapes en tête de 346 cm³.

KATAKURA
1958-c.1962 Construction de monocylindres et de bicylindres deux temps de 120 à 200 cm³.

KAWASAKI pp. 111-117
1960 Kawasaki fournit des moteurs à Meihatsu (voir p. 286) avant de lancer ses propres motos de production. Ce puissant groupe, qui produit entre autres choses des avions, des navires et de la robotique industrielle, n'est pourtant que le plus petit des « quatre grands » producteurs de motos japonais. Les premières machines portant l'écusson Kawasaki sont des deux-temps de 50 cm³ suivies de monocylindres et de twins deux temps de 125 cm³.
1964 Kawasaki rachète la marque Meguro (voir p. 268) dont les bicylindres de 650 cm³, inspirées de modèles britanniques, deviennent les premières Kawasaki de grosse cylindrée.
1965 Kawasaki commence à exporter aux États-Unis.

1969 L'introduction de nouvelles deux-temps trois cylindres fonde la réputation de Kawasaki sur le plan sportif. Au milieu des années 70, les trois-cylindres sont disponibles de 250 à 750 cm^3, mais le renforcement des normes antipollution américaines élimine les grosses routières à moteur deux temps.
1972 Introduction de la Kawasaki Z1 à quatre cylindres de 903 cm^3 qui prend la place de la Honda 750 comme supermoto mondiale numéro un. Ce quatre-cylindres à huit soupapes, refroidi par air, est par la suite produit en diverses cylindrées de 400 à 1 100 cm^3. Certains modèles reçoivent une transmission par arbre. Des dérivées de la ZI sont toujours en production en 1996.
1984 Introduction de la GPZ900R.

LILAC
1949-67 Motos à arbre de transmission construites par la société Marusho (voir ci-dessous) et vendues sous la marque Lilac. Les premiers modèles sont des monocylindres quatre temps de 148 cm^3 avec boîtes à deux rapports et cadres emboutis. Les modèles ultérieurs reçoivent des cadres tubulaires et des fourches Earles, certains étant équipés de boîtes automatiques. La petite Lilac, une machine à culbuteurs de 90 cm^3 à arbre, est lancée en 1953. Son succès commercial est énorme. La première flat-twin de la firme, une 339 cm^3, sort en 1954. Une V-twin de 247 cm^3 à cadre en double berceau est lancée en 1959, suivie par des versions de 288 cm^3. En 1964, production d'une nouvelle flat-twin style BMW de 493 cm^3 qui, vendue sur le marché américain, ne connaît guère de succès.

LINER
1955-56 La Liner est produite par Kitagawa, qui construit aussi la moto Portly-Robbin (voir à droite). Avec son bicylindre en ligne quatre temps de 247 cm^3 et sa transmission par arbre, le modèle est une copie réduite de la Sunbeam britannique S7 (voir p. 174).

MARTIN
1953-c.1961 Constructeur de monocylindres deux temps de 125 à 199 cm^3 et premier producteur japonais qui adopte la suspension arrière à bras oscillant.

MARUSHO
1964-67 La société Marusho de Masashi Ito produit des motos à arbre sous la marque Lilac (voir ci-dessus) de 1949 à 1967. La Lilac R92 est vendue aux États-Unis sous l'appellation Marusho Magnum. Il s'agit d'une machine style BMW avec flat-twin de 493 cm^3. La production ne dépasse pas 1 000 exemplaires.

MEGURO
1937-64 La firme, créée en 1924, avait pour objet la fourniture de pièces pour motos et automobiles. Sa première moto complète est le modèle Z-97 de 1937, une monocylindre quatre temps de 500 cm^3. Après la guerre, la marque produit une gamme de monocylindres et de twins parallèles à soupapes en tête de style britannique de 248 à 651 cm^3. À partir de 1957, Meguro produit aussi une moto légère de 125 cm^3. Les twins à quatre temps sont inspirés de la BSA A10. Meguro est rachetée par Kawasaki (voir p. 285) en 1961 et les modèles 248 et 651 cm^3 sont brièvement commercialisés sous la marque Kawasaki.

MEIHATSU
1953-61 Meihatsu produit des monocylindres et des twins deux temps de 58 à 247 cm^3 équipées de moteurs Kawasaki. La production s'arrête lorsque Kawasaki commence à produire des motos sous son propre nom.

MIYATA
1913-63 Toujours fabricant de bicyclettes réputées, Miyata commence par produire de l'armement et fabrique ses premières bicyclettes vers 1892. Le premier prototype de moto est une deux-temps de 175 cm^3 inspirée par le modèle Triumph Baby. La production en grande série ne débute qu'en 1933 avec l'introduction du type Asahi (Soleil levant) à quatre temps de 250 cm^3 suivi d'un modèle deux temps de 171 cm^3 en 1935. Le modèle JA-350, une monocylindre à culbuteurs de 350 cm^3, très inspirée de la Horex Regina allemande, apparaît en 1956. À la fin des années 50 et au début des années 60, la firme lance des cyclos, des scooters et une moto bicylindre deux temps de 125 cm^3. La firme abandonne la construction des motos en 1963 pour se consacrer à la fabrication des bicyclettes.

MIZUHO
c.1934-56 Le constructeur de la moto Cabton (voir p. 285) de grosse cylindrée produit aussi des machines de 125 à 250 cm^3 sous la marque Mizuho.

MONARCH
1952-57 Petite firme fondée par Fusao Nomura et Fujio Murata qui produisent des machines sportives souvent victorieuses dans les premières épreuves japonaises. Les premières machines, qui utilisent le moteur Meguro de 142 cm^3, sont vendues sous le nom de Pony-Monarch (voir à droite). En 1954, la marque introduit une monocylindre à culbuteurs de 230 cm^3 inspirée de la Velocette à soupapes en tête et arbre à cames en position haute. La cylindrée des motos est portée par la suite à 246 cm^3.

NISSAN
1954 Constructeur d'automobiles qui produit brièvement des motos légères de 60 cm^3 à soupapes en tête.

OLYMPUS-KING
1956-62 Production d'une gamme de motos visiblement inspirée par la construction allemande. Les premières machines sont des monocylindres quatre temps de 250 à 350 cm^3 dont certaines à fourche Earles. Les modèles ultérieurs sont des monocylindres deux temps de 123 cm^3 et des bicylindres deux temps de 246 cm^3 à cylindres horizontaux, cadres en tôle emboutie et fourches télescopiques.

PANDRA
1958-60 Scooter style Cadillac à moteur deux temps de 123 cm^3 construit par Tosyo, également producteur de l'Echo (voir p. 285).

POINTER
1947-63 La firme Shin-Meiwa débute par la production de moteurs deux temps adaptables de 56 cm^3. En 1949, elle produit un moteur quatre temps de 146 cm^3 installé dans un cadre fourni par Osaka-Sankyo, modèle vendu sous l'appellation Pointer. En 1953, la firme produit une moto complète dotée d'un quatre-temps de 248 cm^3. C'est le premier modèle d'une série de machines allant jusqu'à 250 cm^3, produite jusqu'en 1963, année où la fabrication de motos est arrêtée. Dans les années 60, production de deux-temps de 90 et 155 cm^3.

PONY-MONARCH
1951-55 Appellation donnée aux machines à moteur Meguro 142 cm^3 à culbuteurs construites par Monarch (voir à gauche).

POP/POPMANLEE
1953-61 Construits par Hirano (voir p. 285), les modèles Pop sont des scooters deux temps de 60 à 161 cm^3.

PORTLY-ROBBIN
1950-56 La moto Portly-Robbin est construite par le fabricant de cadres Kitagawa qui monte un moteur de 140 cm^3 fourni par Fugi Kogyo. Le modèle se vend suffisamment bien pour financer le développement de la moto Liner (voir à gauche) par le même constructeur.

RABBIT
1946-68 Les scooters Rabbit sont construits par Fuji Heavy Industries (voir Fuji Kogyo p. 285) lorsque le groupe doit abandonner les productions aéronautiques après la Seconde Guerre mondiale.
Le Rabbit initial, premier scooter japonais, équipé d'un quatre-temps de 135 cm^3, est un engin rustique très proche par son aspect des scooters américains d'avant-guerre. Le style et les finitions s'améliorent au fil des années tandis que la puissance du moteur s'accroît. En 1957, le type haut de gamme est le Superflow 250 cm^3 avec démarreur électrique, transmission automatique et autres gadgets. Le style est typique de la période. La firme propose aussi des machines légères à partir de 50 cm^3 et produit, dans les années 60, des motos à cadre ouvert à grandes roues.

RIKUO
1935-62 C'est en 1920, au Japon, que les laboratoires pharmaceutiques Sankyo commencent l'importation des motos Harley-Davidson avant d'en acquérir la licence de fabrication. La première Rikuo (Reine des terres) est produite en 1935. La firme poursuit la fabrication de motos V-twins latérales et culbutées de 750 à 1 200 cm^3, inspirées par les Harley-Davidson, jusqu'à la fin de la production, en 1962. Pendant la Seconde Guerre mondiale, la firme fournit des motos à l'armée japonaise ainsi que des side-cars à deux roues motrices. La firme produit à partir de 1953 des motos culbutées de 248 et 348 cm^3 à transmission par arbre inspirées des modèles BMW.

Moto Lilac MF-39 à moteur V-twin 288 cm^3 et arbre de transmission

SANYO
1953-c.1960 Petite firme construisant une monocylindre quatre temps de 150 cm^3. À partir de 1957, production d'une moto à culbuteurs de 248 cm^3.

SHOWA
1948-60 Ce fabricant de cycles et d'équipement de bureau aurait produit des cyclos allemands à moteur Sachs pendant les années 30. En 1948, la firme commence la production de moteurs deux temps adaptables. L'année suivante, elle fabrique une moto deux temps de 100 cm^3 avant de lancer ultérieurement des quatre-temps de 150 à 250 cm^3. En 1959, apparition d'une monocylindre deux temps de 246 cm^3 à cadre embouti et fourche Earles d'un style bizarre mais typiquement japonais. L'année suivante, la marque lance une nouvelle deux-temps de 125 cm^3, mais la firme est rachetée par Yamaha (voir plus bas).

SILVER PIGEON
1946-64 Le constructeur d'avions Mitsubishi se diversifie après la Seconde Guerre mondiale, comme d'autres producteurs d'armement, dans la fabrication de scooters. Sa gamme, Silver Pigeon, est la concurrente la plus directe des scooters Rabbit de Fuji. La firme produit aussi diverses machines à deux et quatre temps de 115 à 210 cm^3. Les premiers modèles sont inspirés du Salsbury américain d'avant-guerre, tandis que les derniers empruntent leur style au Lambretta italien. Importés aux États-Unis par Rockford, ils sont aussi vendus par Montgomery Ward sous la marque Riverside (voir p. 274).

SUMITA
1953-55 Motos à quatre temps de 90 à 250 cm^3 construites à Simta (Tokyo).

SUZUKI pp. 174-178
1952 Fabricant réputé de métiers à tisser, la première moto de Suzuki est une bicyclette à moteur auxiliaire de 36 cm^3 dont la roue arrière est entraînée par courroie.
1955 Suzuki produit sa première vraie moto, une machine à deux vitesses de 100 cm^3 à fourche télescopique. La suspension arrière coulissante est en option avec supplément. En 1956, apparition d'un modèle 125 cm^3 amélioré, suivi en 1957 par une monocylindre deux temps de 250 cm^3. En 1958, Suzuki commence à produire en masse et lance, en 1959, une twin deux temps de 125 cm^3 et un nouveau cyclomoteur.
1960 Apparition des premières Suzuki en Occident aux épreuves du TT dans l'île de Man, mais les résultats sont médiocres. Les exportations vers l'Europe commencent en 1961 et les États-Unis reçoivent des machines de 50 à 250 cm^3 en 1962. Les succès en course sont obtenus après que le pilote d'Allemagne de l'Est, Ernst Degner, sera passé à l'ouest en 1961 en emportant les secrets technologiques des deux-temps MZ. À la fin de 1968, Suzuki a remporté sept titres mondiaux en 50 et 125 cm^3.
1965 Lancement de la X-6 Hustler. Il s'agit d'une deux-temps à deux cylindres parallèles de 250 cm^3 avec boîte à six rapports et système de graissage automatique. Il s'ensuit une gamme de routières deux temps deux cylindres de 125 à 500 cm^3. En 1967, Suzuki est la première marque japonaise construisant des machines de cross sérieusement élaborées. Trois ans plus tard, Suzuki remporte son premier titre mondial en motocross.
1971 La GT750 est la réponse de Suzuki à la Honda 750 quatre cylindres et une première tentative de pénétration du marché des grosses motos. La firme construit aussi des trois-cylindres 380 et 550 cm^3, mais seule cette dernière est refroidie par liquide. Production également de versions course de la trois cylindres 750, qui obtiennent des succès. Le renforcement des normes antipollution américaines signifie alors la disparition des grosses routières deux-temps. Suzuki développe un modèle à moteur rotatif Wankel, mais sans succès commercial. La société revient à la course en 1974 avec la RG500 quatre cylindres en carré à deux vilebrequins. Par la suite, en 1976, 1977, 1980 et 1981, elle remporte le Championnat du monde des 500 cm^3.
1976 Suzuki dévoile sa première quatre-temps. La GS750 est une quatre-cylindres à deux ACT d'inspiration Kawasaki. Suivent une twin de 398 cm^3 et une quatre-cylindres de 997 cm^3. En 1979, Suzuki adopte les quatre soupapes par cylindre sur toute sa gamme quatre temps.
1985 Introduction de la GSX-R750, refroidie par huile, à cadre en alliage léger, première moto d'une nouvelle génération de répliques de machines de course qui deviennent bientôt disponibles de 250 à 1 100 cm^3. Le refroidissement liquide apparaît en 1991.

Catalogue Tohatsu 1962 montrant le modèle Sport 125 cm^3

TOHATSU
1950-66 Les premières motos proposées par TOkyo HATSUdoki (Usine de moteurs de Tokyo) étaient des bicyclettes équipées de moteurs deux temps de 48 cm^3 et d'une transmission finale à courroie, suivie d'une gamme de cyclos et de motos à moteur deux temps. Cette gamme comprend une monocyclindre de 123 cm^3 dérivée de la très copiée DKW RT125. La firme produit des machines de course de petite cylindrée dont des twins de 50 et 125 cm^3.

TOYO MOTOR
1949-59 La Toyo Motor est, en 1952, la troisième machine la plus vendue du Japon. Il s'agit d'une bicyclette motorisée. De véritables motos avec suspensions avant et arrière, équipées de moteurs 88 cm^3, sont produites à partir de 1955. L'année suivante, des modèles monocylindres deux temps de 124 cm^3 apparaissent sous cette marque. Par la suite, la firme produit une version 200 cm^3 avec chaîne sous carter et fourche en tôle emboutie à roue poussée.

TSUBASA
1955-60 Tsubasa, constructeur des automobiles Daihatsu, produit des monocylindres à culbuteurs de 246 à 345 cm^3 et, après 1958, une monocylindre deux temps de 125 cm^3.

YAMAGUCHI
1955-63 Constructeur de bicyclettes fabriquant des cyclos et des machines légères à moteurs deux temps de 50 à 125 cm^3. La Super Twin 125 cm^3 de 1960 est inspirée par l'Ariel Leader. Des moteurs Hodaka sont utilisés à partir de 1962 et, dès la fermeture de Yamaguchi, Hodaka (voir p. 285) commence la production de machines complètes.

YAMAHA pp. 200-206
1954- Fabricant d'instruments de musique qui se diversifie dans la construction motocycliste. Les premiers modèles sont des copies de la DKW RT125. En 1957, introduction d'une twin de 250 cm^3 dont la conception s'inspire de l'Adler MB250.
1960 Yamaha commence à exporter des motos aux États-Unis et développe des machines de course en participant à son premier TT en 1961. À la fin de la décennie, la firme a remporté cinq titres mondiaux. Au cours des années 70 et 80, les succès se multiplient et les modèles de production-compétition remportent d'innombrables victoires.
1969 Introduction de la première quatre-temps de Yamaha, la XS1, qui se présente sous la forme d'une twin parallèle à ACT de 654 cm^3 très classique. Divers modèles de twins, de 250 à 750 cm^3, apparaissent au fur et à mesure que Yamaha abandonne les deux-temps. L'intérêt croissant porté aux compétitions tout-terrain se traduit par le développement de systèmes de suspension arrière monobras et d'une série de machines à moteurs deux et quatre temps.
1977 La XS750, une trois-cylindres à deux ACT, est la première d'une nouvelle génération de quatre-temps. L'arrivée de quatre-cylindres de 550 à 1 100 cm^3 accentue encore l'abandon des deux-temps. Les premiers V-twins à quatre temps apparaissent en 1982.
1984 Exploitant ses technologies Grand Prix, Yamaha produit son ultime routière à moteur deux temps, une 500 à quatre cylindres en V à deux vilebrequins.
1985 Lancement d'une nouvelle gamme de quatre-temps avec la FZ750 à quatre cylindres et vingt soupapes refroidie par liquide.

Productions non confirmées

Asahi *c.1953-65*
BIM *c.1956-61*
Center *c.1950-62*
Cruiser
Gasden
Happy
Hope Star
IMC
Jet
Kanto *c.1957-60*
Lancer *1957-début années 60*
Marine
Mikasa (Baby Twin)
Mishima
NMC *Années 50-60*
Omega Années*60*
Pearl
Popet *1957-début années 60*
Queen Bee
Rotary *début années 50-61*
Shin Meiwa Années *50-60*
Silver Star *1953-58*
SJK *1956-début années 60*
Taiyo

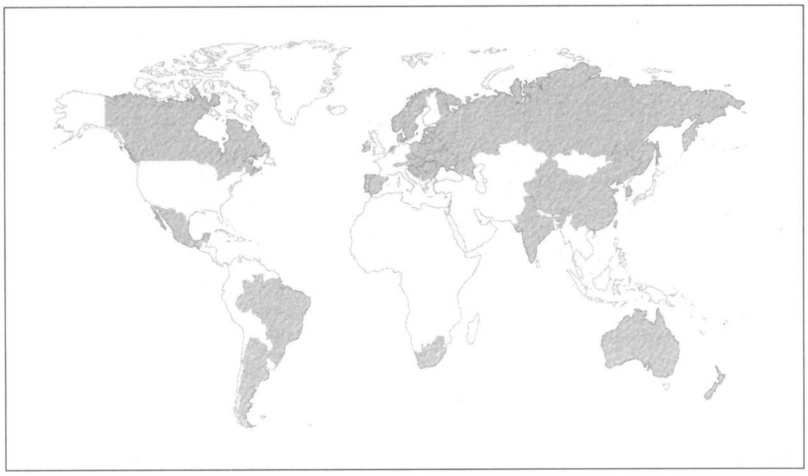

Autres pays producteurs

LES CONSTRUCTEURS PIONNIERS, qui n'ont pas la chance d'opérer sur des gros marchés potentiels, s'affirment avec difficultés, souvent contraints d'avoir recours, pour la fourniture de pièces, à des pays producteurs de motos plus puissants. Les fluctuations des marchés rendent ces constructeurs plus vulnérables, souvent conduits, malgré leur réputation, à abandonner leurs activités au profit des jeunes marques. Alors que peu de constructeurs espagnols, autrichiens et scandinaves ont survécu, l'expansion industrielle des pays asiatiques et de l'Amérique latine a fait naître un grand nombre de machines nouvelles face à une demande locale croissante.

Espagne

ALEU
1953-56 Firme de Barcelone construisant des monocylindres deux temps de 198 et 247 cm³.

ALFER
1980- Marque de motos tout-terrain de compétition utilisant des moteurs Rotax.

AMS
1954-65 Motos construites à Malaga utilisant des moteurs Hispano-Villiers de 248 cm³.

ARC
1954-56 Production limitée de machines à moteur Hispano-Villiers de 123 cm³.

AVELLO
1960- Firme produisant initialement des modèles MV Agusta de petites cylindrées (voir p. 262) sous licence MV, et ses propres deux-temps de 49 cm³ avant d'adopter en 1970 des modèles sur base Puch. En 1987, Avello s'allie à Suzuki pour produire des petites cylindrées.

BJR
1953-61 Production de monocylindres deux temps de 123 et 174 cm³ ainsi que d'une monocylindre de 175 cm³.

BULTACO p. 41
1958 Fondée par Francisco Bulto après son départ de chez Montesa (voir plus bas), Bultaco produit des motos monocylindres deux temps de 124 cm³.
1964 La moto de trial Sherpa, développée par Sammy Miller, rapporte cinq titres mondiaux à son constructeur dans le Championnat de trial de 1975 à 1979. Les machines de cross et d'enduro de 125 et 370 cm³ sont exportées, alors que les routières sont vendues en Espagne.
1976 Bultaco revient aux Grands Prix de vitesse avec des motos de 50 et 125 cm³ issues des modèles étudiés par Piovaticci. La firme remporte le titre mondial en 1976, 1978 et 1981.
1979 Arrêt de la production causé par le déclin du marché et l'instabilité sociale. Fermeture définitive en 1983.

CLUA
1952-64 Fabrication à Barcelone des motos italiennes Alpino (voir p. 252), de deux-temps de 74 et 123 cm³ et d'une monocylindre à culbuteurs.

Derbi 350 cm³ 1955 bicylindre deux temps

COBAS
1982- Antonio Cobas s'affirme comme l'un des meilleurs concepteurs de parties-cycle de machines de course. Une Cobas à moteur Rotax remporte le Championnat du monde 125 cm³ en 1989.

CORONAT
c.1952 Moto à moteur monocylindre à culbuteurs de 200 cm³.

DERBI p. 47
1949- Derbi (DERivados de BIcicletas), constructeur de cycles réputé, commence par la production de cyclomoteurs deux temps de 48 cm³. En 1950, production d'une monocylindre deux temps de 250 cm³. Au cours des années 50, production d'une gamme de cyclos et de motos jusqu'à 350 cm³. La marque se concentre sur les cyclos, mais construit quelques motos routières et tout-terrain à la fin des années 70 et au début des années 80.

DUCATI
1957-82 Mototrans (voir p. 289) produit sous licence des Ducati italiennes monocylindres à un ACT de 125 à 350 cm³. La firme construit aussi des motos deux temps de petite cylindrée.

DUCSON
c.1950-80 Ducson produit avec succès à Barcelone des cyclos de 49 cm³, des motos légères de 65 cm³ et des machines de course catégorie 50 cm³.

EDETA
1951-60 Construction en nombre limité de deux-temps de 147 et 173 cm³.

ELIG
1956-59 Production en nombre limité de motos à moteur Hispano-Villiers.

EVYSCA
1956 Production limitée de motos à culbuteurs de 173 cm³.

GAS GAS
1986- Issue des restes de la marque Merlin (voir à droite), Gas Gas se spécialise dans les machines tout-terrain de compétition, de trial et d'enduro, utilisant ses propres moteurs ainsi que des TM et des Cagiva.

GIMSON
c.1956-64 Constructeur de cycles, de cyclos et de motos de 65 cm³.
1977-86 Production éphémère de cyclos et de motos de 50 cm³.

IRUNA
c.1953-59 Scooters à moteur 123 cm³.

KOBAS Voir Cobas (à gauche).

LUBE
1949-65 Située à Bilbao, la firme Lube utilise des moteurs allemands NSU à deux et quatre temps de 49 à 247 cm³ montés dans des cadres emboutis.

LUTETIA
c.1927 Lutetia construit en nombre limité des motos légères à cadres en losange et moteur Villiers de 172 cm³.

MAVISA
1957-60 Constructeur d'une twin deux temps de 248 cm³.

MECATECNO
c.1982- Constructeur de machines de trial et de mini-motos pour enfants.

MERLIN
1982-86 Firme spécialisée dans les machines de trial à moteur deux temps Cagiva de 347 cm³ et créée en partie par Ignacio Bulto, fils de Francisco Bulto.

MONFORT
1957-59 Production limitée de machines à moteurs Hispano-Villiers de 123 à 197 cm³.

MONTESA p. 127
1945 Fondation à Barcelone par Francisco Bulto et Pedro Permanyer. La première Montesa est une deux-temps de 98 cm³

suivie, en 1946, d'une 125.
1958 Bulto quitte la firme pour fonder Bultaco. Poursuite de la production de motos légères à moteur deux temps.
1962 Introduction de l'Impala 175, dotée d'un nouveau moteur et produite en versions course et 250 cm³. Développement de machines de trial et de cross. Dans les années 70, Montesa exporte des machines de compétition de 123 à 349 cm³. La firme produit aussi des routières de 49 à 349 cm³.
1981 Réintroduction avec succès de l'Impala, malgré le rachat de Montesa par Honda. La firme assemble maintenant des cyclos Honda tout en fabriquant toujours la réputée Cota de trial.

MOTOBIC
1949-65 Firme construisant des cyclos et des motos légères à moteur Hispano-Villiers de 122 cm³. À partir de 1963, production du scooter italien Agrati Capri et d'une moto de 98 cm³.

MOTO HISPANIA
1951- Après avoir produit des Moto Guzzi de petite cylindrée, la firme produit ses propres cyclomoteurs.

MOTÒTRANS
1978-1982 Production sous licence de motos Ducati (voir p. 288) à partir de 1957. En 1978, la firme lance sa propre trail monocylindre à un ACT de 410 cm³ qu'elle vend sous écusson MTV. Par la suite, elle vend aussi des deux-temps Zündapp sous la même marque MTV.

MYMSA
c.1955-62 Production à Barcelone de motos deux temps de 75 à 175 cm³.

NARCLA
1955-67 Monocylindre deux temps de 123 cm³ produite à Gérone et vendue en versions Touring et Sport.

OSSA
1949 Fanatique de motos, Manuel Giro est fabricant de projecteurs de cinéma (Orpheo Sincronia SA). Sa première moto est une monocylindre deux temps de 124 cm³. Les cyclomoteurs sortent à partir de 1951. La firme ne produit sa monocylindre quatre temps à culbuteurs de 172 cm³ que de 1958 à 1963.
1962 Introduction d'une moto de 159 cm³ conçue par Eduardo, fils de Manuel Giro. Sa cylindrée croissant à 175 et 230 cm³, son moteur équipe la majorité des Ossa pendant vingt ans.
1967 Développement d'une deux-temps à disque rotatif de 249 cm³. Une twin de 461 cm³ est créée par doublement d'une monocylindre de 230 cm³. Commercialisée seulement à partir de 1972, la twin reste au catalogue jusqu'en 1982. Un prototype à quatre cylindres de 976 cm³ est construit, mais il est estimé trop puissant. La conjoncture n'est plus favorable. Malgré l'apparition de machines de route et tout-terrain de 244 à 302 cm³, Ossa ne peut pas lutter.
1984 Ossa, devenue coopérative ouvrière, ne survit qu'une seule année.

PONY
1952-54 Motos dotées de moteurs Hispano-Villiers de 123 cm³.

REDDIS
1957-60 Motos construites en nombre limité à Reus, au sud de Barcelone, et dotées de moteurs Hispano-Villiers.

RIEJU
1952- La gamme de la marque comprend initialement des motos dotées de moteurs AMC à culbuteurs de 124 et 174 cm³. La production porte actuellement sur des cyclos et motos légères de 49 à 74 cm³.

ROA
1952-63 Motos avec des moteurs Hispano-Villiers de 197 à 325 cm³.

ROVENA
1963-68 Cette marque désigne des motos deux temps construites par Sanglas (voir ci-dessous) à moteurs bicylindres Hispano-Villiers de 249 et 323 cm³ montés dans des parties-cycle conventionnelles.

RUTER
1957-60 Motos construites à Figueras et dotées de moteurs Hispano-Villiers de 98 et 124 cm³.

SADRIAN
1956-63 Sadrian produit des motos à moteurs Hispano-Villiers de 123 et 197 cm³.

SANGLAS
1942 Construction de motos lourdes à bloc-moteur quatre temps de 295 à 497 cm³ à culbuteurs, principalement destinées aux services de police.
1962 Début de la production de deux-temps légères à moteurs Zündapp et Hispano-Villiers de 49 à 325 cm³ sous la marque Rovena (voir ci-dessus). En 1968, la marque développe une monocylindre construite en nombre limité jusque dans les années 70.
1978 Production d'une twin parallèle à moteur Yamaha de 392 cm³.
1981 Prise de contrôle total par Yamaha et abandon de la marque Sanglas.

SERVETA
1973- Après avoir produit des cyclos et des motos de 49 cm³, construction, sous licence, à Bilbao, de scooters Lambretta.

SETTER
1954-56 Constructeur de motos légères de 60 cm³.

TORROT
1960-85 Ancienne filiale de la marque française Terrot (voir p. 283), la firme se consacre par la suite aux cyclomoteurs.

VILLOF
1951-61 Villof construit des deux-temps légères de 75 à 125 cm³ à moteurs Hispano-Villiers et maison.

Productions non confirmées

BH *1956-60*
Cofersa *c.1953-60*
Darlan
Gorrion *1952-55*
Huracan *1957-59*
Iresa *1956-59*
Movesa *1952-62*

Portugal

CASAL
1964- Constructeur de moteurs industriels avant de produire des cyclos, des scooters et des motos légères deux temps dérivées des Zündapp.

EFS
c.1967-79 Motos légères à moteurs Casal et Sachs et d'une moto à moteur Puch 125 cm³.

FAMEL
c.1960- Construction de motos à moteurs DKW de 49 cm³ à cadres emboutis ou tubulaires. La firme produit des deux-temps et des cyclos dérivés des Zündapp.

FORVEL
c.1977-82 Montage de moteurs Hodaka 125 cm³ avant de passer à la production de routières et de tout-terrain à moteur Casal de petites cylindrées.

SIS
c.1950- Fabricant de cycles produisant des cyclomoteurs et des motos légères à moteurs Sachs de 49 à 98 cm³.

Productions non confirmées

Macal Husquevarna
Motali
Pachancho

Ossa Pioneer 1976 type enduro à moteur 310 cm³

Autriche

ALFA-GNOM
1926-28 Franz et Anton Rumpler produisent un nombre limité de monocylindres à un ACT de 594 cm³. Ils fabriquent également les motos FAR à moteur JAP.

ALKO
1927-30 À Vienne, ALois KOuril fabrique des motos en utilisant des moteurs monocylindres et V-twins JAP et MAG, la plupart des autres composants étant produits par la marque.

AUSTRIA
c.1903-07 Constructeur d'un moteur auxiliaire pour bicyclette, monté au-dessus de la roue arrière entraînée par courroie. Par la suite, le moteur émigre derrière la tête de direction, une courroie transmettant encore le mouvement à la roue arrière.

AUSTRIA
1930-33 La firme Austria est fondée par H. Hauler, anciennement le H de DSH (voir à droite) et K. Lamberts. Les premiers modèles, inspirés par le modèle allemand Ardie, ont des cadres en aluminium et des moteurs de 246 à 347 cm³ fournis par JAP, Villiers, Blackburne et Sturmey-Archer.

AUSTRIA-ALPHA
1935-52 Avant la Seconde Guerre mondiale, Josef Illichmann produit en quantité limitée des machines de course innovatrices utilisant des moteurs V-twins de 250 à 350 cm³ à un seul ACT entraîné par arbre. En 1950, il produit une nouvelle gamme à moteurs deux temps Puch et Ilo. Ces excellentes machines sont cependant trop chères pour être vendues en grande quantité.

AUSTRO-ILO
1938 Austro-Ilo produit des motos légères équipées de moteurs deux temps Ilo.

AUSTRO-MOTORETTE
c.1922-27 Ce fabricant de bicyclettes de Graz propose des moteurs deux temps adaptables de 72 et 82 cm³ qui se montent au côté de la roue avant sur une fourche renforcée. Ce moteur est doublé pour donner une moto légère à moteur bicylindre parallèle de 144 cm³ produit pour la première fois en 1925. La fabrication, si elle est brève, mène néanmoins au développement de la moto Titan (voir p. 292).

AUSTRO-OMEGA
1931-38 La moto Austro-Omega est créée par Josef Pruckner sur les restes de la marque York (voir p. 292). Il fabrique également des side-cars. Les motos sont construites à partir de composants d'origine britannique dont des moteurs JAP et Sturmey-Archer de 348 à 1 150 cm³ installés dans les parties-cycle conçues par Pruckner. La production de side-cars se poursuit après la Seconde Guerre mondiale.

BARTISCH
1926-28 Franz Bartisch développe des moteurs monocylindres à un ACT de 348 et 498 cm³ de conception très avancée. Production de motos complètes en nombre très limité.

BISON
1924-26 Bison construit des motos flat-twins en long style Douglas utilisant des moteurs de 298 à 688 cm³ fournis par Bosch-Douglas, BMW et Coventry-Victor. La transmission finale à courroie ou à chaîne fait suite à une boîte à trois rapports d'origine anglaise.

BOCK & HOLLANDER
1904-11 Constructeur d'automobiles avant de produire des motos monocylindres à courroie, la firme adopte le « nouveau » modèle Werner dans lequel le moteur est boulonné entre le raccord inférieur du cadre et le tube avant. En 1905, production d'une moto quatre cylindres à deux vitesses avec transmission par arbre.

BOP
c.1923-24 Hans Bostik produit un petit nombre de motos utilisant un moteur Paqué à culbuteurs de 196 cm³ monté en bloc avec une boîte à deux rapports. Le cadre est à double berceau.

BRÉE
c.1902-04 Theodore Brée monte des moteurs deux temps de 1,5 ch dans des cadres de type bicyclette.

HMW Super Sport 1957

CLESS & PLESSING
c.1903-06 Située à Graz, la firme construit des motos dotées de ses propres moteurs monocylindre et V-twin de 2,25 et 3 ch à admission automatique et transmission par courroie. Elles sont parfois vendues sous la marque Noricum (voir p. 291).

COLIBRI
1952-54 Colibri produit quelques scooters à moteur DKW.

DEGEN
1924-38 Franz Degen produit en nombre limité des motos à moteurs Villiers et JAP avant de privilégier la fabrication des cycles.

DELTA-GNOM
1923-28 Marque commençant par produire un moteur de 123 cm³ adaptable sur bicyclette, agrandi à 170 cm³ l'année suivante pour équiper une moto légère à courroie avec cadre fermé. Une deux-temps de 248 cm³ est lancée en 1925, équipée de freins avant et arrière à tambour. Ses premières quatre-temps sortent en 1926 dotées de moteurs JAP. L'année suivante, la firme commence à produire ses propres monocylindres de 498 cm³ à culbuteurs. La production est arrêtée en 1928 pour cause de crise économique en Autriche.
1932-38 Reprise de la production avec des versions modernisées des modèles antérieurs. En 1935, arrêt de la production des moteurs de la marque et adoption de moteurs JAP jusqu'à 600 cm³.
1953-c.1963 Après la Seconde Guerre mondiale, la marque fabrique des cyclos et des motos légères à moteurs Rotax et Ilo de 98 à 175 cm³.

DSH
1924-32 Döller, Seidl et Hauler importent en Autriche les motos Humber et fabriquent leurs propres motos de qualité à moteurs Villiers, JAP et MAG de 117 à 748 cm³. La production est arrêtée en 1928, mais reprend à Vienne en 1929. Par la suite, la firme n'utilise que des moteurs JAP monocylindres et V-twins.

EM
1928-29 Motos conventionnelles assemblées par Ernst Minkus, à Vienne, qui utilise des éléments achetés à l'extérieur, dont des moteurs MAG.

ERR-ZETT
1938 Marque produisant des deux-temps légères à moteur Sachs 98 cm³.

FAR
1924-28 Franz et Anton Rumpler construisent des monocylindres de 350 et 500 cm³ à moteurs JAP et Blackburne. Les frères Rumpler produisent aussi la moto Alfa-Gnom dotée de leur propre moteur de 594 cm³ à un ACT.

FORCE
c.1925-26 Firme éphémère produisant des

monocylindres deux temps de 350 cm^3 à cylindre incliné et courroie finale.

FREYLER
1927-28 Moto à moteur quatre temps de 350 cm^3 avec soupapes rotatives. Le projet n'aboutit pas en raison de problèmes de conception non résolus.

GAZDA
1924-26 Production limitée de deux-temps à deux orifices avec deuxième cylindre de précompression logé au fond du carter.

GIGANT
1936-38 Motos très robustes produites à Vienne par Johann Teichert, équipées notamment de moteurs monocylindres et V-twins JAP ou autres marques. Quelques machines sont dotées de moteurs à soupapes en tête Husqvarna.

GOLO
1923-25 Golo fabrique des motos conventionnelles à moteurs JAP et Blackburne, entre autres provenances.

HAI
1938-39 Bargmann et Cie conçoivent une moto élégante dotée de leur propre moteur deux temps de 108 cm^3 monté dans un cadre perfectionné en alliage léger coulé intégrant le réservoir d'essence. Petite production après la Seconde Guerre mondiale.

HMK
1937-38 La firme utilise des moteurs monocylindres JAP dans des parties-cycle conventionnelles. La guerre interrompt la production.
c.1948 La marque produit brièvement, après la Seconde Guerre mondiale, un modèle doté d'un moteur 250 cm^3 à culbuteurs Bark.

HMW
1949-57 HMW produit des cyclos, scooters et machines légères à moteurs deux temps de 49 à 74 cm^3 de sa propre fabrication.

KAUBA
1953-55 Kauba produit des scooters à moteur deux temps Rotax de 98 cm^3.

KOHOUT
1904-06 Kohout produit des automobiles et des motos, ces dernières équipées de moteurs Minerva et Fafnir.

KRAMMER
1923-29 Assembleur en nombre limité de machines équipées de moteurs divers fournis par Villiers, Persch, Anzani et MAG, montés dans des parties-cycle conventionnelles.

KTM p. 118
1955- Les initiales KTM signifient à l'origine Kraftfahrzeuge Trinkenpolz, Mattighofen. Le premier modèle, construit en 1953, est un type Moser à moteur Rotax de 98 cm^3. La marque KTM est adoptée après l'arrivée d'Ernst Kronreif comme associé de Hans Trunkenpolz en 1955. KTM produit des motos légères et des cyclos de qualité aux caractéristiques avancées et à moteurs deux temps fournis par Sachs, Rotax et Puch. Une des premières machines de course à moteur 125 cm^3 à deux ACT est néanmoins dérivée d'un type MV Agusta à quatre temps. En 1956, la firme commence la construction de scooters et, l'année suivante, produit l'élégante Tarzan 125. De 1960 à 1965, elle se consacre aux cyclos et, à partir de 1967, commence à développer des machines de cross dotées de son propre moteur deux temps. Ces motos remportent d'innombrables championnats dans la spécialité. Les monocylindres quatre temps apparaissent dans les années 80.

LAG
1921-29 Liesinger AG de Vienne est une firme d'armement qui se diversifie dans la construction de moteurs de 118 cm^3 adaptables sur bicyclettes. Par la suite, elle produit des motos de haute qualité dotées de ses propres deux-temps de 147 à 346 cm^3 et de monocylindres quatre temps JAP jusqu'à 496 cm^3.

LANCO
1924-26 Lanco est une marque nouvelle appliquée aux motos JW. Le nom est formé d'après les commanditaires LANgsteiner et COeln. Parallèlement aux JW à soupapes en tête de 496 cm^3, la firme produit aussi un modèle latéral. Ses tentatives visant à produire ses propres moteurs ne durent guère et elle se tourne alors vers les moteurs MAG.

LOHNER
1950-c.1958 Lohner produit, à Vienne, des scooters en utilisant des moteurs deux temps Ilo et Rotax de 47 à 199 cm^3. La production du scooter Sissy se poursuit pendant les années 60.

M Voir EM (p. 290).

MESSNER
c.1928-33 Firme produisant quelques machines de compétition en 250 cm^3 avec moteurs à culbuteurs JAP ou dotées de son propre groupe à un ACT.

MEZO
1923-24 MEdinger et ZOgelmann fabriquent des cadres tubulaires triangulés et montent des moteurs DKW, Villiers, Blackburne et JAP. Production très limitée.

MONTLHÉRY
1926-28 Les motos Montlhéry, construites à Vienne, portent le nom du célèbre autodrome parisien. Les machines sont équipées, entre autres marques, de groupes Blackburne et JAP. Production limitée.

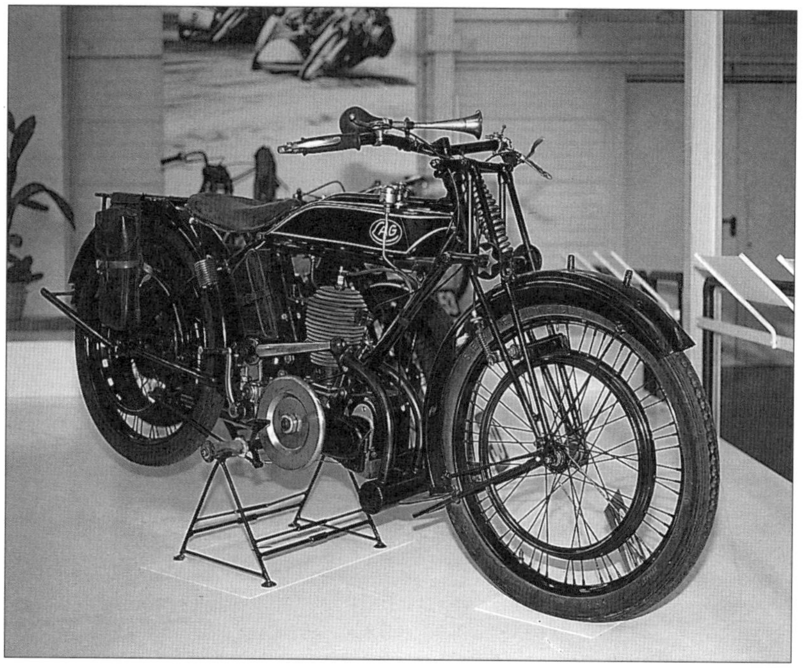

LAG 250 cm^3 deux temps 1925

MOSER
1953-54 Moto légère à moteur Rotax de 98 cm^3 construite à Mattighofen par le précurseur de la marque KTM.

MT
1925-35 Importateur en Autriche des moteurs Villiers, M. Thun vend des motos à moteurs Villiers et JAP sous sa propre marque MT. Certaines de ces motos sont des Sun anglaises portant l'écusson MT. Des machines belges La Mondiale, équipées d'un moteur bicylindre Villiers amélioré, sont également vendues sous la marque MT. Production de versions compétition.

NIESNER
1905-14 Josef Niesner, de Vienne, produit en nombre limité des machines de haute qualité équipées de moteurs monocylindres et V-twins Fafnir de 3 à 5 ch.

NORICUM
c.1903-06 La marque Noricum sert parfois à désigner des motos Cless & Plessing (voir p. 290), vendues dans certains régions de l'Empire austro-hongrois.

O & B
1903-07 La première moto construite par Opel & Beyschlag, à Vienne, est une copie de l'Opel allemande. L'année suivante, la firme commence à produire ses propres modèles en collaboration avec la maison mère allemande. Il s'agit de monocylindres de 2,25 ch et de V-twins de 3 ch à arbre de transmission.

PERPEDES
1923-27 Albert Stouratz produit un moteur deux temps adaptable de 148 cm^3 pour bicyclettes. Monté au-dessus de la roue arrière, il entraîne par courroie. Sans lien apparent avec l'autre firme Perpedes (voir ci-dessous).

PERPEDES
1924-25 Karl Heinisch construit en nombre limité des motos à moteurs deux temps LAG ou Persch de 122 cm^3 avec boîte à deux rapports.

PERSCH
1923-25 Firme produisant un moteur deux temps de 118 cm^3 à volant extérieur vendu comme groupe adaptable sur bicyclette. Construction de quelques machines complètes.

PUCH p. 157
1903 En 1903, Johann Puch produit ses premières motos de 244 cm^3. Il construit aussi des automobiles et des tricycles. Les motos utilisent des moteurs monocylindres, puis des V-twins. Il devient bientôt le principal constructeur de motos autrichien, et ses modèles de compétition signent également de nombreux succès.
1923 Apparition de la première Puch deux temps à chambre commune conçue par Giovanni Marcelino. Ce type constitue, pendant cinquante ans, la base de la plupart des Puch. Les premières versions sont des 122 cm^3, mais la cylindrée passe bientôt à 250 cm^3. Les versions compétition sont tout aussi efficaces. En 1931, un modèle de 500 cm^3 est produit par doublement de la 250, ce qui donne un moteur doté de quatre pistons à deux chambres communes.
1934 Création du groupe Steyr-Daimler-Puch par fusion des trois firmes. Apparition de nouveaux modèles, dont la quatre-cylindres à plat opposés à soupapes latérales de 800 cm^3, qui sont, pour la plupart, livrés aux administrations autrichiennes. L'Anschluss en interrompt la

production, mais les machines légères continuent. Une bicyclette motorisée, semblable à la Scott Cyc-auto, apparaît en 1937 ; une 125 cm^3 monocylindre en 1940. Ces deux types formeront la base de la production de l'après-guerre.
1946 Reprise de la production des monocylindres 125 cm^3 et des modèles à chambre commune de 175 à 250 cm^3, dont de nombreux exemplaires sont exportés. Aux États-Unis, les magasins Sears et Roebuck vendent des Puch sous l'écusson Sears (voir p. 274) et Allstate (voir p. 268). Les cadres emboutis sont adoptés en 1951. Les cyclos et scooters à moteurs deux temps, refroidis par air forcé, de 49 à 125 cm^3, sont produits à partir de 1952. Des machines tout-terrain de compétition s'affirment en enduro et en cross. Harry Everts remporte le Championnat du monde de motocross 1975 en 250. Le cyclomoteur Maxi, de 49 cm^3, introduit en 1968, se vend en grand nombre. Puch se concentre sur les machines de 50 cm^3 à partir du milieu des années 70. En 1987, Piaggio rachète la marque et arrête la production en Autriche.

REFORM
1903-c.1905 Firme située à Vienne et produisant en nombre limité des monocylindres à moteur Monarch.

REPUBLIK
1899-1908 Marque désignant certaines motos Laurin & Klement fabriquées en Bohême, actuellement en République tchèque.

RWC
1954-60 Le fabricant de cycles RWC produit des motos légères de 98 cm^3 à moteur Rotax.

SCHEIBERT
c.1907-13 À l'origine, Scheibert monte son quatre-temps de 1,75 ch en position inclinée sur le tube avant d'une bicyclette. La transmission à la roue arrière s'effectue au moyen d'une courroie de cuir torsadée avec poulie de tension. Par la suite, le moteur est monté au-dessus de la roue avant qu'il entraîne par galet de friction.

SMART
1924-32 Fabricant de motos classiques à moteurs Villiers, Blackburne et JAP de 172 à 600 cm^3.

STYRIA
1904-08 Firme fondée en 1891 par Johann Puch avec pour objet la fabrication de bicyclettes. Il revend en 1897 et fonde une nouvelle société portant son propre nom (voir p. 291). La première moto Styria reçoit un monocylindre de 1,75 ch intégré au cadre en losange comme élément structurel. Le moteur, bien étudié, possède des soupapes latérales commandées et un allumage par magnéto. La transmission finale est à courroie. La marque fabrique ensuite des V-twins à cadre fermé et exporte quelques machines.

TITAN
1927-32 Titan est la marque qui succède à Austro-Motorette (voir p. 290). Elle produit une monocylindre deux temps de 346 cm^3 conçue par Karl Schüber qui utilise déjà une sorte d'admission à clapet à lamelles. Production également de quelques motos à moteurs quatre temps JAP et Blackburne.

WERNER
1928-29 Werner construit des motos en utilisant principalement des moteurs MAG monocylindres et V-twins jusqu'à 996 cm^3, ainsi que quelques JAP. Tous les modèles bénéficient de cadres robustes à double tube avant et d'une suspension arrière en option.

WERTAL
1953 Wertal construit des machines sportives dotées de moteurs Puch à chambre commune. La conception de la partie-cycle s'inspire de la Norton Featherbed ; celle de la fourche s'inspire de Greeves. Ces machines sont vendues sous forme de kit auquel on peut ajouter les pièces d'origine Puch ou d'autres motorisations. Production très limitée.

WESPE
1937-38 Les Wespe sont des motos légères de 122 cm^3 à moteur Villiers vendues par Thomas Harbourn, importateur des motos anglaises Triumph.

YORK
1927-29 York assemble des motos à partir de composants d'origine anglaise dont des moteurs JAP de 350 à 750 cm^3. En 1929, la production est transférée de Vienne à Halle, en Allemagne. La marque disparaît l'année suivante.

Productions non confirmées

Amak Vienne *1922-23*
Assman Leibnitz *1938-39*
Conieri *1954-56*
Danneck Vienna *c.1907*
Fulgur *c.1935-39*
Glockner
JLS Stockerau *1926-30*
Junior *1933-39*
JW *1923*
Kosty *1952*
LS *1923-24*
Lux *1953-55*
Muller *1924-26*
Rotor *1924-38*
RZ
Seklehner-Roscer *1937*
Venus Vienna *c.1923*
Vylea *1926-27*
Wega Vienna *1923-24*
We-Ka-Be *1922-23*
WKB *1923-24*
W&W *1925-27*

Suisse

ALESIA
1966-70 Alesia, situé à Martigny, est un constructeur de scooters des neiges propulsés par des deux-temps Sachs de 49 cm^3 entraînant une chenille à la place de la roue arrière. La fourche avant est équipée d'un ski pour la direction. Production : environ 200 machines.

ALLEGRO
1923-50 Les cycles Allegro de Neuchâtel commencent à produire des motos en 1923. La firme propose une gamme de machines à moteurs Villiers de 147 à 347 cm^3 ainsi que quelques modèles de compétition dérivés. Par la suite, la firme utilise des moteurs MAG, Sturmey-Archer et Gillet-Herstal. La production motocycliste s'arrête en 1950, mais la marque fabrique toujours des bicyclettes et des cyclomoteurs.

AMI
1950-56 Modèle intermédiaire entre moto et scooter, l'Ami possède une architecture de moto avec de petites roues et une carrosserie complète. Les moteurs utilisés sont des Sachs de 98 à 174 cm^3.

AMSLER
1948-50 Amsler et Cie construit des motos légères à moteur Sachs monocylindre de 98 cm^3.

ARNI
1950-54 Cette entreprise commence par produire une mini-moto à moteur Sachs. Par la suite, en coopération avec Achilles Wilhelmshaven, elle propose des scooters à moteurs de 150, 175 et 200 cm^3.

AUXI
1921 Marque produisant des machines de 134 cm^3 à courroie.

BIANCHETTI
1913-26 Les motos Bianchetti sont équipées de moteurs deux temps deux cylindres Della Ferrera de 125 cm^3.

BPR
1929-32 Buratti, Ponti et Roch, anciens employés de Moto-Rêve et Motosacoche, s'installent aux Acacias, près de Genève. Les motos BPR sont équipées de moteurs MAG latéraux et culbutés de 350 à 500 cm^3. Faute d'une trésorerie suffisante, la production est arrêtée.

BUTIKOFER
1894 Le pionnier suisse Eduard Bütikofer produit une machine monocylindre dans le style de la Hildebrand et Wolfmüller.

CASEY
1925-55 Le Genevois Marcel Casey commence par produire des motos à moteur Blackburne de 500 cm^3. Après 1945, il construit une gamme de machines équipées de moteurs Villiers 122 cm^3 et de quatre temps de 49 cm^3 Cucciolo et Sachs.

CILO
c.1961 Cilo est un fabricant de bicyclettes qui produit aussi des cyclos à moteur deux temps de 50 cm^3.

COLOMBE
1905-06 Louis Ischy construit des machines bicylindres de 2,75 et 3,5 ch.

CONDOR
1901 Condor, implanté à Courfaivre, est déjà un fabricant réputé de bicyclettes lorsque la firme se diversifie dans la production de motos. Il devient le deuxième plus gros constructeur de motos de Suisse après Motosacoche. Son premier modèle est une machine légère de 1,5 ch. Ses premières motos utilisent des moteurs extérieurs à la marque comme les Zedel, puis des MAG monocylindres et bicylindres en V à quatre temps ainsi que des deux-temps Villiers.
1947 Construction de la Condor EC580, première moto équipée d'un groupe de la marque, un flat-twin latéral de 597 cm^3 avec transmission par arbre. La cylindrée est augmentée et Condor fabrique des versions militaires. En 1950, Condor introduit une twin deux temps de 350 cm^3 et, en 1956, un prototype de 250 cm^3 avec un monocylindre Maserati à un ACT. L'A250, une monocylindre avec arbre de transmission, apparaît en 1959. C'est la dernière Condor de production, la marque devenant importatrice de machines italiennes.

COSMOS
1902-10 Marque montant des moteurs de 3 et 4 ch fournis par Fafnir et Zedel dans ses propres parties-cycle.

DARLING
1924-29 Friedrich Lochner produit des motos utilisant ses propres moteurs deux temps de 250 cm^3 montés dans un cadre interrompu.

DUFAUX
Voir HADC (p. 293) et Motosacoche (p. 293).

EFF-EFF
1904 Furrer et Fröhlicker produisent des motos de 3 ch à refroidissement par eau.

EGLI
1968- Fritz Egli commence par produire des cadres spéciaux pour les V-twins Vincent. Par la suite, ces parties-cycle reçoivent diverses motorisations italiennes et japonaises. Les cadres Egli se caractérisent généralement par un tube supérieur de gros diamètre.

FAMO
c.1921 Construite à Hinwil, près de Zurich, la Famo est une moto légère à moteur auxiliaire installé dans un cadre de type bicyclette.

FIDUCIA
1902-06 J. Weber et Cie produisent à Uster une moto de 450 cm³ équipée d'un moteur maison.

FORSTER
1921-32 La moto Forster, conçue par K. Kirshbaum, est construite par les frères Forster. Elle reçoit des deux-temps maison de 140, 200 et 247 cm³. La firme est implantée à Hinwil, près de Zurich.

FREI
1925-32 Jacob Frei, de Genève, construit plusieurs motos inspirées des James britanniques.

GIROUD
1926-27 Louis Giroud produit en nombre limité des motos inspirées des James britanniques.

HADC
1901-05 Les frères Dufaux, salués plus tard comme les créateurs de la marque Motosacoche (voir à droite), utilisent à l'origine la marque HADC sur leurs machines. HADC signifie H. et A. Dufaux et Cie.

HELVETIA
1905 G. A. Saurer, plus tard constructeur réputé de camions, propose des monocylindres et des bicylindres équipées de moteurs Zedel. La firme est implantée à Arbon.

HELVETIA
1927-30 Sans lien avec la marque précédente, Helvetia est celle utilisée par Universal (voir p. 294) sur ses motos dotées de moteurs deux temps PA de 190 cm³.

HIRONDELLE Voir Schwalbe (p. 294).

HISPANO-SUIZA
1947-49 Hispano-Suiza construit sous licence le célèbre Vélosolex français.

IDÉAL
1903-04 Construites à Genève par Van Leisen, les motos Idéal sont équipées de divers moteurs extérieurs de marque Souvairan, Zédel, Taddeoli, Favre et Clément.

IMHOLZ
1924-27 Imholz produit en nombre limité des motos dotées de moteurs deux temps 125 et 175 cm³ appartenant à la marque. Quelques modèles reçoivent des moteurs 173 cm³ à arbre à cames en tête de marque Moser.

JENNY
1932 La publicité de l'époque proclamait que la Jenny était « la plus rapide, la plus simple et la plus moderne des petites motos ». Le moteur monocylindre deux temps de 125 cm³ est à cylindre incliné. La transmission comprend une boîte Albion à trois rapports et une chaîne finale. La Jenny possède aussi des suspensions avant et arrière.

KELLER
1929-1932 La Keller est une curieuse machine construite par Charles Keller et dotée d'un moteur monocylindre latéral de 397 cm³ avec boîte à trois rapports. La conception est nette et fonctionnelle, et la qualité de construction excellente, mais elle n'atteint pas un volume de vente significatif.

LA CHAÎNE
1905 Walter Schmied, de Genève, construit une moto à transmission par friction à deux rapports et suspension arrière.

LCR
1976- Louis Christen Racing (LCR) a construit à ce jour (1995) environ 150 side-cars de compétition utilisant des moteurs Yamaha, Krauser, ADM et Swiss Auto V4. La marque a remporté le titre mondial pas moins de douze fois, souvent avec le pilote Rolf Biland. En outre, LCR a produit environ 100 attelages routiers ainsi que des cadres monocoques de motos pour Krauser, MBA et Rotax.

LA LÉOPARDE
1904-10 Rudolphe Born est le constructeur des motos La Léoparde, propulsées par des moteurs bicylindres Moser de 2,75 ch.

MALLAVALLON
c.1903 Fondée à Genève par Pierre Dunant, Mallavallon construit des motos à moteur quatre temps de 3 ch refroidi par air ou par eau.

MOSER
1902-35 Fritz Moser fabrique des motos complètes ainsi que des moteurs qu'il fournit aux autres assembleurs. Il produit des monocylindres et des V-twins jusqu'à 598 cm³. Dans les années 20, Moser propose des monocylindres à un ACT de 123 et 173 cm³ qui rencontrent un grand succès sur le plan commercial. En 1932, la société est rachetée par Allegro et sa raison sociale ne tarde pas à disparaître.

MOTOCLETTE
1906-16 Michaud et Cie fabrique à Genève des motos dotées de moteurs Zedel et Moser.

MOTO FAURE
1901-05 Charles Faure, de Genève, construit plusieurs types de motos à moteurs de 2,5 et 3 ch.

MOTO GENÈVE
1908-12 Machine dotée d'un monocylindre Zedel.

MOTORBLOC
1921 Philip Zucker, de Bâle, produit un moteur auxiliaire adaptable sur le porte-bagage arrière d'une bicyclette.

MOTO-RÊVE
1904-25 Fournisseur de moteurs à d'autres constructeurs, Moto-Rêve assemble aussi des machines complètes. Les premiers modèles de la firme sont des monocylindres puis des V-twins, mais dès 1909, la marque est une des premières à proposer des twins parallèles. Moto-Rêve possède aussi une usine en Angleterre (voir Alp p. 213). Une Moto-Rêve remporte le Senior TT 1911. La marque produit des motos jusqu'en 1925.

Moto-Rêve 1911 bicylindre à chaîne finale

MOTOSACOCHE (MAG)
pp. 132-33
1898-1905 Motosacoche est la plus réputée des marques de motos suisses. Henri et Armand Dufaux et Cie (voir HADC, à gauche) commencent à s'intéresser au moteur à combustion interne et produisent quelques machines sous les marques Dufaux et HADC. On y trouve même un moteur à sept cylindres en étoile monté sur la roue arrière d'une bicyclette.
1905 Les frères Dufaux produisent un moteur adaptable de 215 cm³ à admission automatique pour bicyclettes que la firme baptise Motosacoche. Le moteur et le réservoir sont montés sur une structure tubulaire boulonnable à l'intérieur du triangle du cadre. Le groupe peut aussi être enfermé sous un carénage. Des machines complètes sont également produites. Les frères Dufaux, qui sont aussi des pionniers de l'aviation, réalisent le premier vol motorisé en Suisse, en décembre 1906. En août 1910, ils pilotent le premier biplan suisse au-dessus du lac Léman.
1908 Introduction d'une V-twin latérale de 438 cm³. La cylindrée du moteur auxiliaire atteint bientôt 250 cm³ et un V-twin semi-culbuté de 750 cm³ apparaît bientôt. Motosacoche utilise cette

configuration sur certains modèles jusque dans les années 30.
1911 Une entreprise séparée est créée pour fournir des moteurs à d'autres constructeurs. MAG (Motosacoche Acacias Genève) devient très vite un fournisseur majeur dans toute l'Europe. Il produit une gamme de moteurs V-twins de 350 à 1 000 cm³ et des monocylindres de 350 à 500 cm³. La firme fabrique aussi quelques monocylindres de course à un ACT.
1917 Adoption définitive de la marque Motosacoche.
1923 En 1930, la firme française New Map commence à produire des moteurs Motosacoche sous licence et des machines complètes.
1945 Après la Seconde Guerre mondiale, Motosacoche construit une monocylindre à un ACT commandée par arbre de 250 cm³ avant d'acheter les droits de fabrication de la bicylindre Opti construite à partir de 1955.
1956 Après plus d'un demi-siècle d'activité motocycliste, Motosacoche se retire finalement du marché de la moto.

MOTO WALTHER
1972-75 Ernest Walther produit des motos de 250, 500 et 750 cm³ à moteurs Honda, Kawasaki et Aermacchi qu'il monte dans ses propres parties-cycle. Production très limitée.

NOVA
c.1907 Hurlimann et Cie fabrique cette moto de 1,75 ch.

ORIS
c.1903 Vieille firme située à Liestal produisant des motos de 2 ch, 2,5 ch et 3 ch à moteur Zedel.

PERAVES
1988- Constructeur de la moto totalement carénée Écomobile, conçue par un pilote de la Swissair nommé Arnold Wagner. L'Écomobile utilise l'ensemble moteur-transmission de la série K de BMW. Le conducteur et le passager sont assis dans un cockpit semblable à celui d'un avion. La machine possède aussi des roues stabilisatrices rétractables. Le prix étant fort élevé, la production demeure très limitée.

PERFECTA
1946-50 Construction de motos équipées de moteurs AMC français de 123 à 173 cm³.

PÉRILLARD
1906-09 Jules-Émile Périllard, de Genève, construit des motos à moteur quatre temps de 1,25 ch monté sur la roue arrière.

PICCOLO
1948-49 Scooters de 48 cm³ produits à Bâle.

QUICK
1918-30 Paul Speidel commence par la construction de motos à moteurs Müller et Vogel. À partir de 1924, la marque propose une machine de style anglais à moteur Bradshaw.

RB
1923-24 Moto monocylindre à quatre soupapes de 497 cm³ produite par Roger Barbier. Le carburateur est à l'avant et les deux orifices d'échappement à l'arrière du cylindre.

ROLO
c.1923 Motos à moteur deux temps produites en partenariat par l'ingénieur ROth et le financier LOcher.

LA ROUTIÈRE
1903-05 Marque pionnière construisant en nombre limité des machines de 2,75 ch.

ROYAL
1900-1908 Le constructeur pionnier Philipp Zucker, de Bâle, produit une gamme de machines de 1,5 à 3,5 ch utilisant principalement des monocylindres et des V-twins Zedel.

ROYAL-STANDARD
1928-32 Produite par les Ateliers des Charmilles à Genève, la Royal Standard est une intéressante bicylindre en ligne de 400 cm³ à bloc-moteur entraîné par arbre, avec arbre à cames en tête. La transmission finale s'opère par chaîne et le cadre est à berceau tubulaire.

SCHAFERSOHN
1927 Moto construite par Schäfer und Sohn à Bâle, dotée d'un moteur latéral JAP de 350 cm³.

SCHWALBE (HIRONDELLE)
1901-05 Le réputé constructeur de bicyclettes Ruegg et Cie produit brièvement des motos à moteur monocylindre Zedel de 2,75 ch monté dans un cadre de type bicyclette.

SEYMAZ
1975-88 Ces side-cars de course sont équipés de moteurs Yamaha, Krauser et Fath produits à Jussy. Les motos de course Seymaz remportent les Championnats du monde en 1977 et 1983.

SOUVAIRAN
1902-03 Production très limitée de motos à Genève.

STANDARD
1931-52 La marque Standard est fondée en Allemagne en 1925. À la suite de la reprise de la firme suisse Zehnder, Standard commence une production parallèle de motos aux usines Zehnder de Gränichen. Les motos d'avant-guerre, identiques aux machines produites en Allemagne, sont dotées de moteurs MAG, Ilo et des propres moteurs Rex 350 et 500 cm³ à ACT de Standard, montés dans des cadres à fourche avant type Brough à roue poussée. Paradoxalement, la firme suisse survit à la marque allemande qui ne reprend pas ses productions après la Seconde Guerre mondiale.

SWISS-BOY
1951 Exposée au Salon de l'auto de Genève, en 1951, le Swiss Boy est un scooter à moteur Ilo de 125 cm³.

TICINO
1958 Marque construisant une machine légère à moteur Demm de 49 cm³.

TOURISTE
c.1903 Motos de 2 et 3 ch construites par F. Despland et Cie à Lausanne.

UNIVERSAL
1928-64 Universal produit des motos légères à moteur deux temps sous la marque Helvetia (voir p. 293) avant d'utiliser des moteurs de provenance extérieure à deux et quatre temps monocylindres et V-twins de marques JAP, Ilo, Anzani et Python sur une gamme de machines classiques. À partir du milieu des années 30, Universal introduit ses propres V-twins latéraux de 676 et 990 cm³. La firme continue la production de motos après la Seconde Guerre mondiale en proposant des flat-twins de 580 cm³ et des monocylindres à culbuteurs de 248 cm³. Ces deux modèles à arbre de transmission sont équipés de moteurs maison. Production également d'une twin deux temps à moteur Ilo de 250 cm³.

VICTOIRE
1899-1902 Victoire désigne des machines complètes produites par Zürcher et Luthi (voir Zedel, ci-dessous), firme plus réputée pour ses moteurs.

ZÉDEL
c.1897 À l'origine, producteur de moteurs fournis à d'autres firmes, Zedel (également appelée ZL ou Zürcher et Luthi) a pu produire des motos complètes en nombre limité (voir Victoire, ci-dessus).

ZEHNDER
1923-30 J. Zehnder et Fils, de Gränichen, commence à produire des moteurs en 1896. Abordant la moto en1923, la firme offre une moto légère à moteur deux temps de 110 cm³ à cylindre horizontal et courroie finale. Le cadre est de type ouvert et la fourche est pivotante. Une moto deux temps de 248 cm³ à cylindre vertical, échappement vers l'arrière et transmission par chaîne, est introduite en 1928. Zehnder, quant à elle, est rachetée par la firme Swiss Standard en 1930.

Productions non confirmées

Corbeau
Doraule Genève *1906*
Famocyclette Genève *1921-23*
Geneva *c.1902*
Gex Genève
Haller
HMO (Hegi Moto Ottenbach)
Imme
MACO
Molino
Motosport *1923*
Motox *1951*
Müller-Vogel *1905-16*
Rapid
Rebo (Rébo) *1955-78*
La Saint-Aubin
Sim-Roto
SNA *1903*
Taddeoli *1901-03*
Thury *1877*
Trezza années *20*
Vanleisen *1875*

Belgique

ADS
1949-c.1957 Motos légères et cyclos à moteurs Ilo et Sachs construites à Aalst par A. De Smaele.

ALDIMI
1953 Lancée par le carrossier ALbert D'Ieteren et le champion René MIlhoux, cette marque construit un scooter à moteur Saroléa appelé Prince de Liège dont la production ne dépasse pas dix exemplaires.

ALERION
1919 Constructeur de moteurs à Bruxelles avant la Première Guerre mondiale. En 1919, production d'une moto de 500 cm^3.

ANTOINE
1903-c.1910 Fondée à Liège en 1899, Antoine fabrique des voiturettes. À partir de 1903, la firme produit des motocyclettes équipées de ses propres moteurs monocylindres et V-twins ainsi que de moteurs Kelecom. À partir de 1905, elle propose quelques motos à quatre cylindres.

L'ARDENTE
c.1951-52 Cyclomoteurs à moteur Sachs 98 cm^3 construits par H. Vassen à Liège.

AUTOMOTEURS
1902 Motos produites à Leuwen dans les usines Delin, par Eugène Mathieu.

L'AVENIR
c.1955 Production à Lier de cyclos à moteurs Sachs et HWM.

BARBE
1926-c.1933 Motos équipées principalement de moteurs JAP et Blackburne de 125 à 350 cm^3 et fabriquées à Herstal.

BASSE-WEZ
1903-04 Motos monocylindres produites à l'unité.

BELGIAN CUSHMAN
1950-c.1955 Le scooter américain Cushman (voir p. 269) est produit sous licence par les Ateliers de la Fontaine-l'Évêque, à Anderlues, avec moteur de 295 cm^3, embrayage automatique et boîte de vitesses en option.

BERCLEY
1904-c.1908 Fondée par N. C. Nielsen, cette firme située à Bruxelles fabrique à l'origine des bicyclettes. En 1904, elle commence la production de motos monocylindres. L'année suivante, elle introduit un modèle à moteur bicylindre parallèle de 616 cm^3 conçu par l'ingénieur Kindermans. La machine possède un moteur monté transversalement dans le cadre, à vilebrequin, à trois paliers, calé à 360° et à soupapes latérales commandées.

BOVY
c.1914-32 Fondée à Liège en 1888, Bovy fabrique des armes, puis des bicyclettes. La firme produit quelques motos avant 1914. Après la Seconde Guerre mondiale, les motos utilisent des moteurs Anzani, Villiers, JAP et Blackburne de 100 à 600 cm^3. Production également de machines de course. Une moto légère de 98 cm^3 à moteur Villiers et fourche en tôle emboutie est produite en 1932.

BRONDOIT
1919-30 Nicolas Brondoit, d'Herstal, aborde la production motocycliste avec des moteurs auxiliaires deux temps pour bicyclettes. En 1920, il construit des cyclomoteurs sous la marque Ideal-Brondoit, puis Brondoit. En 1922, la firme propose une moto simple à courroie dotée d'un moteur deux temps 250 cm^3. Brondoit remporte le Bol d'or 1925 en catégorie 250. Des motos à moteur MAG 500 cm^3 sont également produites avant la cessation d'activité en 1930.

BURY
1932-33 Fabricant réputé de bicyclettes à Bruxelles, Bury construit un cyclomoteur à moteur Sachs de 100 cm^3 et, en 1933, une moto légère à moteur Gillet de 125 cm^3.

BUYDENS
1950-56 Charles Buydens produit des motos de qualité équipées de moteurs français Ydral de 100, 125 et 175 cm^3. Certaines ont une fourche avant de type Earles. La production est estimée à cent machines au total.

CASTADOT
1900-01 Machines de pionnier à moteur Zedel.

C. DEVOS
Années 30 Le Bruxellois Camille Devos équipe d'une roue motorisée Sachs des bicyclettes et des tandems. En 1950, il produit des cyclos à moteur Sachs.

CIE
1900-c.1905 Initiales de la Compagnie Internationale d'Électricité qui produit à Liège des motos à courroie avec moteurs Kelecom de 3 et 4 ch.

CITA (Comptoir Industriel Technique Automobile)
1922-c.1925 Les motos CITA sont construites par l'ingénieur Henri Gonthier à Liège. À partir de 1919, il construit des moteurs auxiliaires. En 1922, il offre une gamme de motos propulsées par ses propres moteurs latéraux et culbutés de 175 à 500 cm^3. Gonthier meurt en 1925 et la production cesse peu après.

CMB
1923 Moto monocylindre à courroie exposée à Bruxelles en 1923.

COLIBRI
c.1951-52 Cyclos et motos légères à moteur Sachs fabriquées par Valère Ransy, de Charleroi.

COMET
c.1950 Fabricant de bicyclettes et de tandems à moteur deux temps de 63 cm^3 monté au centre de la roue arrière. Les moteurs sont fournis par la société belge Hanrez.

CYCLON
1952-55 Conçues par René et André Milhoux, construites par Moorkens, d'Anvers, les motos Cyclon utilisent des moteurs BSA et DKW.

DAVENTRY
1949-56 Jules Delmotte, de Bruxelles, négociant en accessoires pour bicyclettes depuis 1920, commence en 1949 à produire des motos à moteur Sachs. En 1953, la gamme comprend des cyclos à moteur Ilo et des motos à moteurs Ilo et Sachs de 98 à 250 cm^3. En 1955, Daventry produit des scooters à moteurs Sachs de 50 à 175 cm^3 avec suspension caoutchouc.

DELIN
1900-1902 En 1890, à Leuwen, Joseph Delin fonde une usine de bicyclettes sous la marque Derby. Delin fabrique des motos à partir de 1900, dont certaines sous la marque Derby. En 1902, la société prend le nom d'Automoteurs (voir à gauche).

DIAMOND
1931-32 Cyclomoteurs à moteur Sachs produits par le fabricant de cycles Brasseur, de Liège.

DOBBELEEN
c.1930 Fabriquées à Denderwindeke, près de Ninove, les motos Dobbeleen sont dotées de moteurs latéraux JAP de 350 et 500 cm^3. Production très limitée.

DUVAL
1950-c.1955 Firme produisant à Anvers, en nombre limité, des machines à moteur 125 cm^3 Royal Enfield.

DYMAX
1951-54 Constructeur sous licence du moteur français Poulain qui offre, à partir de 1954, des cyclos à moteur Husqvarna.

ÉLITE
1931 Cyclomoteurs à moteurs Sachs et Gillet fabriqués à Liège par Counotte, constructeur de bicyclettes.

ELVE
c.1958-63 Cyclomoteurs à moteur Sachs produits par Vanderhulst.

EMVA
1949-c.1956 Fabricant de cycles réputé situé à Ans, près de Liège, cette firme commence en 1949 la production de cyclos et de tandems motorisés par des moteurs Sachs de 98 cm^3. À partir de 1951, elle produit aussi des motos légères à moteurs Sachs 150 et 175 cm^3 avec fourches télescopiques avant et arrière. En 1955, certains modèles ont un moteur Ilo. Annuellement, la firme produit quelque 2 000 cyclos et 1 000 motos.

ÉOLE
c.1900-07 A. Wafflard, de Liège, construit des motos à courroie dotées de moteurs Fafnir et Kelecom.

ESCOL
1923-39 Firme fondée par Jules Escol en 1914 à Châtelet, près de Charleroi, pour la fabrication de treuils de mines. Les fils Escol, Félix et Maurice, fabriquent en 1923 un prototype de moto appelé Super Moto. Celui-ci est équipé d'un moteur Anzani de 1 000 cm^3, avec cadre en tôle emboutie et suspensions avant et arrière pour un poids de 330 kg. Le type n'est pas mis en production. Mais en 1932, Escol produit quelques motos à moteurs JAP de 500 et 600 cm3, également à cadres emboutis. Des modèles plus légers sont ajoutés à la gamme avec des moteurs deux temps Villiers de 200 et 250 cm^3 ; JAP et Villiers de 350 cm^3. La guerre de 1939 arrête la production.

FLANDRIA
1951-81 Flandria commence la production de cyclomoteurs en 1951. Dans les années 50, la firme produit aussi des motos légères et des scooters à moteur Ilo. À partir de 1957, Flandria se consacre aux cyclos et produit ses propres moteurs qu'elle exporte dans le monde entier dans les années 60 et 70 avant de tomber en faillite en 1981.

FLY
c.1949 Construite par les Ateliers Louis Vits, de Bruxelles, le Fly est un modèle de scooter à grosses roues doté d'un moteur Villiers de 99 cm^3 positionné horizontalement. Ces machines sont dépourvues de boîtes de vitesses et certaines ont une suspension arrière.

FN p. 62
1901 Fabrique Nationale est une firme d'armement qui se diversifie dans la production de bicyclettes, puis de motocyclettes. Les premières machines utilisent un monocylindre de 133 cm^3 monté dans un cadre de bicyclette.
1904 L'ingénieur Paul Kelecom produit une quatre-cylindres de 360 cm^3 avec transmission par arbre, première multicylindre de production.
La cylindrée de la quatre-cylindres croît régulièrement. Les dernières motos de ce

type sortent entre 1923 et 1926.
1923 Introduction de motos à bloc-moteur monocylindre à culbuteurs et transmission par chaîne. Les monocylindres latéraux et culbutés de 350, 500 et 600 cm³ constituent la base de la gamme FN jusque dans les années 50. Pendant les années 20 et 30, FN participe à de nombreuses épreuves sportives et signe des records mondiaux avec le pilote René Milhoux. Des motos légères deux temps sont produites à partir de 1933. Un flat-twin de 1 000 cm³ est brièvement produit avant la Seconde Guerre mondiale et, dans les années 50, la production se concentre sur les deux-temps légères de 50 à 200 cm³.
1965 Arrêt de la production motocycliste.

FORTA
c.1931-32 Fabricant de bicyclettes produisant aussi des cyclomoteurs à moteur Sachs.

FRABEL
1952 Constructeur de quelques motos à moteurs Ilo 125 et 175 cm³.

GILLET-HERSTAL
1919 Fondée par Léon Gillet, la firme commence par la production de monocylindres deux temps de 300 cm³. La cylindrée est portée à 350 cm³ avant l'arrêt de la production, en 1927.
1926 Introduction de la première moto quatre temps : une monocylindre à culbuteurs de 498 cm³. Ce moteur équipera toutes les monocylindres verticales Gillet-Herstal jusqu'en 1959. En 1926, Robert Sexé effectue un tour du monde au guidon d'une Gillet. La firme participe à de nombreuses compétitions sportives à la fin des années 20 et dans les années 30.
1930 Introduction d'une nouvelle gamme de monocylindres à moteur incliné, disponibles en versions latérales et culbutées de 250 à 600 cm³. Après la Seconde Guerre mondiale, la firme revient aux deux-temps avec une gamme de machines légères jusqu'à 250 cm³ complétée d'une grosse monocylindre quatre temps.
1955 La firme fusionne avec FN (voir p. 295) et Saroléa (voir p. 297). La production cesse en 1960.

GONTHIER
c.1919-20 Avant de fonder CITA (voir p. 295), l'ingénieur Henri Gonthier, de Streupas, près de Liège, produit en nombre limité des motos quatre cylindres à culbuteurs de 748 cm³.

GRAINDORGE-CORNET
c.1900-03 Martin Graindorge-Cornet, fabricant de cycles à Engis, construit quelques motos monocylindres de 2 ch.

HOUARD
1900-02 Houard construit à Gand des motos à moteur FN.

IMPÉRIA
1930 Constructeur automobile situé à Nessonvaux qui produit un prototype de moto à moteur sans soupapes.

JEECY-VEA
1920-27 Les premières motos de cette firme fondée à Bruxelles par Jean Watelet utilisent des moteurs Coventry-Victor. En 1926, la gamme comprend des motos légères de 250 et 350 cm³.

KOPPEL
1903 La firme liégeoise Compagnie Belge de Vélocipèdes construit des cycles et quelques automobiles sous la marque Koppel. Koppel est un ingénieur qui, en 1903, conçoit une moto équipée d'un moteur trois cylindres logé dans la roue arrière. Production probablement nulle.

LADY
1924 Fondée par Lambert Van Ouwenwerk près d'Anvers, la marque Lady commence par produire des modèles à cadres triangulaires dotés de moteurs Villiers de 150 à 250 cm³.
1926 Introduction de machines à cadre classique équipées de divers moteurs britanniques : Villiers de 175 à 350 cm³ et JAP de 350 et 500 cm³. Au cours des années 20 et 30, Lady participe à de nombreuses compétitions sportives.
1931 Certains modèles sont livrables avec suspension arrière. Pendant les années 30, adoption de moteurs Villiers, Blackburne, JAP et Rudge.
1940 Fin de la production.

LAMOCO
c.1928 L'ingénieur Fernand Laguesse quitte FN en 1927 et crée peu de temps après la LAguesse MOtor COmpany à Liège. La firme construit une révolutionnaire moto flat-twin deux temps à soupapes rotatives et transmission par arbre. Par manque de trésorerie, seuls quelques prototypes voient le jour.

LEGIA
c.1900-02 Construites par le fabricant de cycles d'Herstal Deprez & Jossart, les motos Legia sont équipées de moteurs De Dion-Bouton ou Kelecom.

LÉVRIER
1951-52 Fabricant de cycles produisant aussi quelques cyclomoteurs à moteurs Sachs et Victoria.

LINON
1902-05 André et Louis Linon fondent une usine de fabrication de cycles à Ensival, près de Verviers, qui produit aussi des automobiles jusqu'en 1914. Linon produit beaucoup de motos de 1,75 et 4,5 ch.

LION RAPIDE
1938-57 Fondée par Camille Steveninck à Alast, cette importante usine de cycles commence par produire en 1938 des motos légères et des cyclomoteurs à moteurs Sachs de 60 à 100 cm³. Après la Seconde Guerre mondiale, les motos utilisent des moteurs Villiers 125 et 200 cm³ avec une suspension arrière rudimentaire. En 1951, une moto plus importante est introduite avec un moteur FN de 350 cm³. À partir de 1954, les modèles populaires sont désignés Salira et les modèles luxueux sont appelés Lion Rapide. Cependant, dès l'année suivante, la marque Lion Rapide désigne tous les modèles à moteurs Sachs et Villiers. La firme produit aussi un cyclo à moteur HWM. 1957 est la dernière année de production.

LION ROUGE
1953 Cyclos fabriqués à Courtrai équipés de moteurs Cucciolo.

MARCK
1904-08 Jean Marck produit des motos dotées de son moteur de 499 cm3 semi-culbuté.

MÉCANIQUE ET MOTEURS
1903-05 Constructeur d'automobiles de Liège qui fabrique brièvement des motos dont certaines à refroidissement par eau.

MEXICO
1932-35 Motos construites à Deurne, près d'Anvers, utilisant des moteurs JAP et Villiers à deux et quatre temps.

MIESSE
c.1901 Constructeur d'automobiles et de camions de Bruxelles qui produit également quelques motos.

MIGNON
1921 Moto légère à chaîne de 137 cm³ fabriquée à Bruxelles par L. Giens.

MINERVA
1900-09 Minerva est fondée à Anvers en 1897 par Sylvain de Jong pour produire des bicyclettes. Les premières motos apparaissent en 1900 sous la forme d'une bicyclette Minerva dotée d'un moteur à cylindre incliné produit sous licence ZL (Zürcher et Lüthi). En 1903, les moteurs sont montés verticalement. D'une puissance de 1,75 à 3 ch, ils sont aussi vendus à d'autres fabricants. Par la suite, la gamme de la marque s'étend à des monocylindres de 345 cm³ et à des V-twins de 580 cm³. La production motocycliste de Minerva s'arrête en 1909, après environ 25 000 unités, motos et moteurs, construites. De 1953 à 1955, Minerva reprend brièvement une production de scooters 150 cm³ construits sous licence de la firme italienne MV.

MINEUR
c.1924-39 À l'origine ingénieur réputé chez Gillet et Saroléa, Paul Mineur fonde sa société à Herstal vers 1924. Son premier modèle est une 500 cm³ à moteur Bradshaw qui ne connaît guère de succès. Par la suite, Mineur construit des motos à moteurs JAP, MAG et Rudge ainsi qu'une machine légère à moteur Villiers. Après la Seconde Guerre mondiale, il construit un prototype 500 cm³.

MLP
1951-52 Initiales de Machine La Précision qui construit à Bruxelles une moto équipée du moteur 118 cm³ de la marque.

LA MONDIALE
1923-34 La première moto de cette firme bruxelloise possède un cadre embouti, un moteur deux temps de 308 cm³, une transmission par friction à cinq rapports et une chaîne finale. L'échappement passe dans les repose-pieds et le réservoir est placé sous le siège-baquet du conducteur. À la fin de 1925, La Mondiale est rachetée par Fondu de Vilvorde. La firme ajoute alors de nouveaux types, toujours à cadre en tôle emboutie et munis de moteurs divers achetés à Villiers, JAP, Blackburne et Chaise. Jules Fondu remporte plusieurs épreuves sur motos La Mondiale. Par la suite, la marque produit des motos légères à moteur Villiers de 147 cm³. La crise économique contraint La Mondiale à cesser la production motocycliste en 1934.

MOTOCETTE
c.1925 Cyclomoteurs à moteur 110 cm³ construits par les frères Carlier à Tournai.

NOVY
c.1935-années 60 Fondée par Hilaire Lannoy, à Courtrai, la firme Novy fabrique des motos légères à moteur Villiers. Après la Seconde Guerre mondiale, elle produit des machines à moteurs Villiers de 100 à 225 cm³ dont certaines dotées d'une suspension arrière. Une moto à moteur Ilo de 250 cm³ est produite de 1954 aux années 60.

OMEGA
1951-55 Firme produisant des motos légères et le scooter Sitta sous licence de la marque allemande Hummel (voir p. 241).

PA
c.1920-29 Fondée par Jules Praillet et Gustave Antoine, de Liège, PA est vendue par la suite à Dieudonné Hanlet, constructeur des side-cars Perfect à Herstal. Les premiers types utilisent des moteurs Blackburne de 250, 350 et 500 cm³. En 1927, introduction d'une nouvelle gamme de machines légères à moteur Villiers de 174 cm³ ainsi qu'un modèle Sport à moteur 341 cm³ à soupapes en tête. En 1929, la marque est cédée à un industriel d'Anvers qui le revend par la suite à Lady (voir à gauche).

LA PERLE
c.1949 Production éphémère de cyclos à moteur Sachs.

PHENIX
c.1948-55 Ateliers Lenoble, fabricant de

cycles à Charleroi, produit des scooters et des motos légères à moteurs Sachs de 98 à 175 cm³ et Ilo de 250 cm³.

PIATTI
1955-58 Vincent Piatti conçoit la Trojan Mini-Motor avant de produire le scooter Piatti fabriqué sous licence en Belgique et au Royaume-Uni.

PIEDBŒUF
1902-06 Motos monocylindres fabriquées à Liège. En 1906, Adrien Piedbœuf crée les automobiles Impéria.

PIEPER
1902 Henry Pieper produit des motos monocylindres à courroie.

RATLY
1951-c.1955 Fabricant de cycles bruxellois qui produit des cyclomoteurs et des motos légères à moteur Sachs.

READY
1924 Fondée à Courtrai par Norbert Vanneste, Ready fabrique des motos à moteurs de 175 à 500 cm³ achetés à l'extérieur.
1926 Ready est vendue et la production se poursuit à Bruxelles.
1932 Des modèles plus légers à moteurs Villiers de 150 et 200 cm³ sont ajoutés à la gamme des motos de 350 à 600 cm³.
1939 Production d'une gamme étendue de motos de 100 à 600 cm³ ainsi que de side-cars et de fourgons à trois roues.

RED STAR
1902-c.1905 Firme située à Bruxelles utilisant des moteurs BSA sur ses premiers modèles vendus au Royaume-Uni sous la marque Gamage (voir p. 220). En 1903, Paul Kelecom conçoit une Red Star de 2,5 ch.

ROYAL JELLY
1956-58 J. H. Foucart de Bruxelles fabrique des cyclos de 50 cm³ et des motos légères de 100 et 175 cm³ à moteur Sachs.

ROYAL NORD
1932-années 60 Les frères Jean et Achille Hufkens construisent des cyclos et des motos légères de 100 et 175 cm³ à moteurs Gillet. Après la Seconde Guerre mondiale, ils produisent des cyclos et des tandems motorisés jusqu'à 248 cm³ à moteurs Gillet, Maico et Ilo. Dans les années 60, la firme produit des cyclos de qualité équipés de ses propres moteurs 49 cm³.

ROYAL STAR
1902-04 Machines produites à Anvers en versions 2 ch, 2,75 ch et 3,5 ch par un constructeur d'automobiles qui devient ensuite SAVA.

RUHL
1901-03 Constructeur d'automobiles de Verviers qui produit brièvement des motos.

RUSH
1921 Fondée à Bruxelles par Omer Cravillon, Rush produit des monocylindres de 3 ch et des V-twins de 5 à 10 ch à moteur JAP avec soupapes latérales et transmission par courroie. La firme est cédée à l'ingénieur bruxellois J. Van Geert en 1923.
1926 Début d'une production de moteurs monocylindres de la marque de 350 à 550 cm³ à soupapes latérales et en tête. Au cours des années 20, la marque obtient quelques succès en compétition.
1930 Introduction de modèles économiques à cadres profilés en U. Fin de la production en 1934.

SALVATOR
1931-32 Fabricant de bicyclettes produisant des cyclos à moteur Gillet de 1,75 ch.

SAROLÉA
1850-1901 Fondation de la firme par le fabricant d'armes Joseph Saroléa, qui produit des bicyclettes en 1894. Ses fils ajoutent les motos en 1901 sous forme de monocylindres et V-twins jusqu'à 750 cm³ dont les moteurs sont fournis à d'autres constructeurs. Après 1918, production de monocylindres latéraux et culbutés jusqu'à 550 cm³. À la fin de 1920, la firme produit jusqu'à 50 machines par jour. Les Saroléa brillent en compétition, le type le plus célèbre étant la Monotube dans les années 30.
1932 Introduction d'une deux-temps utilitaire. Avant la Seconde Guerre mondiale, production pour l'armée d'un side-car à moteur flat-twin latéral de 980 cm³. Après 1945, reprise de la production des quatre-temps 350 et 600 cm³ d'avant-guerre.
1950 Production de machines deux temps de 125 cm³ et d'une puissante twin parallèle de 498 cm³.
1955 Accord avec FN et Gillet puis, en 1956, addition à la gamme d'un cyclo à moteur Ilo de 50 cm³.
1960 Saroléa fusionne avec Gillet. Arrêt de la production en 1963.

SCALDIS
1913-14 Fabricant de bicyclettes d'Anvers qui produit des motos monocylindres et V-twins à moteurs 2 ch, 3 ch et 4 ch avant de revenir à la production de bicyclettes.

SOCOVEL
1941-59 Firme fondée par Maurice et Albert de Limelette à Bruxelles. Pendant la période de l'occupation allemande, Socovel produit des motos électriques. Après la guerre, la marque fabrique des deux-temps conventionnelles à moteurs Villiers de 98 à 197 cm³, suivies de machines dotées de moteurs Jawa de 250 et 350 cm³. À partir de 1952, production d'une moto carénée à moteur CZ de 150 cm³. En 1954, retour des moteurs Villiers dans la gamme. Les derniers types comprennent une moto de 200 cm³ à moteur Maïco et un cyclo à moteur Ilo 49 cm³.

Bicyclette à moteur Minerva photographiée en 1903

SOUPLEX
1939-48 Joseph Menko, de Bruxelles, produit des motos à cadre en alliage léger coulé. À partir de 1946, Menko utilise des moteurs Villiers de 125 cm³ et des flat-twins Coventry-Victor de 285 et 350 cm³.

SPHINX
1923-29 Motos à moteurs JAP latéraux et culbutés de 346 et 490 cm³.

SPRING
1910-24 Motos à deux et quatre cylindres avec suspensions avant et arrière conçues principalement pour le side-car. Par la suite, construction de V-twins de 348 à 998 cm³.

STABIL
1931-33 Motos construites à Tienen avec moteurs Villiers de 98 à 123 cm³.

STAR
1932-années 60 Machines deux temps à moteur Gillet de 100 cm³ et Gem de 175 cm³. À la fin des années 30, elle propose des cyclos à moteur Sachs de 100 cm³. Après la Seconde Guerre mondiale, elle utilise des moteurs Sachs de 100 à 175 cm³ et, à partir de 1953, fabrique des cyclos à moteur Sachs 50 cm³.

SULTAN
1952 Motos à moteurs Sachs de 150 cm³.

SUPÉRIA
1957-années 70 Fabricant de bicyclettes produisant aussi des motos et des cyclos à moteur Sachs

THOMPSON
1952 Motos à moteurs Sachs de 98 et 150 cm³ produites par le fabricant de cycles De Smet.

VAN HAUWAERT
c.1930-54 Le champion cycliste Cyrille Van Hauwaert commence par produire des tricycles de livraison motorisés. Entre 1932 et 1940, il produit quelques motos légères à moteurs Gillet 125 cm³ et Gem 175 cm³. Production reprise en 1952 avec une moto à moteur Ardie de 122 cm³. Le Motoretta, un scooter à grosses roues à moteur Ilo, sort en 1953, suivi, en 1954, d'un cyclo à moteur Gasquy.

VERSCHAEVE & TRUFFAUT
c.1906 Production limitée de V-twins à courroie.

VOLTA
c.1932-33 Motos construites à Bruxelles par Eycken & Gillot utilisant des moteurs Gillet de 175 cm³. Production également du cyclo de 100 cm³ Voltanette.

Pays-Bas

AGS
1971-76 de Groot, d'Havelte, produit des machines de scramble en 125 cm³ à moteurs deux temps Sachs, Puch et Zündapp.

ALTENA
1900-06 La Haarlemse Automobilen Motorrijwielfabriek, anciennement appelée A. van Altena, Haarlem, est le premier constructeur hollandais fabriquant des moteurs à quatre temps de 2 et 3 ch. De 1902 à 1906, la firme construit également des automobiles.

AMSTEL
1962-66 L'importateur de motos et de cyclos R. S. Stokvis, de Rotterdam, produit des cyclos combinant des parties-cycle de cyclos RAP (voir p. 300) à des moteurs Puch.

ARISTO
1953-56 Cyclomoteurs construits par la firme de bicyclettes De Globe de Leiden qui utilise des moteurs deux temps français Vimer. En 1955, la marque produit un modèle doté d'une ingénieuse boîte de vitesses automatique à trois rapports de sa conception.

AVADA
1951-64 Le réputé constructeur de cycles, Avada Rijwielfabriek, d'Alphen aan de Rijn, commence par produire des cycles dotés de moteurs Victoria de 38 cm³ et construit par la suite des cyclos à moteurs deux temps Victoria, HWM, FBM et Sachs.

AVAROS
1952-65 Sous la marque commerciale Avaros, la firme d'A. VAn ROSsen, de Dordrecht, commence par produire des cycles équipés de moteurs deux temps Rex de 40 cm³ et des cyclos deux temps de 49 cm³ avec l'accord de la firme belge A. Claeys, producteur des cyclos Flandria. En 1965, Avaros et Claeys fusionnent et les cyclomoteurs sortent sous la marque Flandria.

BAJ
1952-54 La firme Handelmaatschappij de NV B.A. Jansen, à Hertogenbosch, produit des cycles à moteur deux temps Victoria de 38 cm³.

BAKKER
1973- Nico Bakker, d'Heerhugowaard, débute par la production de cadres spéciaux pour machines de course. Depuis le milieu des années 80, il produit des parties-cycle complètes pour machines de sport équipées de moteurs divers.

BARZOI
1952-54 La firme de Is. Troostwijk, de Zwolle, construit en petit nombre des cycles à moteur deux-temps Victoria de 38 cm³.

BATAVUS
1932-76 La Rijwiel-en Motorenfabriek Batavus, Heerenveen, commence par vendre des bicyclettes en 1904 avant de produire ses propres machines à partir de 1914. En 1932, apparaissent les premières motos Batavus dotées de moteurs deux temps Villiers de 98 cm³. Elles sont suivies de cycles à moteurs Sachs et Ilo de 74 et 98 cm³ et de motos de 100 et 150 cm³ à moteurs Ilo, Sachs et Villiers. Après la Seconde Guerre mondiale, arrivent les modèles à moteurs Ilo et Villiers de 148 et 200 cm³. À partir des années 50, la firme se consacre aux cyclomoteurs, mais construit aussi des motos de cross et d'enduro, généralement dotées de moteurs Sachs. En 1969, elle rachète la marque concurrente Magneet, puis Phoenix, Fongers et Germaan. À la suite d'une chute des ventes, la production s'arrête vers 1976.

BEMA
1950-51 Le négociant en motos de Rotterdam BEn MAltha construit un scooter à moteur deux temps Villiers de 197 cm³ doté d'une « carrosserie » en fibre de verre. Un second prototype à side-car utilitaire est utilisé par l'ANWB (Association automobile néerlandaise).

BERINI
1949-81 Fabricant de cyclos qui débute par la production d'un moteur deux temps auxiliaire de 49 cm³ à soupapes rotatives monté au-dessus de la roue avant, production suivie par la création d'une gamme complète de cyclos. En 1956, la marque commerciale devient la propriété de la Pluvier Motorenfabriek, de Delft, qui a produit jusque-là des cyclos pour la firme Hart Nibbrig & Greeve. En 1964, Pluvier, tombé en faillite, est rachetée par Anker Motoren Maatschappij, qui deviendra plus tard Anker Motoren. En 1981, la totalité des outillages de production est vendue en Corée tandis que les plans du moteur échouent en Inde
1991- L'importateur de motos de Rotterdam, Alblas, qui possède la marque, importe des cyclos indiens dotés de l'ancien moteur Berini M48 qu'il commercialise sous l'écusson Berini.

BITRI
1955-64 La Nederlandse Scooterfabriek NV, de Dokkum, construit les scooters Bitri à moteur deux temps Ilo de 147 cm³, suivis de modèles propulsés par des moteurs Rotax de 148 et 192 cm³.

BMI
1934-37 Les cycles motorisés construits par Bilthovensche Metaal Industrie sont dotés d'un quatre-temps de 80 cm³ à soupape d'admission automatique. Le cylindre, la culasse et le carter sont faits d'une seule pièce.

BRICO
1954 Malgré un programme de production prévoyant la fabrication d'un scooter à moteurs Ilo de 100, 125 ou 150 cm³, un seul modèle est réellement construit.

BURGERS-ENR
1896-1952 En 1896, la Eerste Nederlandsche Rijwiel & Machinefabriek H. Burgers de Deventer produit ses premières motos à partir de moteurs Fafnir et Minerva. Par la suite, elle construit des modèles à moteur V-twin JAP et des deux-temps légères à moteur Vitesse. À partir de 1930 et jusqu'à la Première Guerre Mondiale, elle fabrique des cycles équipés de moteurs Ilo et Sachs de 60 et 80 cm³. En 1950, bien que sans succès, Burgers pénètre sur le marché du cyclomoteur; il se consacre aux bicyclettes à partir de 1952.

CAVALETTA
1953-56 La firme d'Amsterdam Mofaca produit un cyclo de sa propre conception équipé d'un moteur deux temps Cavaletta monovitesse.

CEDE
1920 Ancien fabricant de dynamos et de carburateurs basé à Ruinerwold, Cede essaie de mettre sur le marché une moto à moteur deux temps de sa propre conception dont elle ne produit que quelques exemplaires.

CENTRO
1954-61 Située à Schiedam, cette firme prend pied sur le marché avec des scooters de sa propre conception propulsés par des moteurs deux temps Ilo et Sachs, mais s'oriente rapidement vers la production de cyclos à moteur deux temps HMW.

CUP
c.1903 Le fabricant de cycles Johanes Cup, de Maashees, construit en petit nombre des motocycles dotés de son propre moteur auxiliaire qui ressemble beaucoup aux moteurs Minerva de l'époque.

CYRUS
1952-71 Fabricant de cycles réputé qui, à partir de 1952, produit des cyclos à moteurs deux temps Victoria, Sachs, Zündapp, puis plus tard FBM. En 1961, Cyrus et le fabricant de bicyclettes Empo de Vorden (voir à droite) concluent un accord par lequel Cyrus peut produire des cyclos sous la marque Empo.

DISSELHOF
1956-57 En 1952, un certain Disselhof, de Zwolle, développe un scooter à carrosserie en fibre de verre sur un cadre en tube avec un moteur Ilo de 150 cm³. En 1956, le scooter est commercialisé, mais seulement une quinzaine de machines sont vendues.

DMF
1940-57 La Driebergsche Motorrijwieln Fabriek produit des motos à moteurs Villiers, Ilo et Puch de 125 cm³ suivies par des modèles de 150, 175, 200 et 250 cm³ à moteur Ilo. Elle construit aussi le populaire cyclo Nestor à moteur Ilo de 49 cm³, puis, peu après, un modèle similaire à moteur deux temps Zündapp.

DOPPER
1904 J. Dopper, pour le compte de l'Appingerdammer Bronsmotorenfabriek, construit à titre expérimental la première moto néerlandaise à moteur Diesel.

DPP
1992- Le spécialiste du custom Diks Paints Products construit une série de motos style chopper à moteur Harley-Davidson.

EENHOORN
1905-07 Le fabricant de bicyclettes Bingham & Co. de Rotterdam construit des motos à monocylindres et V-twins quatre temps de 3 ch, 3,5 ch, 4 ch et 6 ch.

EFA-SPEEDWELL Voir Wingwheel (p. 300).

ELAND
1951-59 Le fabricant de cycles Eland, de Delft, commence par produire des cycles équipés d'un moteur deux temps Victoria de 38 cm³ avant de construire des cyclos à moteurs deux temps Gasquy, Junior et Victoria de 49 cm³.

EML
1983- En 1972, Hennie Winkelhuis, de Neede, commence une production de side-cars de scramble sous la marque Eigen MakeLij. À partir de 1983, EML construit des attelages complets de tourisme et de sport avec cadres et suspensions de sa propre conception.

EMPO
1955 Sous la marque Empo-Carley, l'usine de bicyclettes Empo de Vorden vend une ingénieuse moto ultra-légère de 49 cm³ conçue par Joop Carley. Malgré sa conception de cyclo, elle est dépourvue de pédalier, donc classée comme moto. La faiblesse des ventes met vite fin à la production.
1961-71 Empo vend des cyclos produits par Cyrus sous son propre nom.

ENTROP
c.1909 Ce fabricant de cycles de Gravenmoer a construit quatre tricycles dotés de son propre monocylindre quatre temps.

ESMI
1955-56 Firme située à Stein ayant produit quelques cyclos à moteurs Ilo et Gasquy.

EYSINK
1901-56 En 1901, Eysink construit ses premières motos complètes à moteurs de 1 et 1,75 ch. Dans la gamme de 1905, on note une twin verticale de 453 cm³. La marque devient le principal producteur de

Batavus GS125 type ISDT 1971 à moteur Sachs 125 cm^3

motos hollandais. Elle produit des V-twins et des flat-twins avant de s'orienter vers les moteurs de provenance extérieure en commençant en 1926 par un modèle à moteur Villiers de 2 ch. Dans les années 30, elle utilise des moteurs New Hudson, JAP, Python, Villiers Ilo et Sachs. Après la Seconde Guerre mondiale, Eysink construit des motos légères à moteurs Villiers et Ilo, un scooter et plusieurs cyclos, mais l'usine ferme ses portes en 1956. Dick Eysink, petit-fils du fondateur, poursuit alors une production de cyclos, d'abord sous la marque Renata (voir p. 300), puis sous son propre nom.

FAIR LADY
1967-68 Nom d'un cyclo à moteur Franco Morini vendu par l'importateur de cyclomoteurs et de motos R. S. Stokvis.

FAMA
1936-37 Willem Gerth & Zonen, d'Utrecht, commercialisent une moto à moteur Sachs de 100 cm^3 en grande partie fabriquée par la firme allemande Rixe. Elle est suivie par un modèle similaire à moteur Villiers de 122 cm^3.
1952 La firme revient sur le marché avec une bicyclette à moteur auxiliaire Victoria.

FLYTE
1968-70 La marque Flyte désigne un cyclo à moteur Sachs vendu par l'importateur de cyclos et de motos R. S. Stokvis.

FONGERS
c.1909 La Groninger Rijwielfabriek A. Fongers produit un certain nombre de motos à moteur FN.
1956-c.1976 La firme prend pied sur le marché du cyclomoteur avec un modèle à moteur deux temps Zündapp de 49,9 cm^3. En 1966, elle fusionne avec Phoenix et Germaan avant d'être rachetée plus tard par Batavus (voir p. 298).

GAZELLE
1903 La Gazelle Rijwielfabriek, de Dieren, présente une moto dotée d'un moteur belge Sarolea.
1931-76 La firme revient sur le marché avec des cycles équipés de moteurs Ilo de 60 et 80 cm^3, suivis en 1934 de motos légères à moteurs Villiers de 148 cm^3 et Ilo de 146 cm^3. En 1956, fin de la production de motos au profit de cyclos équipés de moteurs FBM, Ilo, Sachs et Anker-Laura.

GEDO
1954-57 la firme de F. GEerts, de DOkkum, produit quelques cyclos à moteur deux temps Victoria M51.

GERMAAN
1935-69 Germaan construit des motos légères de petites cylindrées à moteurs Villiers, Ilo et Sachs. À la fin des années 50, la production de motos est arrêtée au profit des cyclomoteurs. À partir de 1955, sous licence, la marque produit le cyclo allemand Achilles Capri équipé d'un moteur Sachs, qu'elle vend sous la marque Germaan Capri. En 1966, fusion avec Phoenix et Fongers pour produire des cyclos à moteur Sachs.

GMF
1952-58 La Gelderse Motoren Fabriek, à Vaseveld, puis à Rijssen, produit un cyclo doté de son propre moteur de 45 cm^3, puis de moteurs Zündapp.

HAM
1902-06 La Haarlemsche Automobielen Motorrijwielfabriek produit des motos de 2 ch à moteur Altena.

HERMES
1903 Le fabricant de cycles J. Baakman, d'Assen, annonce des motos sous la marque Hermes qui sont probablement des machines belges Minerva ou Sarolea.

HERVO
1962-63 Production de quelques cyclos à moteurs saxonette et Sachs de 50 cm^3.

HINDE
1899 L'usine de bicyclettes De Hinde, d'Amsterdam, propose des moteurs auxiliaires de 2 ch ressemblant aux De Dion-Bouton.
1936 La firme de G. C. Schultze, d'Amsterdam, utilise la marque Hinde pour un cycle motorisé et deux motos légères à moteurs Ilo de 60, 100 et 120 cm^3.

HOENSON
1954-55 Après avoir construit des cyclos sous la marque Ranger (voir p. 300), la firme Internationale Motoren-en-Rijwielenfabriek de Schiedam, puis de Haarlem, construit des cyclos à moteurs Express et Myster et des motos allemandes Express à moteur Ilo sous la marque commerciale Hoenson.

HULSMANN
1939-55 Fabrique de bicyclettes de Schiedam produisant une gamme de motos légères à moteurs Villiers de 125 et 200 cm^3.

JAMATHI
1969-71 Production de cyclos sport et de quelques motos, tous équipés de moteurs Minarelli de 47,6 cm^3, mais à cylindres et culasses maison, par l'équipe qui avait produit et engagé avec succès les motos de course Jamathi de 50 cm^3.

JANSEN
1898-1903 La firme de B. A. Jansen, à Hertogenbosch, fabrique des tricycles animés par des moteurs De Dion-Bouton de 1,75 ch, puis, de 1901 à 1903, des motos à moteurs auxiliaires Minerva de 1,5 ch.

JONKER
1956-57 Jonker propose des deux-temps monocylindres de 197 cm^3 et des bicylindres de 244 cm^3 à moteur Ilo.

JUNCKER
1932-35 Fabrique de bicyclettes de Rotterdam qui construit des machines légères à moteurs Ilo et Villiers de 80, 98, 148 et 196 cm^3.
1961-63 Reprise de la production avec des cyclos à moteur Sachs de 50 cm^3.

KAPTEIN-MOBYLETTE
1949-70 Grâce à un accord avec Motobécane, Kaptein produit sous licence la Mobylette ainsi que des modèles à moteur Mobylette de sa propre conception.

KESTEIN
1935-36 Fabrique de cycles de Rotterdam qui construit des motos à moteur Villiers de 98 cm^3.

LIMO
1952-54 Limo propose un cycle à moteur deux temps Rex de 40 cm^3.

LLOYD
1930-31 Firme située à Zutphen, Lloyd annonce en 1930 son projet de construction d'une nouvelle usine afin de produire une moto à moteur DKW de 198 cm^3 avec cadre en tôle emboutie. Environ 700 machines sont partiellement produites avant l'abandon du projet au début de 1931.

LOCOMOTIEF
1952-66 Usine de cycles située à Amsterdam qui commence par produire des cycles équipés d'un moteur Berini de 32 cm^3 monté au-dessus de la roue avant. En 1956, début d'une production de cyclos à moteur Sachs.

MAGNEET
1953-début années 70 Fabricant de cycles de Weesp qui commence par produire des cyclos dotés de ses propres moteurs avant d'adopter bientôt des moteurs HMW et Sachs.

MAXWELL
1951-60 Fabricant de cycles d'Amsterdam qui commence par produire des cycles motorisés par des mini-moteurs montés au-dessus de la roue arrière, puis des cyclos à moteur HMW.

METZ
c.1922-24 Firme d'Amsterdam produisant des bicyclettes à moteurs et quelques motos complètes probablement à partir de composants provenant de fournisseurs extérieurs.

MEYER
1908 La firme de J. W. Meyer construit un prototype de moto doté d'une direction de type automobile et d'une luxueuse selle-fauteuil pour le conducteur. Le projet d'une production en série n'aboutit pas.

MEYER
1931-36 La firme Motormeyer d'Amsterdam, qui produit des pièces et des accessoires, vend des motos de 98 à 500 cm^3 sous les marques New Rapid, Meyer et None Better. Ces machines sont des importations rebaptisées, fabriquées par Wolf, Sun, Dunelt et AJW en Angleterre.

MM
1953 La firme Motormeyer d'Amsterdam expose au RAI Show un scooter disponible en 50 et 70 cm^3 sous la marque MM dont le slogan est « le scooter du peuple ». Il n'atteint pas la production en série.

MUSTANG
1953-54 Firme éphémère assemblant des cyclos dotés de moteurs Rex.

MZ
1952-54 La firme Automobielbedrijf de J. K. van der Molen, à Zand, produit un cyclo de 43 cm^3 aux allures de scooter à partir de parties-cycle et de moteurs fournis par la firme allemande Varel. Le cyclo, qui n'a pas de pédalier, n'est pas en conformité avec ce qu'exige la loi hollandaise à partir de 1953; la production MZ s'arrête donc. À partir de 1953, MZ importe l
e scooter allemand Varel qu'elle vend sous la marque Varelli.

NEW RAPID Voir Meyer (ci-dessus).

NONE BETTER Voir Meyer (ci-dessus).

OTTEN
1901-11 À Breda, production de motos en petit nombre, dont un modèle spécifique pour dames, équipé d'un moteur fabriqué par la firme.

PELIKAAN
1952-54 Nom donné aux cycles à moteur Victoria de 38 cm^3 produits par l'entreprise A. J. Wagelaar à Enschede.

PJK
1952-57 Cycles à moteur Victoria, puis cyclomoteurs construits par le fabricant de bicyclettes P. J. Kruse & Zonen à Rotterdam.

PLUVIER
1956 Après sa rupture avec l'entreprise de négoce Hart Nibbrig & Greeve, qui vendait les cyclos construits par Pluvier sous la marque Berini, la firme vend ses produits sous son propre nom. Un an après, l'usine reprend la marque Berini.

PON-LOHNMANN
1951-64 Fabricant de bicyclettes d'Amersfoort construisant des cycles à moteur Lohmann « Diesel ». Par la suite, il produit aussi un modèle à moteur Berini suivi par des cyclos Ponette à moteurs deux temps Mival et Pluvier.

PONETTE Voir Pon-Lohmann (ci-dessus).

POST
1953 La Rubicon Rijwiel-en Motorfabriek d'Apeldoorn expose un scooter à moteur deux temps de sa fabrication au RAI d'Amsterdam prévu en 49, 70 et 100 cm^3.

PRIMARIUS
1953-c.1955 Petit constructeur de cyclos à moteur Rex.

RANGER
1953-54 En 1953, l'Internationale Motoren-en Rijwielenfabriek de Schiedam commence par produire un cyclo à moteur deux temps maison bientôt remplacé par des moteurs Myster et Express. En 1954, la firme s'installe à Haarlem et la marque Ranger est abandonnée en faveur de Hoenson (voir p. 299).

RAP
1952-c.1970 Cyclos construits par l'importateur de motos et de cyclos et négociant R. S. Stokvis.

RENATA
1953-77 En 1952, Dick Eysink quitte l'usine de motos Eysink (voir p. 298) d'Amersfoort et fonde sa propre entreprise dans le village de Soest. Les premiers modèles sont des tandems motorisés animés par des moteurs Victoria Vicky montés contre la roue arrière. Les droits d'exploitation de la marque Eysink appartenant à l'usine d'Amersfoort, Dick Eysink utilise la marque Renata. En 1955, production de vrais cyclomoteurs à moteur Victoria M50. En 1958, Eysink, qui obtient le droit d'utiliser son propre nom de famille pour ses productions, abandonne la marque Renata.

RIJWIELSOLEX
1948-69 La société Van der Heem, de La Haye, construit le Vélosolex français sous licence sous la marque Rijwielsolex, puis enfin Solex tout court. Jusqu'en 1966, la machine est totalement produite en Hollande, puis le moteur seul, la partie-cycle étant importée de France.

ROLEMO
1955-56 Au cours de sa brève existence, la firme de Zwolle construit des motos légères et des cyclos dotés de ses propres moteurs.

ROND-SACHS
1971-77 L'ancien pilote de scramble Gerard Rond construit des machines de cross à moteurs Sachs de 49 et 123 cm^3.

SIMPLEX
1902-68 Fabricant de bicyclettes qui utilise d'abord des moteurs Minerva, Fafnir et MAG. À partir des années 20, la firme produit une gamme de machines de 98 à 499 cm^3 à moteurs Blackburne, Bradshaw, Villiers et Sachs. Après la Seconde Guerre mondiale, la firme privilégie les cyclomoteurs.

SINAMEC
1950-51 La société Mechaninca de Delft développe un moteur-moyeu deux temps à transmission par planétaires montable dans la roue avant d'une bicyclette. Un an après le décès du commanditaire, la production du Sinamec est arrêtée.

SPARTA
1931- La firme de bicyclettes Sparta d'Apeldoorn commence par proposer un cycle à moteur deux temps Sachs de 100 cm^3, suivi bientôt de motos légères à moteurs sachs, Villiers et Ilo de 98 et 198 cm^3. Après la guerre, des modèles à moteur Victoria jusqu'à 250 cm^3 sont ajoutés à la gamme, mais la production des motos est arrêtée en 1961. À partir de 1952, Sparta construit aussi des cyclos à moteur Sachs. Si cette production est arrêtée en 1982, Sparta présente peu après la Spartamet, une bicyclette équipée d'un moteur de 30 cm^3 dans le moyeu arrière (développé par Sachs pour Sparta) toujours en production en 1995.

SUCCESS
1904-c.1914 Sous la marque Success, la firme de Klaas Baving, de Zwolle, construit des motos de sa propre conception dotées de moteurs Fafnir.

TURNER
1952-54 Cycles à moteur Victoria de 38 cm^3 produits par le fabricant de bicyclettes Meerkerk d'Alkmaar.

TYPHOON
1952-68 Firme appartenant à A. Knibbe située à Amersfoort qui commence par produire des bicyclettes à cadre renforcé animées par des moteurs Mosquito, puis de véritables cyclos utilisant, entre autres, des moteurs belges Claeys. Par la suite, elle importe le cyclo italien Giulietta qu'elle commercialise sous la marque Typhoon.

UNION
1951-57 La NV Union Rijwiel Fabriek, située à Den Hulst, construit des cycles à moteur Victoria de 38 cm^3. À partir de 1955, elle produit des cyclos allemands Achilles Capri à moteur Ilo et, par la suite, des cyclos à moteur deux temps Sachs.

VELENZO
1955- Fabricant de cycles d'Amsterdam qui produit des moteurs Myster de 1,8 ch.

VESTING
1955-59 Fabricant de cycles de Haarlem qui produit des cyclos à moteurs HMW et Demm.

VIERKLEUR
1904-06 Le fabricant de bicyclettes Vierkleur de La Haye commercialise des motos Altena (voir p. 298) sous son propre nom. La disparition d'Altena entraîne celle des motos Vierkleur.

VULKAAN
1911-17 Ce fabricant de cycles de Venray produit des motos à moteurs monocylindres et V-twins latéraux Zedel. La production est arrêtée lorsque la Première Guerre mondiale interrompt les livraisons de moteurs Zedel, la firme se tournant alors vers l'importation des motos Dayton, Cleveland et Cedos.

WABO
1955-57 La société WAgenBOuw, d'Amsterdam, produit quelques scooters équipés de moteurs Villiers de 98 et 147 cm^3.

WILHELMINA
1914 Un des plus anciens constructeurs de bicyclettes de Hollande, cette firme produit une moto dotée d'un monocylindre Precision Junior de 2,5 ch. La guerre de 1914 met fin à la production.

WINGWHEEL
1950-52 Développé et présenté en 1948 d'abord sous l'appellation Efa-Speedwheel par la société Efa-Produka d'Amsterdam, ce moteur deux temps de 38 cm^3, placé dans le moyeu d'une roue avant de bicyclette, est par la suite construit par le fabricant de moteurs Kromhout et vendu sous la marque Wingwheel.

République tchèque et Slovaquie

ACHILLES
1906-12 Fabricant de cycles qui produit des motos à moteurs monocylindres et V-twins de provenance extérieure. La firme se réinstalle en Allemagne et produit brièvement des motos légères après la Seconde Guerre mondiale.

AEROS
1927-29 Motos produites en Bohême utilisant des moteurs monocylindres de 347 et 497 cm^3 à arbre à cames en tête dans des parties-cycle à cadre en berceau d'inspiration BMW avec fourche avant à lames de ressort et roue tirée.

BAF
1927-30 Motos produites par B. A. Frisek à Prague avec des moteurs deux temps Bekamo et des quatre-temps monocylindres fournis par Kühne et Chaise.

BARRY
1932-39 La firme commence par produire des motos de course à moteur à soupapes en tête de 250 cm^3, puis une simple machine légère à moteur deux temps de 98 cm^3 introduite juste avant la Seconde Guerre mondiale.

BD
1927-29 Motos construites par Breitfeld-Danek et conçues par J. F. Koch avec un monocylindre à bloc-moteur à arbre à cames en tête de 490 cm^3. La société est rachetée par Praga (voir p. 302) en 1929.

BEKAMO
1925-30 Filiale des usines allemandes Bekamo qui poursuit la production à Rumburg, en Tchécoslovaquie, lorsque la production est arrêtée à Berlin. Elle fabrique des deux-temps perfectionnées de 173 cm^3 à piston-pompe dans le carter pour augmenter le rendement.

BÖHMERLAND p. 33
1925-39 La curieuse Böhmerland est conçue et construite par Albin Liebisch, qui utilise un monocylindre à culbuteurs de 598 cm^3 monté dans un cadre à grand empattement. Production aussi de motos de course plus conventionnelles à empattement court. Le modèle évolue peu pendant les quatorze ans de production.

CAS
1921-24 CAS construit des motos légères et un scooter à petites roues à cadre tubulaire dont le moteur est placé au-dessus de la roue arrière. Moteurs à deux et quatre temps.

CZ p. 45
1932 Ce fabricant d'armes construit ses premières bicyclettes motorisées en utilisant un moteur deux temps monté sur la fourche avant. Une moto de 76 cm^3 plus conventionnelle apparaît en 1933, suivie par une gamme de deux-temps de 98 à 496 cm^3. La production est reprise en 1946.
1949 CZ est associée à Jawa (voir ci-dessous) dans le cadre de la nationalisation de l'industrie de la moto. Les modèles CZ sont des deux-temps de 125 à 250 cm^3. Le scooter Cezeta apparaît en 1959. À partir de la fin des années 50, construction de machines de circuit à arbre à cames en tête de 125 à 250 cm^3, mais CZ obtient de grands succès avec ses machines de cross qui remportent des Championnats du monde dans les années 60 tout en restant compétitive au cours de la décennie suivante.
1993 À la suite des bouleversements politiques en Tchécoslovaquie, la firme italienne Cagiva achète 51 % du capital.

EISLER
1920-26 Eisler fabrique un moteur auxiliaire de 148 cm^3 monté au-dessus de la roue arrière.

ESO p. 57
1949-66 Fondée par l'ancien champion Jaroslav Simandl dans le but de produire des machines de compétition, la firme construit des monocylindres à culbuteurs avec bloc-moteur de 248 à 499 cm^3 ainsi que des moteurs de 499 cm^3 pour le speedway. ESO est déjà nationalisée au moment de sa fusion avec Jawa.

GRIZZLY
1925-32 Construction au début d'une deux-temps de 246 cm^3 à cadre tubulaire d'aspect conventionnel dont les versions ultérieures sont offertes avec des moteurs quatre temps MAG de 350 cm^3.

HURIKAN
1947-49 Production très limitée de monocylindres à moteur de 247 cm^3 avec arbre à cames en tête.

ITAR
1921-30 Construction de flat-twins longitudinaux de 706 puis 746 cm^3 à soupapes latérales conçues pour usage militaire. Les modèles ultérieurs utilisent aussi des moteurs JAP latéraux et culbutés de 346 et 490 cm^3.

JAWA p. 111
1929 F. Janacek rachète les droits de fabrication de la monocylindre Wanderer à culbuteurs de 498 cm^3 et à transmission par arbre lorsque la firme allemande disparaît (voir p. 250). La machine est rebaptisée JAnacek-WAnderer avant d'être abrégée en Jawa. Ce modèle, peu apprécié, est remplacé par des modèles légers propulsés par des moteurs deux temps Villiers de 175 cm^3 en 1932. La cylindrée des deux-temps est portée à 250 cm^3 tandis qu'une monocylindre à quatre temps de 346 cm^3 est construite. Apparition en 1937 d'une moto légère de 98 cm^3 appelée la Robot.
1945 Des monocylindres deux temps de 250 cm^3 et des twins deux temps de 350 cm^3 apparaissent. En 1949, la firme est associée à CZ et, en 1951, produit de nouvelles twins 500 cm^3 à arbre à cames en tête.
1966 Les machines de speedway ESO sont rebaptisées Jawa. La production des routières est toujours concentrée sur les twins à moteurs deux temps de 350 cm^3 et les cyclos.

JELINEK
1904-c.1907 Construites à Prague, les motos Jelinek utilisent des moteurs monocylindres et V-twins fournis par Minerva, Orion et Fafnir.

JFK
1923-26 J. F. Koch construit une monocylindre perfectionnée de 348 cm^3 à arbre à cames en tête avant de travailler par la suite avec BD, Praga et CZ.

KILEAR
1924-26 Moto orthodoxe à moteur monocylindre deux temps de 250 cm^3.

KOHOUT
1904-06 Kohout monte des moteurs Minerva et Fafnir dans des cadres de bicyclette renforcés.

LAURIN & KLEMENT p. 120
1899-1908 Située dans l'ancien empire austro-hongrois, Laurin et Klement est une firme pionnière prospère qui produit ses propres moteurs monocylindres, V-twins et quatre cylindres en ligne. Ce sont peut-être les premières motos qui utilisent l'allumage par magnéto. Certains modèles sont vendus sous les marques Republic et Slavia. La firme est à l'origine de la société Skoda actuelle.

LINSER
1902-12 La firme commence par produire des machines de qualité sous la marque Zeus. Les moteurs Linser possèdent des soupapes commandées, un allumage par magnéto, un carburateur à pulvérisation et des ailettes sur les cylindres. Par la suite, production de V-twins perfectionnés.

MANET
1948-67 Intégrée à l'industrie motocycliste tchécoslovaque alors nationalisée, Manet construit une moto de 89 cm^3 avec moteur deux temps deux cylindres à chambre commune avant de passer à la production de scooters.

MAT
1929-30 Production limitée de machines à quatre cylindres en carré à soupapes latérales de 498 cm^3 avec arbre de transmission construites à Prague par Milos Bondy, ancien constructeur des motos MB.

MB
1927-28 Monocylindre à quatre temps de 500 cm^3 à soupapes rotatives construite à Prague par Milos Bondy qui construit ensuite les motos MAT.

MC
1924-27 Moto à moteur V-twin de 1 000 cm^3 à soupapes latérales conçue pour être attelée à un side-car.

L'ingénieur George Patchett et une moto de course Jawa 500 cm^3 de 1931

METEOR
1909-26 Construction à Prague de moteurs auxiliaires monocylindres deux temps de 147 à 169 cm³ avant la production d'une machine complète à cadre ouvert.

NECO
1923-27 Cette firme utilise des moteurs JAP monocylindres latéraux et à culbuteurs.

NOVICUM
1904-08 Motos, construites à Prague, à moteurs monocylindres et V-twins fournis par Fafnir, Peugeot, Minerva et autres.

OGAR
1934-50 Machek & Spol, de Prague, construit des monocylindres deux temps de 198 et 246 cm³. En 1945, Ogar est intégrée à l'industrie motocycliste nationalisée et la marque est attachée brièvement à une twin deux temps de 346 cm³ conçue par Jawa.

ORION
1902-33 Vilém Michl des monocylindres et des V-twins dotées de ses propres moteurs ainsi que des machines de course à moteur V-twin à 90°. Après la guerre mondiale, la firme construit des deux-temps dont une bicylindre de 594 cm³. À partir de 1927, elle produit des monocylindres latéraux à culbuteurs de 496 et 598 cm³.

PENTA
1992-94 Penta est créée par la famille Janoska. La firme fabrique une trail de 125 cm³ à refroidissement par liquide, mais la production est brève.

PERUN
1904-24 Motos construites par F. et J. Zdarsky, vendues aussi sous la marque Vulkan, utilisant des moteurs extérieurs monocylindres et V-twins, en production limitée. Après la guerre mondiale, Perun fabrique des moteurs auxiliaires.

POUSKA
1924-34 Motos classiques à moteur Villiers construites à Prague.

PRAGA
1929-33 Constructeur automobile qui reprend la production des motos BD conçues par J. F. Koch et dotées d'un brillant monocylindre à deux arbres à cames en tête de 499 cm³. En 1932, apparition d'un modèle de 346 cm³ à arbre de transmission et cadre en tôle emboutie. Production limitée.

PREMIER
1913-33 La firme britannique Premier fonde une filiale en Allemagne en 1910, puis la transfère en Tchécoslovaquie en 1913. Les premières machines sont des monocylindres latérales de 346 cm³ semblables au type anglais : des deux-temps de 269 cm³ inspirées par la Triumph Junior. Les modèles ultérieurs utilisent des monocylindres et des V-twins à quatre temps JAP de la marque.

REPUBLIC
1899-1908 Appellation provocante utilisée sur quelques machines construites par Laurin & Klement (voir p. 301) au temps de l'empire austro-hongrois.

R & K
1924-26 Machines légères construites à Prague dotées de deux temps Villiers.

ROESSLER & JAUERNIG
1902-07 Firme de Bohême qui monte ses propres moteurs monocylindres et V-twins dans des cadres très avancés dotés de suspensions. En 1905, elle adopte les soupapes d'admission commandées et l'allumage par magnéto.

RULLIERS
1924-29 Machines conventionnelles à moteurs Villiers construites à Prague.

SAGITTA
1928-30 Production éphémère de motos à moteur Villiers de 247 cm³.

SATAN
1929 Cette marque utilise ses propres monocylindres latéraux inclinés 550 cm³.

S-FORTIS
1929-31 Production de monocylindres de 598 cm³ à moteur Sarolea.

SIROCCO
1925-28 Machines orthodoxes à moteurs Villiers de 147 à 348 cm³.

SKO
1924-26 Motos deux temps de 348 cm³ construites à Prague.

SLAVIA
1899-1908 Marque utilisée sur quelques motos fabriquées par Laurin & Klement.

Moto Penta Aqua Fifty 1994 à moteur italien Franco Morini

STADION
1958-66 Branche de l'industrie nationalisée fabriquant les cyclomoteurs.

TERROT
1933-35 Moto française Terrot de 350 cm³ à soupapes latérales fabriquée sous licence.

TORPEDO
1903-c.1912 Fabrication de monocylindres et de V-twins dotées de moteurs semi-culbutés de 3,5 à 8 ch.

TRIPOL
1925-26 Usine de bicyclettes qui produit brièvement des motos dotées de deux-temps Villiers de 246 cm³.

VELAMOS
1927-30 Firme utilisant ses propres moteurs deux temps de 250 à 500 cm³. Machines construites par Gustav Heinz, producteur de la Sirocco.

VELOX
1923-26 Machines légères équipées de moteurs deux temps Villiers et Bekamo de 123 à 174 cm³.

VULKAN Voir Perun (plus haut).

WALTER
1900 Fabricant de bicyclettes devenu constructeur de motos, Josef Walter commence par fabriquer des machines à courroie et moteur monocylindre de 346 cm³ avec soupape d'admission automatique. Apparition en 1905 d'une V-twin de 751 cm³. Adoption de la transmission par chaîne en 1907.
1912 Arrêt de la production motocycliste en faveur de l'automobile. Josef Walter cède sa firme. Son fils Jaroslav travaille comme concepteur pour CZ.
c.1923 Production d'une V-twin à moteur transversal avec culbuteurs de 746 cm³ à chaîne.
1927 La production automobile arrête encore la construction motocycliste.

WEBER & REICHMANN
1923-26 Construction de motos à moteurs DKW de 142 et 172 cm³.

ZEUS
1902-06 Nom de marque utilisé sur les premières motos Linser (voir p. 301).

Productions non confirmées

Bezdez *1923-26*
Brilant-Alcyon *1932*
GH *1924-25*
Jules *1929-34*
Koch *1934-35*
Peta *1921-24*
Radvan *1924-26*
Wagner *1930-35*

Pologne

JUNAK
1956-64 Motos monocylindres à culbuteurs de 247 et 347 cm³ produites par SFM (voir ci-dessous).

KOMAR
c.1958-68 Marque utilisée sur des cyclomoteurs produits par ZZR (voir à droite).

MOY
1937-40 Machines deux temps de 172 cm³ avec cadres à poutre en tôle emboutie.

OSA
1958- Marque désignant des scooters produits par l'industrie motocycliste polonaise nationalisée. Osa utilise des moteurs monocylindres deux temps refroidis par air forcé de 123 et 173 cm³. Les fourches à roue tirée sont dissimulées par des carénages de forme bulbeuse. Les versions compétition des motos Osa remportent des médailles d'or aux ISDT.

PROMOT
c.1968-73 Machines de compétition tout-terrain produites en nombre limité et dotées de moteurs Puch 123 cm³.

PZI
1936-37 Production limitée de monocylindres 600 cm³ et de V-twins de 1 200 cm³.

SARENKA
c.années 60 L'usine WSK (voir à droite) construit des machines à moteur deux temps de 125 cm³.

SFM
1956-64 La Stettinska Fabrika Motocyklova, implantée à Stettin, est intégrée à l'industrie motocycliste polonaise nationalisée. Stettin est une ancienne ville allemande, siège des marques Alba, Hermes, etc. dans les années 20. SFM construit des monocylindres à culbuteurs de 247 et 347 cm³ utilisées avec succès en compétition tout-terrain. La marque Junak est également utilisée (voir ci-dessus).

SHL
1935- SHL est la seule marque issue de l'industrie motocycliste polonaise d'avant-guerre ayant survécu à la nationalisation. Ses machines sont équipées initialement de moteurs Villiers, mais, après la guerre, la firme utilise ses propres deux-temps de 125 et 175 cm³.

SM
1935 SM produit en nombre limité des motos monocylindres équipées de moteurs à culbuteurs de 350 cm³ avec arbre de transmission.

SOKOL
1936-39 Construction de V-twins inspirées par les motos Harley-Davidson dotées de moteurs latéraux de 995 cm³ et de quelques organes d'origine britannique. La majeure partie de la production est livrée aux militaires.

WFM
1947- Motos typiquement est-européennes de 123 à 173 cm³ produites par la société nationale Warszawska fabrika Motocyklova qui fabrique aussi les scooters Osa (voir à gauche).

WSK
1946- Machines deux temps est-européennes entre 123 et 240 cm³ inspirées par les DKW (voir p. 236).

ZZR
c.1960 ZZR, branche cyclomoteurs de l'industrie de la moto nationalisée polonaise, produit la gamme des cyclomoteurs Komar (voir à gauche).

Production non confirmée

LOT *1937*

Hongrie

CSEPEL
1951-75 Usine d'État produisant des scooters et des motos deux temps exportées en nombre limité vers l'Ouest. Comme dans le cas d'autres usines d'Europe de l'Est, différentes marques sont employées à différentes époques : Pannonia, Danuvia, Tünde et Panni (voir ci-dessous).

DANUVIA
c.1955-63 Motos monocylindres deux temps produites en masse par l'industrie motocycliste nationalisée. Voir Csepel.

MATRA
c.1938-47 Motos construites à Budapest avec des moteurs deux temps Sachs et Ilo de 100 et 200 cm³.

MERAY
c.1921-44 Motos construites à Budapest et dotées de moteurs de provenances diverses dont des JAP monocylindres à soupapes en tête. La firme produit ensuite ses propres moteurs.

PANNI
c.1959-62 Scooters à moteur deux temps de 48 cm³ construits par l'usine nationale Csepel (voir ci-dessus).

PANNONIA
1951-75 Machines à moteur deux temps de 250 cm³ construites par l'usine nationale Csepel (voir ci-dessus). Les premiers modèles sont des monocylindres suivis, en 1967, d'une twin deux temps de 246 cm³.

TUNDE
c.1959-72 L'usine nationalisée Csepel (voir ci-dessus) fabrique ces scooters de 174 cm³.

Productions non confirmées

BMG *c.1939-44*
Dorman *c.1920-37*
Emmag *c.1924-27*
FP *c.1924-25*
Nova *c.1925-28*

Bulgarie

BALKAN
1958-71 Firme qui produit initialement des deux-temps de 250 cm³ dérivées de la Jawa tchécoslovaque. Elle fabrique aussi des cyclos de petite cylindrée et des motos. La production des premiers survit à l'arrêt de la production des motos Balkan.

Roumanie

CARPATI
c.années 60 Fabricant de cyclomoteurs.

Slovénie

TOMOS
1954- La firme construit initialement des cyclomoteurs Puch sous licence, puis développe ses propres modèles en demeurant essentiellement producteur de cyclos. Petite production de motos de 90 et 175 cm³.

Production non confirmée

Ivo Lola Ribar *1956*

Une moto WSK 125 cm³ de 1967 dérivée de la DKW RT125 cm³ d'avant-guerre

Irlande

FAGAN
c.1935-37 Machines légères conventionnelles assemblées dans le comté de Dublin avec des moteurs Villiers de 122 cm³.

Suède

ALBIN-MONARK
1939-44 Les motos Albin-Monark sont construites pendant la Seconde Guerre mondiale pour l'armée suédoise. Elles sont assemblées par Monark sur plans Husqvarna. Les moteurs monocylindres à culbuteurs de 500 cm^3 sont construits par Albin, également sur plans Husqvarna. Ces moteurs constituent la base de plusieurs modèles suédois de machines de cross d'après-guerre, y compris les championnes du monde Monark, Husqvarna et Litos des années 50 et du début des années 60.

APOLLO
1937-57 Apollo commence une production motocycliste à Värnamo avec des motos légères à moteur Sachs de 98 cm^3. Pendant la Seconde Guerre mondiale, la firme utilise des moteurs deux temps Husqvarna, Zündapp et Ilo de 98 à 198 cm^3. Apollo est cédée à NV (voir à droite) en 1957 et entre dans le groupe MCB en 1960.

COLIBRI
1919-23 Colibri commence par produire des moteurs auxiliaires quatre temps adaptables sur bicyclettes avant de développer une moto complète appelée Furir. À partir de 1921, elle produit une vraie moto dotée de son propre moteur bicylindre de 250 cm^3.

CRESCENT
1937-60 La marque Crescent désigne des motos légères à moteur Sachs de 98 cm^3 construites par Velociped AB Lindblads avant la Seconde Guerre mondiale.
1955-60 La marque est réintroduite par NV (voir plus bas) sur des motos à moteur deux temps. Construction aussi d'une machine de cross quatre temps à moteur Albin. En 1960, la marque est rachetée par MCB (voir plus bas).

DS
1922-27 Les premières motos construites par David Senning sont assemblées à partir d'organes de provenance extérieure, mais elles utilisent, à partir de 1924, leurs propres cadres forgés. Les moteurs sont surtout des V-twins MAG.

EBE
1918-29 La première moto EBE est une quatre-temps de 184 cm^3 suivie de monocylindres latérales de 498 et 598 cm^3. Une machine à moteur Villiers est introduite en 1925. Le dernier modèle est une quatre-temps de 172 cm^3 à moteur maison.

EIBER
1924-38 La première moto d'Eiberets : un prototype inspiré par les Harley-Davidson et destiné à l'armée suédoise. La firme produit aussi des quatre-temps de 193 et 246 cm^3 et fournit ces moteurs à NV. Dans les années 30, elle construit aussi des machines de compétition de 500 à 650 cm^3 à cames-plateaux. Eiber meurt en 1938.

ESSE
1920-c.1925 Avant d'adopter un nom plus célèbre, Monark construit une simple moto légère appelée l'Esse et dotée d'un moteur deux temps de 172 cm^3.

HÄGGLUND
1972-74 Hägglund, fournisseur de matériel militaire, développe une machine pour l'armée suédoise avec transmission automatique, suspension monobras et cadre en caisson. Rotax fournit le moteur deux temps de 345 cm^3. Production extrêmement limitée avant l'annulation de la commande.

HEDLUND
1955-87 Nils Hedlund fabrique les moteurs Albin utilisés avec succès sur les machines de cross suédoises de 500 cm^3 de la fin des années 50 et du début des années 60. Quelques machines de cross complètes sont produites sous appellation NH. Un moteur V-twin pour side-car de cross est produit à partir de 1975.

HUSABERG
1988- Firme fondée par d'anciens employés de Husqvarna après le transfert de la production de cette marque en Italie. Elle produit des machines de compétition spéciales tout-terrain très réussies. Les moteurs sont des monocylindres quatre temps de 350 et 510 cm^3.

HUSQVARNA pp. 98-99
1903 Fabricant de bicyclettes et d'armement montant des moteurs Moto-Rêve, NSU et FN sur ses premières machines avant de produire ses propres moteurs V-twins latéraux de 550 cm3 à partir de 1920. Utilisation également de monocylindres Sturmey-Archer et JAP de 250 à 500 cm^3 tandis que les moteurs de la marque croissent jusqu'à 1 000 cm^3. La production des grosses cylindrées, toujours réduite, s'achève en 1936.
1935 Construction de la première deux-temps, une 98 cm^3 à deux rapports, qui se vend bien. Après la Seconde Guerre mondiale, la cylindrée des deux-temps augmente et Husqvarna commence à développer des machines tout-terrain de compétition. Les seules quatre-temps produites sont des motos de cross à moteur Albin très réussies.
1986 La firme est rachetée par Cagiva (voir p. 254). Les dernières Husqvarna suédoises sont produites en 1987 avant transfert de la fabrication en Italie. Les machines de cross et d'enduro à deux et quatre temps sont toujours victorieuses en compétition.

LITO
1961-67 Lito construit en nombre limité des motos de cross de 500 cm^3 de haute qualité sur la base des Monark à moteur Albin. D'autres moteurs sont montés sur les dernières machines. La marque et son créateur disparaissent à l'occasion d'un contrôle fiscal.

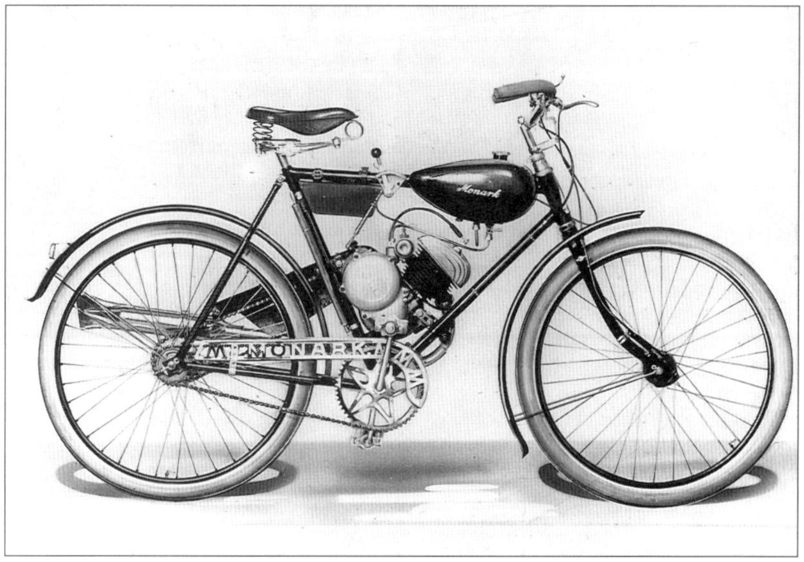

Monark 1936 à moteur auxiliaire Ilo monté dans un cadre de bicyclette

MCB
1960-75 Monark achète les marques Apollo et Crescent en prenant le contrôle de Nymans (NV). Le nouveau groupe est rebaptisé MCB pour Monark Crescent Bolagen. Voir Monark ci-dessous.

MONARK
1927 Monark construit sa première moto en 1913. À partir de 1920, des motos légères sortent sous la marque Esse (voir à gauche). L'appellation Monark est utilisée à partir de 1927. Les premières machines sont des monocylindres à moteurs Blackburne latéraux et culbutés de 250 à 600 cm^3.
1936 La production s'oriente vers des machines légères à moteur deux temps Ilo de 98 cm^3. Les modèles d'après-guerre utilisent des moteurs deux temps de 50 à 250 cm^3 fournis notamment par Ilo. Au début des années 50, Monark est le plus important constructeur de motos suédois. Une machine de scramble sous écusson Monark à moteur Albin remporte le Championnat du monde en 1959.
1960 Monark repend NV (voir ci-dessous) pour créer MCB. Les machines de production des années 60 et 70 sont des motos légères à moteurs deux temps Sachs et Franco Morini de 50 à 175 cm^3 comprenant des modèles tout-terrain.
1975 Arrêt de la production des motos.

NV
1926-1960 Nymans Verkstäder construit des machines efficaces à moteur Eiber à culbuteurs de 246 cm^3 jusqu'en 1932, date de l'arrêt de la production. À partir de 1936, la firme commence à utiliser des moteurs deux temps jusqu'à 123 cm3 provenant de Royal Enfield, Sachs et DKW. Elle développe aussi un V-twin de 1 000 cm^3 pour les militaires. Après la Seconde Guerre mondiale, la Royal Enfield Bullet est assemblée en Suède sous la marque NV. La firme contrôle aussi les marques Crescent et Apollo. Monark rachète la firme en 1960.

REX
1908-57 Firme réputée dans la production de bicyclettes qui utilise des moteurs Motosacoche sur ses premières machines. Une production propre commence en 1923 avec des moteurs deux temps Villiers et SA et des quatre-temps JAP de 350 à 500 cm^3. Au cours de la Seconde Guerre mondiale, une moto utilitaire à propulsion par batteries est mise en production. Après la guerre, adoption de moteurs Villiers et Sachs sur des machines légères.

SOK
1923-28 Construction en petite quantité de motos dérivées de la moto OK britannique d'où l'appellation SOK signifiant Svenska OK. La majorité des machines reçoit des moteurs Blackburne de 350 cm^3.

SUECIA
1927-39 Les motos Suecia sont construites dans l'ancienne usine Eiber avec des moteurs de 250 à 750 cm^3 en provenance de chez MAG, Blackburne et JAP montés dans des parties-cycle conventionnelles.

TYPHOON
1947-54 Jusqu'en 1950, Typhoon produit une deux-temps de 210 cm^3 conçue par Folke Mannerstedt. La production repend en 1951 avec des moteurs Zündapp de 198 cm^3.

UNION
1949-51 Union résulte d'un partenariat suédo-norvégien, d'où son nom. La moto possède un monocylindre Albin à culbuteurs de 500 cm^3 monté dans un cadre conventionnel à suspension coulissante. La production n'atteint que quarante-deux exemplaires.

Norvège

STAFFETT
1953-63 Constructeur de cyclomoteurs.

TEMPO
1949- Construction de motos légères de 49 à 124 cm^3 équipées de moteurs fournis par CZ, Ilo, Villiers et Sachs. La firme continue la distribution de cyclomoteurs produits par d'autres constructeurs.

Danemark

ANGLO-DANE
c.1912-14 Machines assemblées à Copenhague à partir de composants d'origine britannique dont des moteurs JAP et Villiers.

ELLEHAM
1904-09 Machine à cadre ouvert type scooter construite à Copenhague par Christian Ellehammer. Le moteur Peugeot, installé verticalement sous la selle, entraîne la roue arrière par courroie.

JUERGENSEN
1904-14 Machines construites sous licence Humber (voir p. 221).

NIMBUS p. 141
1919 Fabricants d'aspirateurs, Fisker et Nielson lancent la production d'une machine moderne de 750 cm^3 à quatre cylindres en ligne avec distribution semi-culbutée, boîte à trois rapports et transmission par arbre. Le moteur est installé dans un cadre en tôle emboutie à l'intérieur duquel le réservoir est logé dans le tube supérieur de gros diamètre.
1928 La demande croissante d'aspirateurs entraîne l'interruption de la production motocycliste.
1934 Une nouvelle usine est installée et un nouveau modèle est lancé. La machine est toujours une quatre-cylindres en ligne de 750 cm^3 avec arbre de transmission, mais le moteur est désormais avec arbre à cames en tête et le cadre est différent. Le type survit sous cette forme pendant plus d'une vingtaine d'années en ne recevant que des modifications de détail.
1957 La demande en faveur des aspirateurs met encore un terme à la fabrication des motos qui n'a toujours pas repris.

Ex-U.R.S.S.

C-259
c.1961 est une machine de course à moteur bicylindre et deux ACT de 250 cm^3 rarement engagée hors de l'ancienne URSS. (Voir aussi S354/555).

COSSACK
c.1974 La marque Cossack désigne des modèles d'inspiration BMW avec arbre de transmission vendus à l'exportation et produits par les usines de Kiev et d'Irbit.

DNEPR
c.1974- Dnepr désigne à l'exportation des machines construites à l'usine de Kiev.

IRBIT
1940- Irbit est une des deux usines de l'ancienne URSS qui produisent des flat-twins à culbuteurs de 650 cm^3 avec arbre de transmission. L'usine est située près des montagnes de l'Oural et la marque Ural est utilisée sur certains marchés extérieurs à l'URSS.

IZH
1933- IZH, usine d'État située à Izhevsk, produit des monocylindres et des bicylindres deux temps de 350 cm^3. La monocylindre, introduite en 1946, découle initialement de la DKW NZ350 allemande. La twin est produite depuis 1961. Ces deux machines sont typiques des productions de l'Europe de l'Est. La monocylindre est appelée Planeta, la twin, Jupiter. Ces motos sont très peu exportées à l'Ouest.

JUPITER Voir IZH (ci-dessus).

KARPATY Voir L'vov (ci-dessous).

KIEV
1954- La Kiev est une autre moto soviétique dérivée du type BMW. Deux versions de cette flat-twin à arbre ont été produites. Un modèle 750 cm^3 à soupapes latérales, disponible avec marche arrière et side-car à roue motrice, est construit jusqu'en 1983. Une moto de 650 cm^3 à culbuteurs lancée en 1968 est toujours en production. Ces machines sont connues sur les marchés occidentaux sous les marques Dnepr, Cossack et Phoenix.

KOVROV
1946- Les premières Kovrov sont dérivées de la DKW RT125, mais la cylindrée de la version russe est rapidement portée à 175 cm^3. À partir de 1966, l'usine produit aussi la Voskhod. En 1965, l'usine développe une 250 cm^3 de cross, mais la production reste très faible.

KRASNY-OKTYABR
1931-43 Firme située à Leningrad produisant des deux-temps de 300 cm^3 souvent désignées modèles L-300.

L'VOV
c.1970- Usine fabriquant des motos légères et des cyclos de 49 cm^3 à L'vov, située près des Carpathes et de la frontière polonaise.

MINSK
1946- Minsk construit des monocylindres deux temps de 125 cm^3 copiées du type DKW RT125. Le modèle a été constamment modernisé et la production dépasse maintenant cinq millions d'exemplaires.

PLANETA
1946- Marque de la monocylindre produite à l'usine d'Izhevsk (voir IZH, à gauche).

PMZ
1932-39 Petite usine située à Podol'sk, près de Moscou, produisant une V-twin latérale de 750 cm^3 dérivée de la Harley-Davidson et une monocylindre 250 cm^3 dérivée de la BMW R22.

RIGA
c.1960- Fabrique de motos et de cyclos de 49 cm^3 située en Lettonie.

S-354/555
c.1957-64 Les motos S-354/555 sont des machines de course bicylindres de 350 et 500 cm^3 à deux ACT construites en nombre très limité. Elles sont très rarement engagées en dehors de l'Union soviétique.

TIZ-AM
1935-43 TIZ-AM produit à Taganrog des monocylindres latérales de 600 cm^3 dérivées d'un modèle BSA de 1931.

TULA
1957- Tula produit un scooter copié du modèle allemand Goggo à moteur Ilo de 197 cm^3 (voir p. 239). L'usine produit aussi un trois-roues utilitaire, puis, par la suite, une moto tout-terrain à pneus de gros diamètre utilisant le même moteur 200 cm^3 que le scooter.

URAL (Oural)
c.1976 Marque de modèles construits par l'usine d'Irbit.

VIATKA
1957-79 Viatka produit des copies du scooter Vespa en 150 puis 175 cm^3.

VOSKHOD
1966- Marque désignant les monocylindres deux temps construites à Kovrov.

VOSTOC
c.1964-65 Production limitée de machines de course à moteur quatre cylindres double arbre de 350 cm^3.

Un attelage typiquement russe avec un side-car attaché à une moto Irbit à moteur flat-twin

Inde

ALLWYN
c.1972-88 La firme nationalisée Andhra Pradesh Scooters, qui utilise la marque Allwyn, est une des nombreuses entreprises indiennes qui fabriquent des scooters type Lambretta de 125 à 200 cm^3 après le rachat de la firme Innocenti (voir Lambretta p. 259) par le gouvernement indien. En 1985, lancement d'un scooter Vespa de 100 cm^3, mais l'entreprise arrête ses activités peu après.

API LAMBRETTA
c.1965-88 Automobile Products of India se joint à la société Innocenti (voir Lambretta p. 259) avant l'arrêt de la fabrication des scooters Lambretta et en produit des versions 150 et 175 cm^3. Un pousse motorisé à trois roues est toujours en production en quantité limitée.

ATLAS
c.1975-90 Fabricant de cycles qui commence par produire des Vélosolex français sous licence remplacés en 1984 par un cyclo de 50 cm^3 plus conventionnel inspiré par la Mobylette française (voir p. 281) et appelé Atlas Speedomatic.

AVANTI
1982-93 Le fabricant de réfrigérateurs Kelvinator India produit une gamme de cyclos et un scooter de 150 cm^3 d'après des technologies acquises auprès de la firme italienne Agrati-Garelli (voir p. 252).

BAJAJ
1961- Ancien importateur en Inde de scooters et de tricycles Vespa, Bajaj implante très vite ses propres installations de fabrication. La production débute en 1961. Le modèle principal est la Vespa 150GS. L'association avec Piaggio s'achève en 1971 et la firme introduit plus tard ses propres modèles de scooters.
1980 Introduction d'une nouvelle machine à cadre ouvert et moteur deux temps de 49 cm^3 suivie de versions 80 et 100 cm^3.
1986 La collaboration avec Kawasaki se traduit par l'introduction de la Bajaj-Kawasaki KB100, suivie de diverses variantes. En 1990, introduction d'un cyclo conçu par Bajaj et modernisation de la gamme des scooters.
1995 Début de la production de la Kawasaki ZZ-R 250. La twin à deux ACT et refroidissement liquide est le fleuron de la gamme Bajaj. La production totale des cyclos, scooters et motos Bajaj dépasse le million d'unités en 1995.

BOND Voir BSA (ci-dessous).

BSA
c.1980-89 Firme située à Bangalore et autorisée à utiliser la marque BSA sans autre lien avec l'industrie britannique. Les machines sont des 50 cm^3 à suspension arrière monoshock et moteur Morini deux temps. Les versions compétition se montrent efficaces. La firme est rachetée par le producteur de thé Brooke Bond et les dernières versions sont produites sous la marque Bond.

CADI
c.1984-90 Cyclomoteurs à quatre temps produits par une firme pharmaceutique.

CHAMUNDI
1984-89 La firme Chamundi Mopeds produit des cyclomoteurs sous licence Peugeot. Le prix limite leur diffusion.

ELECTRO-ANIL
1983-89 Constructeur du cyclomoteur électrique Vidyut 24.

ENFIELD p. 57
1955- Le plus ancien constructeur de motos indien continue de produire des modèles dérivés du type Royal Enfield Bullet, lancé en Grande-Bretagne dès 1949. Les versions 346 et 499 cm^3 du traditionnel monocylindre à culbuteurs sont maintenant exportées dans le monde entier. Des machines deux temps de cylindrée inférieure sont introduites dans les années 60. Elles sont initialement propulsées par des moteurs conçus chez Villiers, mais à partir de 1982 on utilise des moteurs dérivés de types Zündapp. Les petits modèles n'ont jamais eu autant de succès que la Bullet.

Moto Yezdi 250 cm^3 des années 80 montrant son héritage Jawa

ESCORTS Voir Rajdoot (à droite).

GIRNAR
1974-91 Fondée initialement par le gouvernement de l'État de Gujarat pour produire un scooter inspiré de la Vespa, l'affaire est reprise en 1984 et des modèles retouchés sont introduits. Le lancement de la hideuse Narmada Fuji en 1990 a probablement hâté la fin de l'entreprise l'année suivante.

HERO
1978- Plus grand constructeur de bicyclettes du monde, Hero commence par produire des cyclomoteurs Peugeot sous licence. En 1985, il introduit une monocylindre à un ACT de 98 cm^3 conçue par Honda. Plus d'un million de ces machines ont été produites à ce jour (1996). En 1986, Hero achète les actifs de l'affaire autrichienne Puch et, deux ans après, lance une moto légère deux temps de 63 cm3 dérivée d'un type Puch et appelée Hero Puch. Ce modèle est suivi de variantes dont la Turbo Sport.

IDEAL-JAWA
1960-80 Constructeur d'une moto deux temps monocylindre de 250 cm^3 populaire dérivée d'un type Jawa. À la fin des années 60, production d'une machine à cadre ouvert de 60 cm^3 moins diffusée. À partir de 1980, la marque Yezdi (voir à droite) est adoptée, mais des versions révisées de la monocylindre 250 cm^3 produite depuis longtemps, y compris la Monarch et la Road King, demeurent en fabrication.

INDIA AUTOMOTIVES
c.1985- Production limitée de machines assemblées à partir d'organes de provenance extérieure, y compris des moteurs deux temps dérivés des Zündapp produits par Enfield.

KGP
c.1972-85 Située à Kolhapur, KGP produit des cyclos à moteur deux temps à partir de modèles achetés à Innocenti (voir Lambretta p. 259) en 1972.

KINETIC
1972- Kinetic Engineering Ltd produit la Vespa Ciao sous licence en utilisant l'appellation Luna. Le succès est énorme. La firme introduit une gamme de cyclos et de scooters à moteur deux temps inspirés par les groupes Minarelli et Franco Morini.

LML
1982- Affaire en partenariat entre India Machines Ltd de Kaipur et le constructeur de scooters italien Piaggio (voir p. 264) qui souhaite s'implanter sur le marché indien. La société produit une gamme de dérivés de la Vespa.

PEARL
c.1960-67 Fabricant de machines textiles produisant un engin à cadre ouvert et moteur deux temps de 75 cm^3 en association avec Yamaha (voir p. 287).

RAJDOOT
1962- Produites par Escorts Ltd, les premières motos sont fabriquées à partir de technologies acquises auprès de la firme polonaise WFM (voir p. 303). Il s'agit de monocylindres deux temps de 175 cm^3 dérivées de la DKW RT125 d'avant-guerre. En 1983, la firme commence à construire sous licence la bicylindre deux temps Yamaha refroidie par air RD350 dont la production dure jusqu'en 1989. En 1985, une autre association avec Yamaha se traduit par la fabrication, par Rajdoot, de la Yamaha RXS 100.

SAUND
c.1962-88 La Saund Zweirad Union est associée à la Zweirad Union allemande (voir p. 251) auprès de laquelle elle acquiert les droits de fabrication du cyclo Victoria Vicky.

SIL
1978- Le gouvernement indien achète les outillages et les droits de fabrication du scooter italien Lambretta lorsque la firme italienne Innocenti arrête la fabrication du scooter en 1971. Scooters India Ltd est une des firmes indiennes qui fabriquent le scooter Lambretta. Les Lambretta SIL sont exportés dans le monde entier.

SUVEGA
c.1972-82 Modèles issus de la Mobylette française et produits par Mopeds India Ltd.

TVS
1976- La firme débute par la production des cyclos Batavus. À partir de 1983, elle est associée à Suzuki (initialement sous la raison sociale Ind-Suzuki) pour produire des motos légères deux temps de 98 cm^3 à partir des modèles Suzuki. En 1993, production d'un scooter de 60 cm^3 de conception totalement indienne, le TVS Scooty. Les cyclos TVS dominent le marché indien depuis 1992.

YEZDI
1980- Nouvelle appellation de la marque Ideal Jawa. La moto Jawa deux temps monocylindre de 250 cm^3, produite en 1960 en Inde, reste le type de base de toute la production. Des tentatives en vue de produire des monocylindres de 175 cm^3 et une twin de 350 cm^3 dérivée d'une Jawa n'ont pas eu le même succès.

Canada

ALOUETTE
1973-74 Motos légères type trail à moteur deux temps Sachs vendues par la firme de motos-neige Featherweight Corp. située à Montréal et disponibles en 100 et 125 cm³.

ALSPORT
1975 Motos type trail en versions route et tout-terrain équipées de moteurs deux temps de 80 et 100 cm³.

BOMBARDIER
1972-87 Bombardier, inventeur de la moto-neige moderne, groupe impliqué pour d'autres fabrications dans le domaine des moyens de transport, contrôle aussi le fabricant de moteurs autrichien Rotax. Les cyclos 50 cm³ et les motos sous écusson Bombardier, y compris la Puch Maxi, sont vendus par les concessionnaires Ski-Doo avant que la firme ne développe une moto militaire à moteur Rotax 250 cm³. Bombardier produit aussi les motos Can-Am (voir ci-dessous).

CAN-AM
1973-87 Machines tout-terrain de compétition produites par Bombardier. À l'origine elles utilisent des moteurs deux temps à disques rotatifs de 125 et 175 cm³, puis des deux-temps de 250 et 350 cm³, enfin des monocylindres quatre temps de 500 et 560 cm³. Tous les moteurs sont produits par la filiale Rotax de Bombardier en Autriche. Les machines Can-Am remportent de nombreuses victoires en cross et en enduro. Une routière bicylindre de 500 cm³ refroidie par eau est développée, mais les lois antipollution américaines interdisent sa fabrication. L'augmentation de la demande de motos-neige met un terme par la suite à la production des Can-Am.

CCM
1903-12 Canada Cycle and Motor, de Weston, dans l'Ontario, est un grand fabricant de bicyclettes. Ses premières motos utilisent des moteurs Fafnir de 3,5 ch. En 1907, le constructeur adopte les moteurs auxiliaires suisses Motosacoche montés sur de robustes cadres de bicyclette avec fourche suspendue.

EATON'S
c.1931 T. Eaton & Co. est une importante chaîne de grands magasins canadiens. Dans les années 30, elle distribue les moteurs auxiliaires Glider.
c.1955 Eaton's revient au marché du deux-roues avec un scooter CZ Cezeta (voir p. 301) rebaptisé Eatonia Road King.

ESSEX
c.1914 Moto à moteur flat-twin transversal de 1 000 cm³ avec direction à moyeu pivotant construite à Windsor, Ontario, par J. H. Hill. Le cadre tubulaire est ouvert et la transmission finale est à chaîne avec un embrayage dans le moyeu Eclipse. La production n'excède probablement pas cinq exemplaires.

PRO-AM
1973 Motos type trail à moteurs deux temps de 70 et 125 cm³ vendues sous cette marque par Auto Ski, de Levis, Québec. Le modèle 125 cm³ utilise un moteur Sachs.

QUEEN CITY
c.1903 Production d'une moto de 3,5 ch et d'un tandem de 5,5 ch par la Queen City Cycle Co. de Toronto. Le moteur est monté dans le tube de selle à la manière des Indian (voir p. 271). Les pièces moteur coulées sont apparemment fournies par la firme American Marsh.

Argentine

LUJAN
1946- Produit des motos sous les marques Puma, Lujancar et Cucciolo, surtout des petites cylindrées. Certains types, comme Malaguti, sont construits sous licence de constructeurs européens.

MOTO GELIS
c.1955-62 Machines légères de style italien dotées de moteurs Sachs 125 cm³ construits sous licence.

ZANELLA
1957- Constructeur de cyclomoteurs, de scooters et de motos légères. Les premières machines sont produites sous licence italienne Ceccato. À partir de 1960, Zanella construit complètement ses propres modèles. Associé à Yamaha dans les années 90, la firme construit la Yamaha DT175 en Argentine. Parmi les autres modèles, on note des deux-temps à air ou à eau jusqu'à 200 cm³ pour la route ou l'enduro.

Mexique

CARABELA
1964- Firme produisant une gamme de machines de 50 à 450 cm³ comprenant des bicylindres 350 cm³ Jawa sous licence, des routières et des tout-terrain à moteurs Minarelli de 49 et 172 cm³. Dans les années 70, les machines de cross sont exportées aux États-Unis.

ISLO
1958- Firme commençant par produire un engin hybride entre moto et scooter à moteur 175 cm³ utilisant des composants importés d'Italie dont le moteur deux temps. Ce type est suivi de machines plus conventionnelles de 49 et 175 cm³. La part de composants produits localement augmente avec les années et les moteurs Sachs de 48 à 248 cm³ sont fabriqués sous licence. Les motos de cross Islo sont vendues aux États-Unis dans les années 70 sous la marque Cooper.

Brésil

AMAZONAS
1978-90 La marque brésilienne Amazonas construit des machines énormes propulsées par le quatre-cylindres opposés à plat Volkswagen 1600 de la Coccinelle. Ces machines sont produites en versions civile, police et armée. Les Amazonas ont l'élégance et les performances d'une camionnette.

KAHENA
1992- Autre machine à moteur de Coccinelle, la Kahena est construite par un fabricant d'accessoires automobiles. Sa conception est plus compacte, plus raffinée que celle des premières Amazonas.

Australie

AUSSI-ALSO
1919-22 Construction à Carlton, Victoria, d'une monocylindre deux temps à boîte à deux rapports et arbre de transmission et d'une V-twin plus conventionnelle à culbuteurs. La deux-temps n'a peut-être pas dépassé le stade du prototype.

ELLIOT
c.1913-24 Machines orthodoxes construites dans le sud de l'Australie à partir de moteurs JAP quatre temps et de deux-temps Villiers.

GCS
1914-17 Cycles à cadre en losange et moteur JAP fabriqués par G. C. Stilwell.

GROWDEN
C.1904-07 G. Growden, de Port Pirie, fabrique de classiques motos à courroie.

HAVELOCK
c.1905-10 Machines construites à Hobarth, Tasmanie, à moteurs monocylindres et V-twins Sarolea et courroie finale.

HEALING
c.1903-18 Construites à Melbourne,

Moto Can-Am d'enduro 1976 à moteur deux temps Rotax de 175 cm³

les premières motos sont de typiques machines de pionnier. Après une interruption, construction de motos à courroie avec cadre en losange, certaines à moteur Precision. Utilisation également des marques Peerless et Big 4.

HERCULES
c.1920 Motos à moteur Coventry-Victor flat-twin. Utilisation possible de moteurs Precision et JAP.

KENT
1911-19 L. S. Eglington, d'Adelaïde, commence par construire un moteur doté d'un système à soupape d'échappement breveté, placé sur le cylindre et ouverte au point mort ; bas de la course de travail du piston. Construction également de motos complètes, certaines sous la marque Rova-Kent.

LENNOX
c.1912-18 Motos construites dans l'État de Victoria et dotées des monocylindres et des V-twins de la marque. Production très réduite.

LEWIS
c.1900-19 Fabricant de bicyclettes d'Adelaïde dont la première moto possède un moteur vertical monté derrière le tube de selle. Par la suite, utilisation de moteurs monocylindres et V-twins Minerva, Precision et probablement de la marque. Certains modèles sont des monocylindres refroidis par eau avec radiateur placé derrière la tête de direction.

LIBERTY
c.1903-16 Production à Melbourne de divers modèles à moteurs Moser, Peco et d'autres marques.

MAGNET
1902-c.1906 Les premières motos Magnet sont dotées d'un moteur incliné, placé auprès de la tête de direction d'une bicyclette avec transmission par courroie. Peu apres, adoption d'un cadre fermé avec renforts, le moteur entraînant la roue arrière au moyen d'une chaîne. Usine située à Melbourne.

MALVERN STAR
c.1938-52 Vélomoteurs dotés de moteurs Villiers de 98 cm³ fabriqués à Malvern, Victoria.

MONA
c.1915 Fabrication d'une flat-twin latérale de 4,5 ch avec courroie finale commercialisée par Quirk's Lighting and Engineering Co. de Melbourne.

PASCO
c.1919-22 Motos assemblées à Melbourne à partir de composants d'origine britannique dont des moteurs V-twins JAP.

QUIRKS Voir Mona (ci-dessus).

SWASTIKA
c.1913-22 Motos à moteur JAP assemblées à Adelaïde.

TILBROOK
1947-56 Rex Tilbrook fabrique des pièces détachées et des side-cars avant de construire une monocylindre deux temps de 250 cm³ conçue et fabriquée en cinquante-huit jours. Toutes les opérations sont effectuées sur son stand lors de la Foire nationale d'Adelaïde en 1947. Les versions de production utilisent des moteurs Villiers de 122 et 197 cm³ et des fourches avant à roue poussée, mais conservent le cadre tubulaire soudé du prototype.
La production s'élève à soixante machines dont quelques efficaces modèles de course.

VICTOR
c.1903-05 Motos équipées de moteurs Minerva puis, probablement, de moteurs JAP.

Productions non confirmées

Empire *c.1906*
Jolly Yorketown, SA *1907-09*
Mallee
The Ren *c.1921*
Stevens *c.1915*
Trescowthick *1904*
Warren
Whiting
Woolston *c.1905*
Wyatt-JAP Adelaide *c.1917-20*

Nouvelle-Zélande

BRITTEN
1988- Machines de compétition très élaborées construites en très petit nombre par John Britten. Le moteur V-twin à 60° de 986 cm³ possède quatre soupapes par cylindre et l'injection. Le moteur est un élément intégral d'une partie-cycle non conventionnelle comprenant de nombreuses pièces en fibre de carbone.

MAORI
1913-17 Développée par des Néo-Zélandais, mais construite en Angleterre, la Maori possède un moteur JAP de 292 cm³ et une transmission à courroie avec rapport variable. Un envoi de vingt machines destinées à la Nouvelle-Zélande est coulé pendant la guerre.

MOUNTAIN GOAT
c.1963-72 Production limitée de motos agricoles à moteur Suzuki de 80 cm³ puis à moteur Kawasaki de 120 cm³.

N-ZETA
1960-63 Motos Jawa et CZ assemblées en Nouvelle-Zélande, certaines portant la marque JNZ.

STEWART
1959-63 Scooters simplifiés dont les premiers modèles possèdent un moteur industriel adapté, puis un Villiers.

Afrique du Sud

PATRIOT
1994- Moto à moteur Rotax de 600 cm³ et cadre en tubes carrés. Production encore limitée, mais développement prévu.

Chine

DONGHAI
1978- Moto robuste à moteur bicylindre vertical de 745 cm³ destinée au side-car. Voir aussi Xingfu (à droite).

HONGDU
1965- Débute par la construction sous licence de la Yamaha YG1 de 80 cm³. Production en cours de machines légères Yamaha deux temps.

JIALING
c.1975 Motos de petites cylindrées fabriquées en partenariat avec Honda.

MIG
1971- Construit des modèles sous licence Honda, Suzuki et Kawasaki. Le plus gros modèle est une monocylindre quatre temps de 250 cm³. La firme fabrique également des scooters et des cyclomoteurs.

QUIN-QI
c.1975- Deux-temps de petites cylindrées fabriquées en partenariat avec Suzuki.

TIANJIN
1985- Après la cessation d'activité de la firme allemande Zündapp, en 1984, l'ensemble des actifs est racheté par les Chinois. La production des deux-temps de 80 à 125 cm³ commence en 1988.

XINGFU
1985- Construction d'un modèle de 125 cm³, conçu par Honda, et de monocylindres deux temps de 250 cm³. L'usine produit aussi la twin verticale 750 cm³ Donghai.

Corée du Sud

DAELIM
1962- Production de machines légères avant son association avec Honda en 1978. Les modèles récents sont fabriqués sous licence Honda ou conçus par la firme.

Taiwan

GEMINI
c.1970- Gemini fabrique des deux-temps légères sous licence Yamaha ainsi que des scooters et des trails.

PGO
1964- La firme commence par produire des motos sous la raison sociale Yeu Tyan Machinery Co. En 1972, introduction de scooters Vespa produits sous licence. Des accords avec Peugeot entraînent l'adoption des initiales PGO en 1978. La société fabrique actuellement des scooters et des motos 125 cm³ deux temps.

Israël

ZWI
c.1952-55 Machines légères à moteurs deux temps 125 cm³ Villiers et JAP.

Machine de course Britten à moteur V-twin 986 cm³ caché par ses échappements

Glossaire

Les mots en italique possèdent leur propre entrée

ACT Abréviation d'*arbre à cames en tête*.

alésage Valeur du diamètre du cylindre (souvent en mm).

allumeur Organe fournissant le courant aux bougies d'allumage à partir d'une batterie basse tension et d'une bobine transformatrice.

alternateur Générateur d'électricité fournissant du courant alternatif au moyen d'un rotor magnétique tournant à l'intérieur d'un stator formé par un enroulement de fil. Ce courant est redressé pour alimenter la batterie.

amortisseur Organe freinant mécaniquement ou hydrauliquement les mouvements des ressorts, de la direction ou adoucissant l'attaque de la transmission sur le *moyeu* de la roue.

arbre à cames Pièce rotative portant les *cames* qui commandent les *soupapes* et recevant son mouvement du *vilebrequin* par engrenages ou chaîne.

automatique (soupape) Soupape rappelée par un ressort très faible s'ouvrant sous l'effet de la dépression régnant dans le cylindre pendant l'aspiration (ou soupape atmosphérique).

auxiliaire Moteur de petite cylindrée adaptable sur bicyclette.

axe de piston Pièce d'acier portée par le piston sur laquelle s'articule le *pied de bielle*.

baignoire Carrosserie ou carénage intégral en forme de baignoire retournée, adoptée sur l'arrière de certains modèles Triumph en 1957 et abandonnée au début de 1960 (voir p. 184).

berceau Type de *cadre* formé de deux tubes cintrés passant sous le *bloc-moteur*.

bielle Organe reliant le *piston* au *vilebrequin*.

bloc-moteur Ensemble moteur-boîte de vitesses formant un seul organe (avec carter commun).

bobine Transformateur électrique donnant par induction un courant haute tension d'allumage. Constituée par deux enroulements concentriques de fils de diamètres différents.

bouclier ou **sabot** Plaque de protection fixée sous le bloc-moteur des machines tout-terrain pour éviter l'enfoncement dans le sol ou le heurt des rochers.

bras oscillant Élément articulé sur le cadre à une extrémité et portant la roue arrière et les organes de suspension. On distingue le monobras et la *fourche* oscillante.

cadre Structure rigide formant le châssis de base de la moto. Il peut être en tubes d'acier soudés, en tôle emboutie, en éléments tubulaires d'alliage léger soudés, extrudés ou coulés, en treillis tubulaire ou moulé en fibre de carbone. Le cadre peut être en losange (type bicyclette), fermé ou interrompu (avec moteur porteur), en *poutre* simple ou double, articulé ou *monocoque*.

calage Détermination, en fonction de la position du piston, du moment où doit se produire l'étincelle, l'ouverture ou la fermeture des *soupapes*.

came Pièce tournante excentrée transformant le mouvement de rotation en mouvement linéaire utilisée dans la commande des *soupapes*, des segments de frein et des *contacts d'allumage*.

came-escargot Came tournante en forme d'escargot servant à tendre la chaîne de transmission avec les suspensions *monobras*.

came-plateau Type de came dans lequel les parties excentrées sont usinées sur la face d'un disque rotatif.

capteur Système recueillant une information de fonctionnement (régime, température, pression, etc.) pour la transmettre à un récepteur (cadran, témoin, etc.).

carburateur Appareil mélangeant le carburant et l'air pour obtenir et doser en proportion et en quantité un gaz à combustion très rapide.

cardan ou **joint universel** Organe permettant de transmettre un mouvement de rotation entre deux arbres non alignés.

carénage Sorte de carrosserie en aluminium ou en plastique destinée à profiler aérodynamiquement la moto ou à améliorer le confort du pilote.

carré Moteur dont l'alésage est pratiquement égal à la course.

carter Pièce portant et protégeant un mécanisme travaillant sous lubrification.

ch Unité de puissance traduisant la puissance réelle du moteur en chevaux-vapeur (ou puissance au frein).

chambre commune Type de moteur deux temps à deux cylindres partageant une seule chambre de combustion.

clapet Organe ouvrant ou fermant un circuit de fluide, interdisant les retours. Utilisé notamment sur l'admission des deux-temps pour éviter l'inversion du flux de gaz frais au moment de la précompression.

collier (frein à) Type de frein primitif constitué par une bande souple serrée sur la périphérie d'une poulie solidaire de la roue.

compresseur Organe mécanique destiné à augmenter le remplissage d'un cylindre. Le turbo-compresseur est entraîné par les gaz d'échappement. Le compresseur volumétrique est entraîné mécaniquement par engrenages, courroie ou chaîne.

contacts d'allumage Interrupteur commandé par came et rappelé par un ressort coupant le circuit basse tension dans un *allumeur* et provoquant, par induction dans une *bobine*, un courant haute tension qui forme une étincelle à la bougie. Appelé aussi rupteur.

couple conique Paire de pignons orientés à 90° l'un de l'autre avec dents usinées à 45° par rapport à l'axe des pignons.

course Mesure (en mm) du déplacement du piston dans le cylindre entre les *points morts* haut et bas.

courroie Organe de transmission souple et silencieux en cuir ou en matière caoutchoutée ou synthétique très utilisé au début de la moto et sur les machines de petite puissance.

culasse Pièce intégrale ou rapportée fermant le cylindre, comportant la chambre de combustion et parfois les *soupapes*.

culbuteur Petit levier renvoyant sur la queue de *soupape* en tête le mouvement alternatif de la tige actionnée par la *came*.

cuve Petit réservoir attenant au *carburateur* dans lequel le niveau du carburant est contrôlé par un flotteur et un pointeau de fermeture.

CV Unité de puissance administrative ou chevaux fiscaux.

cyclomoteur Véhicule à deux roues motorisé, léger moins de 50 cm³ et muni d'un pédalier.

cylindrée Volume (exprimé en cm³ ou en l) déplacé par le ou les pistons d'un moteur et mesuré par l'*alésage* et la *course* multipliés par le nombre des cylindres.

desmodromique Système de commande ouvrant et fermant mécaniquement les *soupapes* sans rappel par ressort.

deux-temps Principe de fonctionnement selon lequel toutes les courses descendantes (une par tour) du piston sont motrices.

diesel Type de moteur à allumage par compression.

distributeur Organe électrique qui répartit le courant aux bougies, souvent intégré à la *magnéto* ou à l'*allumeur*.

distribution Détermination du moment optimum où les *soupapes* doivent s'ouvrir et se fermer en fonction de la position du piston (exprimée en mm) ou du *vilebrequin* (exprimée en degrés d'angle).

double arbre à cames Distribution par deux arbres à *cames* séparés, l'un pour l'admission, l'autre pour l'échappement, placés généralement au-dessus des *soupapes en tête*.

double came Type de frein dont chacune des deux mâchoires est commandée par une came.

duplex S'applique à des organes doubles tels qu'un cadre à deux tubes avant ou à une chaîne double (à deux rangées de rouleaux parallèles).

dynamo Appareil générateur de courant continu basse tension pour l'éclairage et l'allumage.

earles (fourche) Type de *fourche* avant comportant deux bras poussés horizontaux oscillants articulés et deux bras télescopiques, conçue par Ernie Earles.

embouti Pièce en tôle dont la forme est obtenue par pressage.

embrayage Organe placé entre le moteur et la transmission à la roue pour les désolidariser momentanément.

empattement Distance entre l'axe de la roue avant et l'axe de la roue arrière.

enduro Compétition de vitesse en tout-terrain et à longue distance.

en ligne Configuration d'un moteur multicylindrique dans lequel les cylindres sont disposés parallèlement dans le même plan.

en tête Désigne les *soupapes* placées dans le fond des culasses et ouvrant vers le bas ou les *arbres à cames* placés au-dessus des soupapes.

épicyclique ou épicycloïdal (engrenages) Train de *pignons* tournant à l'intérieur d'une couronne dentée et d'un pignon central appelé planétaire.

featherbed (cadre) Surnom signifiant, en anglais, lit de plume, inventé par le pilote d'usine Harold Daniell, désignant les cadres Norton conçus par les frères McCandless et introduits dans les années 50.

flexibilité variable Qualité d'une suspension qui s'affermit en fonction du débattement au moyen de ressorts à spires progressives ou d'une géométrie spécifique de la suspension.

FIM Fédération Internationale Motocycliste, organisme international réglementant le sport motocycliste.

flat-four Expression anglaise désignant couramment un moteur à quatre cylindres opposés horizontaux.

flat-twin Expression anglaise désignant couramment un moteur à deux cylindres opposés horizontaux.

folle (poulie) Poulie tournant librement et servant à tendre une courroie ou une chaîne.

fourche Pièce pivotante portant la roue avant directrice d'un cycle.

galet Pièce ronde calée sur le moteur et entraînant la roue par frottement.

hélicoïdale (denture) Dents d'engrenage taillées en spirale.

huile perdue (ou goutte à goutte) Système de graissage primitif dans lequel l'huile, sans être recyclée, s'écoule à l'extérieur de l'organe à lubrifier.

inversée *Fourche* télescopique dont les tubes plongeurs portent la roue et dont les fourreaux sont fixés sur les tés de direction.

ISDT Sigle d'une épreuve d'endurance britannique en tout-terrain : l'International Six Day Trial disputée sur six jours.

Isolastic Marque déposée d'un système de support-moteur à caoutchouc utilisé par Norton sur ses premières Commando.

JAP Initiales du constructeur de moteurs John A. Prestwich qui fonde sa firme en 1903 et que Villiers rachète en 1957.

Kevlar Marque déposée désignant une fibre aramide très résistante mécaniquement servant à fabriquer des structures creuses qui doivent présenter une grande solidité (casques, coques, etc.).

latérale (soupape) Emplacement de *soupape* sur le côté du cylindre.

losange Type de cadre tubulaire dérivé de celui des bicyclettes, en forme de losange, très courant avant 1939. Le moteur constitue parfois le côté inférieur.

lumière Orifice des passages de gaz d'un d'un moteur deux temps

MAG Initiales de Motosacoche Acacias Genève, constructeur suisse de moteurs réputés.

magnéto Organe générateur de courant haute tension fournissant des étincelles aux électrodes des bougies afin d'allumer le mélange carburé.

mégaphone Sortie d'échappement conique sans silencieux utilisée en compétition.

monocoque Structure-cadre creuse et rigide fabriquée en tôle emboutie soudée ou rivetée ou en fibres synthétiques. La coque peut aussi former le carénage ou intégrer des réservoirs de fluides (huile, essence, etc.). Ex. : scooter Vespa et moto Norton F750.

moto-cross Course sur circuit accidenté en tout-terrain. Appelée aussi scramble.

moto d'usine Machine de course construite et engagée officiellement par la marque.

moyeu Partie centrale entraînée ou non d'une roue ou d'un *pignon* tournant sur un axe.

multidisque Type d'embrayage constitué de plusieurs disques empilés sur le même arbre. Sa compacité favorise son emploi sur les motos.

MX Abréviation de motocross.

orifice Ouverture mettant le cylindre en communication avec l'extérieur.

parallélogramme (fourche à) Type de *fourche* comportant deux bras doubles articulés sur la tête de direction par un parallélogramme supérieur déformable avec élément élastique, amorti ou non, assurant la suspension.

partie-cycle Cadre assemblé comprenant les *fourches*, suspensions, freins, etc. à l'exception du bloc-moteur.

pied de bielle Partie de la bielle articulée sur l'*axe de piston*.

pignon Engrenage de petit diamètre.

pilote d'usine (ou officiel) Pilote de compétition au service exclusif d'un constructeur.

piston Organe cylindrique alternatif qui reçoit et transmet la poussée des gaz en expansion dans le cylindre.

piston-pompe Piston supplémentaire actionné par le *vilebrequin* d'un moteur *deux temps* et précomprimant davantage le mélange dans le carter avant le transfert dans le cylindre.

pivot (direction à) Type de direction comprenant un axe-pivot de type automobile généralement fixe autour duquel oscille le moyeu de la roue.

plongeur Système de suspension dans lequel les mouvements verticaux de la roue sont freinés par des ressorts placés de chaque côté de l'axe débattant. Désigne aussi les bras tubulaires de *fourche* télescopique coulissant dans les fourreaux.

poignées-bracelets Poignées montées sur les motos de course et fixées directement aux bras de fourche.

point mort haut (PMH) Position supérieure extrême du piston dans le cylindre.

point mort bas (PMB) Position inférieure extrême du piston dans le cylindre.

primaire (transmission) Système de transmission du couple moteur à la boîte de vitesses par chaîne ou engrenages.

poutre Cadre réduit à un seul élément tubulaire reliant la tête de direction à l'axe arrière et portant le moteur accroché au-dessous.

quatre-temps Principe de fonctionnement selon lequel une course descendante sur deux est motrice, l'autre assurant le remplissage du cylindre par aspiration.

rapport de compression Valeur géométrique exprimant le rapport entre le volume total du cylindre, *piston* au *point mort bas*, et de la chambre de combustion ainsi que le volume de celle-ci lorsque le piston est au *point mort haut*.

redresseur Organe électrique transformant le courant alternatif en courant continu.

ressort Élément déformable et élastique servant à la suspension et au rappel des soupapes. Le ressort peut être en acier (en fil enroulé en spirale ou à lames) ou en caoutchouc.

roue poussée Type de suspension avant dans lequel l'axe de la roue est monté à l'avant de deux biellettes articulées au bas des tubes de *fourche*.

roue tirée Type de suspension dans lequel l'axe de la roue avant est supporté à l'arrière de deux biellettes articulées au bas des tubes de *fourche*.

satellite *Pignon* tournant entre le planétaire et la couronne d'un train *épicycloïdal*.

scooter Deux-roues à caractère utilitaire à cadre ouvert.

secondaire (transmission) Système de transmission du couple moteur entre la boîte de vitesses et la roue motrice par chaîne, courroie ou arbre.

selle (réservoir en) Type de réservoir monté au-dessus du tube supérieur du *cadre*.

semi-culbuté Type de distribution comprenant des *soupapes* latérales (généralement d'échappement) et des soupapes en tête à culbuteur (généralement d'admission) ou *automatiques*.

servo Système amplificateur d'effort sur un mécanisme.

side-car Véhicule à trois roues constitué par une motocyclette complétée d'un panier latéral porté par une roue parfois motrice.

simplex Désigne un élément unique, généralement un *cadre* à un seul tube avant.

soupape Clapet alternatif ouvrant et fermant un conduit de gaz.

speedway Course de vitesse sur piste en cendrée, généralement courue par deux équipes de deux pilotes et par élimination.

super carré Moteur dont l'*alésage* est supérieur à la *course*.

télescopique (fourche) Système de suspension de la roue avant comportant par côté de la roue deux tubes coulissant l'un dans l'autre et des éléments élastiques (ressorts et amortisseurs hydrauliques).

tête de bielle Partie de la *bielle* articulée sur le *vilebrequin*.

tige-poussoir Tige d'acier ou de duralumin transmettant le mouvement de levée des *cames* aux *soupapes*.

trail Moto polyvalente utilisable sur route comme en tout-terrain.

train (de pignons) Ensemble de *pignons* calés sur le même arbre.

travaillant (élément) Partie structurelle soumise à des contraintes.

trials Compétition en tout-terrain comportant le franchissement d'obstacles naturels ou artificiels dans laquelle la vitesse n'est pas déterminante. Des points négatifs sanctionnent le pilote qui met pied à terre, sort de la zone tracée ou contourne une difficulté.

tricycle Véhicule à trois roues en triangle comprenant deux roues avant et une arrière ou deux roues arrière et une avant.

TT Initiales du Tourist Trophy, célèbre épreuve de vitesse sur route organisée dans l'île de Man (mer d'Irlande).

twin Mot anglais signifiant couramment bicylindre.

valve rotative (ou disque) *Soupape* tournante masquant ou démasquant les orifices d'admission et d'échappement d'un moteur *deux temps* à des moments très précis

vilebrequin Pièce en forme de manivelle transformant le mouvement alternatif du *piston* en mouvement de rotation.

vis et roue Ensemble d'engrenages formé par une vis sans fin et un *pignon* dont la rotation est perpendiculaire à celle de la vis.

volant Organe dont la masse en rotation régularise le fonctionnement d'un moteur, surtout s'il est monocylindrique.

V-twin Expression anglaise désignant couramment un moteur à deux cylindres en V.

Wankel (moteur) Moteur à piston rotatif à trois lobes tournant dans un carter de forme particulière formant des chambres de combustion.

Adresses utiles

APRILIA
Aprilia SpA
Via G. Galilei 1
30033 Noale
(VE) Italie

Aprilia France
Z.A. Central Parc
266, bd Robert-Bellanger
93421 Villepinte

BIMOTA
Bimota SpA
Via Giaccaglia 38
47037 Rimini
Italie

BMW
BMW Motorrad GmbH & Co.
Triebstr. 32
80993 München (Munich)
Allemagne

BMW France
78886 Saint-Quentin-en-Yvelines

CAGIVA / DUCATI / HUSQVARNA / MORINI
Cagiva Trading SpA
Via A Cavalieri Ducati 3
40132 Bologna
Italie

ENFIELD
Royal Enfield Motors
P.O. Box 5284
Thiruvottiyur
Madras
600019
Inde

MOTOGUZZI
S.D.M.
32, rue Paul-Éluard
93200 Saint-Denis

HARLEY-DAVIDSON
Harley-Davidson Intl
3700 Juneau Avenue
Milwaukee
Wisconsin 54320
États-Unis

Harley-Davidson GmbH
D-6082 Mörfelden
Starkenburgstrasse 14
Allemagne

HONDA
Honda France
B.P. 46
77312 Marne-la-Vallée

KAWASAKI
Kawasaki Heavy Industries
1-1 Kawasaki-cho
P.O. Box 16
Akashi
Japon

Kawasaki Motors
rue Marie-Curie
78312 Maurepas Cedex

KTM
Royal Moto France
B.P. 11
Rosières-près-Troyes
10800 Saint-Julien-les-Villas

MBK
Voir Yamaha

MZ/MUZ
Motorrad-und-Zweiradwerk GmbH
Postfach 70
Alte Mariengerger
Strasse 30-35
09401 Zschopau
Hohndorf
Allemagne

PEUGEOT
103, rue du 17-Novembre
25350 Mandeure

PIAGGIO VESPA
Piaggio Veicolo Europei SpA
Viale Rinaldo Piaggio 23
56025 Pontedera
Italie

Piaggio France
Tour Franklin
La Défense n° 8
92042 Paris La Défense

SUZUKI
Suzuki Motor Corporation
Hamamatsu-Nishi
P.O. Box 1 432–91
Hamamatsu
Japon

Suzuki France
8, avenue des Frères-Lumière
78190 Trappes

TRIUMPH
Triumph Motorcycles Ltd
Jacknell Road
Hinckley
Leicestershire
LE10 3BS
GB

Triumph S.A.
Espace Croissy
19, rue Georges-Bidault - BT G1
Croissy-Beaubourg
77437 Marne-la-Vallée

YAMAHA
Yamaha Motor Co. Ltd
2500 Shingai
Iwata-shi
Shizuoka-ken 438
Japon

Yamaha Motors France
5, avenue du Fief
95006 Cergy-Pontoise

Yamaha Motor Europe NV
P.O. Box 75033
117 ZN Schipol
Pays-Bas

Bibliographie

Raymond Ainscoe, *Gilera Road Racers,* Osprey, 1987
Ashby and Angier, *British Motorcycles,* Pentagon, 1950
Autoexport Round Up, V/O Autoexport, 1976
Hans Axelsson, *MC Fran Alla Tider,* Forlags AB Semic, 1981
Roy Bacon, *Military Motorcycles of World War II,* Osprey, 1985
Roy Bacon, *British Motorcycles of the 1930s,* Osprey, 1986
Roy Bacon, *British Motorcycles of the 1960s,* Osprey, 1986
Roy Bacon, *Motos de légende,* 6 volumes, EPA, 1995-96
Bourdache, *La Moto en France* 1894-1914, Edifree
G.H. Brooks, *Motoring History Book 4,* Sporting Car Club of South Australia
G.H. Brooks, *Motoring History Book 10,* Sporting Car Club of South Australia, 1990
Alan Cathcart, *Ducati Motorcycles,* Osprey, 1983
C.F. Caunter, *Motorcycles – A Historical Survey,* HMSO
Jeff Clew, *British Racing Motorcycles,* Foulis, 1976
Harold Connolly, *Motorcycle Story 1875-1905,* MCN, 1962
Robert Cordon Champ, *The Sunbeam Motorcycle,* Haynes, 1980
Piet Cornet, *De Nederlandse Motorhistorie,* c.1974
Robert M. Croucher, *The Observer Book of Motorcycles* 1977-80, Warne
Robert M. Croucher, *The Observer Book of Motorcycles* 1988/89-1991, Bloomsbury Books
Davey and May, *Lagonda – History of the Marque,* David & Charles, 1978
Demaus/Tarring, *The Humber Story 1868-1932,* Alan Sutton, 1989
Nathalie Denis, *La Motocyclette en France 1894-1914, La Vie de l'Auto,* 1989
Hans Van Dissel, *Motorfietsen 1900-1960,* 1989
Hans Van Dissel, *Motoren 1980-1990,* 1994
Michael and Eric Dregni, *Illustrated Motor Scooter Buyer's Guide,* Motorbooks, 1993
David Dumble, *Veteran Motorcycles in Australia,* VMC (Victoria), 1974
Gert Ekström, *Svensk Motorcykelhistoria,* Hudiksvall, 1991
Gaspard, *Les Demoiselles de Herstal & Les Dames de la Basse-Meuse,* 1970
Allan Girdler, *Illustrated Harley-Davidson Buyer's Guide,* Motorbooks, 1986
Glass'Motorcycle Checkbook 1969-78, Glass'Guide, 1978
Glass'Motorcycle Checkbook 1992-, Glass'Guide, 1992
Jean Gorbuzzi, *Bike Catalogue International,* Sonnen Verlag, 1984
Rozsa Gyorgy, *Motorkerekpar Tiposuk,* Muszaki Konyvkiado, 1965
Han Harmsze, *75 Jaar Motorleven in Nederland,* 1979
Jerry Hatfield, *American Racing Motorcycles,* Haynes, 1982
Jerry Hatfield, *The Illustrated Indian Buyers Guide,* Motorbooks, 1989
Jerry Hatfield, *Inside Harley-Davidson,* Motorbooks, 1990
The History of Honda, Honda Motor Co., 1989
T.A. Hodgson, *Motorcycling's Golden Age of Fours,* Bagnall, 1973
Bob Holliday, *Norton Story* (3ᵉ édition), PSL, 1986
Hought/Setright, *A History of the World's Motorcycles,* Allen & Unwin, 1973
W.E. Hulme, *The Register of Machines of the VMCC* (3ᵉ édition), VMCC, 1991
Peter Jones, *Historic Motorcycling,* Modern Magazines Holdings (NSW)
Kawasaki Model Recognition Manual, Kawasaki Heavy Ind., 1982
Stefan Knittel, *BMW Motos. 70 Ans de tradition et d'innovation,* EPA, 1993
Jacques Kupélian and Jacques Sirtaine, *Motos Belgea,* 1983
Jan Leek, *MZ : The Racers,* 650 publications, 1991
Ernst Leverkus, *Faszination Motorräd,* Deutsches Zweirad-Museum, 1991
Brian Long, *The Marques of Coventry,* Warwickshire Books, 1990
Abramo Luraschi, *Storia della Motocicletta,* Edisport, 1992
Colin MacKellar, *Yamaha Two-stroke Twins,* Osprey, 1985
Macauley and Butler, *The International Motorcycle File,* Pictorial Presentations Ltd, 1972
Margolius and Meisl, *Skoda Laurin & Klement,* Osprey, 1992
Tony Middlehurst Moto, *Un siècle de passion,* EPA, 1993
Denis N. Miler, *Source Book Of Motorcycles,* Ward Lock, 1977
Don Morley, *Classic British Trials Bikes,* Osprey, 1984
Don Morley, *Spanish Trials Bikes,* Osprey, 1986
Don Morley, *Classic British Scramblers,* Osprey, 1986
Ian Morrison, *Motorcycle Sport Fact Book,* Guiness, 1991
Motocyclo Catalogue 1957-58, SOSP, 1958
The Motorcycle Index 1913-24, Fletcher & Son
The Motorcycle Index 1925-36, Fletcher & Son
The Motorcycle Index 1928-39, Fletcher & Son
Mitsuru Nakaoki, *Autobiography : Japanese Bike History,* Sony Magazines
NSU vom Hochrad zum Automobil (2ᵉ édition), Stuttgart, 1992
On Two Wheels (8 volumes Motorcycle Encyclopedia), Orbis, 1978
Dominique Pascal, *50 Ans de motocyclettes françaises,* EPA, 1979
Dominique Pascal, *Les Motos de chez nous,* ETAI, 1995
Dominique Pascal, *Le Grand Dictionnaire des Motos françaises,* Massin
Brigitte Podczun, *Die Deutschen Motorräder der Wirtschaftswunderzeit* (2ᵉ édition), Stuttgart, 1977
Pol and Walig, *Veteraanmotoren in Nederland,* VMC, 1978
Barrie Price, *The Lea-Francis Story,* Batsford, 1978
George Rance, *Vintage Motorcycles Illustrated*
Thomas Reinwald, *Motorräder aus Nürnberg,* Erlangen, 1994
Claude Reynaud, *Le Mythe des 4 Cylindres,* Claude Reynaud, 1991
Bernard Salvat, *Motos de course,* EPA, 1988
Bernard Salvat, *Motos françaises. 100 Ans d'histoire,* EPA, 1994
Rudolph Santer, *Österreichische Motorräder und Beiwagen 1918-1960,* Weishaupt, 1994
Richard Henry Schultz, *Henderson : Those Elegant Machines,* Pine Hill Press, 1994
Ulrich Schwab, *Motorräder 1970 bis 1987,* Stuttgart, 1987
Andy Schweitzer, *Zweiradfahrzeuge aus Östdeutchland,* Schrader Verlag, 1994
Hans Seper, Helmut Krackowizer, and Alois Brusatti, *Österreichische Kraftfahrzeuge,* Verlag Welsermühl, 1982
James Sheldon, *Veteran & Vintage Motorcycles,* Transport Bookman, 1971
Harry V. Sucher, *The Iron Redskin,* Haynes, 1977
Erwin Tragatsch, *The World's Motorcycles 1894-1963,* Temple Press, 1964
Erwin Tragatsch, *Motorräder. Deutschland, Österreich, Tschechoslowakei,* Motorbuch Verlag, 1974
Erwin Tragatsch, *The New Illustrated Encyclopedia of Motorcycles,* Grange, 1992
Erwin Tragatsch, *Encyclopédie de la moto,* Septimus
Trelland, *Motorcycle Reference Guide,* Trelland, 1991
Bart H. Vanderveen, *Motorcycles to 1945,* Frederick Warne, 1975
Mick Walker, *Spanish Post-war Road and Racing Motorcycles,* Osprey, 1986
Mick Walker, *MV Agusta : Road and Racing Motorcycles,* Osprey, 1987
Mick Walker, *Moto Guzzi Singles,* Osprey, 1987
Mick Walker, *German Motorcycles,* Osprey, 1989
Mick Walker, *Classic German Racing Motorcycles,* Osprey, 1991
Mick Walker, *Italian Motorcycles, Aston,* 1991
Mick Walker, *Motos de légende,* Solar, 1993-94
C.O. Windecker, *Motorrädtypen 1951-52,* Verlagklasing, 1951
Brian Wooley, *The Directory of Classic Racing Motorcycles,* Aston, 1988
David K. Wright, *The Harley-Davidson Motor Company : An Official 80 year history* (2ᵉ éd.), Motorbooks, 1987

Magazines et périodiques à consulter :

L'Année motocycliste
La Bécane (encyclopédie), Atlas, Paris
Bike Catalogue International
Automobilia
Car and Bike International
Classic Bike
The Classic Motorcycle
Englebert Magazine
De Fietsmotor
La France Automobile
Génération Moto
Het Gemotorjseerde Rijwiel
Klein Motorsport
LVM (La Vie de la Moto)
Moto 73
Motociclismo (1915-present)
Moto d'époque
Moto Légende
The Motor
The Motor Cycle
Le Motocyclettiste
Motor Cycling
Motorcyclist
Moto Journal
Moto Revue
Moto Technologie
De Motorrijder
Het Motorrijwiel
Motorsport
La Revue technique Moto, ETAI
La Vie automobile

Index

Remerciements

Remerciements de l'auteur

L'Auteur tient à remercier vivement les personnes dont les noms suivent pour leur talentueuse collaboration et la mise à disposition de leurs connaissances au cours de l'élaboration de ce livre. Sans leur apport, l'*Encyclopédie de la Moto* n'aurait jamais vu le jour.

Annice Collet, Marie Thièce et Mike Budd de la National Motor Museum Library ont suggéré, recherché, vérifié et revérifié une masse d'informations sur des marques de motos totalement inconnues. Doug Jackson en a découvert encore plus et auprès de sources inimaginables. Mike Jackson a traqué et rectifié les erreurs inévitables.

Mike Jackson (encore lui !), Prosper Keating, Sean Hawker, Mick Phillips et Rosie Marston ont contribué – en paroles et en actes – au chapitre « Les Motos de A à Z ».

Le « Grand Répertoire des marques de motos » a été réalisé grâce à l'aide efficace d'un grand nombre de personnes. Celles dont les noms suivent méritent notre gratitude pour leur savoir, leur expérience et leurs contacts :

Jim Rogers et Ed Youngblood de l'American Motorcycle Heritage Foundation ; Mort Wood et Dick Winger de l'Antique Motorcycle Club of America ; Allan Johnson du Canadian Vintage Motorcycle Group ; Klaus Arth, Peter Kuhn and Friedhelm Raatz du Deutsches Zweirad-Museum et du NSU-Museum, Neckarsulm, Allemagne ; Serge Garcia de *Moto Légende magazine,* France ; Jan Leek (Allemagne) ; Jacques Kupélian (Belgique) ; Hans van Dissel (Hollande) ; Alain Rochat, Eric Bezon, Daniel Tille, Pierre Muhlemann, Jacques Leu et Walter Murri (Suisse) ; Yuko Sugeta (Japon) ; Adil Jal Darukhanawala (Inde) ; Mario Colombo (Italie) ; Paul Millin et Grant Howard (Nouvelle-Zélande) ; Raymond Ainscoe (de la partie « italienne » du Yorkshire) ; le magazine *Moto* ; Elena Konovalova (Moscou). Eux-mêmes ont fait appel à d'autres sources.

Jo Evans, Julia Wilson, Peter Jones, Matthew Pardoe et Flavia Sottocornola ont effectué des traductions de textes français, allemands et italiens.

Dave King et Jonathan Buckley ont réalisé d'excellentes photos tout en rencontrant de grandes difficultés à la poursuite de la mythique Friday Farago Mk4, une moto si rare que nous n'avons pas pu l'inclure dans cet ouvrage.

La majorité des photos de ce livre ont été prises sur les sites suivants : National Motorcycle Museum, Birmingham, Angleterre ; Deutsches Zweirad Museum, Neckarsulm, Allemagne ; American Motorcycle Heritage Foundation, Westerville, Ohio, États-Unis. La majeure partie de ces machines appartient à leurs collections, les autres à des collections privées.

Sans l'aide et l'appui de l'équipe éditoriale de Dorling Kindersley, ce livre n'aurait pas existé. Sans Janice Lacock et Jo Evans, les délais n'auraient pas été tenus. Sans Dave Walton, Dave Williams, Claire Pegrum, Carla De Abreu, Jacky Jackson, Tracy Hambleton-Miles, Stephen Croucher et Lol Henderson, tout aurait été plus difficile encore. Qu'ils me pardonnent mon orthographe…
Un grand merci à tous.

Dorling Kindersley souhaite à son tour remercier les personnes suivantes :

Tous ceux qui nous ont autorisé à photographier leurs machines : Ian Abrams ; Donald Accola ; Raymond Ainscoe ; American Suzuki ; Larry et Leslie Anderson ; Mike Arden ; Howard Atkin ; Bill Baird ; George Beale ; Gary et Lois Beeler ; Galleria Bimota ; BMW ; Pete Bollenbach ; Pete Booth ; Clayton T. Brooks ; Ron Bussey Restorations ; Jim Carlton ; Chris Childs ; Dr William Cleveland ; Peter Collins ; John Comerford ; Jeff Dean ; Millie et Frank DeGenero ; Richard Dieter ; Lockwood Doench ; Al et Pat Doerman ; Jesse A. Dowler ; Duckhams Oils ; Arthur Farrow ; Larry Feece ; Simon Fenning ; Robert Fergus ; Brian Foot ; Greg L. Georges ; Richard Gerhold ; Wilf Green ; Ross Hansell ; Greg Harrison ; Ernest H. Hartman, Jr ; Ernie Hartman, Sr ; Thomas L. Hayden ; Graham Head ; Herman Herz ; Hinds Kawasaki Yamaha ; Jim Hollern ; John Holliday ; Günther Holweg ; Honda of America ; Dennis Howard ; Roger Hull ; Husky Sport U.K. ; Don Irminger ; Bill Jarski ; Dave Jones ; Peter Jones ; Doug Kane ; Helmut Kern ; Ron Kuhlman ; Steve La Belle ; John Lawes ; Mike Leach ; Tom Lewandowsky ; Kit Lewis ; Bruce Lindsay ; Richard and Scott Luzander ; Cyril Malem ; Loren Mariano ; Mark Mederski ; Mike et Van Mefford ; Sammy Miller ; Jim, Jeff et Kevin Minnis ; The Montagu Collection ; MotorCycle City ; Motorräd Museum, Schloß, Augustusburg ; Bob Mounce ; William A. Murar ; Jeff Murphy ; MuZ Ltd ; Mrs G.M.I. Nash ; Jim Nickerson, Jr ; Joe O'Brien ; Mike Olney ; Paul Pearce ; Bruce Penhall ; Bill Quinn ; Eldon Raasch ; Hayden Racknell ; Carl Redman ; Renham Motorcycles ; Art Ridgway ; Al Roberts ; Robert et Galia Saar ; Anthony et Kathy Salyers ; Francis Sheehan ; Gerald Shipano, Jr ; Gary Slurkanich ; Beverly et Ted Smith ; Phil Somerfield ; Darrel Spinosi ; Jerry Stageberg ; John Surtees ; Jerry Tamanini ; Bruce Troxall ; Merrill Vanderslice ; Gregory Walden ; Dick et Wanda Winger ; Mort Wood ; John Wynne ; John et Mary York ; Roger T. Young ; Ed Youngblood.
Remerciements également à Tony Hodson et Michael Sharpe pour leurs articles additionnels ; Jo Lyford et Philippa Colvin pour leur aide sur le plan éditorial ; Mick Gillah pour ses illustrations ; Mark Johnson Davies, Tassy King et Simon Murrell pour leur assistance ; Ingrid Nilsson et Helen Stallion pour leurs recherches iconographiques ; Kay Wright pour l'index ; et Jim Rogers pour son aide globale.

Toute autre information concernant d'autres marques qui auraient échappé aux investigations seront reçues avec gratitude et exploitées dans les éditions futures de *L'Encyclopédie de la Moto*.

CRÉDITS PHOTOGRAPHIQUES

h = haut ; c = centre ; d = dessus ; ds = dessous ; g = gauche ; d = droite

L'éditeur remercie les personnes suivantes ayant autorisé la reproduction de leurs clichés.

Advertising Archives 113cg.
Aprilia Moto U.K. Ltd 16b, 17hg.
BMW AG 27hd, 29cd, 32cg, 33cgd, hd.
Etienne Bol 193cd.
Britten 308dsc.
Classic Bike Magazine/EMAP Nationals 37cd, 38cd, 79hd, 135cd, 145hd, 148cds, 149cd, 166cd, 172cd, 183d, 184cd, 237ds, 239dsd, 250hd, 263hd, 271dsg, 278hd, 279dsg, 290dsg.
Russell Frears 222ds, 228h.
Robert Harding Picture Library 85cd.
Honda Motor Europe Ltd 95dsg.
The Hulton Deutsch Collection 18cd, 190cd.
Kawasaki 115dsr, 117hd.
Stewart McDiarmid 138cd.
Mrs O. Miller 225hg.
Mitsui Machinery Sales U.K. Limited/Yamaha 206h.
Don Morley 105hd, 291hd.
Motorcycle Heritage Museum, Westerville, Ohio, photo Doug Strange 11cd.
The National Motor Museum, Beaulieu 10cd, 46cd, 111hd, 140cd, 146cd, 156cd, 212ds, 213h, 214ds, 216ds, 217ds, 218ds, 219dsd, 220h, 223h, 225dsd, 227dsd, 229ds, 230dsg, 232hg, 241dsg, 243dsd, 244dsd, 253hd, 255dsg, 256hd, 260dsd, 269ds, 270h, 272hg, 273ds, 274ds, 276ds, 293dsg, 297hd, 301dsd.
Ricardo Consulting Engineers Ltd 180dsd.
Suzuki GB Plc 178h.
Triumph Motorcycles 186, 187.
Mick Walker 240h.
The World's Motorcycles News Agency 40cd, 47hd, 54h, 61hd, 118cds, 120dsd, dsg, h, 132hd, dsg, 151hc, 235ds, 238hd, 242h, 245dsg, 246h, 247dsd, 248ds, 249hd, 252dsc, 258hg, 259dsd, 262dsd, 264h, 265ds, 266hd, 267dsd, 277cds 281hg, 282ds, 283hd, 284ds, 286dsc, 287hc, 288dsg, 289dsg, 299hg, 301dsd, 302dsg, 303hd, 304dsg, 305dsd, 306dsg, 307dsd.